Albrecht F. Michler und Heinz-Dieter Smeets (Hg.)

Die aktuelle Finanzkrise:
Bestandsaufnahme und Lehren für die Zukunft

Schriften zu Ordnungsfragen der Wirtschaft

Band 93: Die aktuelle Finanzkrise: Bestandsaufnahme und Lehren für die Zukunft

Lucius & Lucius · Stuttgart · 2011

Die aktuelle Finanzkrise

Bestandsaufnahme und Lehren für die Zukunft

Herausgegeben von

Albrecht F. Michler und Heinz-Dieter Smeets

Mit Beiträgen und Kommentaren von

Thomas Apolte, Kira Baranova, Hanno Beck, Christoph J. Börner, Diemo Dietrich, Henning Eckermann, Justus Haucap, Achim Hauck, Ulrich Heimeshoff, Cordelius Ilgmann, Thomas Jost, Helmut Konjetzky, Malte Krüger, Patrick Leis, Axel Lindner, Tobias Knedlik, Martin Leschke, Martin Mandler, Albrecht F. Michler, Ulrike Neyer, Thorsten Polleit, Gerhard Rösl, Martin Sauermann, Peter Sass, Wolf Schäfer, Rahel Schomaker, Franz Seitz, Heinz-Dieter Smeets, H. Jörg Thieme, André Uhde, Michael Vogelsang, Uwe Vollmer, Paul J.J. Welfens

Lucius & Lucius · Stuttgart · 2011

Anschriften der Herausgeber:

Prof. Dr. Albrecht F. Michler
Heinrich-Heine-Universität Düsseldorf
Wirtschaftswissenschaftliche Fakultät
Universitätsstraße 1, Geb. 23.32
40225 Düsseldorf
michler@uni-duesseldorf.de

Prof. Dr. Heinz-Dieter Smeets
Heinrich-Heine-Universität Düsseldorf
Wirtschaftswissenschaftliche Fakultät
Universitätsstraße 1, Geb. 23.32
40225 Düsseldorf
smeetsd@uni-duesseldorf.de

Bibliografische Information der Deutschen Nationalbibliothek

Die Deutsche Nationalbibliothek verzeichnet diese Publikation in der Deutschen Nationalbibliografie; detaillierte bibliografische Daten sind im Internet über http://dnb.d-nb.de abrufbar.

(Schriften zu Ordnungsfragen der Wirtschaft; Bd. 93)
ISBN 978-3-8282-0538-3

Umschlaggestaltung: Isabelle Devaux, Stuttgart

Druck und Einband: ROSCH-BUCH Druckerei GmbH, 96110 Scheßlitz
Printed in Germany

ISBN 978-3-8282-0538-3
ISSN 1432-9220

Vorwort zur Schriftenreihe

Im Jahre 1954 hat *K. Paul Hensel* an der Universität Freiburg seine Habilitationsschrift zum Thema „Einführung in die Theorie der Zentralverwaltungswirtschaft – Eine vergleichende Untersuchung idealtypischer wirtschaftlicher Lenkungssysteme an Hand des Problems der Wirtschaftsrechnung" publiziert. Mit dieser Arbeit, die bis heute grundlegende Erkenntnisse des wirtschaftlichen Systemvergleichs vermittelt, wurde zugleich die *Schriftenreihe zum Vergleich wirtschaftlicher Lenkungssysteme* begründet. Seit der Berufung *Hensels* an die Universität Marburg im Jahre 1957 hat die Schriftenreihe bei Wissenschaftlern, die sich der Ordnungsökonomik und Institutionentheorie verbunden fühlen, hohe Wertschätzung gewonnen.

K. Paul Hensel war ein Schüler von *Walter Eucken* und hat dessen Lehre weitergeführt. Nach *Hensels* Tod 1975 haben seine zahlreichen Schüler sowie sein Nachfolger, *Alfred Schüller,* das wissenschaftliche Vermächtnis *Hensels* fortgeführt und weiterentwickelt. Bis heute kommen sie jedes Frühjahr zu dem von *Hensel* gegründeten *Forschungsseminar Radein zusammen*, aus dem inzwischen zahlreiche ordnungsökonomische Publikationen hervorgegangen sind.

Eine wissenschaftliche Zäsur erfuhr die Ordnungsökonomik im Jahre 1989, als der von ihr prognostizierte Zusammenbruch der sozialistischen Wirtschaftssysteme den wissenschaftlichen Schwerpunkt vom Ost-West-Vergleich auf das weite Feld der Ordnungs- und Institutionenökonomik führte. Folgerichtig wurde die Reihe einige Jahre später umbenannt in *Schriften zu Ordnungsfragen der Wirtschaft.* Bis heute widmet sie sich grundlegenden Fragen, etwa der Wirtschafts- und Sozialpolitik, der Europäischen Integration, der Finanzmärkte, des Gesundheitswesens, der Migration, der Energieversorgung sowie der demografischen Entwicklung.

Die bisherigen Herausgeber: *Gernot Gutmann, Hannelore Hamel, Helmut Leipold, Alfred Schüller, H. Jörg Thieme* und *Stefan Voigt* sind – mit Ausnahme von *Voigt* – im Ruhestand und geben ihr Amt in neue Hände. Wir fühlen uns als neue Herausgeber der ordnungsökonomischen Tradition verpflichtet und haben dieses Amt gerne übernommen: *Thomas Apolte* (Universität Münster), *Martin Leschke* (Universität Bayreuth), *Albrecht F. Michler* (Universität Düsseldorf), *Christian Müller* (Universität Münster), *Stefan Voigt* (Universität Hamburg) und *Dirk Wentzel* (Hochschule Pforzheim).

Den alten Herausgebern sei für ihre langjährige Arbeit und ihr großes Engagement herzlich gedankt.

Im Februar 2011 Die Herausgeber

Vorwort

Schwierigkeiten in einem kleinen Segment des amerikanischen Hypothekenmarktes (Subprime-Kredite) führten seit dem Frühjahr 2007 zu einem starken Anstieg von Zahlungsausfällen, der in der Folgezeit zu Neubewertungen von (verbrieften) Krediten, Auflösung von Kredit-Portfolios bis hin zum Zusammenbruch von Finanzinstituten führte. Seinen Höhepunkt erreichte diese Entwicklung mit dem Zusammenbruch der amerikanischen Investmentbank *Lehman Brothers* im September 2008. Diese zunächst auf die USA begrenzte Entwicklung erfasste aber schon früh auch Banken außerhalb der Vereinigten Staaten, die zudem gar kein eigenes Hypothekengeschäft betrieben. In Deutschland waren es die *Deutsche Industriebank AG* (IKB) und die *Sachsen LB*, die aufgrund von Fehlspekulationen am US-amerikanischen Immobilienmarkt bereits im Sommer 2007 in die Krise gerieten. Dramatische Ausmaße nahmen die Verluste dann bei dem Münchener Immobilienfinanzierer *Hypo Real Estate* (HRE) an, die eine groß angelegte Rettungsaktion des Staates auslösten, welche zu staatlichen Bürgschaften in Höhe von über 100 Mrd. Euro führte.

Doch die anfängliche Bankenkrise blieb nicht auf die Finanzmärkte beschränkt, sondern erfasste ab dem Herbst 2008 zunehmend auch den realwirtschaftlichen Bereich, was letztlich in vielen Ländern zur schwersten Rezession nach dem Zweiten Weltkrieg führte. Darüber hinaus hatten staatliche Rettungsaktionen und Konjunkturprogramme einen rasanten Anstieg der Staatsverschuldung zur Folge, so dass manche Länder gegenwärtig einen Staatsbankrott fürchten. Die Finanzkrise hat somit die Staatsverschuldung und deren Probleme (erneut) in den Fokus einer breiteren Öffentlichkeit gerückt. Umfangreiche Ausgabenprogramme, staatliche Bürgschaften und konjunkturbedingte Steuermindereinnahmen führ(t)en zweifelsfrei zu explodierenden Staatsdefiziten und damit auch immer höheren Schuldenständen in der Zukunft.

Im Mittelpunkt der Staatschuldenkrise stehen gegenwärtig Griechenland und Irland. So bat die griechische Regierung am 23. April 2010 die übrigen Mitgliedsländer der Europäischen Währungsunion sowie den Internationalen Währungsfonds (IWF) offiziell um Hilfe, die von beiden in Form von Krediten bis zu einer Höhe von insgesamt 110 Mrd. Euro bereitgestellt wurde. Doch bereits eine Woche später, am 9. Mai 2010, einigten sich die Euro-Mitgliedsländer und der IWF auf einen weiteren 750 Mrd. Euro umfassenden Rettungsfonds, um weitere Länder stützen zu können. Diesen Fonds nahm Irland Anfang Dezember 2010 als erstes Land in Höhe von etwa 85 Mrd. Euro in Anspruch. Weitere Länder wie Portugal, aber auch Spanien, Italien und Belgien gehören zu den ebenfalls gefährdeten Ländern.

Vor diesem Hintergrund untersuchen die Beiträge des 2010 stattgefundenen 43. Forschungsseminars Radein die Ursachen und Wirkungen der aktuellen Krise sowie die – insbesondere von den jeweiligen Regierungen und Notenbanken – ergriffenen Maßnahmen zu ihrer Überwindung. Dabei stehen jedoch die Entwicklungen in Deutschland und Europa im Vordergrund. Ferner wurden prozess- und insbesondere ordnungspolitische Veränderungen erörtert, durch die sich künftige Finanzkrisen vermeiden lassen.

Das Seminar fand statt im „Zirmerhof" im Südtiroler Bergdorf Radein. Eine Woche lang haben mehr als fünfzig Wissenschaftler und Praktiker Vorträge sowie Korreferate gehalten und diese intensiv diskutiert – in der Einsamkeit und Abgeschiedenheit einer wunderschönen Bergwelt.

Die wissenschaftlichen Leiter des 43. Radeiner Forschungsseminars und Herausgeber dieses Bandes danken allen Seminarteilnehmern für Vorträge, Kommentare und anregende Kritik sowie der Familie *Perwanger* für die wie immer vorzügliche Betreuung während der Seminarwoche. Unser Dank gilt auch dem Präsidenten der Hauptverwaltung Düsseldorf der Deutschen Bundesbank, Herrn *Norbert Matysik*, der als Keynote-Speaker seine Analyse aus der Sicht eines Notenbankers vorgetragen hat. Für Sorgfalt und hohen Arbeitsaufwand bei der Vorbereitung des druckfertigen Buchmanuskripts danken die Herausgeber Frau *Laura Cüppers* sowie Frau *Rebecca Rothe*. Besonderer Dank gilt auch Herrn Prof. Dr. *Alfred Schüller* von der *Marburger Gesellschaft für Ordnungsfragen der Wirtschaft e.V.* und Frau Dr. *Hannelore Hamel*, die die Abschlussredaktion in gewohnt akribischer Art durchgeführt bzw. finanziell unterstützt haben.

Nicht zuletzt möchten wir uns ganz besonders bei der *DZ Bank-Stiftung*, der *Stiftung Geld und Währung* sowie der *Konrad-Henkel-Stiftung*, Düsseldorf, bedanken, die durch ihre finanzielle Unterstützung entscheidend dazu beigetragen haben, dass das Seminar in dieser Form stattfinden und dieses Buch publiziert werden konnte.

Düsseldorf, im April 2011 Albrecht F. Michler und Heinz-Dieter Smeets

Inhalt

Teil I: Ursachen und Verlauf der aktuellen Krise

Teil II: Krisenbewältigung und Krisenvermeidung in der Zukunft

Teil III: Weltwirtschaftliche Auswirkungen der Finanzkrise

Teil I:

Ursachen und Verlauf der aktuellen Krise

Albrecht F. Michler und Heinz-Dieter Smeets (Hg.)
Die aktuelle Finanzkrise: Bestandsaufnahme und Lehren für die Zukunft
Schriften zu Ordnungsfragen der Wirtschaft · Band 93 · Stuttgart · 2011

Die Finanzkrise: Ursachen, Wirkungen und Maßnahmen

Albrecht F. Michler und Heinz-Dieter Smeets

Inhalt

1. Einleitung

Schwierigkeiten in einem kleinen Segment des amerikanischen Hypothekenmarktes (Subprime-Kredite) führten seit dem Frühjahr 2007 zu einem starken Anstieg von Zahlungsausfällen, der in der Folgezeit zu Neubewertungen von (verbrieften) Krediten, Auflösung von Kredit-Portfolios bis hin zum Zusammenbruch von Finanzinstituten führte. Seinen Höhepunkt erreichte diese Entwicklung mit dem Zusammenbruch der US-amerikanischen Investmentbank *Lehman Brothers* im September 2008. Diese zunächst auf die USA begrenzte Entwicklung erfasste aber schon früh auch Banken außerhalb der Vereinigten Staaten, die zudem gar kein eigenes Hypothekengeschäft betrieben (*Franke* und *Krahnen* 2007, S. 13). In Deutschland waren es die *Deutsche Industriebank AG* (IKB) und die *Sachsen LB*, die aufgrund von Fehlspekulationen am US-Immobilienmarkt bereits im Sommer 2007 in die Krise gerieten. Dramatische Ausmaße nahmen die Verluste dann bei dem Münchener Immobilienfinanzierer *Hypo Real Estate* (HRE) an, die eine groß angelegte Rettungsaktion des Staates auslösten, welche zu staatlichen Bürgschaften in Höhe von insgesamt 100 Mrd. Euro führte. Schätzungen über Wertverluste auf US-Kredite und -Wertpapiere für die Jahre von 2007 bis 2010 ergaben zwischenzeitlich einen Abschreibungsbedarf in den USA und Europa von rund 4 Bio. US-Dollar (*IMF* 2009).

Doch die anfängliche Bankenkrise blieb nicht auf die Finanzmärkte beschränkt, sondern erfasste ab dem Herbst 2008 zunehmend auch den realwirtschaftlichen Bereich, was letztlich in vielen Ländern zur schwersten Rezession nach dem Zweiten Weltkrieg führte. Darüber hinaus hatten staatliche Rettungsaktionen und Konjunkturprogramme einen rasanten Anstieg der Staatsverschuldung zur Folge, so dass manche Länder gegenwärtig einen Staatsbankrott fürchten.

Vor diesem Hintergrund untersuchen die Beiträge des 43. Forschungsseminars Radein die Ursachen und Wirkungen der aktuellen Krise sowie die – insbesondere von den jeweiligen Regierungen und Notenbanken – ergriffenen Maßnahmen zu ihrer Überwindung. Obgleich die Entwicklungen in den USA und im Euro-Währungsgebiet bzw. Deutschland dabei im Vordergrund stehen, betrachten *Michler* und *Seitz* in ihrem Beitrag Rückwirkungen auf die internationalen Kapitalbewegungen unter spezieller Berücksichtigung der Emerging Markets. Die Auswirkungen der Krise auf einzelne Emerging Markets untersuchen *Baranova* und *Schomaker* anhand der Russischen Förderation und der Vereinigten Arabischen Emirate, während *Dietrich, Knedlik* und *Lindner* das simultane Auftreten von Banken- und Währungskrisen in Mittel- und Osteuropa analysieren. Dieser einführende Überblick soll dabei auf der einen Seite die verbindende Klammer zwischen den folgenden – jeweils spezifische Probleme untersuchenden – Beiträgen bilden, auf der anderen Seite aber auch auf Aspekte hinweisen, die in den Beiträgen nicht weiter vertieft werden.

2. Ausmaß und Vergleich

Von vielen Beobachtern wird die gegenwärtige (Finanz-)Krise als die schwerste Krise nach dem Zweiten Weltkrieg oder gar seit der Weltwirtschaftskrise zu Beginn der

30er Jahre des letzten Jahrhunderts angesehen. Für einen solchen Vergleich erscheint es sinnvoll, Finanzkrisen in ihre verschiedenen Komponenten oder Phasen einzuteilen und aussagekräftige Indikatoren für die einzelnen Entwicklungen anzugeben. Abbildung 1 fasst diese Überlegungen zusammen und geht dabei von den folgenden drei Teilaspekten einer Finanzkrise aus, die jedoch nicht immer alle gemeinsam auftreten müssen:

1. Finanzkrise im engeren Sinne,
2. Realwirtschaftliche Krise und
3. Folgekrisen wie etwa eine staatliche Verschuldungskrise.

Die Schwere einer Finanzkrise lässt sich demnach sowohl anhand der einzelnen Phasen und deren Indikatoren ermitteln, als auch daran, in welchem Umfang die einzelnen Teilaspekte auftreten und damit möglicherweise zu einer Verschärfung und Verlängerung der Krise beitragen.

Abbildung 1: Stufen einer Finanzkrise im Zeitablauf

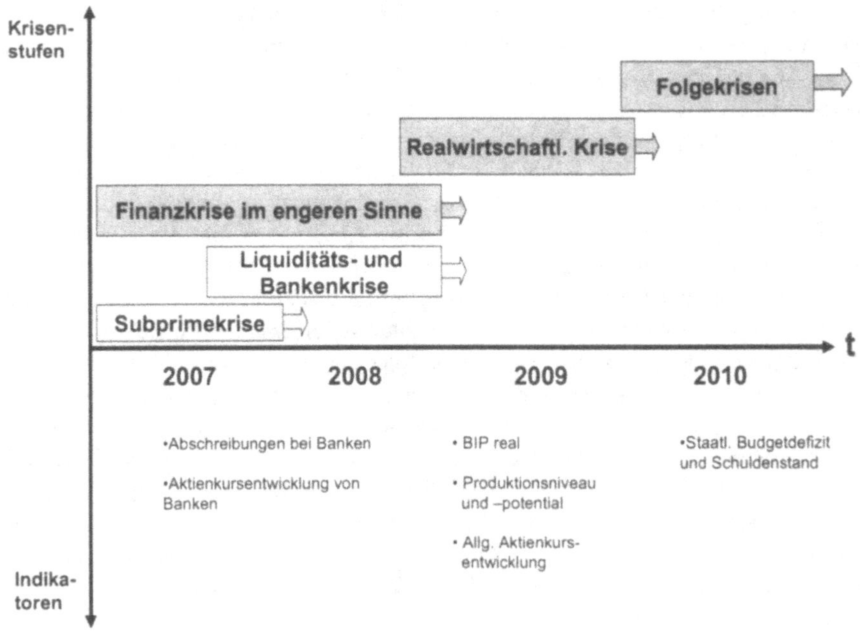

Eigene Darstellung.

Betrachtet man die einzelnen in Abbildung 1 aufgeführten Indikatoren sowie den Gesamtumfang der aktuellen Finanzkrise, so ergibt sich wohl kaum ein Zweifel daran, dass es sich um eine herausragende Krise handelt. Im Rahmen der Finanzkrise im engeren Sinne haben zum Beispiel Abschreibungen bei Banken und Kursverluste bei Aktien historische Höchststände erreicht – insbesondere wenn man die Entwicklung nicht auf ein einzelnes Land beschränkt, sondern in der weltwirtschaftlichen Summe betrachtet. Das weltweite Übergreifen der zunächst ausschließlich amerikanischen Finanzkrise hat dann auch dazu geführt, dass es in außergewöhnlich vielen Ländern gleichzeitig zu einem realwirtschaftlichen Abschwung mit hohen Wachstumseinbußen – gemessen am Rückgang des realen BIP – kam. Diese historischen Tiefstände waren sowohl in vielen Einzelländern als auch in der Weltwirtschaft insgesamt zu beobachten. Vor diesem Hintergrund haben wiederum viele Länder versucht, den konjunkturellen Abschwung mit Hilfe schuldenfinanzierter staatlicher Ausgabenprogramme aufzuhalten oder wenigstens zu mildern, was dann zu einer bisher nie zu beobachtenden Explosion der Staatsverschuldung auf breiter Front führte. Eine solche voll ausgeprägte Finanzkrise, die so viele Länder betroffen hat, gab es mit Sicherheit seit der Weltwirtschaftskrise des letzten Jahrhunderts nicht. Exakte Quantifizierungen und Vergleiche bleiben jedoch weiteren Veröffentlichungen vorbehalten.

3. Ursachen der aktuellen Finanzkrise

Wie konnte es nun zu der aktuellen Krise kommen?[1] Auslöser waren hohe Ausfallraten im Bereich der Subprime-Kredite im US-Immobilienmarkt. Die Einstufung als Subprime erfolgt u.a. dann, wenn der Kreditnehmer bereits einmal zahlungsunfähig war, eine Zwangsversteigerung erfolgte oder wenn er mit Kreditraten zuvor in Verzug geraten ist. Die traditionell große Bedeutung des Wohneigentums – 70 Prozent der US-amerikanischen Haushalte besitzen Eigenheime, in Deutschland leben hingegen nur 43 Prozent in Wohneigentum – (*Statistisches Bundesamt* 2004), die umfangreiche Förderung des Immobilienbesitzes in den USA durch staatliche Agenturen und Schuldzinsabzug sowie die seit den späten 1990er Jahren vorgenommene politische Förderung des Immobilienbesitzes von Beziehern auch niedriger Einkommen führten dazu, dass eine Vielzahl amerikanischer Bürger insbesondere in den Jahren 2003 bis 2005 Immobilien erwarb. Die expansive Geldpolitik der US-Notenbank *Federal Reserve* (Fed) verursachte seit 2001 stark rückläufige Zinsen, die sich 2004 auf einem im historischen Vergleich sehr niedrigen Niveau befanden. Der daraus folgende Überschuss an Liquidität sowie stetig steigende Immobilienpreise in den Jahren 1997 bis 2005 veranlassten viele Kaufinteressenten, Kredite zu (vermeintlich) günstigen Konditionen aufzunehmen (siehe dazu Abbildung 2), zumal die Hauspreise nicht nur absolut, sondern auch deutlich schneller als der Konsumentenpreisindex stiegen (siehe dazu Abbildung 3).[2] Um der Vielzahl an Kreditnachfragern entsprechende Darlehen anbieten zu können, wurden die Bonitätsanforderungen der Kreditgeber deutlich reduziert. Zudem begünstigten die amerikanischen Haftungsbeschränkungen die Aufnahme von Hypothekenkrediten: Der Schuldner haftet lediglich mit dem Wert seines Hauses; der Rückgriff auf andere Sicherheiten in Form von Einkommen oder Vermögen ist in den meisten US-Bundesstaaten nicht möglich. Kann ein Hausbesitzer seine Hypothek nicht mehr bezahlen, kann er ohne Investition von Eigenmitteln auf eine Zwangsräumung warten. Somit ist es bei sinkenden Immobilienwerten sinnlos, Zahlungen abzustottern, bei steigenden Immobilienpreisen kann hingegen profitiert werden. Im schlimmsten Fall droht kurzfristig der

---

[1] Vgl. dazu ausführlich *Franke* und *Krahnen* (2009), *Michler* und *Thieme* (2009, S. 185 ff.) sowie *Priewe* (2010).

[2] Alle folgenden Grafiken, die Zeitreihen beinhalten, basieren – soweit keine andere Quelle angegeben wird – auf Daten der Online-Datenbank *EcoWin*, Reuters.

Verlust der persönlichen Kreditwürdigkeit; durch beispielsweise zuverlässige Zahlung von Kreditkartenrechnungen kann diese jedoch relativ schnell wieder gesteigert werden. Zahlreiche Kredite wurden vergeben, deren Bedienung die finanzielle Leistungsfähigkeit der Kaufinteressenten weit überstieg. Nicht umsonst sprach man in diesem Zusammenhang auch von *Ninja loans* (***no** income, **no** job, **no** assets*). Eine wichtige Rolle spielten in diesem Zusammenhang Hypotheken mit variablem Zinssatz (*Adjustable Rate Mortgages*) und einer für die Einstiegsphase oft sehr niedrigen Zinsbelastung (*Teaser Rates*). Der Anteil variabel verzinslicher Hypothekenkredite stieg im Zeitraum 2002-2005 von 15 Prozent auf 40 Prozent; zugleich wuchs der Anteil privat finanzierter Hypotheken minderer Bonität mit variablem Zinssatz (2006: ca. 50 Prozent). Im Laufe der Zeit entstand folglich ein hoher Bestand an Hypotheken mit schlechter bzw. eingeschränkter Qualität (*Sachverständigenrat* 2007, S. 99).

Abbildung 2: Leitzinsen in der Weltwirtschaft

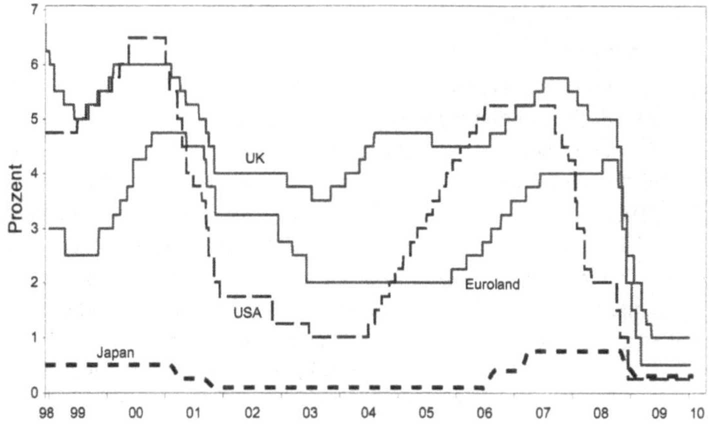

Abbildung 3: Hauspreisentwicklung in den USA

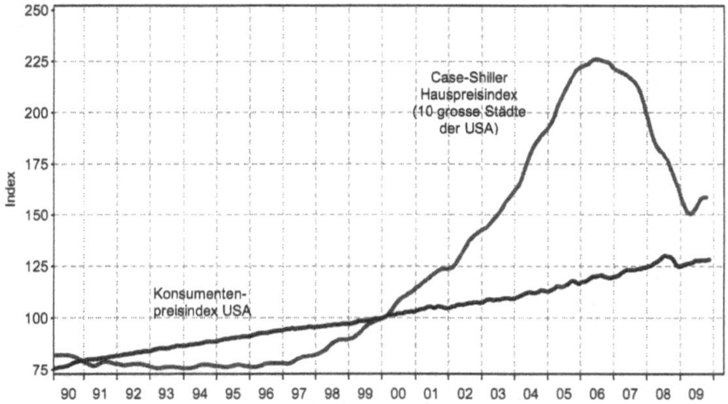

Neben dem durch die Niedrigzinspolitik geprägten, vorteilhaften makroökonomischen Umfeld wurden die Entwicklungen auf den globalen Finanzmärkten insbesondere durch neuartige Techniken der Kreditverbriefung begünstigt (*Sachverständigenrat* 2009, S. 107). US-Banken platzierten ihre Immobilienkredite zunächst in speziellen Refinanzierungsvehikeln (Zweckgesellschaften, Special Purpose Vehicel (SPV)), den so genannten *Residential Mortgage Backed Securities* (RMBS; private Immobilien) bzw. *Commercial Mortgage Backed Securities* (CMBS; gewerbliche Immobilien). Die SPVs finanzierten sich wiederum durch die Begebung von Anleihen. Die vom SPV emittierten Anleihen werden einzelnen Tranchen zugeordnet, die ein unterschiedliches Ausfallrisiko und demzufolge ein unterschiedliches Rating aufweisen.[3] Neben gerateten Tranchen gibt es eine nicht bewertet Tranche (*Equity Tranche*), die im Fall von Forderungsausfällen die ersten Verluste (*First Loss Position*) übernehmen würden. Bei stärkeren Forderungsausfällen werden die übrigen Tranchen in einer zuvor festgelegten Reihenfolge an den Verlusten beteiligt (*Waterfall Structure*). Eine solche Tranchierung ist dabei fiktiver Natur, da den einzelnen Tranchen keine spezifischen Forderungen zugeordnet werden, sondern lediglich das Verlust- oder Ausfallrisiko des Pools aufgeteilt wird (*Sachverständigenrat* 2007, S. 112).

Die Verbriefung beschränkte sich dabei nicht nur auf Immobilienkredite, sondern die Investment- bzw. Refinanzierungsvehikel unterschieden sich in Abhängigkeit von der Struktur und Fristigkeit der eingebrachten Forderungen (Immobilienkredite, Kreditkartenforderungen, Automobilkredite, Anleihen aus anderen Vehikeln etc.) bzw. der Struktur und Fristigkeit ihrer Refinanzierung. Folgerichtig lassen sich beispielsweise *Special Investment Vehicles* (SIVs), *Collateralized Debt Obligations* (CDOs) oder *Commercial Paper Conduits* unterscheiden. Dies ermöglichte die Bündelung von unverbrieften und verbrieften Krediten unterschiedlicher Qualität. Die an die amerikanischen Immobilienkäufer vergebenen Kredite wurden auf diese Weise zu einem erheblichen Teil in Portfolios zusammengefasst, verbrieft und an institutionelle Investoren weltweit verkauft. Die folgenden Abbildungen 4a und 4b beschreiben den Verbriefungsprozess von der Vergabe des Hypothekenkredites bis zur Platzierung in einem CDO, das sich ausschließlich aus den Wertpapieren einer Vielzahl vorgelagerter RMBS-Strukturen zusammensetzt (vgl. dazu auch die Beiträge von *Konjetzky* und *Leis* sowie von *Börner* und *Sauermann*).

---

[3] Unter Rating wird die Einschätzung der Zahlungsfähigkeit eines Schuldners aufgrund unterschiedlicher Kriterien verstanden. Dabei steht ein AAA/Aaa Rating für die höchste Bonität, C oder D hingegen sind sehr schlechte. Die obersten Tranchen in einem SPV (Senior Tranche) erhielten jeweils die Bestnote AAA / Aaa, und zwar auch dann, wenn die zugrunde liegenden Hypotheken nur von mäßiger Qualität (also aus dem Subprime-Segment) kamen.

Abbildung 4a: Einfacher Verbriefungsprozess von Subprimekrediten

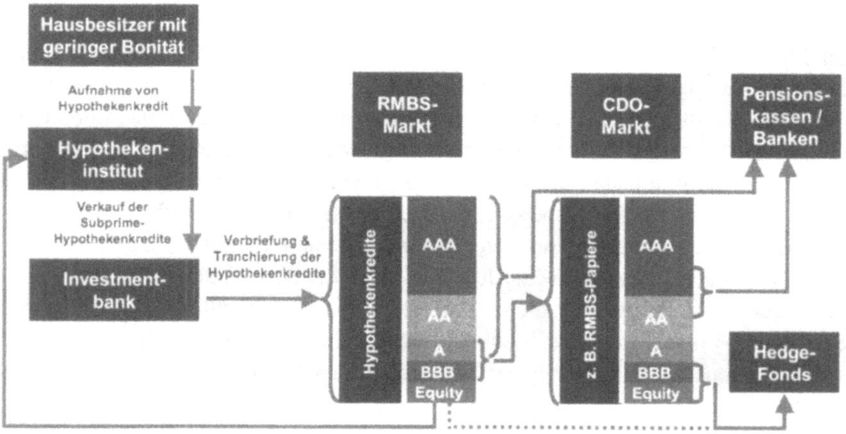

Abbildung 4b: Komplexere Verbriefungsstrukturen

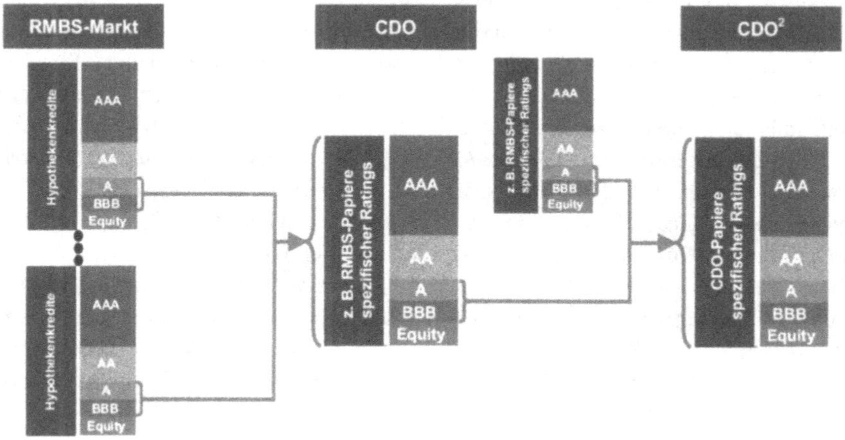

Die strukturierten Wertpapierprodukte wurden weltweit – und somit auch in Deutschland – in großem Umfang nachgefragt. Da die Ertragsraten von sicheren Anleihen aufgrund der über mehrere Jahre hinweg sehr niedrigen Zinsen wenig attraktiv waren, bestand insbesondere für institutionelle Investoren ein großer Anreiz, renditestärkere Anlageformen mit (scheinbar) gleich hohem Risiko zu wählen (*Sachverständigenrat* 2007, S. 98). Es entwickelte sich ein Herdenverhalten der Investoren, die trotz der intransparenten Verbriefungspraxis diese Papiere in großem Umfang nachfragten. Die Strukturierung war letztlich ausschlaggebend dafür, dass die Risiken von amerikanischen Immobilienkrediten weltweit verteilt wurden und die hohen Kreditbestände im Subprime-Bereich überhaupt in die Hände von institutionellen Investoren geraten konnten, die per Gesetz (z.B. Pensionskassen) oder durch ihre eigenen Statuten gehalten sind, nur solche Aktiva zu erwerben, die ein bestimmtes Mindest-Rating (oftmals AAA) aufweisen. Die übrigen Tranchen wurden oft an rendite-orientierte Investoren wie *Hedge Funds* abgesetzt oder blieben bei den Banken. Diese weltweite Streuung der Risiken sah man zunächst als durchaus positiv an, weil das internationale Finanzsystem dadurch eher stabiler erschien.

Seit 2007 häuften sich jedoch die Ausfälle bei den Subprime-Krediten, und die Anleger befürchteten zunehmend, dass auch ihre AAA-Tranchen von Verlusten betroffen sein könnten. Hinzu kam eine Verunsicherung aufgrund des Mangels an Information und Transparenz hinsichtlich der Qualität der zugrunde liegenden Portfolios. Viele Investoren weigerten sich daher, die vorher so begehrten Papiere oder Fonds, die solche Papiere enthielten, zu kaufen. Insbesondere bei einer kurz laufenden Refinanzierung der Zweckgesellschaften (mithilfe von *Asset-Backed Commercial Paper*) ergab sich ein Prolongationsproblem. Als dann Mitte Juni 2007 auch die Ratings dieser Papiere herabgestuft wurden, verschärfte sich dieser Prozess weiter, da institutionelle Anleger mit Mindest-Rating-Vorschriften ihre – bonitätsmäßig nicht mehr akzeptablen – Anlagen nun verkaufen mussten. Die Wertpapiere verloren massiv an Wert, und es kam zur Krise.

Mithilfe der beschriebenen Verbriefungstechniken konnten Banken ihre Forderungen bzw. ihre Risiken ausplatzieren. Hierdurch wurden Eigenkapitalvorschriften im Inland umgangen, um immer neue Kredite vergeben zu können (*Regulierungsarbitrage*). Nach deutschem Handelsrecht sind Zweckgesellschaften bisher nicht bilanziell zu konsolidieren, sodass sie im Jahresabschluss der Banken weitgehend unsichtbar bleiben. Eine Verschleierung der Risiken und eine günstigere Beschaffung von liquiden Mitteln waren somit möglich (*Franke* und *Krahnen* 2007, S. 13). So wies beispielsweise im April 2007 die Zweckgesellschaft *Rhineland Funding Capital* der *IKB Deutsche Industriebank* ein Volumen von 18,37 Mrd. USD auf, die *Landesbank Sachsen* hielt mit dem *Conduit Omond Quay Funding* Papiere im Wert von 18,11 Mrd. USD. Auch die *Landesbank Baden-Württemberg* und die *WestLB* verfügten über Zweckgesellschaften mit Bilanzhöhen von jeweils 9,00 bzw. 8,45 Mrd. USD (o.V. 2007, S. 3) Im Gegensatz zu regulierten Banken verfügen diese Quasi-Banken jedoch nicht über Eigenkapital, sondern werden nur mit Kreditzusagen eines etablierten Kreditinstituts betrieben. Gerät eine Zweckgesellschaft in Zahlungsschwierigkeiten, müssen diese folglich von ihren Betreibern getragen werden.

Neben der US-amerikanischen Niedrigzinspolitik sowie der intransparenten Verbriefungstechnik werden immer auch die Rating-Agenturen für die Krise (mit)verantwortlich gemacht. Ihnen wird vorgeworfen, die Risikoprüfung entlang der Verbriefungskette mit unzureichender Sorgfalt durchgeführt und somit die Ausfallwahrscheinlichkeiten der verschiedenen Tranchen nicht korrekt wiedergegeben zu haben. Interessenkonflikte, mangelhafte Qualität der Bonitätsanalyse und Investorenaufklärung spielen hier eine bedeutende Rolle. Bei der Bewertung verwenden die Agenturen statistische Modelle, die auf den Ausfallwahrscheinlichkeiten und Korrelationen der Vergangenheit basieren. Bei der Strukturierung besteht das Problem darin, dass Abweichungen von den historischen Werten einen größeren Anpassungsbedarf erfordern als zum Beispiel bei einer traditionellen Unternehmensanleihe. Zudem ist die Bewertung aufgrund von Ausfallwahrscheinlichkeiten, die auf Vergangenheitswerten beruhen, besonders problematisch, da der stark wachsende Markt für strukturierte Produkte eine noch relativ neue Erscheinung ist, für den keine zuverlässigen Werte verfügbar sind (*Sachverständigenrat*

2007, S. 115). Da beispielsweise das Subprime-Segment erst zu Beginn des Jahrtausends als Geschäftsfeld seitens der Banken entdeckt wurde, gab es keine ausreichende Historie. Der Rückgriff auf Daten des Prime-Marktes wurde den besonderen Eigenschaften des Subprime-Segmentes nicht gerecht, dessen originäre Finanzierung durch die Hypothekenbanken bereits ein systematisches Risiko enthielt. Zudem erfolgte nach einer langen Phase niedriger Volatilitäten und geringer Ausfallraten eine zu günstige Bewertung.

Üblicherweise werden derartige Ratings von den Emittenten in Auftrag gegeben, und auch während des Ratingprozesses besteht eine enge Zusammenarbeit, die häufig als Ansatz für Kritik dient. Angeführt werden eine fehlende Unabhängigkeit in der Bewertung sowie die mehr beratende Funktion der Agenturen. Wird das Geschäftsmodell der Rating-Agenturen genauer betrachtet, so sieht man, dass diese eingeschaltet werden, um die Informationsasymmetrie seitens der Anleger hinsichtlich der Qualität des Finanzkontraktes zu reduzieren. Dabei verfolgt der Emittent das Ziel, für jede Tranche das bestmögliche Rating zu erhalten, um somit den geringsten Spread an die Investoren zahlen zu müssen. Hingegen erwartet der Anleger eine möglichst konservative Bonitätsbeurteilung der einzelnen Tranchen, um eine hohe Rendite auf das investierte Kapital zu erhalten. Die Rating-Agentur als Informationsagent kann diesen beiden Erwartungshaltungen nur durch ein Maximum an Neutralität und Transparenz gerecht werden. Die Praxis zeigt jedoch, dass Rating-Agenturen primär im Auftrag der Emittenten handeln und somit nur als deren Agent und weniger als Agent der Investoren (*Morkötter* und *Westerfeld* 2008, S. 23ff.).

4. Wirkungen im Bankenbereich

Im Juli 2007 erschienen Meldungen, dass *Bear Stearns*, eine in Europa weniger bekannte Investmentbank, in Schwierigkeiten geraten war, nachdem drei vom Unternehmen aufgelegte Hedge Funds Insolvenz anmelden mussten. Der rasante Anstieg des amerikanischen Leitzinses in den Jahren 2005 und 2006 (siehe Abbildung 2) führte zu einem Einbruch auf dem amerikanischen Immobilienmarkt, sodass die Sicherheiten für die Hypothekenkredite an Wert verloren (*Sachverständigenrat* 2007, S. 99). Bonitätsschwache Schuldner, die variabel verzinste Darlehen aufgenommen hatten, sahen sich einem Anstieg der monatlichen Tilgungsraten um durchschnittlich 26 Prozent gegenüber. Aufgrund der unzureichenden Kreditwürdigkeitsprüfung der Banken konnten amerikanische Hausbesitzer zunehmend ihre Kredite nicht mehr bedienen. Die eigentliche Funktion von Banken, sich auf die Überwachung und Beurteilung von Kreditnehmern zu spezialisieren, um der asymmetrischen Informationsverteilung entgegenzuwirken, wurde nicht wahrgenommen. Die Verbriefungsmethodik verfolgt nicht mehr das ursprüngliche Modell des *buy and hold*, das allein eine Beziehung zwischen Kreditgeber und Kreditnehmer schafft und in sich schließt, sondern vielmehr das des *originate and distribute*, das durch Weiterreichung einer Forderung an eine Zweckgesellschaft das Beziehungsgeflecht und somit die Komplexität und das Auftreten asymmetrischer Informationen erweitert. Folglich besteht die Gefahr, dass das *Monitoring* weniger sorgfältig ausgeführt wird, da die Bank zwischen möglichst großen Erträgen aus dem Vertrieb von Krediten und einer umfassenden Beurteilung der Kreditnehmer abwägen muss (*Sachverständigenrat* 2007, S. 118).

Diese Entwicklungen führten zunächst zu einer *Liquiditätskrise* innerhalb der Kreditwirtschaft: Durch sinkendes Vertrauen in die Qualität der Kredite waren zahlreiche Zweckgesellschaften nicht mehr in der Lage, für die auslaufenden Papiere eine Refinanzierung zu finden bzw. diese zu veräußern. Der resultierende Kurseinbruch führte zu Verlusten, teils aufgrund des Verkaufs der Anleihen zu geringerem Wert, teils aufgrund von Buchverlusten. Zudem war die Liquidität der SPVs durch Kreditzusagen von Banken abgesichert, sodass die Kreditwürdigkeit zahlreicher Finanzinstitute erheblich in Gefahr geriet (*Sachverständigenrat* 2007, S. 94). Folglich nahm die Bereitschaft der Banken, einander kurzfristige (ungesicherte) Kredite zu gewähren, aufgrund des Vertrauensverlustes immer weiter ab. Der Zusammenbruch des Interbankenmarktes, an dem eine Vielzahl von Banken normalerweise weltweit kurzfristig (in der Regel ‚über Nacht') Liquidität in nationaler Währung (z.B. Euro) oder auch in Fremdwährungen austauschen, war die Folge.

Abbildung 5: Interbankenmarkt und EZB

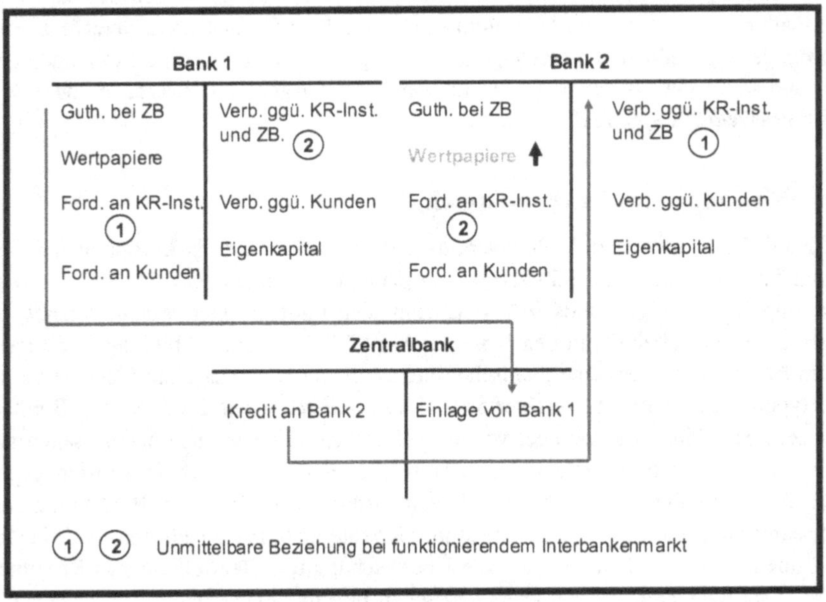

Eigene Darstellung.

Stattdessen stiegen die Einlagen der Finanzinstitutionen bei der *Europäischen Zentralbank* drastisch an (siehe Abbildung 6). Diese übernahm daraufhin eine ihr unter normalen Umständen fremde Funktion des Kreditmittlers und erhöhte damit ihren Forderungsbestand gegenüber Banken (siehe Abbildung 5; zur Rolle der Notenbanken siehe den Beitrag von *Hauck* und *Neyer*). Der eigentliche Zweck dieser Interaktionen, nämlich die Kreditvergabe durch Banken an Kunden, wurde jedoch nicht erreicht.

Vielmehr investierten Banken in vielen Fällen das günstig bei der Notenbank aufgenommene Geld in höherverzinsliche und sicherere Staatsanleihen. Abbildung 6 zeigt aber auch, dass sich die Situation am Interbankenmarkt im Eurowährungsgebiet Mitte des Jahres 2009 nahezu normalisiert hatte, um dann jedoch erneut auf das zur Jahreswende 2008/09 erreichte höchste Niveau anzusteigen. Gegenwärtig bewegen sich die Einlagen immer noch auf einem vergleichsweise hohen Niveau. Neben diesen Problemen am nationalen Interbankenmarkt ist aber auch der internationale Austausch von Liquidität in Fremdwährungen weitgehend zum Erliegen gekommen.

Abbildung 6: Einlagen von Geschäftsbanken bei der Europäischen Zentralbank

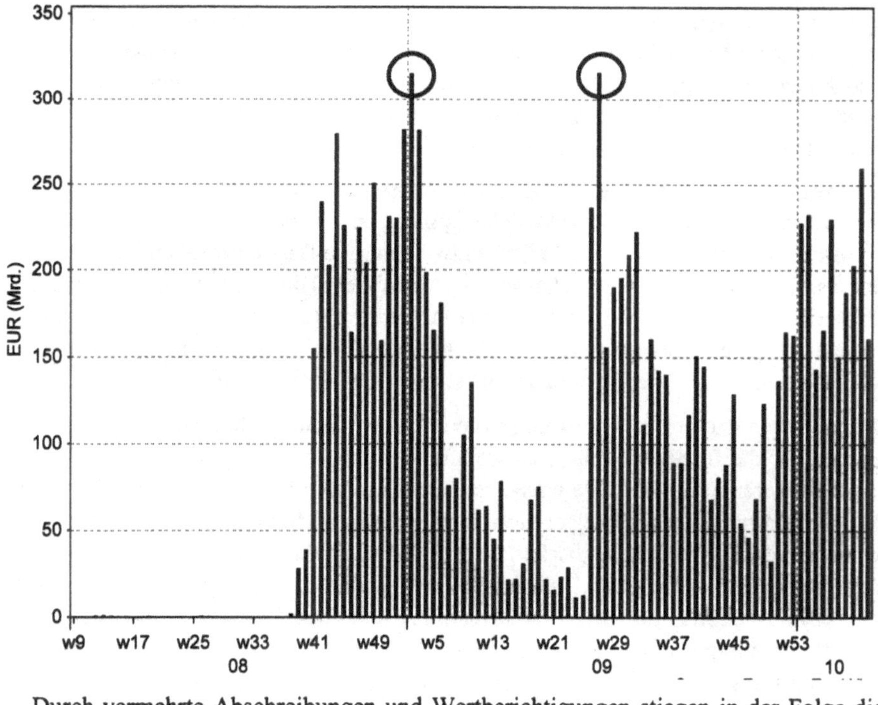

Durch vermehrte Abschreibungen und Wertberichtigungen stiegen in der Folge die Verluste der Finanzinstitute, welche zunächst das freie, anschließend jedoch auch das regulatorische Eigenkapital aufzehrten. Die Banken sahen sich daher in dieser zweiten Phase erheblichen *Solvenzproblemen* gegenüber, und eine Vielzahl von (drohenden) Insolvenzen war die Konsequenz.

Die nächsten Schwierigkeiten zeichnen sich aber bereits ab. Eine verteuerte Refinanzierung am Kapitalmarkt, sowie – konjunkturell bedingt – eine Verschlechterung der Kreditqualität und die sinkende Nachfrage nach Krediten werden den Banken vermutlich in den nächsten Monaten zusätzliche *Ertragsprobleme* bereiten.

5. Realwirtschaftliche Wirkungen

Mittlerweile hat sich die anfängliche – auf die USA begrenzte – Finanzkrise zu einer allgemeinen und globalen Wirtschaftskrise ausgeweitet. Nachdem der konjunkturelle Einbruch wiederum zunächst die USA traf, sprang dieser negative Funke auf immer mehr Länder über. So sank das Wirtschaftswachstum in Deutschland (BIP^{real}) im Jahre 2009 (nach vorläufigen Berechnungen) um 4,9 Prozent. In den USA betrug der Rückgang 2,4, in Großbritannien 4,9, in Italien 4,8 und in Frankreich 2,3 Prozent. Das weltwirtschaftliche Wachstum ging um 1,1 Prozent im Jahr 2009 gegenüber 2008 zurück.

Einen Grund für das Überschwappen der Finanzkrise auf den realwirtschaftlichen Bereich der USA könnte die enge Verzahnung von Wohnungsbau und konjunktureller Dynamik darstellen. Eine Untersuchung des Internationalen Währungsfonds zeigt, dass im Durchschnitt rund 22 Prozent der amerikanischen Konjunkturentwicklung in den zurückliegenden Jahren (1983-2007) durch die Veränderungen im Wohnungsbau erklärt werden kann. Die USA weisen damit den höchsten Wert aller Industrieländer auf, der auch weit über demjenigen Deutschlands (1,5 Prozent) liegt (*IMF* 2008).

Einen nicht unerheblichen Beitrag zur realwirtschaftlichen Entwicklung in den USA hat aber sicherlich auch die restriktive Geldpolitik im Vorfeld der Finanzkrise geleistet. Orientiert man sich dabei an der Leitzinsentwicklung, so lässt sich dies aus Abbildung 2 ablesen. Ein konjunktureller Rückgang wäre vor diesem Hintergrund – und zwar in den USA ebenso wie in anderen Länder(gruppe)n wie etwa der EWU – wohl auch ohne die Finanzkrise zu erwarten gewesen, dessen Ausmaß aber bei weitem nicht das aktuelle Niveau erreicht hätte (siehe hierzu beispielsweise *Michler* und *Thieme* 2009).

Übertragen wurde der Abschwung in den USA auf andere Länder über verschiedene Kanäle. Für die Bundesrepublik Deutschland ist dabei der Rückgang der Nettoexporte von besonderer Bedeutung. Sie waren es in erster Linie, die zum Rückgang des realen Bruttoinlandsproduktes beitrugen; ganz im Gegensatz zu früheren konjunkturellen Abschwungphasen. Dieser dramatische und anhaltende Rückgang der Nettoauslandsnachfrage hat – im Zusammenspiel mit negativen Zukunftserwartungen – ferner zu einem deutlichen Rückgang der Investitionen geführt, die damit ebenfalls einen negativen Wachstumsbeitrag zum BIP leisteten. Lediglich vom Konsum ging ein positiver Wachstumsimpuls aus, der in erster Linie durch die höheren Staatsausgaben zustande kam. Der private Konsum stieg insbesondere deshalb, weil die Haushalte deutlich mehr für Autos ausgaben – gefördert durch die staatliche Abwrackprämie. Der bereits für 2009 befürchtete Rückgang des privaten Konsums ist damit zunächst ausgeblieben.

Einen weiteren Übertragungskanal sieht man in einer rückläufigen Kreditvergabe der Banken an Unternehmen, die dann aufgrund einer sogenannten *Kreditklemme* ihre Investitionen nicht mehr finanzieren können. Die Diagnose einer solchen Kreditklemme ist jedoch ausgesprochen schwierig. Nicht nur die mangelnde Bereitschaft oder Fähigkeit von Banken, Kredite zu vergeben, führt zu einem Rückgang des Kreditvolumens an Unternehmen, sondern auch ein konjunkturbedingter Nachfragerückgang von Seiten der Unternehmen.

6. Maßnahmen zur Krisenbekämpfung

Während zu Beginn der Krise zunächst Einzelmaßnahmen von Notenbanken und Regierungen ergriffen wurden, lässt sich seit der *Lehman*-Pleite ein weitgehend abgestimmtes Vorgehen beobachten. Diese Maßnahmen sollen im Folgenden zu den Bereichen *geldpolitische Reaktionen*, *staatliche Hilfsprogramme* und *Stabilisierung des Bankensektors* zusammengefasst werden.

6.1. Geldpolitische Reaktionen

Bereits Anfang 2008 kam es zur zinspolitischen Wende in den USA, in deren Folge der Leitzins von der *FED* bis auf nahezu null Prozent gesenkt wurde. Großbritannien folgte dieser Politik mit geringem zeitlichem Abstand. Im Gegensatz dazu erhöhte die *Europäische Zentralbank* (EZB) noch am 3. Juli 2008 ihren Leitzins, da die Finanzkrise aus ihrer Sicht überwunden schien und nun Inflationsgefahren für das Eurowährungsgebiet eine größere Bedeutung bei ihrer Entscheidungsfindung einnahmen. Doch bereits drei Monate später schloss sich die *EZB* vor dem Hintergrund der *Lehman*-Pleite und den damit verbundenen Wirkungen im Bankensystem den allgemeinen Leitzinssenkungen an. Als Reaktion auf den weitgehenden Zusammenbruch des Interbankenmarktes ging die *EZB* ferner dazu über, ihre Wertpapierpensionsgeschäfte in Form von Mengentendern und nicht mehr als Zinstender durchzuführen. Dies hatte bis Januar 2010 zur Konsequenz, dass sich die Banken in jedem beliebigen Umfang zu dem jeweils geltenden Leitzins bei der *EZB* refinanzieren konnten. Darüber hinaus reduzierte die EZB die Anforderungen an diejenigen Wertpapiere, die von den Banken als Sicherheit im Zusammenhang mit der Refinanzierung bei ihr hinterlegt werden müssen. Ab dem 23. Juni 2009 hat die *EZB* den Banken zudem im Rahmen ihrer Wertpapierpensionsgeschäfte erstmals Refinanzierungsmittel für die Dauer von einem Jahr bereitgestellt. Damit werden die bisherigen Zeiträume von einer Woche, einem, drei und sechs Monaten nochmals deutlich ausgeweitet. Ziel dieser Maßnahme ist es, auch über diesen Kanal einen gewichtigeren Einfluss auf die Zinsentwicklung im längerfristigen Bereich auszuüben.[4]

Um auch den internationalen Austausch von Liquidität weiterhin zu gewährleisten, schließen die Notenbanken weltweit untereinander Devisenswapgeschäfte ab, in denen benötigte Währungen bereitgestellt und dann an nationale Banken weitergegeben werden. Dabei handelt es sich um Geschäfte, bei denen eine Notenbank einer anderen sofort Devisen zur Verfügung stellt (Kassageschäft) und gleichzeitig der Rückkauf zu einem festen Termin und Kurs vereinbart wird (Termingeschäft). Der gegenseitige Austausch zweier Währungen für einen bestimmten Zeitraum wird durch das Swapgeschäft vor Verlusten geschützt, die etwa durch Kursschwankungen eintreten können.

Im nationalen Bereich versucht die *EZB* unter normalen Umständen, über ihren Leitzins den Geldmarktzins EONIA (*Euro Overnight Index Average*) zu beeinflussen.[5] Dies geschieht über kurzfristige Kredite der Notenbank an Geschäftsbanken, die zumeist

---

[4] Vgl. zu ausführlichen Bewertungen der Geldpolitik der EZB während der Finanzkrise etwa *Hayo* (2010), *Neumann* (2009), *Herr* (2010) und *Neyer* (2010).

[5] Vgl. zu den folgenden Ausführungen zur Geldpolitik der EZB *Görgens, Ruckriegel* und *Seitz* (2008, S. 274 ff.) sowie *Spahn* (2009, S. 94 ff).

durch Hinterlegung oder Verpfändung von risikolosen Wertpapieren bei der Notenbank abgesichert werden. Daher spricht man auch von Wertpapierpensionsgeschäften. Der Leitzins entspricht dabei dem Wertpapierpensionssatz, den die Notenbank für ihre Kredite fordert. Wertpapierpensionsgeschäfte können unterschiedliche Laufzeiten aufweisen. Das Hauptinstrument der *EZB* sind normalerweise Wertpapierpensionsgeschäfte über eine Woche. Sie wurden bis April 2008 ausschließlich ergänzt durch Geschäfte mit dreimonatiger Laufzeit. Anschließend traten Geschäfte mit sechs- und neunmonatiger Laufzeit hinzu.

Darüber hinaus können Geschäftsbanken auf eigene Initiative ‚über Nacht' eine Spitzenrefinanzierungsfazilität in Anspruch nehmen, für die allerdings ein höherer Zins als der Wertpapierpensionssatz gefordert wird. Der Spitzenrefinanzierungssatz stellt damit eine Obergrenze für den Tagesgeldzins dar, da eine Bank zu diesem Satz jede gewünschte Menge an fehlenden Mitteln bei der *EZB* aufnehmen kann. Auf der anderen Seite bietet sie den Geschäftsbanken aber auch eine kurzfristige Anlagemöglichkeit für überschüssige Finanzmittel – die Einlagenfazilität. Der entsprechende Einlagensatz liegt dabei unter dem Wertpapierpensionssatz. Bis zu Beginn der Krise betrug die Spanne zwischen Einlagensatz und Spitzenrefinanzierungssatz zwei Prozentpunkte. Diese Zusammenhänge veranschaulicht Abbildung 7. Man sieht ferner, dass bis zum Oktober 2008 der Tagesgeldsatz stets in unmittelbarer Nähe des Wertpapierpensionssatzes lag und somit das Steuerungsziel der *EZB* erreicht wurde.

Abbildung 7: Leitzinsen und Geldmarktzins (EONIA)

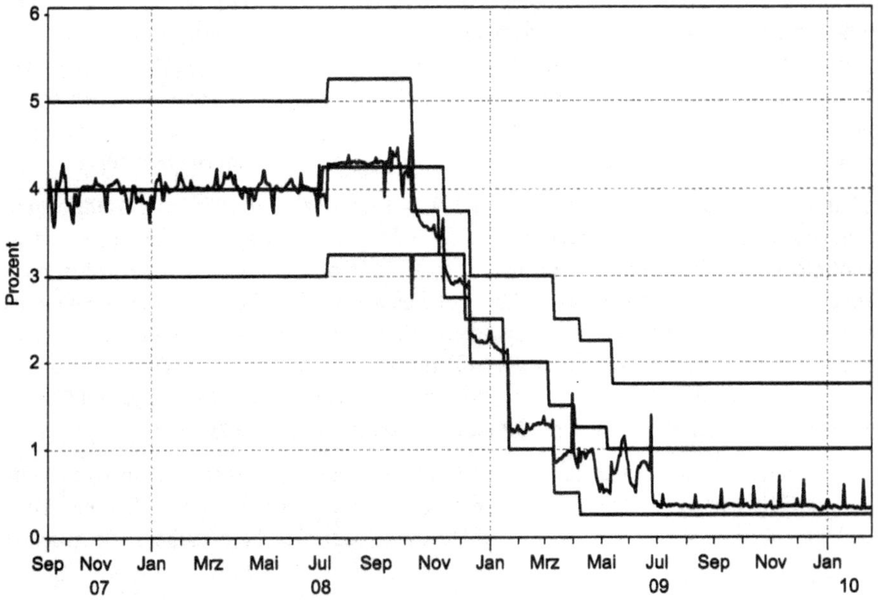

Mit Wirkung vom 9. Oktober 2008 verringerte die *EZB* den Korridor zwischen dem Einlagensatz und dem Spitzenrefinanzierungssatz von zwei Prozentpunkten auf einen Prozentpunkt. Seit dem 21. Januar 2009 galt dann zunächst wieder die ursprüngliche

Spanne, die dann allerdings ab dem 13. Mai 2009 erneut reduziert wurde – nun auf 1,5 Prozentpunkte. Mit der Verengung des Korridors verfolgte die *EZB* das Ziel, den Satz für die Spitzenrefinanzierung zu senken, um so die jederzeitige Liquiditätsversorgung der Kreditinstitute zu verbilligen.

Seit Oktober 2008 lag der Tagesgeldsatz allerdings immer häufiger – zum Teil deutlich – unterhalb des Wertpapierpensionssatzes. Der Grund hierfür ist, dass die Banken im Rahmen der unbegrenzten Refinanzierungsgeschäfte mit der *EZB* reichlich Liquidität aufnehmen, um im Bedarfsfall nicht von anderen Banken abhängig zu sein. Diese Liquidität legen sie dann wiederum zum Einlagensatz bei der *EZB* an (siehe auch Abbildung 5), was den Tagesgeldsatz in die Nähe des Einlagensatzes fallen lässt. Durch die Verengung der Spanne zwischen Einlagen- und Spitzenrefinanzierungssatz wurde diese Entwicklung noch begünstigt, betrug der Abschlag des Einlagensatzes doch nur 0,5 Prozentpunkte. Vor diesem Hintergrund ist auch die Rückkehr zur ursprünglichen Spanne im Januar 2009 zu sehen. Hierdurch wollte die *EZB* den Anreiz für Banken mindern, aufgenommene Liquidität bei ihr auch wieder anzulegen. Vielmehr sollte durch den höheren Abschlag von einem Prozentpunkt der Interbankenmarkt wieder belebt werden. Im Ergebnis sank aber der Tagesgeldsatz ab Februar 2009 noch deutlicher unter den Wertpapierpensionssatz (rund 0,8 Prozentpunkte), und das Ziel, über den Leitzins den Tagesgeldsatz zu beeinflussen, wurde deutlich verfehlt. Möglicherweise kam es auch aus diesem Grund im Mai 2009 zu einer erneuten Verengung der Spanne. Ein auf diese Weise reduzierter Spitzenrefinanzierungssatz und eine Belebung des Interbankenmarktes könnten dazu führen, dass die Kreditinstitute im Rahmen der normalen Refinanzierungsgeschäfte weniger Liquidität von der *EZB* aufnehmen und statt dessen im Bedarfsfall auf die Spitzenrefinanzierung zurückgreifen. Ein weiteres Korrekturelement könnte auch die Aufgabe der unlimitierten Zuteilung von Basisgeld im Rahmen der Wertpapierpensionsgeschäfte sein, die allerdings immer noch in Kraft ist.

Liegt eine größere Differenz zwischen dem Tagesgeldsatz und dem Leitzins, muss die *EZB* ferner ihr Konzept überdenken und sich fragen lassen, welchen Zins sie letztlich steuern will. Dabei ist auch der Drei-Monate-Euribor (Euro Interbank Offered Rate) ins Gespräch gekommen, weil die *EZB* in letzter Zeit bei der Kommunikation ihrer Geldpolitik auf die Entwicklung dieses Zinssatzes besonders hingewiesen hat. Er besitzt auch eine erhebliche Bedeutung, weil er in vielen Fällen die Basis für variable Hypotheken darstellt. Der Euribor sank von 5,4 Prozent im Oktober 2008 auf 1,96 Prozent im Februar 2009 und entsprach damit fast genau dem Leitzins. Abbildung 8 zeigt diese Entwicklung. Obwohl EZB-Präsident *Trichet* gerne auf diese Entwicklung verweist, um den Einfluss der Leitzinssenkungen auf die Märkte zu belegen, widerspricht er einer Strategieänderung. Möglicherweise ist der Blick auf und die Entwicklung des Euribor aber auch vor dem Hintergrund eines zunehmend größeren Anteils an längerfristigen Wertpapierpensionsgeschäften zu sehen, der mittlerweile rund 65 Prozent an den gesamten Refinanzierungsgeschäften ausmacht.

Abbildung 8: Leitzins und Euribor

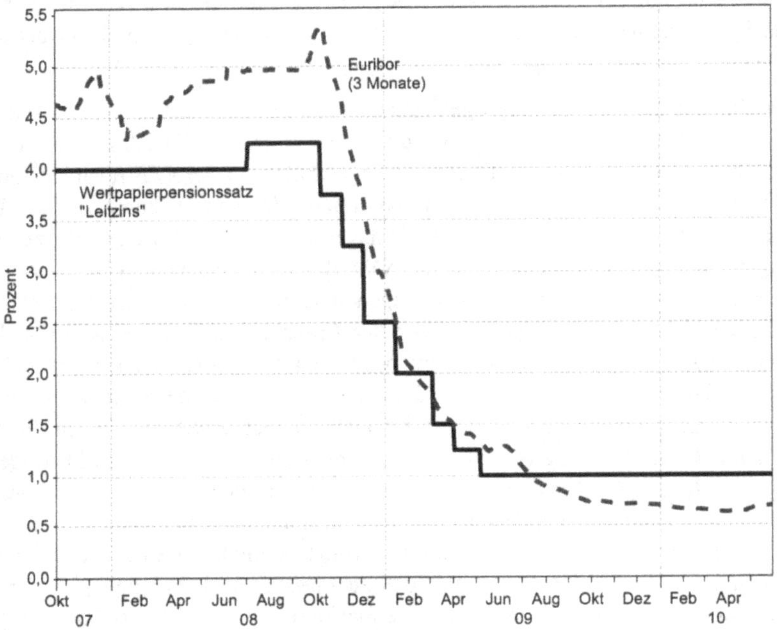

Sinken die Leitzinsen jedoch auf oder nahe null Prozent, so bedarf es alternativer geldpolitischer Maßnahmen. Im Rahmen der Offenmarktpolitik bedeutet dies den Übergang von den bisher üblichen Wertpapierpensionsgeschäften, die den Kreditspielraum der Geschäftsbanken beeinflussen, zu Wertpapiergeschäften (auch) mit privaten Wirtschaftssubjekten und institutionellen Anlegern (Nicht-Banken). Auf diese Weise kann man die Geschäftsbanken – möglicherweise, um eine befürchtete Kreditklemme auszuschließen – umgehen und versuchen, die Liquidität (im privaten Bereich) unmittelbar zu beeinflussen. Deshalb spricht man auch von *quantitativer Lockerung* der Geldpolitik. Offenmarktgeschäfte können dabei mit einer Vielzahl von Wertpapieren durchgeführt werden, die sowohl dem Geld- als auch dem Kapitalmarkt zuzuordnen sind. Notenbankinterventionen am Kapitalmarkt mit dem primären Ziel der Finanzierung des öffentlichen Kreditbedarfs sind allerdings in der Währungsunion ausgeschlossen. Bei einem solchen unmittelbaren Erwerb von Staatsschuldtiteln handelt es sich nämlich nicht um ein Offenmarktgeschäft, sondern um eine Kreditgewährung an den Staat (vgl. $\hat{M}$ in der folgenden Abbildung 9). Eine Sonderstellung nehmen in diesem Zusammenhang Pfandbriefe ein, die üblicherweise von Banken begeben werden. Gerade bei einem unmittelbaren Ankauf durch die *EZB* würde sich daher wenig an der bisherigen Geldpolitik in Form der Liquiditätssteuerung des Geschäftsbankensektors ändern. Sollte sich die *EZB* jedoch dazu entschließen, statt der geplanten Pfandbriefe am offenen Markt zu einem späteren Zeitpunkt auch Staatsschuldpapiere anzukaufen, würde dies sicherlich eine gefährliche Nähe zu einer unmittelbaren Finanzierung der Staatsschuld aufweisen.

Da die Wirkungen einer solchen quantitativen Lockerung jedoch weitgehend unbekannt sind, schlugen Ökonomen wie *Buiter* und *Mankiw* (in Blogs) als Alternative negative Leitzinsen vor. Für einen Kredit bei der Notenbank über 100 Geldeinheiten müsste die Bank dann – etwa bei einem Leitzins von minus fünf Prozent – nur noch 95 Geldeinheiten zurückzahlen. Diese spezielle Variante der traditionellen Geldpolitik würde zwar auf der einen Seite dazu führen, dass die Kreditzinsen entsprechend weit fallen und damit realwirtschaftliche Investitionen möglicherweise lohnender würden. Auf der anderen Seite würde aber auch der Sparzins negativ werden und damit jeder Anreiz erlahmen, Geld bei der Bank anzulegen. Letztlich stünden keine Geldbeträge mehr zur Verfügung, die die Bank wiederum an Unternehmen und Haushalte ausleihen könnte. Diese Entwicklung versuchen *Buiter* und *Mankiw* durch verschiedene Varianten von *Strafsteuern auf Bargeldhaltung* zu verhindern (vgl. *Buiter* 2009 und *Mankiw* 2009). Eine Variante – das sogenannte Schwundgeld – geht auf den deutschen Ökonomen *Silvio Gesell* zurück. Dabei verliert das Bargeld in bestimmten zeitlichen Abständen einen immer größeren Teil seines Wertes. Vorgeschlagen wurde diese Maßnahme von *Gesell*, um die Umlaufgeschwindigkeit des Geldes und damit die Nachfrage in der Wirtschaft anzukurbeln. Diese Variante kommt heute bereits zum Teil bei inoffiziellem Parallelgeld etwa in Form von Regionalwährungen zum Einsatz (vgl. dazu *Rösl* 2005). Andere Ausprägungen einer solchen Strafsteuer wären etwa ein Wechselkurs (ungleich eins) zwischen Bar- und Buchgeld oder eine zufällige Bargeldvernichtung, indem Geldscheine mit einer bestimmten Endnummer für ungültig erklärt werden. All diese Vorschläge sind zwar theoretisch denkbar, lassen sich aber wohl kaum im Rahmen der praktischen Geldpolitik umsetzen.

Sowohl die Leitzinssenkungen als auch die (unkonventionellen) Offenmarktoperationen mit Nichtbanken bedeuten eine (zum Teil erhebliche) Liquiditätsausweitung in den betroffenen Ländern. Die damit verbundenen inflationären Gefahren sind aber bei traditionellen Wertpapierpensionsgeschäften vermeintlich geringer, da die eher kurzfristig bereitgestellte Liquidität im Falle des Aufschwungs möglicherweise schneller wieder vom Markt genommen werden kann. Dies ist aber sowohl bei längerfristigen Wertpapierpensionsgeschäften, deren Anteil zugenommen hat, als auch bei längerfristigen Offenmarktoperationen (am Kapitalmarkt), wie sie jetzt von allen Notenbanken zunehmend durchgeführt werden, deutlich schwieriger.[6] Darüber hinaus steht zu befürchten, dass alle beteiligten Notenbanken in der Aufschwungphase sehr lange warten werden, bis man die geldpolitischen Zügel wieder anzieht – denn keine der beteiligten Notenbanken wird sich vorwerfen lassen wollen, den Aufschwung frühzeitig wieder abgewürgt zu haben. Abschließend scheint allerdings bedenkenswert, dass alle Notenbanken gegenwärtig die Krise mit genau der (expansiven) Geldpolitik zu bekämpfen versuchen, die zumindest eine Ursache für den Ausbruch der Finanzkrise selbst war.

Die stark expansive Geldpolitik wird aber nicht nur mit dem extremen Konjunktureinbruch in vielen Ländern begründet, sondern auch mit einer – angeblich – drohenden Deflation. Nachdem die Inflationsrate in Deutschland im Juli 2009 um 0,5 und im September 2009 um 0,3 Prozent gegenüber dem Vorjahresmonat gesunken war, stieg sie im Dezember 2009 bereits wieder um 0,9 Prozent. Dies entspricht zugleich auch der De-

---

[6] Zu weiteren Problemen von Offenmarktoperationen am Kapitalmarkt und gegenüber Nichtbanken siehe *Issing* (2006, S. 89 ff.)

zember-Inflationsrate für das Eurowährungsgebiet, während sie in der EU bei 1,4 Prozent lag. Betrachtet man hingegen – was gerne bei steigenden Inflationsraten gemacht wird – die um Energiepreise bereinigte Kerninflationsrate, so ist diese Rate sowohl im Eurowährungsgebiet als auch in Deutschland bisher nicht unter etwa einem Prozent gesunken und lag damit deutlich entfernt von negativen Werten. Die Gefahr einer Deflation sieht man insbesondere darin, dass bei der Erwartung (weiter) sinkender Preise die Kaufentscheidungen von Haushalten und Unternehmen in die Zukunft verlagert werden und damit die gegenwärtige Krise noch verschärft wird. Hinzu kommt, dass Nominallöhne häufig nach unten inflexibel sind, sodass mit einer Deflation ein Anstieg der Reallöhne und damit eine zunehmende Belastung der Unternehmen verbunden ist. Ähnliches gilt für den Realwert der Verschuldung bei Privaten und beim Staat. Wenn man den Leitzins nicht unter null Prozent senkt, impliziert eine Deflation ferner einen Anstieg der realen Leitzinsen.

6.2. Staatliche Hilfsprogramme

Zur Überwindung der realwirtschaftlichen Krise wurden in Deutschland – wie auch in vielen anderen Ländern – umfangreiche Konjunkturpakete beschlossen, und zwar im November 2008 das *Konjunkturpaket I* mit Maßnahmen im Umfang von 31,1 Mrd. Euro und im Februar 2009 das *Konjunkturpaket II* mit Maßnahmen im Umfang von 49,2 Mrd. Euro (*Bundesfinanzministerium* 2009). Diese Konjunkturprogramme entsprangen im Großen und Ganzen der *keynesianischen Stabilisierungsphilosophie*, die davon ausgeht, dass der Staat mangelnde private Nachfrage durch erhöhte eigene Nachfrage ausgleichen soll, um den konjunkturellen Abschwung zu begrenzen oder gar umzukehren. Im Mittelpunkt stehen dabei unmittelbare staatliche Ausgaben und Transfers bzw. Subventionen, die an private Ausgaben geknüpft sind. Ein Beispiel hierfür ist die Abwrackprämie für Automobile. Eher skeptisch steht man hingegen Steuersenkungen gegenüber, da man befürchtet, dass ein dadurch bedingter Anstieg des verfügbaren Einkommens nicht in den Konsum fließt, sondern gespart wird (‚Angstsparen'). Diese Diskussion wurde und wird auch in Deutschland geführt.

Neben den Nachfragewirkungen dieser Konjunkturpakete sind aber die Finanzierungswirkungen von besonderem Interesse, die mit Hilfe der in Abbildung 9 wiedergegebenen staatlichen Budgetrestriktionen erläutert werden sollen (eine ausführliche Darstellung der Zusammenhänge und Folgen findet sich im Beitrag von *Smeets*).

Abbildung 9: Staatliche Budgetrestriktion

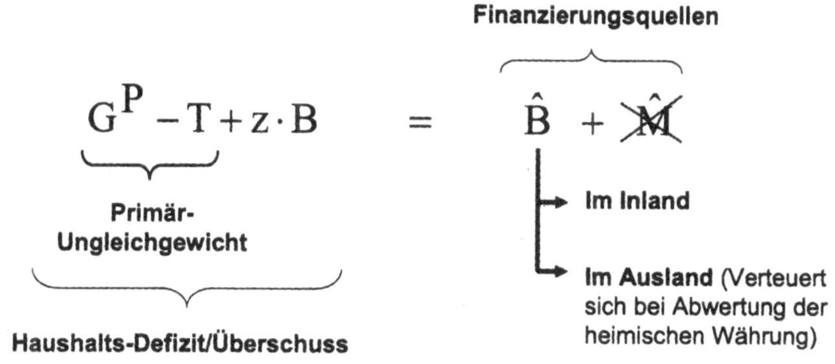

Eigene Darstellung.

Die linke Seite der staatlichen Budgetrestriktion zeigt zunächst das Budgetdefizit oder den Budgetüberschuss. Die gesamten Staatsausgaben ergeben sich dabei aus den Ausgaben im engeren Sinne (Primärausgaben = G^P) und den Zinszahlungen ($z \cdot B$), die wiederum abhängen vom (durchschnittlichen) Zinssatz (z) und dem Schuldenstand (B). Dem stehen die gesamten Einnahmen des Staates (T) gegenüber. Ergibt sich daraus ein positiver Saldo, d.h. ein Budgetdefizit, dann gibt es grundsätzlich zwei Möglichkeiten zu dessen Finanzierung: Der Staat kann sich weiter (neu) am Kreditmarkt verschulden ($\hat{B}$), indem er zusätzliche Staatsschuldpapiere an Private verkauft, oder er kann Kredite unmittelbar und auf eigene Initiative bei der Notenbank aufnehmen ($\hat{M}$), wodurch die Geldmenge ausgeweitet wird. Diese Möglichkeit ist in der Währungsunion ausgeschlossen, weil gerade in Deutschland über diesen Kanal nach dem Ersten und Zweiten Weltkrieg Hyperinflationen ausgelöst wurden.

Lassen nun die umfangreichen Konjunkturprogramme und möglicherweise einzulösende Bürgschaften G steigen, während aufgrund des Konjunktureinbruchs zugleich T sinkt, stellt sich die Frage nach den Finanzierungsfolgen eines so ausgelösten Budgetdefizits. Kurzfristig bleibt für die Mitglieder des Eurowährungsgebiets nur eine (erhöhte) Neuverschuldung ($\hat{B}$) zur Deckung des Fehlbetrags. Dabei ist gegenwärtig durch die weltweit stark expansive Geldpolitik wohl nicht damit zu rechnen, dass die Zinsen aufgrund der erhöhten Kreditnachfrage (absolut gesehen) steigen werden. Bereits zu beobachten ist allerdings, dass stark verschuldete Länder wie etwa Irland, Griechenland[7], Italien und Spanien einen höheren Risikozuschlag und damit einen individuell höheren Zins zahlen müssen, weil das Ausfallrisiko höher eingeschätzt wird (siehe Abbildung 10). Die daraus für diese Länder resultierenden Liquiditätsrisiken versucht man nun durch (freiwillige) Kredit- und Bürgschaftszusagen anderer Mitgliedsländer des Eurowährungsgebiets auszuschließen, obgleich gemäß Artikel 103 EGV (*No-bail-out-Klausel*) kein Mitgliedsland verpflichtet ist, für die Staatschulden eines anderen Mitgliedslandes einzustehen.

---

7 Zur nachfolgend entstandenen Griechenlandkrise siehe ausführlich *Smeets* (2010).

Abbildung 10: Renditedifferenzen gegenüber deutschen Staatsanleihen (10 Jahre Laufzeit)

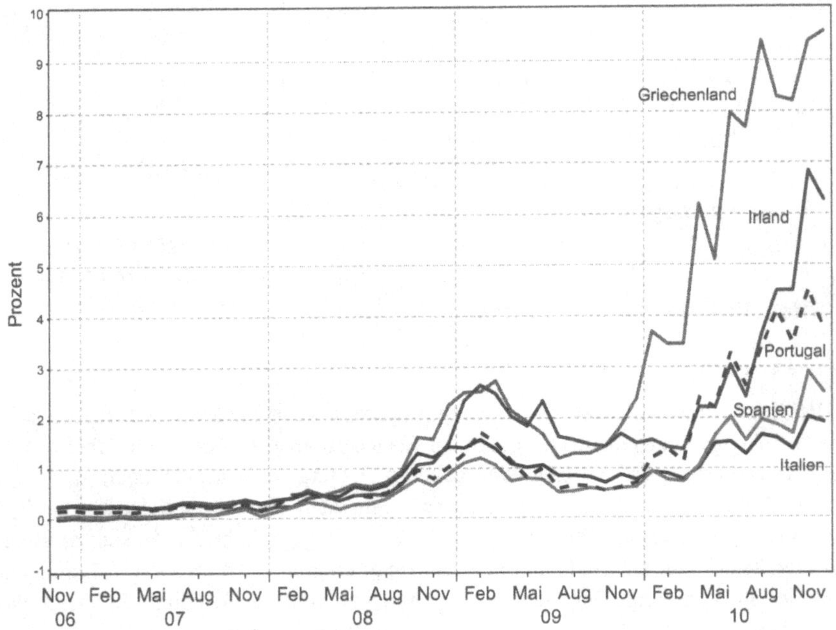

Darüber hinaus wurden nach Schätzungen der *EU* voraussichtlich 14 der 16 EWU-Mitgliedstaaten 2009 zu Defizitsündern, deren Neuverschuldungsquote die Grenze von 3 Prozent übersteigt. Ausnahmen hiervon bilden zunächst nur Luxemburg und Finnland. Abbildung 11 gibt einen exemplarischen Überblick über die von der *EU-Kommission* festgestellten bzw. geschätzten Defizit- und Schuldenquoten für die Jahre 2008 bis 2011. Ergänzt werden diese Angaben durch entsprechende Zahlen für Japan und die USA. Gegen die betreffenden Mitgliedsländer hat die Kommission mittlerweile Verfahren wegen eines übermäßigen Defizits eröffnet. Für die Jahre 2010 und 2011 rechnet die EU ferner damit, dass alle Mitglieder des Euro-Währungsgebiets die Defizitgrenze von 3 Prozent verletzen.[8] Zugleich ist aber nicht zu erwarten, dass die betroffenen Länder zu einer kurzfristigen Anpassung gezwungen oder gar mit Sanktionen (gilt nur für Mitglieder der Währungsunion) belegt werden. Man wird die gegenwärtige Krise vielmehr als ein ‚außergewöhnliches Ereignis' interpretieren, das eine entsprechend lange Anpassungszeit erfordert und rechtfertigt. Diese Flexibilität ist im Rahmen der Neuordnung des *Stabilitätspaktes* 2005 geschaffen worden. So lange das Geldmengenventil – im Einklang mit den herrschenden Rahmenbedingungen in der Währungsunion – nicht geöffnet wird, gehen von der zunehmenden Neuverschuldung allerdings keine (unmittelbaren) inflationären Impulse aus!

---

[8] Vgl. hierzu *Eurostat* (2010), *European Commission* (2010a) und *Europäische Union* (2010).

Abbildung 11: Neuverschuldungsquote (NVQ) und Schuldenstandsquote (SSQ) ausgewählter Länder

		2008	2009	2010	2011
DE	NVQ	0,0	- 3,3	- 5,0	- 4,7
	SSQ	66,0	73,2	78,8	81,6
FR	NVQ	- 3,3	- 7,5	- 8,0	- 7,4
	SSQ	67,5	77,6	83,6	88,6
IT	NVQ	- 2,7	-5,3	- 5,3	- 5,0
	SSQ	106,1	115,8	118,2	118,9
GR	NVQ	- 7,8	- 12,7	- 9,8	- 10,0
	SSQ	102,6	114,9	123,3	130,2
POR	NVQ	- 2,8	- 9,4	- 8,5	- 7,9
	SSQ	66,3	76,8	85,8	91,1
USA	NVQ	- 6,5	- 11,2	- 10,7	- 9,4
	SSQ	70,0	83,9	92,4	99,5
JAP	NVQ	- 2,7	- 7,4	- 8,2	- 9,4
	SSQ	172,1	189,3	197,2	204,3

Quelle: *European Comission (*2010b, S. 14 ff.) und *OECD* (2009).[9]

Mit Hilfe der staatlichen Budgetrestriktion lassen sich darüber hinaus auch die speziellen Probleme einzelner Länder erläutern: So führte die Verstaatlichung isländischer Banken und die damit vom Staat übernommenen Verluste zu einem entsprechenden Anstieg der Staatsausgaben. Gelingt es einem solchen Land nun nicht, in entsprechendem Umfang Staatsschuldpapiere zu verkaufen, sich also neu zu verschulden, oder die Steuern zu erhöhen, so ist es zahlungsunfähig. Nur ein Kredit Russlands hat Island (zunächst) vor dieser Situation bewahrt.

In Ungarn wurden ähnliche Probleme durch eine hohe Auslandsverschuldung ausgelöst. Die Unsicherheiten im Finanz- sowie im realwirtschaftlichen Bereich führten dazu, dass die Währungen mittel- und osteuropäischer Länder stark abgewertet wurden. Hierdurch erhöhte sich der Schuldendienst dieser Länder und damit das Staatsdefizit ganz erheblich. Ist eine entsprechende private Neuverschuldung weder im In- noch im Ausland möglich, so bleibt als letzte Hoffnung ein Kredit von befreundeten Staaten (z.B. aus der *EU*) oder vom *Internationalen Währungsfonds* (IMF). Vor diesem Hintergrund ist auch die jüngst beschlossene Quotenerhöhung im *IMF* zu sehen, die es ermöglichen

---

9 Die Zahlenangaben sämtlicher Mitgliedsländer der *EU*, ausgenommen Griechenland, entstammen dem Beitrag der *European Commission*, während die Angaben der anderen Ländern dem der *OECD* entnommen sind.

soll, zusätzlichen Ländern entsprechend hohe Kredite zur Krisenbewältigung zur Verfügung zu stellen.

6.3. Stabilisierung des Bankensektors

Die Fähigkeit des Finanzsystems, seine zentralen Funktionen in einer Volkswirtschaft, wie die Allokation von Finanzmitteln und Risiken sowie die Abwicklung von Zahlungen und Wertpapiertransaktionen auch bei Schocks, in Stresssituationen oder strukturellen Umbruchphasen effizient zu erfüllen, ist durch die Auswirkungen der Finanzkrise aktuell eingeschränkt. Um das Vertrauen zwischen den Institutionen und sonstigen Marktteilnehmern wiederherzustellen und somit negative Auswirkungen auf die Realwirtschaft zu vermeiden, wurde im Oktober 2008 das *Finanzmarktstabilisierungsgesetz* (FMStG) durch die deutsche Bundesregierung beschlossen. Es zielt auf die Sicherstellung der Zahlungsfähigkeit von Finanzinstituten mit Sitz in Deutschland und die Vermeidung einer allgemeinen Kreditklemme ab. Dabei ist ein von der Deutschen Bundesbank verwalteter Rettungsfonds in Höhe von 100 Mrd. Euro Hauptbestandteil, mit dem Kredite zum Erwerb von Problemaktiva und zur Beteiligung an Finanzinstitutionen aufgenommen werden können. Durch ein Maßnahmenpaket der Bundesregierung, bestehend aus Einlagensicherungen, neuen Bilanzregeln, Auflagen für Banken und Manager (Gehaltsobergrenzen, Streichung von Boni, Beschränkung von Dividenden, solide Geschäftspolitik) sowie der Kontrolle des Fonds, soll zudem die Stabilität des Finanzsystems gesichert werden (*Bundesfinanzministerium* 2008a).

Zur Stabilisierung des deutschen Finanzsystems wurde im Oktober 2008 in einem Eilverfahren der *Sonderfonds Finanzmarktstabilisierung* (SoFFin) durch das Finanzmarktstabilisierungsgesetz geschaffen. Er wurde in Form eines Sondervermögens des Bundes gebildet und wird sowohl vom Bund als auch von den Bundesländern getragen. Durch Stärkung der Eigenkapitalbasis von Finanzunternehmen soll er den herrschenden Vertrauensverlust am Interbankenmarkt reduzieren. Dazu kann der Fonds Garantien bis zur Höhe von 400 Mrd. Euro für begünstigte Unternehmen gewähren; im Falle der Inanspruchnahme aus Garantien hat das Bundesministerium der Finanzen die Möglichkeit, Kredite in Höhe von bis zu 20 Mrd. Euro aufzunehmen. Mittels staatlicher Garantien für die Begebung neuer Schuldtitel hilft er, gegen eine angemessene Verzinsung, Liquiditätsengpässe von Finanzinstituten zu bewältigen, die durch den eingeschränkten Handel am Interbankenmarkt entstanden sind. Zudem kann er sich an Finanzunternehmen beteiligen und somit die Eigenkapitalbasis im Falle des Kapitalmangels aufstocken. Eine weitere Möglichkeit, das Finanzsystem zu stabilisieren, besteht in der Risikoübernahme mittels Gewährung sicherer Schuldtitel durch Übernahme von Risikopositionen, wie z.B. von Forderungen und Wertpapieren, die als Sicherheiten bei Interbankengeschäften verwendet werden können. Am 9. April 2009 trat dann das *Finanzmarktstabilisierungsergänzungsgesetz* in Kraft, das die völlige Übernahme von Banken durch den Staat ermöglicht (*Finanzmarktstabilisierungsergänzungsgesetz* 2009).

Zahlreiche Unternehmen haben bereits durch Antragstellung Leistungen des Fonds erhalten: Als eines der ersten Institute, das das Rettungspaket in Anspruch nahm, erhielt die *Commerzbank AG* Garantien für Schuldpapiere in Höhe von 15 Mrd. Euro. Mit einer stillen Einlage von 8,2 Mrd. Euro stärkte der Bund zudem die Kapitalbasis (*Com-*

merzbank 2008). Die Düsseldorfer Industriebank *IKB* hat durch Restrukturierungsmaßnahmen im Jahr 2007/2008 Verluste von bis zu 700 Mio. Euro verzeichnet. Die Staatsbank *KfW*, Sparkassen und Privatbanken garantierten daraufhin Bürgschaften zunächst in Höhe von insgesamt 3,5 Mrd. Euro. Der *SoFFin* hat zudem Ende 2008 einen Garantierahmen von bis zu 5 Mrd. Euro für neu zu begebende Schuldverschreibungen bewilligt (*IKB* 2009). Die schwer angeschlagene *Hypo Real Estate* erhielt staatliche Hilfe in großem Umfang, indem Garantieleistungen von insgesamt ca. 52 Mrd. Euro zugesichert wurden.

Ein weiteres Instrument zur Wiederherstellung des Vertrauens insbesondere von privaten Bankkunden bildet die Garantieerklärung der Bundesregierung für alle Sicht-, Termin- und Spareinlagen. Eine Sicherheit für deutsche Sparer ergibt sich zum einen durch das bereits bestehende *Einlagensicherungs- und Anlegerentschädigungsgesetz*, das eine Mindestabsicherung von 90 Prozent der Einlagen bis max. 20.000 Euro vorsieht. Zum anderen existiert ein bewährtes System von freiwilligen Sicherungseinrichtungen, das den Inhabern von Spareinlagen einen weit darüber hinaus gehenden Schutz gewährt. Für den Fall, dass bestehende Einlagensicherungseinrichtungen aufgrund der Folgen der Finanzkrise ihren Verpflichtungen nicht mehr nachgehen können, wurde im Oktober 2008 ein zusätzlicher Schutzschirm geschaffen, indem der Bund alle Sicht-, Termin- und Spareinlagen in unbeschränktem Umfang absicherte (*Bundesfinanzministerium* 2008b) Hierbei handelt es sich jedoch zunächst nur um eine politische Absichtserklärung, die ihre – vertrauensbildende – Wirkung zwar nicht verfehlt hat, im Ernstfall aber keine juristische Anspruchsgrundlage darstellt.

Eine längerfristige Lösung für die *toxischen Papiere* in den Bankbilanzen soll nun auch in Deutschland mit Hilfe von *Bad Banks* erzielt werden. Eine oder mehrere Bad-Banks übernehmen dabei die ausfallgefährdeten Aktiva von den Geschäftsbanken und bilden damit ein ‚Zwischenlager für Giftmüll'. Abhängig von der konkreten Ausgestaltung des Bad Bank-Konzepts gehen ganz unterschiedliche Risiken für den Staathaushalt und somit für den Steuerzahler einher (siehe auch die Ausführungen zur staatlichen Budgetrestriktion). Dieses Risiko resultiert primär daraus, dass der Staat in mehr oder weniger großem Umfang für eventuelle Verluste der Bad Bank haftet. Garantien also, die für den Staat zwar nicht kurz-, mit Sicherheit aber mittel- und längerfristig relevant werden können.

Im einfachsten Fall (siehe Abbildung 12) übernimmt die Bad Bank alle toxischen Aktiva zum Buchwert von den Geschäftsbanken und stellt den Geschäftsbanken im Gegenzug in gleichem Umfang ‚Liquidität' (z.B. Sichteinlagen) zur Verfügung. Damit sind die Geschäftsbanken auf einen Schlag von all ihren Problemen befreit, allerdings komplett zu Lasten des Staates bzw. der Steuerzahler, auf die das Ausfallrisiko damit übertragen wird. Ergibt sich bei Fälligkeit der toxischen Wertpapiere ein Zahlungseingang, der kleiner ist als der Buchwert, zu dem dieses Wertpapier übernommen wurde, so haftet der Staat mit der jeweiligen Differenz. Das einzig verbleibende ‚technische' Problem bei dieser, aber auch bei allen anderen Varianten, ist die Abgrenzung der ausfallgefährdeten Aktiva. Welche Wertpapiere dürfen an die Bad Bank abgegeben werden? Sind es nur die amerikanischen Hypothekenkredite und darauf bezogene Derivate, oder zählen z.B. auch griechische Staatschuldpapiere zu den problematischen Aktiva?

Je weiter diese Abgrenzung gezogen wird, desto höher sind die auf den Staat übertragenen Risiken. Bei dieser Variante kommt es letztlich zu einer Sozialisierung der Verluste, während spätere Gewinne wieder privatisiert werden. Diese Einschätzung ändert sich auch dann nicht grundsätzlich, wenn die Geschäftsbanken eine Übernahmegebühr an die Bad Bank bzw. den Staat zahlen müssen.

Abbildung 12: Einfaches Bad Bank-Konzept

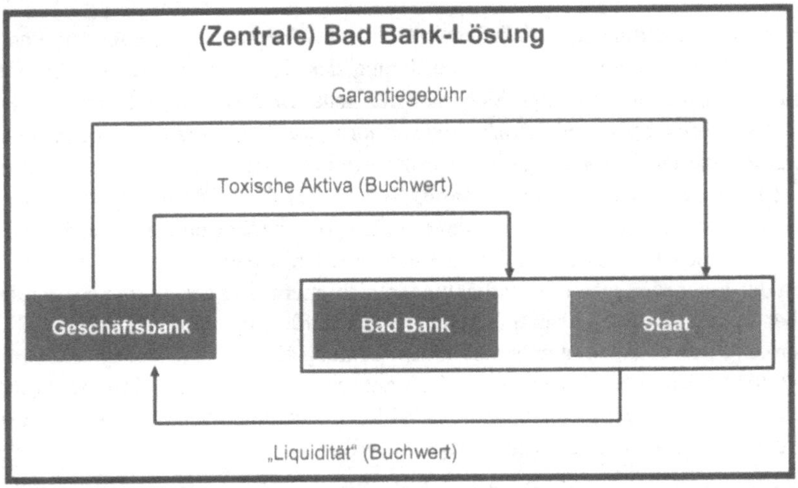

Eigene Darstellung.

Die Diskussion in Deutschland hat jedoch gezeigt, dass eine Sanierung der Banken ausschließlich zu Lasten des Staates nicht akzeptabel erscheint. Vielmehr wird eine Verlustbeteiligung der Banken gefordert. Dies geschieht insbesondere auch deshalb, weil sonst die Anreize für künftiges Handeln in Banken vollkommen fehlgeleitet würden, könnten die Verantwortlichen doch stets davon ausgehen, dass neue Verluste wieder durch den Staat übernommen würden (*Moral hazard*). Ein verantwortungsbewusstes ökonomisches Handeln wäre unter diesen Bedingungen wohl kaum zu erwarten.

Vor diesem Hintergrund hat das Bundeskabinett am 13. Mai 2009 ein Bad Bank-Konzept beschlossen, das die obigen Kritikpunkte (zum Teil) berücksichtigt (siehe Abbildung 13). Auch hier übernimmt eine Bad Bank, die nun allerdings jeder Geschäftsbank individuell zur Seite gestellt wird, die toxischen Aktiva. Von dem jeweiligen Buchwert wird nun jedoch zunächst eine 10-prozentige Risikoprämie abgezogen – es verbleibt der Übernahmewert. Im Gegenzug erhält die Geschäftsbank in gleichem Umfang (Übernahmewert) Schuldtitel der Bad Bank, für die der Staat (*SoFFin*) eine Garantie übernimmt. Hierfür zahlt die Geschäftsbank wiederum eine marktgerechte Garantiegebühr – was immer das im Einzelnen heißt. Dies kann in Form von Einlagen oder in Form von Kapitalanteilen erfolgen, so dass auch eine (Teil-)Verstaatlichung möglich ist. Während der Laufzeit von 20 Jahren muss die Geschäftsbank zudem eine Rückstellung in Höhe der Differenz zwischen dem Übernahmewert und dem *Fair Value* (Marktwert) der toxischen Aktiva bilden. Unklar ist gegenwärtig allerdings, nach welchen zeitlichen Vorgaben die Rücklage erfolgen muss. Da für viele toxische Aktiva zeitweilig kein Markt mehr existierte, ergibt sich ferner das gravierende Problem, den *Fair Value* zu ermitteln. Immer dann, wenn er zu hoch angesetzt wird, unterschreitet die Summe aus dem Zahlungseingang bei Fälligkeit eines toxischen Aktivums und der Rückstellung den Wert, den die Bad Bank bei Fälligkeit ihrer eigenen Schuldtitel zahlen muss. Im umgekehrten Fall entsteht ein Überschuss. Damit insbesondere Fehlbeträge nicht dem Bund und dem Steuerzahler zur Last fallen, ist ferner vorgesehen, dass Defizite am Ende der Laufzeit zu einer Ausschüttungssperre bei der betroffenen Bank führen, bis der Fehlbetrag ausgeglichen ist. Bei der Auflösung entstehende Überschüsse werden hingegen an die Anteilseigner ausgeschüttet. Damit sind die Risiken für den Bund weitgehend begrenzt. Sie bestehen insbesondere darin, dass ein Finanzinstitut möglicherweise während der Laufzeit keine Rückstellungen bilden oder am Ende der Laufzeit einer notwendigen Nachschusspflicht aufgrund fehlender Gewinnausschüttungen nicht nachkommen kann. Insgesamt führt die Auslagerung der toxischen Wertpapiere somit in erster Linie zu einer zeitlichen Streckung des notwendigen Abschreibungsbedarfs.[10] Durch die staatlich garantierten Schuldverschreibungen, die nicht durch Eigenkapital abgesichert werden müssen, steigt wiederum der Spielraum der Banken für die Kreditvergabe. Außerdem können diese Schuldverschreibungen verkauft und damit neue Kreditmöglichkeiten geschaffen werden. Aus Bankenkreisen wird hingegen befürchtet, dass der 10-prozentige Risikoabschlag zu unmittelbaren (Abschreibungs-)Belastungen bei den betroffenen Instituten führen könnte, die sie gerade gegenwärtig nicht zu tragen in der Lage sind.

Wird das Bad Bank-Konzept in der vorgeschlagenen Form auch – oder gerade – von den Landesbanken in Anspruch genommen, vermindern sich die zuvor aufgezeigten Probleme dadurch, dass Länder und Kommunen (als Träger der Sparkassen) von vornherein als Eigentümer zur Haftung verpflichtet sind. Dabei sollen die Länder zunächst bis zu ihrer individuellen Belastungsgrenze für Zahlungen einstehen, während darüber hinaus anfallende Verpflichtungen (eventuell) vom Bund übernommen werden. Damit steht zugleich aber auch fest, dass für diesen erheblichen Teil der toxischen Aktiva der Staat insgesamt und damit der Steuerzahler komplett haftet. Die Frage ist somit nur, wie sich die Belastungen auf Bund, Länder und Kommunen verteilen – der Steuerzahler wird aber auf jeden Fall zur Kasse gebeten.

Für die Landesbanken ist darüber hinaus ein spezielles, noch weitergehendes Konzept in der politischen Diskussion. Die Bad Bank wird dabei als ‚Anstalt in der Anstalt' (*Aida*) bezeichnet. Im Gegensatz zu den Privatbanken sollen die Landesbanken dabei in die Lage versetzt werden, neben den toxischen Wertpapieren auch ‚nicht-strategische Aktivitäten' (problematische Geschäftsbereiche) auszulagern. Dies kommt letztlich einer Generalsanierung auf Kosten der Öffentlichkeit gleich. Dieses Angebot wird aber wohl von politischer Seite mit der Auflage verknüpft, die sechs bestehenden Landesbanken neu zu ordnen. Die damit verbundenen Fusionen bzw. Auflösungen und neuen Aufgabenverteilungen werden aber aufgrund divergierender Vorstellungen der Eigen-

---

[10] Zu einer alternativen Ausgestaltung der Bad Bank den Vorschlag von *van Suntum und Ilgmann* (2009, S. 237 ff.).

tümer immer wieder in die Zukunft verschoben. Leider stehen auch hier politische und Verbandsinteressen einer ökonomisch sinnvollen Lösung entgegen.

Abbildung 13: Bad Bank-Konzept der Bundesregierung

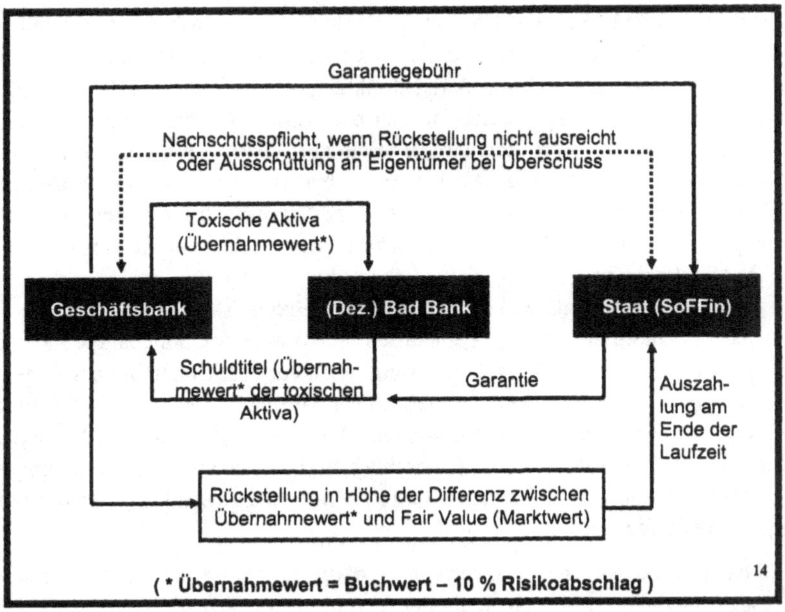

Eigene Darstellung.

7. Ausblick – oder: Wie lassen sich künftige Krisen vermeiden?

Eine stark expansive Geldpolitik und umfangreiche Konjunkturpakete sind die augenscheinlichen (kurzfristigen) Reaktionen auf die gegenwärtige Krise. Gegenstand dieses Radein-Seminars wird es daher – vor dem Hintergrund der Ursachen – in erster Linie sein, diese Maßnahmen und die damit verbundenen Wirkungen zu beurteilen sowie prozess- und insbesondere ordnungspolitische Veränderungen zu erörtern, durch die künftige Finanz-Krisen vermieden werden. Dabei stehen im weiteren Verlauf des Seminars folgende Problembereiche im Vordergrund:

- Weder eine expansive Geldpolitik noch die zuvor beschriebenen Staatsgarantien und Staatsbeteiligungen sind geeignet, die Finanzkrise rasch zu überwinden. Die volle Funktionsfähigkeit der Finanzmärkte setzt voraus, dass die Banken ihre traditionellen Intermediationsleistungen wieder ohne Restriktionen erfüllen können. Die Fähigkeiten lassen sich nur wieder herstellen, wenn die ausfallgefährdeten (‚toxischen') Wertpapiere zeitnah und eigenkapitalschonend aus den Bankbilanzen entfernt bzw. in den Bilanzen neutralisiert werden. Eine Möglichkeit zur raschen Bereinigung der Bankbilanzen wäre die Implementierung von Bad Banks. Hierbei ist jedoch auf die Lastenverteilung zwischen den beteiligten Banken und dem Staat zu achten sowie auf die damit verbundenen Anreizwirkungen bei den Beteiligten, sich für die Bad Bank und für deren spezifischen Varianten zu entscheiden (siehe hierzu den Beitrag von *Börner* und *Sauermann*).

- Die expansive Geldpolitik der Notenbanken kann zu einem Konflikt zwischen deren Aufgabe als ‚*lender of last resort*' (Funktionsfähigkeit des Finanzsystems) und der Aufgabe, Preisniveaustabilität zu garantieren, führen. Die Reaktion der Notenbanken auf die Krise untersuchen *Hauck und Neyer*. Wie die künftige Geldpolitik aussehen sollte, um Inflation und neue Krisen zu vermeiden, diskutieren hingegen *Thieme* und *Vollmer*.
- Was zunächst ‚nur' als Bankenkrise in den USA entstand, hat sich im Laufe des Jahres 2009 zu einer globalen Wirtschaftskrise entwickelt. Über welche Transmissionskanäle sich dieser Flächenbrand ausbreitete, ist Gegenstand des Beitrags von *Smeets*. Er untersucht ferner die staatlichen Reaktionen auf diese realwirtschaftliche Entwicklung. Mit der Forderung nach umfangreichen Konjunkturprogrammen sind viele Politiker und Ökonomen – vielfach auch solche, die das stets weit von sich gewiesen haben – zu Anhängern einer keynesianischen nachfrageorientierten Fiskalpolitik geworden – trotz aller schlechten Erfahrungen, die man in der Vergangenheit mit dieser Politik gemacht hat. Hierzu gehören insbesondere die Finanzierungsprobleme und die damit verbundenen Wirkungen.
- Werden die Finanzierungsprobleme für den Staat übermächtig, so kann sich die Frage nach dem Staatsbankrott stellen. Ob ein solcher Staatsbankrott grundsätzlich möglich ist und mit welchen Folgewirkungen er (für die Bevölkerung) verbunden sein kann, untersuchen *Rösl* und *Schäfer*.
- Spätestens seit der Verschärfung der Finanzkrise im Herbst 2008 werden zahlreiche Regulierungsvorschläge zur Neuordnung des internationalen Finanzsystems diskutiert, dass die Regulierungsinstitutionen in vielen Ländern zu schwach oder zu stark zersplittet sind und die Finanzinstitute einer unterschiedlichen Regulierungsintensität unterliegen. Folglich können die Aufsichtsbehörden (internationale) Finanzkrisen weder vermeiden noch bekämpfen, und den Marktteilnehmern wird ein breiter Spielraum für Regulierungsarbitrage eingeräumt. Ferner stellt sich die Frage nach einer speziellen Regulierung in einzelnen Finanzmarktsegmenten. Hierzu gehören zum Beispiel die Regulierung strukturierter Finanzprodukte, von Hedge Funds und die Berücksichtigung von Zweckgesellschaften in der Bilanz. Hierunter lassen sich im weitesten Sinne aber auch die Wirkungen unterschiedlicher Rechnungslegungsvorschriften fassen. Auf der makroökonomischen Ebene wird in diesem Zusammenhang auch immer wieder die Einführung einer ‚Spekulationssteuer' – die sogenannte *Tobin*-Steuer – diskutiert[11]. Die Frage nach den geeigneten ordnungspolitischen Rahmenbedingungen und der optimalen Regulierungsdichte wird im Beitrag von *Haucap, Heimeshoff* und *Uhde* aufgegriffen.
- Einen besonderen Aspekt der Regulierung bilden die Rating-Agenturen und die damit verbundene Principal-Agent-Problematik. Dabei gilt es, die Qualität von Ra-

---

[11] Vgl. zu diesen Reformvorschlägen auch *Borchert* (2010), *Franke* und *Krahnen* (2009), *Vaubel* (2010) und *Welfens* (2009).

tings zu überprüfen und zu vergleichen. Ferner strebt man an, neben den individuellen stärker auch die systemischen Risiken beim Rating zu berücksichtigen. Mit diesen Fragen beschäftigt sich der Beitrag von *Welfens* in diesem Band.

Die anfänglichen Subprime-Probleme in den USA, die sich zunächst zu einer Finanzkrise und mittlerweile zu einer allgemeinen weltweiten Wirtschaftskrise ausgeweitet haben, werden sich kurzfristig nicht überwinden lassen. Doch selbst wenn sich die konjunkturelle Erholung fortsetzt, werden uns Folgewirkungen wie mögliche Inflation und insbesondere der Schuldenabbau beim Staat noch lange Zeit beschäftigen.

Literatur

Borchert, Manfred (2010), Geschäftsausrichtung der europäischen Banken, in: Wirtschaftsdienst, 90. Jg., S. 321-326.

Buiter, Willem (2009), Negative Interest Rates: When are they Coming to a Central Bank near you?, Online unter: http://blogs.ft.com/maverecon/2009/05/negative-interest-rates-when-are-they-coming-to-a-central-bank-near-you/, Seitenabruf am 21.12. 2010.

Bundesfinanzministerium (2008a), Finanzmarktstabilisierungsgesetz, Berlin.

Bundesfinanzministerium (2008b), Fragen zur Garantieerklärung der Bundesregierung, 10.10.2008, Online unter: http://www.bundesfinanzministerium.de/DE/Buergerinnen_und_Burger/Alter_und_Vorsorge/038_Spareinlagen.html, Seitenabruf am 15.05.2009.

Bundesfinanzministerium (2009), Konjunkturpakete stabilisieren die Wirtschaft, Online unter: http://www.bundesfinanzministerium.de/DE/Buergerinnen_und_Buerger/Gesellschaft_und_Zukunft/130-konjunkturpakete.html, Seitenabruf am 21.12.2010.

Commerzbank (2008), Commerzbank und SoFFin vereinbaren Kreditprogramm für den Mittelstand, Pressemitteilung 19.12.2008, Online unter: https://www.commerzbank.de/de/hauptnavigation(presse(archiv_/presse_mitteilungen/2008/quartal_08_04/presse_archiv_detail_08_04_4919.html, Seitenabruf am 15.05.2009.

Europäische Union (2010), Kommission bewertet Stabilitäts- und Konvergenzprogramme von vierzehn EU-Mitgliedstaaten, Online unter: http://europa.eu/rapid/pressReleasesAction.do reference=IP/10/288&format=HTML&aged=1&language=DE&guiLanguage=en, Seitenabruf am 21.12.2010.

European Comission (2010a), Overview of ongoing excessive deficit procedures, Online unter: http://ec.europa.eu/economy_finance/sgp/deficit/countries/index_en.htm, Seitenabruf am 21.12.2010).

European Commission (2010b), DG Economic and Financial Affairs, Public finances in EMU - 2010, Brüssel.

Eurostat (2010), Zweite Datenmeldung zu öffentlichem Defizit und Schuldenstand für 2009, Online unter: http://epp.eurostat.ec.europa.eu/cache/ITY_PUBLIC/2-22102010-AP/DE/2-22102010-AP-DE.PDF, Seitenabruf am 21.12.2010

Finanzmarktstabilisierungsergänzungsgesetz (2009) FMStErgG, in: Bundesgesetzblatt, Teil I, Nr. 18, 07.04.2009.

Franke, Günter und *Jan P. Krahnen* (2007), Finanzmarktkrise: Ursachen und Lehren, in: Frankfurter Allgemeine Zeitung, 24.11.2007, S. 13.

Franke, Günter und *Jan P. Krahnen* (2009), Instabile Finanzmärkte, in: Perspektiven der Wirtschaftspolitik, Bd.10, S. 335-366.

Görgens, Egon, Karlheinz Ruckriegel und *Franz Seitz* (2008), Europäische Geldpolitik. Theorie, Empirie, Praxis, 5. Aufl., Stuttgart.

Hayo, Bernd (2010), Zentralbankkommunikation, geldpolitische Strategie und Geldpolitik in der Finanzkrise, in: Wirtschaftsdienst, 90. Jg., S. 507-511.

Herr, Hansjörg (2010), Fehlende Instrumente der Geldpolitik: Die Zentralbank als Getriebene instabiler Finanzmärkte, in: Wirtschaftsdienst, 90. Jg., S. 511-515.

IKB Deutsche Industriebank (2009), Ad-hoc-Mitteilung gemäß § 15 WpHG: IKB erhält Garantien des SoFFin, Online unter: http://www.soffin.de/index.php?sub=1, Seitenabruf am 15.05.2009.

IMF (2008), International Monetary Fund: World Economic Outlook, April 2008, Washington, D.C.

IMF (2009), International Monetary Fund: Global Financial Stability Report: Responding to the Financial Crisis and Measuring Systematic Risks, April 2009, Washington, D.C.

Issing, Otmar (2006), Einführung in die Geldpolitik, 6. Aufl., München.

Mankiw, N. Gregory (2009), It May Be Time for the Fed to Go Negative, in: New York Times, 18. April 2009.

Michler, Albrecht F. und *H. Jörg Thieme* (2009), Finanzmarktkrise: Marktversagen oder Staatsversagen, in: ORDO, Bd. 60, S. 185-222.

Morkötter, Steffan und *Simone Westerfeld* (2008), Asset Securitisation: Die Geschäftsmodelle von Ratingagenturen im Spannungsfeld einer Principal-Agent-Betrachtung, in: Kreditwesen, H. 9, S. 23-26.

Neumann, Manfred J. M. (2009), Internationale Finanzkrise und die Geldpolitik der Europäischen Zentralbank, in: Perspektiven der Wirtschaftspolitik, Bd.10, S. 367-388.

Neyer, Ulrike (2010), Unkonventionelle Maßnahmen der EZB im Zuge der Finanzkrise – eine kritische Würdigung, in: Wirtschaftsdienst, 90. Jg., S. 503-507.

OECD (2009), Organisation of Economic Development and Co-operation Economic Outlook, November 2009, Paris.

o.V. (2007), Moody's warnt vor zweitem LTCM, in: Börsen-Zeitung, 17.08.2007, S. 3.

Priewe, Jan (2010), Von der Subrimekrise zur Weltwirtschaftskrise: Unterschiedliche Erklärungsmuster, in: Wirtschaftsdienst, 90. Jg., S. 100.

Rösl, Gerhard (2005), Regionalwährungen in Deutschland, in: Wirtschaftsdienst, 85. Jg., S. 182-190.

Sachverständigenrat (2007), Sachverständigenrat zur Begutachtung der gesamtwirtschaftlichen Entwicklung, Jahresgutachten 2007/2008: Das Erreichte nicht verspielen, Wiesbaden.

Sachverständigenrat (2009), Sachverständigenrat zur Begutachtung der gesamtwirtschaftlichen Entwicklung, Jahresgutachten 2009/2010: Die Zukunft nicht aufs Spiel setzen, Wiesbaden.

Smeets, Heinz-Dieter (2010), Ist Griechenland noch zu retten?, in: Wirtschaftsdienst, 90. Jg., S. 309-313.

Spahn, Heinz-Peter (2009), Geldpolitik: Finanzmärkte, neue Makroökonomie und zinspolitische Strategien, 2. Aufl., München.

Statistisches Bundesamt (2004), Wohneigentum in kleinen Gemeinden am häufigsten, Pressemitteilung, 30.03.2004, Online unter:
http://www.destatis.de/jetspeed/portal/cms/Sites/destatis/Internet/DE/Presse/pm/zdw/2004/PD04__013__p002,templateId=renderPrint.psm, 14.05.2009.

Van Suntum, Ulrich und *Cordelius Ilgmann* (2009), Das Bilanzproblem der Banken: Lösungsvorschlag, in: ORDO, Bd. 60, S. 223-244.

Vaubel, Roland (2010), Die Finanzkrise als Vorwand für Überregulierung, in: Wirtschaftsdienst, 90. Jg., S. 313-320.

Welfens, Paul J. J. (2009), Transatlantische Bankenkrise: Dynamik und neue Reformoptionen, in: Wirtschaftsdienst, 89. Jg., S. 684-690.

Albrecht F. Michler und Heinz-Dieter Smeets (Hg.)
Die aktuelle Finanzkrise: Bestandsaufnahme und Lehren für die Zukunft
Schriften zu Ordnungsfragen der Wirtschaft · Band 93 · Stuttgart · 2011

Verbriefung: Ursache oder Lösung der Finanzmarktkrise?

Helmut Konjetzky und *Patrick Leis*

Inhalt

1. Konkrete Ausgestaltungsformen des Kreditrisikotransfers am Kapitalmarkt

Zur Asset Securization existiert in der Literatur keine einheitliche Definition. Securization (= Verbriefung) ist ein Schlagwort der 1980er Jahre in der Finanzbranche und bezeichnet die Umwandlung von Assets, also z.B. von bestehenden Krediten im Bankbuch, in Wertpapiere (*Burger* und *Untenberger* 2004, S. 3). In diesem Zusammenhang definiert *Bär* (2000) die Asset Securization als eine „innovative“ Finanzierungstechnik, bei der ein (meist) diversifizierter Pool an Forderungen aus der Bilanz einer Bank oder eines Unternehmens ausgegliedert und über die Ausgabe von Wertschriften an den internationalen Geld- und Kapitalmärkten refinanziert wird (*Burger* und *Untenberger* 2004, S. 3).

Im Folgenden werden zunächst die unterschiedlichen Ausgestaltungsformen sowie Motivationen der Kreditverbriefung erläutert, bevor darauf folgend der mehrstufige (Risikotransformations-)Prozess der Asset Securization beschrieben wird und welche Rolle der Risikotransfer bei der Entwicklung der Finanzmarktkrise spielte.

Abbildung 1 zeigt die am Kapitalmarkt etablierten Formen von Kreditrisikoübertragungen. Es lassen sich generell Kreditderivate und Kreditverbriefungen unterscheiden. Die einzelnen Varianten werden in den nachfolgenden Kapiteln mit ihren wesentlichen Charakteristika beschrieben, wobei der Schwerpunkt auf den Kreditverbriefungen liegt.

1.1. Kreditderivate

Kreditderivate sind in der Regel synthetische Instrumente, die das Risiko eines bestimmten Underlyings über Verträge separieren. Dadurch kann bei ausreichender Transparenz auch ein Sekundärmarkthandel der Kreditrisiken entstehen. In der Konsequenz hält dann der originäre Gläubiger seine Forderung (bonitäts-)risikolos auf seiner Bilanz, während Ausfall- und/oder Spreadrisiko auf andere Investoren transferiert wird. Genauer betrachtet kann nur eine annähernde (Bonitäts-)Risikolosigkeit beim Sicherungsnehmer erreicht werden, wenn die Marktwertbewegungen des Kreditderivats durch gegenseitige Sicherheitsleistungen (Collateral Management) abgesichert werden. Ohne derartige Sicherungsmechanismen wird die Bonität der zugrunde liegenden Forderungen gegen die des Kontrahenten aus dem Derivatgeschäft getauscht. Im Wesentlichen existieren mit den Credit Default Swaps, den Total Return Swaps und den Credit Spread Options drei unterschiedliche Kreditderivate, die folgend skizziert werden.

Abbildung 1: Kreditrisikotransfer am Kapitalmarkt

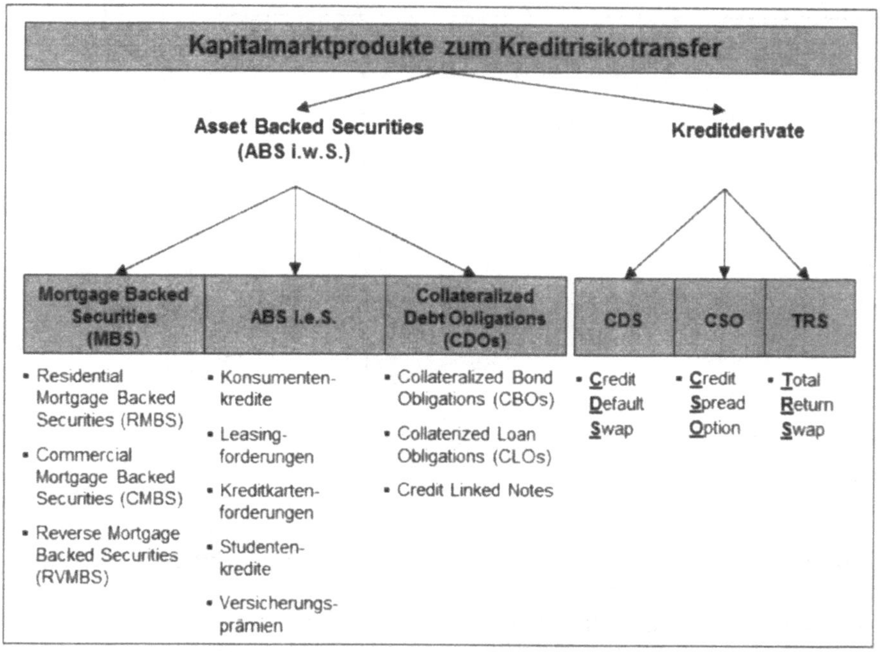

Quelle: Eigene Darstellung in Anlehnung an *Schmittat* (2007, S. 11).

Credit Default Swaps

Der Credit Default Swap (CDS) stellt eine weit verbreitete Form des Kreditrisikotransfers dar. Der Risikoverkäufer separiert über den CDS das Kreditrisiko vom Grundgeschäft und kann dieses auf dem Sekundärmarkt auf den Risikokäufer übertragen. Hierbei kann sich der Risikotransfer auf eine Kreditbeziehung (*Single-name-CDS*) oder aber auch auf einen Kredit-Pool beziehen. Bei Eintritt eines zuvor definierten *Credit Events* (Insolvenz, Zahlungsverzug etc.) erhält der Risikoverkäufer entweder eine Ausgleichszahlung (*Cash Settlement*) oder ein gleichartiges Wertpapier (*Physical Delivery*) vom Risikokäufer. Der Sicherungsgeber erhält für die Absicherung eine periodische Prämie. Dieser Prozess wird in Abbildung 2 visualisiert.

Total Return Swaps

Im Gegensatz zum CDS, bei dem ausschließlich das Kreditrisiko transferiert wird, hat der Risikokäufer bei einem Total Return Swap die Möglichkeit, das gesamte ökonomische Risiko (Marktpreis- und Kreditrisiko) aus dem Grundgeschäft auf den Risikokäufer zu übertragen. Der Risikokäufer erhält Zinszahlungen und Wertsteigerungen aus dem Grundgeschäft und zahlt dem Risikokäufer im Gegenzug einen vereinbarten Zins (z.B. Libor + Marge) zuzüglich eines Ausgleichs der potentiellen Wertverluste aus dem Grundgeschäft. Auch hier ist sowohl die Risikoübertragung eines Grundgeschäfts oder auch eines Pools von Geschäften denkbar.

Abbildung 2: Credit Default Swaps

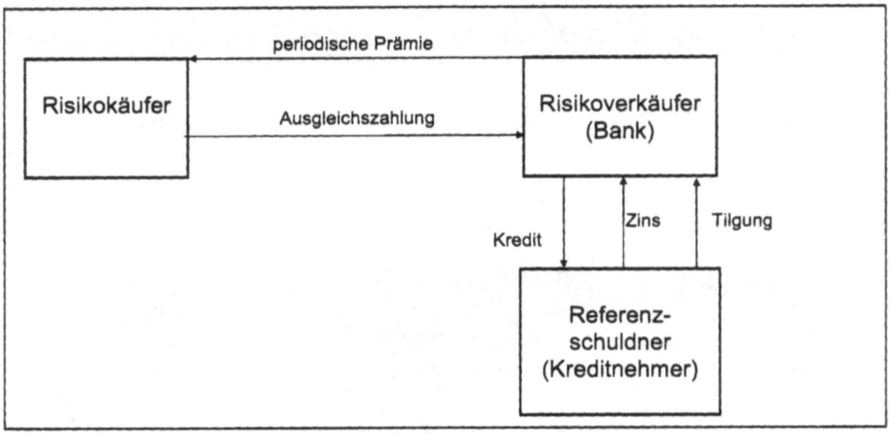

Eigene Darstellung.

Credit Spread Option

Bei der Credit Spread Option handelt es sich um eine Option, bei der die Spreadentwicklung eines Grundgeschäfts abgesichert wird. Der Stillhalter der Option (Risikonehmer) erhält für die Risikoübernahme eine Optionsprämie. Bei Fälligkeit der Credit Spread Option erhält der Risikogeber im Gegenzug vom Risikonehmer eine Ausgleichszahlung, sofern der Spread des Grundgeschäfts den vereinbarten Strike-Spread übersteigt.

1.2. Kreditverbriefungen – ABS im weitesten Sinne

Asset Backed Securities (ABS)

In der herrschenden Literatur ist die *Asset Backed Securization* im weiteren Sinne (ABS i.w.S.) der übergeordnete Begriff aller bekannten Verbriefungsformen. Die Weiterplatzierung der Forderungen oder Risiken auf den Investor erfolgt über Wertpapiere, die ein oder mehrere Forderungs- bzw. Risikoportfolien zur Refinanzierung bzw. Risikoausplatzierung auf den Kapitalmärkten verbriefen. Unter den ABS i.w.S. werden ABS i.e.S, *Mortgage Backed Securities* (MBS) und *Colateralized Debt Obligations* (CDO) subsumiert, die nachfolgend näher beschrieben werden.

Mortgage Backed Securities (MBS)

In den USA hat sich in den 1970er Jahren zunächst der Handel mit Mortgage Backed Securities (MBS) durchgesetzt. Dabei handelt es sich um homogene Forderungsbestände hypothekarisch gesicherter Kredite. Diese Kreditform (exkl. Subprime) ist in der Regel aufgrund der hohen Besicherung durch ein geringes Kreditrisiko charakterisiert. Unter MBS werden *Residential Mortgage Backed Securities*, *Commercial Mortgage Backed Securities* und *Reverse Mortgage Backed Securities* subsumiert.

Asset Backed Securities im engeren Sinne

Bei ABS i.e.S. handelt es sich um die Verbriefung eines homogenen Forderungspools, wobei es sich hierbei um so genannte Consumer ABS und Corporate ABS handeln kann. Die Differenzierung erfolgt hierbei anhand der Kreditpartner des Originators. Bei Konsumentenkrediten, wie beispielsweise Studienkrediten, Automobil-, Leasing- und Kreditkartenforderungen, handelt es sich um so genannte Consumer ABS. Sind die Kunden des Originators vordringlich Unternehmen (z.B. übliche Unternehmens- oder Akquisitonsfinanzierungen), so spricht man von Corporate ABS. In den USA wuchs der Verbriefungsmarkt weiter an und hatte im Jahr 2005 bereits ein Gesamtemissionsvolumen von ca. 3 Bio. US$, wovon ca. 2/3 MBS- und 1/3 Non-MBS-Transaktionen waren (*Rudolph und Scholz* 2007, S. 3).

Collateralized Debt Obligations und Credit Linked Notes

Neben den ABS i.e.S und den MBS existiert mit den Collateralized Debt Obligations (CDO) eine weitere Verbriefungsform, die insbesondere durch größere Inhomogenität der zugrunde liegenden Forderungen zu charakterisieren ist. Dies bedeutet, dass beispielsweise sowohl hypothekarisch gesicherte Kredite als auch Studienkredite oder Kreditkartenforderungen in einem Portfolio zusammengefasst und verbrieft werden können. Aber auch sonstige Anleihen und Kredite aus dem Primär- und Sekundärmarkt sowie Tranchen anderer ABS und CDOs (*Fender* und *Mitchel* 2005) können CDOs zugrunde liegen. In Abhängigkeit des Forderungstypus wird bei Schuldscheindarlehen in *Collateralized Bond Obligations* (CBOs) und bei Krediten in *Collateralized Loan Obligations* (CLOs) differenziert.

2. Motivationen zur Kreditverbriefung

Bevor detailliert auf den mehrstufigen Risikotransformationsprozess bei einer Verbriefungstransaktion eingegangen wird, werden ausgewählte Motivatoren zur Forderungsverbriefung aus Anbieter- und Investorensicht erläutert.

2.1. Angebotsseite: Kreditgeber

Vermeidung von Klumpenrisiken und Risikodiversifikation

Über die Verbriefung und Ausplatzierung von Risiken können so genannte *Klumpenrisiken* vermieden bzw. gesteuert werden. Klumpenrisiken entstehen, wenn entweder eine Vielzahl von Ausfallrisiken hinsichtlich ihres zeitlichen Anfalls hoch korreliert sind (z.B. in einzelnen Branchen) oder einzelne Engagements ein so hohes Volumen haben, dass ein Ausfall in beiden Fällen eine signifikante Reduktion des Eigenkapitals der Kreditgeber zur Konsequenz hat. Durch die Verbriefungsmöglichkeiten können Originatoren beispielsweise vor dem Hintergrund der Schaffung positiver Skaleneffekte ihr Kreditgeschäft weiter ausbauen, ohne später selbst die Risiken daraus übernehmen zu müssen (*Burger* und *Untenberger* 2004, S. 15). In Analogie zur Vermeidung von Klumpenrisiken kann der Kreditgeber sein eigenes Risikoprofil diversifizieren, ohne dafür weitere Risiken einzugehen oder auf ertragreiche Geschäftsfelder zu verzichten.

Verbesserung der Bilanzkennzahlen

Neben der Risikodiversifikation hat der Originator über die Verbriefung die Möglichkeit zur Verbesserung seiner Bilanzstruktur und der Bilanzkennzahlen. Dies gelingt allerdings unmittelbar nur bei True Sale-Verbriefungen, bei denen die resultierende Liquidität aus dem Verkauf der Forderungen zur Tilgung des Fremdkapitals verwendet wird. In diesem Falle wird auch von einem so genannten *Deleveraging* gesprochen. Eine Bilanzverkürzung hat positive Auswirkungen auf die Eigen- und Fremdkapitalquote sowie den Verschuldungsgrad eines Unternehmens (*Burger* und *Untenberger* 2004, S.16).

Reduktion des regulatorischen Eigenkapitals

Darüber hinaus ist die Einhaltung aufsichtsrechtlicher Normen ein wichtiger Motivator zur Verbriefung bei Banken, besonders mit Blick auf die Reduktion des regulatorischen Kapitals nach Grundsatz I / Solvabilitätsverordnung. Dies kann sowohl die Eigenkapitalanforderungen aus dem regulären Kreditgeschäft, bezogen auf einzelne Kreditportfolios, als auch die erforderliche Eigenkapitalunterlegung von Großkrediten betreffen. Im Gegensatz zur Verbesserung der Bilanzrelationen gelingt die Reduktion der Eigenkapitalerfordernisse nicht nur bei True Sale-Transaktionen, sondern auch bei synthetischen Verbriefungen.

Liquiditätsbeschaffung

Im Rahmen von True Sale-Transaktionen entsteht durch den Aktivtausch beim Originator Liquidität, die er entweder zur Tilgung seiner Verbindlichkeiten (siehe auch den Aspekt der Bilanzverkürzung) oder zum Aufrechterhalten/Ausbau seiner Geschäftsaktivitäten einsetzen kann. Vor dem Hintergrund der aufsichtsrechtlichen Anforderungen an die Liquiditätsausstattung nutzen Kreditinstitute True Sale-Transaktionen auch zur Sicherstellung der bankenaufsichtsrechlichen Liquiditätsgrundsätze (z.B. Grundsatz II). In der Finanzmarktkrise, die sich ja durch den einhergehenden Vertrauensverlust vor allem in der Verstopfung der regulären Refinanzierungsmöglichkeiten der Banken niedergeschlagen hat, hatten Verbriefungen oftmals den Zweck, Liquidität bei den Banken zu generieren.

Arbitragegewinne

Darüber hinaus entstehen über den Verbriefungsprozess eine höhere Teilbarkeit der Risiken und die Möglichkeit zur Erzielung von Arbitragegewinnen. Ein Arbitragegewinn entsteht dann, wenn die Einnahmen aus der Verbriefung der originären Forderungen größer sind als der Kaufpreis der aus der Verbriefung resultierenden Wertpapiere (*Franke* 2005, S. 6) oder vice versa. In der Rückschau hat die Finanzmarktkrise vor allem derartige Arbitragegewinne bei den Originatoren bewirkt, die offensichtlich ihre Forderungen mit zu geringen Risikoprämien versehen hatten, so dass die schlagend werdenden Risiken nicht adäquat vergütet wurden.

Regulatorische Arbitrage

Ein weiterer Aspekt ist die so genannte regulatorische Arbitrage, die sich auf regulatorische Effekte einer Verbriefung bezieht. Sie entsteht dann, wenn es einem Kreditinstitut durch den Einsatz von Verbriefungstechniken gelingt, sein regulatorisch erforderliches Eigenkapital bei ansonsten gleicher Risikostruktur zu entlasten. Diese regulatorische Arbitrage war ein wesentlicher Grund der überschäumenden Entwicklung des Verbriefungsmarktes bis zum Ausbruch der Finanzmarktkrise im Jahre 2007 (*Emse* 2005, S. 75). So konnte im idealtypischen Vergleich ein Finanzinstitut mit identischer Kapitalausstattung und mit gleicher Risikostruktur durch das Nutzen der Verbriefung deutlich mehr Kredite vergeben als eine Bank, die ihre Kredite selbst auf den Büchern hält (*Jauch* 2007, S. 35).

2.2. Nachfrageseite: Investor

Risikodiversifikation

Risikodiversifikation entsteht dadurch, dass Ausfallrisiken in einem Portfolio nur schwach korreliert sind. Dies bewirkt im Vergleich zu hoch korrelierten Ausfallrisiken, dass die erwarteten Gewinne aus dem Forderungspool sicherer werden, also weniger stark streuen. Zwei Faktoren der Eigenschaften der Verbriefung haben besonders dazu beigetragen, dass der Diversifikationsaspekt auf der Investorenseite ein besonders wichtiger Motivator bei der Entwicklung des Verbriefungsmarktes war. Die Entwicklung des Verbriefungsmarkts hat für ein größeres Anlageuniversum gesorgt und durch Techniken wie die Tranchierung entsprechende Potenziale zur Risikodiversifikation geschaffen. Bis zum Ausbruch der Finanzmarktkrise waren es vor allem diese Diversifikationsaspekte, die als Hauptmotivatoren auf der Investorenseite angeführt wurden. Die Finanzmarktkrise hat dann jedoch ex post gezeigt, dass die Risikodiversifikation offensichtlich deutlich überschätzt wurde.

Ergebnismaximierung

Neben der Risikodiversifikation stand natürlich auch der Aspekt der Ergebnismaximierung bei Investoren im Vordergrund. So entstanden vor allem durch die Tranchierung Instrumente, die im Vergleich zu klassischen Instrumenten der Kreditvergabe bei vermeintlich identischem Risiko eine höhere Rendite aufwiesen. Der Ausbruch der Finanzmarktkrise hat allerdings gezeigt, dass vor allem das Chance-/Risiko-Verhältnis der Verbriefungen trotz der massiven Einbindung der Rating-Agenturen in den Verbriefungsprozess falsch eingeschätzt wurde.

Regulatorische Arbitrage

Weiterhin ist auch auf Investorenseite die regulatorische Arbitrage anzuführen, die es den Investoren ermöglichte – trotz der Investition in spekulative Papiere –, über geschickte Konstruktionen (*Conduits*) Eigenkapitalvorschriften und Großkreditgrenzen zu umgehen. Diese Entwicklungen auf dem Verbriefungsmarkt werden bei der nachfolgenden Darstellung des Risikotransformationsprozesses näher erläutert.

3. Mehrstufiger Risikotransformationsprozess der Verbriefung

Ob in Form einer True Sale-Verbriefung, synthetisch oder in einer Kombination ist der mehrstufige Prozess der Risikotransformation ein zentrales Element der Verbriefung. Er wird im Folgenden anhand einer idealtypischen Darstellung mit den beteiligten Parteien und deren Rollen dargestellt. Die Grundstruktur der Asset-Securitization setzt sich im Wesentlichen aus einem vier- bzw. fünfstufigen Vertragsverhältnis zusammen, das über weitere externe Parteien erweitert wird. Abbildung 3 verdeutlicht den mehrstufigen Risikotransformationsprozess.

Abbildung 3: Dimensionen der Risikotransformation im Verbriefungsprozess

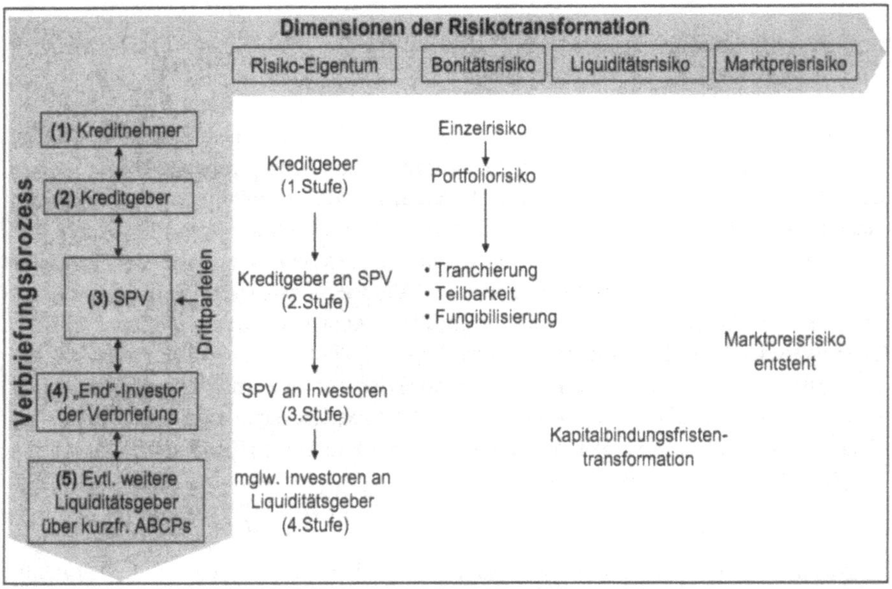

Eigene Darstellung.

3.1. Erste Stufe: Kreditrisiko

(1) Kreditnehmer: Ausgangspunkt von Verbriefungen sind vielfältige Formen von Kreditbeziehungen, die dann oftmals den Charakter der Verbriefung bestimmen. Zunächst erfolgt der Abschluss eines Kreditvertrages zwischen dem Kreditnehmer (Agent) und dem (2) Kreditgeber (Prinzipal /Originator). Zwischen diesen beiden Parteien besteht das originäre Kreditverhältnis, das sich durch die Liquiditätsbereitstellung an den Kreditnehmer sowie die Zins- und Tilgungszahlungen vom Kreditnehmer an den Kreditgeber charakterisieren lässt. Der Kreditgeber generiert die zugrunde liegende Kreditbeziehung mit dem Kreditnehmer über seine Vertriebs- und Marktaktivitäten. Die originäre „einzelne" Kreditbeziehung wird beim Kreditgeber in Forderungspools, also Kreditportfolios, zusammengefasst. Hier findet die erste Risikotransformation in Form einer *originären Risikoübernahme* statt, indem das individuelle Ausfallrisiko (Einzelrisiko) in ein Portfoliorisiko überführt wird. Durch das dargestellte Poolen von Kreditrisiken

können (unerwartete) Verluste durch Gewinne kompensiert werden. Dies erfolgt durch die Streuung der Risiken auf unterschiedliche Branchen, Regionen und Größenklassen. Im Ergebnis wird dadurch im Kreditportfolio der erwartete Verlust wahrscheinlicher und dafür aber der unerwartete Verlust unwahrscheinlicher. Dies bedeutet eine höhere Sicherheit des erwarteten Ergebnisses aus dem Portfolio (= Diversifikation).

3.2. Zweite Stufe: Forderungs- und Risikoaufbereitung

Ein weiterer Schritt zum Risikotransfer ist die im Rahmen einer Verbriefung durchgeführte Übertragung der Risiken aus dem Kreditportfolio an ein (3) *Special Purpose Vehicle* (= (Ein-)Zweckgesellschaft, kurz SPV).

Mit Blick auf den Ausbruch der Finanzmarktkrise könnte hierin ein erster, fehlgeleiteter Anreiz im Prozess der Risikotransformation liegen. Dadurch, dass primäre Kreditbeziehungen bereits vor dem Hintergrund einer finalen Ausplatzierung generiert wurden, lag der Fokus für den Originator mehr in der Vereinnahmung einer einmaligen Vertriebsmarge bei Abschluss als in der adäquaten Gestaltung der Risikoprämie. Vor allem im krisenauslösenden Subprime-Segment, das bis zum Ausbruch der Krise sprunghaft wuchs (Abbildung 4), ließ sich eine derartige Tendenz erkennen. Die so genannte *originate and distribute-Strategie* führte zu einer im Subprime-Segment zunehmenden risikoreicheren Kreditausgestaltung, ohne diese Kreditrisiken aufgrund der Weiterplatzierung mit angemessenem Eigenkapital zu hinterlegen (*IMF* 2007, S. 116).

Abbildung 4: Kreditverbriefung als Katalysator der Subprime-Kreditvergabe

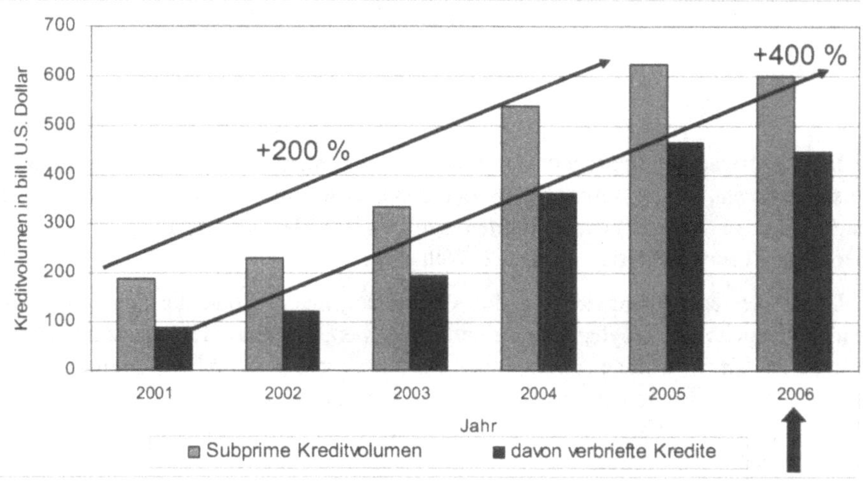

Quelle: Eigene Darstellung in Anlehnung an *Ashcraft und Schuermann* (2008, S. 2).

So wurden von 2004 bis 2006 zwei Drittel aller Subprime-Kredite als so genannte hybride 2/28-Kredite vergeben, bei denen in den ersten 2 Jahren der Zinssatz fest ist und danach an einen variablen meist kurzfristigen Referenzzinssatz gekoppelt ist (*Kiff und*

Mills 2007, S. 8). Hierbei ist problematisch, dass in der Anfangsphase die Kreditnehmer mit so genannten *teaser rates* gelockt werden, bei denen der Zins weit unter der marktüblichen Verzinsung liegt. In Kombination mit der unsteten Geldpolitik der USA – einer Niedrigzinsphase im Gefolge des Zusammenbruchs der New Economy und den Anschlägen des 11. September 2001 und einem anschließenden Anstieg des Zinsniveaus von 2004 bis 2006 (Leitzinssteigerungen um 5 %-Punkte) – kam es dazu, dass im Jahr 2007 ca. 60 % der Kreditnehmer einen 25 % höheren Kapitaldienst leisten mussten. Sinkende Immobilienpreise machten dann eine Anschlussrefinanzierung unmöglich.

Abbildung 5: Unstetige Geldpolitik der US-Notenbank

Eigene Darstellung.

Hieraus erwuchsen logischerweise zunehmende Zahlungsrückstände sowie Zwangsversteigerungen, die zu sinkenden Immobilienpreisen aufgrund der geringeren Nachfrage und des höheren Angebots führten. Im Kern war dies der Nährboden für die gravierendste Finanzmarktkrise seit dem 2. Weltkrieg.

Durch die rasante Entwicklung des Verbriefungsmarktes und die daraus resultierenden vereinfachten Möglichkeiten einer Risikoübertragung lag der Anreiz im Primärgeschäft der Kreditinstitute zunehmend in der einmaligen Vereinnahmung einer Risikoprämie. Die Koppelung der Prämie an die Performance des outgesourcten Kreditpools über die gesamte Laufzeit wäre hingegen ein adäquates Mittel gewesen, die Anreize im Primärgeschäft richtig zu setzen.

Die SPVs stellen das zentrale Element der Verbriefung dar. Bei diesen Konstrukten handelt es sich um sowohl rechtliche als auch wirtschaftlich selbstständige (Ein-) Zweckgesellschaften (*Burger und Untenberger* 2004, S. 5), die an den Originator in Abhängigkeit der Verbriefungstechnik einen sofortigen Cash-Flow und/oder eine Kompensationszahlung bei Eintritt eines zuvor definierten Credit Events leisten. Im Gegenzug transferiert der Originator die Risiken auf das SPV (Risikotransformationsprozess) und zahlt diesem dafür die Risikoprämie (Marge).

Bei der Ein-Zweckgesellschaft handelt es sich um ein insolvenzfestes und zielorientiert agierendes rechtliches Konstrukt mit dem alleinigen Zweck der Risikotransformation (siehe Abbildung 6). Sie entsteht dadurch, dass das SPV Wertpapiere emittiert, durch die die Risiken aus den zugrunde liegenden Assets auf Endinvestoren übertragen werden. Dieser Prozess stellt im engeren Sinne die Verbriefung dar.

Abbildung 6: Funktionen der (Ein-)Zweckgesellschaft

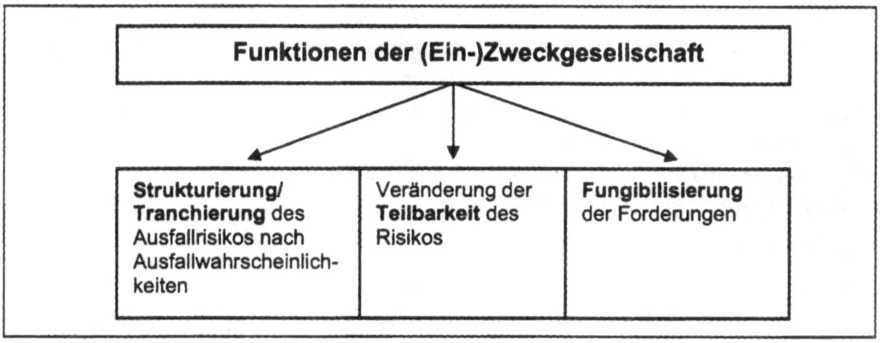

Eigene Darstellung.

Abbildung 7: Drittparteien im Verbriefungsprozess

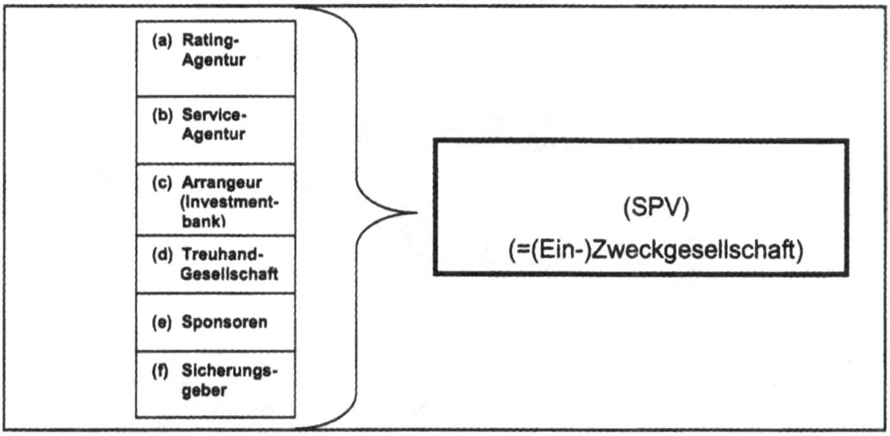

Eigene Darstellung.

Da SPVs ausschließlich auf den Zweck der Risikotransformation begrenzt sind, verfügen sie über nahezu keine Organisationsstrukturen sowie eine sehr begrenzte Ressourcenausstattung. Aus diesem Grund ist die zwar wirtschaftlich und rechtlich selbstständige Zweckgesellschaft in der Regel nicht in der Lage, die oben beschriebenen Tätigkeiten operativ und strategisch selbstständig zu bestreiten. Es existieren so genannte Drittparteien im Verbriefungsprozess, die einerseits administrative, aber andererseits auch operative Funktionen bei der Forderungsverbriefung einnehmen (siehe Abbildung 7).

Beispielsweise bedienen sich die SPVs regelmäßig entweder des Originators oder externer Service-Agenturen (b), die das SPV bei der Erfüllung seiner Aufgaben unterstützt. Dazu gehören beim echten Forderungsverkauf (True Sale) die Verwaltung der Forderungen, aber auch organisatorische Tätigkeiten, wie z.B. die Debitorenbuchhaltung und das Reporting für die Investoren. Für diese Dienstleistungen wird in der Regel ein Service-Vertrag geschlossen, und der Originator bzw. die Service-Agentur erhält eine Gebühr (Service Fee).

Partner der SPVs und der Originatoren bei der Strukturierung der zugrunde liegenden Assets bzw. Risiken sind externe Verbriefungsspezialisten, so genannte Arrangeure oder Arranger (c), bei denen es sich oftmals um Investmentbanken handelt (*Bär* 2000, S. 38). Ihre Aufgabe ist die Strukturierung und anschließende Platzierung der Verbriefungstransaktion. Ziel der Strukturierung ist die Fungibilisierung und anschließende Platzierung der Risiken aus den zugrunde liegenden Assets bei Endinvestoren. Dazu werden die Forderungen idealtypischerweise

- analysiert,
- bewertet,
- neu mit Blick auf ihr Volumen und möglicherweise auf ihren Risikogehalt strukturiert und bewertet (Tranchierung) und schließlich
- ausplatziert.

In der Abbildung 8 ist der idealtypische Tranchierungsprozess bzw. die idealtypische Subordinationsstruktur dargestellt.

Abbildung 8: Idealtypische Tranchierung im Subprime-Segment

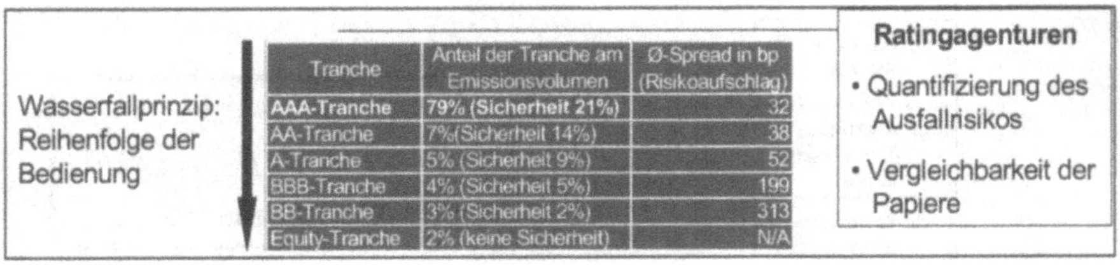

Tranche	Anteil der Tranche am Emissionsvolumen	Ø-Spread in bp (Risikoaufschlag)
AAA-Tranche	79% (Sicherheit 21%)	32
AA-Tranche	7%(Sicherheit 14%)	38
A-Tranche	5% (Sicherheit 9%)	52
BBB-Tranche	4% (Sicherheit 5%)	199
BB-Tranche	3% (Sicherheit 2%)	313
Equity-Tranche	2% (keine Sicherheit)	N/A

Eigene Darstellung.

Die Tranchierung (vs. Pooling) der Wertpapiere wird durch eine unabhängige Ratingagentur ((a) in Abbildung 7) zur Reduktion der Informationsasymmetrien durchgeführt. Hierbei werden die bei der Verbriefung entstehenden Tranchen in Abhängigkeit von ihrer spezifischen Ausfallwahrscheinlichkeit mit einem Rating versehen. Das Rating strukturierter Kreditprodukte stellt ein wichtiges Geschäftsfeld der Ratingagenturen dar, das mittlerweile zu einer der Haupteinkommensquelle der drei führenden US-amerikanischen Agenturen *Fitch*, *Moody's* sowie *Standard & Poors* geworden ist (*Fender* und *Mitchel* 2005). An diesem Rating orientiert sich der Risikoaufschlag (Spread / Marge) und die entsprechenden Zinszahlungen an den Investor.

Die Tranchierung ermöglicht, die Ausfallrisiken eines risikobehafteten Subprimeportfolios auf bestimmte Tranchen zu konzentrieren, denen ein entsprechend schlechtes

Rating zugewiesen wird. Die Tranchierung ist rein fiktiver Natur, da den einzelnen Tranchen keine spezifischen Forderungen zugeordnet werden. Die Tranchierung ist die Voraussetzung dafür, dass die Papiere von Investoren überhaupt gekauft wurden, wobei die Ausfallwahrscheinlichkeit innerhalb des Portfolios von einer Ratingagentur eingestuft wird, die in der Regel auch den Strukturierungsprozess begleitet. Im Zahlenbeispiel aus Abbildung 8 sind 79 % der Papiere als AAA geratet, was der höchsten Senioritätsstufe entspricht. Bevor die Inhaber dieser Papiere Verluste hinnehmen würden, müssten zunächst mehr als 21 % im Portfolio ausfallen. Das wird als Wasserfallprinzip bezeichnet – erst wenn die unterste Tranche über Verluste aufgezehrt wird, schwappen die Verluste auf die nächste Tranche über. Weiterhin ist es auch möglich, Teiltranchen erneut zu verbriefen und somit beispielsweise aus dem vierprozentigen Anteil an BBB-Papieren erneut Papiere mit einem besseren Rating zu erzeugen (CDO^2). Derartige Innovationen haben sich negativ auf die Transparenz der Verbriefungsprodukte ausgewirkt, was sich vor allem in Fehlbewertungen bezüglich der Rendite/Risiko-Struktur und mangelnder Sekundärmarktliquidität ausgewirkt hat. Insofern ist die Erhöhung der Transparenz an den Kreditmärkten eine wesentliche Voraussetzung dafür, Kreditrisiken überhaupt zu verbriefen. Grundlage für die Steigerung der Transparenz ist eine weitestgehende Standardisierung der Verbriefungsprodukte und Märkte.

Bei den unabhängigen Ratingagenturen stellt sich die Frage, ob sie nicht eine *Scheinsicherheit* durch ihre Ratings vermittelt haben, da eine umfängliche Kreditprüfung im Rahmen einer Transaktion kaum realistisch ist. Darüber hinaus bestand das Problem, dass auch die Ratingagenturen das Ausfallrisiko aus der Vielzahl der unterschiedlichen, teilweise neuen (z.B. Subprime-Kredite), teilweise stark regional geprägten Kreditengagements auch bei einer detaillierten Prüfung nicht genau genug einschätzen konnten. Letztlich führte dies Mitte des Jahres 2007 zu zahlreichen Ratingherabstufungen, die zu einem Auslöser der Krise wurden.

Ebenso ist fraglich, ob nicht auch das Gebührenmodell der Ratingagenturen falsche Anreize setzt, da keine Funktionstrennung zwischen der Strukturierung und der Bewertung vorlag und die Agenturen auch noch über eine *Upfront Fee* bezahlt wurden. Immerhin hat beispielsweise bei *Moody's* das strukturierte Geschäft am Gewinn einen Anteil von 50 % innegehabt. Ähnlich wie bei den primären Kreditgebern könnte eine an die laufzeitübergreifende Kreditperformance gekoppelte Vergütung anstelle der aktuell praktizierten Upfront Fee die künftige Anreizkompatibilität verbessern.

Zur Attraktivitätserhöhung für die Investoren werden oftmals weitere Maßnahmen getroffen, die zu einer Ratingverbesserung der Papiere und somit zu einem geringeren Ausfallrisiko für die Investoren führen. Die Bereitstellung zusätzlicher Sicherheiten wird als *Credit Enhancement* bezeichnet und beinhaltet Sicherungsmaßnahmen über den Originator, externe Sicherungsgeber ((f) in Abbildung 7) und die Transaktionsstruktur. Der Originator kann die Sicherheit der Papiere zusätzlich über eine Rückkaufszusage zum Nennwert, eine Kreditausfallsgarantie oder über eine Patronatserklärung durch eine mit dem Originator verbundene Unternehmung erhöhen. Weiterhin kann die Sicherung über die Transaktionsstruktur durch eine Übersicherung der emittierten Forderung und eine Subordination (Tranchierung) sowie ein Reservekonto erfolgen.

Neben der zusätzlichen Sicherung über Originator und die Transaktionsstruktur, kann eine Drittpartei über einen Akkreditiv, eine Bareinlage oder eine Versicherung die Ausfallwahrscheinlichkeit der Papiere reduzieren. Bei der Versicherung und dem Akkreditiv wird das Rating der Papiere durch das Rating des Sicherungsgebers substituiert.

Investmentbanken treten nicht nur als Arrangeure auf, sie beraten ebenfalls im Rahmen von so genannten *Investment Proposals* potentielle Investoren und tragen dabei wesentlich zur Risikotransformation und als Bindeglied zwischen SPV und Markt, also den Investoren, bei.

Insgesamt könnten auch bei den Ratingagenturen falsche Anreize durch die starke Verbindung zwischen Emittenten und Investoren gesetzt worden sein. Dies gilt z.B. für die individuelle Ausstattung der Verbriefungen nach Anlagekriterien der Investoren, was die Transparenz der Produkte und die Sekundärmarktliquidität der Produkte drastisch gesenkt hat.

Weiteres Bindeglied zwischen den Investoren und dem SPV stellt eine Treuhandgesellschaft (d) dar, wobei es sich hierbei auch um andere Kreditinstitute, wie beispielsweise eine Investmentbank, handeln kann. Diese leitet die Zahlungsströme vom SPV an den Investor weiter und umgekehrt.

Über diesen Prozess wird insgesamt sichergestellt, dass das ursprüngliche Ausfallrisiko vollständig ausgelagert wird. Dadurch reduziert sich das Eigenkapitalerfordernis der SPVs auf ein Minimum, das i. d. R. entweder über den Originator oder andererseits über (e) externe Sponsoren des SPVs bereitgestellt wird. In der Praxis stellt die zuerst genannte Alternative die gebräuchlichste Form der Eigenkapitalbeschaffung dar. Als externe Sponsoren treten darüber hinaus oftmals Investmentbanken oder sogar öffentliche Institute (beispielsweise die *KfW Bankengruppe* mit der *Promise*-Plattform) auf, die für die Bereitstellung der Infrastruktur eine Provisionszahlung erhalten.

Insgesamt bleibt festzuhalten, dass der Strukturierungs- und Verbriefungsprozess recht komplex ist. Da es sich im Verbriefungsprozess um den letzten Schritt vor einer finalen Platzierung der Kreditrisiken handelt, ist für Fungibilisierung der Forderungen die Transparenz ein wichtiges Kriterium. Hier stellt sich die Frage, ob der Verbriefungsprozess in diesem Schritt ausreichende Transparenz geschaffen hat. Dies gilt vor allem mit Blick auf die oben genannten beteiligten Parteien bei der Bewertung der ursprünglichen Forderungen und bei deren Strukturierung sowie Tranchierung.

3.3. Dritte Stufe: Platzierung am Kapitalmarkt

Entstehung des Marktpreisrisikos im eigentlichen Sinne

Nach erfolgter Risikotransformation können Anleger (4 in Abbildung 3) gemäß ihrer Risikoneigung bzw. ihrem Renditeanspruch investieren. Dementsprechend breit gespannt ist die Skala der Investoren, angefangen von so genannten Monolinern (vor der Krise best-geratete Kreditversicherer, wie z.B. *MBAG*), die ausschließlich in die bestgerateten Tranchen mit dem entsprechend geringsten Ausfallrisiko investieren, bis hin zu Hedgefonds, die oftmals die Tranchen mit den größten Risiken und entsprechend höchsten Margen (*First Loss Pieces* oder *Equity Pieces* genannt) kaufen. Eine Vielzahl von Parteien kann folgerichtig entsprechend des vorhandenen Risikoappetits in die Papiere des SPVs investieren.

In dieser Stufe der Risikotransformation entsteht das Marktpreisrisiko. Hierbei handelt es sich um das Risiko, dass die als Resultat des Verbriefungsprozesses entstandenen Papiere negativen Marktpreisschwankungen unterliegen. Dieses Risiko wurde im Rahmen der 2007 ausgebrochenen Krisensituation schlagend. Im originären Kreditverhältnis entstand kein Marktpreisrisiko im eigentlichen Sinne, da Kredite keine Kapitalmarktprodukte sind und in der Regel auch nicht auf Sekundärmärkten gehandelt werden. Es liegt somit eine dauerhafte Halteabsicht vor und führt somit z.B. im Rahmen der IFRS-Kategorisierung zu keiner Marktpreisbewertung (Kategorie *Held to Maturity* oder *Loans and Receivables*). Erst mit der Verbriefung und der damit einhergehenden Kapitalmarktfähigkeit der Papiere kann ein Marktpreisrisiko z.B. im bilanziellen Sinne resultieren.

Entstehung von Liquiditätsrisiken

Kreditinstitute und andere institutionelle Investoren erwarben vor allem hoch strukturierte Kreditderivate. Investiert wurde einerseits unmittelbar auf die eigenen Bilanzen und andererseits auch durch Zweckgesellschaften, die eigens für diesen Zweck der Risikoübernahme konstruiert wurden. Diese Zweckgesellschaften wurden auch *Conduits* oder *Special Investment Vehicles* (SIVs) genannt. Insbesondere in den letzten Jahren vor der Krise hat sich die Gründung und Nutzung derartiger Ankaufgesellschaften durchgesetzt.

In Abbildung 9 werden der generelle Ablauf sowie das Geschäftsmodell der Ankaufgesellschaften dargestellt.

Abbildung 9: Ankaufsvehikel auf der Investorenseite

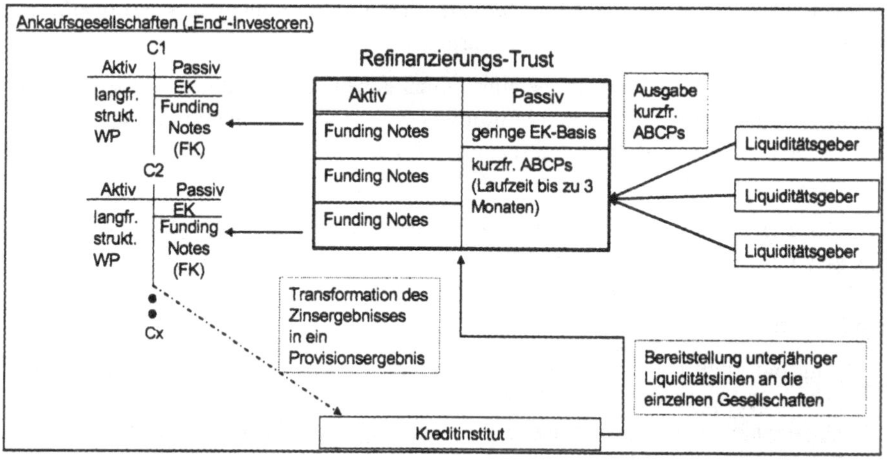

Eigene Darstellung.

Die Ankaufsvehikel investierten auf der Aktivseite in längerfristige strukturierte Wertpapiere (z.B. *Subprime-CDOs*). Auf der Passivseite finanzierten sie sich über die Ausgabe von *Funding Notes*, die wiederum von einem Funding-Emissionsvehikel oder auch Refinanzierungs-Trust gehalten wurden. Diese wiederum emittierten kurzfristige *Asset Backed Commercial Papers* (ABCPs) zu ihrer Refinanzierung. Kreditinstitute stellten für die Finanzierungsvehikel Kreditlinien, um das Rating und die Marktfähigkeit der emittierten ABCPs sicher zu stellen.

Das Liquiditätsrisiko resultierte aus der langfristigen Kapitalbindung durch die angekauften Verbriefungen und den emittierten kurzlaufenden ABCPs zu deren Refinanzierung. Um eine dauerhafte Refinanzierung sicher zu stellen, mussten die ABCPs revolvierend platziert werden. Aufgrund der stark rückläufigen Marktwerte ihrer Investments gelang es schließlich im Sommer 2007 den SIVs und Conduits immer weniger, die erforderlichen Sicherheiten für ihre langfristigen, revolvierenden Refinanzierungsbedürfnisse zu stellen. Folgerichtig gerieten die Investmentvehikel und ihre Liquiditätsgeber – wie Kreditinstitute und Versicherer – in die drastische weltweite Vertrauens- und Liquiditätskrise.

Im Wesentlichen existierten zwei Hauptmotivatoren bei der Gründung derartiger Ankaufvehikel, die oftmals durch Banken initiiert wurden: hohe Renditen und Umgehung der Eigenkapitalunterlegung. Die Ankaufvehikel schufen Möglichkeiten, in hochspekulative Papiere zu investieren und waren so ausgestaltet, dass sie keiner bankaufsichtsrechtlichen Regulierung unterlagen. Dementsprechend konnten die Eigenkapitalvorschriften nach Grundsatz I / Solvabilitätsverordnung umgangen werden, und auch die vom Kreditinstitut geleisteten Kreditlinien mussten nicht mit Eigenkapital unterlegt werden, da zunächst unterjährige Linien nicht mit Eigenkapital zu unterlegen war. Darüber hinaus konnte durch die Gründung mehrerer Trusts die Großkreditgrenze nach § 13 KWG umgangen werden, indem jedem einzelnen Trust eine Kreditlinie unterhalb der Grenze eingeräumt wurde. Erst mit der Einführung von Basel II im Jahre 2008 wurden auch Ankaufgesellschaften erfasst: zur Verhinderung der Finanzmarktkrise kamen diese Regulierungen allerdings zu spät.

Die durch die Ankaufvehikel vereinnahmten hohen Risikoprämien (Zinsen) wurden an die beratenden Kreditinstitute in Form von Provisionseinnahmen abgeführt. Regulatorisch betrachtet waren diese Gebühren (*Fees*) ebenfalls nicht durch Eigenkapital zu unterlegen und führten zu attraktiven Renditen.

SIVs und Conduits wurden zu einem entscheidenden Auslöser der Hypotheken- und Bankenkrise im Spätsommer 2007. Dabei waren die Investorenstruktur und die damit verbundene Risikotransformation ein wesentlicher Faktor. Aus den dargestellten Konstruktionen

- folgt ein nicht unerheblicher zusätzlicher gesamtwirtschaftlicher Leverage-Effekt, indem gering kapitalisierte Hedgefonds Equity-Tranchen kauften, die ohne Ausplatzierung und Verbriefung allein aus regulatorischen Aspekten mit mehr Eigenkapital hätten unterlegt werden müssen;
- entstanden eine komplett kurzfristige Refinanzierung durch Commercial Paper sowie kurzfristige Kreditlinien für die langfristigen originären Engagements;

daraus resultierte eine auch gesamtwirtschaftlich enorme Kapitalbindungsfristen-Transformation, die offensichtlich die Qualität der verbrieften Forderungen nicht ausreichend berücksichtigte;

- resultierte aufgrund der verschiedenen, inhomogenen Vertragsstrukturen, die teilweise auf spezifische Bedürfnisse der Anleger ausgerichtet waren, ein illiquider Sekundärmarkt, der für Ankaufvehikel (z.B. SIVs) die vertraglich für diesen Fall vorgesehene Zwangsliquidationen faktisch quasi unmöglich machte;
- war das Risikomanagement der Investoren überfordert, insbesondere bei der Einschätzung der Kombination aus sich rapide verschlechternder Kreditqualität der Kreditpools in Verbindung mit dem Liquiditätsrisiko am Sekundärmarkt für Verbriefungen.

4. Verbriefung als Instrument zur Krisenbewältigung

Die Finanzkrise führte nicht nur bei US-amerikanischen Finanzdienstleistungsunternehmen wie *Lehman Brothers* zu einem Zusammenbruch, sondern erhöhte auch bei zahlreichen europäischen und deutschen Banken die Ausfallgefahr. Die beiden Hauptproblembereiche der Institute waren Liquiditätsengpässe und eine Unterdeckung im regulatorisch benötigten Eigenkapital.

Liquiditäts- und Refinanzierungsengpässe waren insbesondere auf die Vertrauenskrise innerhalb des Bankensektors zurückzuführen. Die Nichteinhaltung der regulatorischen Eigenkapitalgrenzen resultierte unmittelbar aus dem hohen Abschreibungsbedarf bei *toxischen Wertpapiere* aus den Investmentvehikeln. Zur Bewältigung dieser Krise waren die Finanzinstitute auf massive staatliche Unterstützung, wie z.B. Eigenkapital- und Refinanzierungshilfen durch Garantien, und die Bereitstellung von Zentralbankfazilitäten angewiesen. Daneben wurden aber auch bestimmte Verbriefungstechniken und Zweckgesellschaften gezielt zur Bewältigung der Krise eingesetzt. Im Folgenden wird anhand von drei Konzeptionen beschrieben, wie sie zur Überwindung der Krise beitragen können. Der Schwerpunkt liegt im so genannten *Bad Bank-Konzept*, das auch von der Bundesregierung im Rahmen der Finanzmarktstabilisierungsmaßnahmen bevorzugt wird.

4.1. Klassische Form der Kreditverbriefung

Durch die synthetische Ausplatzierung von Kreditrisiken kann das Risikoprofil der Bank deutlich entlastet und die Eigenkapitalunterlegung signifikant reduziert werden. Über diese bereits zuvor vorgestellte Verbriefungsform kann somit eine Stärkung der regulatorisch erforderlichen Eigenkapitalbasis erreicht bzw. die Unterlegungspflicht aufgrund eines abgenommenen Risikoprofils reduziert werden. Auch eine Liquiditätsgewinnung lässt sich über die klassische True Sale-Verbriefung realisieren. Hierbei werden, wie bereits zuvor erläutert, Assets zu einem Pool zusammengefasst und über ein SPV verbrieft. Neben diesen beiden bekannten Verbriefungsformen zur Krisenbewältigung hat sich insbesondere im Marktumfeld eine weitere Strategie herausgebildet, die nachfolgend dargestellt wird.

4.2. Originate, distribute and sell back

Bei der „Originate, distribute and sell back"-Strategie steht die Liquiditätsgenerierung im Vordergrund, wobei der *Europäischen Zentralbank* hier eine entscheidende Rolle zukommt. Es handelt sich um eine True Sale-Verbriefungstransaktion, bei der der Originator der Verbriefungstransaktion auch gleichzeitig der Investor ist. Der eigens für diese Transaktion gegründeten Zweckgesellschaft kommt hierbei analog zur klassischen Asset Securization eine dominante Rolle zu. Ein zuvor definierter Kreditpool wird nach eingehender Analyse in einem zuvor bereits beschriebenen Prozess strukturiert und tranchiert, sodass aus dem einstigen Kreditpool Wertpapiere unterschiedlicher Senioritätsstufen resultieren, die vom Originator wieder auf das eigene Buch genommen werden. De facto resultiert aus dieser Transaktion zunächst weder ein risikominimierender noch ein liquiditätsgenerierender Effekt. Allerdings kann das entstandene Wertpapier in Abhängigkeit von seiner Bonitätsstufe bei der *Europäischen Zentralbank* beliehen werden. Daraus folgt für das Kreditinstitut ein positiver Liquiditätseffekt.

Grundvoraussetzung ist hierbei die Existenz eines Ratings für das Wertpapier. Allerdings sind diese dargestellten Eigentransaktionen (Originator = Investor) meist kostenintensiv und die Abschläge bei der Bewertung der Papiere (sog. *Haircut* oder Beleihungswert unterhalb des aktuellen Kurswerts) liegen meist deutlich unterhalb der Nominalforderung. Somit stellt dieses Instrument eine teure Form der Liquiditätsbeschaffung dar. Es wurde vor allem von den besonders hart von der Krise getroffenen Banken eingesetzt, die ansonsten keine Liquiditätsreserven mehr aufwiesen.

4.3. Bad Bank-Konzept über dezentrale Zweckgesellschaften

Während die beiden zuvor vorgestellten Konzepte in einer Krisensituation vornehmlich – mit Ausnahme der synthetischen Verbriefung und des privaten dezentralen Bad Bank-Konzeptes – der Ausplatzierung besser gerateter Assets dienen, handelt es sich beim Bad Bank-Modell um ein Konstrukt zum gezielten Umgang mit den Papieren, die für den Ausbruch der Krise verantwortlich zu machen sind. Ziel ist die Ausplatzierung abschreibungs- und somit eigenkapitalunterlegungsbedürftiger Papiere, die auch als *toxische Wertpapiere* oder *Schrottpapiere* bezeichnet werden (*O.V.* 2009, S. 1). Die nachfolgende Abbildung zeigt die Struktur und die Ausgestaltung des Bad Bank-Konzepts des *Bundesfinanzministeriums*.

Abbildung 10: Deutsches dezentrales Bad Bank-Modell mit Zweckgesellschaft

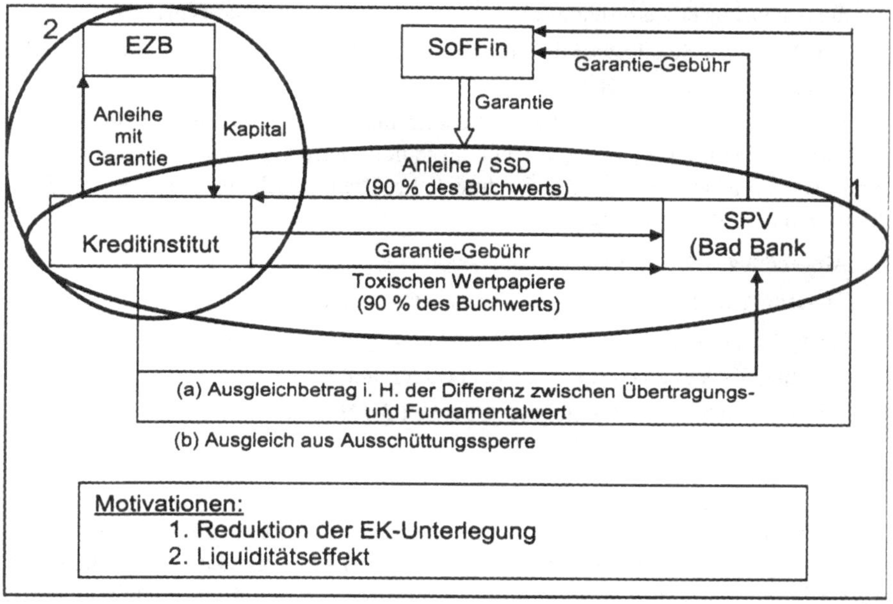

Eigene Darstellung in Anlehnung an *O.V.* (2009).

Ein Kreditinstitut gründet ein Special Purpose Vehicel, die sog. Bad Bank, auf das die toxischen, abschreibungsbedürftigen Wertpapiere übertragen werden. Bei der Übertragung findet bereits die erste Stufe eines Credit Enhancement durch den Originator statt, indem lediglich 90 % des Buchwertes der toxischen Wertpapiere übertragen werden. Es kommt einer transparenten Tranchierung gleich, indem das Portfolio in eine Senior Tranche (90 %) und eine First Loss Position (10 %) aufgeteilt wird (*DZ Bank* 2009, S. 51). Das Kreditinstitut erhält vom SPV im Gegenzug eine Anleihe mit identischem Nominalwert, die von der *Bundesanstalt für Finanzmarktstabilisierung* (SoFFin = Sonderfonds Finanzmarktstabilisierung) mit einer Garantie ausgestattet wird. Der Garantievertrag ist zwischen *SoFFin* und dem SPV im Detail folgendermaßen ausgestaltet:

- Der *SoFFin* garantiert die anfallenden Zins- und Kapitalzahlungen aus der emittierten Anleihe und erhält dafür vom SPV bzw. vom Kreditinstitut eine marktgerechte Vergütung.
- Der Unterschied zwischen Fundamentalwert und Marktwert wird über die Laufzeit der Garantie verteilt und vom Kreditinstitut periodisch aus dem Dividendenüberschuss an das SPV gezahlt (a). Somit orientieren sich die Zahlungen nicht am tatsächlich anfallenden Verlust, sondern dem Unterschiedsbetrag zwischen Fundamental- und Marktwert des Portfolios. Ist der Ausschüttungsbetrag nicht ausreichend, so wird in den Folgejahren die Zahlung erhöht.
- Kann zum Übertragungszeitpunkt der Anleihe diese aus dem Kapital der Zweckgesellschaft nicht bedient werden, so haftet die SoFFin über ihre Garantie mit.

- Im Gegenzug haftet das Kreditinstitut über die Garantielaufzeit hinaus mit dem an die Anteilseigner auszuschüttenden Betrag (Ausschüttungssperre (b)).
- Resultiert aus der Transaktion im SPV ein Überschuss, so wird dieser an die Anteilseigner ausgeschüttet.

Im Ergebnis reduzieren Bad Banks die erforderliche Eigenkapitalunterlegung der ausplatzierenden Bank. Zudem entsteht ein Liquiditätseffekt durch die Möglichkeit, die garantierte Anleihe bei der EZB für besicherte Tendergeschäfte einzusetzen. Ziele dieser Bad Bank-Struktur sind die

- Abwendung weiterer Bankenzusammenbrüche,
- Entlastung der Bankbilanzen von den toxischen Assets,
- Rekapitalisierung der Banken durch die Entlastung des Eigenkapitals,
- Stärkung des Vertrauens der Marktteilnehmer und
- Wiederherstellung der Kapitalmarktfähigkeit der Banken.

5. Fazit

Verbriefung als Ursache der Kapitalmarktkrise? Eine faire Beantwortung dieser Frauge sollte die risikoreiche Kreditvergabe der Banken aufgrund der zunehmenden Verbriefungsmöglichkeiten als wesentliche Hauptursache der Kreditausfälle anführen (= originate and distribute strategy). Kreditderivate haben aber als Katalysator bei der Entwicklung der Krise gewirkt. Dabei sind vor allem der hohe Strukturierungsgrad – also die fehlende Standardisierung – und die daraus folgende Intransparenz der Produkte wichtige Faktoren. Daraus folgten in Verbindung mit den Ratingherabstufungen im Jahr 2007 ein gravierender Vertrauensverlust bei den Investoren und somit der so genannte *Conduit-Run*.

Weiterer Hauptproblembereich im Verbriefungsprozess waren die Ankaufsvehikel auf der Investorenseite, die zu einem fehlgeleiteten Risikotransformationsprozess führten, der durch die Nutzung regulatorischer Arbitrage-Möglichkeiten ausgelöst wurde. *Basel II* hat diese Umgehungsstrukturen über Unterlegungspflichten (geringfügig) unattraktiver gestaltet und zu einer Verbesserung des Risikomanagements geführt, da zukünftig die in dieser Krisensituation schlagend gewordenen Liquiditätsrisiken über die zweite Säule angemessen berücksichtigt werden. Darüber hinaus tragen die Offenlegungspflichten zur Transparenzerhöhung bei.

Auch wenn der hier dargestellte Kreditverbriefungs- und Risikotransformationsprozess als entscheidender Katalysator für die Entstehung und globale Ausweitung der Krise anzusehen ist, so kommt der Kreditverbriefung bzw. den Zweckgesellschaften als marktwirtschaftliche und/oder staatliche Lösung zur Krisenbewältigung eine nicht zu vernachlässigende Rolle zu. So kann Verbriefung in einer standardisierten und transparenten Form in Krisenzeiten ein effizientes Instrument zur gezielten Risikoallokation darstellen. Insbesondere der dezentralen Organisationsstruktur in Verwendung mit Mischformen aus staatlichen und privatwirtschaftlichen Lösungen wird eine große Bedeutung zugesprochen.

Abschließend ist festzuhalten, dass die Forderungsverbriefung nicht ausschließlich im negativen Sinne als Ursache der Krise anzusehen ist, sondern in einer transparenten und standardisierten Form – ohne Mehrstockstrukturen (Verbriefung der Verbriefung), komplizierte Kündigungsrechte und Vertragsausgestaltung – auch weiterhin zu einer effizienten Risikoverteilung und letztendlich auch zur Bekämpfung der Vertrauens- und Liquiditätskrise genutzt werden kann.

Literatur

Ashcraft, Adam B. und *Til Schuermann* (2008), Understanding the Securization of Subprime Mortgage Credit, Federal Reserve Bank of New York Staff Reports, No. 318, New York.

Bär, Hans P. (2000), Asset Securitisation: Die Verbriefung von Finanzaktiven als innovative Finanzierungstechnik und neue Herausforderung für Banken, 3. Aufl., Zürich.

Burger, Stephanie und *Franz Josef Untenberger* (2004), Asset Securitisation: Die Verbriefung bankeigener Forderungen als neue Herausforderung für Genossenschaftsbanken, Berufsakademie Villingen-Schwenningen, Fachrichtung Banken und Bausparkassen, Discussion Papers, Nr. 02/04, Villingen-Schwenningen.

DZ Bank (2009), ABS & Structured Credits – Bad Bank Boom (BBB), Special Publication, 15.06.2009, Frankfurt/M.

Emse, Cordula (2005), Verbriefungstransaktionen deutscher Kreditinstitute: Eine Analyse alternativer Strukturvarianten und deren regulatorischer Erfassung nach Grundsatz I und Basel II, Wiesbaden.

Fender, Ingo und *Janet Mitchell* (2005), Structured Finance: Complexity, Risk and the Use of Rating, in: Bank for International Settlements Quarterly Review, June 2005, S. 67-79.

Franke, Günter (2005), Transformation nicht-gehandelter in handelbare Kreditrisiken, Universität Konstanz, Thurgauer Wirtschaftsinstitut Research Paper Series, No. 7, Konstanz.

IMF (2007), International Monetary Fund: Global Financial Stability Report. Financial Market: Turbulence: Causes, Consequences, and Policies, October 2007, Washington, D.C.

Jauch, Sebastian (2007), Verbriefung von Kreditrisiken und das Bankensystem: Eine Analyse der Subprime Loan Krise, Ludwig-Maximilians-Universität München, Diplomarbeit im Seminar für Makroöknomie, München.

Kiff, John und *Paul Mills* (2007), Money for Nothing and Checks for Free: Recent Developments in U.S. Subprime Mortgage Markets, International Monetary Fund Working Paper, No. 07/188, Washington, D.C.

O.V. (2009), Wie funktioniert das „Bad Bank"-Modell?, Bundesministerium für Finanzen, veröffentlicht im Internet: http://www.bundesfinanzministerium.de/DE/Buergerinnen_und_Buerger/Gesellschaft_und_Zukunft/finanzkrise/130509_BadBank.html, 02.07.2009.

Rudolph, Bernd und *Julia Scholz* (2007), Pooling und Tranching im Rahmen von ABS-Transaktionen, Ludwig-Maximilians-Universität München, Munich School of Management Discussion Papers, No. 2007-04, München.

Schmittat, Johannes. E. (2007), Asset Backed Securities: Die Verbriefung von Handelsforderungen als Finanzierungsalternative für den großen Mittelstand, Wiesbaden.

Albrecht F. Michler und Heinz-Dieter Smeets (Hg.)
Die aktuelle Finanzkrise: Bestandsaufnahme und Lehren für die Zukunft
Schriften zu Ordnungsfragen der Wirtschaft · Band 93 · Stuttgart · 2011

Die Bankenkrise aus betriebswirtschaftlicher Sicht

Christoph J. Börner und *Martin Sauermann*

Inhalt

1. Einleitung

Die internationale Finanz- und Wirtschaftskrise hatte ihren Nukleus im US-amerikanischen Immobilienkreditgeschäft. Wie inzwischen allgemein bekannt ist, wurden dort Kredite ohne hinreichende Besicherung an bonitätsschwache Kreditnehmer gegeben. Diese Kreditgewährung erfolgte vor dem Hintergrund niedriger Zinsen, steigender Immobilienpreise und des politischen Willens, den Eigenheimerwerb zu fördern. Über komplexe Verbriefungsstrukturen und Zweckgesellschaften – die ‚Conduits' – investierten auch europäische Banken in diese Kredite. Als sich ab Frühjahr 2007 Zweifel an der prognostizierten Rückzahlungsfähigkeit der Kreditnehmer ergaben, fielen die Marktpreise für die entsprechenden Wertpapiere, und die komplexen Verbriefungsstrukturen kollabierten und rissen Banken mit. Die Subprime-Krise entwickelte sich über eine Liquiditätskrise hin zur Vertrauenskrise, die letztlich auf die Realwirtschaft und den Euro-Raum durchschlug.

Bei einer Analyse der Krise kann man verschiedene Perspektiven einnehmen. So können einerseits verschiedene Phasen abgegrenzt werden. Der vorliegende Beitrag betrachtet vor allem, allerdings nicht ausschließlich, die Entstehung der Krise, er fokussiert also die anfängliche ‚Subprime-Krise'. Damit liegt nahe, dass der Beitrag zugleich in erster Linie eine Analyse der Krisenursachen beinhaltet. Maßnahmen – seien sie einzelwirtschaftlich, regulatorisch, politisch-fiskalisch oder geldpolitisch ausgerichtet – zur Bewältigung der Krise sind eher in den folgenden Phasen zu verorten. Die Entstehung der Krise durch die globalen Verbriefungsketten wird aber bislang sehr häufig recht allgemein betrachtet. Dabei gerät aus den Augen, dass längst nicht alle Banken und auch nicht alle nationalen Bankensysteme gleichermaßen in solche Ketten eingebunden waren. Im Kern trivial, aber trotzdem leicht zu übersehen ist die Feststellung, dass es eine Managemententscheidung ist, ob und in welchem Umfang Conduits aufgelegt werden. Dies wird daran deutlich, wenn man exemplarisch mehr oder minder betroffene Institute gegenüber stellt:

- So wurden im öffentlich-rechtlichen Bankensektor etwa die *Sachsen LB* und die *WestLB* stark, die *Helaba* und die *NordLB* hingegen kaum von der Subprime-Krise betroffen.
- Im Sektor der privaten Banken wurden *IKB*, *Dresdner Bank* und *HypoRealEstate* aus verschiedenen Gründen stark betroffen, die *Deutsche Bank* hingegen relativ schwach.
- Auch in anderen europäischen Ländern war die Betroffenheit der einzelnen Institute unterschiedlich ausgeprägt. In der Schweiz litt etwa die *Credit Suisse* erkennbar weniger unter dem Wertverlust von Subprime-Titeln als die *UBS*; in Großbritannien wurde beispielsweise die *Royal Bank of Scotland* massiv, die *HSBC* hingegen kaum betroffen.

Wenn es aber offenkundig Entscheidungsspielräume bei der Beteiligung an den Transaktionen, denen Subprime-Kredite zugrunde lagen, gab, liegt es nahe, die Parameter zu bestimmen und zu diskutieren, die bei diesen Entscheidungen wirksam waren. Damit wird die originär betriebswirtschaftliche Fragestellung adressiert, warum manche

Banken sehr hohe und andere Banken nur moderate Risiken eingegangen sind. Diese Frage hat allerdings sehr viele Facetten – von regulatorischen Regelungen über Corporate-Governance-Strukturen und das Risikomanagement bis hin zu persönlichkeitsbezogenen Faktoren – und wird im Detail nur auf den konkreten Einzelfall hin zu beantworten sein. Der vorliegende Beitrag kann deshalb nur einige, eher allgemeine Aspekte beleuchten. Dafür werden zunächst die Formen erläutert, wie US-amerikanische Immobilienkredite verbrieft, strukturiert und in Zweckgesellschaften eingebracht wurden. Dies erscheint notwendig, um dann die Anreize der Beteiligten zu identifizieren. Dann können entlang der Verbriefungskette Entscheidungsparameter identifiziert und das Versagen des Risikomanagements hinterfragt werden.

2. Verbriefung, Collateralisation und Conduits

2.1. Origination und Verbriefung von Subprime-Immobilienkrediten in den USA

„Alle sechs Sekunden übernehmen wir eine Hypothek." Mit diesen Worten warb die amerikanische Hypothekenbank *Freddie Mac* im Jahr 2004 auf ihrer Internetseite für sich und ihre Aufgabe in der Immobilienfinanzierung. Die Aussage zeigt, welch hohen Professionalisierungsgrad und welche Dimensionen die Immobilienfinanzierung über Hypothekenkredite vor der Subprime-Krise angenommen hatten. Die halbstaatliche Hypothekenbank *Freddie Mac* wurde später – wie ihr ebenfalls halbstaatliches Schwesterinstitut *Fannie Mae* – ein zentraler Bau- bzw. Dominostein in der im Jahr 2007 auftretenden Subprime-Krise.

Die beiden Institute, die *Federal National Mortgage Association* (Fannie Mae) und die *Federal Home Loan Mortgage Corporation* (Freddie Mac), hatten im System der amerikanischen Immobilienfinanzierung die Aufgabe übernommen, die Refinanzierung von Hypothekenbanken zu erleichtern, um den Erwerb von Wohneigentum in den USA zu fördern. Dieser Refinanzierung ist allerdings die Vergabe von Realkrediten durch Hypothekenbanken zeitlich als erster Schritt vorgelagert. Eine Analyse der Subprime-Krise muss daher zunächst die Kreditvergabe durch Hypothekenbanken untersuchen und erklären, warum diese von ihrem eigentlichen, angestammten Geschäft, der Vergabe von Prime-Krediten, dazu übergingen, Subprime-Kredite zu vergeben. Eine Analyse der Anreizstrukturen zeigt dabei, dass für diese Banken vielfältige Gründe dafür sprachen, ihr Engagement im so genannten Subprime-Geschäft in der Weise auszuweiten, wie sie in Abbildung 1 verdeutlicht wird.

In der Abbildung ist ersichtlich, dass die Vergabe von Prime-Krediten seit 2003 rückläufig war. Non-Prime-Kredite, zu denen auch die Subprime-Kredite gehören, nahmen hingegen bis 2006 kontinuierlich zu und überstiegen das Prime-Kreditvolumen im Jahr 2006 sogar.

Abbildung 1: Entwicklung der Hypothekenkreditvergabe in den USA

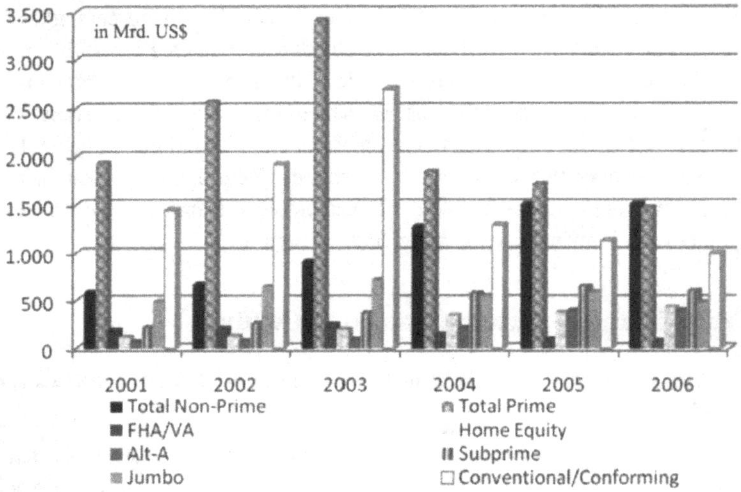

Quelle: *Joint Center of Housing Studies of Harvard University* (2007).

Für eine Analyse dieser Entwicklung ist zunächst festzuhalten, dass auf der Ebene der individuellen Kreditvermittler mit der Vergabe von Subprime-Krediten höhere Provisionen zu erzielen waren als mit Prime-Darlehen (*Jäger* und *Voigtländer* 2008, S. 7). In den USA ist es üblich, dass ein Makler die Immobilienfinanzierung zwischen dem Hauserwerber und der Bank vermittelt. Er agiert gegen Provision sowohl als klassischer Immobilien- wie auch als Darlehensmakler. Aus Sicht der Makler wie der Banken konnte mit der Vermittlung bzw. Vergabe von Subprime-Darlehen der insbesondere im Jahr 2004 einsetzende Rückgang bei der Vergabe der Prime-Darlehen abgemildert werden. Um diesen Markt zu erschließen, wurde daher eine Vielzahl neuer Produkte entwickelt, die zu einer zunehmenden Lockerung der Kreditvergabestandards führten. In der Presse wurden solche Produkte für Kreditnehmer mit schwacher Bonität auch als *NINJA-Loans* (No Income, No Job, No Assets) bezeichnet. In der konkreten Ausgestaltung handelte es sich dabei insbesondere um variabel verzinsliche Hypothekenkredite (Adjustable-Rate Mortgages), die ca. 90 % der vergebenen Subprime-Kredite ausmachten und vor der Krise aufgrund der allgemein niedrigen Zinssätze auf die Kreditnehmer besonders attraktiv wirken mussten (*Kiff* und *Mills* 2007, S. 9). Zur Absatzförderung dieser Kredite wurden zusätzliche Anreize für die Kreditnehmer geschaffen (*Bartmann*, *Buhl* und *Hertel* 2008, S. 14 f.). So wurde z.B. bei den so genannten Hybrid Adjustable-Rate Mortgages für den Beginn der Laufzeit zunächst ein fester, niedriger Zins vereinbart, bevor später in der Laufzeit die variablen Zinszahlungen einsetzten. In einer ähnlichen Weise sahen Payment Options Adjustable-Rate Mortgages zu Beginn ihrer Laufzeit sehr niedrige Zinszahlungen, die so genannten ‚teaser rates', vor. Kreditnehmer ohne Eigenkapital wurden insbesondere mit Piggyback-Darlehen angesprochen, die typischerweise die durch eine Selbstbeteiligung bei einer Kreditfinanzierung eingebrachten Mittel ersetzten. Schließlich wurden im Rahmen von Stated-

Income-Loans Kredite ohne eine Überprüfung der Kundenbonität vergeben. In den Medien wurden diese Low- bzw. No-Documentation Loans später dann auch prägnant als ‚liar loans' apostrophiert.

Ermöglicht wurden solche Kreditvergabepraktiken insbesondere durch das Vertrauen auf die Wertsteigerung oder zumindest die Werthaltigkeit der erworbenen Immobilien, auf die die Kreditgeber im Falle von Zahlungsrückständen zurückgreifen konnten. Mit Steigerungsraten bei Immobilienpreisen von 9 % bis 16 % von 1999 bis 2005 nahmen die Sicherheiten für vergebene Kredite im Wert scheinbar stetig zu (*Hellwig* 2008, S. 15). Nicht zuletzt durch diese Entwicklung wurde von der damaligen *Bush*-Administration in den USA das politische Ziel der Verwirklichung einer Ownership Society, das auch die Verbreitung des Eigenheimbesitzes anvisierte, verfolgt. Kreditnehmer in den USA waren sich also bei der Verwirklichung des Eigenheimerwerbs der Unterstützung durch die Politik sicher. Das hierbei auftretende Verhalten der Kreditnehmer und die zunehmend laxeren Standards der Kreditprodukte entsprechen den Erklärungen von *Hyman Minsky* in seiner Theorie zur Dynamik von Kreditzyklen. *Minsky* (1986) hatte bei seiner Analyse zwischen verschiedenen Typen von Kreditnehmern unterschieden, die im Laufe von Kreditzyklen in Erscheinung treten: vorsichtige, spekulative und so genannte *Ponzi*-Schuldner.

- Die vorsichtigen Schuldner zeichnen sich dadurch aus, dass sie fähig sind, die laufenden Zins- und Tilgungszahlungen auf ihre Verpflichtungen vornehmen zu können.
- Spekulative Schuldner können hingegen nur ihren Zinszahlungsverpflichtungen nachkommen, ihre Tilgungsverpflichtungen jedoch nicht erfüllen. Spekulativ sind diese Schuldner in dem Sinne, dass sie auf die Refinanzierung ihrer Schulden angewiesen sind (*Sachverständigenrat* 2007, S. 100).
- Der letzte Schuldnertyp, der *Ponzi*-Schuldner, kann schließlich weder Zins- noch Tilgungsverpflichtungen nachkommen. Diese Schuldner müssen nicht nur die Tilgung refinanzieren, sondern auch ihre Zinszahlungsverpflichtungen.

Das Auftreten dieser unterschiedlichen Kreditnehmertypen kann dabei durch die Erwartungen der Marktteilnehmer erklärt werden. Zunächst sind Kreditnehmer durch scheinbar stabile ökonomische Aussichten und positive Erwartungen hinsichtlich künftiger Renditen getrieben und entwickeln sich von vorsichtigen zu spekulativen Schuldnern. Schließlich führen jedoch Änderungen der Erwartungen und schlechtere Finanzierungskonditionen dazu, dass vermehrt *Ponzi*-Schuldner auftreten.

Der zweite zentrale Faktor, der die Kreditvergabe erleichterte, war die Refinanzierung der Hypothekenbanken. Diese geschah entweder durch die Verbriefung der Hypothekenkredite oder über die Veräußerung an Investmentbanken sowie an die bereits angesprochenen Spezialinstitute *Fannie Mae* und *Freddie Mac*. Hypothekenbanken konnten nach einer Lizensierung bei diesen Instituten und nach jährlich zu erneuernden Rahmenverträgen ihre Hypotheken an diese weiterverkaufen (*Bartmann, Buhl* und *Hertel* 2008, S. 4.). Die Sicherstellung, dass die verkauften Hypotheken den Anforderungen von *Fannie Mae* und *Freddie Mac* entsprachen, übernahmen bei diesen Transaktionen zunächst die veräußernden Hypothekenbanken. Erst in einem zweiten

Schritt wurde nach der Übernahme der Hypotheken auch von Seiten der beiden Institute eine Überprüfung der Hypotheken vorgenommen. Bei Nichteinhaltung der Qualitätsstandards der Institute wäre eine Rückübertragung an die Hypothekenbanken möglich gewesen. Da eine solche Rückübertragung jedoch eine langwierige, kostenintensive Prozedur darstellte, handelte es sich hierbei eher um Ausnahmefälle (*Gates, Perry* und *Zorn* 2002, S. 371f.). Dass dadurch auch zunehmend Kredite mit schwacher Bonität zu *Fannie Mae* und *Freddie Mac* gelangten, wurde auch durch eine Lockerung der Übernahmebedingungen erreicht, die zur Verhinderung einer Rezession nach der geplatzten *DotCom*-Blase und zur Unterstützung der Verbreitung von Hauseigentum in der amerikanischen Bevölkerung umgesetzt wurde (*Jäger* und *Voigtländer* 2008, S. 9).

Eine Ansammlung risikoreicher Kredite wurde den beiden Instituten durch ihren Status und ihre eigene Refinanzierung erleichtert. Da es sich bei beiden Instituten um so genannte Government Sponsored Enterprises (GSE) handelte, gingen die Marktteilnehmer davon aus, dass im Falle von Zahlungsproblemen die US-Bundesregierung für ihre Schulden aufkommen würde. Diese Annahme stützte sich dabei auf verschiedene Privilegien, die den beiden GSE gewährt wurden. Insbesondere die Gewährung einer Kreditlinie beim US-amerikanischen Finanzministerium ließ wenig Zweifel an der Unterstützung durch die Regierung (*Cochran* und *England* 2001, S. 32f.).

Investmentbanken, die – alternativ zu den GSE – Hypothekenkredite übernahmen, verfügten zwar nicht über diese günstigen Umstände bei der Refinanzierung, doch verfolgten sie mit ihren Investitionen in Hypothekenkredite ebenfalls das Ziel, diese zu verbriefen und weiterzuveräußern, um auf diese Weise von Gebühren oder Renditedifferenzen zu profitieren. Mittels dieser Verbriefung konnten ursprünglich illiquide Aktiva vorzeitig monetarisiert und liquide Mittel für die Kreditvergabe generiert werden. Gleichzeitig entfiel damit die Pflicht zur Unterlegung der Kredite mit teurem Eigenkapital, da das Kreditrisiko mit übertragen wurde.

Durch die Nutzung der GSEs und der Investmentbanken hat sich das Geschäftsmodell der Realkreditinstitute in den USA von einem zins- und risikoorientierten Buy-and-Hold-Ansatz zu einem provisionsorientierten Originate-and-Distribute-Modell gewandelt. Die Verbriefung erfolgte dabei prinzipiell immer nach demselben Muster, ungeachtet dessen, ob sie direkt von Hypothekenbanken, von Investmentbanken oder den amerikanischen GSEs vorgenommen wurde. Im Kern sah das Modell so aus, dass die Ansprüche gegenüber den Kreditnehmern zunächst auf eine Zweckgesellschaft, ein so genanntes Special Purpose Vehicle bzw. SPV, transferiert wurden. Diese emittierte in einem nächsten Schritt so genannte Asset Backed Securities (ABS). Mit dem Erlös dieser ABS konnte wiederum die Übertragung der Kreditforderungen der Hypothekenbanken finanziert werden. Das Motiv, eine solche Konstruktion zu wählen, ist dabei, dass durch die Zwischenschaltung der Zweckgesellschaften die ursprünglichen Originatoren von den Ansprüchen der Investoren in ABS abgeschirmt sind.

Im Wesentlichen sieht sich eine Bank, die ein solches Geschäftsmodell betreibt, nur noch einem so genannten Warehousing Risk ausgesetzt (*Ashcraft* und *Schuermann* 2008, S. 6). So beschränkt sich ihr Risiko nur noch auf die Zeitspanne, in der sie die für eine ABS-Emission notwendigen Hypothekenkredite noch nicht an eine Zweckgesellschaft transferierte. Abgesehen von diesem Warehousing Risk, konnte dieses Geschäftsmodell in letzter Konsequenz somit zu einem nahezu risikolosen Ertrag führen. Allerdings zeigte sich im Verlauf der Krise, dass hierin tatsächlich ein erhebliches Risiko steckte (*Hellwig* 2008, S. 19).

2.2. Collateralisation

Zur Erhöhung der Absatzchancen von ABS wurden verschiedene Mechanismen zur Bonitätsverbesserung, so genannte Credit Enhancements, entwickelt. Für Banken, die ABS emittieren, liegt hierin ein wesentliches Gestaltungsinstrument, um die Attraktivität und somit den Absatz einer ABS-Emission zu beeinflussen.

Die wohl bedeutendste Maßnahme in diesem Zusammenhang ist die Tranchierung (Collateralisation). Hierbei werden ABS in verschiedene Parten mit unterschiedlichem Risikogehalt unterteilt. Die während der Laufzeit eines Wertpapiers erhaltenen Zins- und Tilgungszahlungen aus den zugrundeliegenden Aktiva werden von der emittierenden Zweckgesellschaft vereinnahmt und gemäß der unterschiedlichen Risikoklassen an die Investoren verteilt. Bei der Tranchierung wird dabei i.d.R. zwischen Senior-Tranchen, die vorrangig bedient werden, Mezzanine- und Junior-Tranchen, die auf die Senior-Tranchen folgen, und Equity-Tranchen unterschieden (*Bartmann, Buhl* und *Hertel* 2008, S. 5 f.). Letztere rangieren hinsichtlich ihrer Zins- und Tilgungsansprüche nach allen anderen Tranchen. Der Rang dieser Tranchen leitet sich somit aus dem so genannten Wasserfallprinzip ab. Nach diesem Verteilungssystem wird aus dem Zahlungsstrom, der das SPV aus den angekauften Forderungen erreicht, zunächst die Senior-Tranche bedient. Erst wenn deren Ansprüche hinsichtlich Zins- und Tilgungszahlungen gedeckt sind, erfolgen Zahlungen an die Mezzanine-Tranche. Sind deren Ansprüche gedeckt, erfolgen die Zahlungen an die Junior-Tranche und zum Schluss an die Equity-Tranche.

Sollten bei den die Rückzahlung generierenden Aktiva Zahlungsausfälle auftreten, fallen diese entsprechend zuerst bei der Equity-Tranche an, die daher auch als First Loss Piece bezeichnet wird. Erst wenn diese Tranche aufgrund von Zahlungsausfällen vollständig ausgefallen ist, wird die nächsthöhere, die Junior-Tranche, mit den darüber hinausgehenden Ausfällen belastet. Dies führt dazu, dass ein prozentual hoher Anteil des verbrieften Forderungsvolumens – z.B. 80% – in der Senior-Tranche ausplatziert werden konnte, die regelmäßig ein AAA-Rating aufwies.

Offenkundig werden für die Strukturierung solcher komplexen Finanzprodukte spezielle Kenntnisse benötigt, die i.d.R. von beratenden Investmentbanken eingebracht wurden. Diese Investmentbanken, und zwar nicht nur die US-amerikanischen Institute, sondern nahezu alle im Investmentbanking tätigen Großbanken, haben im Vorfeld der Subprime-Krise die Strukturierung von Verbriefungstransaktionen zu einer Kernkompetenz entwickelt. Sie profitierten dabei an der Strukturierung über ihre Beratungsleistung, aber auch über die Bereitstellung revolvierender Kreditlinien für die Hypothekenbanken, bis das für die Emission einer ABS erforderliche Mindestvolumen eines Forderungsportfolios erreicht wurde, und ggf. durch ihre Funktion als Underwriter. Darüber hinaus agierten sie auch selbst als Originatoren, indem sie Kreditportfolios aufkauften und dann verbrieften.

Das Mittel der Tranchierung wurde aber noch eine Stufe weiter getrieben in Form der so genannten Collateralized Debt Obligations (CDO). Bei dieser Form von Wertpapieren wird zunächst eine weitere Zweckgesellschaft gegründet, die Wertpapiere aus verschiedenen ABS-Emissionen und aus unterschiedlichen Tranchen aufkauft. Ein solchermaßen neu geschaffenes Wertpapierportfolio wird wiederum tranchiert und durch die Emission von CDOs finanziert. Auf diese Weise wird eine weitere Risikodiversifikation erreicht und eine zusätzliche Marge angestrebt. Ferner kann der Anteil der Senior-Tranchen erhöht werden. Abbildung 2 stellt den Zusammenhang zwischen ABS, CDOs und der Tranchierung grafisch dar.

Abbildung 2: Tranchierung, ABS und CDOs

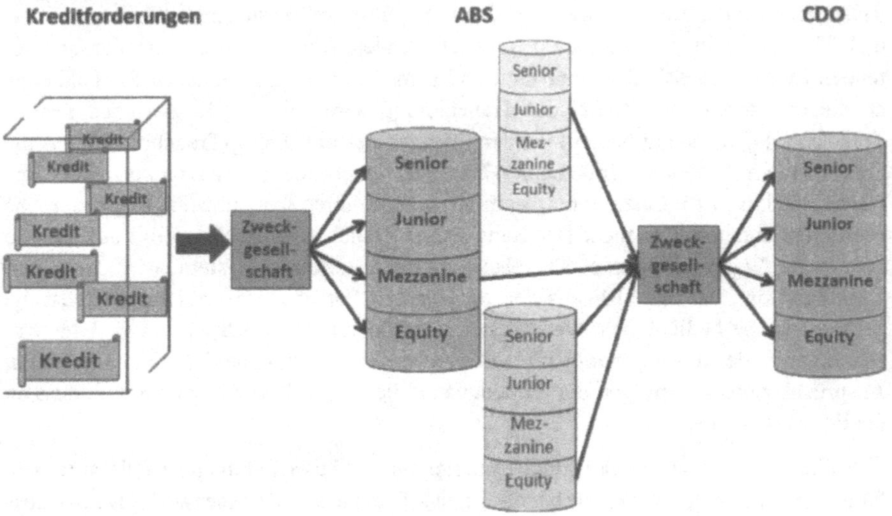

Eigene Darstellung.

Da mit dieser mehrfachen Verbriefung und Tranchierung eine zunehmende Komplexität der Transaktionen einhergeht, steigt zwangsläufig die Informationsasymmetrie zwischen Emittenten und Investoren. Um diese Informationsasymmetrie abzubauen und somit die Absatzchancen von ABS-Produkten zu erweitern, werden zur Beurteilung solcher Wertpapiere externe Ratings der Wertpapiere in Auftrag gegeben. Typischerweise wurden daher für strukturierte Produkte wie ABS sämtliche Tranchen einem Rating unterzogen, häufig jedoch mit Ausnahme der Tranche mit der größten Ausfallwahrscheinlichkeit, dem First Loss Piece. Zur Erstellung eines Ratings extrapolieren Ratingagenturen dabei i.d.R. historische Daten, um die Ausfallwahrscheinlichkeiten und Korrelationen der den ABS zugrundeliegenden Aktiva zu bestimmen. Zusammen mit einer Simulation der Cash-Flow-Verteilungen auf die verschiedenen Tranchen beabsichtigen Ratings somit, die Ausfallwahrscheinlichkeiten einzelner Tranchen zu ermitteln. Für die Beurteilung neu entwickelter Wertpapiere anhand solchermaßen auf historischen Daten und Korrelationen basierenden Methoden ergibt sich jedoch das Problem, dass nur kurze Zeitreihen über wenige Jahre zur Verfügung stehen, weil das Subprime-Kreditgeschäft neu war. Neben dem Problem weniger Daten folgt daraus zudem, dass die Ausfallraten und deren Korrelation nur unter günstigen Umständen – niedrige Zinsen, steigende Immobilienpreise – erhoben wurden und insofern strukturell verzerrt waren.

Die Beauftragung der Ratingagenturen und ihre Informationsversorgung zur Ratingerstellung erfolgt dabei üblicherweise durch den Emittenten eines Wertpapiers selbst. Ebenfalls üblich ist dabei, dass Ratingagenturen bereits bei der Strukturierung von Wertpapieren ihr Know-How einbringen und den Emittenten beraten, mit welcher Struktur welches Rating erreicht werden kann. Auch wenn diese Konstellationen einen Interessenkonflikt andeuten, unterscheidet sich dieses Vorgehen nicht grundlegend von der Ratingerstellung bei klassischen Unternehmensanleihen. Im Unterschied zu ABS-Emissionen ist im Falle klassischer Unternehmensanleihen lediglich davon auszugehen, dass Emittenten nicht im selben Ausmaß flexibel auf die Strukturierungsberatung von Ratingagenturen eingehen können, da sich z.B. die Kapitalstruktur von Unternehmen nicht flexibel anpassen lässt (*BIS* 2005). Wie bedeutend der Markt der strukturierten Produkte für Ratingagenturen im Vorfeld der Subprime-Krise war, zeigt, dass *Moody's* im Jahr 2006 44 % der Erträge mit der Beurteilung von strukturierten Produkten erzielte (*Ashcraft* und *Schuermann* 2008, S. 10).

Inwieweit sich die Marktteilnehmer jedoch im Vorfeld der Krise auf die Ratings verließen und ihnen vertrauten, kann nicht mit abschließender Sicherheit gesagt werden. Empirische Befunde, die für ABS stärkere Kursreaktionen nach einem Downgrading ermitteln als bei Unternehmensanleihen, deuten darauf hin, dass Marktteilnehmer sich bei der Beurteilung solcher Produkte stärker auf die Ratings der Agenturen verlassen haben (*Ammer* und *Clinton* 2004). Gleichzeitig zeigen Umfragen jedoch, dass Ratings von vielen Marktteilnehmern häufig nur als eine von vielen Informationsquellen bei ihrer Investitionsentscheidung betrachtet werden (*ECB* 2004).

Als weiteres Mittel zur Bonitätsverbesserung können neben der Tranchierung Kreditversicherungen genutzt werden. Hierfür bieten sich insbesondere Credit Default Swaps (CDS′) an, bei denen gegen eine regelmäßige Prämienzahlung ein späterer Kreditausfall bzw. ein Ausfall eines Fremdkapitaltitels ausgeglichen wird. Durch die Nutzung solcher Bonitätsverbesserungsmaßnahmen wurde eine weitere Gruppe von Finanzdienstleistungsinstituten in die ABS-Emission einbezogen: die Versicherungsunternehmen. So erwirtschaftete die American International Group (AIG), das ehemals größte Versicherungsunternehmen der USA, einen Großteil ihres Ertrags mit dem Abschluss solcher CDS′ insbesondere für ABS, die aus Residential Mortgages bestanden (*Sjostrom* 2009, S. 955). Neben der eigentlichen Versicherung eines Wertpapiers muss dabei die Tatsache, dass sich Versicherungsgiganten wie die AIG in einem solchen Ausmaß in diesem Markt engagierten, von anderen Marktteilnehmern hinsichtlich der komplexen ABS-Strukturen als vertrauensbildend gewirkt haben. Zu berücksichtigen ist aber, dass beim Abschluss von CDS′ letztlich nur das Bonitätsrisiko getauscht wird: Das originäre Bonitätsrisiko aus der ABS-/CDO-Struktur wird durch das Ausfallrisiko des Kreditversicherers ersetzt. Damit wird dessen Bonität zum Schlüssel für den Erfolg der Absicherung.

Um die Bonität einer ABS-Emission weiter zu erhöhen, kann auch die Übersicherung bzw. die Overcollateralization genutzt werden. Hierbei liegt der Nominalwert, der von einer Zweckgesellschaft emittierten ABS unterhalb des Werts eines Forderungsportfolios. Ferner verbriefen ABS in einem solchen Fall Kuponzahlungen, die geringer sind, als die Zinszahlungen aus den ihnen zugrundeliegenden Forderungen. Auf diese Weise werden die ABS-Inhaber von Zahlungsausfällen im Forderungsportfolio abgeschirmt. Alternative Maßnahmen, die eine ähnliche Wirkung entfalten, sind die Anlage eines Reservefonds durch den Originator einer ABS-Emission und die Anlage der Zinsdifferenz zwischen den Einnahmen aus dem Forderungsportfolio und den Auszahlungen an die ABS-Investoren in einem so genannten Überlaufkonto bzw. Spreadkonto.

2.3. Conduits

Am Ende der Verwertungskette von Subprime-Krediten standen die Investitionen in Conduits. Bei Conduits handelt es sich um Zweckgesellschaften, die langfristige Aktiva aufkaufen und diesen Erwerb mit der Ausgabe kurzfristig laufender Commercial Paper, so genannter Asset-Backed Commercial Paper (ABCP), refinanzieren. Diese Form der Zweckgesellschaften tritt als Single-Seller-Conduit oder Multi-Seller-Conduit auf. Während Single-Seller-Conduits nur Wertpapiere eines Emittenten kaufen, beziehen Multi-Seller-Conduits Aktiva mehrerer Originatoren. Multi-Seller-Conduits sind daher besonders geeignet, große Forderungspools zu bilden und auf diese Weise Skaleneffekte in den Abwicklungskosten zu generieren. Diese Eigenschaft muss vor dem Hintergrund gesehen werden, dass Verbriefungstransaktionen i.d.R. mit hohen Fixkosten einhergehen und daher ein großes Volumen dieser Transaktionen einen erheblichen Beitrag zur ihrer Rentabilität leisten kann. Die Kette von der Verbriefung über die Collateralization bis zur Emission von Conduits entspricht somit der Darstellung in Abbildung 3.

Abbildung 3: Partenteilung und Fristentransformation durch ABS und Conduits

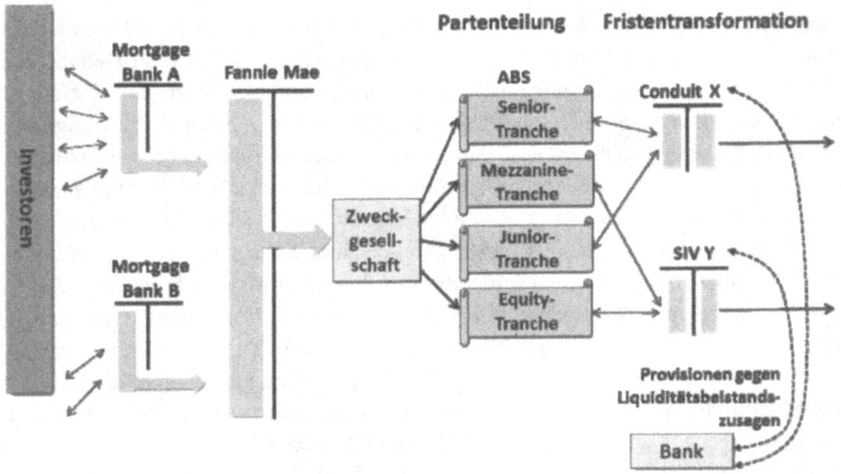

Eigene Darstellung.

Dass diese Conduits praktisch über kein Eigenkapital verfügen, wurde vor der Subprime-Krise i.d.R. damit kompensiert, dass sie Liquiditätsbeistandszusagen von den Banken erhielten, von denen sie eingerichtet wurden (*Hartmann-Wendels* u.a. 2009, S. 32). Bei fehlender oder ausfallender Refinanzierung bestand hierin im Wesentlichen die einzige Möglichkeit, einen Verlust für die Investoren abzuwenden, wodurch den Liquiditätszusagen eine entscheidende Bedeutung bei der Erstellung eines Ratings für ein Conduit zukam. Für Banken, die eine Liquiditätszusage abgaben, ergab sich hieraus nach Basel I kein Nachteil, da solche Zusagen nicht mit Eigenkapital unterlegt werden mussten, sofern sie eine Laufzeit von 364 Tagen nicht überschritten. Vielmehr bot sich den Banken auf diesem Wege eine Möglichkeit, Bereitstellungsprovisionen zu verdienen.

Die Refinanzierung des über das Conduit erworbenen CDO-Portfolios über Commercial Paper mit einer Laufzeit von üblicherweise drei bis sechs Monaten bringt dabei insbesondere zwei Vorteile mit sich:

- Zum einen kann bei einem normalen Verlauf der Zinsstrukturkurve ein zusätzlicher Ertrag aus der Fristentransformation erreicht und das Volumen der Transaktion im Zeitablauf angepasst werden. Genau genommen bestand die Fristentransformation vor der Subprime-Krise dabei im Wesentlichen in einer Liquiditätstransformation. Zinsänderungsrisiken fielen hingegen aufgrund der zumeist variabel verzinslichen Aktiva nicht ins Gewicht.
- Zum anderen kann angesichts des geringen Eigenkapitals der Conduits ein geringer Renditeunterschied mit einem entsprechenden Fremdkapitalhebel über den Leverage-Effekt zu hohen, positiven Erträgen führen.

Die wegen dieses doppelten Hebels notwendige revolvierende Refinanzierung setzte die Conduits aber den jeweiligen Bedingungen des Kapitalmarktes zum Zeitpunkt der Refinanzierung aus. Für die hinter den Conduits stehenden Banken bedeutete dies, dass entsprechend dieser Refinanzierungsstruktur der Conduits auch die Liquiditätsbeistandszusagen kurzfristig in Anspruch genommen werden konnten.

Ein vergleichbares Geschäftsmodell, das bei der Analyse von Conduits genannt werden muss, sind die so genannten Special Investment Vehicles (SIV). Im Unterschied zu Conduits geben SIVs jedoch zusätzlich mittelfristige Anleihen mit Laufzeiten von drei bis vier Jahren heraus und emittieren Capital Notes, die Gewinnbeteiligungen vorsehen. Ferner tranchieren sie die Kapitalflüsse an ihre Investoren. Sie sind damit nicht in demselben Maße wie Conduits den Risiken der Fristentransformation ausgesetzt.

Mittels solcher Conduits und SIVs bietet sich Investoren prinzipiell die Möglichkeit, an Märkten zu partizipieren, zu denen sie keinen direkten Zugang haben und ohne eine eigene Vertriebsstruktur vor Ort aufrechterhalten zu müssen. Zieht man in Betracht, dass Conduits typischerweise in verschiedene ABS verschiedener Originatoren investieren, muss festgehalten werden, dass auf diese Weise eine Internationalisierung und Diversifikation von Risiken erreicht werden kann, die sonst nur schwer umzusetzen ist.

Im Verlauf der Subprime-Krise erwies sich diese Struktur jedoch als problematisch. Durch die Investition in hypothekenbesicherte Wertpapiere wirkten sich die Zahlungsausfälle auf dem amerikanischen Hypothekenmarkt auch auf die Aktiva der Conduits aus. Die Bedrohung durch Zahlungsausfälle brachte unweigerlich Ratingherabstufungen der erworbenen CDOs mit sich, so dass die Conduits, die langfristig in diese Papiere investiert hatten, Wertverluste hinnehmen mussten. Eine kurzfristige Anpassung der Aktivseite war im Rahmen der Strategie der Ausnutzung der Fristentransformation jedoch nicht vorgesehen und nicht durchführbar. Anleger, die in die von den Conduits herausgegebenen Commercial Paper investierten, konnten hingegen aufgrund der kurzen Laufzeiten ihrer Wertpapiere auf die neue Situation reagieren und ihre Renditeforderungen dem neuen Risiko der Conduits anpassen oder beim nächsten Rollover-Termin desinvestieren. Die kurzfristige Refinanzierung wurde auf diese Weise erschwert oder gar unmöglich gemacht. Ohne angemessenes Eigenkapital, das als Verlustpuffer hätte dienen können, wirkten sich die Refinanzierungsprobleme schnell auf die Banken aus, die ihre Conduits mit Liquiditätszusagen ausgestattet hatten. Erschwerend kam in den Jahren 2006 und 2007 hinzu, dass die Zinsen für zehnjährige US Treasuries unter dem Geldmarktsatz lagen, dass also eine inverse Zinsstrukturkurve vorlag (*Hartmann-Wendels u.a.* 2009, S. 28 ff.). Der Leverage-Effekt, der angesichts des verschwindend geringen Eigenkapitals erhebliche Auswirkungen auf die Rendite dieser Konstruktionen hatte, wirkte sich jetzt in die entgegengesetzte Richtung aus: Die fremdfinanzierte Fristentransformation führte zu hohen Verlusten. Die Dimension, die das auch als Schattenbankensystem bezeichnete Geflecht an Conduits angenommen hatte, führte schließlich dazu, dass die negativen Auswirkungen des Zusammenbruchs dieses Systems so erhebliche Effekte hatten, dass sie auch auf die Realwirtschaft durchschlugen.

So kam es im Sommer 2007 zu Turbulenzen auf dem ABS-Markt, in deren Folge es zu Rating-Herabstufungen einer Vielzahl von Wertpapieremissionen innerhalb nur weniger Wochen kam, wie Tabelle 1 zeigt.

Tabelle 1: Ratingherabstufungen und Effekte für deutsche Kreditinstitute 2007

15. Juni 2007	Moody's stuft 131 Ratings von Asset-Backed Securities (ABS) mit Hypothekenkrediten aus dem Subprime-Markt herab und kündigt die Überprüfung weiterer Ratings an.
10. Juli 2007	S&P und Moody's stufen verschiedene ABS und Collateralised Debt Obligations (CDO) mit Volumina von 7,3 Mrd. US$ bzw. 5 Mrd. US$ herab.
11. Juli 2007	Moody's kündigt die Überprüfung einer Herabstufung von weiteren 184 CDOs an.
30. Juli 2007	Die IKB kommt aufgrund der bestehenden Kreditlinien für das Conduit Rhineland Funding in große Finanzierungsprobleme.
1. August 2007	Die IKB kündigt Verluste von 3,5 Mrd. Euro aufgrund ihres Engagements im US-Hypothekenmarkt in Verbindung mit Rhineland Funding an.
17. August 2007	Der Sachsen LB wird von Seiten des Deutschen Sparkassenverbands und Giroverbands eine Kreditlinie in Höhe von 17,3 Mrd. Euro eingeräumt.
26. August 2007	Die Sachsen LB wird aufgrund ihrer Liquiditätsprobleme an die Landesbank Baden-Württemberg verkauft.

Quelle: *Sachverständigenrat* (2007).

Die Downgradings von Subprime-Portfolien führten unmittelbar zu erheblichen Liquiditätsproblemen bei der *IKB Deutsche Industriebank AG* und bei der *Sachsen LB.*

Beide Institute waren dem beschriebenen Modell gefolgt und hatten Conduits, die in ABS investierten und sich durch kurzfristige Commercial Paper refinanzierten, mit Liquiditätsbeistandszusagen ausgestattet, die aufgrund der Markttturbulenzen in Anspruch genommen werden mussten. Insgesamt beliefen sich die Liquiditätszusagen der *IKB* und der *Sachsen LB* für ihre Conduits auf mehr als das vier- bzw. zehnfache ihres Eigenkapitals (*Hellwig* 2008, S. 17).

Die *IKB* hatte insbesondere dem Conduit *Rhineland Funding Capital* mit Sitz in Delaware in den USA umfangreiche Kreditlinien zugesagt und wurde durch die Refinanzierungsschwierigkeiten dieses Conduits in Liquiditätsschwierigkeiten gebracht. Um die IKB vor dem Zusammenbruch zu retten, musste schließlich die *KfW Bankengruppe* einspringen, die eine Beteiligung in Höhe von ca. 40 % an der *IKB* hielt. Mit einer Kreditlinie von 8,1 Mrd. Euro und einem gemeinsam mit privaten Banken initiierten Hilfspaket für mögliche Verluste in Höhe von 3,5 Mrd. Euro konnte der Zusammenbruch schließlich verhindert werden.

Vergleichbar zur *IKB* hatte auch die *Sachsen LB* mit ihrer irischen Tochtergesellschaft, der *Sachsen LB Europe*, und einer Zweckgesellschaft, der *Ormond Quay*, in den amerikanischen Kreditmarkt investiert. Auch diese refinanzierte die Investition in langfristige, verbriefte Kreditprodukte über die Ausgabe kurzfristiger Commercial Paper und war durch Kreditlinien abgesichert. Wie bei der *IKB* brach schließlich auch bei *Ormond Quay* angesichts der Marktturbulenzen die Refinanzierung weg. Die Rettung der *Sachsen LB* wurde von dem *Deutschen Sparkassen- und Giroverband* (DSGV) durch die Bereitstellung einer Kreditlinie von insgesamt 17,3 Mrd. Euro ermöglicht. Um noch weitere, künftige Probleme aus der *Sachsen LB* für den sächsischen Landeshaushalt zu vermeiden, wurde die Bank darüber hinaus an die *Landesbank Baden-Württemberg* (LBBW) verkauft (*Sachverständigenrat* 2007, S. 130 f.).

3. Entscheidungstatbestände und -parameter

3.1. Erfolg und Rationalität von Entscheidungen

Wenn man den Entscheidungen der Beteiligten an den Subprime-Kreditverwertungsketten aus heutiger Sicht nachgeht, stellt man eine Ex-post-Analyse an. Dies ist zulässig und fördert sicher auch wichtige Erkenntnisse. Diese Erkenntnisse stehen dann aber in der Gefahr, sich allein auf die Differenzierung von erfolgreichen und nicht erfolgreichen Entscheidungen zu beziehen. Sicher sind erfolgreiche Entscheidungen wünschenswert, und die Betriebswirtschaftslehre hat selbstverständlich den Anspruch, unternehmerischen Erfolg zu befördern. Da aber Managemententscheidungen ex ante und deshalb unter Unsicherheit getroffen werden, ist, um die Entstehung der Krise zu analysieren, nicht (allein) nach dem Erfolg, sondern nach der Rationalität der Entscheidungen zu fragen. Die Rationalität wird dabei an (1.) der angemessenen Entscheidungsvorbereitung, (2.) an einer konsistenten Strukturierung des Entscheidungsproblems und (3.) an der Anwendung einer vernünftigen Entscheidungsprozedur festgemacht.

Die zweit- und die drittgenannte Bedingung lassen sich nur durch eine tief gehende Fallstudie erforschen, zur erstgenannten Bedingung lassen sich aber allgemeinere Aussagen machen. Hier ist insbesondere auf die Informationsversorgung und -verarbeitung abzustellen. Hierbei können neben ökonomischen Anreizen auch psychologische Aspekte, wie sie von der Behavioral Finance identifiziert werden, eine erklärende Funktion haben.

3.2. Entscheidungssituation bei der Origination und Verbriefung in den USA

Dass die Prozesse der Immobilienfinanzierung in den USA sehr hohe Risiken beinhalteten, scheint heute so offensichtlich, dass man geneigt ist, vollkommene Naivität oder dolose Absichten zu vermuten. Schaut man im ersten Schritt auf die Origination von Subprime-Kreditnehmern, ist festzustellen, dass die Aufnahme von Subprime-Krediten, deren Vermittlung und deren originäre Gewährung selbst dann rational gewesen wären, wenn man die Krise hätte voraussehen können.

Aus Sicht der US-amerikanischen Subprime-Kreditnehmer kann nämlich die Aufnahme eines Kredites, der voraussichtlich nicht bedient werden kann, durchaus einen Nutzenzuwachs bieten: In den USA haften Hypothekenschuldner nicht mit ihrem Vermögen oder Einkommen, sondern allein das finanzierte Haus dient als Sicherheit. Dieses wird bei Nichtbedienung des Kredites durch die Bank verwertet; der Schuldner ist damit aus der künftigen Haftung entlassen. Damit ist es vor allem dann rational, einen Kredit ohne ausreichende Leistungsfähigkeit aufnehmen, wenn die laufende Belastung zunächst gering ist. Genau dies war aufgrund des niedrigen Zinsniveaus und der Zinsverbilligung am Beginn der Kreditlaufzeit häufig der Fall. So kann man vorübergehend ein Haus bewohnen, das über eine längere Nutzungsdauer die finanziellen Möglichkeiten überstiegen hätte. Ein moralischer Makel war in dieses Kalkül nicht einzubeziehen, weil der politische Zeitgeist klar für ‚Homeownership' war. Eine künftig reduzierte Bonität – im Sinne eines Negativ-Eintrags in ein Kreditnehmerregister – ist für Subprime-Kunden ohne Relevanz, da sie ohnehin schon schlecht bewertet sind.

Da der Makler nicht in Regress genommen wurde, sind auch seine kurzfristigen Anreize ganz klar. Unabhängig von den Interessen der Hausbesitzer und der Hypothekenbank ist er an einem möglichst hohen Umsatz interessiert. Ein stetiger Reputationsverlust gegenüber der Bank, der aus steigenden Ausfallraten bei den vermittelten Darlehensnehmern resultiert, könnte vor allem dann schädlich für das künftige Geschäft sein, wenn die resultierenden Verluste bei der originären Bank anfallen. Genau dies war aber im Originate-and-Distribute-Modell nicht mehr der Fall. Zu bedenken ist auch, dass es kaum – und wenn, nur gute – Erfahrungen im Subprime-Geschäft gab. Der Markt wuchs, und alle Wettbewerber bewegten sich in dieselbe Richtung. Insofern bestand kein Anreiz für den Makler und die einzelne Bank, das Geschäftsmodell zu überdenken oder die Bonitätsprüfung über das übliche Maß hinaus zu intensivieren. Die staatliche Regulierung erfasste das betreffende Geschäft nicht; im Gegenteil war der Staat über *Fannie Mae* und *Freddie Mac* ein wichtiger Teil der Verbriefungsketten. Es kam zu einem Verhalten, das als rationales Herdenverhalten bezeichnet werden kann und an anderer Stelle noch zu betrachten ist.

Die Herausgabe von Subprime-Krediten konnte den Rückgang des Prime-Geschäfts kompensieren. Der grundsätzlichen Risiken des Subprime-Geschäfts werden sich die

Banken bewusst gewesen sein. Schließlich hatte sich in den 1980er Jahren aus dem Immobilienfinanzierungsgeschäft die ‚Savings-and-Loan-Associations-Krise' entwickelt, die gravierende Auswirkungen auf diesen Sektor der US-amerikanischen Bankenwirtschaft hatte. Verbriefungstransaktionen sind insofern nicht nur ein Refinanzierungs-, sondern zugleich ein Risikotransferinstrument gewesen. Solche Risikotransferinstrumente können zur Effizienz von Märkten beitragen, wenn sie Risiken dorthin lenken, wo sie am besten verarbeitet werden. Einzelwirtschaftlich sind sie effizient, wenn laufend und viele Forderungen verbrieft werden, weil hohe Fixkosten für die Strukturierung der Transaktionen anfallen. Im Falle der US-Subprime-Kredite wurden die Risiken entweder zu den GSE – und damit zum amerikanischen Steuerzahler –, zu den Verkäufern von CDS oder in Conduits anderer Banken gelenkt. Bei den Originatoren verblieb nur das Warehousing Risk, das aus bereits vergebenen, aber noch nicht ausplatzierten Krediten resultiert. Dieses Restrisiko wurde – mit z.T. existenziellen Konsequenzen – schlagend, als die Verbriefungskette abriss.

Hinsichtlich *Fannie Mae* und *Freddie Mac* kann eine geringe Risikosensitivität angenommen werden. Zum einen war auch für diese GSEs das Subprime-Segment neu; zum anderen war für sie die Risikopolitik im laufenden Geschäft kaum erfolgskritisch, da sie nicht risikobezogen reguliert waren und sich risikounabhängig zu besten Konditionen refinanzieren konnten. Sie unterlagen damit weder der Aufsicht durch den Staat noch der Disziplinierung durch den Kapitalmarkt.

3.3. Entscheidungssituation bei der Collateralisation

Die Anreizstruktur bei der Vergabe der Subprime-Kredite ist vor dem Hintergrund der Verbriefungs- und Verkaufsmöglichkeiten schnell zu charakterisieren und damit das darauf bezogene Entscheidungsfeld der einzelnen Akteure leicht zu strukturieren. Eine ähnliche Struktur findet sich in den Verbriefungsketten, die mittels CDOs aufgebaut wurden. Durch die Umstrukturierung und anschließende Ausplatzierung bereits verbriefter Forderungen – unter denen in zunehmendem Maße Subprime-Darlehen waren – ließen sich Provisionserlöse für die Beratung, die Abwicklung und die teilweise oder vorübergehende Risikoübernahme erzielen. Die resultierenden Margen waren niedrig, die Kosten hatten jedoch überwiegend den Charakter von Fixkosten, so dass hohe Volumina angestrebt wurden, um Gewinne zu erzielen. Das übliche Geschäftsmodell der internationalen Banken, die in diesem Teil der Verwertungskette als Strukturierer tätig waren, sah zumeist keine Übernahme der originären Kreditrisiken vor. Allenfalls wurde das Warehousing Risk gesehen, aber wegen der hohen Liquidität der CDO-Märkte als wenig relevant beurteilt. Im Zuge der juristischen Aufarbeitung der Krise in den USA wurde aber auch deutlich, dass einige der Investmentbanken – etwa über eigene Hedge Fonds – bewusst Gegenpositionen zu den Transaktionen aufbauten, die von anderen Stellen des eigenen Hauses an Kunden verkauft wurden (*SEC* 2010).

Wenn im nächsten Schritt auf die Credit Enhancements in Form der Tranchierung und durch Nutzung von Credit Default Swaps einzugehen ist, muss zunächst konstatiert werden, dass durch solche Instrumente Risiken nicht zum Verschwinden gebracht, sondern nur reallokiert werden können. Garantiert eine dritte Partei als Verkäufer eines CDO den Zahlungsstrom, wird eine Prämie gezahlt, die aus dem Zahlungsstrom der betreffenden zu verbriefenden Titel entnommen wird. Wie bereits erwähnt, findet bei einem CDS ein Austausch von Bonitätsrisiken statt. Strukturierer und Investoren vertrauten darauf, dass die Bonität der Garantiegeber – etwa von *AIG*, *MBIA*, *Ambac*, *FGIC* – sehr gut sei. Dabei wurde übersehen, dass oft keine nachhaltige Risikodiversifikation bei den Kreditversicherern stattfand. Stattdessen wurden, insbesondere bei den so genannten Monoliners, Risiken eingegangen, die in heutiger Sicht bereits vorab als Klumpenrisiken zu bewerten gewesen wären.

An dieser Stelle ist auf die Einschätzung der Ausfallwahrscheinlichkeit von Forderungen aus verbrieften Portfolios von Subprime-Krediten einzugehen. Bei der Bewertung von Portfoliorisiken sind neben den Stand-alone-Ausfallwahrscheinlichkeiten vor allem die Ausfallkorrelationen kritisch. Aus heutiger Sicht sind diese Korrelationen massiv unterschätzt worden. Zum einen gelten historisch ermittelte Korrelationen immer nur für normale Marktsituationen und nicht für Zeiten extremer Verwerfungen. In der Krise sind oft alle relevanten Aktiva betroffen; insofern ist von hohen und positiven Korrelationen auszugehen. Hinzu kommt aber, und darin liegt das eigentliche Problem, dass die Korrelationen auf einer unzureichenden Datenbasis geschätzt wurden. Das Subprime-Kreditgeschäft war neu; im deswegen kurzen Schätzzeitraum waren der Marktzins niedrig und die Immobilienpreise in einer stetigen Auswärtsbewegung. Korrelationen waren von daher nur für eher selten, in jedem Fall vereinzelt vorkommende, unkorrelierte Ausfälle einzelner Kredite bestimmt worden. Dass bei einem Zinsanstieg viele Kredite nicht mehr bedient werden können und die Hauspreise fallen, war in den Risikoschätzungen nicht berücksichtigt, weil dieser Tatbestand in der historischen Zeitreihe nicht vorkam.

Die Risikoabschätzung wurde – wie bereits erwähnt – von den großen amerikanischen Ratingagenturen *S&P* und *Moody's* vorgenommen, die dadurch hohe Einnahmen erzielen konnten. Auch diese Gebühren wurden aus den zu verbriefenden Forderungen bestritten. Um Fixkostendegressionseffekte zu realisieren und schnell Ratings abgeben zu können, haben die Agenturen Standardprozeduren für das Rating von ABS und CDOs entwickelt, mittels derer eine Verteilung der künftigen, unsicheren Rückflüsse geschätzt wurde. Diese Schätzung war dann zugleich die Basis für die Tranchierung. Es wurde dabei insbesondere die Größe der Seniortranche (AAA) maximiert. Diese vermeintlich mit sehr niedrigem Risiko behaftete Tranche ist aber besonders von Tail-Risiken betroffen (*Krahnen* und *Wilde* 2008). Aus heutiger Sicht erscheint zweifelhaft, dass die entsprechenden Modelle damals als adäquat wahrgenommen werden konnten. Dass die Schätzperiode kurz und eine ‚Schönwetterphase' war, scheint offensichtlich. Zu vermuten ist auch hier ein Herdenverhalten.

3.4. Entscheidungssituation bei der Gründung von Conduits

Auf den deutschen Bankenmarkt wirkten seit Anfang der 1990er Jahre Veränderungskräfte ein. Die Entwicklung neuer Finanzprodukte, die Einführung moderner Informationsverarbeitung und die Liberalisierung des deutschen Bankenmarktes im Rahmen der europäischen Einigung erhöhten den Wettbewerbsdruck erheblich. Zunehmend traten ausländische Konkurrenten auf dem deutschen Markt auf, und moderne Informations- und Kommunikationstechnologie und Derivate trugen dazu bei, dass Kapitalmärkte zunehmend als Substitut für Bankenleistungen genutzt werden konnten. Die dynamische Entwicklung des Geschäfts von Leasinggesellschaften, Factoringgesellschaften und Direktbanken erhöhte den Druck auf die traditionellen Banken zusätzlich (*Börner* 2010). Abbildung 4 zeigt die rückläufige Entwicklung der Provisions- und, vor allem, der Zinsmarge in Deutschland über die letzten Jahre.

Abbildung 4: Zins- und Provisionsmargen deutscher Banken in Prozent des Geschäftsvolumens (bis 1998) bzw. der Bilanzsumme (ab 1999)

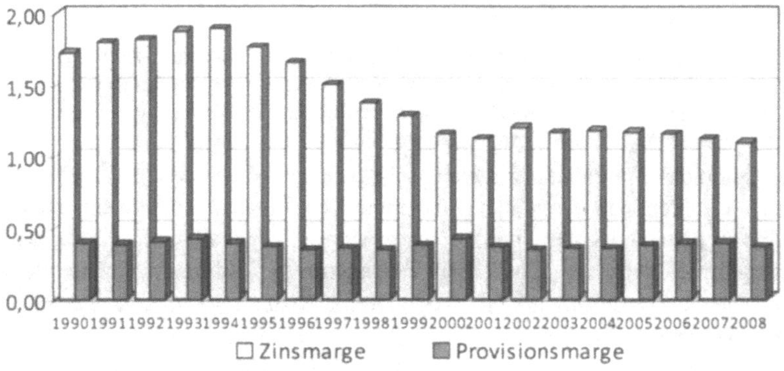

Quelle: *Sachverständigenrat* (2007).

Für die deutschen Landesbanken stellte sich diese Situation noch verschärft dar. In ihrer Funktion als Girozentrale ihrer Sparkassen und als Hausbank ihrer jeweiligen Landesregierungen waren sie in ihrer Geschäftstätigkeit von zwei Seiten eingeschränkt. Einerseits war für Neuverbindlichkeiten ab 1. Juli 2005 die Gewährträgerhaftung weggefallen, andererseits verhinderte der Zwang, die unmittelbare Konkurrenz mit Sparkassen zu vermeiden, einen Zutritt ins klassische kommerzielle Bankgeschäft. In Voraussicht der künftig teureren Refinanzierung nahmen die Landesbanken zudem in hohem Maße vor dem Stichtag Mittel am Kapitalmarkt auf, die investiert werden wollten, ohne dass ein dauerhaft tragfähiges Geschäftsmodell identifiziert worden war.

So bot sich besonders für Landesbanken, aber auch für andere Rendite suchenden Banken, die in ihrem originären Geschäftsmodell keine wettbewerbsfähige Rentabilität erzielen konnten, die Investition in Conduits an. Ein sehr geringer Spread zwischen den dort gebündelten Tranchen aus CDOs und den Referenzaktiva mit gleichem Rating wurde nicht als Risikoprämie hinterfragt – wenn doch, wurden vorrangig Liquiditätsrisiken gesehen –, sondern mittels Fremdkapitaleinsatz und Fristentransformation gehebelt. Attraktiv war zudem, dass die Investition in Conduits bei einer entsprechenden Gestaltung der Liquiditätszusage gemäß Basel I nicht mit Eigenkapital zu unterlegen war. Europäische Banken kamen im Übrigen spät auf diesen Markt, wollten dann aber schnell an dem expandierenden Geschäft teilhaben. Die Auflage von Conduits ermöglichte es außerdem, mittelbar an der Subprime-Kreditvergabe teilzuhaben, ohne selbst einen Vertrieb für Immobiliendarlehen aufbauen zu müssen (*Hartmann-Wendels u.a.* 2009, S. 28 und S. 48).

Die Durchführung von Geschäften ganz bewusst außerhalb der Bilanz und außerhalb des Regulierungsbereiches vorzunehmen ist dabei in erster Linie Reflex auf die institutionellen und wettbewerblichen Rahmenbedingungen. Es muss und wird hierbei nicht vorrangig eine dolose Absicht bestanden haben. So ist etwa die *IKB* offen mit den Conduit-Geschäften umgegangen; die Liquiditätszusagen an Conduits wurden im Geschäftsbericht – zumindest für Fachleute erkennbar – ausgewiesen und waren der Aufsicht bekannt. Unter anderem findet sich im Geschäftsbericht 2006/07 die Formulierung (*IKB* 2007, S. 198):

> „In dem Posten Andere Verpflichtungen sind Kreditzusagen über insgesamt 11,9 Mrd. € (Vorjahr: 11,2 Mrd. €) Gegenwert an Spezialgesellschaften enthalten, die nur im Falle von kurzfristigen Liquiditätsengpässen bzw. vertraglich definierten Kreditausfallereignissen von diesen in Anspruch genommen werden können."

In hoch liquiden Märkten muss davon ausgegangen werden, dass die Erzielung hoher erwarteter Renditen nur durch die Übernahme von Risiken möglich ist. Dauerhafte Überrenditen können insofern nur auf spezifischen Fähigkeiten, Kompetenzen oder Kostenstrukturen beruhen. Das Risikomanagement wird damit zum zentralen Steuerungselement, wenn es gilt, Risikopräferenz, Risikotragfähigkeit und Risikoprämien zu balancieren. Diese Sichtweise dürfte im Management von Banken allgemein üblich sein. Allerdings war die Auflage von Conduits eher zum standardisierten Geschäft geworden; insofern müssten die hierbei erzielbaren Erträge in erster Linie als Risikoprämien und nicht etwa als Arbitragegewinne zu interpretieren gewesen sein. Dies wurde von den betreffenden Banken aber offenkundig oft anders wahrgenommen. Die Renditedifferenz zwischen CDOs und Anleihen mit gleichem Rating wurde allenfalls als Prämie für die etwas geringere Marktliquidität, nicht aber als Prämie für eine andere Kreditrisikostruktur interpretiert. Vor allem wurde diese Renditedifferenz aber auf Regulierungsarbitrage zurückgeführt, d.h. auf die Umgehung der Eigenmittelunterlegungspflichten für riskante Aktiva. Insofern lag es nahe, voll auf das Agenturrating zu vertrauen. Damit vertrauten aber insbesondere diejenigen Banken auf die ex post irreführenden Ratings, die selbst kein ausgeprägtes Verständnis für die Risikostrukturen bei CDOs und Conduits hatten. Ermöglicht wurde dies auch dadurch, dass über Jahre aus dem Geschäft mit Conduits gute Erträge erzielt wurden. Auf betriebswirtschaftlicher Ebene sind insofern im Risikoverständnis und im Risikomanagement die Schlüssel zur Beantwortung der Frage zu sehen, warum einige Banken sehr massiv, andere Banken nur randläufig von der Subprime-Krise betroffen wurden.

3.5. Risikomanagement und Risikoübernahme

Unterschiede im Risikomanagement zwischen Banken können mannigfaltige Ursachen haben, denen hier nicht in jeglichen Details nachgegangen werden kann. Allgemein stellt sich die Frage, warum die Bemühungen um eine adäquate Identifikation, Bewertung und Steuerung von Risiken unterschiedlich ausgeprägt sein können, welche Anreize für oder gegen den Aufbau und die Fortentwicklung des Risikomanagements also bestehen.

Offenkundig war und ist die Aufsicht nicht in der Lage, ein adäquates Risikomanagement durchzusetzen. Zwar hat es in der letzten Zeit – gerade im Übergang zu Basel II – erhebliche Impulse gegeben, die internen und die aufsichtlichen Rechnungen zu synchronisieren und damit Anreize für die Fortentwicklung des Risikomanagements zu setzen. Quantitative Regulierungsvorgaben laufen allerdings der Marktentwicklung immer hinterher; außerdem bilden sie bislang nur normale Marktsituationen ab. Qualitative Regulierungsvorgaben erfordern diskretionäre Entscheidungen, mit den sich die Aufsicht gerade in der Systemkrise schwer tut (*Börner* 2006). Vorschläge zur Erhöhung der Aufsichtseffizienz zu unterbreiten ist ohnehin nicht Gegenstand dieses Beitrages.

Was die Corporate Governance der Banken angeht, stellen *Hau* und *Thum* einen negativen Zusammenhang zwischen der wirtschaftlichen Kompetenz der Aufsichtsräte und dem Abschreibungsbedarf in der Subprime-Krise bei deutschen Banken fest. Insbesondere bei öffentlich-rechtlichen Banken korreliert die (In-)Kompetenz der Aufsichtsräte sowohl mit der (Unter-)Performance der betreffenden Banken als auch mit dem Abschreibungsbedarf in der Krise. Die Autoren leiten daraus ab, dass die Corporate Governance in Banken zu verbessern ist und insbesondere die Bedeutung des Staates als ‚Banker' reduziert werden muss (*Hau* und *Thum* 2009). Nicht übersehen werden darf indessen, dass die hohe Betroffenheit staatlicher Banken ein doch recht spezifischer Tatbestand in Deutschland war. Weltweit waren gerade auch private, kapitalmarktorientierte Banken – wie die US-Investmentbanken *Bear Stearns* und *Lehman Brothers*, aber auch europäische Großbanken wie die *UBS*, *RBS* und *Barclays* – existenziell von der Krise betroffen.

Geht man davon aus, dass die Fragilität der Verbriefungsketten über CDOs und Conduits erkennbar war und von einigen Marktteilnehmern im Risikomanagement auch wahrgenommen wurde, stellt sich die Frage, warum diese Erkenntnis nicht weiter Platz gegriffen hat. Es ist zu vermuten, dass die verantwortlichen Bankmanager und -kontrolleure in Rationalitätsfallen gefangen waren, die insbesondere durch die Corporate Governance nicht aufgelöst wurden. So liegt der Bildung von Preisblasen an Finanzmärkten meist ein Herdenverhalten zugrunde. Herdenverhalten kann hierbei einerseits durchaus rational sein, es kann aber auch durch Rationalitätsverzerrungen ausgelöst werden.

– Rationales Herdenverhalten resultiert aus den Anreizen auf einzelne Entscheidungsträger. Es tritt auf, wenn aufgrund der Anreizsetzung neue Informationen zu einem gleichgerichteten Verhalten bei vielen Marktteilnehmern führen. So werden in der Verbriefungskette von Subprime-Krediten einzelne Akteure entgegen ihrer eigenen Marktaussichten gehandelt haben. Wenn viele, nahezu alle Marktakteure den Markt positiv sehen, wird auch derjenige mit seinem Verhalten dieser positiven Sicht folgen, der persönlich eine negative Sicht hat. Denn: Liegt der Markt (zufällig) richtig, wird auch der Entscheidungsträger für seine gute Markteinschätzung belohnt werden. Wenn sich der Markt aber negativ entwickelt, kann man dem Entscheider keinen speziellen Vorwurf machen, weil alle anderen auch falsch liegen. Schwieriger ist es oft, gegen den Strom zu handeln: Hat der Entscheider mit seiner abweichenden Meinung Erfolg, war es aus Sicht des Marktes vermutlich Zufall. Wenn er Misserfolg hat, wird ihm Inkompetenz unterstellt. Es kann in solchen Situationen also im Sinne der präskriptiven Entscheidungstheorie rational sein, entgegen der eigenen Einschätzung dem Verhalten anderer zu folgen, um seine Belohnung zu maximieren. Dieser Verhaltensanreiz wird umso ausgeprägter sein, je höher der erfolgsabhängige Teil der Vergütung ist. Bestätigung findet die hier formulierte Hypothese im Übrigen dadurch, dass in der Krise noch Boni ausgezahlt wurden: Es fällt offenbar schwer, Misserfolge einer Herde zu sanktionieren. In diesem Zusammenhang ist zu ergänzen, dass es möglicherweise auch deshalb rational war, in einen überhitzten Markt zu investieren, weil man selbst oder die gesamte Verbriefungskette ‚too big to fail' war.

– Irrationales Herdenverhalten bezieht sich hingegen nicht auf das Vorliegen neuer Informationen, sondern ergibt sich aus der unzureichenden Verarbeitung wahrgenommener Informationen. Die finanzpsychologische Forschung – ‚Behavioral Finance' – zeigt, dass Finanzmarktakteure wie andere Entscheider auch nicht immer konsistent und prozedural rational agieren, sondern von Rationalitätsfallen betroffen sind. Ein wesentlicher, empirisch nachgewiesener Befund ist in diesem Zusammenhang etwa das Auftreten von Overconfidence; d.h., Marktteilnehmer überschätzen ihre eigene Prognosefähigkeit. Dies gilt insbesondere für solche Marktteilnehmer, die anfangs erfolgreich sind. Über einige Jahre konnten die Teilnehmer an den Verbriefungsketten, auch die Sponsoren von Conduits, gute Erträge aus den betreffenden Geschäften erzielen. Insofern lässt sich auch von ‚erlernter Sorglosigkeit' sprechen, die die Nutzung von Verbriefungs-, CDO- und Conduit-Strukturen prägte (*Forbes* 2009, S. 228 ff.): Man hatte das Gefühl, die Märkte bzw. die Risiken ‚im Griff zu haben'. Dementsprechend kollabierte der Markt schnell, als die Akteure ihre Kontrollillusion verloren und deshalb ihre Positionen abbauen wollten. Aus der erlernten Sorglosigkeit resultierte spiegelbildlich eine organisierte Verantwortungslosigkeit, weil jeder einzelne Akteur nur für einen Ausschnitt des Gesamtkomplexes verantwortlich war. Den Gesamtzusammenhang konnte und wollte – wegen des scheinbar unnötigen, aber großen Aufwandes einer vollständigen Risikoprüfung – er nicht überblicken; jeder verließ sich auf den anderen.

4. Fazit und Ausblick

Die Aufarbeitung der Subprime- und Finanzkrise wird noch viele Betriebs- und Volkswirte beschäftigen. Absehbar ist, dass nicht einige wenige, persönlich benennbare Marktakteure identifiziert werden können, denen die Hauptverantwortung für den Aufbau und den anschließenden Kollaps der Verbriefungsketten für Subprime-Kredite zugeordnet werden kann. Vielmehr handelt es um eine strukturelle und komplexe Ursache-Wirkungs-Beziehung, die gerade aus dem Zusammenwirken einer Vielzahl von Akteuren resultiert. Auf der Ebene von einsichtigen Anreizeffekten und im Kontext von vermutbarem Herdenverhalten lassen sich Verhaltensmuster zur Erklärung der Subprime-Krise erkennen. Allerdings dürfen diese Erklärungen nicht übersehen machen, dass auch das Risikomanagement die Betroffenheit der einzelnen Institute maßgeblich beeinflusst hat. Diese Erkenntnis ist sicher nicht überraschend. Allerdings darf das Risikomanagement nicht nur in seiner unbedingt notwendigen, konkreten, oft modellgetriebenen Ausgestaltung auf der operativen Ebene gedacht werden, sondern es hat auch eine strategische Dimension, die etwa davor warnt, dauerhaft ergiebige Arbitragemöglichkeiten anzunehmen. Dass gerade auf hoch liquiden Finanzmärkten Renditen in standardisierten Geschäften, bei denen eine Vielzahl von Beteiligten Margen aus einem originären Zahlungsstrom entnimmt, nicht dauerhaft existieren können, sollte eine betriebswirtschaftliche Grunderkenntnis sein: Entweder verfügt die einzelne Bank über spezifische Wettbewerbsvorteile, die solche Renten ermöglichen, oder die erzielbaren Renditen sind Prämien für übernommenes Risiko. Da gerade Banken mit einem nicht starken Geschäftsmodell, also Institute ohne ausgeprägte Wettbewerbsvorteile, in Conduits investierten, fand die letztgenannte Perspektive ihre schlimme Bestätigung durch die Bankenkrise.

Literatur

Aberer, Bartle und *Walter Gruber* (2007): Verbriefungskonstrukte – heilsame Einsichten und attraktive Aussichten, in: Zeitschrift für das gesamte Kreditwesen, 60. Jg., S.1146-1148.

Ammer, John und *Nathanael Clinton* (2004), Good News is No News? The Impact of Credit Rating Changes on the Pricing of Asset-Backed Securities, in: Federal Reserve Board International Finance Discussion Papers, No. 809, Washington, D.C.

Ashcraft, Adam B. und *Til Schuermann* (2008): Understanding the Securitization of Subprime Mortgage Credit, in: Federal Reserve Bank of New York Staff Reports, No. 318, New York.

Bartmann, Peter, Hans Ulrich Buhl und *Michael Hertel* (2008), Ursachen und Auswirkungen der Subprime-Krise, in: Informatik-Spektrum, Vol. 32, No. 2, S. 127-145.

BIS Bank for International Settlements (2005), The Role of Ratings in Structured Finance: Issues and Implications, Committee on the Global Financial System Publication, No. 23, Basel.

Börner, Christoph J. (2006), Qualitative Bankenaufsicht: Anreiz- und Entscheidungsprobleme, in: Bank-Archiv, Jg. 54, S. 651-659.

Börner, Christoph J. (2010), Renaissance der Universalbank?, in: *Ulf Baxmann* (Hg.), Geschäftsmodelle der Banken im Wandel, Frankfurt/M., S. 111-139.

Cochran, Jay III and *Catherine England* (2001), Neither Fish nor Fowl: An Overview of the Big-Three Government-Sponsored Enterprises in the U.S. Housing Finance Market, in: George Mason University, Mercatus Center Working Papers in Regulatory Studies, Arlington.

ECB European Central Bank (2004): Credit Risk Transfer by EU Banks: Activities, Risks and Risk Management, Frankfurt/M.

Forbes, William (2009): Behavioral Finance, Chichester.

Gates, Susan W., Vanessa G. Perry und *Peter M. Zorn* (2002), Automated Underwriting in Mortgage Lending: Good News for the Underserved?, in: Housing Policy Debate, Vol. 13, No. 2, pp. 369-391.

Hartmann-Wendels, Thomas, Martin Hellwig, Michael Hüther und *Manfred Jäger* (2009), Arbeitsweise der Bankenaufsicht vor dem Hintergrund der Finanzmarktkrise, Köln.

Hau, Harald und *Marcel Thum* (2009), Subprime Crisis and Board (In-)Competence: Private vs. Public Banks in Germany, in: CESifo Working Papers, No. 2640, München.

Hellwig, Martin (2008), The Causes of the Financial Crisis, in: CESifo Forum 4/2008, S. 12-21.

IKB – Deutsche Industriebank (2007), Geschäftsbericht 2006/2007, Düsseldorf.

Jäger, Manfred und *Michael Voigtländer* (2008), Hintergründe und Lehren aus der Subprime-Krise, in: IW-Trends, Heft 3, Seite 1-14.

Joint Center for Housing Studies of Harvard University (2009), The State of the Nation's Housing: 2007, Cambridge/MA.

Kiff, John und *Paul Mills* (2007), Money for Nothing and Checks for Free: Recent Developments in U.S. Subprime Mortgage Markets, International Monetary Fund Working Paper, No. 07/188, Washington, D.C.

Krahnen, Jan P., und *Christian Wilde (2008)*, Risk Transfer with CDOs, Goethe-Universität Frankfurt/M, Working Paper Series: Finance and Accouting, No. 187, Frankfurt/M.

Minsky, Hyman P. (1986), Stabilizing an Unstable Economy, New Haven und London.

Sachverständigenrat (2007), Sachverständigenrat zur Begutachtung der gesamtwirtschaftlichen Entwicklung, Jahresgutachten 2007/2008: Das Erreichte nicht verspielen. Wiesbaden.

SEC Securities and Exchange Commission (2010), Litigation Release No. 21489 / April 16, 2010, Securities and Exchange Commission v. Goldman, Sachs & Co. and Fabrice Tourre, 10 Civ. 3229 (BJ) (S.D.N.Y. filed April 16, 2010).

Sjostrom, William K., Jr. (2009), The AIG Bailout, in: Washington and Lee Law Review, Vol. 66, pp. 943-991.

Albrecht F. Michler und Heinz-Dieter Smeets (Hg.)
Die aktuelle Finanzkrise: Bestandsaufnahme und Lehren für die Zukunft
Schriften zu Ordnungsfragen der Wirtschaft · Band 93 · Stuttgart · 2011

Der Interbankenmarkt und das Liquiditätsmanagement des Eurosystems in der aktuellen Finanzkrise

Achim Hauck und *Ulrike Neyer*

Inhalt

1. Einleitung

Die weltweite Finanzkrise hat zu schweren Verwerfungen auf den Finanzmärkten im Euro-Währungsraum geführt. Insbesondere nach dem Zusammenbruch der US-amerikanischen Investmentbank *Lehman Brothers* im September 2008 kam es zu zuvor ungekannten Entwicklungen auf diesen Märkten. So sank das Transaktionsvolumen auf den Interbankenmärkten massiv, der Zinssatz auf dem Interbankenmarkt für Tagesgeld sank signifikant unter den Hauptrefinanzierungszins der Zentralbank, die Kreditaufnahme der Geschäftsbanken beim Eurosystem nahm bis dahin nicht gekannte Ausmaße an, gleichzeitig hielten Geschäftsbanken in starkem Maße Einlagen auf ihren Konten beim Eurosystem.[1] Ziel dieses Beitrags ist es, diese Entwicklungen mit Hilfe eines theoretischen Modells zu erklären und mögliche wirtschaftspolitische Implikationen abzuleiten.

Im Mittelpunkt der theoretischen Analyse stehen Geschäftsbanken, die mit einem unsicheren zukünftigen Liquiditätsbedarf konfrontiert sind und sowohl auf dem Interbankenmarkt als auch bei der Zentralbank Liquidität aufnehmen oder anlegen können. Transaktionen auf dem Interbankenmarkt sind mit Transaktionskosten verbunden. Bei hohen Transaktionskosten ist es für Banken mit einem Liquiditätsdefizit attraktiver, dieses anstatt am Interbankenmarkt bei der Zentralbank zu decken, wenn die Zentralbank unbegrenzt Liquidität zu einem festen Zins gegen Stellung von Sicherheiten zur Verfügung stellt. Dies führt bei hohen Transaktionskosten zu einem aggregierten Liquiditätsüberschuss im Bankensektor, der den Zins am Interbankenmarkt nach unten drückt. Die Überschussbanken können ihre Liquiditätsüberschüsse nicht mehr zur Gänze am Interbankenmarkt platzieren und sind gezwungen, die Einlagefazilität zu nutzen.

Die theoretische Analyse auf das Eurogebiet übertragend, argumentieren wir, dass hohe Transaktionskosten am Interbankenmarkt nach dem Zusammenbruch von *Lehman Brothers* die eingangs beschriebenen Effekte ausgelöst haben. Die Transaktionskosten sind gestiegen, da in der Finanzkrise zahlreiche Banken starke Vermögensverluste zu verzeichnen hatten und ferner erhebliche Unsicherheit darüber bestand, in welchem Umfang welche Bank betroffen war. Damit bestand auch Unsicherheit über die Liquiditäts- und Solvenzsituation einzelner Banken und mithin über die Zuverlässigkeit potenzieller Transaktionspartner auf dem Interbankenmarkt. Dies führte z. B. dazu, dass Kreditlinien gekürzt wurden, so dass Banken mit einem hohen Liquiditätsbedarf diesen nicht mehr bei einer einzelnen Bank decken konnten, sondern nur bei mehreren Banken. Umgekehrt mussten Banken mit einem hohen Überschuss mehrere Kontraktpartner suchen, um ihren gesamten Überschuss zu platzieren. Insgesamt hat die gestiegene Unsicherheit dazu geführt, dass es mit höheren Kosten verbunden war, einen geeigneten Kontraktpartner am Interbankenmarkt zu finden. Banken mit einem Liquiditätsdefizit gingen daher zunehmend dazu über, ihren Liquiditätsbedarf beim Eurosystem zu de-

---

[1] Als Eurosystem bezeichnet man die Europäische Zentralbank (EZB) und die nationalen Zentralbanken der Länder, die den Euro eingeführt haben; das Eurosystem ist für die Geldpolitik im Euro-Währungsraum verantwortlich. Nachfolgend werden die Begriffe Eurosystem und EZB synonym verwendet.

cken. Aggregiert führte dies zu einem Liquiditätsüberschuss im Bankensektor, so dass Banken mit einem Liquiditätsüberschuss auf dem Interbankenmarkt in einen zunehmend verschärften Wettbewerb um potenzielle Liquiditätsnachfrager gerieten. Dies führte zu einem Absinken der Kreditzinsen; gleichzeitig waren die Überschussbanken durch die gesunkene Liquiditätsnachfrage gezwungen, einen zunehmenden Anteil ihrer nicht benötigten Liquidität auf den Konten beim Eurosystem zu halten. Gemäß dieser Argumentation ist somit die massive Liquiditätshortung, die Geschäftsbanken im Verlauf der Krise auf ihren Konten bei dem Eurosystem betrieben haben, nicht, wie beispielsweise von *Trichet* (2009) postuliert, auf Vorsichtsmotive zurückzuführen. Sie ist vielmehr Ausdruck einer durch Transaktionskosten ausgelösten Segmentation des Geschäftsbankensektors, die Überschussbanken dazu zwang, überschüssige Liquidität zu horten.[2] Das Eurosystem hat mithin im Laufe der Krise eine Intermediationsfunktion eingenommen, in dem es einerseits die nicht benötigte Liquidität von den Überschussbanken hereingenommen und andererseits den Defizitbanken die benötigte Liquidität zur Verfügung gestellt hat.

Hinsichtlich möglicher wirtschaftspolitischer Implikationen für das Eurosystem müssen grundsätzlich zwei Ebenen unterschieden werden. Auf *geldpolitischer Ebene* ist die Frage entscheidend, welches Zinsniveau auf den Finanzmärkten mit dem Ziel der Preisniveaustabilität vereinbar ist. Auf der *Ebene des Liquiditätsmanagements* ist entscheidend, wie sichergestellt werden kann, dass (a) der Transmissionsmechanismus geldpolitischer Impulse funktioniert und (b) sich im Falle einer Krise Liquiditätsprobleme im Geschäftsbankensektor nicht zu Solvenzproblemen ausweiten (*González-Páramo* 2009). In diesem Beitrag geht es um die Frage nach dem Liquiditätsmanagement des Eurosystems. Gemäß unserer theoretischen Analyse ist das Eurosystem insbesondere nach dem Zusammenbruch von *Lehman Brothers* den Liquiditätsproblemen im Geschäftsbankensektor begegnet, indem es eine Intermediationsfunktion zwischen den Überschussbanken und Defizitbanken angenommen hat. Ein nahe liegender Ausweg aus dieser Intermediationsfunktion wäre eine Reduktion der Transaktionskosten auf dem Interbankenmarkt, wodurch dieser Markt reaktiviert würde. Dies jedoch liegt außerhalb des Einflussbereichs des Eurosystems, da es weder bestehende Informationsprobleme im Bankensektor mindern noch ggf. bestehende Solvenzprobleme einzelner Banken lösen kann. Das Eurosystem hat jedoch die Möglichkeit, die Bedingungen einer Liquiditätsaufnahme bzw. -einlage für die Geschäftsbanken unattraktiver zu gestalten, so dass die Geschäftsbanken Liquiditätsdefizite oder -überschüsse wieder verstärkt über den Interbankenmarkt abbauen müssten. Dies jedoch würde bei hohen Transaktionskosten am Interbankenmarkt zu entsprechend hohen Liquiditätskosten der Geschäftsbanken führen und daher möglicherweise geldpolitische Ziele oder das Ziel der Finanzmarktstabilität unterminieren. Eine Alternative ist, dass sich das Eurosystem

---

[2] Diese Sichtweise wird durch aktuelle empirische Evidenz gedeckt, die zeigt, dass die meisten Banken, die die Einlagefazilität nutzen, nicht an den Hauptrefinanzierungsgeschäften des Eurosystems teilnehmen (*Europäische Zentralbank* 2009c). In den USA und in Großbritannien hingegen scheinen Vorsichtsmotive eine größere Rolle bei der Liquiditätshaltung von Geschäftsbanken zu spielen (*Ashcraft, McAndrews* und *Skeie* 2009; *Acharya* und *Merrouche* 2009).

sukzessiv, nach Maßgabe des Abbaus der Unsicherheit am Interbankenmarkt und damit der Transaktionskosten, aus seiner Intermediationsfunktion zurückzieht, um das Ausmaß der zusätzlichen Belastungen für den Geschäftsbankensektor im Euro-Währungsraum möglichst gering zu halten.

Die Literatur zum Zusammenspiel von Interbankenmarkt und Zentralbankverhalten kann wie folgt systematisiert werden: Zum einen befassen sich diverse Arbeiten mit dieser Thematik vor dem institutionellen Hintergrund im Euro-Währungsraum bzw. in den USA vor der Finanzkrise.[3] Zum anderen sind in jüngerer Zeit einige Arbeiten entstanden, die sich mit den Auswirkungen von Krisen auf die Interbankenmärkte befassen. Dieser Beitrag knüpft insbesondere an diese jüngere Literatur zu Finanzkrisen an. *Allen, Carletti* und *Gale* (2009) untersuchen dabei, wie eine Zentralbank durch Offenmarktgeschäfte die Volatilität des Interbankenzinssatzes begrenzen kann. *Bruche* und *Suarez* (2010) sowie *Heider, Hoerova* und *Holthausen* (2009) zeigen, dass sich Kreditausfallrisiken negativ auf das Transaktionsvolumen am Interbankenmarkt auswirken können bis hin zu dessen vollständigem Zusammenbruch. Diese Arbeiten konzentrieren sich mithin jeweils auf die Analyse einzelner stilisierter Fakten, die im Zuge der Finanzkrise auf den Interbankenmärkten beobachtet werden konnten. Im vorliegenden Beitrag hingegen wird ein Analyserahmen vorgestellt, der den wesentlichen institutionellen Rahmenbedingungen im Euro-Währungsraum Rechnung trägt und der in der Lage ist, sowohl das gesunkene Transaktionsvolumen auf den europäischen Interbankenmärkten als auch die gesunkenen Zinssätze und die massive Nutzung der Einlagefazilität durch die Geschäftsbanken zu erklären. Dieser Beitrag ist damit komplementär zu *Ashcraft, McAndrews* und *Skeie* (2009), die die Entwicklung auf dem US-amerikanischen Interbankenmarkt und das Reservemanagement der dort agierenden Geschäftsbanken untersuchen.

Im Weiteren ist der Beitrag wie folgt aufgebaut. Im zweiten Abschnitt werden die institutionellen Rahmenbedingungen erörtert. Der dritte Abschnitt beschreibt die stilisierten Fakten, die mit Hilfe des theoretischen Modells, welches im vierten Abschnitt entwickelt wird, erklärt werden sollen. Im fünften Abschnitt werden die Ergebnisse diskutiert und wirtschaftspolitische Schlussfolgerungen für das Eurosystem gezogen. Der letzte Abschnitt fasst die wesentlichen Ergebnisse zusammen.

2. Institutionelle Rahmenbedingungen

Der Artikel 105 im EG-Vertrag gibt dem Eurosystem ein eindeutiges Mandat: Vorrangiges Ziel der Geldpolitik ist die Gewährleistung von Preisniveaustabilität im Euroraum. Ansatzpunkt für die Geldpolitik zur Erreichung dieses Ziels ist der Interbankenmarkt für Zentralbankgeld. Zentralbankgeld setzt sich aus dem Bargeldumlauf und den Einlagen der Geschäftsbanken beim Eurosystem zusammen. Diese täglich fälli-

---

[3] Zum Euro-Währungsraum siehe beispielsweise *Breitung* und *Nautz* (2001), *Ayuso* und *Repullo* (2001; 2003), *Ewerhart* (2002), *Bindseil* (2002), *Nautz* und *Oechssler* (2003; 2006), *Neyer* und *Wiemers* (2004) sowie *Neyer* (2009). Für die USA siehe beispielsweise *Ho* und *Saunders* (1985), *Hamilton* (1996), *Clouse* und *Dow* (1999; 2002), *Furfine* (2000) sowie *Bartolini, Bertola* und *Prati* (2001; 2002).

gen Einlagen werden auf dem Interbankenmarkt für Zentralbankgeld gehandelt. Das Eurosystem beeinflusst die Bedingungen an diesem Interbankenmarkt und steuert somit die kurzfristigen Zinssätze. Über den geldpolitischen Transmissionsmechanismus wirken sich die durch die Geldpolitik ausgelösten Änderungen der kurzfristigen Zinsen auf das Preisniveau und auf die gesamtwirtschaftliche Produktion und die Beschäftigung aus. Zur Steuerung der kurzfristigen Zinsen schätzt die EZB den Zentralbankgeldbedarf des Bankensektors im Euroraum und stellt dann die entsprechende Liquidität zur Verfügung.[4]

Der Zentralbankgeldbedarf des Bankensektors im Euroraum, der nur vom Eurosystem gedeckt werden kann (es ist Monopolanbieter dieser Liquidität), resultiert im Wesentlichen aus zwei Faktoren. Zum einen sind die Geschäftsbanken im Euroraum verpflichtet, ein bestimmtes Guthaben als Mindestreserve auf ihren Konten beim Eurosystem zu unterhalten. Zum anderen verursachen so genannte autonome Faktoren, wie z. B. der Banknotenumlauf, einen Bedarf des Bankensektors an Zentralbankgeld.[5] Das Mindestreservesoll, also die Höhe der Pflichteinlage, die eine Bank im Euroraum beim Eurosystem unterhalten muss, richtet sich nach bestimmten Passivpositionen ihrer Bilanz. Zurzeit müssen 2 % bestimmter kurzfristiger Einlagen als Mindestreserve gehalten werden. Das Mindestreservesoll muss jedoch nicht jeden Tag erfüllt werden, sondern nur im Durchschnitt über eine Mindestreserveerfüllungsperiode, die jeweils ca. vier Wochen beträgt. Durch die Möglichkeit der Durchschnittserfüllung soll der Zinssatz auf dem Interbankenmarkt stabilisiert werden. Ist an einem Tag der Liquiditätsbedarf des Bankensektors z. B. als Folge eines unerwarteten Anstiegs der gewünschten Bargeldhaltung der Bevölkerung höher als erwartet, würde dies sofort zu einer höheren Liquiditätsnachfrage der Banken und damit zu einem Anstieg der Zinsen auf dem Interbankenmarkt führen. Die Mindestreserve ermöglicht es den Banken jedoch, zunächst auf diese zurückzugreifen, d. h. es kommt nicht unmittelbar zu einer höheren Liquiditätsnachfrage auf dem Interbankenmarkt. Das Mindestreservesystem fungiert also als Puffer gegen von autonomen Faktoren ausgelöste vorübergehende Liquiditätsschocks.[6]

Zur Deckung des Zentralbankgeldbedarfs des Bankensektors und zur Absorption dieser Liquidität stehen dem Eurosystem verschiedene Instrumente zur Verfügung: Hauptrefinanzierungsgeschäfte, längerfristige Refinanzierungsgeschäfte, Feinsteuerungsoperationen sowie zwei ständige Fazilitäten. Die *Hauptrefinanzierungsgeschäfte* (HRG) sind grundsätzlich das wichtigste Instrument des Eurosystems zur Bereitstellung von Liquidität. Hierbei handelt es sich um zu besichernde Kredite, die das Eurosystem den Banken zur Verfügung stellt. Sie werden wöchentlich im Rahmen von Tenderverfahren vergeben und haben eine Laufzeit von einer Woche. Der vom Eurosystem für

---

4 Einen Überblick über die Liquiditätssteuerung des Eurosystems bietet *Europäische Zentralbank* (2002).

5 Sie werden autonome Faktoren genannt, weil sie sich in der Regel der Kontrolle der EZB entziehen. Der Banknotenumlauf hängt beispielsweise primär vom Verhalten der Bevölkerung ab.

6 Detaillierte Informationen zur Mindestreserve finden sich in *Europäische Zentralbank* (2008, Kapitel 7).

diese Kredite festgelegte Zinssatz ist der Hauptrefinanzierungszinssatz. Er ist der entscheidende Zinssatz der Geldpolitik und determiniert in der Regel die kurzfristigen Zinsen im Euroraum. Vor jedem HRG bestimmt das Eurosystem eine so genannte Benchmark-Zuteilung. Diese entspricht dem vom Eurosystem geschätzten Liquiditätsbedarf des Bankensektors, der eine gleichmäßige Erfüllung der Mindestreserve über die Erfüllungsperiode erlaubt.[7] Diese gleichmäßige Erfüllung ist wünschenswert, da sie die Wirksamkeit der Pufferfunktion der Reserveguthaben gegen unerwartete Liquiditätsschocks erhöht, was eine Hauptfunktion des Mindestreservesystems im Euroraum darstellt. Vor der Finanzkrise hat das Eurosystem im Rahmen der HRG üblicherweise Gebote der Geschäftsbanken, die über die Benchmark-Zuteilung hinausgingen, rationiert und mithin nicht zugeteilt. Ein weiteres Instrument zur Liquiditätsbereitstellung sind die *längerfristigen Refinanzierungsgeschäfte.* Diese hatten vor der Krise in der Regel eine Laufzeit von drei Monaten und wurden in monatlichem Rhythmus durchgeführt. Unter dem Begriff der *Feinsteuerungsoperationen* werden verschiedene Geschäfte zur Liquiditätsbereitstellung oder -absorption zusammengefasst, die nicht standardisiert sind. Schließlich muss bei den vom Eurosystem zur Verfügung gestellten *ständigen Fazilitäten* zwischen einer Kreditfazilität und einer Einlagefazilität unterschieden werden. Beide Fazilitäten haben eine Laufzeit von einem Tag und können, anders als die anderen Instrumente des Eurosystems, auf Initiative der Geschäftsbanken in Anspruch genommen werden. Die Kreditfazilität dient dazu, kurzfristige Liquiditätsbedarfe der Geschäftsbanken gegen Sicherheiten zu decken; die Einlagefazilität dient der Absorption kurzfristiger Liquiditätsüberschüsse. Die Zinssätze der beiden Fazilitäten bilden üblicherweise einen symmetrischen Korridor um den Hauptrefinanzierungszinssatz. Alle Kredite, die die Geschäftsbanken im Rahmen der geldpolitischen Instrumente des Eurosystems erhalten, müssen in ausreichendem Maße mit Sicherheiten unterlegt werden. Die Sicherheiten müssen dabei bestimmte Anforderungen erfüllen, die vom Eurosystem festgelegt werden.[8]

Auf dem Interbankenmarkt werden Einlagen gehandelt, die Geschäftsbanken auf ihren Konten beim Eurosystem halten. Der Interbankenmarkt dient somit dazu, die Liquidität, die ursprünglich vom Eurosystem bereitgestellt wurde, innerhalb des Geschäftsbankensektors zu reallokiieren. Ein solcher Reallokationsbedarf besteht aus zweierlei Gründen: Zum einen verzichten viele Banken auf eine Teilnahme an den HRG des Eurosystems, da sie eine Deckung ihres jeweiligen Liquiditätsbedarfs über den Interbankenmarkt präferieren.[9] Zum anderen beträgt üblicherweise der kürzeste Zeitraum, über den das Eurosystem Liquidität (im Rahmen der HRG) bereitstellt, eine

---

7 Zur Berechnung der Benchmark-Zuteilung siehe *Europäische Zentralbank* (2002).

8 Eine ausführliche Beschreibung aller Instrumente des Eurosystems sowie der Anforderungen an Sicherheiten bietet *Europäische Zentralbank* (2008). Bezüglich der Maßnahmen, die das Eurosystem im Rahmen seines Liquiditätsmanagements im Zuge der Finanzkrise ergriffen hat, siehe *Europäische Zentralbank* (2009c).

9 Beispielsweise sind im Euroraum mehr als 1700 Banken zu einer Teilnahme an den HRG des Eurosystems zugelassen. Tatsächlich nehmen jedoch in der Regel nicht mehr als 500 Banken an diesen Geschäften teil (*Europäische Zentralbank* 2007, S. 89). Eine theoretische Erklärung hierfür, die auf Unterschieden in den Besicherungskosten basiert, bieten *Neyer* und *Wiemers* (2004).

Woche. Während der aggregierte Bedarf des Bankensektors an Zentralbankgeld in diesem Zeitraum meist relativ konstant ist, unterliegt der Bedarf jeder einzelnen Bank in der Regel Schwankungen. Diese liegen beispielsweise in Bargeldab- oder -zuflüssen durch ihre jeweiligen Einleger sowie in Überweisungen zwischen Bankkunden begründet. Grund für Letzteres ist, dass das Eurosystem das wichtigste Interbankenzahlungssystem im Euroraum (*TARGET2*) betreibt. Hierbei werden Zahlungen zwischen Banken über einen Austausch von Einlagen der Banken beim Eurosystem abgewickelt.

3. Stilisierte Fakten

Der Ablauf der Finanzkrise kann in zwei Phasen unterteilt werden. Die erste Phase begann im August 2007, als die Krise, die ihren Ursprung im amerikanischen Immobilienmarkt hat, die Geldmärkte im Euroraum erreichte. Die zweite Phase begann im September 2008, als der Zusammenbruch der Investmentbank *Lehman Brothers* die Finanzkrise nachhaltig verschärfte.

Abbildung 1: Zentralbankgeld: Bedarf und Bereitstellung, Tagesdaten in Mrd. EUR

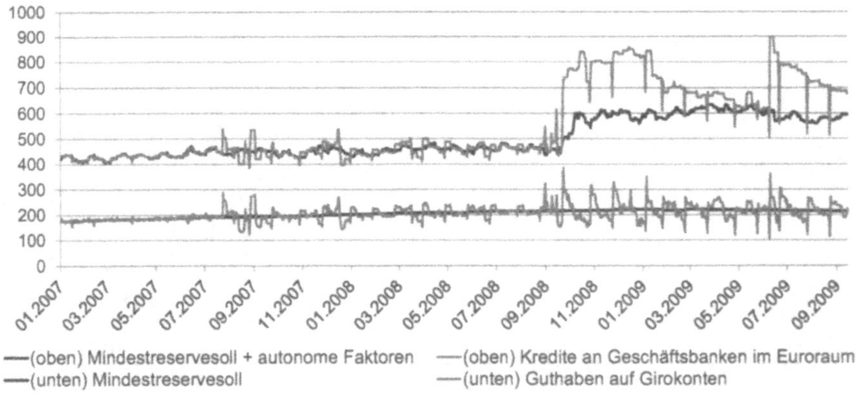

Datenquelle: *EZB*.

Im Folgenden bezeichnen wir aus Vereinfachungsgründen den Liquiditätsbedarf des Bankensektors, der aus der Erfüllung der Mindestreserveverpflichtung und den autonomen Faktoren resultiert, als den *tatsächlichen Liquiditätsbedarf* des Bankensektors. Abbildung 1 zeigt, dass dieser Liquiditätsbedarf in der ersten Phase der Finanzkrise nicht signifikant von dem Bedarf, der vor der Krise bestand, abwich. Was sich jedoch mit Beginn der Krise im August 2007 geändert hat, ist die zeitliche Zurverfügungstellung von Liquidität zur Abdeckung dieses Bedarfs durch das Eurosystem. Vor der Krise stellte die Zentralbank die Liquidität grundsätzlich so zur Verfügung, dass der Bankensektor seine Mindestreserve gleichmäßig verteilt über die etwa vierwöchige Mindestreserveerfüllungsperiode beim Eurosystem unterhielt. In der Abbildung 1 kommt dies darin zum Ausdruck, dass die beiden Kurven ‚Mindestreservesoll' und ‚Guthaben auf Girokonten' nahezu übereinander liegen. Mit Beginn der Krise änderte sich dies jedoch. Am Anfang einer Mindestreserveerfüllungsperiode befriedigte das Eurosystem nämlich eine Nachfrage nach Zentralbankgeld, die über den Bedarf, der zur Abdeckung der autonomen Faktoren und zur gleichmäßigen Erfüllung der Mindestreserve benötigt wurde, hinausging. Damit ermöglichte die EZB den Kreditinstituten ein sog. ‚Frontloading', d. h. sie ermöglichte den Kreditinstituten, einen Großteil ihrer Mindestreserve schon früh innerhalb der Erfüllungsperiode zu halten. Am Ende der Erfüllungsperiode stellte die EZB entsprechend weniger Liquidität zur Verfügung, so dass im Durchschnitt über eine Erfüllungsperiode dem Bankensektor nach wie vor nur soviel Liquidität zur Verfügung gestellt wurde, wie er zur Abdeckung seines tatsächlichen Liquiditätsbedarfs benötigte. Dies änderte sich schlagartig mit dem Beginn der zweiten Phase. Nach dem Zusammenbruch von *Lehman Brothers* überstieg die Kreditnachfrage bei der Zentralbank über die gesamte Mindestreserveerfüllungsperiode den tatsächlichen Liquiditätsbedarf des Bankensektors bei weitem. Diese hohe Kreditnachfrage wurde von der EZB vollständig befriedigt. Damit überstieg, wie die Abbildung 1 zeigt, das von der Zentralbank zur Verfügung gestellte Kreditvolumen (obere graue Kurve) den tatsächlichen Liquiditätsbedarf des Bankensektors (obere schwarze Kurve) erheblich.

Abbildung 2: Nutzung der Fazilitäten des Eurosystems, Tagesdaten in Mrd. EUR

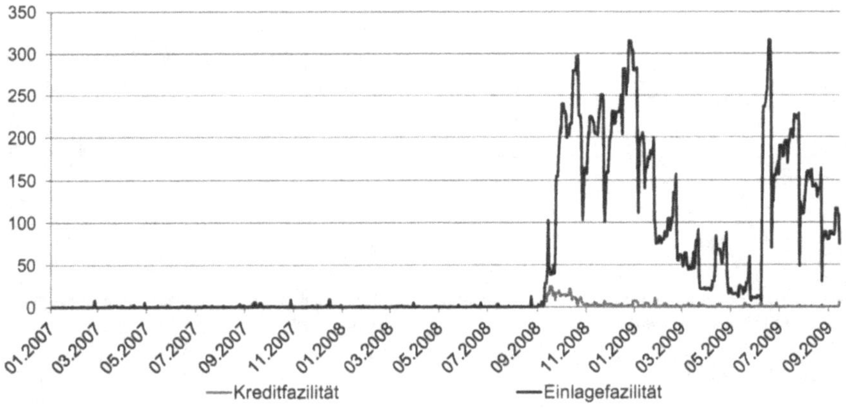

Datenquelle: *EZB*.

Dies schlägt sich auch in der Nutzung der Fazilitäten nieder, wie die Abbildung 2 veranschaulicht. Während bis zum Beginn der zweiten Phase der Krise keine signifikante Beanspruchung der beiden Fazilitäten zu beobachten war, erfolgte seit September 2008 eine nachhaltige Inanspruchnahme der Einlagefazilität. Die Nutzung der Kreditfazilität stieg zwar direkt nach dem Zusammenbruch von *Lehman Brothers* leicht an, verharrte dann aber auf niedrigem Niveau, das sich kaum von dem Niveau vor September 2008 unterscheidet.

Der starke Anstieg der Kreditaufnahme der Geschäftsbanken beim Eurosystem und die hohe Inanspruchnahme der Einlagefazilität ging mit einem starken Umsatzrückgang am Interbankengeldmarkt einher (*Europäische Zentralbank* 2009a; 2009b). Dies wiederum wurde begleitet von einem Absinken des EONIA[10] unter den Zinssatz der Hauptrefinanzierungsgeschäfte, wie Abbildung 3 verdeutlicht. In ‚normalen' Zeiten, wie auch in der ersten Phase der Finanzkrise, liegt der EONIA gewöhnlich über dem Zins für Hauptrefinanzierungsgeschäfte.[11]

Abbildung 3: EONIA und Schlüsselzinssätze des Eurosystems, Tagesdaten in Prozent

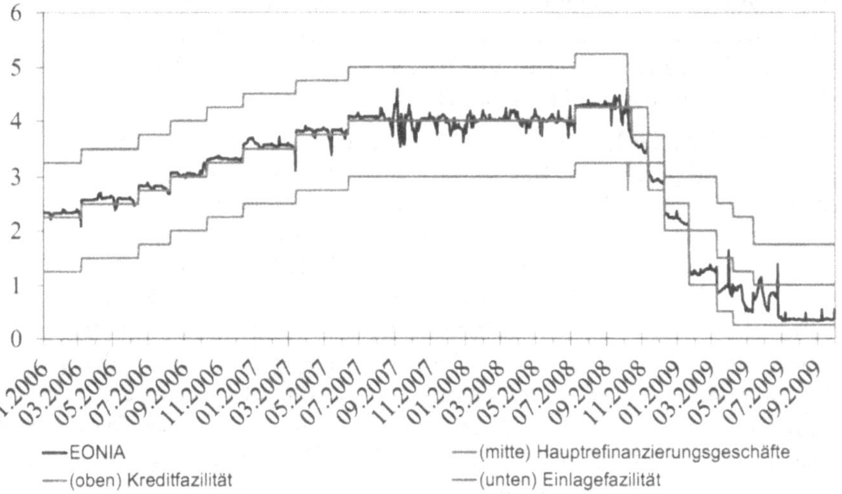

Datenquelle: *Deutsche Bundesbank.*

Zusammenfassend ist festzuhalten: Die zweite Phase der Finanzkrise, die mit dem Zusammenbruch von *Lehman Brothers* im September 2008 begann, ist durch folgende Fakten charakterisiert: (a) durch einen starken Anstieg der Kreditnachfrage bei der Zentralbank, die den ‚tatsächlichen' Bedarf des Bankensektors an Zentralbankgeld bei weitem überstieg; diese hohe Kreditnachfrage ist voll vom Eurosystem befriedigt worden; (b) durch eine starke Nutzung der Einlagefazilität, während die Nutzung der Kreditfazilität nicht nachhaltig zugenommen hat; (c) durch einen starken Rückgang der Transaktionsvolumina am Interbankenmarkt, der (d) durch ein Absinken des EONIA unter den Zinssatz auf Hauptrefinanzierungsgeschäfte begleitet wurde.

---

[10] Der EONIA (Euro OverNight Index Average) ist ein durchschnittlicher Zinssatz, zu dem Banken eines repräsentativen Panels im Euro-Währungsraum unbesicherte Übernachtkredite auf dem Interbankenmarkt vergeben.

[11] Für entsprechende empirische Analysen siehe z. B. *Nyborg, Bindseil* und *Strebulaev* (2002), *Ayuso* und *Repullo* (2003), *Ejerskov, Moss* und *Stracca* (2003). Für theoretische Analysen zu diesem positiven Spread siehe z. B. *Ayuso* und *Repullo* (2003) oder *Neyer* und *Wiemers* (2004).

4. Theoretische Analyse

4.1. Modellrahmen

Um die dargestellten stilisierten Fakten der zweiten Phase der Finanzkrise erklären zu können, soll in diesem Abschnitt ein theoretischer Analyserahmen entwickelt werden, der den wesentlichen institutionellen Rahmenbedingungen des Interbankenmarktes für Tagesgeld im Euro-Währungsgebiet Rechnung trägt. Dieser Analyserahmen stützt sich auf ein von *Hauck* und *Neyer* (2010) entwickeltes Modell. Im Mittelpunkt der Analyse stehen eine Zentralbank sowie eine große Zahl atomistischer Geschäftsbanken. Jede Geschäftsbank ist mit einem unsicheren zukünftigen autonomen Liquiditätsab- oder -zufluss konfrontiert. Ein Liquiditätsdefizit kann sie durch Kreditaufnahme bei der Zentralbank oder auf dem Interbankenmarkt decken. Außerdem steht jeder Geschäftsbank die Möglichkeit offen, Liquiditätsüberschüsse bei der Zentralbank oder auf dem Interbankenmarkt anzulegen.

Es gibt zwei Möglichkeiten, einen Kredit bei der Zentralbank aufzunehmen. Zum einen können die Geschäftsbanken am HRG teilnehmen. Zum anderen können sie eine Kreditfazilität nutzen. In beiden Fällen muss eine Zinszahlung geleistet werden, wobei der Hauptrefinanzierungszins mit i^{HRG} und der Zinssatz der Kreditfazilität mit $i^{KF} > i^{HRG}$ bezeichnet werden. Ferner muss eine Geschäftsbank in beiden Fällen in ausreichendem Maße Sicherheiten hinterlegen. Die Grenzkosten der Besicherung sind konstant und werden mit α bezeichnet. Die Zentralbank stellt außerdem eine Einlagefazilität zur Verfügung. Die entsprechenden Einlagen werden mit dem Zinssatz $i^{EF} < i^{HRG}$ verzinst. Es wird angenommen, dass die Zinssätze der beiden Fazilitäten einen symmetrischen Korridor um den Hauptrefinanzierungszins bilden. Der Hauptrefinanzierungszins hat somit die Eigenschaft $i^{HRG} = (i^{KF} + i^{EF})/2$. Dies entspricht der üblichen Festlegung der Zinssätze durch das Eurosystem.

Jede Geschäftsbank kann Kredite auf dem Interbankenmarkt aufnehmen oder vergeben. Im Fall einer Kreditaufnahme muss eine Zinszahlung zum Interbankenzinssatz i^{IBM} geleistet werden. Entsprechend ergeben sich im Fall einer Kreditvergabe Zinserträge gemäß diesem Zinssatz. Überdies fallen in beiden Fällen Transaktionskosten an, die überproportional im Kreditvolumen steigen. Diese Annahme kann beispielsweise mit im Kreditvolumen steigenden Grenzkosten bei der Suche nach einem geeigneten Transaktionspartner mit passendem Liquiditätsbedarf oder mit der Notwendigkeit, größere Kreditvolumina mit Hilfe mehrerer Transaktionen abzuwickeln, begründet werden. [12]

---

[12] Die Annahme überproportional steigender Transaktionskosten ist häufig in theoretischen Analysen anzutreffen, siehe beispielsweise *Campbell* (1987) oder *Bartolini, Bertola* und *Prati* (2001).

Tabelle 1: Autonome Liquiditätsab- und -zuflüsse des Bankensektors

	Bank *a* Liquiditätsabfluss	Bank *z* Liquiditätszufluss	aggregierter Liquiditätsabfluss
Umweltzustand 1	70	60	10
Umweltzustand 2	100	90	10

Es wird angenommen, dass zwei Typen von Geschäftsbanken existieren, die sich hinsichtlich ihrer unsicheren autonomen Liquiditätsbedarfe unterscheiden. Geschäftsbanken des Typs *a* sind mit einem autonomen Liquiditätsabfluss konfrontiert, Geschäftsbanken des Typs *z* hingegen haben einen autonomen Liquiditätszufluss. Jeweils die Hälfte aller Banken gehört zum Typ *a* bzw. *z*. Im Nachfolgenden werden die beiden Banktypen aus Gründen der Vereinfachung als Bank *a* bzw. als Bank *z* bezeichnet. Das Ausmaß der autonomen Liquiditätsabflüsse der Bank *a* und der Liquiditätszuflüsse der Bank *z* ist unsicher; es hängt vom eingetretenen Umweltzustand ab. Es können zwei Umweltzustände eintreten, wobei jeder Umweltzustand mit der gleichen Wahrscheinlichkeit von 0,5 eintritt (siehe hierzu auch das Zahlenbeispiel in Tabelle 1). Im ersten Umweltzustand hat Bank *a* relativ geringe Liquiditätsabflüsse zu verzeichnen, während die Abflüsse im zweiten Umweltzustand relativ groß sind. Bei Bank *z* ist die Situation entsprechend. Sie hat im ersten Umweltzustand geringere Liquiditätszuflüsse als im zweiten Umweltzustand. In jedem Umweltzustand sind die Abflüsse der Bank *a* größer als die Zuflüsse der Bank *z*. Aggregiert ist der Geschäftsbankensektor somit durch Liquiditätsabflüsse gekennzeichnet und verzeichnet mithin aggregiert einen Liquiditätsbedarf, der nur durch die Zentralbank gedeckt werden kann. Es wird angenommen, dass im Aggregat die Liquiditätsabflüsse des Bankensektors sicher sind und mithin nicht vom eingetretenen Umweltzustand abhängen.

Die unterstellte Spielsequenz lautet wie folgt: Zuerst entscheiden sich die Geschäftsbanken, ob und in welchem Umfang sie Liquidität im Rahmen des HRG aufnehmen. Dabei wird, entsprechend dem Verhalten des Eurosystems während der Finanzkrise, angenommen, dass sämtliche Gebote im HRG vollständig bedient und mithin nicht rationiert werden. Hiernach erfahren die Geschäftsbanken das tatsächliche Ausmaß ihres autonomen Liquiditätsab- bzw. -zuflusses. Sodann entscheiden sie über den Betrag, den sie auf dem Interbankenmarkt aufnehmen oder anlegen; gleichzeitig legen sie fest, in wie weit sie die von der Zentralbank angebotenen Fazilitäten nutzen.

Ziel einer Geschäftsbank ist es, ihre Kosten des Liquiditätsmanagements zu minimieren. Diese entstehen durch die Nutzung des Interbankenmarkts, des Hauptrefinanzierungsgeschäfts und der von der Zentralbank angebotenen Fazilitäten. Das Verhalten der Geschäftsbanken kann mit Hilfe des Rückwärtsinduktionsprinzips bestimmt werden. Es muss mithin zunächst die zweite Stufe des Spiels untersucht werden, auf der jede Bank über ihr Verhalten am Interbankenmarkt und über die Nutzung der beiden Fazilitäten entscheidet. Dann wird auf der ersten Stufe die jeweils optimale Kreditaufnahme im Rahmen des HRG bestimmt und anschließend das Gleichgewicht des Modells ermittelt.

4.2. Stufe 2: Interbankenmarkt und Fazilitäten

Es soll nun zunächst die zweite Stufe des Modells untersucht werden, auf der jede einzelne Geschäftsbank darüber entscheidet, ob und in welcher Form sie auf dem Interbankenmarkt agiert und die von der Zentralbank angebotenen Fazilitäten nutzt. Wir gehen in diesem Abschnitt in zwei Schritten vor. Zunächst wird das Verhalten einer einzelnen Geschäftsbank in Abhängigkeit von ihrer jeweiligen Liquiditätsposition diskutiert. Dann wird das Gleichgewicht auf dem Interbankenmarkt bestimmt.

Hinsichtlich des Verhaltens einer einzelnen Geschäftsbank muss unterschieden werden, ob nach Teilnahme am HRG und Bekanntwerden des Umweltzustands ein Liquiditätsüberschuss oder ein Liquiditätsdefizit vorliegt. Es sei zunächst der Fall einer Bank mit einem Liquiditätsüberschuss betrachtet. Dieser Fall trifft in jedem Umweltzustand auf die Bank *z* zu, da diese einen autonomen Liquiditätszufluss hat und somit unabhängig von ihrem vorherigen Verhalten beim HRG überschüssige Liquidität aufweist. Für Bank *a* hingegen trifft dieser Fall nur dann zu, wenn sie im HRG mehr Liquidität aufgenommen hat, als sie nach Eintreten des Umweltzustands benötigt. Einer Bank mit einem Liquiditätsüberschuss $L^{Ü}$ stehen zwei Alternativen offen. Sie kann ihren Liquiditätsüberschuss ganz oder teilweise als Kredit auf dem Interbankenmarkt vergeben oder die Einlagefazilität nutzen.

Um das Verhalten der Bank abzuleiten, müssen die Grenzerträge der Kreditvergabe auf dem Interbankenmarkt mit den Grenzerträgen der Nutzung der Einlagefazilität verglichen werden (siehe Teil (a) der Abbildung 4): Der Grenzertrag der Einlagefazilität entspricht dem Zinssatz i^{EF} dieser Fazilität; dieser Grenzertrag ist in der oberen Grafik als waagerechte Linie GE^{EF} dargestellt. Der Grenzertrag GE^{IBM} einer Kreditvergabe auf dem Interbankenmarkt hingegen setzt sich aus zwei Komponenten zusammen. Bei Vergabe eines zusätzlichen Euros als Kredit erhält die Bank einerseits den zusätzlichen Zinsertrag i^{IBM}; andererseits fallen jedoch zusätzliche Transaktionskosten an. Da die Transaktionskosten annahmegemäß überproportional im Kreditvolumen ansteigen, sinkt der (Netto-)Grenzertrag einer Kreditvergabe auf dem Interbankenmarkt mit zunehmendem Kreditvolumen. Für einen gegebenen Zinssatz am Interbankenmarkt ergibt sich somit die in Abbildung 4, Teil (a) dargestellte fallende Grenzertragskurve GE^{IBM}. Der Zinssatz am Interbankenmarkt ist Lageparameter dieser Kurve. Ein steigender Zinssatz i^{IBM} führt zu einer Parallelverschiebung dieser Kurve nach oben. Eine Geschäftsbank ist bereit, ihre Kreditvergabe auf dem Interbankenmarkt auszuweiten, bis der Grenzertrag der Kreditvergabe mit dem Grenzertrag der Einlagefazilität übereinstimmt. Das zugehörige Kreditangebotsvolumen $B^{A,\,marg}$ entspricht in der unteren Grafik im Teil (a) der Abbildung 4 bis zum Volumen $L^{Ü}$ der durchgezogenen Linie, der weitere Verlauf entspricht dann der gestrichelten Linie. Das Kreditangebotsvolumen steigt demnach an, wenn der Interbankenzins (und mithin der Grenzertrag einer Kreditvergabe) ansteigt. Maximal kann die Bank jedoch nur ihren Liquiditätsüberschuss $L^{Ü}$ am Interbankenmarkt platzieren, so dass man insgesamt für das Kreditangebot einer Geschäftsbank mit einem Liquiditätsüberschuss $B^{A,\,opt} = \min\left\{L^{Ü}, B^{A,\,marg}\right\}$ erhält. Die entsprechende Kreditangebotskurve ist in Abbildung 4 als durchgezogene Linie dargestellt.

Abbildung 4: Kreditangebot und Kreditnachfrage auf dem Interbankenmarkt

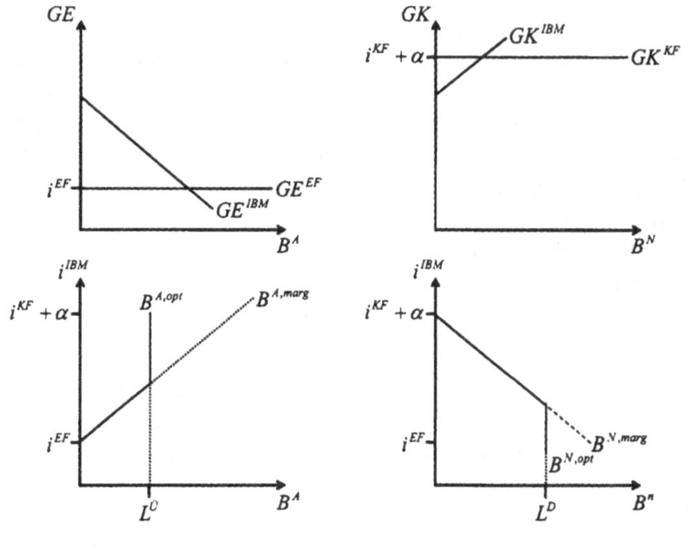

(a) Ableitung des Kreditangebots (b) Ableitung der Kreditnachfrage

Das Verhalten einer Bank, die nach Teilnahme am HRG und Bekanntwerden des Umweltzustands ein Liquiditätsdefizit L^D aufweist, kann analog diskutiert werden. Dieser Fall kann ausschließlich bei Bank *a* eintreten, da nur diese Bank nach Eintreten des Umweltzustands mit einem autonomen Liquiditätsabfluss konfrontiert ist. Bank *a* weist tatsächlich ein Liquiditätsdefizit auf, sofern der autonome Liquiditätsabfluss die Kreditaufnahme der Bank im Rahmen des HRG übersteigt. Sie kann dann dieses Liquiditätsdefizit über die Kreditfazilität und/oder über den Interbankenmarkt decken. Gemäß der oberen Grafik im Teil (b) der Abbildung 4 ist ersteres mit Grenzkosten der Höhe $i^{KF}+\alpha$, die sich aus der Zinszahlung i^{KF} und den marginalen Besicherungskosten a zusammensetzen, verbunden. Die Kreditaufnahme am Interbankenmarkt ist mit Grenzkosten verbunden, die sich aus der Zinszahlung i^{IBM} zuzüglich der (im Kreditvolumen steigenden) Grenztransaktionskosten ergeben. Das Kreditnachfragevolumen $B^{N,marg}$, bei dem die Grenzkosten der Kreditfazilität mit den Grenzkosten einer Kreditaufnahme auf dem Interbankenmarkt übereinstimmen, ist in der unteren Grafik in Abhängigkeit vom Interbankenzins als fallende gestrichelte Linie dargestellt. Sodann gilt: Ist das Liquiditätsdefizit L^D nicht größer als $B^{N,marg}$, wird die Bank ihr gesamtes Defizit durch eine entsprechende Kreditaufnahme auf dem Interbankenmarkt decken, und sie nutzt nicht die Kreditfazilität. Andernfalls jedoch, wenn das Liquiditätsdefizit $B^{N,marg}$ übersteigt, nimmt die Bank den Betrag $B^{N,marg}$ auf dem Interbankenmarkt auf und nutzt die Kreditfazilität, bis sie ihr gesamtes Defizit ausgeglichen hat. Die Kreditnachfrage entspricht also $B^{N,opt}=\min\{L^D, B^{N,marg}\}$; sie ist in der unteren Grafik im Teil (b) der Abbildung 4 durch die durchgezogene Linie dargestellt.

Nachdem das Verhalten einer einzelnen Bank auf dem Interbankenmarkt geklärt wurde, sollen nun die Eigenschaften des Gleichgewichts auf diesem Markt, das sich nach Bekanntwerden des Umweltzustands ergibt, diskutiert werden. Um dies zu leisten, sei zunächst daran erinnert, dass Bank *z* in jedem Umweltzustand einen Liquiditätszufluss hat. Sie wird somit unabhängig von ihrem vorherigen Verhalten im HRG unter keinen Umständen als Kreditnachfrager am Interbankenmarkt auftreten. Hat nun auch die Bank *a* einen Liquiditätsüberschuss, d. h. hat sie mehr Liquidität im HRG aufgenommen, als sie nach Eintreten des Umweltzustands benötigt, so finden mangels Kreditnachfrage keine Transaktionen am Interbankenmarkt statt. Der (hypothetische) Zinssatz auf diesem Markt hat dann die Höhe i^{EF}. Er stellt sicher, dass tatsächlich keine Bank einen Anreiz hat, Kredit anzubieten. Stattdessen platzieren die Banken ihre gesamte überschüssige Liquidität in der Einlagefazilität. Außer diesem recht trivialen Fall können hinsichtlich des Gleichgewichts auf dem Interbankenmarkt in Abhängigkeit von der Liquiditätsposition der Bank *a* drei weitere Fälle $(a,b,c$, mit jeweils zwei Unterfällen) unterschieden werden. Diese sind in der Abbildung 5 grafisch dargestellt.

Im Fall (a) ist nach Eintreten des Umweltzustands das Liquiditätsdefizit L^D der Bank *a* geringer als der Liquiditätsüberschuss $L^Ü$ der Bank *z*, so dass aggregiert im Bankensektor ein Liquiditätsüberschuss besteht. Die Kreditanbieter stehen mithin im Wettbewerb um die Kreditnachfrager, und die Kreditanbieter können daher nur einen Zinssatz am Interbankenmarkt durchsetzen, der die Grenztransaktionskosten zuzüglich dem alternativen Grenzertrag der Einlagefazilität i^{EF} abdeckt. Damit liegt der gleichgewichtige Zins i^{IBM*} auf dem aufsteigenden Ast der Kreditangebotskurve $B^{A,opt}$, wie die Fälle (a1) und (a2) in Abbildung 5 zeigen. In diesem Fall wird von Bank *z* die Einlagefazilität genutzt, da nicht ihr gesamter Liquiditätsüberschuss auf dem Interbankenmarkt nachgefragt wird. Hinsichtlich des Transaktionsvolumens müssen zwei Unterfälle unterschieden werden. Ist das Liquiditätsdefizit der Bank *a*, wie in (a1) in Abbildung 5 dargestellt, geringer als das Transaktionsvolumen $\hat{B}$, das sich im Schnittpunkt von $B^{A,marg}$ und $B^{N,marg}$ ergibt, so entspricht das gleichgewichtige Transaktionsvolumen B^* auf dem Interbankenmarkt dem Liquiditätsdefizit der Bank *a*. Folglich nutzt diese nicht die Kreditfazilität. Gilt hingegen $L^D > \hat{B}$, so wird das Volumen $\hat{B}$ auf dem Interbankenmarkt ausgetauscht (siehe Fall (a2) in Abbildung 5). Bank *a* nutzt mithin, um ihren verbleibenden Liquiditätsbedarf $L^D - \hat{B}$ zu decken, die Kreditfazilität. In diesem Unterfall wird also sowohl die Einlage- als auch die Kreditfazilität genutzt.

Der Fall (b) ist durch ein aggregiertes Liquiditätsdefizit im Bankensektor charakterisiert; das Defizit der Bank *a* ist größer als der Überschuss der Bank *z*. Somit steht die Kreditnachfrage im Wettbewerb um das (knappe) Kreditangebot, und die Kreditnachfrager können nur einen Zinssatz am Interbankenmarkt durchsetzen, bei dem die Grenzkosten der Kreditaufnahme am Interbankenmarkt mit denen der Kreditfazilität übereinstimmen. Damit liegt der gleichgewichtige Zins i^{IBM*} auf dem absteigenden Ast der Kreditnachfragekurve $B^{N,opt}$, wie die Fälle (b1) und (b2) in Abbildung 5 zeigen. Bank *a* ist in diesem Fall gezwungen, einen Teil ihres Liquiditätsbedarfs durch die Kreditfazilität zu decken. Ob Bank *z* die Einlagefazilität nutzt, hängt vom Ausmaß ihres Überschusses $L^Ü$ ab. Ist $L^Ü$ relativ gering mit $L^Ü \leq \hat{B}$, stellt sie, wie in Teil (b1) in Abbildung 5 dargestellt, ihren gesamten Überschuss auf dem Interbankenmarkt als Kredit zur Verfügung ($B^* = L^Ü$) und verzichtet auf die Einlagefazilität. Andernfalls jedoch, wenn der Überschuss $\hat{B}$ übersteigt, wird das Transaktionsvolumen $\hat{B}$ auf dem

Interbankenmarkt realisiert und mithin von Bank *z* die Einlagefazilität genutzt (siehe (b2) in Abbildung 5).

Abbildung 5: Gleichgewicht auf dem Interbankenmarkt

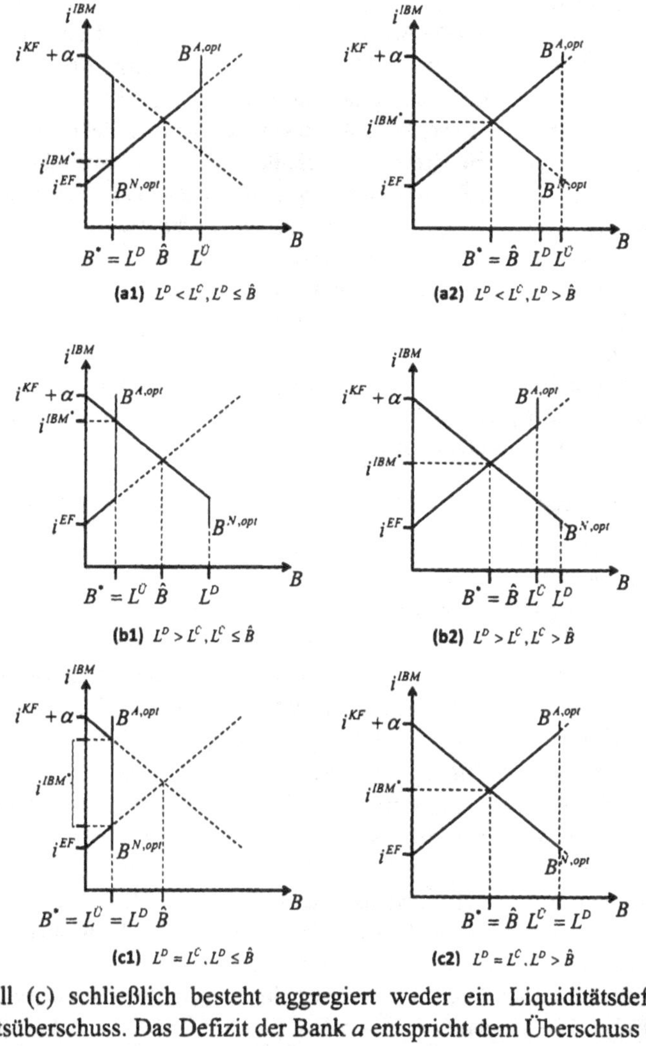

Im Fall (c) schließlich besteht aggregiert weder ein Liquiditätsdefizit noch ein Liquiditätsüberschuss. Das Defizit der Bank *a* entspricht dem Überschuss der Bank *z*. In diesem Fall verfügt auf dem Interbankenmarkt keine Marktseite über ‚Marktmacht'. Daher ist jeder Zins ein gleichgewichtiger Zins, bei dem die (Netto-)Grenzerträge einer Kreditvergabe am Interbankenmarkt die Grenzerträge der Einlagefazilität decken und die Grenzkosten einer Kreditaufnahme die Grenzkosten der Kreditfazilität nicht übersteigen. Der Zinssatz ist im Fall (c) mithin nicht notwendigerweise eindeutig determiniert. Dies gilt gemäß (c1) in Abbildung 5 zumindest dann, wenn die Liquiditätsüberschüsse bzw. -defizite der Banken geringer sind als $\hat{B}$, so dass sie vollständig am Interbankenmarkt ausgetauscht werden und folglich keine Bank auf die Fazilitäten, die von der Zentralbank angeboten werden, zurückgreift. Ist diese Bedingung hingegen nicht erfüllt (siehe (c2) in der Abbildung 5), wird der Betrag $\hat{B}$ zwischen den Banken ausgetauscht und die verbliebene Liquidität in der Einlagefazilität (von Bank *z*) gelagert bzw. über die Kreditfazilität (von Bank *a*) aufgenommen.

Zum Abschluss dieses Abschnitts sei noch kurz diskutiert, wie sich eine Änderung der Transaktionskosten auf das Gleichgewicht im Interbankenmarkt auswirkt. Steigen beispielsweise die (Grenz-)Transaktionskosten an, so wird eine Kreditvergabe am Interbankenmarkt (relativ zur Einlagefazilität) und eine Kreditaufnahme am Interbankenmarkt (relativ zur Kreditfazilität) unattraktiver. Dies äußert sich in einer Drehung der $B^{A,\,marg}$-Kurve im Ordinatenabschnitt nach oben, auch dreht sich die $B^{N,\,marg}$-Kurve im Ordinatenabschnitt nach unten. Entsprechend sinkt das Transaktionsvolumen $\hat{B}$, und es können zwei Fälle unterschieden werden: Lag das ursprüngliche Transaktionsvolumen auf dem Interbankenmarkt unterhalb des neuen $\hat{B}$, ändert sich das Transaktionsvolumen durch die Erhöhung der Transaktionskosten nicht. Jedoch steigt (bzw. sinkt) in diesem Fall der Zins, wenn aggregiert im Bankensektor ein Liquiditätsüberschuss (bzw. Defizit) vorliegt. Im Fall $L^{Ü} = L^{D}$ verengt sich der Korridor des gleichgewichtigen Zinssatzes. Lag das ursprüngliche Transaktionsvolumen auf dem Interbankenmarkt hingegen oberhalb des neuen $\hat{B}$, sinkt das Transaktionsvolumen durch die Erhöhung der Transaktionskosten auf $\hat{B}$.

4.3. Stufe 1: Optimale Kreditnachfrage im Hauptrefinanzierungsgeschäft

In diesem Abschnitt wird die erste Stufe des Modells analysiert. Auf dieser Stufe entscheidet jede Geschäftsbank, wie viel Liquidität sie bei der Zentralbank im Rahmen des HRG nachfragt. Entsprechend der Situation im Euroraum nach dem Zusammenbruch von *Lehman Brothers* befriedigt die Zentralbank vollständig alle Gebote der Geschäftsbanken, so dass die Kreditnachfrage in dem HRG mit dem gleichgewichtigen Kreditvolumen übereinstimmt. Zu dem Zeitpunkt, zu dem eine Bank in dem HRG bietet, kennt sie ihren autonomen Liquiditätsbedarf noch nicht, er hängt von dem sich später realisierenden Umweltzustand ab. Die Bank weiß zwar, ob sie mit einem autonomen Liquiditätsabfluss oder -zufluss konfrontiert wird, sie kennt mithin ihren Typ, sie kennt aber nicht das jeweilige Ausmaß. Neben dem Umweltzustand bestimmt der Kreditbetrag, den eine Bank in dem HRG aufnimmt, wie hoch der Liquiditätsüberschuss bzw. das Liquiditätsdefizit nach Eintritt des Umweltzustandes sein wird und somit auch, wie viel Liquidität die Bank auf dem Interbankenmarkt handeln wird und in welchem Umfang sie die von der Zentralbank angebotenen Fazilitäten nutzen wird. Eine Bank fragt nun denjenigen Kreditbetrag in dem HRG nach, der ihre gesamten erwarteten Liquiditätskosten minimiert. Folglich berücksichtigt sie beim Bieten im HRG die Kosten dieses Kredits und die erwarteten Kosten/Erträge, die bei ihren Transaktionen am Interbankenmarkt und/oder der Nutzung der Fazilitäten anfallen.

Bei der optimalen Kreditnachfrage der Bank in dem HRG entsprechen die Grenzkosten den erwarteten Grenzerträgen dieser Kreditaufnahme. Die Grenzkosten setzen sich aus dem Zinssatz des HRG i^{HRG} und den marginalen Besicherungskosten α zusammen. Die erwarteten Grenzerträge dieser Kreditaufnahme werden von den erwarteten Transaktionen am Interbankenmarkt und der erwarteten Nutzung der Fazilitäten bestimmt. Diesbezüglich muss unterschieden werden, ob die Bank nach der Kreditaufnahme im HRG und nach dem Eintritt des Umweltzustandes insgesamt einen Liquiditätsüberschuss oder ein Liquiditätsdefizit aufweist. Weist sie einen Überschuss auf, kann sie diesen am Interbankenmarkt anlegen und/oder in der Einlagefazilität platzieren. Die erwarteten Grenzerträge der Kreditaufnahme in dem HRG entsprechen dann dem erwarteten marginalen Zinsertrag am Interbankenmarkt abzüglich der anfallenden marginalen Transaktionskosten und/oder des marginalen Zinsertrages der Einlagefazilität. Weist die Bank hingegen nach dem Bieten im HRG und der Realisation des Umweltzustandes ein Defizit auf, muss sie dieses durch Kreditaufnahme am Interbankenmarkt und/oder Nutzung der Kreditfazilität decken. In dem Fall entsprechen die erwarteten Grenzerträge der Kreditaufnahme in dem HRG den ersparten marginalen Zins- und Transaktionskosten am Interbankenmarkt und/oder den ersparten marginalen Zins- und Besicherungskosten der Nutzung der Kreditfazilität. Die Gegenüberstellung der Grenzkosten und der erwarteten Grenzerträge aus der Kreditaufnahme im Rahmen des HRG erlaubt die explizite Bestimmung der optimalen Kreditaufnahme in dem HRG.

4.4. Modellgleichgewicht

Die Verbindung der beiden in den Abschnitten 4.2. und 4.3. beschriebenen Modellstufen erlaubt nun, das Modellgleichgewicht zu bestimmen. Die Darstellung und Interpretation des Gleichgewichts erfolgt mit Hilfe von Abbildung 6.[13] Da die Transaktionskosten am Interbankenmarkt in unserer Argumentation eine zentrale Rolle spielen, haben wir in Abbildung 6 die gleichgewichtigen Größen in Abhängigkeit vom Transaktionskostenparameter γ dargestellt. Der Parameter gibt die Steigung der marginalen Transaktionskosten in Abhängigkeit vom Transaktionsvolumen an.[14] Die Abbildung zeigt, dass unabhängig von der Höhe der Transaktionskosten am Interbankenmarkt die Überschussbank z nie einen Kredit im Rahmen des HRG bei der Zentralbank aufnimmt. Es lohnt sich für die Überschussbank nicht, einen entsprechenden Kredit aufzunehmen und den dann zusätzlichen Überschuss am Interbankenmarkt anzulegen oder in der Einlagefazilität zu platzieren, denn die Grenzkosten dieser Transaktion sind immer größer als die Grenzerträge, da einerseits annahmegemäß der Zinssatz der Einlagefazilität unter dem des HRG liegt und andererseits im Gleichgewicht der Zinssatz am Interbankenmarkt (abzüglich der Grenztransaktionskosten) ebenfalls kleiner als der HRG-Zinssatz ist.

Die Abbildung 6 zeigt außerdem, dass für die gleichgewichtige Kreditaufnahme in dem HRG durch die Defizitbank a, und damit auch für das gleichgewichtige Transaktionsvolumen am Interbankenmarkt und die Nutzung der Fazilitäten im Gleichgewicht, die Transaktionskosten am Interbankenmarkt von zentraler Bedeutung sind. Es wird deutlich, dass in Abhängigkeit vom Transaktionskostenparameter γ drei Szenarien

---

13 Die formale Darstellung des Modellgleichgewichts nebst ausführlichen Erläuterungen findet sich in *Hauck* und *Neyer* (2010). Die dortige Analyse macht auch deutlich, dass die nachfolgend vorgenommene Einschränkung auf ein Zahlenbeispiel ohne Verlust der Allgemeingültigkeit ist.

14 Die unterstellten Transaktionskosten haben die Höhe $0{,}5\,(\gamma\, B^2)$.

voneinander abgegrenzt werden können. Das erste Szenario ist durch niedrige Transaktionskosten charakterisiert, das zweite Szenario durch mittlere bis hohe Transaktionskosten und das dritte Szenario schließlich durch sehr hohe Transaktionskosten. Die Abgrenzung erfolgt jeweils durch die Schwellenwerte γ' und γ'', die im Folgenden noch näher erläutert werden. Zur Vereinfachung der Argumentation greifen wir auf das in Tabelle 1 gegebene Zahlenbeispiel zurück.

Abbildung 6: Modellgleichgewicht

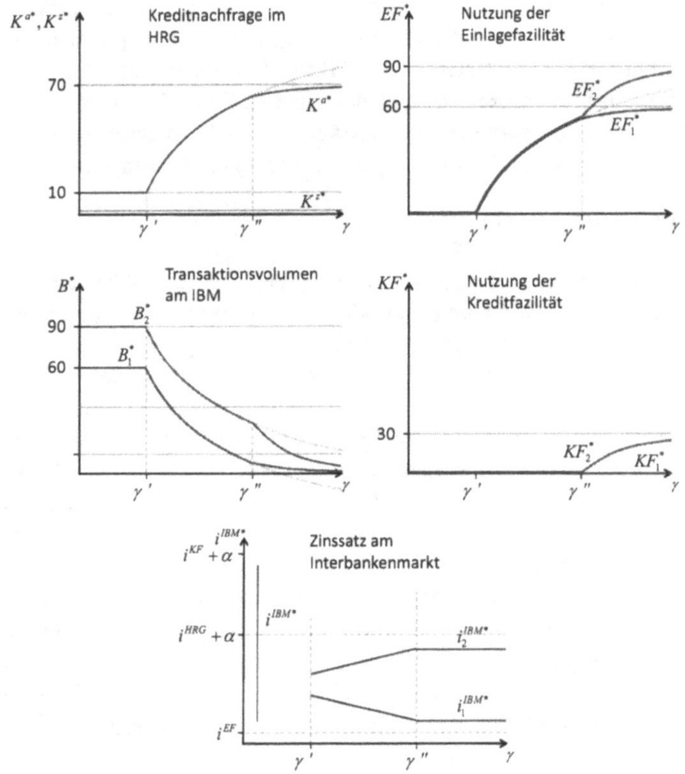

Im ersten Szenario sind die Transaktionskosten am Interbankenmarkt so niedrig ($\gamma \leq \gamma'$), dass Bank *a* unabhängig davon, welcher Umweltzustand realisiert wird, einen möglichst großen Teil ihrer autonomen Liquiditätsabflüsse durch eine Kreditaufnahme am Interbankenmarkt ausgleicht. Da Bank *z* keinen Kredit bei der Zentralbank aufnimmt, kann Bank *a* maximal den autonomen Liquiditätsüberschuss von Bank *z* am Interbankenmarkt aufnehmen; im ersten Umweltzustand entspricht dies 60 Einheiten, im zweiten Umweltzustand 90 Einheiten, wie Abbildung 6 veranschaulicht. Das verbleibende Defizit, das dann dem aggregierten Liquiditätsabfluss in Höhe von 10 Einheiten entspricht, muss Bank *a* durch eine Kreditaufnahme bei der Zentralbank begleichen. Bank *a* hat also unabhängig davon, welcher Umweltzustand realisiert wird, einen *sicheren* Liquiditätsabfluss von 10 Einheiten, den sie nicht am Interbankenmarkt begleichen kann. Sie deckt diesen Bedarf über das HRG und nicht über die Nutzung der Kreditfazilität, da in diesem Fall die Grenzkosten des HRG niedriger sind als die Grenzkosten bei einer Inanspruchnahme der Kreditfazilität ($i^{HRG} + \alpha < i^{KF} + \alpha$), weil annahmegemäß $i^{HRG} < i^{KF}$ gilt. Da Bank *a* den gesamten Liquiditätsüberschuss von Bank *z* über den Interbankenmarkt aufnimmt und ihre restlichen Liquiditätsabflüsse ausschließlich über das HRG abdeckt, wird in diesem Szenario keine der beiden Fazilitäten beansprucht. Weil Bank *a* ferner genau den Betrag in dem HRG aufnimmt, der dem aggregierten Defizit entspricht, ist nach der Kreditaufnahme in dem HRG und der Realisation des Umweltzustandes weder ein aggregiertes Liquiditätsdefizit noch ein aggregierter Liquiditätsüberschuss zu verzeichnen, d. h. auf der zweiten Stufe des Modells wird auf dem Interbankenmarkt der Fall (c1) in Abbildung 5 realisiert. Keine der beiden Marktseiten verfügt somit über Marktmacht, und es kann lediglich gesagt werden, dass sich der gleichgewichtige Zinssatz am Interbankenmarkt zwischen den alternativen Nettogrenzerträgen der Kreditvergabe von Bank *z* und den alternativen Grenzkosten der Kreditaufnahme von Bank *a* einstellen wird. Erstere entsprechen dem Zinssatz der Einlagefazilität zuzüglich der Grenztransaktionskosten am Interbankenmarkt, Letztere dem Zinssatz der Kreditfazilität zuzüglich der Besicherungskosten, die bei Nutzung der Kreditfazilität anfallen, abzüglich der marginalen Transaktionskosten am Interbankenmarkt. In der Abbildung 6 ist dieser Bereich, in dem der gleichgewichtige Zins am Interbankenmarkt liegen kann, durch die senkrechte Linie gekennzeichnet.

Im zweiten Szenario weist der Interbankenmarkt mittlere bis hohe Transaktionskosten auf; der Transaktionskostenparameter γ liegt zwischen den beiden Schwellenwerten γ' und γ''. Für $\gamma \leq \gamma'$, d. h. im ersten Szenario, sind die Transaktionskosten am Interbankenmarkt so niedrig, dass die Grenzkosten der Kreditaufnahme im HRG nicht niedriger sind als die erwarteten Grenzkosten bei einer Kreditaufnahme am Interbankenmarkt, und Bank *a* deckt mithin nur den aggregierten Liquiditätsabfluss in Höhe von 10 durch eine entsprechende Kreditaufnahme in dem HRG. An dem Schwellenwert γ' entsprechen sich diese jeweiligen Grenzkosten bei einer Kreditaufnahme in Höhe von 10 am Interbankenmarkt genau, und für $\gamma > \gamma'$ sind die erwarteten Grenzkosten bei einer Kreditaufnahme in Höhe von 10 am Interbankenmarkt höher als in dem HRG bei der Zentralbank. Deshalb weitet Bank *a* die Kreditaufnahme in dem HRG über 10 hinaus aus und reduziert entsprechend die Kreditaufnahme am Interbankenmarkt. Je stärker die Transaktionskosten steigen, desto attraktiver wird die Kreditaufnahme bei der Zentralbank relativ zu der am Interbankenmarkt, so dass die Kreditaufnahme bei der Zentralbank in γ steigt und das Transaktionsvolumen am Interbankenmarkt in γ entsprechend sinkt. Da Bank *a* jetzt jedoch nicht mehr den gesamten Überschuss von Bank *z* über den Interbankenmarkt aufnimmt, platziert Bank *z* das Volumen, welches sie nicht über den Interbankenmarkt verleihen kann, in der Einlagefazilität. Da mit steigendem γ das Transaktionsvolumen am Interbankenmarkt sinkt, nimmt die Nutzung der Einlagefazilität durch Bank *z* entsprechend zu. Da außerdem Bank *a* in diesem Szenario mehr Liquidität als den aggregierten Liquiditätsabfluss in dem HRG aufnimmt, liegt nach dieser Kreditaufnahme und der Realisation des Umweltzustandes insgesamt ein Liquiditätsüberschuss vor, d. h. auf der zweiten Modellstufe stellt sich am

Interbankenmarkt der Fall (a2) ein. Der aggregierte Liquiditätsüberschuss führt dazu, dass die Überschussbank *z* nur einen relativ niedrigen Zinssatz am Interbankenmarkt durchsetzen kann. Dieser entspricht ihrem alternativen Grenzertrag aus der Einlagefazilität i^{EF} zuzüglich der marginalen Transaktionskosten. Da die marginalen Transaktionskosten mit dem Transaktionsvolumen steigen, liegt der gleichgewichtige Zinssatz am Interbankenmarkt im zweiten Umweltzustand über dem im ersten Umweltzustand, denn im zweiten Umweltzustand ist das Transaktionsvolumen höher. Mit einem steigenden γ wirken zwei gegenläufige Effekte auf die marginalen Transaktionskosten. Als Folge des direkten Einflusses von γ steigen diese, aber das mit einem steigenden γ zurückgehende Transaktionsvolumen hat einen senkenden Effekt (siehe auch Fußnote 14). Bei einem hohen Transaktionsvolumen überwiegt der positive Effekt, bei einem relativ niedrigen Transaktionsvolumen der negative Effekt, so dass sich für die beiden Umweltzustände die in der Abbildung 6 dargestellten Zinsverläufe ergeben. In diesem zweiten Szenario wird die Einlagefazilität von Bank *z* genutzt, da aufgrund der hohen Transaktionskosten am Interbankenmarkt für Bank *a* die Kreditaufnahme bei der Zentralbank attraktiver ist als am Interbankenmarkt; Bank *z* kann somit nicht ihren gesamten Überschuss am Markt platzieren und muss in die Einlagefazilität gehen. Die Kreditfazilität wird jedoch weiterhin nicht genutzt, denn für Bank *a* ist die Kreditaufnahme in dem HRG vorteilhafter als die Nutzung der Kreditfazilität. Dies ändert sich jedoch im dritten Szenario.

Das dritte Szenario ist durch sehr hohe Transaktionskosten charakterisiert, was darin zum Ausdruck kommt, dass γ den zweiten Schwellenwert γ'' übersteigt. Dies impliziert, dass die Transaktionskosten am Interbankenmarkt jetzt so hoch sind, dass Bank *a* im zweiten Umweltzustand sogar die teilweise Nutzung der Kreditfazilität gegenüber einer Transaktion am Interbankenmarkt präferiert. Bank *a* entscheidet auf der zweiten Stufe des Modells, d. h. nachdem sie in dem HRG geboten hat und nachdem sich der Umweltzustand realisiert hat, wo sie ihr verbleibendes Defizit deckt. Ihr bleiben die Alternativen Interbankenmarkt und Kreditfazilität. Für $\gamma > \gamma''$ ergeben sich im zweiten Umweltzustand, der durch ein relativ zum ersten Umweltzustand hohes restliches Liquiditätsdefizit bei Bank *a* charakterisiert ist, so hohe marginale Transaktionskosten, dass eine partielle Kreditaufnahme in der Kreditfazilität vorteilhafter ist. Mit steigendem γ wird diese immer vorteilhafter, so dass Bank *a* im zweiten Umweltzustand mehr und mehr Liquidität über die Kreditfazilität aufnimmt und immer weniger über den Interbankenmarkt. Damit muss Bank *z* einen immer höheren Anteil ihres Überschusses in der Einlagefazilität platzieren, wie Abbildung 6 zeigt. Im ersten Umweltzustand, der durch ein relativ niedriges restliches Liquiditätsdefizit charakterisiert ist, sind, eben als Folge des relativ niedrigen restlichen Defizits, die marginalen Transaktionskosten trotz des hohen γ noch so gering, dass eine Kreditaufnahme am Interbankenmarkt günstiger ist als die Nutzung der Kreditfazilität. Es ist zu beachten, dass Bank *a* im ersten Umweltzustand nie die Kreditfazilität nutzen wird, selbst für $\gamma \to \infty$. Der Grund ist, dass der Liquiditätsabfluss von Bank *a* in Höhe des Liquiditätsabflusses im ersten Umweltzustand sicher ist, d. h. unabhängig davon, welcher Zustand realisiert wird, hat die Bank immer einen Liquiditätsabfluss von mindestens 70. Und für Bank *a* ist es vorteilhafter, diesen sicheren Liquiditätsbedarf – wenn aufgrund hoher Transaktionskosten der Interbankenmarkt nicht in Frage kommt – über das HRG an

Stelle der Kreditfazilität abzudecken. Anders verhält es sich bei dem unsicheren Liquiditätsabfluss, d. h. bei dem Liquiditätsabfluss, der nur im zweiten Umweltzustand anfällt. In unserem Beispiel beträgt dieser unsichere Abfluss 30. Für Bank *a* ist es immer vorteilhafter, diesen unsicheren Bedarf, wenn er denn tatsächlich anfällt, über die Kreditfazilität zu decken, wie folgende Überlegung zeigt. Wenn $\gamma \rightarrow \infty$, sind die Transaktionskosten am Interbankenmarkt so hoch, dass keinerlei Transaktionen an diesem Markt stattfinden. Bank *a* hat dann nur die Wahl, ihren Liquiditätsabfluss durch eine Kreditaufnahme bei der Zentralbank auszugleichen, entweder über das HRG und/oder die Nutzung der Kreditfazilität. Den sicheren Abfluss in Höhe von 70 wird Bank *a* dann vollständig über das HRG finanzieren und den unsicheren Abfluss in Höhe von 30 trotz des hohen Zinssatzes über die Nutzung der Kreditfazilität. Der Grund ist, dass bei einer Kreditaufnahme in dem HRG über den sicheren Liquiditätsabfluss hinaus die erwarteten Grenzerträge kleiner sind als die Grenzkosten. Die Grenzkosten sind der Zinssatz in dem HRG zuzüglich der marginalen Besicherungskosten $(i^{HRG} + \alpha)$. Die Grenzerträge bestehen entweder in dem Zinssatz auf die Einlagefazilität, wenn der erste Umweltzustand eintritt und Bank *a* die Liquidität gar nicht benötigt, oder die Grenzerträge bestehen aus den ersparten Kosten der Nutzung der Kreditfazilität, wenn der zweite Umweltzustand eintritt und die Liquidität mithin tatsächlich benötigt wird. Da beide Umweltzustände mit gleicher Wahrscheinlichkeit eintreten, ergibt sich für die erwarteten Grenzerträge $0{,}5\, i^{EF} + 0{,}5\, (i^{KF} + \alpha) = i^{HRF} + 0{,}5\, \alpha$. Die erwarteten Grenzerträge sind also geringer als die Grenzkosten $i^{HRG} + \alpha$. Entscheidend ist, dass bei der Kreditaufnahme in dem HRG mit Sicherheit Besicherungskosten anfallen, während diese bei der Nutzung der Fazilitäten nur bei der Nutzung der Kreditfazilität anfallen. Folglich sind die Grenzkosten der Kreditaufnahme in dem HRG über den sicheren Liquiditätsbedarf hinaus höher als die erwarteten Grenzerträge, so dass Bank *a* nie mehr Liquidität in dem HRG als den sicheren Bedarf in Höhe von 70 aufnehmen wird. Bleibt im dritten Szenario zu klären, warum der gleichgewichtige Interbankenzins konstant bleibt und sich mithin mit einem steigenden γ nicht mehr ändert, wie dies im zweiten Szenario der Fall ist. Der Grund ist, dass sich die beiden im zweiten Szenario beschriebenen gegenläufigen Effekte eines steigenden γ auf die marginalen Transaktionskosten genau ausgleichen.

Zusammenfassend bleibt also festzuhalten, dass die Höhe der Transaktionskosten am Interbankenmarkt einen entscheidenden Einfluss auf das Bietungsverhalten der Defizitbank *a* in dem HRG hat. Solange sie relativ niedrig sind, gleicht Bank *a* von ihrem Liquiditätsabfluss soviel wie möglich über den Interbankenmarkt aus und deckt nur den aggregierten Abfluss aus dem Bankensektor über die Kreditaufnahme in dem HRG ab. Bank *z* kann dann ihren gesamten Überschuss am Markt platzieren, so dass weder die Einlagefazilität noch die Kreditfazilität in Anspruch genommen werden. Mit steigenden Transaktionskosten wird die Kreditaufnahme am Interbankenmarkt jedoch relativ unattraktiv, so dass es ab einer bestimmten Höhe der Transaktionskosten für Bank *a* attraktiver wird, mehr als den aggregierten Liquiditätsabfluss bei der Zentralbank in dem HRG als Kredit nachzufragen. Bank *z* ist dann gezwungen, die Einlagefazilität zu nutzen. Schließlich können die Transaktionskosten sogar so hoch werden, dass es sich für Bank *a* lohnt, eher auf die Kreditfazilität als auf den Interbankenmarkt zurückzugreifen. In dem Fall werden dann beide Fazilitäten in Anspruch genommen. Bezüglich des gleichgewichtigen Zinssatzes ist festzuhalten, dass in dem Moment, in dem als Folge der hohen Transaktionskosten am Interbankenmarkt Bank *a* mehr Liquidität bei der Zentralbank nachfragt, als es der aggregierte Liquiditätsabfluss hergibt, ein aggregierter Liquiditätsüberschuss besteht. Dann liegt der Zinssatz am Interbankenmarkt am unteren Bereich des Zinskorridors, der durch die Zinssätze auf die beiden Fazilitäten begrenzt wird.

5. Implikationen

5.1. Modelltheoretische Erklärung der stilisierten Fakten

Im Abschnitt 3 wurden vier stilisierte Fakten für die Zeit nach dem Zusammenbruch von *Lehman Brothers* identifiziert: (a) Das Transaktionsvolumen an den Interbankenmärkten, auch an dem für Tagesgeld, ist stark gesunken. (b) Die Kreditaufnahme bei der Zentralbank im Rahmen der Offenmarktgeschäfte ist stark gestiegen; sie übertraf bei weitem den ‚tatsächlichen' Liquiditätsbedarf des Bankensektors. (c) Die Nutzung der Einlagefazilität ist stark gestiegen, während das Ausmaß der Nutzung der Kreditfazilität nach wie vor gering war. (d) Der Zinssatz am Interbankenmarkt für Tagesgeld ist unter den Hauptrefinanzierungszinssatz der EZB gesunken. Diese stilisierten Fakten werden genau durch das zweite Szenario der Modellergebnisse wiedergegeben. Welche Schlussfolgerungen können damit aus den vorgestellten modelltheoretischen Überlegungen zur Erklärung dieser stilisierten Fakten gezogen werden?

Unser zentrales Argument ist, dass die Finanzkrise dazu geführt hat, insbesondere nach dem Zusammenbruch von *Lehman Brothers*, dass die Transaktionskosten an den Interbankenmärkten stark gestiegen sind. Der Grund hierfür ist, dass es im Zuge der Finanzkrise zu erheblichen Vermögensverlusten der Banken gekommen ist und dass eine starke Unsicherheit darüber bestand, welche Bank in welchem Ausmaß betroffen ist. Diese Unsicherheit führte dazu, dass es sowohl für die Anbieter als auch für die Nachfrager von Liquidität schwieriger wurde, einen geeigneten Kontraktpartner am Interbankenmarkt zu finden. So wurden beispielsweise Kreditlinien gekürzt, so dass die Nachfrager für relativ große Volumina mehrere Kreditgeber suchen mussten, aber auch die Anbieter großer Volumina mehrere Kreditnachfrager ausfindig machen mussten. Diese stark gestiegenen Transaktionskosten am Interbankenmarkt implizierten, dass es für Defizitbanken attraktiver wurde, ihren Liquiditätsbedarf bei der Zentralbank zu decken und weniger stark auf den Interbankenmarkt zurückzugreifen. Die Nachfrage nach Zentralbankkrediten stieg an. Das Eurosystem befriedigte diese hohe Nachfrage vollständig. Damit überstieg das von der Zentralbank gewährte Kreditvolumen den tatsächlichen Liquiditätsbedarf des Bankensektors, der aus den autonomen Faktoren und der Mindestreservepflicht resultiert, bei weitem. Die Kreditnachfrage am Interbankenmarkt sank, und die Überschussbanken waren 'gezwungen', ihre Überschussliquidität in der Einlagefazilität zu platzieren. Das Transaktionsvolumen am Interbankenmarkt ging folglich stark zurück. Durch die vollständige Befriedigung der hohen Nachfrage durch das Eurosystem kam es zu einem aggregierten Liquiditätsüberschuss, und der EONIA sank nah an seine untere Grenze, dem Zinssatz auf die Einlagefazilität.

Auf zwei Aspekte sei noch verwiesen. Erstens, die starke Nutzung der Einlagefazilität ist gemäß unserer modelltheoretischen Überlegungen nicht das Resultat einer Vorsichtskassenhaltung, wie häufig argumentiert wird (siehe hierzu Abschnitt 1 dieser Arbeit). Würde die in der Einlagefazilität gehaltene Liquidität unter dem Aspekt einer Vorsichtskasse gehalten, hieße dies, dass die Geschäftsbanken einen *unsicheren* Liquiditätsbedarf, und nur darauf kann sich eine *Vorsichts*kassenhaltung beziehen, durch eine entsprechend hohe Kreditaufnahme in den Offenmarktgeschäften des Eurosystems decken. Solange jedoch die Wahrscheinlichkeit eines hohen Liquiditätsbedarfs nicht hinreichend größer ist als die Wahrscheinlichkeit eines niedrigen Bedarfs (in unserem Modell haben wir jeweils die gleiche Wahrscheinlichkeit unterstellt), ist dies nicht mit einem rationalen Verhalten der Geschäftsbanken vereinbar. Die Absicherung des unsicheren Bedarfs über die Kreditaufnahme in den Offenmarktgeschäften und das vorsichtshalbere Horten in der Einlagefazilität ist teurer, als gegebenenfalls die Kreditfazilität zu nutzen. Gemäß unserer modelltheoretischen Überlegungen ist die starke Nutzung der Einlagefazilität darauf zurückzuführen, dass für die Defizitbanken die Kreditaufnahme bei der EZB aufgrund der günstigen Konditionen (unbegrenzten Zugang zu Liquidität zu einem niedrigen Zins, relativ niedrige Anforderungen an zu stellende Sicherheiten) die attraktivere Alternative ist. Dies verhindert, dass die Überschussbanken ihre Liquidität zu kostendeckenden Konditionen am Interbankenmarkt platzieren können. Auch für sie ist die Transaktion mit der Zentralbank (Platzierung in der Einlagefazilität) letztlich die vorteilhaftere Alternative. Diese Überlegungen führen zum zweiten Aspekt, auf den hier noch verwiesen werden soll. Dadurch, dass die Überschussbanken ihre überschüssige Liquidität bei der Zentralbank anlegen und die Defizitbanken entsprechend viel Liquidität direkt bei der Zentralbank aufnehmen, fungiert die Zentralbank als Intermediär. Sie ersetzt zu einem Großteil den Interbankenmarkt.

5.2. Wirtschaftspolitische Implikationen

Die Finanzkrise hat das Eurosystem vor große Herausforderungen gestellt, und zwar sowohl in Bezug auf ihre Geldpolitik als auch in Bezug auf ihr Liquiditätsmanagement. Im Rahmen ihrer Geldpolitik verfolgt die EZB das Ziel, Preisniveaustabilität im Euroraum zu gewährleisten, und, wenn dies ohne Beeinträchtigung dieses Ziels möglich ist, die allgemeine Wirtschaftspolitik der EU, die u. a. das Ziel eines hohen Beschäftigungsniveaus verfolgt, zu unterstützen (EG-Vertrag, Artikel 105). Das Liquiditätsmanagement des Eurosystems hingegen soll sicherstellen, dass (a) der Transmissionsmechanismus, d. h. der Mechanismus, der die geldpolitischen Impulse auf das Preisniveau und, zumindest kurzfristig, auf die reale Wirtschaft überträgt, auch funktioniert; und (b) in einer Finanzkrise mögliche Liquiditätsprobleme nicht zu Solvenzproblemen führen (*González-Páramo* 2009). Letzteres macht deutlich, dass ein Ziel des Liquiditätsmanagements in der Krise ist, unterstützend bei der Stabilisierung des Bankensystems zu wirken.

Gegenstand der Analyse dieser Arbeit ist das *Liquiditätsmanagement* des Eurosystems. Es wurde argumentiert, dass als Folge eines starken Anstiegs der Transaktionskosten die Funktionsfähigkeit der Interbankenmärkte stark eingeschränkt wurde. Eine Einschränkung der Funktionsfähigkeit der Interbankenmärkte führt zu Behinderungen im Transmissionsmechanismus geldpolitischer Impulse und kann dazu führen, dass Liquiditätsprobleme in Solvenzproblemen münden. Das Eurosystem ersetzte deshalb im Rahmen seines Liquiditätsmanagements zu einem Großteil den Interbankenmarkt, indem es die beschriebene Rolle eines Intermediärs übernahm. Dies kann jedoch nur eine vorübergehende Lösung darstellen. Ziel muss es sein, die Interbankenmärkte wieder zu aktivieren, d. h. die Intermediation zurückzufahren. Wie kann das Eurosystem dazu beitragen? Am nahe liegendsten ist es, die Transaktionskosten zu senken, also direkt an der Ursache für die Probleme an den Interbankenmärkten anzuknüpfen. Da die hohen Transaktionskosten jedoch das Resultat der starken Unsicherheit bezüglich der Betroffenheit einzelner Banken von Vermögensverlusten ist, kann die Zentralbank dieses nicht leisten. Dies ist die Aufgabe der Banken selbst mit gegebenenfalls unterstützenden Maßnahmen der Wirtschaftspolitik (Rekapitalisierung des Bankensektors). Eine Möglichkeit, die die Zentralbank hat, um den Interbankenmarkt wieder zu aktivieren, ist, nicht mehr unbegrenzt Liquidität zur Verfügung zu stellen, d. h. die Nachfrage der Banken in den Offenmarktgeschäften nicht mehr voll zu bedienen und mithin das Liquiditätsangebot zu beschränken. Eine weitere Möglichkeit ist, die Kreditaufnahme und die Anlage von Liquidität beim Eurosystem unattraktiver zu gestalten, beispielsweise über eine Verschärfung der Anforderungen an Sicherheiten, die bei der Zentralbank hinterlegt werden müssen, oder über eine Ausweitung des Zinskorridors, den die Zinssätze auf die Fazilitäten um den Zinssatz auf die Hauptrefinanzierungsgeschäfte bilden. Derartige Maßnahmen sind aber abzuwägen gegen möglicherweise entstehende Liquiditätsprobleme und gegen die resultierenden höheren Kosten für die Banken. Es liegt demnach ein Zielkonflikt vor: auf der einen Seite ein Liquiditätsmanagement zu betreiben, das die Reaktivierung der Interbankenmärkte berücksichtigt, aber auf der anderen Seite unterstützend bei der Stabilisierung des Bankensystems zu wirken und nicht den geldpolitischen Zielen entgegenzuwirken. Eine Möglichkeit besteht deshalb darin, diese Maßnahmen in kleinen Schritten im Zeitablauf durchzuführen, praktisch im ‚Gleichschritt' mit der Erholung des Bankensystems.

6. Zusammenfassung

Die im Sommer 2007 in den USA ausgebrochene Finanzkrise hat, insbesondere nach dem Zusammenbruch der Investmentbank *Lehman Brothers* im September 2008, auch zu erheblichen Problemen auf den Interbankenmärkten des Euroraums geführt. Folgende stilisierte Fakten waren auszumachen: das Transaktionsvolumen an den Interbankenmärkten ging stark zurück; das vom Eurosystem herausgelegte Kreditvolumen stieg gewaltig; die Nutzung der Einlagefazilität nahm im Gegensatz zur Nutzung der Kreditfazilität erheblich zu; und der EONIA sank unter den Hauptrefinanzierungszinssatz der EZB. Zur Erklärung dieser stilisierten Fakten und Ableitung wirtschaftspolitischer Implikationen wurde ein theoretisches Modell entwickelt, welches das Liquiditätsmanagement der Geschäftsbanken auf der einen Seite und das Verhalten einer Zentralbank auf der anderen Seite verbindet und die Konsequenzen für den Interbankenmarkt erklärt. Das Modell berücksichtigt die entscheidenden institutionellen Rahmenbedingungen des Euroraums. Das Ergebnis ist, dass in der Finanzkrise stark gestiegene Transaktionskosten auf den Interbankenmärkten die stilisierten Fakten erklären können.

Diese haben die Funktionsfähigkeit der Finanzmärkte erheblich eingeschränkt, und das Eurosystem ist eingesprungen, indem es die Rolle eines Intermediärs, welcher Einlagen hereinnimmt und Kredite gewährt, übernahm. Dies kann aber nur eine vorübergehende Lösung sein. Das Ziel ist es, die Interbankenmärkte wieder zu aktivieren. Die nahe liegendste Lösung ist, die Transaktionskosten zu senken. Dies kann jedoch nicht von der EZB geleistet werden. Sie kann jedoch, um die Interbankenmärkte wieder zu aktivieren, die Zuteilung an Liquidität beschränken und/oder die Konditionen einer Kreditaufnahme und einer Anlage bei ihr unattraktiver gestalten. Diese Maßnahmen sind jedoch mit Zielkonflikten in Bezug auf die Stabilität des Bankensektors und in Bezug auf die Geldpolitik verbunden, solange die Interbankenmärkte in ihrer Funktionsfähigkeit noch eingeschränkt sind.

Literatur

Acharya, Viral. V. und *Ouarda Merrouche* (2009), Precautionary Hoarding of Liquidity and Interbank Markets: Evidence from the Sub-Prime Crisis, mimeo.

Allen, Franklin, Elena Carletti und *Douglas Gale* (2009), Interbank Market Liquidity and Central Bank Intervention, in: Journal of Monetary Economics, Vol. 56, S. 639-652.

Ashcraft, Adam, James McAndrews und *David Skeie* (2009), Precautionary Reserves and the Interbank Market, Reserve Bank of New York Staff Reports, No. 370, New York.

Ayuso, Juan und *Rafael Repullo* (2001), Why Did the Banks Overbid? An Empirical Model of the Fixed Rate Tenders of the European Central Bank, in: Journal of International Money and Finance, Vol. 20, pp. 857-870.

Ayuso, Juan und *Rafael Repullo* (2003), A Model of the Open Market Operations of the European Central Bank, in: Economic Journal, Vol. 113, pp. 883-902.

Bartolini, Leonardo, Giuseppe Bertola und *Alessandro Prati* (2001), Banks' Reserve Management, Transaction Costs, and the Timing of Federal Reserve Intervention, in: Journal of Banking and Finance, Vol. 25, pp. 1287-1317.

Bartolini, Leonardo, Giuseppe Bertola und *Alessandro Prati* (2002), Day-To-Day Monetary Policy and the Volatility of the Federal Funds Interest Rate, in: Journal of Money, Credit, and Banking, Vol. 34, pp. 137-159.

Bindseil, Ulrich (2002), Equilibrium Bidding in the Eurosystem's Open Market Operations, European Central Bank Working Papers, No. 137, Frankfurt/M.

Breitung, Jörg und *Dieter Nautz* (2001), The Empirical Performance of the ECB's Repo Auctions: Evidence from Aggregated and Individual Bidding Data, in: Journal of International Money and Finance, Vol. 20, pp. 839-856.

Bruche, Max und *Javier Suarez* (2010), Deposit Insurance and Money Market Freezes, in: Journal of Monetary Economics, Vol. 57, S. 45-61.

Campbell, John Y. (1987), Money Announcements, the Demand for Bank Reserves, and the Behavior of the Federal Funds Rate Within the Statement Week, in: Journal of Money, Credit, and Banking, Vol. 19, pp. 56-67.

Clouse, James A. und *James P. Dow* (1999), Fixed Costs and the Behaviour of the Federal Funds Rate, in: Journal of Banking and Finance, Vol. 23, pp. 1015-1029.

Clouse, James A. und *James P. Dow* (2002), A Computational Model of Banks' Optimal Reserve Management Policy, in: Journal of Economic Dynamics and Control, Vol. 26, pp. 1787-1814.

Ejerskov, Steen, Clara M. Moss und *Livio Stracca* (2003), How Does the ECB Allot Liquidity in its Weekly Main Refinancing Operations? A Look at the Empirical Evidence, European Central Bank Working Papers, No. 244, Frankfurt/M.

Europäische Zentralbank (2002), The Liquidity Management of the ECB, in: ECB Monthly Bulletin, May 2002, pp. 41-53.

Europäische Zentralbank (2007), The Collateral Frameworks of the Federal Reserve System, the Bank of Japan and the Eurosystem, in: ECB Monthly Bulletin, October 2007, S. 85-100.

Europäische Zentralbank (2008), The Implementation of Monetary Policy in the Euro Area: General Documentation on Eurosystem Monetary Policy Instruments and Procedures, November 2008, Frankfurt/M.

Europäische Zentralbank (2009a), Euro Money Market Survey, September 2009, Frankfurt/M.

Europäische Zentralbank (2009b), Financial Stability Review, June 2009, Frankfurt/M.

Europäische Zentralbank (2009c), The Implementation of Monetary Policy Since August 2007, in: ECB Monthly Bulletin, July 2009, S. 75-89.

Ewerhart, Christian (2002), A Model of the Eurosystem's Operational Framework for Monetary Policy Implementation, European Central Bank Working Papers, No. 197, Frankfurt/M.

Furfine, Craig H. (2000), Interbank Payments and the Daily Federal Funds Rate, in: Journal of Monetary Economics, Vol. 46, pp. 535–553.

González-Páramo, José M. (2009), Financial Market Failures and Public Policies: A Central Banker's Perspective on the Global Financial Crisis, Speech at the XVI Meeting of Public Economics in Granada, 6 February 2009, http://www.ecb.int/press/key/date/2009/html /sp090206.en.html.

Hamilton, James D. (1996), The Daily Market for Federal Funds, in: Journal of Political Economy, Vol. 104, pp. 26-56.

Hauck, Achim und *Ulrike Neyer* (2010), The Euro Area Interbank Market and the Liquidity Management of the Eurosystem in the Financial Crisis, Heinrich-Heine-University Düsseldorf Discussion Paper on Economics, Finance, and Taxation, No. 2/2010, Düsseldorf.

Heider, Florian, Marie Hoerova und *Cornelia Holthausen* (2009), Liquidity Hoarding and Interbank Market Spreads: The Role of Counterparty Risk, European Central Bank Working Papers, No. 1126, Frankfurt/M.

Ho, Thomas S. Y. und *Anthony Saunders* (1985), A Micro Model of the Federal Funds Market, in: Journal of Finance, Vol. 40, pp. 977–986.

Nautz, Dieter und *Jörg Oechssler* (2003), The Repo Auctions of the European Central Bank and the Vanishing Quota Puzzle, in: Scandinavian Journal of Economics, Vol. 105, pp. 207-220.

Nautz, Dieter und *Jörg Oechssler* (2006), Overbidding in Fixed Rate Tenders - an Empirical Assessment of Alternative Explanations, in: European Economic Review, Vol. 50, pp. 631-646.

Neyer, Ulrike (2009), Interest on Reserves and the Flexibility of Monetary Policy in the Euro Area, in: Scandinavian Journal of Economics, Vol. 111, pp. 417-438.

Neyer, Ulrike und *Jürgen Wiemers* (2004), The Influence of a Heterogeneous Banking Sector on the Interbank Market Rate in the Euro Area, in: Swiss Journal of Economics and Statistics, Vol. 140, pp. 395-428.

Nyborg, Kjell G., Ulrich Bindseil und *Ilya A. Strebulaev* (2002), Bidding and Performance in Repo Auctions: Evidence from ECB Open Market Operations, European Central Bank Working Papers, No. 157, Frankfurt/M.

Trichet, Jean-Claude (2009), The Crisis and its Lessons, in: BIS Review No. 125, pp. 8-18.

Albrecht F. Michler und Heinz-Dieter Smeets (Hg.)
Die aktuelle Finanzkrise: Bestandsaufnahme und Lehren für die Zukunft
Schriften zu Ordnungsfragen der Wirtschaft · Band 93 · Stuttgart · 2011

Kommentar zu *Achim Hauck* und *Ulrike Neyer,* Der Interbankenmarkt und das Liquiditätsmanagement des Eurosystems in der aktuellen Finanzkrise

Martin Mandler

Zusammenfassung wichtiger Ergebnisse

Zentrale Fragestellung des Papiers ist die Erklärung des Verhaltens der Geschäftsbanken bei den Hauptrefinanzierungsgeschäften (HRG) des Eurosystems und der Nutzung der ständigen Fazilitäten mit Hilfe eines Transaktionskostenansatzes. Ein Anstieg der Transaktionskosten führt in den HRG zu erhöhter Nachfrage durch Banken mit erwarteten Liquiditätsdefiziten, zu geringeren Handelsaktivitäten auf dem Interbankenmarkt und zu einer verstärkten Nutzung der Einlagefazilität durch Banken mit sicheren erwarteten Liquiditätsüberschüssen. Während bei niedrigen Transaktionskosten die Gebote der Banken bei den HRG nur der Deckung des mindestens erwarteten aggregierten Liquiditätsdefizits des Bankensektors dienen, steigt die Nachfrage bei höheren Transaktionskosten darüber hinaus an. Bei sehr hohen Transaktionskosten kann es zu einem teilweisen oder völligen Zusammenbruch des Interbankenmarktes kommen: In diesem Fall finanzieren Banken mit vorhersehbaren Liquiditätsdefiziten diese nicht einmal mehr partiell über den Interbankenmarkt, sondern über die Kreditfazilität der Zentralbank.

Die erhöhte Nachfrage in den HRG erfolgt nicht durch jene Banken, die später die Einlagefazilität nutzen. Dies steht im Widerspruch zur Vorsichtshypothese, nach der sich Banken vorsorglich in den Hauptrefinanzierungsgeschäften mit Liquidität eindecken und diese in der Einlagefazilität horten würden.

Das Eurosystem übernimmt in dieser Situation eine Intermediationsfunktion, indem es Liquiditätsüberschüsse, die aufgrund der hohen Transaktionskosten nicht mehr auf dem Interbankengeldmarkt gehandelt werden, über die Einlagefazilität aufnimmt und Banken mit Liquiditätsabflüssen über die Hauptrefinanzierungsgeschäfte und die Kreditfazilität mit Liquidität versorgt. Die Liquiditätsumverteilung durch den Interbankenmarkt fällt aus. Nicht mehr der aggregierte Liquiditätsbedarf des Bankensystems muss vom Eurosystem befriedigt werden, sondern die Verteilung der Liquidität innerhalb des Bankensektors wird für die Bemessung der bereitzustellenden Liquidität relevant.

Einordnung des Papiers

Im Modell von *Hauck* und *Neyer* kommen Handelsaktivitäten auf dem Interbankenmarkt aufgrund der durch Liquiditätsschocks verursachten Heterogenität der Banken in Bezug auf ihre Liquiditätsposition zustande. Banken erleiden einen stochastischen Mittelzu- oder -abfluss, der aber insgesamt zu einem aggregierten deterministischen Liquiditätsabfluss aus dem Bankensystem führt. Dabei lehnt sich das Papier an die Modellierung von *Allen*, *Carletti* und *Gale* (2009) an. Die Annahme solcher Liquiditätsschocks ist in der Literatur üblich und kann z.B. als Run auf eine Bank oder auf ein der Bank zugeordnetes *Special Investment Vehicle* interpretiert werden. In der Literatur wird allerdings üblicherweise eine Wahrscheinlichkeitsverteilung mit einem Erwartungswert von null angenommen. Eine aggregierte Reservenachfrage wird stattdessen meistens durch die Nachfrage der Banken nach Zentralbankguthaben als *Working Balances* oder durch eine Mindestreserveverpflichtung konstruiert.

Das Modell berücksichtigt explizit die Konsequenzen, die aus der ex post-Heterogenität der Banken nach dem Liquiditätsschock für die Aktivitäten auf dem Geldmarkt entstehen. Die ex ante für die Banken unterschiedliche Verteilung der Liquiditätsschocks – jede Bank kennt ihren Typus als Bank mit erwartetem Liquiditätszu- oder -abfluss – nimmt, im Unterschied zur Literatur, diese Heterogenität aber schon im Vorhinein an. Es bilden sich dadurch zwei Gruppen von Banken: Eine Gruppe wird mit Sicherheit einen Liquiditätsüberschuss haben und diesen entweder über den Geldmarkt oder die Einlagenfazilität anlegen. Eine zweite Gruppe von Banken erwartet Liquiditätsabflüsse, die je nach Höhe des Liquiditätsabflusses im Verhältnis zu ihrem aus dem HRG entstandenen Reserveguthaben zu einem Reserveüberschuss oder -defizit führen können.

In der Literatur wird generell ein friktionslos funktionierender Interbankenmarkt unterstellt, der einen perfekten Ausgleich individueller Reserveüberschüsse und -defizite erlaubt. Unter dieser Annahme ist die explizite Berücksichtigung der Heterogenität einzelner Banken für die Zinsbestimmung auf dem Interbankenmarkt nicht von Bedeutung. Eine erwähnenswerte Ausnahme von dieser Praxis stellt das Papier von *Gaspar, Pérez Quirós* und *Mendizábal* (2004) dar, in dem die Segmentation des Interbankenmarktes unterstellt wird. Im vorliegenden Papier jedoch erlauben Unvollkommenheiten auf dem Interbankenmarkt u.U. keinen oder nur einen eingeschränkten Liquiditätsaustausch, so dass die Heterogenität der Banken und die aus ihren unterschiedlichen Liquiditätspositionen resultierenden Konsequenzen für ihre Entscheidungsprobleme in den Vordergrund treten. Die Heterogenität, die durch den Liquiditätsschock verursacht wird, ist allerdings so restriktiv modelliert, dass ex post lediglich zwei repräsentative Banken und deren Interaktion miteinander betrachtet werden können.

Zudem besteht für jene Banken, die Nettozuflüsse an Liquidität aus dem Zahlungsverkehr erwarten, Sicherheit darüber, dass sie nicht in die Situation eines Liquiditätsdefizits geraten können. Das von den Autoren zu widerlegen versuchte Vorsichtsargument zur Liquiditätshortung würde jedoch für jede Bank eine Defizitsituation als eine (u.U. unwahrscheinliche) Möglichkeit annehmen. Der zentrale Unterschied in den

Ergebnissen der Arbeit von *Hauck* und *Neyer* zum Vorsichtsargument könnte deutlicher herausgestellt werden, wenn auch für Banken mit erwarteten Nettozuflüssen von Reserven ex ante die Möglichkeit von Nettoabflüssen bestünde.

Der im Papier verwendete Transaktionskostenansatz unterstellt linear mit dem Transaktionsvolumen auf dem Interbankenmarkt steigende Grenzkosten. Vergleichbare Modellierungen werden bei *Bartolini, Bertola* und *Prati* (2001) als Kosten der Reservezielverfehlung motiviert. Zusätzlich nehmen *Bartolini, Bertola* und *Prati* für jede Bank fixe Kosten der Aktivität auf dem Interbankenmarkt an. *Clouse* und *Dow* (1999) unterstellen fixe und variable (lineare) Kosten für den Zugang zum Discount Window bei der *Federal Reserve*.

Hauck und *Neyer* motivieren in ihrem Modell Transaktionskosten u.a. mit Suchkosten auf dem Interbankenmarkt und abstrahieren von einem Fixkostenelement. In ihrem Modell findet – bedingt durch die Annahmen über den Liquiditätsschock – stets ein Kreditgeschäft zwischen zwei repräsentativen Banken statt.

Bei näherer Betrachtung erscheint diese Modellierung als sehr restriktiv: (1) Die Transaktionskosten sollten – bei einer weniger restriktiven Modellierung der Heterogenität der Banken mit mehr als nur zwei repräsentativen Akteuren – auch den Handel einer Bank mit mehreren Gegenparteien berücksichtigen, wobei in diesem Fall auch mit Kreditgeschäften auf dem Interbankenmarkt verbundene Fixkosten relevant werden könnten. (2) Die Motivation der Transaktionskosten aus der Unsicherheit bei der Kreditvergabe heraus legt außerdem nahe, dass der im Modell untersuchte Schock – ein Anstieg der Transaktionskosten – zuerst bei den Banken mit Reserveüberschüssen auftreten sollte. Die Transaktionskosten der Banken mit Reservedefiziten ändern sich anschließend mittelbar durch das von den Transaktionskosten beeinflusste Verhalten der Überschussbanken, das bei den Banken mit Reservedefiziten zu einem erhöhten Suchaufwand nach Kreditgebern führt. (3) Zur besseren Begründung der Transaktionskostenüberlegungen sollte darüber hinaus auf die Möglichkeit der Kreditrationierung durch die Überschussbanken eingegangen werden, durch die diese ihre eigenen Transaktionskosten begrenzen und die notwendigen Suchanstrengungen der Defizitbanken noch zusätzlich erhöhen könnten.

Offene Fragen

Als eine wichtige Aufgabe erscheint für mich der Abgleich der aus dem Modell gewonnenen theoretischen Ergebnisse mit empirischer Evidenz über individuelles Bankverhalten. Leider sind im Unterschied zu den USA für den Euroraum hier nur wenige Daten verfügbar. Ein aus meiner Sicht wichtiger Aspekt ist ein Ergebnis der Studie von *Eisenschmidt, Hirsch* und *Linzert* (2009). Sie liefern Informationen zu verändertem Bieterverhalten in den HRG im Verlauf der Finanzmarktkrise und dokumentieren einen Anstieg der Anzahl der Bieter in den HRG ab Juni 2008. Einige Bieter bieten aggressiver, d.h. weiter über dem Grenzbietungssatz – dabei handelt es sich vor allem um kleinere Banken. Allerdings findet sich auch ein steigender Anteil, der wesentlich unter dem Grenzbietungssatz bietet, u.U. um diese billigen Mittel später auf dem Interbankenmarkt anzulegen.

Zweitens sollte die Rolle der längerfristigen (3-Monats-)Refinanzierungsgeschäfte des Eurosystems in die Überlegungen einbezogen werden. Es besteht die Möglichkeit, dass die Banken mit Liquiditätsüberschüssen, die bei den HRG keine Liquidität beim Eurosystem nachfragen, sich diese Liquidität in den längerfristigen Refinanzierungsgeschäften verschafft haben. Das bedeutet, dass u.U. tatsächlich eine Hortung der beim Eurosystem aufgenommenen Liquidität erfolgt, die aber bei der isolierten Betrachtung der HRG nicht in Erscheinung tritt. Die empirische Evidenz legt eine solche Interpretation zumindest für einen Teil der betroffenen Banken nahe. So stieg der Anteil der längerfristigen Refinanzierungsgeschäfte an der Liquiditätsversorgung im Euroraum von 33% in der ersten Hälfte von 2007 auf 61% in der ersten Hälfte von 2008 und auf 70% zwischen Januar und Mai 2009 (*EZB* 2009). Nach Angaben der *EZB* hatten 50% der Banken, die die Einlagefazilität nutzten, zuvor Liquidität aus einem langfristigen Refinanzierungsgeschäft erhalten.

Drittens unterstellt das Modell von *Hauck* und *Neyer*, dass das Eurosystem die Nachfrage in den HRG bei gegebenem Zinssatz vollkommen befriedigt, d.h. ein perfekt elastisches Reserveangebot bereitstellt. Dies entspricht der tatsächlichen Politik des Eurosystems nach dem Oktober 2008, die neben der Verengung des Korridors der ständigen Fazilitäten auch eine Vollzuteilung der Gebote beim HRG beinhaltete. Nach der Aussage der *EZB* dienten diese Schritte der Stabilisierung des Tagesgeldzinssatzes, der Liquiditätsversorgung der Banken und der Wiederbelebung des Interbankenmarktes. Die vorliegende Arbeit impliziert, dass zumindest das letztgenannte Ziel durch diese Maßnahmen nicht erreichbar war und diesbezüglich eine Fehleinschätzung durch das Eurosystem vorlag. Die beiden erstgenannten Ziele hätten bereits mit Hilfe der Verengung der Bandbreite zwischen den Fazilitäten erreicht werden können. Mögliche Gründe für die starke Betonung der Liquiditätsversorgung über die HRG durch das Eurosystem könnten auch außerhalb der vom Modell dargestellten Überlegungen liegen, beispielsweise in der Fristigkeit der bereitgestellten Mittel.

Schließlich ist darauf hinzuweisen, dass das Modell einen ausgewählten Aspekt der durch die Finanzkrise auf dem Interbankenmarkt verursachten Probleme untersucht: die Verminderung der Handelsvolumina und die sich daraus ergebende erhöhte Liquiditätsnachfrage in den HRG. Eine weitere wichtige Beobachtung zum veränderten Kreditverhalten auf dem Interbankenmarkt ist aber die Verkürzung der Fristigkeiten der Interbankenkredite von sechs bzw. drei Monaten hin zu Übernachtkrediten. Vor der Finanzmarktkrise fand in erheblichem Umfang eine Fristentransformation mit den Mitteln aus den HRG statt. Dieser Fristentransformationsprozess kam weitgehend zum Erliegen, wodurch sich Angebots- und Nachfrageverschiebungen auf den Märkten für verschiedene Fristigkeiten ergeben haben, die im Papier nicht berücksichtigt werden.

Literatur

Allen, Franklin, Elena Carletti and *Douglas Gale* (2009), Interbank Market Liquidity and Central Bank Intervention, in: Journal of Monetary Economics, Vol. 56, pp. 639-652.

Bartolini, Leonardo, Giuseppe Bertola and *Alessandro Prati* (2001), Bank's Reserve Management, Transaction Costs, and the Timing of Federal Reserve Intervention, in: Journal of Banking and Finance, Vol. 25, pp. 1287-1317.

Clouse, James A. and *James P. Dow* (1999), Fixed Costs and the Behavior of the Federal Funds Rate, in: Journal of Banking and Finance, Vol. 23, pp. 1015-1029.

Eisenschmidt, Jens, Astrid Hirsch and *Tobias Linzert* (2009), Bidding Behaviour in the ECB's Main Refinancing Operations During the Financial Crisis, in: European Central Bank Working Papers, No. 1052, Frankfurt/M.

EZB Europäische Zentralbank (2009), ECB Monthly Bulletin, July 2009, Frankfurt/M.

Gaspar, Vitor, Gabriel Pérez Quirós, and *Hugo R. Mendizábal* (2004), Interest Rate Determination in the Interbank Market, in: European Central Bank Working Papers, No. 351, Frankfurt/M.

Albrecht F. Michler und Heinz-Dieter Smeets (Hg.)
Die aktuelle Finanzkrise: Bestandsaufnahme und Lehren für die Zukunft
Schriften zu Ordnungsfragen der Wirtschaft · Band 93 · Stuttgart · 2011

Finanzkrise, Realwirtschaft und Staat

Heinz-Dieter Smeets

Inhalt

1. Realwirtschaftliche Wirkungen der Finanzkrise

Die anfängliche – auf die USA begrenzte – Finanzkrise hat sich insbesondere ab Herbst 2008 zu einer allgemeinen und globalen Wirtschaftskrise ausgeweitet. Nachdem der konjunkturelle Einbruch wiederum zunächst die USA traf, sprang dieser negative Funke auf immer mehr Länder über. So sank das Wirtschaftswachstum (BIP_{real}) im Jahre 2009 in Deutschland um 5 Prozent und wurde bei den Industrieländern nur von Japan (- 6,5 Prozent) übertroffen. Einige kleinere Länder wie Island (- 6,5 Prozent) oder Irland (- 7,1 Prozent) verzeichneten sogar noch größere Rückgänge des Wirtschaftswachstums. Im Euro-Währungsgebiet betrug der Rückgang im Durchschnitt 4,1 Prozent, in den USA 2,4 Prozent, in Großbritannien und in Italien je 4,9 Prozent sowie in Frankreich 2,2 Prozent. Das weltwirtschaftliche Wachstum ging von + 3,0 Prozent im Jahr 2008 auf - 0,8 Prozent im Jahr 2009 zurück. In den Schwellen- und Entwicklungsländern sank das Wachstum von + 6,1 Prozent 2008 auf + 2,1 Prozent 2009 (*IMF* 2010). Bei der Transmission der ursprünglichen Finanzkrise in den realwirtschaftlichen Bereich ergeben sich dabei zwei zentrale Fragen: Welche Kanäle waren für die Transmission innerhalb der USA verantwortlich und durch welche Kanäle wurden diese Entwicklungen nachfolgend international übertragen?

Einen Grund für das Überspringen der Finanzkrise auf den realwirtschaftlichen Bereich der USA könnte die enge Verzahnung von Wohnungsbau und konjunktureller Dynamik darstellen. Eine Untersuchung des Internationalen Währungsfonds zeigt, dass im Durchschnitt rund 22 Prozent der amerikanischen Konjunkturentwicklung in den zurückliegenden Jahren (1983-2007) durch die Veränderungen im Wohnungsbau erklärt werden können (Abb.1). Die USA weisen damit den höchsten Wert aller Industrieländer auf, der auch weit über demjenigen Deutschlands (1,5 Prozent) liegt (*IMF* 2008).

Abbildung 1: Wohnungsbau und Konjunkturzyklik (Anteil an den Konjunkturschwankungen in %)

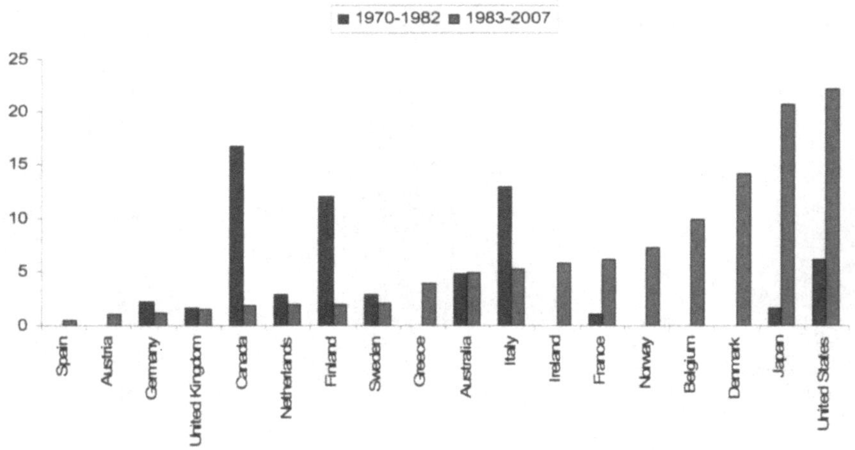

Quelle: *IMF* (2008, S. 117)

Einen nicht unerheblichen Beitrag zur realwirtschaftlichen Entwicklung in den USA hat aber sicherlich auch die restriktive Geldpolitik im Vorfeld der Finanzkrise geleistet. Ein konjunktureller Rückgang wäre vor diesem Hintergrund – und zwar in den USA ebenso wie in anderen Länder(gruppe)n wie etwa der EWU – wohl auch ohne die Finanzkrise zu erwarten gewesen, dessen Ausmaß aber bei weitem nicht das aktuelle Niveau erreicht hätte (siehe hierzu auch *Michler* und *Thieme* 2009).

Übertragen wurde der Abschwung in den USA auf andere Länder über verschiedene Kanäle, die in Abbildung 2 zusammengefasst sind.[1] Für Deutschland ist dabei der Rückgang der Nettoexporte von besonderer Bedeutung. So zeigt Abbildung 3, dass sie es in erster Linie waren, die zum Rückgang des realen Bruttoinlandsproduktes beitrugen – ganz im Gegensatz zu früheren konjunkturellen Abschwungphasen. So sieht man, dass etwa in den Jahren 2004 und 2005 gerade der Export ein weiteres Absinken des realen Bruttoinlandsproduktes verhindert hat – der Export also die Konjunktur gestützt hat. Nachdem der Welthandel mit Waren und Dienstleistungen 2008 noch um 2,8 Prozent gestiegen war, sank er im Jahr 2009 um 12,8 Prozent (*IMF* 2010). Das Exportvolumen der Industrienationen hat dabei voraussichtlich um 10 Prozent, das der Entwicklungs- und Schwellenländer um 2 bis 3 Prozent abgenommen (*WTO* 2009).

Abbildung 2: Realwirtschaftliche Transmission

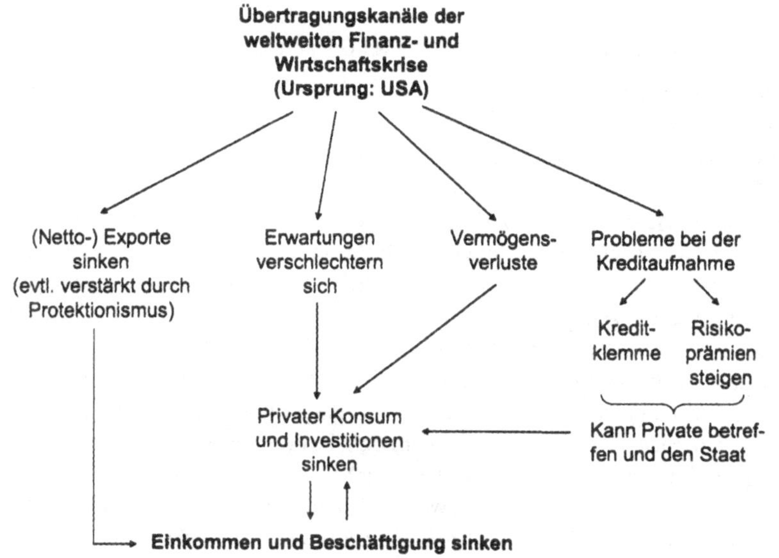

Eigene Darstellung.

[1] Zu einer empirischen Untersuchung verschiedener Transmissionskanäle zwischen den USA und Deutschland vgl. *Eckmeier* (2009).

Abbildung 3: Beiträge zum realen Bruttoinlandsprodukt (Deutschland)

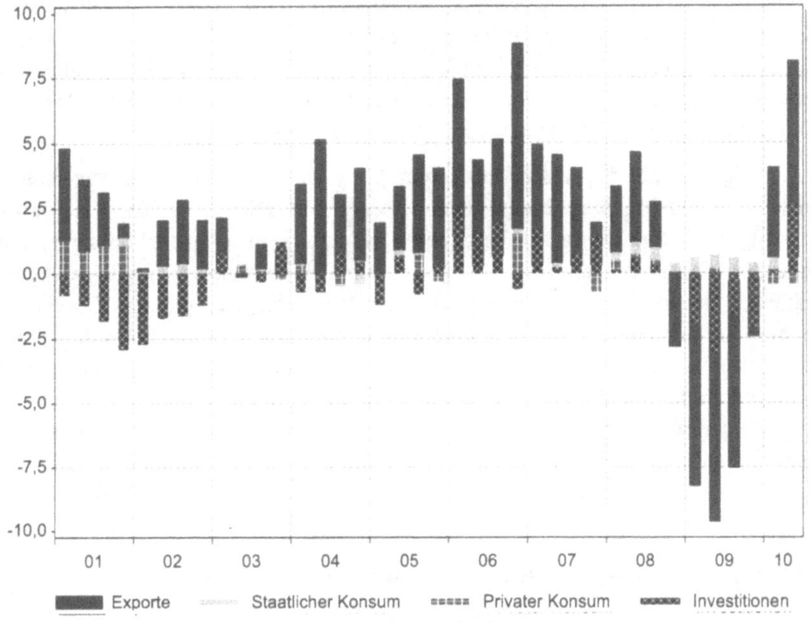

Quelle: Eigene Darstellung auf Basis von Daten der Online-Datenbank *EcoWin/Reuters*.

Dieser dramatische und anhaltende Rückgang der Nettoauslandsnachfrage hat – im Zusammenspiel mit negativen Zukunftserwartungen – ferner zu einem deutlichen Rückgang der Investitionen geführt, die damit ebenfalls einen negativen Wachstumsbeitrag zum BIP leisteten. Lediglich vom staatlichen Konsum ging ein positiver Wachstumsimpuls aus, der in erster Linie durch die höheren Staatsausgaben zustande kam. Der private Konsum ging zunächst nicht zurück, unter anderem weil die Haushalte deutlich mehr für Autos ausgaben – gefördert durch die staatliche Abwrackprämie. Ein weiterer Grund hierfür könnte die gegenwärtig immer noch recht gute Situation am deutschen Arbeitsmarkt sein. Die Zahl der Beschäftigten stagnierte Ende 2009 immer noch auf hohem Niveau, und auch die Arbeitslosenquote ist vergleichsweise niedrig – allerdings mit einem Trend nach oben. Erkauft hat man sich diese positive Entwicklung allerdings mit einem starken Anstieg der Kurzarbeit – ermöglicht durch großzügige staatliche (Neu-) Regelungen. Während sich die durchschnittliche Zahl der Kurzarbeiter 2008 auf ca. 100.000 Personen belief, stieg sie im zweiten Quartal 2009 auf ca. 1,5 Mio. an. Im vierten Quartal 2009 lag die Zahl bei 1,1 Mio. Den Großteil der Kosten dieser (temporären) freiwilligen Form der Arbeitszeitverkürzung trägt dabei der Staat. Die Gesamtkosten für diese Maßnahme belaufen sich für 2009 auf etwa 15 Mrd. Euro. Ob der Aufschwung allerdings schnell genug einsetzt und hinreichend stark ausfällt, um – zusammen mit der Kurzarbeiterregelung – einen Rückgang des privaten Konsums zu vermeiden, bleibt abzuwarten.

Einen weiteren Übertragungskanal sieht man in einer rückläufigen Kreditvergabe der Banken an Unternehmen, die dann aufgrund einer so genannten *Kreditklemme* ihre Investitionen nicht mehr finanzieren können. Die Diagnose einer solchen Kreditklemme ist jedoch ausgesprochen schwierig. Nicht nur die mangelnde Bereitschaft oder Fähigkeit von Banken, Kredite zu vergeben (KA sinkt in Übersicht 4a), führt zu einem Rückgang des Kreditvolumens an Unternehmen, sondern zum Beispiel auch ein konjunkturbedingter Nachfragerückgang von Seiten der Unternehmen (KN sinkt in Übersicht 4b). Diese beiden Fälle versucht man auseinander zu halten, indem man neben dem Kreditvolumen auch die Zinsentwicklung berücksichtigt. Kommt es nämlich bei einem Angebotsrückgang (siehe Übersicht 4a) zu steigenden Zinsen, erwartet man bei einem Nachfragerückgang (siehe Übersicht 4b) sinkende Zinsen. Die Angebotsreaktion könnte jedoch auch durch die expansiven geldpolitischen Maßnahmen, die in einer Rechtsverschiebung der Kreditangebotskurve (KA) zum Ausdruck kommen, in den vergangenen Monaten überlagert werden. Eine Reduktion des Kreditvolumens lässt sich gegenwärtig allerdings – wenn überhaupt – eher durch höhere Risikoprämien, die ebenfalls die Kreditangebotskurve nach links oben verschieben, als durch die Unfähigkeit bzw. Unwilligkeit der Banken zur Kreditvergabe erklären.

Übersicht 4: Kreditmarktreaktionen

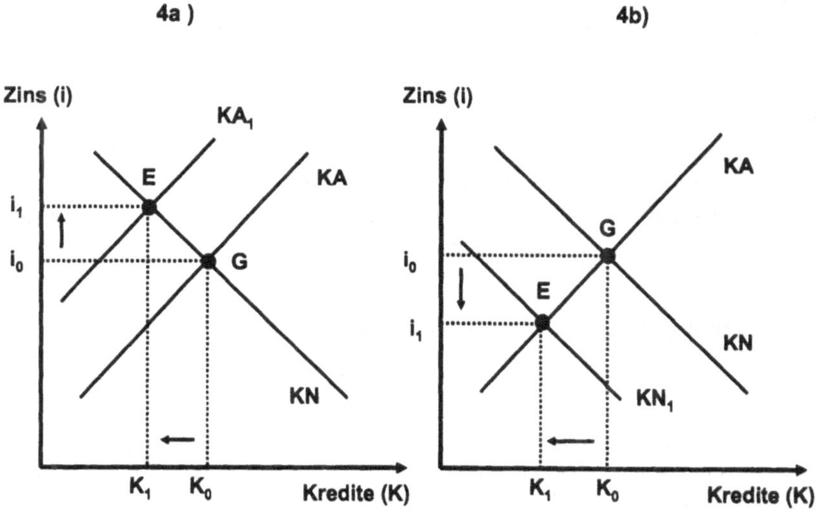

Eigene Darstellung.

Bis Ende 2008 war in Deutschland – im Gegensatz allerdings zu anderen europäischen Ländern – noch kein Rückgang der Kreditvergabe zu verzeichnen. So weist Abbildung 5 immer noch einen Kreditanstieg um 5,8 Prozent aus. Innerhalb der Institutsgruppen hat sich die Kreditvergabe jedoch unterschiedlich entwickelt, sodass insbesondere bei den Großbanken Kreditprobleme nicht auszuschließen sind. Gerade hier sind es aber eher steigende Risikoprämien und dadurch bedingte Kreditkosten als fehlende Kreditmöglichkeiten, die zu dieser Entwicklung geführt haben.

Abbildung 5: Kredite an inländische Unternehmen und Selbständige in Deutschland (i. v. H. gegenüber Dez 2007 bzw. Dez. 2008)

	Alle Banken	Groß-Banken	Sparkassen		Genossenschafts-banken	
			ohne Landes-banken	mit Landes-banken	ohne Geno.-Zentralen	mit Geno.-Zentralen
2008 (Dez.)	+ 5,8	- 0,9	+ 4,8	+ 5,1	+ 4,7	+ 6,0
2009 (Sept.)	+ 1,1 (+ 1,4)	+ 3,9 (+ 5,2)	+ 2,8 (+ 3,7)	+ 1,6 (+ 2,1)	+ 3,3 (+ 4,3)	+ 2,5 (+ 3,3)

Quelle: *Deutsche Bundesbank* (2009) und (2010); Angaben in Klammern sind aufs Jahr hochgerechnet.

Diese Einschätzung wird auch durch den *IFO* (2010) Konjunkturtest eindeutig bestätigt. *Kredithürden* im Sinne einer aus der Sicht von Unternehmen restriktiven Kreditvergabe treten dort ab Ende 2008 auf und zwar insbesondere bei großen Unternehmen. Diese Entwicklung kehrt sich jedoch bereits im Jahre 2009 wieder um, und die Kredithürden sinken deutlich. (Temporäre) Probleme im Bereich großer Unternehmen lassen sich möglicherweise dadurch begründen, dass deren Finanzierungspartner eher Groß- und Landesbanken bilden, die von der Finanzkrise stärker betroffen sind als Sparkassen und Genossenschaftsbanken, die wiederum traditionell eher die Finanzierung kleiner und mittlerer Unternehmen übernehmen.

2. Staatliche Reaktionen: Hilfsprogramme

Zur Überwindung der realwirtschaftlichen Krise wurden in Deutschland – wie auch in vielen anderen Ländern – umfangreiche Konjunkturpakete beschlossen, und zwar im November 2008 das Konjunkturpaket I und im Februar 2009 das Konjunkturpaket II. Diese Konjunkturprogramme entspringen alle der *keynesianischen Stabilisierungsphilosophie*, die davon ausgeht, dass der Staat mangelnde private Nachfrage durch erhöhte eigene Nachfrage ausgleichen soll, um den konjunkturellen Abschwung zu begrenzen und umzukehren.[2] Im Mittelpunkt stehen dabei unmittelbare staatliche Ausgaben und Transfers bzw. Subventionen, die an private Ausgaben geknüpft sind. Ein Beispiel hierfür ist die Abwrackprämie für Automobile. Eher skeptisch steht man hingegen Steuersenkungen gegenüber, da man befürchtet, dass ein dadurch bedingter Anstieg des verfügbaren Einkommens nicht in den Konsum fließt, sondern gespart wird (‚Angstsparen'). Diese Diskussion wurde und wird auch in Deutschland geführt.

---

2 Vgl. zur deutschen Fiskalpolitik im Rahmen der Krise ausführlich *Roos* (2009). Die Wirkungen des Konjunkturpakets II untersucht *Haug* (2010).

Ohne auf alle bisher ergriffenen Maßnahmen im Einzelnen einzugehen, sollen doch am Beispiel der Abwrackprämie einige typische Probleme einer solchen Politik erläutert werden[3]: Die Abwrackprämie ist ein schnell wirkendes Instrument, dessen Wirkung aber nach dem Auslaufen auch genau so schnell wieder verpufft. Die längerfristigen Wirkungen sind sehr begrenzt, auch wenn man die Zahlung nun bis Ende des Jahres 2009 bzw. bis zur Auszahlung des erhöhten Gesamtbetrages von 5 Mrd. Euro verlängert hat. Man muss befürchten, dass die deutsche Automobilindustrie spätestens zu Beginn des Jahres 2010 in eine noch größere Krise gerät, weil die Nachfrage dann – ohne Abwrackprämie – drastisch zurückgehen wird. Ferner wird es in vielen Fällen zu Mitnahmeeffekten durch entsprechende (vorgezogene) Autokäufe gekommen sein. Abbildung 7 zeigt ferner, dass dieses Instrument auch zu strukturellen Veränderungen innerhalb der Branche führt. So sind die Hersteller von Kleinwagen deutlich im Vorteil gegenüber Audi, BMW und Mercedes, die ihre (vergleichsweise teuren) Fahrzeuge in erheblichem Umfang an gewerbliche Kunden verkaufen. Die höchsten Zuwächse hatten in den vergangenen fünf Monaten Hyundai, Fiat und Suzuki zu verzeichnen.

Abbildung 7: Neu zugelassene PKW in Deutschland nach Marken (Januar bis Mai 2009); Angaben in Klammern zeigen die Veränderung (in %) gegenüber dem Vorjahreszeitraum

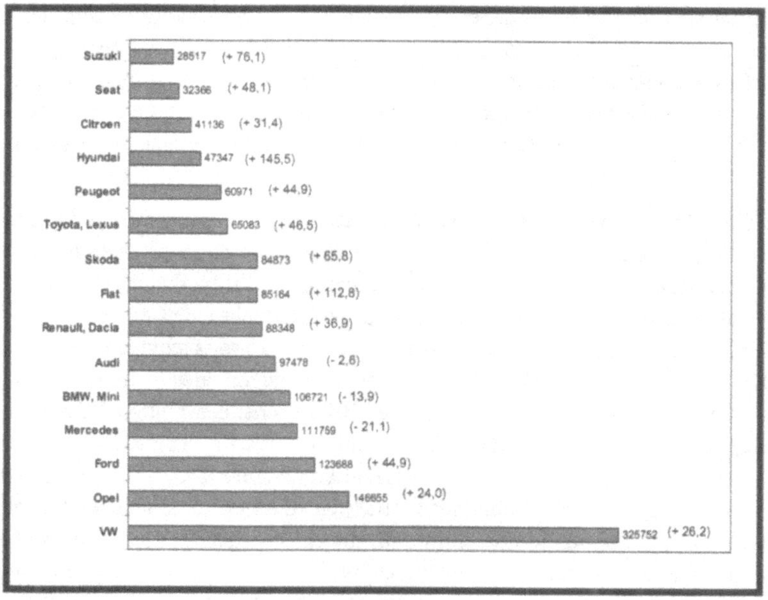

Quelle: *Die ZEIT* (10. Juni 2009, S. 31).

Stützungsmaßnahmen für eine bestimmte Branche führen darüber hinaus dazu, dass andere Branchen im Verhältnis benachteiligt werden und zusätzliche Begehrlichkeiten auftreten. Folgewirkungen der Abwrackprämie waren zudem, dass der Preis für Schrott

3 Vgl. zur Abwrackprämie ausführlich *Haucap* und *Coenen* (2010, S. 9 ff.).

drastisch zurückging sowie zu Einnahmeeinbußen in diesem Bereich führte und der Gebrauchtwagenmarkt – zumindest für Kleinwagen – aufgrund des impliziten Mindestpreises in Höhe der Abwrackprämie von 2500 Euro in den unteren Segmenten weitgehend zum Erliegen kam. Im Gegensatz zu solchen kurzfristig wirkenden Maßnahmen enthalten die deutschen Konjunkturpakete nur im begrenzten Umfang längerfristig wirksame und volkswirtschaftlich sinnvollere (Infrastruktur-)Investitionen und deren Unterstützung.

Neben den zuvor erläuterten gesamtwirtschaftlich oder branchenmäßig ausgerichteten Hilfsprogrammen reagierte der Staat aber zunehmend auch auf die Probleme einzelner Unternehmen. Dies geschieht insbesondere in Form staatlicher Bürgschaften und Kredite, wie sie etwa von *Opel*, *Schaeffler* (*Continental*) oder *Arcandor* (*Karstadt*) gefordert wurden bzw. werden. Die Einladung für entsprechende Ansinnen wurde im Konjunkturpaket II in Form des *Wirtschaftsfonds Deutschland* geschaffen, der ein Volumen von 115 Mrd. Euro umfasst. Der *Lenkungsausschuss Unternehmensfinanzierung*, der für die Vergabe ab einer bestimmten Größenordnung und bei Fällen von grundsätzlicher Bedeutung zuständig ist, erteilte auf seiner Sitzung am 20. Mai 2009 der *Heidelberger Druckmaschinen AG* und den *Wadan-Werften* in Rostock und Wismar Zusagen für die beantragten Staatshilfen. Zwei weitere Anträge, unter anderem von *Porsche*, wurden (zunächst) zurückgewiesen. Voraussetzungen für die Inanspruchnahme staatlicher Hilfen sind, dass das Vorhaben *volkswirtschaftlich förderungswürdig*, das *Unternehmenskonzept wirtschaftlich tragfähig* und das Vorhaben *nicht anderweitig finanzierbar* ist. Etwas konkreter: Das betroffene Unternehmen darf nicht bereits vor dem 1. Juli 2008 wirtschaftliche Probleme gehabt haben, die Finanzkrise muss als Ursache der aktuellen Probleme eindeutig feststehen, und es muss eine Überlebensperspektive bestehen.

Bei Unternehmen wie *Opel, Schaeffler, Arcandor* oder auch *Porsche* wurden die Probleme hingegen bestenfalls durch die Finanzkrise verstärkt, auf keinen Fall aber verursacht. Bei diesen Unternehmen ist unternehmerisches Fehlverhalten (mangelnde Anpassung an Marktentwicklungen, Übernahmespekulationen) der eindeutige und entscheidende Grund für die Probleme. Wenn aber die Voraussetzungen für Hilfen aus dem *Wirtschaftsfonds Deutschland* objektiv nicht vorliegen oder nicht einmal die Politik gewillt ist, die Entwicklung im Sinne des Hilfe suchenden Unternehmens zu interpretieren, dann bleibt nur noch die Drohung mit dem Wegfall von zigtausend Arbeitsplätzen – ein Argument, das gerade im Vorfeld von Bundestagswahlen seine Wirkung auf Politiker selten verfehlt. Dabei wird verdrängt, dass bei unternehmerischem Fehlverhalten zunächst einmal die Eigentümer für die entsprechenden Konsequenzen haften sollten. Entschließt sich der Staat gleichwohl zur Hilfestellung, dann übernimmt er das Ausfallrisiko, denn staatliche Finanzhilfe garantiert keineswegs das längerfristige Überleben entsprechender Unternehmen. Ein anschauliches Beispiel dafür liefern die *Wadan-Werften*. Nachdem am 20. Mai 2009 Kredite aus dem *Wirtschaftsfonds Deutschland* zugesagt und auch (zumindest teilweise) ausgezahlt wurden, folgte bereits Anfang Juni die Insolvenz. Es besteht somit die große Gefahr, dass auf diese Weise Unternehmen und wirtschaftliche Strukturen künstlich am Leben erhalten werden, die ohne diese Hilfen keine Chance am Markt hätten. So war eigentlich seit langem bekannt, dass der

Standort Deutschland keine komparativen Kostenvorteile (mehr) im Bereich Werften aufzuweisen hat. Können Kredite aber nicht zurückgezahlt werden oder müssen Bürgschaften eingelöst werden, kommt es zu den weiter oben bereits beschriebenen Wirkungen auf den Staatshaushalt und zu einer Kollektivhaftung der Steuerzahler. Ferner kann eine solche staatliche Subventionierung einzelner Unternehmen eine ungerechtfertigte Wettbewerbsverzerrung gegenüber anderen Marktteilnehmern bedeuten. Wenn die Zahl der Mitarbeiter über Insolvenzen entscheidet, also das Prinzip ‚too big to fail' greift, kommt es ferner zu Verzerrungen in der Wirtschaftsstruktur – nämlich zu Gunsten von Grossunternehmen und zu Lasten kleiner und mittlerer Unternehmen.

Befürchtungen, dass als Reaktion auf die Krise vermehrt auf protektionistische Maßnahmen zurückgegriffen würde, haben sich (bisher) – glücklicherweise – nur in begrenzten Umfang bewahrheitet. Von Oktober 2008 bis Februar 2009 wurden laut *Gamberoni* und *Newfarmer* (2009) 78 neue handelspolitische Maßnahmen angekündigt, von denen 47 auch implementiert wurden. Während die Industrieländer dabei ausschließlich auf Subventionen zurückgriffen, präferierten die Entwicklungsländer Zölle. Die *Welthandelsorganisation* (WTO) sowie die *Weltbank* versuchen, durch regelmäßige Berichterstattung über den krisenbedingten Einsatz handelspolitischer Maßnahmen einen (weiteren) Anstieg des Protektionismus zu verhindern (vgl. hierzu *WTO* 2009).

3. Finanzierungsproblematik

Neben den Nachfragewirkungen dieser Konjunkturpakete sind aber die Finanzierungswirkungen von besonderem Interesse. Umfangreiche Ausgabenprogramme und konjunkturbedingte Steuermindereinnahmen führen zweifelsfrei zu explodierenden Staatsdefiziten in der Zukunft. So ergaben die Berechnungen des unabhängigen *Steuerschätzerkreises* im Mai 2009, dass es alleine 2009 zu Steuermindereinnahmen bei Bund, Ländern und Kommunen in Höhe von 45 Mrd. Euro gegenüber der letzten Schätzung im November 2008 kommen wird. Bis 2013 werden Steuerausfälle in Höhe von 316 Mrd. Euro erwartet.[4]

Mittel- und längerfristig stellen daher insbesondere die Rückführung der Neuverschuldung und der Abbau des Schuldenstandes ein gravierendes Problem dar. Die hierfür zur Verfügung stehenden Alternativen sowie die damit verbundenen Probleme sollen im Folgenden mit Hilfe von Simulationsrechnungen veranschaulicht werden. Den Ausgangspunkt bilden dabei die staatliche Budgetrestriktion und das daraus abzuleitende dynamische Zusammenspiel von Neuverschuldung und Schuldenstand im nächsten Abschnitt.

3.1. Staatliche Budgetrestriktion

Die linke Seite der in Gleichung (1) dargestellten staatlichen Budgetrestriktion zeigt zunächst das Budgetdefizit oder den Budgetüberschuss.[5] Die gesamten Staatsausgaben

---

[4] Vgl. *Zeit* (2009).

[5] Vgl. zur staatlichen Budgetrestriktion und den daraus folgenden Ableitungen dieses Abschnitts etwa *De Grauwe* (2005), S. 219 ff.

ergeben sich dabei aus den (Primär-)Ausgaben im engeren Sinne (G^P) und den Zinszahlungen ($z \cdot B$), die wiederum abhängen vom (durchschnittlichen) Zinssatz (z), zu dem sich der Staat in der Vergangenheit verschuldet hat, und dem Schuldenstand (B). Dem stehen die gesamten Einnahmen des Staates (T) gegenüber. Ergibt sich daraus ein positiver Saldo, d.h. ein *Budgetdefizit*, dann gibt es grundsätzlich zwei Möglichkeiten zu dessen Finanzierung: Der Staat kann sich weiter (neu) am Kreditmarkt verschulden, indem er zusätzliche Staatsschuldpapiere ausgibt ($\hat{B} = dB/dt$), oder er kann Kredite unmittelbar und auf eigene Initiative bei der Notenbank aufnehmen ($\hat{M} = dM/dt$), wodurch die Geldmenge ausgeweitet und längerfristig Inflation erzeugt wird. Diese Möglichkeit ist jedoch in der *Europäischen Währungsunion* ausgeschlossen, weil gerade in Deutschland über diesen Kanal nach dem Ersten und Zweiten Weltkrieg Hyperinflationen ausgelöst wurden.

(1) $$\underbrace{\underbrace{G^P - T}_{\text{Primär-Ungleichgewicht}} + z \cdot B}_{\text{Haushaltsdefizit}} = \underbrace{\hat{B} + \hat{M}}_{\text{Finanzierungsquellen}}$$

Werden – ausgehend von Gleichung (1) – Veränderungen im Zeitablauf durch ein ^ gekennzeichnet und betrachtet man ferner vor dem Hintergrund des *Stabilitäts- und Wachstumspaktes* nicht die absoluten Werte von Schuldenstand sowie Neuverschuldung, sondern deren Relation zum nominalen Bruttoinlandsprodukt (Y) und bezeichnet diese Relationen mit dem entsprechenden kleinen Buchstaben, dann lässt sich zum Beispiel die Schuldenstandsquote als b = B/Y definieren. Gleichung (2) fasst diese Beziehungen zusammen:

(2) $$\frac{G^P}{Y} = g^P, \ \frac{T}{Y} = t, \ \frac{B}{Y} = b, \ \frac{M}{Y} = m, \ x = \frac{\hat{Y}}{Y}$$

Vor diesem Hintergrund lässt sich die in Gleichung (3) aufgeführte dynamische Version der staatlichen Budgetrestriktion ableiten:

(3) $$\hat{b} = (g^P - t) + (z - x) \cdot b - \hat{m}$$

Sie zeigt das Zusammenspiel zwischen Neuverschuldungs- ($\hat{b}$) und Schuldenstandsquote (b). Der Ausdruck ($g^P - t$) entspricht dabei der Primärbudgetquote. Gleichung (4) erläutert in einem nächsten Schritt die Implikationen einer Neuverschuldungsquote von Null, die zu einer Stabilisierung der Schuldenstandsquote führen würde.

(4) $$\hat{b} = 0 \rightarrow (t - g^P) = (z - x) \cdot b - \hat{m}$$

Immer dann, wenn der (durchschnittliche) nominale Zinssatz (z), zu dem sich der Staat verschuldet hat, das nominale Wirtschaftswachstum (x) übersteigt, erfordert die Stabilisierung der Schuldenstandsquote entweder einen entsprechenden Überschuss der Primärbudgetquote ($t > g^P$) oder eine entsprechende Geldschöpfung ($\hat{m}$) – mit der anschließenden Konsequenz steigender Inflation. Handelt es sich hingegen bei der betrachteten Notenbank – wie im Falle der *Europäischen Zentralbank* (EZB) – um eine unabhängige Notenbank, dann fällt $\hat{m}$ aus Gleichungen 3 und 4 heraus. Ein Land mit (erheblicher) Schuldenstandsquote, ausgelöst durch Finanzierungsdefizite in der Vergangenheit, muss folglich bei [(z – x) > 0] eine entsprechend hohe Primärüberschussquote gewährleisten, damit die Schuldenstandsquote nicht automatisch immer weiter zunimmt. Eine Reduktion der Schuldenstandsquote erfordert demgemäß, dass $(g^P - t)$ den Ausdruck [(z – x) b] (deutlich) übersteigt. Kann sich der deutsche Staat auch in Zukunft zu einem durchschnittlichen Zinssatz von 4,2 Prozent verschulden[6], so wird die Veränderung der Schuldenstandsquote $(\hat{b})$ durch die Primärüberschussquote $(g^P - t)$, das nominale Wirtschaftswachstum (x) und die Schuldenstandsquote in der Ausgangssituation (b) bestimmt. Diese Zusammenhänge verdeutlicht auch Abbildung 8 weiter.

Abbildung 8 zeigt den Einfluss von Primärüberschussquote (PÜQ) und Wirtschaftswachstum bei gegebener Schuldenstandsquote in der Ausgangssituation von 85 Prozent auf die Veränderung der Schuldenstandsquote. Deutlich erkennbar ist der negative Zusammenhang zwischen Wirtschaftswachstum und der Veränderung der Schuldenstandsquote. Je höher das Wirtschaftswachstum c.p. ausfällt, umso stärker sinkt die Schuldenstandsquote. Abbildung 8 zeigt aber auch, dass ein Rückgang der Schuldenstandsquote (negatives Vorzeichen) unter bestimmten Bedingungen ein Mindestwachstum voraussetzt. Ähnlich verhält es sich mit der PÜQ. Je stärker sie c.p. ansteigt, desto größer wird die Möglichkeit, die Schuldenstandsquote zu vermindern. Vergleicht man unter diesen Bedingungen den Einfluss einer Veränderung des Wirtschaftswachstums und der PÜQ um einen Prozentpunkt, so ist der Einfluss der PÜQ auf die Reduktion der Schuldenstandsquote (A→B) etwas größer als der Einfluss des Wirtschaftswachstums (A→C).

Diese Einschätzung setzt allerdings voraus, dass sich (längerfristiges) Wirtschaftswachstum (x) und PÜQ unabhängig voneinander entwickeln. Mittel- und längerfristig hält auch der *Sachverständigenrat* (2008, S. 246, Ziffer 413) diese Annahme für zutreffend, weil sich die positiven und negativen Wirkungen der automatischen Stabilisatoren auf die PÜQ im Verlauf eines Konjunkturzyklus (weitgehend) ausgleichen. Kurzfristig wird jedoch im Aufschwung – also bei steigendem BIP – insbesondere ein positiver automatischer Einfluss auf die Steuereinnahmen erwartet, im Abschwung aber auch ein automatisch negativer Einfluss. Für den Fall eines proportionalen Steuertarifs, der sich ausschließlich auf das BIP bezieht, lassen sich diese Zusammenhänge durch Gleichung (5) veranschaulichen. Dabei ergeben sich die Steuereinnahmen (T) aus dem (marginalen = durchschnittlichen) Steuersatz (τ) multipliziert mit dem BIP (Y).

(5) $$T = \tau \cdot Y \rightarrow \frac{\tau \cdot Y}{Y} = t \rightarrow \tau = t \rightarrow \frac{G^P}{Y} - \frac{T}{Y} = g^P - \tau$$

Gleichung (5) zeigt somit, dass die *Primärüberschussquote* $(g^P - \tau)$ zwar vom absoluten BIP (Y) abhängt, nicht allerdings von dessen Wachstumsrate (x).

---

6 Entspricht dem Durchschnitt der letzten Jahre.

Abbildung 8: Schuldenstandsquote, Wirtschaftswachstum und Primärüberschußquote (PÜQ); Ausgangsquote = 85 %

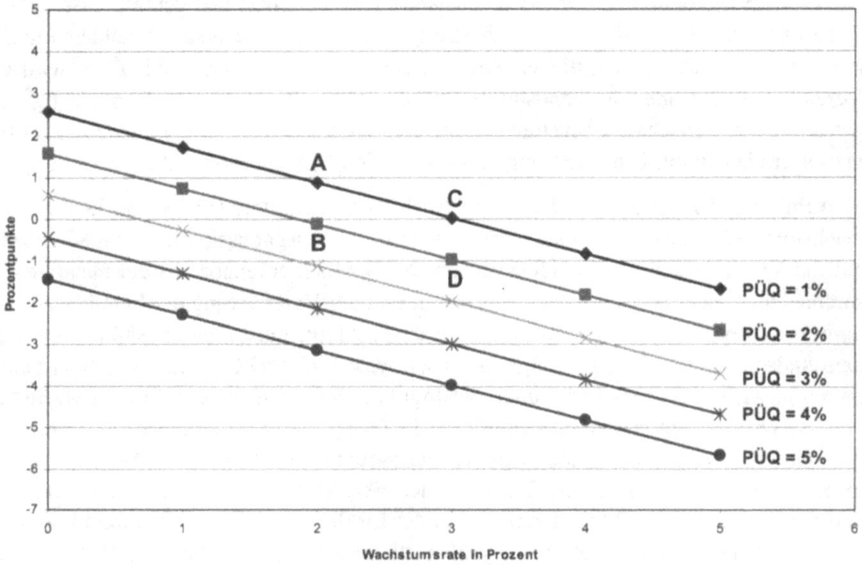

Eigene Darstellung.

3.2. Abbau der Neuverschuldung

Nachdem die Neuverschuldungsquote Deutschlands im Jahre 2008 bei null Prozent lag und damit einen ausgeglichenen Haushalt widerspiegelte, wurde für 2009 ein Anstieg der Neuverschuldungsquote auf -3,4 Prozent und im Jahre 2010 auf -5,0 Prozent prognostiziert.

Abbildung 9: Entwicklung der Staatsverschuldung in Deutschland

Jahr	2005	2006	2007	2008	2009	2010	2011	2012	2013	2014
NVQ	- 3,3	- 1,6	0,2	0,0	- 3,3	- 5,0*	- 4,6*	- 4,0+	- 3,5+	- 3,0+
SSQ	68,0	67,6	65,0	66,0	73,2	76,7*	79,7*	82,0+	83,5+	85,0+

NVQ = Neuverschuldungsquote SSQ = Schuldenstandsquote

* = Prognose EU Kommission + = Annahme des Verfassers

Quelle: Bis 2011 *European Commission* (2009).

Unter diesen Annahmen wird 2014 der Grenzwert des *Stabilitäts- und Wachstumspakts* in Höhe von - 3 Prozent wieder erreicht. Damit wäre man aber noch deutlich vom mittelfristigen Ziel eines ausgeglichenen Haushalts entfernt. Der Höchststand der Schuldenstandsquote würde unter diesen Umständen im Jahr 2014 mit etwa 85 Prozent erreicht.

Für die wirtschaftspolitischen Schlussfolgerungen ist es darüber hinaus von Interesse, in welchem Umfang diese Neuverschuldung konjunkturell und in welchem Umfang sie strukturell bedingt ist. Die *OECD* (*European Commission* 2005) führt diese Bereinigung unter Berücksichtigung der *relativen Outputlücke* (OG) und des (konjunkturellen) *Sensitivitätskoeffizienten des Staatsbudget* (ε) durch. Die relative Outputlücke ergibt sich dabei aus der relativen Differenz zwischen dem realen BIP (Y^{real}) und dem Produktionspotenzial (Y^{pot}) und dient als Maß für die konjunkturelle Lage. Die konjunkturbereinigte Neuverschuldungsquote (CAB) ist dann gemäß Gleichung (6) das Ergebnis aus der aktuellen Neuverschuldungsquote ($\hat{b}$), bereinigt um die konjunkturell bedingten Budgeteinflüsse.

$$(6) \qquad CAB = \hat{b} - (\varepsilon \cdot OG) \quad \text{mit} \quad OG = \frac{Y^{real} - Y^{pot}}{Y^{pot}} \cdot 100$$

Die Entwicklung der relativen Outputlücke wird in Abbildung 10 für die Jahre von 2005 bis 2015 zusammengefasst.[7] Unter Berücksichtigung eines Sensitivitätskoeffizienten für die Bundesrepublik Deutschland von 0,51 (*European Commission* 2005, Table 2) lässt sich daraus die jeweilige konjunkturbereinigte Neuverschuldungsquote ermitteln.

[7] Für die Jahre 2005 bis 2010 wurden die (zum Teil prognostizierten) Ursprungsdaten für das Produktionspotenzial dem Jahresgutachten 2007/08 des *Sachverständigenrats* (2007, S. 451) entnommen. Bei den Werten für das Produktionspotenzial der Jahre 2009 und 2010 handelt es sich um neue Prognosen der *Deutschen Bundesbank* (*OECD* 2009, S. 236). Die Ursprungswerte für das reale BIP wurden für die Jahre 2005 bis 2008 der Internetseite des *Statistischen Bundesamtes* entnommen. Alle weiteren Werte sind vom Verfasser angenommene Werte. Zur allgemeinen Entwicklung der Realwirtschaft der Krise siehe etwa *Gros* und *Alcidi* (2010), *Biggs* und *Mayer* (2010) sowie *van Ark* (2010).

Abbildung 10: Entwicklung der relativen Outputlücke

Jahr	Prod.-Pot.	Veränd. In %	BIPreal	Veränd. In %	OG
2005	2163,9	1,2	2129,3		-1,6
2006	2192,0	1,3	2188,9	2,8	-0,1
2007	2227,1	1,6	2248,0	2,7	0,9
2008	2258,3	1,4	2270,5	1	0,5
2009	2280,9	1	2157,0	-5	-5,4
2010	2301,4	0,9	2189,3	1,5	-4,9
2011	2324,4	1	2222,2	1,5	-4,4
2012	2347,7	1	2266,6	2	-3,5
2013	2371,1	1	2311,9	2	-2,5
2014	2394,8	1	2381,3	3	-0,6
2015	2418,8	1	2452,7	3	1,4

Eigene Darstellung.

Vor diesem Hintergrund zeigt Abbildung 11, dass der Anstieg der Neuverschuldungsquote besonders im Jahr 2009, aber auch in den Folgejahren zu einem erheblichen Teil konjunkturelle Ursachen hatte bzw. hat. Bei einem wieder ansteigenden Wirtschaftswachstum würde dieser Teil also mehr oder weniger schnell korrigiert. Was bleibt, ist der strukturelle Anteil der Neuverschuldungsquote, der in den kommenden Jahren etwa 2,5 bis 3,0 Prozent des nominalen BIP betragen wird. Dieses Defizit kann aber nur durch erhöhte Staatseinnahmen oder sinkende Staatsausgaben ausgeglichen werden. Es bedarf folglich struktureller Einsparungen oder Mehreinnahmen im Staatshaushalt in Höhe von insgesamt etwa 60 bis 75 Mrd. Euro.

Abbildung 11: Neuverschuldung (aktuell und konjunkturbereinigt)

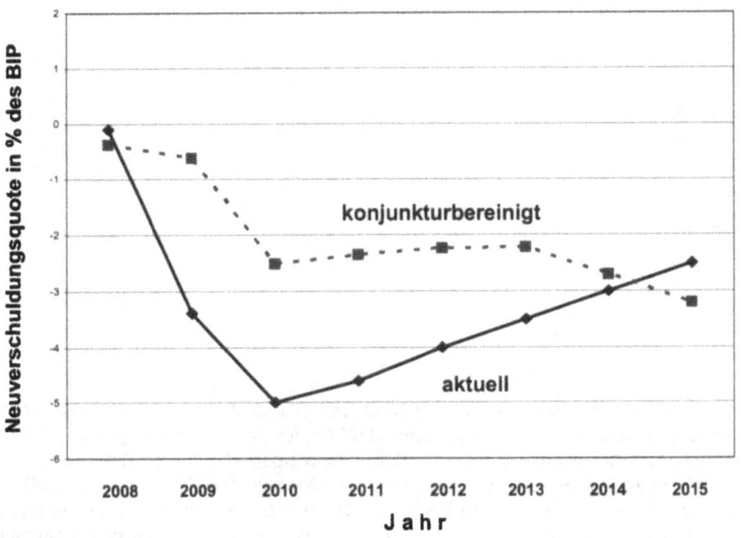

Eigene Darstellung.

3.3. Reduktion des Schuldenstandes

Den Ausgangspunkt dieses Abschnitts sollen einige Überlegungen zum ‚Ziel'-Niveau der Schuldenstandsquote bilden. Der Stabilitätspakt sieht eine maximale Schuldenstandsquote von 60 Prozent vor, die allerdings nicht unabhängig von der Neuverschuldung ist. Diesen Zusammenhang sollen Gleichung (7) sowie die darauf basierende Abbildung 12 veranschaulichen. Gleichung (7) stellt dabei eine modifizierte Version von Gleichung (4) dar, in der zur Vereinfachung die Zinszahlungen nicht separat betrachtet werden – g spiegelt daher die gesamte Staatsausgabenquote einschließlich der Zinszahlungen wider.

(7) $\hat{b} = 0 \rightarrow (t - g) = x \bullet b.$

Mit Hilfe dieses Zusammenhangs lässt sich ermitteln, welche Neuverschuldungsquote (t – g) – bei gegebenem nominalen Wirtschaftswachstum (x) – die Schuldenstandsquote längerfristig auf einem bestimmten Niveau (b) stabilisiert. Abbildung 12 zeigt vor diesem Hintergrund, dass die Schuldenstandsquote längerfristig dann bei 60 Prozent stabilisiert werden kann, wenn ein nominales Wachstum von 5 Prozent mit einer maximalen Neuverschuldungsquote von 3 Prozent einhergeht.

Abbildung 12: Neuverschuldungs- und Schuldenstandsquote

Nominales Wirtschaftswachstum (x) = 5 %						
Schuldenstandsquote	10%	30%	60%	90%	120%	150%
Maximale Defizitquote	0,5%	1,5%	**3,0%**	4,5%	6,0%	7,5%
Nominales Wirtschaftswachstum (x) = 3 %						
Schuldenstandsquote	10%	30%	60%	90%	120%	150%
Maximale Defizitquote	0,3%	0,9%	1,8%	2,7%	3,6%	4,5%
Nominales Wirtschaftswachstum (x) = 1 %						
Schuldenstandsquote	10%	30%	60%	90%	120%	150%
Maximale Defizitquote	0,1%	0,3%	0,6%	0,9%	1.2%	1,5%

Eigene Darstellung.

Ziel des Stabilitätspaktes ist es jedoch, mittelfristig – über einen Konjunkturzyklus – einen ausgeglichenen Haushalt und damit eine Neuverschuldungsquote von null zu erreichen. Dies würde ausreichend Raum lassen, um in Rezessionsphasen aufgrund des Wirkens automatischer Stabilisatoren eine maximale Neuverschuldungsquote von 3 Prozent einzuhalten. Abbildung 12 veranschaulicht aber vor diesem Hintergrund auch, dass das Ziel eines mittelfristig ausgeglichenen Haushalts längerfristig zugleich eine (stabile) Schuldenstandsquote von null impliziert.

Vor diesem Hintergrund sind auch die folgenden Projektionen zu interpretieren. Sie erläutern den zeitlichen Anpassungspfad an die zuvor beschriebene langfristige Gleichgewichtssituation, die sich aus den Zielen des Stabilitätspakts ergibt. Ist man hingegen nicht bereit, die Schuldenstandsquote langfristig auf null zu senken, so kann die durchschnittliche Neuverschuldungsquote gemäß Abbildung 12 – abhängig vom Wirtschaftswachstum – größer als der angestrebte Wert von null ausfallen.

Dies hat jedoch zur Konsequenz, dass der Raum für automatische Stabilisatoren zunehmend eingeschränkt oder das Überschreiten der 3-Prozent-Grenze billigend in Kauf genommen wird. Für eine deutliche Senkung der gegenwärtigen und für die Zukunft erwarteten Schuldenstandsquoten sprechen zudem folgende Argumente:

- Zunehmende Staatsschulden haben eine wachstumshemmende Wirkung.[8]
- Mit steigender Staatsverschuldung steigen auch die Zinszahlungen des Staates, und der Raum für eine fiskalpolitische Stabilisierungspolitik schwindet zunehmend.
- Ein immer höherer Schuldendienst kann notwendige Anschlussfinanzierungen erschweren und das Vertrauen in die Zahlungsfähigkeit und -willigkeit des Staates untergraben. Dies kann wiederum – wie der Fall Griechenland gezeigt hat – zu steigenden Risikoprämien und damit immer höheren Zinszahlungen führen.
- Die zuvor erläuterten Effekte erhöhen die Gefahr einer staatlichen Illiquidität oder Insolvenz.

Vor diesem Hintergrund erläutern die nachfolgenden Projektionen, welche Bedingungen vorliegen müssen, um zu einem Abbau der Schuldenstandsquote (in Deutschland) zu gelangen, und welche zeitlichen Anpassungspfade damit verbunden sind. Der Beginn des Abbaus der Schuldenstandsquote (Zeitpunkt 0 in den Projektionen) ist dabei abhängig vom Zusammenspiel der nachfolgend erläuterten Faktoren, die sich aus Gleichung (4) ergeben:

- Das durchschnittliche nominale Wirtschaftswachstum wird im Grenzfall ausschließlich durch die reale Komponente bestimmt. Dies entspricht der Annahme einer (im Durchschnitt) inflationsfreien Wirtschaft. In der Praxis bedeutet dies wohl eher, dass die Inflationsrate unterhalb, aber nahe bei zwei Prozent liegen wird und damit längerfristig als konstanter Faktor in das nominale Wirtschaftswachstum eingeht.
- Die Schuldenstandsquote in der Ausgangssituation beträgt 85 Prozent. Dieser Anstieg ist für die Bundesrepublik Deutschland aufgrund der Überlegungen in Abschnitt 3.2. nicht unwahrscheinlich.
- Der durchschnittliche nominale Zinssatz, zu dem sich der deutsche Staat in der Zukunft verschuldet, entspricht weiterhin dem Wert der letzten Jahre in Höhe von 4,2 Prozent. Auch dieser Zinssatz impliziert eine im Durchschnitt der Jahre inflationsfreie Wirtschaft.

Unter diesen Annahmen zeigen die Abbildungen im Anhang, welche Wirkungen unterschiedliche Kombinationen von PÜQ und Wirtschaftswachstum auf die Verände-

---

8 Vgl. *Checherita* und *Rother* (2010), *Kumar* und *Woo* (2010) und *Cecchetti*, *Kohler* und *Upper* (2009).

rung der Schuldenstandsquote ausüben. Dabei lässt sich zum einen ablesen, wie lange es – unter den jeweiligen Rahmenbedingungen – dauert, um die Schuldenstandsquote auf die Obergrenze des Stabilitätspakts von 60 Prozent zu reduzieren. Zum anderen wird deutlich, nach wie vielen Jahren die Staatsverschuldung abgebaut ist bzw. welche Höhe die verbleibende Schuldenstandsquote nach 50 Jahren noch aufweist. Sowohl die PÜQ als auch das Wirtschaftswachstum können bei den Simulationen Werte zwischen 0 und 5 Prozent annehmen.

Die Abbildungen im Anhang veranschaulichen, dass – wie bereits vorher gesehen – ein geringes Wirtschaftswachstum eine umso größere PÜQ erfordert, um die Schuldenstandsquote zu reduzieren. Die Abbildungen 1 und 2 im Anhang zeigen zum Beispiel, dass bei einem Null-Wachstum eine PÜQ von 3 Prozent die Schuldenstandsquote immer weiter ansteigen lässt. Erst eine PÜQ von 4 Prozent ermöglicht es unter diesen Rahmenbedingungen, die Schuldenstandsquote (langfristig) abzubauen. Dabei würde die 60-Prozent-Grenze aber erst nach 31 Jahren wieder erreicht, und nach 50 Jahren bliebe immer noch eine Schuldenstandsquote von etwa 12 Prozent. Eine deutlich positivere Perspektive ergäbe sich, wenn es gelingt, die PÜQ auf 5 Prozent zu erhöhen. Dann wird die 60-Prozent-Grenze schon nach 15 Jahren erreicht und nach 32 Jahren wäre die gesamte Staatsschuld abgebaut. Wie nicht anders zu erwarten, ergibt sich die Idealsituation für den Staat dann, wenn ein hohes Wirtschaftswachstum und eine hohe PÜQ zusammentreffen. Die letzte Abbildung im Anhang zeigt die Kombination einer Wachstumsrate und einer PÜQ von jeweils 5 Prozent. In diesem Fall wird die 60-Prozent-Grenze bereits nach 6 Jahren wieder erreicht und die Staatsschuld nach 17 Jahren komplett abgebaut.

Diese grundsätzlichen Überlegungen führen aber letztlich zu der Frage, welche dieser Kombinationen mit welcher Wahrscheinlichkeit eintreten werden:

- Betrachtet man die Entwicklung des nominalen Bruttoinlandsproduktes im Zeitraum von 2000 bis 2008, so ergibt sich eine durchschnittliche Wachstumsrate in Höhe von 2,4 Prozent. Nimmt man auch die 1990er Jahre (1992-2008) hinzu, dann erhöht sich das durchschnittliche nominale Wachstum auf 2,9 Prozent. Orientiert man sich an diesen Werten, so ist ein durchschnittliches nominales Wachstum zwischen 3 und 4 Prozent – bei der Annahme gleichzeitiger Preisniveaustabilität – bereits ein optimistischer Wert, der aber bei entsprechenden wirtschaftspolitischen Rahmenbedingungen nicht unmöglich erscheint.
- Die PÜQ kann hingegen nur verbessert werden, wenn die staatlichen (Steuer-)Einnahmen steigen oder die Ausgaben sinken – und zwar unabhängig von der konjunkturellen Situation. Das heißt, es muss zu strukturellen Veränderungen des Staatsbudgets kommen. Im Gegensatz zu einem Anstieg des Wirtschaftswachstums führt also die Verbesserung der PÜQ zu schmerzhaften Einschnitten in liebgewonnene Besitzstände. Gegenwärtig diskutierte Steuersatzsenkungen würden kurzfristig wohl eher zu Steuerausfällen und damit zu einer Verschlechterung der PÜQ führen. Mittel- und längerfristig erhofft man davon jedoch positive Wirkungen sowohl auf das Wirtschaftswachstum, als auch – wachstumsbedingt – auf die Steuereinnahmen und damit auf die PÜQ.

Die Erfahrungen aus der Vergangenheit zeigen, dass die Erwirtschaftung (zunehmender) Primärüberschüsse ein lange andauernder Prozess war, an dessen vorläufigem Ende eine PÜQ von 2,5 Prozent stand, die sich jedoch konjunkturbereinigt auf 2,2 Prozent reduziert. Forciert werden könnte die Haushaltskonsolidierung jedoch durch die 2009 im deutschen Grundgesetz verankerte Schuldenbremse.[9] Sie besagt, dass der Bundeshaushalt ab 2016 und die Haushalte der Länder ab 2020 ausgeglichen sein müssen. Diese Forderung ist dann erfüllt, wenn das konjunkturbereinigte Defizit höchstens 0,35 Prozent beträgt. Ausnahmen sind möglich bei Naturkatastrophen und außergewöhnlichen Ereignissen, die sich der Kontrolle des Staates entziehen. Eine solche Situation muss der *Bundestag* mit Mehrheit feststellen, damit die Kreditobergrenzen überschritten werden dürfen. Gleichzeitig muss ein Tilgungsplan vorgelegt werden, der den Abbau der zusätzlichen Schulden regelt. Bezogen auf die zurückliegenden Jahre, würde ein Haushaltsdefizit – gemessen am nominalen BIP – von maximal 0,35 Prozent einer PÜQ von etwa zwei Prozent entsprechen. Die Schuldenbremse macht darüber hinaus deutlich, dass nachhaltige Gesamtüberschüsse politisch eher nicht akzeptabel erscheinen, weil sie den Handlungsspielraum der Politik einengen. Aus diesem Grund könnte es sein, dass man die Gesamtüberschussquote bewusst begrenzt und damit den Prozess des Schuldenabbaus hinauszögert.

Vor diesem Hintergrund sollen ein Basis-Szenario mit einem durchschnittlichen Wachstum von 3 Prozent und einer PÜQ von 2 Prozent sowie ein Positiv-Szenario mit einem durchschnittlichen Wachstum von 4 Prozent und einer PÜQ von 2 Prozent aus den im Anhang aufgeführten Kombinationen herausgegriffen werden. Im Basis-Szenario würde die 60-Prozent-Grenze – beginnend etwa zwischen 2013 und 2015 – nach 24 Jahren erreicht. Nach 50 Jahren bliebe immer noch eine Schuldenstandsquote von etwa 20 Prozent. Im Positiv-Szenario mit einem höheren Wirtschaftswachstum würde die 60-Prozent-Grenze bereits nach 15 Jahren erreicht, und die Staatsschuld wäre bei konsequenter Politik nach 45 Jahren komplett abgebaut.

4. Ausblick

Die hier vorgenommenen Simulationen haben gezeigt, dass – sieht man einmal von der Möglichkeit der Inflations-,Steuer' ab – die PÜQ und das Wirtschaftswachstum die entscheidenden Einflussfaktoren sind, um die Neuverschuldungs- und die Schuldenstandsquote des Staates zu reduzieren bzw. ganz abzubauen. Ein notwendiger Anstieg der PÜQ ist dabei nur durch eine Reduktion der Staatsausgaben (ohne die Zinszahlungen) oder einen Anstieg der Staatseinnahmen zu erzielen. Geht man ferner davon aus, dass das langfristige Wachstum keinen Einfluss auf die Primärüberschussquote ausübt, bleibt nur eine Erhöhung der Steuersätze, um die Staatseinnahmen anzuheben. Beide Möglichkeiten, die PÜQ zu verbessern, implizieren daher erhebliche Belastungen für die Bevölkerung – und zwar sowohl der aktuellen als auch künftiger Generationen.

Im Gegensatz dazu ist ein Anstieg des Wirtschaftswachstums die schmerzfreiere Alternative. Sie setzt jedoch voraus, dass der Staat entsprechende Rahmenbedingungen

---

[9] Vgl. zur Schuldenbremse ausführlich *Feld* (2010), *Heinemann* (2010) und *Korioth* (2010).

schafft, um dieses Ziel zu erreichen. Dabei kann es zumindest kurzfristig zu Konflikten zwischen einer langfristig orientierten Wachstums- sowie einer kurz- und mittelfristig orientierten (antizyklischen) Konjunkturpolitik kommen (vgl. hierzu auch *Sachverständigenrat* 2008, S. 248 ff). Dies setzt ferner auch voraus, dass man keine in erster Linie umverteilungsorientierte und strukturerhaltende Politik betreibt, wie dies im Moment in Deutschland eher der Fall zu sein scheint, sondern statt dessen ein forschungs-, innovations- und investitionsfreundliches Umfeld bereitstellt.

Ob man – ausschließlich – den vermeintlich einfacheren Weg eines höheren Wirtschaftswachstums beschreiten kann, hängt sicherlich auf der einen Seite davon ab, wie schnell und wie nachhaltig die konjunkturelle Erholung in Deutschland einsetzt. Auf der anderen Seite kommt es aber auch darauf an, welchen Zeitraum die EU-Kommission den entsprechenden Mitgliedsländern einräumt, um insbesondere ihre Neuverschuldungsquote wieder unter die im Stabilitäts- und Wachstumspakt festgelegte Grenze von 3 Prozent des BIP zu senken. Sollte der Anstieg des Wirtschaftswachstums allein nicht ausreichen, um den vorgegebenen Zeitpfad einzuhalten, müssen aktive Budgetmaßnahmen hinzutreten, die die PÜQ verbessern.

Der Abbau der Schuldenstandsquote wird sich aus heutiger Sicht auf jeden Fall über Jahrzehnte erstrecken. Offen ist dabei, wie Abschnitt 3. gezeigt hat, wann dieser Abbau der Schuldenstandsquote beginnt, und welches Niveau sie dann erreicht haben wird. Diese Entwicklung wird insbesondere durch die budgetwirksamen Entscheidungen in den kommenden Jahren bestimmt. Je höher die Schuldenstandsquote in der Ausgangssituation ist und je geringer das durchschnittliche Wirtschaftswachstum sowie die PÜQ in Zukunft ausfallen, desto länger wird es dauern, die Staatsschuld zunächst auf den Grenzwert von 60 Prozent des BIP zu senken und anschließend komplett abzubauen.

Der Druck wird an dieser Stelle allerdings weniger von der *EU-Kommission* ausgehen, sondern vielmehr von den sonstigen Lasten für künftige Generationen. Hierzu gehören etwa steigende Beamtenpensionen sowie diejenigen Lasten, die sich bei den Sozialversicherungen unter gegebenen Leistungsversprechen und Beitragssätzen aus der Alterung der Gesellschaft ergeben. Die *Stiftung Marktwirtschaft* (2009) beziffert diese verdeckte Nachhaltigkeitslücke für Deutschland auf 185 Prozent des BIP und damit noch weit höher als die ‚offiziellen' Schulden gemäß Stabilitäts- und Wachstumspakt. Im Gegensatz zu den ‚offiziellen' Schulden geht diese Nachhaltigkeitslücke aber nicht auf die Finanzkrise und deren konjunkturelle Wirkungen zurück, sondern primär auf falsche politische Weichenstellungen.

Abschließend soll noch einmal auf die *Entschuldung durch Inflation* eingegangen werden. Dabei wird nicht davon ausgegangen, dass der Staat sich durch unmittelbare Kreditaufnahme bei der Notenbank neu verschuldet. Die Inflation kommt vielmehr durch eine expansive Geldpolitik der Notenbank zustande, die wiederum entweder auf öffentlichen Druck oder auf sonstige Zwänge – wie etwa ihre Funktion als ‚lender of last resort' – zurückzuführen sein könnte. Für die künftige Neuverschuldung würde ein solches Szenario allerdings dann wenig Entlastung für den Staat bieten, wenn die Wirtschaftssubjekte rationale Erwartungen bilden. Gleichung (3) verdeutlicht diesen Zusammenhang. Bei rationalen Erwartungen würde der Nominalzins (z) in gleichem Umfang steigen wie die Inflation und damit das nominale Wirtschaftswachstum (x). Die

Differenz zwischen z und x bliebe unverändert gegenüber der inflationsfreien Situation. Eine ‚Erleichterung' für den Staat würde sich – allerdings bestenfalls vorübergehend – dann einstellen, wenn die Wirtschaftssubjekte die Inflation (zunächst) nur zum Teil oder gar nicht antizipieren (Anstieg z < Anstieg x → z – x wird möglicherweise negativ) oder wenn die Steuereinnahmen durch ‚kalte Progression' überproportional ansteigen (t übersteigt g deutlicher als zuvor).

Für den Staat positiv wirkt die Inflation jedoch auf die Altschulden. Die durchschnittliche Verzinsung (z), zu der sich der Staat in der Vergangenheit verschuldet hat, wird durch die Inflation nur allmählich ansteigen. Im Gegensatz dazu senkt die im steigenden nominalen Wirtschaftswachstum (x) zum Ausdruck kommende Inflation den Realwert des Schuldendienstes sowie des Schuldenstandes (z – x) und nimmt – abhängig von der Inflationshöhe – negative Werte an. Da Inflation jedoch die ungerechteste Form der Besteuerung darstellt und mit weitreichenden sozialen Kosten verbunden ist, bleibt zu hoffen, dass die *Europäische Zentralbank* jeglichem Druck widersteht und ihr primäres Ziel der Preisniveaustabilität auch realisiert.

Literatur

Biggs, Michael und *Thomas Mayer* (2010), The Output Gap Conundrum, in: Intereconomics, Vol. 45, S. 11-16.

Cecchetti, Stephen G., Marion Kohler und *Christian Upper* (2009), Financial Crises and Economic Aktivity, Bank for International Settlements Other Publications, August 2009, Basel.

Checherita, Cristina und *Philipp Rother* (2010), The Impact of High and Growing Government Debt on Economic Growth: An Empirical Investigation for the Euro Area, European Central Bank Working Paper Series, No. 1237, Frankfurt/M.

De Grauwe, Paul (2005), Economics of Monetary Union, 7. Aufl., Oxford.

Deutsche Bundesbank (2009),

Deutsche Bundesbank (2010), Kredite der Banken (MFIs) in Deutschland an inländische Unternehmen und Privatpersonen, Wohnungsbaukredite, Wirtschaftsbereiche, Online unter: http://www.bundesbank.de/download/statistik/bankenstatistik/S104ATIB03233.PDF (Seitenaufruf vom 21. Dezmber 2010).

Eckmeier, Sandra (2009), Analyse der Übertragung US-amerikanischer Schocks auf Deutschland auf Basis eines FAVAR, Deutsche Bundesbank, Diskussionspapier, Nr. 35, Frankfurt/M.

European Commission (2005), New and Updated Budgetary Sensitivities for the EU Budgetary Surveillance, Directorate General Economic and Financial Affairs, Brüssel.

European Commission (2009), European Economic Forecast – Autumn 2009, Brüssel.

Feld, Lars (2010), Sinnhaftigkeit und Effektivität der deutschen Schuldenbremse, in: Perspektiven der Wirtschaftspolitik, Bd. 11, S. 226-245.

Gamberoni, Elisa und *Richard Newfarmer* (2009), New Protection-Incipient but Worrisome Trends, in: World Bank International Trade Department Trade Notes, No. 37, Washington, D.C.

Gros, Daniel und *Cinzia Alcidi* (2010), The Crisis and the Real Economy, in: Intereconomics, Vol. 45, S. 4-10.

Haug, Peter (2010), Langfristige Wirkungen des Konjunkturpakets II am Beispiel der sächsischen Kommunen, in: List Forum, Bd. 36, S. 59-79.

Haucap, Justus und *Michael Coenen* (2010), Industriepolitische Konsequenzen der Wirtschaftskrise, Düsseldorfer Institut für Wettbewerbspolitik (DICE), Ordnungspolitische Perspektiven, Nr. 3, Düsseldorf.

Heinemann, Friedrich (2010), Eine Gabe an St. Nimmerlein? Zur zeitlichen Dimension der Schuldenbremse, in: Perspektiven der Wirtschaftspolitik, Bd. 11, S. 246-259.

IFO (2010), Institut für Wirtschaftsforschung, Kredithürde im Sinkflut – Ergebnisse des ifo Konjunkturtests im November 2010, München.

IMF (2008), International Monetary Fund, World Economic Outlook, April 2008, Washington, D.C.

IMF (2010), International Monetary Fund, Global Financial Stability Report: Responding to the Financial Crisis and Measuring Systematic Risk, April 2009, Washington, D.C.

Korioth, Stephan (2010), Die neuen Schuldenbegrenzungsregeln für Bund und Länder: Symbolische Verfassungsänderungen oder gelungene Schuldenbremse?, in: Perspektiven der Wirtschaftspolitik, Bd. 11, S. 270-287.

Kumar, Manmohan und *Jaejoon Woo* (2010), Public Debt and Growth, International Monetary Fund Working Paper, No. 10/174, Washington, D.C.

Michler, Albrecht F. und H. Jörg Thieme (2009), Finanzmarktkrise: Marktversagen oder Staatsversagen, in: ORDO, Bd. 60, S. 185-222.

OECD (2009), Organisation for Economic Co-operation and Development, Economic Outlook, No. 85, June 2009, Paris.

Roos, Michael W. M. (2009), Die deutsche Fiskalpolitik während der Wirtschaftskrise 2008/2009, in: Perspektiven der Wirtschaftspolitik, Bd. 10, S. 389-412.

Sachverständigenrat (2007), Sachverständigenrat zur Begutachtung der gesamtwirtschaftlichen Entwicklung, Jahresgutachten 2007/08: Das Erreichte nicht verspielen, Wiesbaden.

Sachverständigenrat (2008), Sachverständigenrat zur Begutachtung der gesamtwirtschaftlichen Entwicklung, Jahresgutachten 2008/09: Die Finanzkrise meistern, Wachstumskräfte stärken, Wiesbaden.

Stiftung Marktwirtschaft (2009), Konjunkturelles Missmanagement der Politik verschärft Nachhaltigkeitsproblem, Pressemitteilung, Berlin, 8. Juli 2009.

Van Arc, Bart (2010), Productivity, Sources of Growth and Potential Output in the Euro Area and the United States, in: Intereconomics, Vol. 45, S. 17-20.

WTO (2009), World Trade Organization, Report to the TPRB from the Director-General on the Financial and Economic Crisis and Trade-Related Developments, in: JPOB (09)/30, Genf.

Zeit (2009), Experten erwarten Steuerloch von 316 Milliarden Euro, Online unter: http://www.zeit.de/online/2009/20/steuerschaetzung-regierung (Seitenaufruf vom 21. Dezember 2010).

Anhang

Abbildung A1

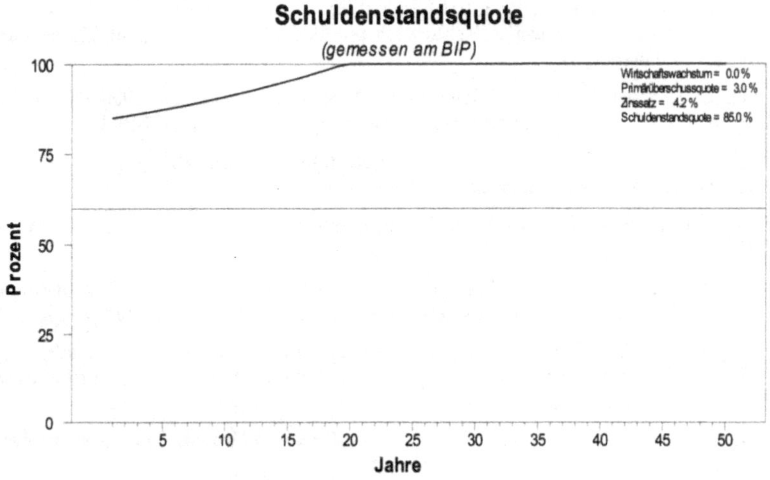

Abbildung A2

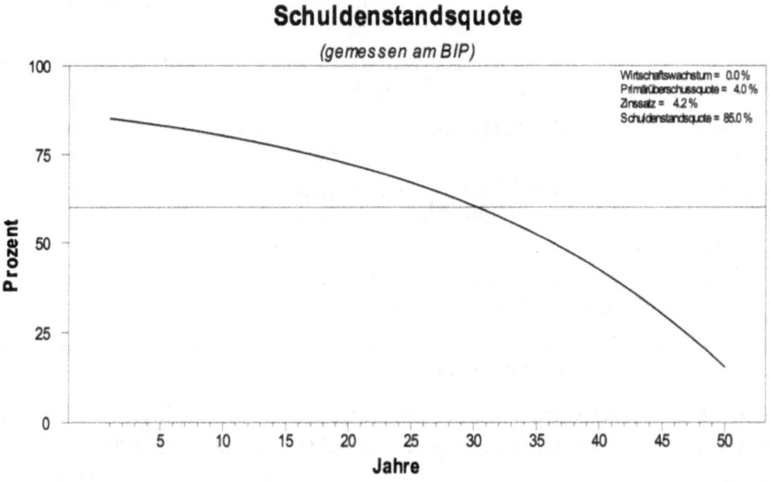

Abbildung A3

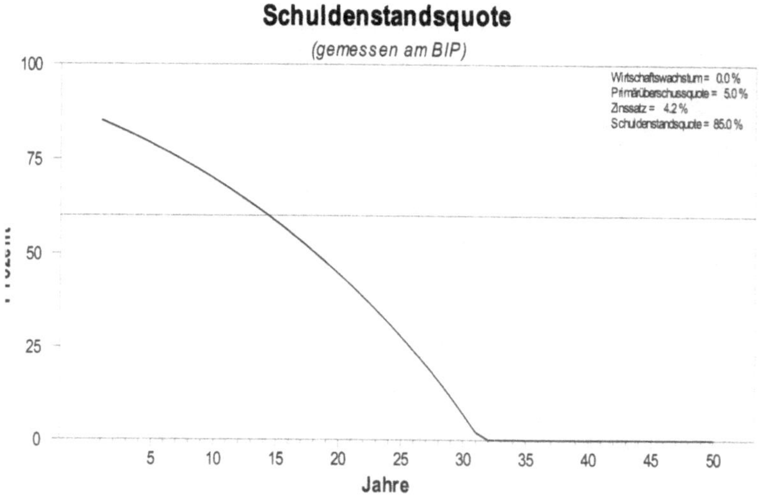

Abbildung A4

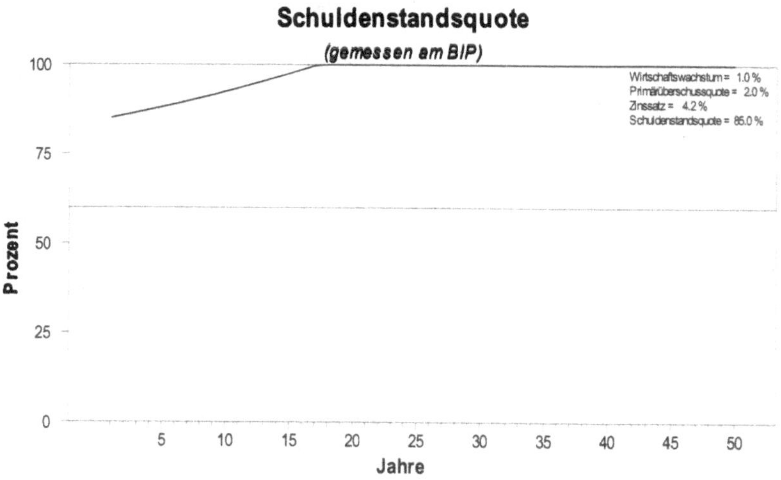

Abbildung A5

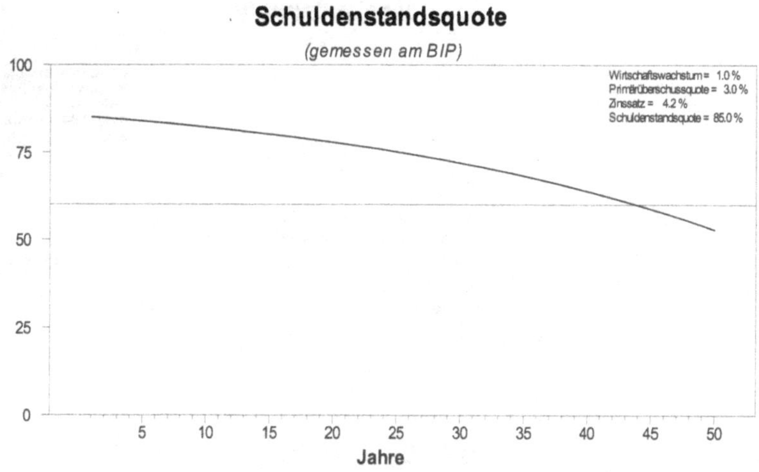

Abbildung A6

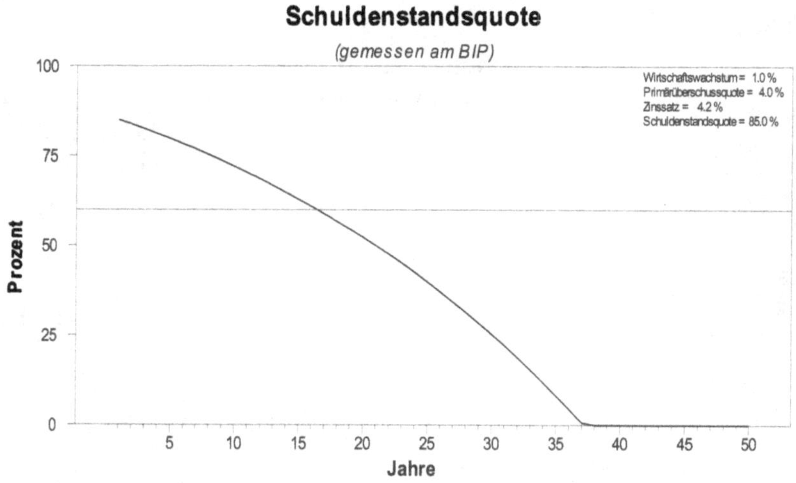

Abbildung A7

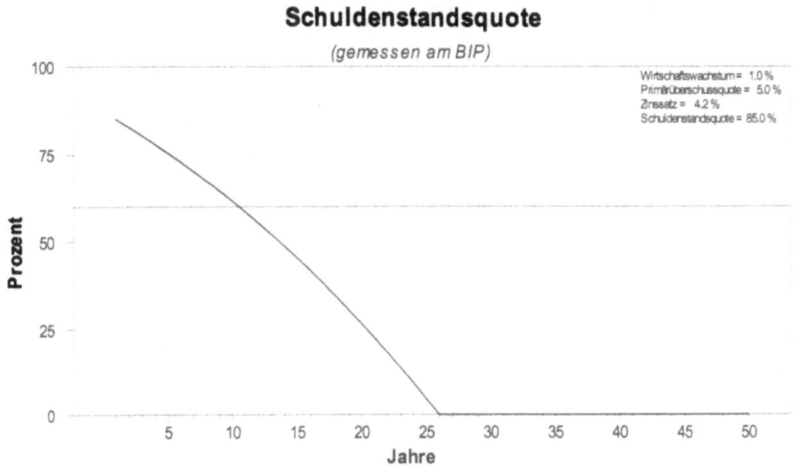

Abbildung A8

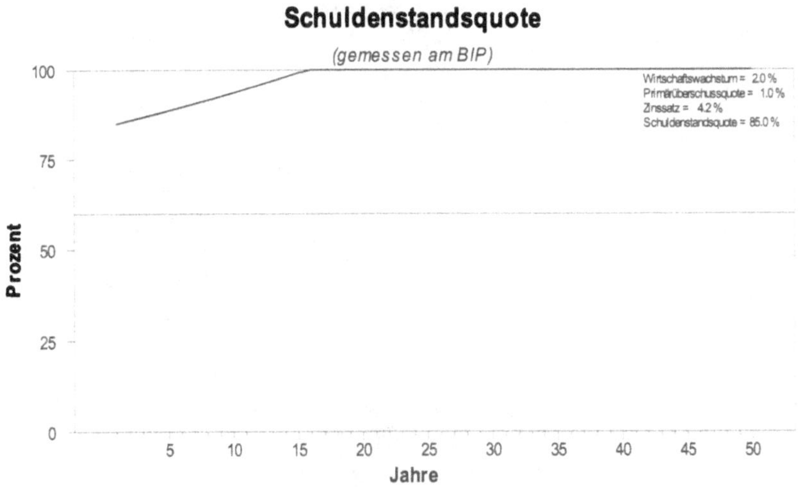

Abbildung A9

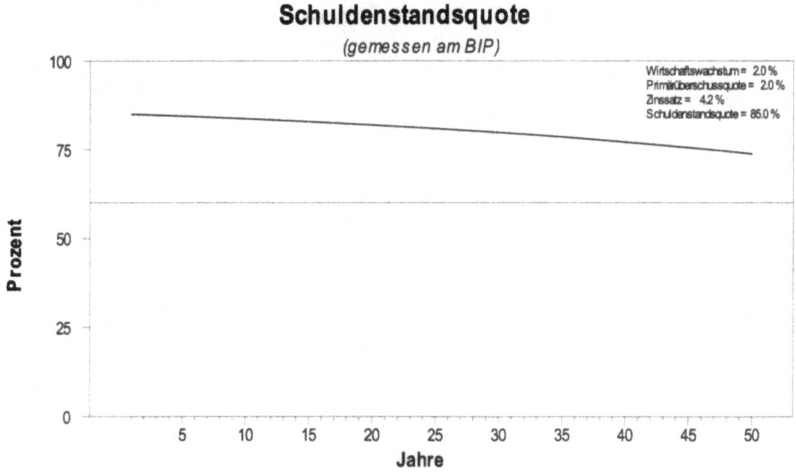

Abbildung A10

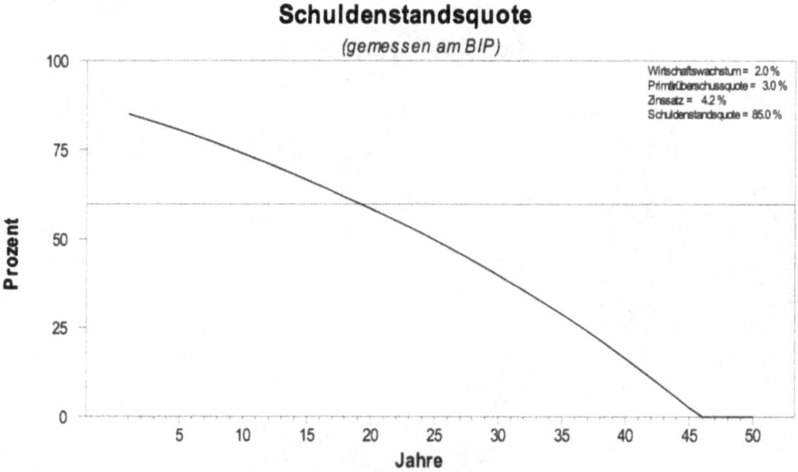

Abbildung A11

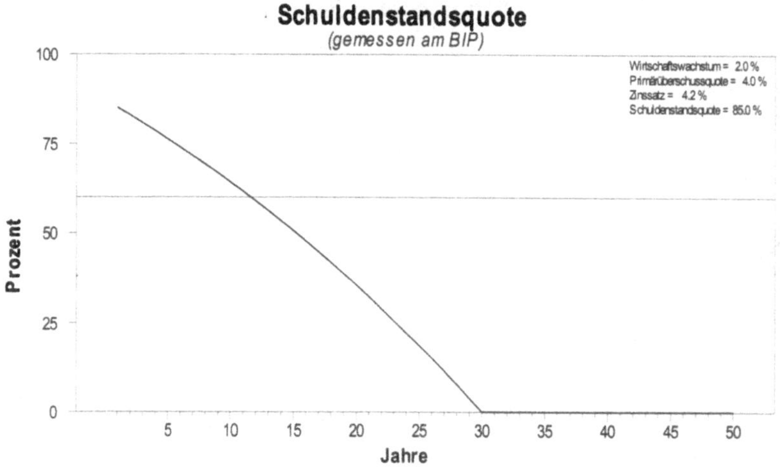

Abbildung A12

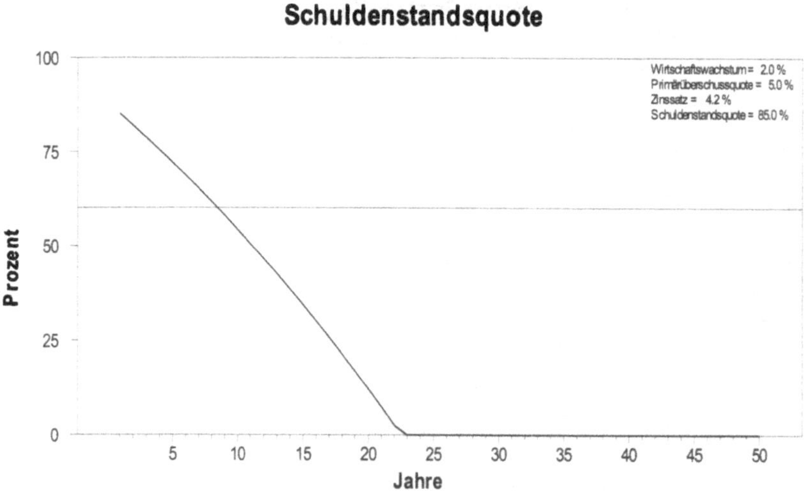

Abbildung A13

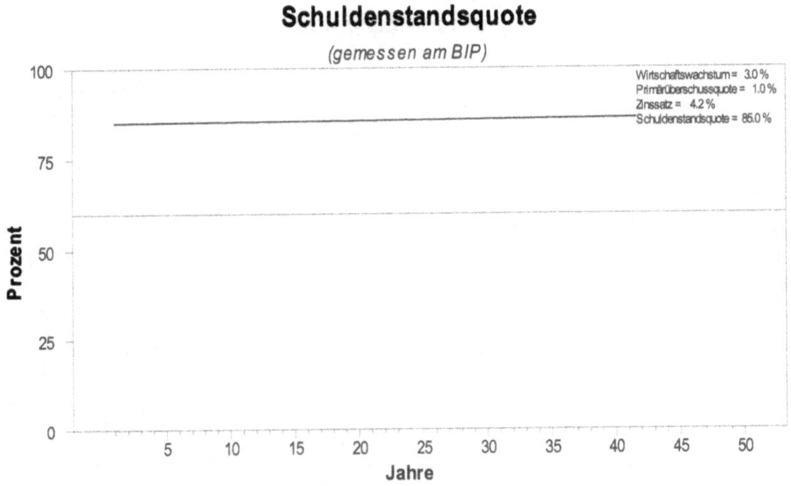

Abbildung A14

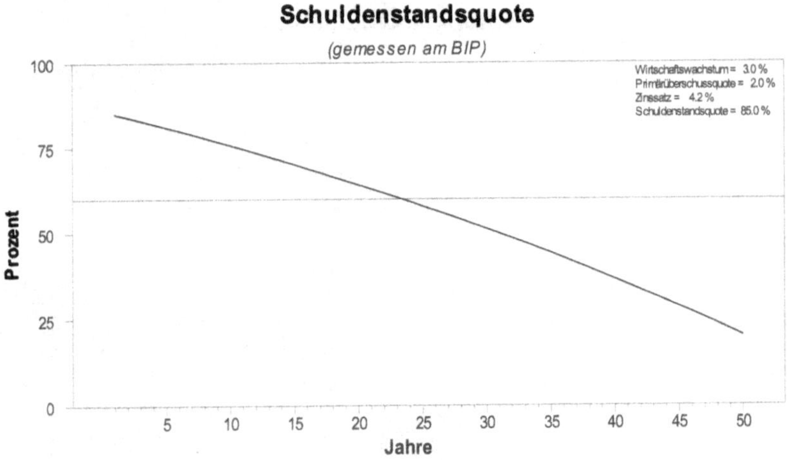

Abbildung A15

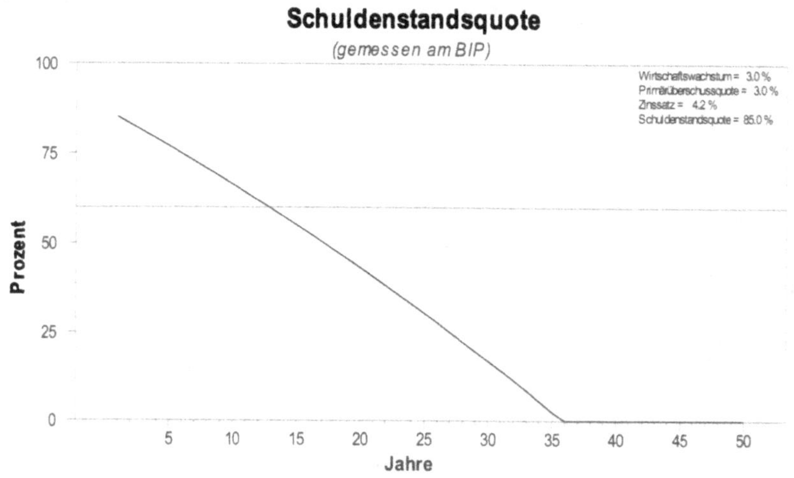

Abbildung A16

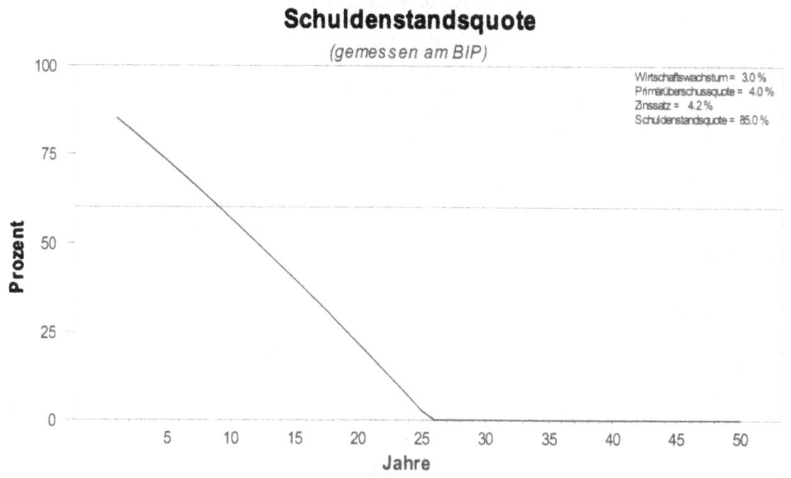

Abbildung A17

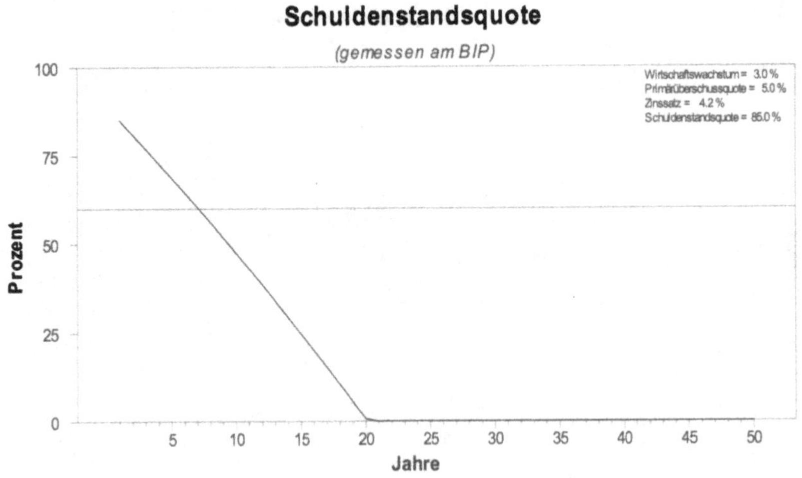

Abbildung A18

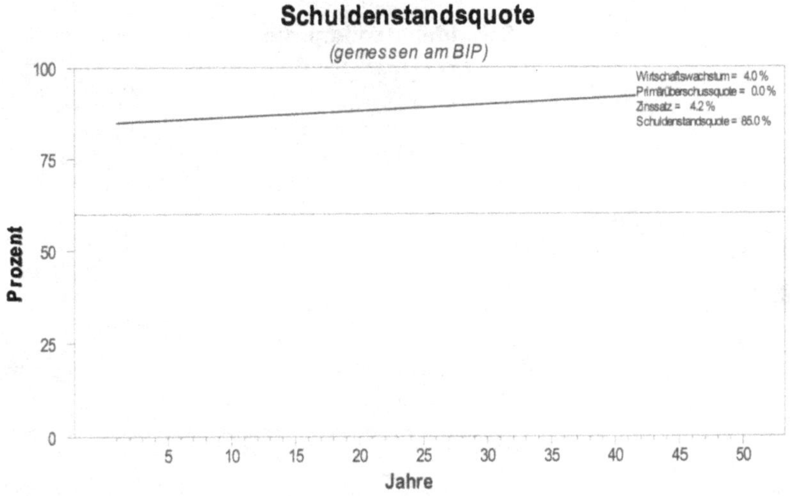

Abbildung A19

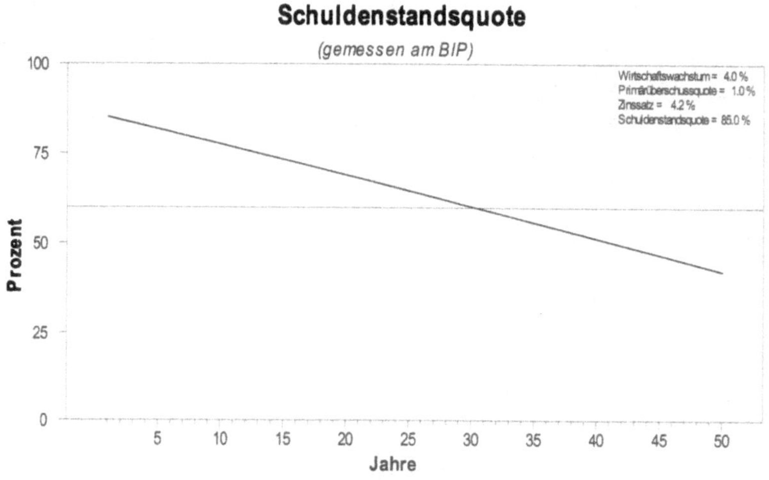

Abbildung A20

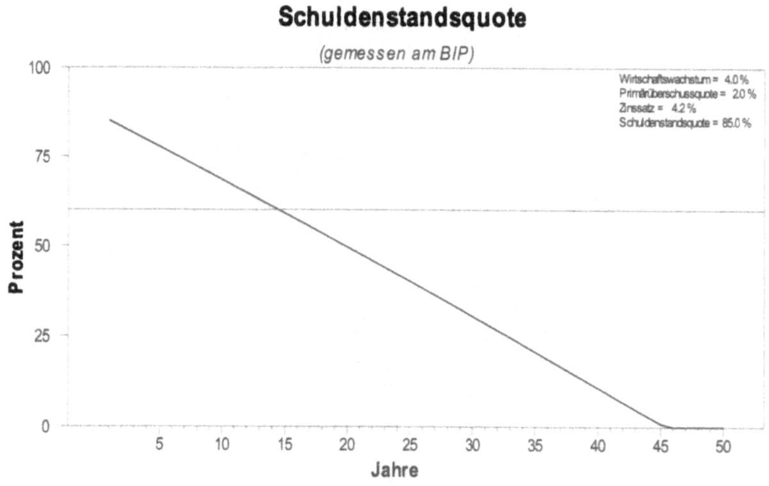

Abbildung A21

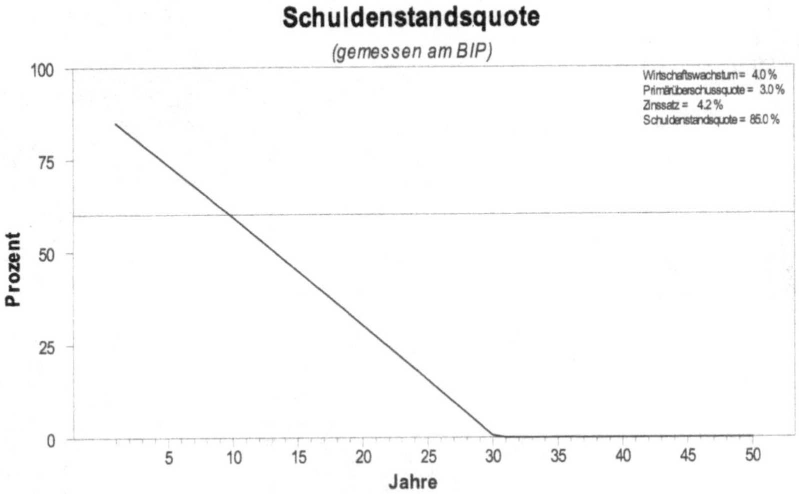

Abbildung A22

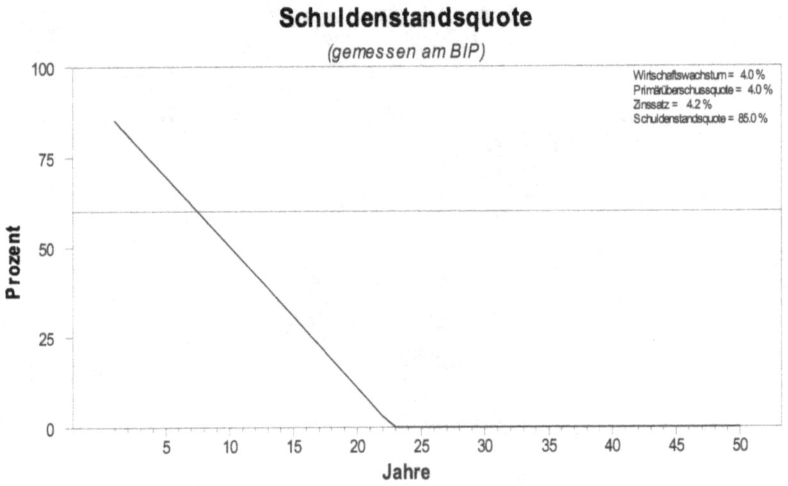

Abbildung A23

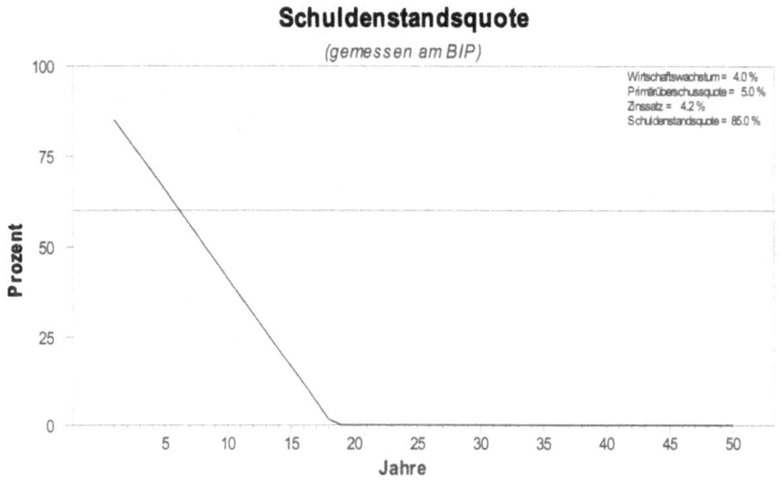

Abbildung A24

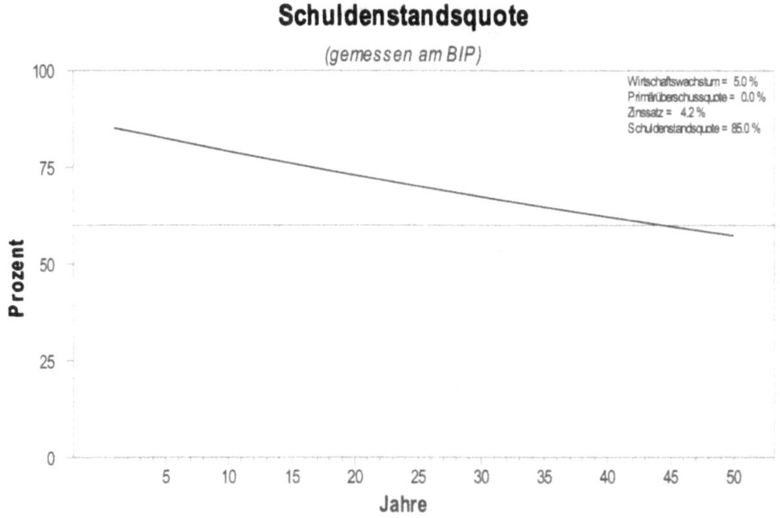

Abbildung A25

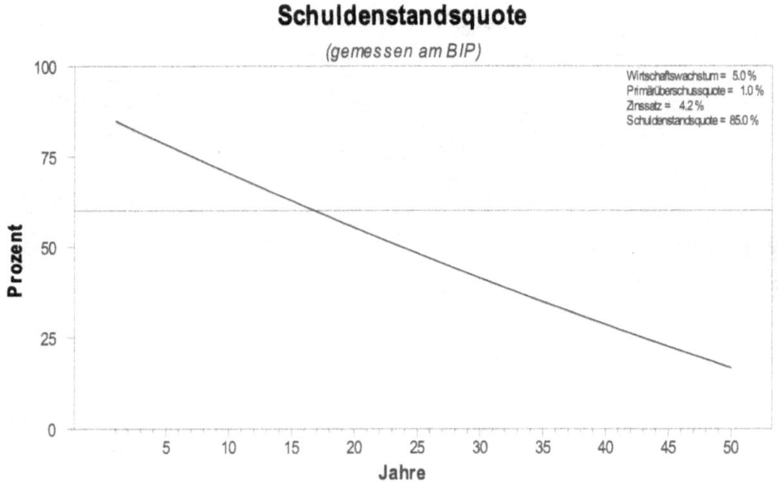

Abbildung A26

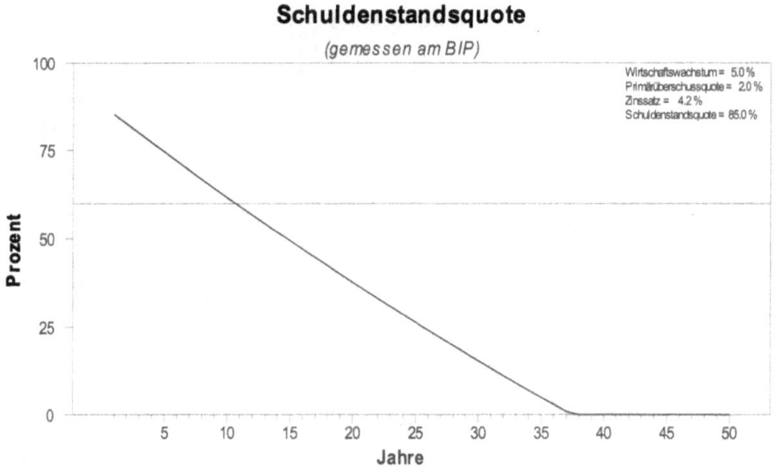

Abbildung A27

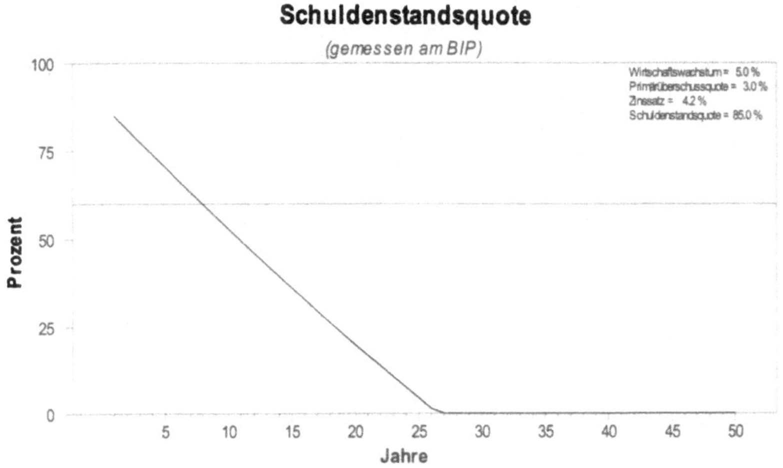

Abbildung A28

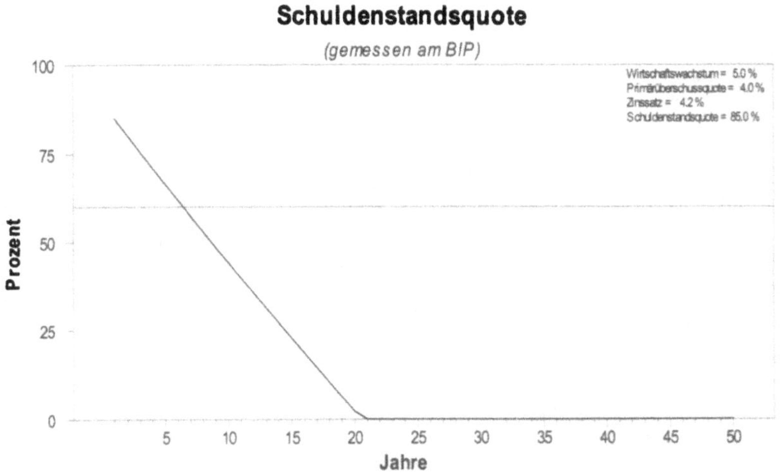

Abbildung A29

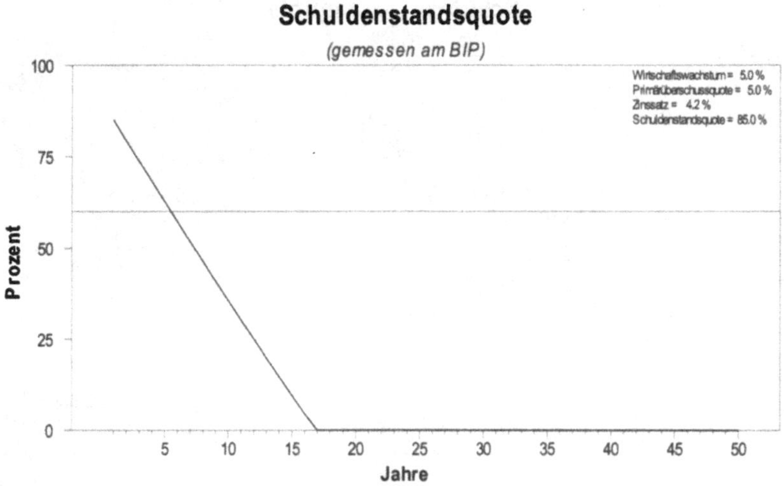

Albrecht F. Michler und Heinz-Dieter Smeets (Hg.)
Die aktuelle Finanzkrise: Bestandsaufnahme und Lehren für die Zukunft
Schriften zu Ordnungsfragen der Wirtschaft · Band 93 · Stuttgart · 2011

Kommentar zu *Heinz-Dieter Smeets,* Finanzkrise, Realwirtschaft und Staat

Martin Leschke

Heinz-Dieter Smeets beleuchtet in seinem Beitrag sehr anschaulich die realwirtschaftlichen Wirkungen der Finanz- und Wirtschaftskrise, das staatliche Krisenmanagement sowie die vor allem in Zukunft auftretenden Folgen der Finanzierung. Ausgehend von der staatlichen Budgetrestriktion, wird die Problematik der Rückführung der Staatsschuld vor Augen geführt.

Im Folgenden soll der Blick noch einmal auf die Situation in Deutschland gelenkt werden. Sodann soll, ergänzend zu der Arbeit von *Smeets,* auf die konstitutionelle Ebene der Staatsschulden und deren Begrenzung eingegangen werden. Hierzu werden drei Punkte betrachtet: erstens die Gründe für die bisherige Unwirksamkeit der europäischen Staatsschuldenbegrenzung, zweitens die Unwirksamkeit der *No-Bail-out-Klausel* und drittens die neue deutsche Schuldenbremse.

Die deutsche Volkswirtschaft hat sich den düsteren Prognosen der wirtschaftswissenschaftlichen Experten bisher bravourös widersetzt. Trotz eines Wirtschaftseinbruchs um 5 % im vergangenen Jahr stieg die Arbeitslosenquote nicht wie befürchtet auf 10 % an. Sie verharrt derzeit bei einem Wert von etwa 7 %. Die Kurzarbeitsregelung, die Konjunkturpakete und die schnelle wirtschaftliche Erholung waren hierfür sicherlich ausschlaggebend.

Insbesondere die konjunkturellen Spritzen und auch die Maßnahmen des sogenannten *Wachstumsbeschleunigungsgesetzes* (Erhöhung der Steuerfreibeträge für Kinder, Senkung der Steuer für Beherbergungen, Verbesserung der Abschreibungen für Unternehmen u.a.) kosten allerdings Geld. Und dieses Geld sollte den nachfragenden Bürgern und den Unternehmen nun nicht mittels Steuererhöhungen genommen werden. Also entschied die Regierung, die Maßnahmen durch eine Erhöhung der Neuverschuldung zu finanzieren. Auf diese Weise sollten die gesamtwirtschaftliche Konsum- und Investitionsnachfrage nicht negativ beeinträchtigt, sondern im Gegenteil angeheizt werden. Als Folge wird allerdings die Staatsverschuldung weiter steigen. Betrug der Schuldenstand der öffentlichen Hand (Bund, Länder und Gemeinden) vor der Krise etwa 65 % des Bruttoinlandsprodukts, so wird diese Relation (die öffentliche Schuldenstandsquote) in den nächsten Jahren auf mehr als 80 % steigen.

Die negativen Auswirkungen der hohen Staatsverschuldung liegen auf der Hand: Immer mehr Steuermittel müssen für Zins- und Tilgungszahlungen aufgewendet werden, immer weniger Mittel verbleiben für notwendige Infrastrukturmaßnahmen. Entschärft man das Problem durch eine Erhöhung der Steuersätze (Einkommensteuer, Mehrwertsteuer), so hat dies wiederum negative Folgen für die Binnennachfrage und für den Investitionsstandort Deutschland. Aus diesem Grund möchte die Bundesregierung diesen Weg nicht gehen. Sie setzt stattdessen auf eine Lösung des Verschuldungsproblems durch Stärkung der Wachstumskräfte.

Die Frage, die sich nun stellt, ist: Lässt sich über eine Entlastungs- und Wachstumsstrategie eigentlich die Verschuldung reduzieren? Und wie hoch müsste das Wachstum sein, damit dies gelingen kann?

Wachstum, also ein Zuwachs des realen Bruttoinlandsprodukts, kann auf verschiedene Art und Weise erzeugt werden: (a) durch vermehrten Arbeitseinsatz, (b) durch vermehrten Kapitaleinsatz oder (c) durch technischen Fortschritt.

Der erste Weg ist nun aber eindeutig nicht möglich, denn die „demographische Falle“ wird auch in Deutschland in den nächsten Dekaden erbarmungslos zuschlagen. Die Kohorte derjenigen Bürger, die altersbedingt arbeiten könnten (Arbeitspotenzial), also die 15 bis 65jährigen, wird in Relation zur übrigen Bevölkerung (dem Nicht-Arbeitspotenzial, also denen unter 15 und über 65) spürbar abnehmen. Der Kehrwert, auch Abhängigkeitsquote genannt (Nicht-Arbeitspotenzial zu Arbeitspotenzial), wird mithin zunehmen, und zwar von derzeit etwa 0,5 auf über 0,75 im Jahr 2050.[1] Folglich wird nicht nur das Arbeitspotenzial kleiner, sondern zudem werden die Versorgungsnotwendigkeiten und -ansprüche auch noch steigen.

Also bleibt nur der Weg, über höhere reale Investitionen und Humankapitalinvestitionen (mehr Bildung, höhere Produktivität) sowie über eine bessere Organisation von unternehmerischen Prozessen und verstärkte Innovationen (also über technischen und organisatorischen Fortschritt) das Wachstum zu erhöhen. Doch wie hoch ist derzeit das durchschnittliche Wachstum und auf welchen Wert müsste es erhöht werden?

Das Wachstum ist seit der Phase des Wiederaufbaus und der Jahre des deutschen Wirtschaftswunders (1960er Jahre) sukzessive gefallen. Waren bis in die 1970er Jahre noch Wachstumsraten des realen Bruttoinlandsprodukts von 4 % selbstverständlich, liegt das Trendwachstum der letzten Jahre etwa bei 1 %. Bei einer Inflationsrate von im Durchschnitt 2 % ist das nominale Durchschnittswachstum etwa 3 %, ein Wert, der geringer ist als der Zinssatz für (recht) risikolose Anleihen am Kapitalmarkt. Damit müsste Deutschland auch ohne Neuverschuldung die Steuern erhöhen, um den Schuldenstand der öffentlichen Hand zurückzuführen. Eine Erhöhung des Wachstums könnte also helfen. Ohne Primärüberschuss im öffentlichen Haushalt (das ist die Differenz zwischen Einnahmen aus Steuern, Beiträgen und Gebühren abzüglich der laufenden Ausgaben) müsste das reale Wachstum im Schnitt etwa 3,3 % betragen, was einem Anstieg der Arbeitsproduktivität (dem Quotienten BIP zu Arbeitseinsatz) um durchschnittlich 4 % pro Jahr entspricht (ein unerreichbarer Wert), um in gut 25 Jahren wieder beim Vorkrisen-

---

[1] Siehe hierzu die Entwicklung der Abhängigkeitsquoten ausgewählter Staaten im Anhang.

schuldenstand von 65 % zu landen. Die Wachstumsstrategie, gepaart mit Steuersenkungen, kann also (und dies mahnt auch der *Sachverständigenrat* an) nicht aufgehen.[2]

Auch der Weg des *Weginflationierens* der realen Staatsschuld ist versperrt. Erstens ist er nicht mit dem EU-Vertrag vereinbar, und zweitens ist dieser Weg volkswirtschaftlich viel zu teuer. Nicht nur die Kosten der Inflation würden die europäischen Volkswirtschaften treffen, sondern eine Inflationierung ist auch nur bei extrem expansiver Zentralbankpolitik in Verbindung mit einer außenwirtschaftlichen Abschließung des EU-Raums oder einer Abwertungsspirale des Euro möglich, denn sonst wird die zunehmende Auslandskonkurrenz auf den Gütermärkten eine Güterpreisinflation verhindern. – Also: Dieser Weg ist (glücklicherweise) versperrt.

Ich stimme somit mit den Ausführungen und Schlussfolgerungen von *Heinz-Dieter Smeets* überein und möchte im Folgenden einen Blick auf die konstitutionelle Ebene der Staatsschuldenbegrenzung legen. In diesem Zusammenhang sollen drei zentrale Aspekte beleuchtet werden: (a): Warum war der *Stabilitäts- und Wachstumspakt* auf der EU-Ebene bisher ohne durchschlagende Wirkung? (b) Warum ist die in Verbindung mit der Verschuldung wichtige *No-Bail-out-Klausel* ohne Wirkung? (c) Wird die neue *deutsche Schuldenregelung* die erhoffte Wirkung zeugen?

Ad (a): Der Stabilitäts- und Wachstumspakt (kurz: Euro-Pakt) wurde unter Federführung des damaligen Finanzministers *Waigel* auf europäischer Ebene installiert, um die gemeinsame Währung stabil zu halten und um den Verschuldungsanreiz der europäischen Staaten zu mindern. Damit sollte dann auch die nachhaltige Handlungsfähigkeit der Staaten sichergestellt werden, indem eine Überschuldungssituation, der drastische Budgetkürzungen und Sparmaßnahmen folgen, verhindert wird. Der Euro-Pakt fordert von den Euroländern in wirtschaftlich normalen Zeiten einen annähernd ausgeglichenen Staatshaushalt, damit in wirtschaftlich prekären Situationen genügend Spielraum besteht, durch eine Erhöhung der Staatsausgaben die Wirtschaft zu stabilisieren.

Der Euro-Pakt enthält eine präventive Komponente: Die Stabilitäts- und Wachstumsprogramme bilden die Grundlage für die multilaterale Überwachung durch den Rat der Europäischen Union. Diese Überwachung ist in Artikel 99 EG-Vertrag geregelt und soll in einem frühen Stadium verhindern, dass übermäßige staatliche Defizite entstehen. Nach der Neufassung des Euro-Pakts ist es den Mitgliedstaaten in *normalen wirtschaftlichen Zeiten* möglich, mittelfristig eine Neuverschuldung von 1 % des BIP anzustreben. Damit wird Spielraum geschaffen, in Krisenzeiten die Neuverschuldung auf 3 % hochzutreiben und die Staatsausgaben zu erhöhen, um die Wirtschaft zu stabilisieren.

Erhöhen nun Staaten, die nicht von schweren Krisen getroffen werden, die Neuverschuldung, so beschließt der Rat die Verhängung von Sanktionen: Diese sind in Form einer unverzinslichen Einlage zu entrichten. Deren Höhe bemisst sich als Summe aus

---

[2] *Sachverständigenrat* (2009, S. 11): „Ohne harte Einschnitte bei den öffentlichen Ausgaben oder ohne Erhöhung von Steuern oder anderen Abgaben kann eine Konsolidierung des Bundeshaushalts nicht gelingen. Grundsätzlich sind dabei Ausgabenkürzungen Abgabenerhöhungen vorzuziehen."

einem Basisbetrag von 0,2 % des BIP und einem Zehntel der Differenz zwischen tatsächlichem Defizit und dem Referenzwert von 3 %.

Ohne auf weitere Details des Euro-Pakts einzugehen, seien drei gravierende Gründe genannt, die die Unwirksamkeit der Regelungen belegen: Erstens befinden die Regierungsvertreter im *ECOFIN-Rat* selbst über ihre eigene Wirtschaftslage, das Verschuldungsgebaren und die Sanktionen. So muss es dazu kommen, dass in Situationen, in denen (mehrere) große Staaten in Schuldenbedrängnis geraten, das Verfahren der Sanktionierung kaum durchführbar ist. Das Drohpotenzial großer Staaten ist einfach zu hoch. Zweitens haften Politiker für Fehlentscheidungen ja bekanntlich nicht persönlich, sondern die Steuerzahler tun dies. Drittens gibt es auf der europäischen (allgemein: internationalen) Ebene keine Zwangsinstanz, die eine Stabilitätspolitik von den nationalen Regierungen erzwingen könnte. Noch nicht einmal der *Exit aus der Währungsunion* ist für Dauersünder geregelt.

Diese Gründe reichen aus, um zu verstehen, dass die bisherigen Schuldenregeln unwirksam bleiben mussten. Am *Fall Griechenland* erkennt man ja auch, dass Defizitsünder es sich auch ohne weitere Probleme leisten können, Verschuldungszahlen zu verheimlichen und viel zu spät zu melden.

Ad (b): Die Eigenverantwortlichkeit der Euro-Staaten für Probleme ihrer eigenen Wirtschafts- und Schuldenpolitik sollte durch die *No-Bail-out-Klausel* des Artikel 125 AEUV sicher gestellt werden. Daher soll gemäß dieser Klausel ein Euro-Teilnehmerland nicht für Verbindlichkeiten und Schulden anderer Teilnehmerländer haften oder aufkommen. Damit soll der *Grundsatz der Einheit von Handeln und Haften* zur Geltung gebracht werden, denn jeder Staat soll für die Rückzahlung seiner öffentlichen Schulden selbst verantwortlich bleiben. Dies hätte dann auch zur Folge, dass Risikoprämien infolge einer nicht tragbaren Haushaltspolitik einzelner Staaten auf die Partnerländer nicht übertragen werden. Die *No-Bail-out-Klausel* des Art. 125 AEUV besagt:

> „Die Union haftet nicht für die Verbindlichkeiten der Zentralregierungen, der regionalen oder lokalen Gebietskörperschaften oder anderen öffentlich-rechtlichen Körperschaften, sonstiger Einrichtungen des öffentlichen Rechts oder öffentlicher Unternehmen von Mitgliedstaaten und tritt nicht für derartige Verbindlichkeiten ein; dies gilt unbeschadet der gegenseitigen finanziellen Garantien für die gemeinsame Durchführung eines bestimmten Vorhabens. Ein Mitgliedstaat haftet nicht für die Verbindlichkeiten der Zentralregierungen, der regionalen oder lokalen Gebietskörperschaften oder anderen öffentlich-rechtlichen Körperschaften, sonstiger Einrichtungen des öffentlichen Rechts oder öffentlicher Unternehmen eines anderen Mitgliedstaats und tritt nicht für derartige Verbindlichkeiten ein; dies gilt unbeschadet der gegenseitigen finanziellen Garantien für die gemeinsame Durchführung eines bestimmten Vorhabens."

Trotz dieses Wortlauts, der dem juristischen Laien die Intuition gibt, mit dieser Regelung würde das Handeln und Haften zur Deckung bringen, sieht die Wirklichkeit ganz anders aus. Die Schuldenkrise von Griechenland hat gezeigt, wie einfach die *No-Bail-out-Klausel* zu umgehen ist. Solange ein Mitgliedsstaat nicht unmittelbar an die Gläubiger Griechenlands Zahlungen leistet, also unmittelbar für die Schulden eines Defizitsünders eintritt, ist die Klausel nicht verletzt. Deutschland und andere EU-Staaten konnten also Griechenland Geld überweisen, das dann zur Schuldenzahlung eingesetzt wird.

Jeder Laie würde dies als Verstoß gegen die *No-Bail-out-Klausel* ansehen. Aber die Juristen sind diesbezüglich eben genauer als die Laien und sehen keinen Verstoß.

Damit ist klar, dass der Verschuldungsanreiz durch die EU-Ebene nicht wirksam begrenzt wird. Die bisherigen Vorschläge, den Stabilitäts- und Wachstumspakt zu revidieren und ihm damit zu einer größeren Wirksamkeit zu verhelfen, laufen auch ins Leere. Von der EU-Ebene sind also erst einmal keine harten und damit wirksamen Regeln zur Begrenzung der öffentlichen Verschuldung zu erwarten. Wenden wir uns daher der neuen deutschen Schuldenbremse zu.

Ad (c): Die *deutsche Schuldenbremse* umfasst die Regelungen, die die Föderalismuskommission Anfang 2009 beschlossen hat, um die Staatsverschuldung Deutschlands zu begrenzen. Verkündet wurde die zentrale Grundgesetzänderung schließlich am 29. Juli 2009 und trat am folgenden Tag in Kraft. Danach soll der Bund seine Neuschulden bis 2016 auf höchstens 0,35 Prozent des Bruttoinlandsprodukts begrenzen (strukturelles, also von der Konjunktur unabhängiges Defizit). Die Bundesländer dürfen ab 2020 überhaupt keine neuen Kredite mehr aufnehmen. Das Kreditverbot überschreiten dürfen Bund und Länder nur bei Naturkatastrophen und außergewöhnlichen Notsituationen (Unglücksfälle mit einem Ausmaß ähnlich einer Naturkatastrophe).

Neben der (geringen) strukturellen Neuverschuldung des Bundes wird Bund und Ländern zusätzlich die Möglichkeit eines konjunkturellen Finanzierungssaldos zur Glättung konjunktureller Schwankungen eingeräumt. Die konjunkturelle Verschuldungskomponente eröffnet Bund und Ländern die Möglichkeit der erhöhten Kreditaufnahme während des volkswirtschaftlichen Abschwungs in Verbindung mit dem Zwang zur Erstellung eines Plans zur Tilgung in der anschließenden Aufschwungphase. Es gibt auch mit der Schuldenbremse also nach wie vor konjunkturbedingte Haushaltsdefizite. Diese sind aber nunmehr nach den Vorschriften der *Europäischen Kommission* zu berechnen und sollen über den Konjunkturzyklus (also mittelfristig) Null sein. Defizite und Überschüsse werden auf einem Kontrollkonto gebucht. So soll eine transparente Überwachung des mittelfristigen Ausgleichs gewährleistet werden.

Die Kontrolle der Schuldenbremse soll ferner durch einen einzurichtenden *Stabilitätsrat* gewährleistet werden. Dieser soll neben Sanierungsplänen auch ein Frühwarnsystem entwickeln. Dem Stabilitätsrat gehören neben dem Bundesfinanzminister die Wirtschafts- und Finanzminister der Länder an.

Die deutsche Schuldenbremse ist ohne Zweifel ein Fortschritt gegenüber den bisherigen Verschuldungsregeln des Art. 115 GG.[3] Dennoch sind berechtigte Zweifel angebracht, dass die Regelungen tatsächlich den Politikern die Möglichkeiten versperren, Ausgaben mittels Verschuldung zu finanzieren. Denn weiterhin prägen ungenau definierte Begriffe die Normen, sodass dem Gesetzgeber (und damit auch faktisch der Re-

---

[3] Hiernach war eine Verschuldung bis zur Höhe der veranschlagten Investitionssumme möglich. Was Investitionen sind, definierte die Politik allerdings selbst. Zudem gab es eine entscheidende Ausnahme: Zur Abwehr einer Störung des gesamtwirtschaftlichen Gleichgewichts durften Bund und Länder auch Schulden aufnehmen. Bekanntermaßen erwies sich diese Schuldenregelung als nicht effektiv, um einer zunehmenden Staatsverschuldung in Deutschland entgegenzuwirken.

gierung) große Interpretationsspielräume bleiben. Zudem wurden auch keine wirksamen Sanktionsmöglichkeiten für Defizitsünder geschaffen. Verfassungswidrige Haushalte bleiben auch in Zukunft für die Verantwortlichen ohne spürbare Konsequenzen.

Damit können wir ein ernüchterndes Fazit ziehen: Die bisherigen Verschuldungsregeln auf deutscher und europäischer Ebene waren nicht in der Lage, das Problem zunehmender Staatsverschuldung einzudämmen. Die neue deutsche Schuldenbremse könnte zu ein wenig mehr Haushaltsdisziplin führen, obschon immer noch gravierende Anreizprobleme vorhanden sind. Auch die neueren Entwicklungen zur Revision des Stabilitäts- und Wachstumspaktes in Europa, nämlich

- umgekehrte Mehrheit (Empfehlungen der EU-Kommission zu Strafen können nur mit einer Zweidrittel-Mehrheit der Mitgliedsstaaten abgewehrt werden),
- Verbesserung des Frühwarnsystems (auch der Gesamtschuldenstand der Mitgliedsstaaten soll bei der Beurteilung der Finanzlage stärker beachtet werden),

dürften kaum ausreichen, das Schuldenproblem des Staates nachhaltig zu lösen. Den Institutionen- und Ordnungsökonomen steht auf diesem Gebiet also auch in Zukunft noch eine Menge Arbeit bevor. Auch Möglichkeiten der Staatsausgabenbegrenzungen (hierzu *Schudrowitz* 2006) sollten diesbezüglich ins Auge gefasst werden.

Literatur

Schudrowitz, Juri (2006), Möglichkeiten und Grenzen der Regelbindung für die Fiskalpolitik, Hamburg.

Sachverständigenrat zur Begutachtung der gesamtwirtschaftlichen Entwicklung (2009), Jahresgutachten 2009/10: Die Zukunft nicht aufs Spiel setzen, Wiesbaden.

Anhang

Abbildung A1: Entwicklung der Abhängigkeitsquoten („dependency ratios") ausgewählter Staaten

	Young dependency ratio[1] (%)			Elderly dependency ratio[2] (%)			Total dependency ratio[3] (%)		
	2004	2025	2050	2004	2025	2050	2004	2025	2050
EU25	24.4	22.9	23.7	24.5	35.7	52.8	48.9	58.7	76.5
EU15	24.5	23.0	23.9	25.5	36.3	53.2	50.0	59.3	77.1
New Member States	24.0	22.4	22.8	19.6	32.7	50.4	43.5	55.1	73.2
Belgium	26.4	25.2	25.4	26.1	36.5	48.1	52.5	61.7	73.5
Czech Republic	21.5	21.1	22.2	19.7	35.0	54.8	41.2	56.1	77.1
Denmark	28.5	25.3	26.0	22.5	33.8	40.0	51.0	59.1	66.0
Germany	21.9	20.7	21.1	26.8	39.3	55.8	48.7	60.0	76.9
Estonia	23.6	25.3	24.8	23.8	31.3	43.1	47.4	56.6	67.9
Greece	21.4	20.9	22.3	26.4	35.5	58.8	47.8	56.4	81.1
Spain	21.2	19.7	21.7	24.6	33.6	67.5	45.8	53.3	89.2
France[5]	28.5	27.4	27.7	25.2	36.9	47.9	53.7	64.3	75.6
Ireland	30.7	27.9	27.7	16.4	25.2	45.3	47.1	53.0	73.0
Italy	21.3	19.3	21.0	28.9	39.7	66.0	50.2	59.0	86.9
Cyprus	29.4	24.0	22.0	17.5	29.3	43.2	46.9	53.3	65.2
Latvia	22.5	25.2	25.0	23.6	30.7	44.1	46.1	55.9	69.1
Lithuania	26.2	23.1	23.0	22.3	29.2	44.9	48.6	52.2	67.8
Luxembourg	28.0	26.4	27.1	21.0	27.7	36.1	49.0	54.1	63.3
Hungary	23.1	22.4	23.7	22.6	34.5	48.3	45.7	56.9	72.0
Malta	26.5	24.7	23.9	19.0	33.8	40.6	45.5	58.4	64.6
Netherlands	27.4	25.4	26.1	20.5	32.5	38.6	47.9	57.9	64.7
Austria	23.9	21.5	21.5	22.8	34.5	53.2	46.7	56.0	74.6
Poland	24.7	22.6	22.6	18.6	32.8	51.0	43.3	55.4	73.5
Portugal	23.3	22.3	23.8	24.9	34.7	58.1	48.3	57.0	81.9
Slovenia	20.8	21.1	22.9	21.4	35.8	55.6	42.1	56.9	78.5
Slovakia	24.8	20.9	22.2	16.3	28.1	50.6	41.0	49.0	72.9
Finland	26.4	27.0	26.4	23.3	41.4	46.7	49.7	68.3	73.1
Sweden	27.4	28.2	27.5	26.4	36.5	40.9	53.8	64.6	68.4
United Kingdom	27.8	25.5	25.0	24.3	33.2	45.3	52.1	58.7	70.3
Bulgaria	20.6	18.1	21.0	24.9	36.9	60.9	45.5	55.0	81.9
Romania	23.8	21.0	21.6	20.9	28.5	51.1	44.6	49.5	72.6

Quelle: Eurostat (2005).

[1] Population aged between 0 and 14 as a percentage of population aged between 15 and 64.
[2] Population aged 65 and more as a percentage of population aged between 15 and 65.
[3] Sum of young and elderly dependency ratios.

Teil II:

Krisenbewältigung und Krisenvermeidung in der Zukunft

Albrecht F. Michler und Heinz-Dieter Smeets (Hg.)
Die aktuelle Finanzkrise: Bestandsaufnahme und Lehren für die Zukunft
Schriften zu Ordnungsfragen der Wirtschaft · Band 93 · Stuttgart · 2011

Rolle der Notenbanken nach der Finanzkrise: Reform von Zentralbankstruktur und Geldpolitik[1]

H. Jörg Thieme und Uwe Vollmer

Inhalt

[1] Wir danken den Teilnehmern des 43. Forschungsseminars Radein für wertvolle Hinweise. Dank schulden wir auch *Albrecht Michler* für die Anfertigung der Abbildungen.

1. Einleitung

Die Finanzkrise von 2008/2009 ist noch keineswegs zu Ende. Bislang noch nicht vollständig bekannte sehr hohe Abschreibungsvolumina in den Finanzinstitutionen, die Gefahren neuer Blasenbildungen auf einzelnen Märkten (Kreditkartenmärkte in den USA, Rohstoffmärkte, Immobilienmärkte etc.), Wiederanstieg des Handels mit alten Kreditverbriefungen und Derivaten bei unveränderten Verhaltensstrategien usw. lassen einige Marktinsider bereits befürchten, dass die nächste Finanzkrise schon vorbereitet wird.

Gleichwohl sind auch einige positive Entwicklungen erkennbar, die eine häufig geäußerte Furcht vor einem Zusammenbruch des weltweiten Finanzsystems unbegründet erscheinen lassen: Die Gewinne von einigen Großbanken in den USA sind in 2009 bereits so stark angestiegen, dass sie die in Anspruch genommenen staatlichen Kredite zur Abwehr von Insolvenzen zurückzahlen konnten. Die kurzzeitig sehr hohe Bargeldnachfrage der Nichtbanken ist wieder gesunken. Die zwischenzeitlich extrem hohe Reservenhaltung der Geschäftsbanken bei den Zentralbanken ist deutlich zurückgegangen, was eine Zunahme von Glaubwürdigkeit und Vertrauen zwischen den Geschäftsbanken signalisiert. Hinzu kommen die – nicht unmittelbar mit der Finanzkrise zusammenhängenden – positiven Konjunktursignale seit Mitte 2009 in führenden Industrieländern.

Dennoch ist die Schwere der akuten Finanzkrise Anlass, intensiv über mögliche Reformen der Finanzmärkte und insbesondere über jene monetären makroökonomischen Faktoren nachzudenken, die die – immer aktuelle – Labilität von Märkten im Allgemeinen und von Finanzmärkten positiv oder negativ beeinflussen. Der vorliegende Beitrag soll einige markante Aspekte der Finanzmarktkrise aufgreifen und Lösungsmöglichkeiten für die Zukunft diskutieren. Dabei ist jedoch nicht beabsichtigt, die Ursachen der aktuellen Finanzmarktkrise detailliert zu analysieren oder die Bedeutung der mikroökonomischen Rahmenbedingungen (z.B. Haftungsregeln für die Entscheidungsträger in Banken, monetäre Anreizsysteme etc.) für die Finanzmarktakteure herauszuarbeiten; intendiert ist auch nicht, die generellen Determinanten von Finanzmarktinstabilitäten zu analysieren (dazu *Franke* und *Krahnen* 2009).

Vielmehr wird allein die Rolle der Notenbanken nach der Finanzkrise behandelt, wobei zwei Aspekte thematisiert werden. Zunächst wird in einer positiven Analyse gefragt, wie sich die Zentralbankstrukturen und das geldpolitische Instrumentarium in den USA, im Europäischen Währungsraum (EWR), in Japan und in Großbritannien als Folge der Finanzkrise tatsächlich geändert haben. Sodann wird in einer normativen Analyse geprüft, ob und wie die Geldpolitik darüber hinaus zu reformieren wäre, wenn die Gefahr von Finanzkrisen zukünftig reduziert, also Krisenprävention verbessert werden soll. Dazu werden zunächst einige Aspekte insbesondere der Geldpolitik der amerikanischen Notenbank (*US Fed*) analysiert, die eine wesentliche Ursache des Finanzdesasters auf den amerikanischen Immobilien- und Kreditmärkten war (2.). Sodann wird der in der Finanzkrise ausgelöste Wandel der Geldpolitik dargestellt (3.), wobei zwei in der Diskussion dominierende Aspekte betont werden: Wie hat sich der geldpolitische Handlungsrahmen verändert (3.1.) und welche Rolle spielen Notenbanken bei der Bankenaufsicht (3.2.)? Im Anschluss daran wird diskutiert, wie die Geldpolitik zu verändern wäre, wenn das Ausmaß zukünftiger Verwerfungen auf den Finanzmärkten gemindert werden soll (4.). Hinweise auf gravierende Probleme bei der Umsetzung geldpolitischer Reformen schließen den Beitrag ab (5.).

2. Geldpolitische Ursachen von Finanzkrisen

Nach 2008 wurden sehr zügig Analysen über die aktuelle Finanzmarktkrise vorgelegt. Sie beschränken sich weitgehend auf die Beschreibung des Prozesses der Immobilienmarkt- und Kreditmarktkrise in den USA und ihrer internationalen Ausweitung.[2] Diese Prozessbeschreibungen werden sodann angereichert mit Analysen partieller Ordnungsdefekte im Finanzsektor, die in der Finanzkrise offenkundig wurden.[3] Solche Analysen sind wertvoll, weil sie die Einzelaspekte der Finanzmarktprozesse beleuchten, wie sie sich seit der weltweiten Finanzmarktliberalisierung und -integration in den vergangenen zwei Jahrzehnten entwickelt haben.

Mit der Integrationsgeschwindigkeit hat die Ausformung von soliden Ordnungsregeln und Rahmenbedingungen für das Finanzmarktgeschehen nicht Schritt gehalten. Nicht selten werden diese Ordnungsdefizite dann sehr schnell als ‚Versagen der Märkte' und als eindrucksvoller Beleg für die Notwendigkeit einer zügigen, intensiven und umfassenden staatlichen Regulierung der Finanzmarktprozesse interpretiert. Diese fundamentale ‚Marktschelte' und generelle ‚Kapitalismuskritik' bildeten dann den Hintergrund für punktuelle, ‚pragmatische' Prozesseingriffe des Staates zur Rettung der Finanzinstitutionen und der Wirtschaft. Die Wirtschaftspolitik in Deutschland in den letzten zwei Jahren ist hierfür ein eindrucksvoller Beleg (siehe auch *Frankfurter Allgemeine Zeitung* 2009a).

Nur selten wird gefragt, welchen Anteil die Geldpolitik an der Verursachung dieser massiven Finanzkrise hat, die ja weitgehend unerwartet und plötzlich eintrat und nur von wenigen erahnt wurde. Die immer wieder insbesondere von neokeynesianischer Seite behauptete generelle Instabilität von Märkten und marktwirtschaftlichen Systemen kann schwerlich für das Entstehen dieser Finanzkrise herangezogen werden. Unabhängig davon, ob diese Hypothese auch für Gütermärkte gilt (zur Kritik s. *Brunner* 1970; *Thieme* 1982), belegt gerade auch die jüngere Wirtschaftsgeschichte zahlreiche massive realwirtschaftliche Rezessionen in verschiedenen Marktwirtschaften, die zwar

---

[2] Zu nennen sind das Aufkommen von Subprime-Krediten zur Finanzierung von Immobilieneigentum für einkommens- und vermögensschwache Haushalte; neuen Finanzierungsinstrumente; Kreditverbriefungen usw. sowie ein Anwachsen der Nettoexportländer von Finanzvermögen, insbesondere China, aber auch Deutschland und Japan; *global saving glut* (*Bernanke* 2005); siehe auch *Rajan* (2009); *Acharya* and *Richardson* (2009).

[3] Zu den Ordnungsdefekten zählen schlechte oder fehlende Haftungsregeln für Bankmanager; problematische, weil kurzfristige Gewinnziele präferierende Vergütungsregeln für Manager; fehlerhafte Arbeitsweise von Ratingagenturen; Defekte staatlicher Aufsichts- und Kontrollorgane usw.; Überblick bei *Michler* und *Thieme* 2009).

immer auch von Verwerfungen im monetären Sektor begleitet waren, die aber niemals ein solches Ausmaß wie die aktuelle Finanzkrise annahmen.

Für die USA – wo die Finanzkrise 2007 ausbrach – lässt sich zeigen, dass Strategie und Einsatz der Geldpolitik eine zentrale Ursache der Fehlentwicklungen im Finanzsektor waren (zu Einzelheiten siehe *Michler* und *Thieme* 2009): Die US-Zentralbank hatte keine klare Zielhierarchie; sie verfolgte in Abhängigkeit von der aktuellen Entwicklung auf Geld- und Gütermärkten neben der Inflationsvermeidung auch realwirtschaftliche, insbesondere beschäftigungspolitische Ziele (*Görgens, Ruckriegel* und *Seitz* 2008, S. 82 ff.). Als Steuerungsinstrument nutzte die *US Fed* seit den neunziger Jahren die kurzfristigen nominalen Zinssätze, die sie beim Anstieg der aktuellen Inflationsrate zügig erhöhte (1998 bis 2000; 2004 bis 2006; Abbildung 1) und beim Anstieg der aktuellen Arbeitslosenquote ebenso schnell und drastisch senkte (1990 bis 1993; 2001 bis 2004; 2007 bis 2010; Abbildung 2). Die Time-lag-Strukturen der so ausgelösten expansiven und restriktiven monetären Impulse blieben offensichtlich unberücksichtigt.

Abbildung 1: Entwicklung der Inflationsrate und des Leitzinssatzes in den USA

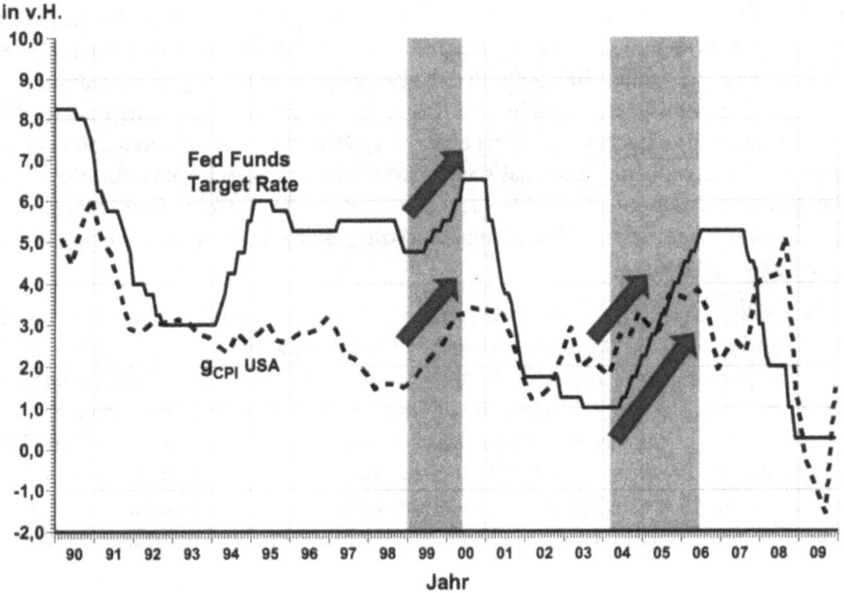

Quelle: *Thomson Financial Datastream* und eigene Berechnungen.

Abbildung 2: Entwicklung der Arbeitslosenquote und des Leitzinssatzes in den USA

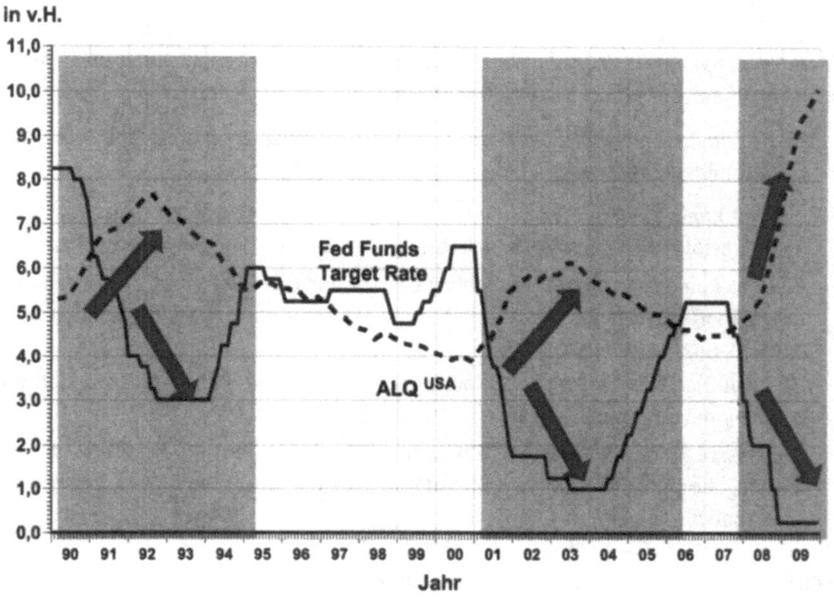

Quelle: *Thomson Financial Datastream* und eigene Berechnungen.

Die im Jahre 2001 von *Greenspan* vollzogene Zinssenkungspolitik hat für fast drei Jahre ein extrem niedriges nominales Zinsniveau für kurzfristige Kredite zwischen 1 und 2 v. H. bewirkt und damit den Kreditboom auf den US-Hypothekenmärkten ausgelöst, der gespeist wurde durch den rasanten Anstieg der realen Hauspreise in den Ballungsgebieten der USA. Die Furcht vor einer weiteren deutlichen Erhöhung der Inflationsrate, die zwischen 2002 und 2004 von ca. 1 v. H. auf über 4 v. H. angestiegen ist, hat die *Fed* veranlasst, den kurzfristigen Zinssatz seit Mitte 2004 in 17 Trippelschritten bis 2006 zügig von 1 v. H. auf 5,25 v. H. zu erhöhen. Dadurch stiegen die indexierten Zinssätze der Subprime-Kredite stark an, wodurch viele der Immobilienbesitzer zahlungsunfähig wurden. Die Werte der komplizierten Kreditverbriefungen sanken drastisch und begründeten die hinlänglich bekannten Insolvenzprobleme zahlreicher amerikanischer Geschäftsbanken, Bausparkassen und Versicherungen, aber auch ausländischer Finanzinstitutionen.

Diese monetäre Restriktionspolitik der *Fed* hat nicht nur massive Liquiditätsengpässe der Geschäftsbanken begründet, sondern auch einen Konjunktureinbruch und vor allem – wegen der hohen Reagibilität der amerikanischen Arbeitsmärkte – einen zügigen Anstieg der Arbeitslosenquote (von ca. 4,3 v. H. Anfang 2007 auf über 8 v. H. Ende 2009) sowie eine spürbare Reduktion der Inflationsrate (auf ca. 1 v. H. in 2007) ausgelöst. Beides hat die *Fed* – nunmehr unter der Leitung von *Bernanke* – veranlasst, Ende 2008 erneut eine bis 2010 anhaltende extrem expansive Geldpolitik zu betreiben: Die Federal Funds Target Rate wurde auf 0,125 v. H. gesenkt bei einer vorübergehenden Wachstumsrate der Basisgeldmenge von über 130 v. H. in 2009. Dadurch konnten die Liquiditätsengpässe der Finanzinstitutionen reduziert und die Voraussetzungen für einen neuerlichen Wirtschaftsaufschwung mit Abbau der Arbeitslosigkeit geschaffen werden. Zugleich ist damit ein großes Inflationspotenzial entstanden, das neuen Blasenbildungen auf Vermögensmärkten Vorschub leistet und möglicherweise die nächsten Finanzmarktturbulenzen vorbereitet.

Die Geldpolitik der *US Fed* in den vergangenen zwanzig Jahren lässt sich damit in wenigen Punkten zusammenfassen:

- Sie hat keine klare Zielfestlegung auf die Sicherung von Preisniveaustabilität; vielmehr verfolgt sie auch realwirtschaftliche Wachstums- und Beschäftigungsziele.
- Sie hat keine klare, veröffentlichte Strategie für die Geldpolitik. Sie versucht, die gesamtwirtschaftlichen Prozesse über die Beeinflussung der kurzfristigen nominalen Zinssätze zu steuern.
- Der ständige Wechsel zwischen nominalen Preisniveau- und realen Beschäftigungszielen induziert zyklische Muster von monetären Impulsen.
- Expansive Liquiditätsschübe alimentieren das Entstehen von Vermögenspreisblasen, die durch restriktive Liquiditätsverknappungen zum Platzen gebracht werden können.

Abbildung 3: Entwicklung der Leitzinssätze in den wichtigsten Industrieländern

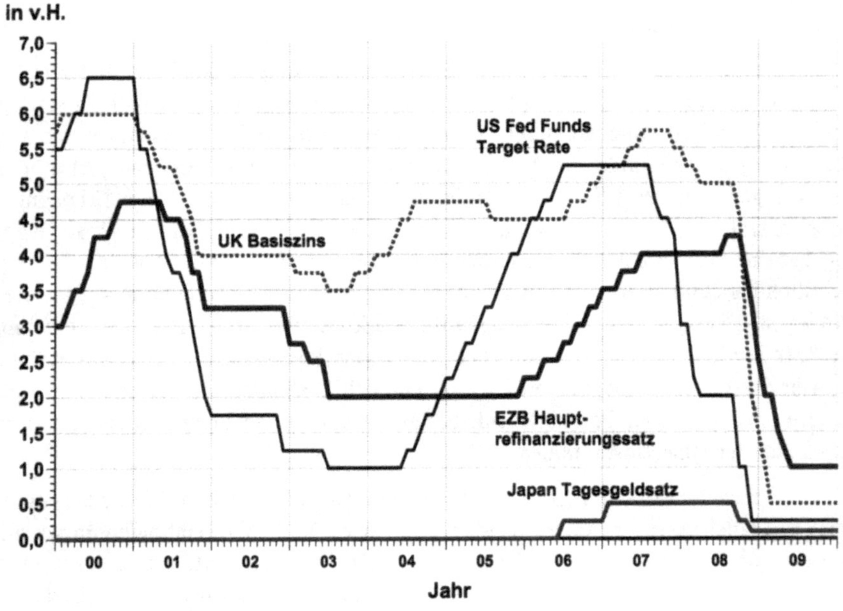

Quelle: *Thomson Financial Datastream* und eigene Berechnungen.

Die *EZB* (ebenso wie *Bank of England* und *Bank of Japan*) hat, wie Abbildung 3 zeigt, in ähnlicher Weise und zeitversetzt Zinssteuerung betrieben, wobei die Zinsausschläge nach oben und unten allerdings deutlich geringer ausfielen. Institutionell ist eindeutig verankert, dass die *EZB* als Ziel die Stabilität des Preisniveaus (definiert als Anstieg des harmonisierten Verbraucherpreisindex von knapp unter 2 v. H.) verfolgt. Die Zwei-Säulen-Strategie (Analyse monetärer und realwirtschaftlicher Variablen) ist bislang offizieller Handlungsrahmen. Es wird aber vermutet, dass die *EZB* in einzelnen Phasen faktisch der *Taylor*-Regel (*Taylor* 1993) bei der Festlegung des kurzfristigen nominalen Leitzinssatzes folgte, der danach vom Realzinssatz, der aktuellen und der Zielinflationsrate sowie dem aktuellen Output und seinem Erwartungswert abhängt. Instrumental hat die *EZB* ihre Hauptrefinanzierungsgeschäfte zunächst als Mengentender abgewickelt, ist allerdings im Juni 2000 wegen des adversen Verhaltens der Geschäftsbanken zum Zinstender im amerikanischen Verfahren übergegangen, jedoch 2009 wieder zum Mengentenderverfahren bei voller Zuteilung der Gebote zurückgekehrt.

Insgesamt ist festzuhalten, dass die zyklische Geldpolitik insbesondere der *Fed*, aber auch anderer Zentralnotenbanken – im Zusammenspiel mit den institutionellen Rahmenbedingungen der Finanzmärkte – die aktuelle Finanzkrise ausgelöst hat. Sollen in Zukunft solche dramatischen Gefährdungen der weltweit verflochtenen Finanzsysteme vermieden werden, sind Änderungen von Zentralbankstruktur und Geldpolitik notwendig. Wie nunmehr zu zeigen ist, hat dieser Wandel in einigen der hier betrachteten Notenbanken bereits begonnen.

3. Wandel von Notenbanken in der Finanzkrise

3.1. Reform des geldpolitischen Handlungsrahmens

Nach Ausbruch der gegenwärtigen Finanzmarktkrise haben die Notenbanken im EWR, in den USA, Großbritannien und in Japan – allerdings in unterschiedlichem Ausmaß – Reformen eingeleitet, um besser als zuvor für das Auftreten von Finanzkrisen gerüstet zu sein. Dabei betrifft die erste Gruppe von Reformmaßnahmen den geldpolitischen Handlungsrahmen von Notenbanken, der seit Ausbruch der Finanzmarktkrise einige Anpassungen in Richtung auf eine größere Konformität durchgemacht hat (Überblicke bei *Borio* and *Nelson* 2008; *Bank for International Settlements* 2008; *Blenck* et al. 2001). Typischerweise umfasst er drei Bestandteile, nämlich

- die Mindestreservepflicht;
- (ein oder zwei) ständige Fazilitäten, die Geschäftsbanken auf eigene Initiative in Anspruch nehmen und mit denen sie fehlende Liquidität über Nacht bei der Notenbank aufnehmen oder überschüssige Liquidität über Nacht bei der Notenbank anlegen können; sowie
- Offenmarktgeschäfte mit unterschiedlichen Laufzeiten, die auf Initiative der Notenbanken erfolgen und mit denen sie die Liquiditätsversorgung des Finanzsektors steuern.

Wie oben ausgeführt, setzen alle Notenbanken die Offenmarktoperationen zur Zinssteuerung ein und versuchen, einen Zinssatz auf dem Interbankenmarkt (den

'Referenzsatz') möglichst nahe an einem angekündigten Zielwert (die 'policy rate') zu halten. Dazu schätzen sie den Basisgeldbedarf von Nichtbanken und Kreditinstituten, der sich aus den autonomen Faktoren und der Mindestreservepflicht ergibt, und stellen mittels ihrer Offenmarktoperationen so viel Basisgeld bereit, dass der Zinssatz auf dem Interbankenmarkt mit dem Zielwert übereinstimmt. Um kurzfristige Abweichungen des Referenzsatzes von der 'policy rate' zu vermeiden, dienen die ständigen Fazilitäten, die zumeist symmetrisch um die 'policy rate' angesiedelt sind und eine Ober- bzw. Untergrenze (soweit vorhanden) für den Interbankenzins bilden sollen. Ähnliche Wirkungen hat auch eine Mindestreservepflicht, wenn eine Durchschnittserfüllung möglich ist.

Vor Ausbruch der Finanzmarktkrise wiesen die geldpolitischen Handlungsrahmen der wichtigen Notenbanken erhebliche Unterschiede auf, wie Tabelle 1 verdeutlicht, die das geldpolitische Instrumentarium des *Eurosystems*, der *Bank of Japan* (BoJ), dem *US Federal Reserve System* (Fed) und der *Bank of England* (BoE) zeigt. Alle Notenbanken steuern am Interbankenmarkt den Tagesgeldsatz.[4] Überall – mit Ausnahme Großbritanniens – gibt es eine Mindestreservepflicht für Geschäftsbanken, die einen bestimmten Prozentsatz ihrer Einlagen auf Girokonten bei der Notenbank halten müssen.[5] Dabei schwankt die Mindestreserveerfüllungsperiode zwischen zwei Wochen (im Falle der *US Fed*) und vier bis fünf Wochen (im Falle des *Eurosystems*). Sowohl das *Eurosystem* als auch die *Bank of England* zahlen Zinsen auf Mindestreserveguthaben (in Höhe des Hauptrefinanzierungssatzes im Falle des Eurosystems), während die Mindestreserve in den USA und in Japan vor Ausbruch der Finanzkrise unverzinst war.

Alle vier Notenbanken steuern die Liquiditätsversorgung durch Offenmarktoperationen in Form von Repo-Geschäften, wobei Rhythmus und Laufzeit variieren. Während das *Eurosystem* und die *Bank of England* ihre Offenmarktgeschäfte wöchentlich und mit einer Laufzeit von ebenfalls einer Woche einsetzen, finden solche Geschäfte in Japan und in den USA täglich statt mit Laufzeiten zwischen einem Tag und zwei Wochen (im Falle der *Fed*) bzw. von vier Wochen (im Falle der *Bank of Japan*). Die Unterschiede in Rhythmus und Laufzeit von Hauptrefinanzierungsgeschäften durch Notenbanken bedingen auch Unterschiede im Kreis der Geschäftspartner und im Verzeichnis der notenbankfähigen Sicherheiten: Während das *Eurosystem* sein wöchentliches Refinanzierungsgeschäft mit einem weiten Kreis von Banken als Geschäftspartnern durchführt, betreibt die *US Fed* ihre täglichen Operationen mit wenigen Wertpapierhäusern (den 20 sogenannten 'primary dealers'). Zudem akzeptiert das *Eurosystem* Wertpapiere sowohl von öffentlichen als auch von privaten Emittenten, während die *Fed* nur Wertpapiere öffentlicher Emittenten als Sicherheiten annimmt.

---

[4] Im Falle des *Eurosystems* erfüllt der Mindestbietungssatz für Hauptrefinanzierungsgeschäfte die Funktion einer 'policy rate' (obwohl dieser Begriff nicht verwendet wird); im Falle der *Bank of England* ist es die 'Bank Rate Paid on Commercial Bank Reserves'.

[5] Dieser Prozentsatz beträgt jeweils 2 vH (*Eurosystem*), 10 v.H. (*US Fed*) und 0,1 bis 1,2 v.H. (*Bank of Japan*). In England wählen die Geschäftsbanken einen Zielwert für ihre Reservehaltung während einer Erfüllungsperiode und erhalten darauf eine Verzinsung von der *Bank of England*, sofern des Reservehaltungsziel erfüllt wird. Siehe *Bank of England* (2008, p. 9).

Zwischen diesen beiden Extremfällen liegen die *Bank of Japan* und die *Bank of England*.[6]

Tabelle 1: Geldpolitischer Handlungsrahmen wichtiger Notenbanken[a] vor der Finanzmarktkrise im August 2007

Ausprägung	Eurosystem	BoJ	Fed	BoE
Strategievariable:				
Policy rate[b]	MBS	ü/N target	ü/N target	Bank rate
Referenzzinssatz (Laufzeit)	ü/N [c]	ü/N	ü/N	ü/N
Mindestreservehaltung:	obligatorisch	obligatorisch	obligatorisch	freiwillig
Erfüllungsperiode	4 – 5 W [e]	1 M	2 W	1 M
Verzinsung	ja [f]	nein	nein	ja [f]
Kreditfazilität:	ja	ja	ja	ja
Laufzeit; Zinssatz b.p.	ü/N+100[e]	ü/N	ü/N+100[e]	ü/N+100[e,g]
Sicherheiten	wie HFI	wie HFI	breiter HFI	wie HFI
Geschäftspartner	wie HFI	breiter HFI	breiter HFI	breiter HFI
Einlagefazilität:	ja	nein	nein	ja
Laufzeit, Zinssatz b.p.	ü/N-100[e]	/	/	ü/N-100[e]
Hauptrefinanzierungs-instrument:	(Repo)	(Repo)	(Repo)	(Repo)
Häufigkeit	wöchentlich	täglich[e]	täglich[e]	wöchentlich
Laufzeit	1 W	1 T – 4 W [e]	1 T – 2 W	1 W
Sicherheiten	öff+pr Wepa[h]	öff+pr[h] Wepa	öff. Wepa	öff. Wepa
Geschäftspartner	Banken	Ba+WepaH	WepaH	Ba+WepaH
Andere Operationen:				
Häufigkeit	selten	häufig	/	selten
Laufzeit	1 T oder 3 M	1 T – 2 M	/	1 T – 12 M[i]

Quelle: *Borio* and *Nelson* (2008, Tabellen 1 und 2); *Bank for International Settlements* (2008); Websites der Notenbanken.

a) BoJ: *Bank of Japan*; Fed: *US Federal Reserve*; BoE: *Bank of England*; MBS = Mindestbietungssatz im Hauptrefinanzierungsgeschäft; ü/N = über Nacht; W = Wochen; M = Monat; T = Tag; b.p. = Basispunkte; HFI = Hauptrefinanzierungsinstrument; Ba= Banken; WepaH = Wertpapierhäuser.

b) *Bank of Japan* (BoJ): Target rate for the uncollateralized overnight call rate; *Eurosystem* (ECB): Main refinancing operations (fixed rate); *Bank of England* (BoE): Bank rate paid on commercial bank reserves; *US Federal Reserve* (Fed): Federal Funds Target Rate.

c) Kein formeller Referenzzinssatz, aber Zinssatz am Tagesgeldmarkt (EONIA) erfüllt diese Funktion.

e) Typischerweise.

f) Verzinsung zum Hauptrefinanzierungssatz (Eurosystem) bzw. zur ‚Bank rate' (BoE).

g) +/- 25 Basispunkte am letzten Tag der Mindestreserveerfüllungsperiode.

h) Ausgewählte Wertpapiere.

i) Einschließlich regelmäßiger Fine-tuning-Operationen am Ende der Mindestreserveerfüllungsperiode.

---

6 Die *Bank of England* hatte bis Mitte der 1990er Jahre eine ähnliche Politik wie die *Fed* betrieben, seither aber den Kreis ihrer Geschäftspartner über die zuvor präferierten ‚discount houses' hinaus ausgeweitet. Siehe *Bank of England* (1997).

Um zu verhindern, dass der Referenzzinssatz zu stark von der ‚policy rate' nach oben abweicht, bieten alle vier Notenbanken eine Kreditfazilität an, in der die Geschäftspartner ‚über Nacht' Liquidität von der Notenbank (gegen Bereitstellung von Sicherheiten) zu einem festgelegten Zinssatz erhalten können. Der zu zahlende Zinssatz liegt bis zu 100 Basispunkte über der ‚policy rate'. Der Kreis der zugelassenen Geschäftspartner ist zumeist größer als beim Hauptrefinanzierungsinstrument, weil es sich bei der Kreditfazilität um eine Notfallfazilität handelt; eine Ausnahme bildet das *Eurosystem*, das seine Offenmarktgeschäfte ohnehin mit einem weiten Kreis von Geschäftspartnern betreibt. Oftmals sind die zugelassenen Sicherheiten dieselben wie beim Hauptrefinanzierungsinstrument; hiervon ausgenommen ist die *Fed*, die Kredite im Rahmen der Kreditfazilität auch gegen Bereitstellung von Sicherheiten mit niedrigerem Rating zur Verfügung stellt. Das Gegenstück zur Kreditfazilität ist die Einlagefazilität, zu der Geschäftsbanken über Nacht Liquidität bei der Notenbank anlegen können und dafür einen unterhalb der ‚policy rate' liegenden Zins erhalten. Dieser bildet die Untergrenze für den Interbankenzinssatz. Diese Fazilität existierte vor Ausbruch der Finanzmarktkrise allerdings nur im EWR und in England, jedoch nicht in Japan und in den USA.

Solche Unterschiede im geldpolitischen Handlungsrahmen der betrachteten vier Notenbanken spiegeln nicht nur Besonderheiten der nationalen Finanzmärkte wider, sondern sind auch Ausdruck unterschiedlicher Zielpräferenzen der geldpolitischen Entscheidungsträger oder des Gesetzgebers. In normalen Zeiten – außerhalb von Finanzkrisen – soll ein geldpolitisches Instrumentarium zugleich den Zielen ‚Wettbewerbsneutralität', ‚Dezentralität' und ‚geldpolitische Effizienz' dienen, wobei Zielkonflikte auftreten können (*Vollmer* 1999): Um Wettbewerbsneutralität zu garantieren, müssen Notenbanken ihre Geschäfte mit einem weiten Kreis von Geschäftspartnern abwickeln und eine breite Palette von öffentlichen und privaten Wertpapieren als Sicherheiten akzeptieren. Dezentralität bedeutet, dass diese Geschäfte nicht nur an einem Finanzplatz, sondern an verschiedenen Orten durchgeführt werden. Beides impliziert jedoch, dass geldpolitische Geschäfte nur in vergleichsweise großen zeitlichen Abständen und mit langen Laufzeiten durchgeführt werden können, was einen Verlust an Marktnähe und den prinzipiellen Verzicht auf geldpolitische Effizienz bedeutet, die – vor allem wenn die Geldmarktentwicklung volatil ist – einen kurzfristigen Einsatz geldpolitischer Geschäfte erforderlich macht.

Von den hier betrachteten Notenbanken misst das *Eurosystem* den ersten beiden Kriterien ein recht großes Gewicht bei, während die *US Fed* traditionell das letzte Kriterium stark gewichtet; die übrigen beiden Notenbanken sind dazwischen einzuordnen. Das *Eurosystem* wickelt seine Geschäfte (mit Ausnahme der Feinsteuerungsoperationen) mit einem sehr weiten Kreis von Geschäftspartnern grundsätzlich über die Nationalen Zentralbanken und damit dezentral ab; nur in Ausnahmefällen behält die *EZB* sich vor, geldpolitische Geschäfte selbst durchzuführen. Dieser breite Teilnehmerkreis bedingt jedoch, dass das *Eurosystem* seine regelmäßigen geldpolitischen Offenmarktgeschäfte nur in vergleichsweise großen zeitlichen Abständen und mit einer Laufzeit von mindestens einer Woche durchführen kann, was einen Verlust an kurzfristiger geldpolitischer Effizienz bedeutet. Im Gegensatz hierzu betreibt die *US Fed* ihre Offenmarktoperationen täglich, allerdings nur mit einem kleinen Kreis von Geschäftspartnern

– den 20 ‚primary dealers' – und nur über die *Federal Reserve Bank of New York*. Die *US Fed* ist damit sehr viel stärker als das *Eurosystem* auf einen funktionierenden Interbankenmarkt angewiesen, um die über die ‚primary dealers' in den Markt gebrachte Liquidität anderen Geschäftsbanken zukommen zu lassen. Diese haben allein Zugriff auf die Kreditfazilität (‚discount window') und müssen dafür einen oberhalb der ‚policy rate' liegenden Strafzins (‚discount rate') zahlen.

Tabelle 2: Anpassungen am geldpolitischen Handlungsrahmen während der Finanzmarktkrise

Maßnahme	**Eurosystem**	**BoJ**	**Fed**	**BoE**
Ausweitung der zulässigen Sicherheiten	**ja**	**ja**	ja	ja
Ausweitung des Kreises der Geschäftspartner			ja	
Veränderung der Kreditfazilität			ja	ja
Einführung einer Einlagefazilität		ja	ja	
Einführung von Termineinlagen			ja [1)]	
Operationen in Fremdwährung (USD)	ja	ja		ja

[1)] Angekündigt.

Quellen: *Borio and Nelson* (2008, Tabelle 4), *Bank of England* (2008); Websites der Notenbanken.

Nach Ausbruch der Finanzmarktkrise haben alle hier betrachteten Notenbanken – allerdings in unterschiedlichem Ausmaß – damit begonnen, Anpassungen an ihrem geldpolitischen Handlungsrahmen vorzunehmen, die in Tabelle 2 zusammengefasst sind.[7] Erstens haben sowohl die *US Fed* als auch die *Bank of England* das Verzeichnis der zulässigen Sicherheiten sowie – im Falle der *Fed* – den Kreis ihrer Geschäftspartner ausgeweitet und dafür gesorgt, dass mehr Geschäftsbanken Zugang zu den Offenmarktoperationen haben. Im Falle der *US Fed* wurde im Dezember 2007 eine zusätzliche Fazilität eingeführt, die ‚term auction facility', zu der nicht nur die ‚primary dealers', sondern alle Banken Zugang haben und die dasselbe (umfangreiche) Besicherungsverzeichnis nutzt wie die Kreditfazilität (*Borio* and *Nelson* 2008, p. 42). Die *Bank of*

[7] Tabelle 2 enthält nur die von den Notenbanken vollzogenen Anpassungen an ihren Handlungsrahmen, also die vollzogenen Regeländerungen, nicht bislang ungenutzte (oder selten genutzte) Instrumente, die inzwischen eingesetzt werden. So hat beispielsweise das *Eurosystem* seit Ausbruch der Finanzmarktkrise verschiedene Feinsteuerungsoperationen (mit sehr kurzen Laufzeiten) und strukturelle Operationen (mit einer Laufzeit von einem Jahr) durchgeführt, die vor der Finanzmarktkrise kaum eingesetzt wurden (*Europäische Zentralbank* 2009a). Ergänzt wurden diese Anpassungen am Handlungsrahmen durch eine verbesserte währungspolitische Zusammenarbeit zwischen den Notenbanken, die sich im Rahmen von Swap-Abkommen gegenseitig Fremdwährungsbestände zur Verfügung gestellt haben, um Finanzierungsengpässe in Fremdwährungen auf den heimischen Interbankenmärkten zu beheben (*Europäische Zentralbank* 2009a, S. 93).

England hat die ‚discount window facility' eingeführt, die es Geschäftsbanken – gegen Zahlung einer Gebühr – ermöglicht, von der englischen Notenbank Staatsschuldtitel leihweise zu erhalten, die dann als Sicherheiten für Offenmarktoperationen oder für Kreditaufnahme am Geldmarkt verwendet werden können. Darüber hinaus hat die *Bank of England* angekündigt, dauerhaft das Verzeichnis ihrer in den monatlichen Repo-Geschäften akzeptierten Sicherheiten auszuweiten und neben öffentlichen auch private Wertpapiere zu akzeptieren (*Bank of England* 2008).

Solche Anpassungen sind in den USA und in Großbritannien bei nicht-funktionierenden Interbankenmärkten notwendig geworden, weil die Kreditfazilität von den Geschäftsbanken wegen eines ‚Stigma-Effekts' nur ungern und selten in Anspruch genommen wurde (*Furfine* 2001; 2003; *Bank of England* 2008). Offensichtlich verursacht dort die Inanspruchnahme der Kreditfazilität für einzelne Geschäftsbanken nicht nur pretiale Kosten in Form der zu zahlenden Zinssätze, sondern auch nicht-pretiale (Stigma-)Kosten, sodass sie es vorziehen, höhere Zinsen am (unbesicherten) Interbankenmarkt zu zahlen, anstatt die preiswertere Kreditfazilität in Anspruch zu nehmen. Diese Stigma-Kosten können unterschiedliche Ursachen haben (*Artuc* and *Demiralp* 2010a; 2010b). Sie können erstens darin begründet sein, dass die Inanspruchnahme der Kreditfazilität zusätzliche regulatorische Aktivitäten auslöst, was Verwaltungskosten für die Geschäftsbanken verursacht.[8] Sie können zweitens Folge von Informationsasymmetrien sein, wenn Marktteilnehmer die Inanspruchnahme der Kreditfazilität beobachten und das als Signal interpretieren, dass die betreffende Bank nicht nur Liquiditäts-, sondern auch Solvenzprobleme aufweist; dies schreckt Banken, die nur ein temporäres Liquiditätsproblem (etwa am Ende des Geschäftstages) haben, davon ab, die Fazilität zu nutzen.[9] Schließlich kann die Nutzung der Kreditfazilität drittens dadurch erschwert werden, dass die Geschäftspartner nicht über ausreichende Sicherheiten verfügen und sie deshalb Kredite am unbesicherten Interbankenmarkt aufnehmen müssen.[10]

Als weitere Maßnahme haben wiederum die *US Fed* und die *Bank of Japan* damit begonnen, Mindest- und Überschussreserven der Geschäftsbanken zu verzinsen und damit de facto eine Einlagefazilität einzuführen, wie sie das Eurosystem und die *BoE* seit langem besitzen.[11] Die Einführung einer Einlagefazilität hat mehrere Effekte:

---

8 Dies war bis 2003 in den USA der Fall, wo potenzielle Kreditnehmer vor Inanspruchnahme der Kreditfazilität Fragen zu ihrem finanziellen Status beantworten und die Gründe erläutern mussten, warum sie einen Notenbankkredit erhalten wollten. Seither betreibt die *US Fed* allerdings eine ‚No questions asked'-Politik, um alle administrativen Kosten der Inanspruchnahme der Kreditfazilität zu beseitigen. Siehe *Furfine* (2001); *Artuc* and *Demiralp* (2010a; 2010b).

9 Um dies zu verhindern, will die *BoE* künftig die Inanspruchnahme der Kreditfazilität durch Geschäftspartner nicht mehr oder nur verzögert veröffentlichen (*Bank of England* 2008, p. 21).

10 Für den Euro-Raum fehlen Hinweise auf solch einen Stigma-Effekt, vielleicht weil hier die Mittelaufnahme über die Spitzenrefinanzierungsfazilität der *EZB* nie als Ausnahme galt; jedenfalls sind keine Interbankgeschäfte zu über dem Spitzenrefinanzierungssatz liegenden Zinssätzen verzeichnet (*Bank für Internationalen Zahlungsausgleich* 2008, S. 68 f.).

11 Das *Eurosystem* hatte zwischenzeitlich zusätzlich den Einlagezinssatz um 50 b.p. angehoben und den Spitzenrefinanzierungssatz um 50 b.p. gesenkt. Im Januar 2009 wurde der

Erstens wird durch sie eine Untergrenze für den Tagesgeldsatz begründet und verhindert, dass dieser zu stark nach unten absinkt. Dies kann in Zeiten insgesamt niedriger Zinssätze sinnvoll sein, um zu verhindern, dass der Interbankenmarkt wegen zu niedriger Zinsmargen zusammenbricht, die nicht mehr die Transaktionskosten decken (*Shiratsuka* 2009).[12] Darüber hinaus steigt mit der Verzinsung die Reservehaltung der Geschäftsbanken, und dies kann notwendig sein, um den bargeldlosen Zahlungsverkehr innerhalb des Bankensystems funktionsfähig zu halten, ohne dass die Notenbanken zu große Kreditrisiken eingehen.

Diese Zahlungen werden über multilaterale Großhandelszahlungssysteme abgewickelt, die Zahlungssalden zu diskreten Zeitpunkten ausgleichen und entweder als Netto- oder Bruttosysteme ausgestaltet sind (*Kahn* and *Rodberts* 2009). In einem Nettosystem werden zwischen den Banken auftretende Forderungen saldiert und die Salden am Ende des Geschäftstages über Konten beim ‚settlement agent' (d.h. in der Regel der Notenbank) ausgeglichen; vor Ablauf des Geschäftstags erfolgen keine Zahlungen. Dadurch wird in einem Nettosystem zwar relativ wenig Zentralbankgeld als Liquidität benötigt, aber es bestehen ein systemisches Risiko und die Gefahr, dass während des Geschäftstages entstehende Forderungen nicht beglichen werden, was in einer Art Kettenreaktion weitere Forderungsausfälle begründen kann.[13]

Um dies zu vermeiden, sind in den 1990er Jahren viele Notenbanken zu Bruttozahlungssystemen (‚real time gross settlement'; RTGS) übergegangen, in denen Forderungen zwischen Geschäftsbanken durch Umbuchungen auf Zentralbankkonten einer nach der anderen sofort und ohne Bündelung oder Saldierung beglichen werden.[14] Dadurch schützen Bruttozahlungssysteme vor systemischen Risiken, benötigen aber sehr viel mehr Liquidität als Nettosysteme. Diese Liquidität wird in normalen Zeiten den Geschäftsbanken durch die Notenbank kreditär bereitgestellt, entweder gegen Zahlung einer (geringen) Gebühr ohne Begebung von Sicherheiten (wie in den USA) oder ohne Gebührenzahlung gegen Bestellung von Sicherheiten (wie in der Eurozone, Japan und dem UK).[15] Ohne Existenz solcher Innertages-Überziehungskredite blieben

---

Zinskorridor zwischen Spitzenrefinanzierungssatz und Einlagezinssatz wieder auf 200 b.p. angehoben und im Mai 2009 auf 150 b.p. gesenkt.

12 Diese Situation ist in den 1990er Jahren in Japan eingetreten. Dort betrug der Zinssatz auf dem Interbankenmarkt nur noch 0.001 Prozent und reichte nicht mehr aus, um die Handelskosten zu decken (*Baba* et al. 2005).

13 Solche Kettenreaktionen sind zwar bislang nicht aufgetreten, jedoch gab es Zahlungsausfälle, beispielsweise nach der Insolvenz des Bankhauses *Herstatt* 1974 oder der *Bank of Credit and Commerce International* (BCCI) 1991, die regulatorische Bedenken gegen Nettozahlungssysteme begründeten (*Kahn* and *Rodberts* 2009, p. 4).

14 Es handelt sich dabei um *Fedwire* (USA); *CHAPS* (Clearing House Automated Payment System, UK); *Target* (Trans-European Automated Real-time Gross Settlement Express Transfer System; Euro-Raum); (BOJ-NET, Japan). Darüber hinaus gibt es in vielen Ländern aber auch parallele Nettozahlungssysteme, wie *CHIPS* (Clearing House Interbank Payments System) in den USA, die nicht von den Notenbanken betrieben werden und preiswerter sind.

15 Damit sind Innertages-Notenbankkredite (anders als Über-Nacht-Kredite) weitgehend zinslos, was damit gerechtfertigt werden kann, dass Geschäftsbanken Zeitpunkt und Höhe der im Tagesgeschäft ein- und ausgehenden Zahlungen nicht kontrollieren können. Wird der

auch in normalen Zeiten einige Forderungen zunächst unbezahlt und gingen in eine Warteschlange; sie würden dann, wie in einem Nettosystem, erst am Ende des Geschäftstages ausgeglichen oder als Interbankenkredit auf den nächsten Geschäftstag übertragen. Damit besteht auch in einem Bruttozahlungssystem ein Kontrahentenrisiko, das allerdings von der Geschäftsbank auf die Notenbank übertragen wird (*Ennis* and *Weinberg* 2007).

Im Bruttozahlungssystem hängt der Bedarf an Notenbankkrediten u.a. ab von der Reservehaltung durch die Geschäftsbanken, die ihrerseits durch eine Reihe von Faktoren determiniert ist, wie den Mindestreservesatz, den von den Geschäftsbanken zu zahlenden Sollzinsen und den ihnen auf Notenbankguthaben gezahlten Habenzinsen. Dabei ist bei gegebenem Transaktionsvolumen im Zahlungssystem der Kreditbedarf der Geschäftsbanken umso höher, je niedriger deren Reservehaltung ist. Diese ist minimal (und bleibt auf die Mindestreservepflicht begrenzt), wenn Überschussreserven unverzinst sind, weil dann die Opportunitätskosten der Reservehaltung maximal sind. Die Verzinsung von Notenbankreserven erhöht umgekehrt die Reservehaltung und mindert den Bedarf an Innertageskrediten durch die Notenbank (*Ennis* and *Weinberg* 2007). Dies reduziert auch das Kontrahentenrisiko, dem die Notenbank ausgesetzt ist.[16] Tatsächlich hat sich in den USA nach Einführung der Zinszahlungen auf Bankreserven die Reservehaltung der Geschäftsbanken drastisch erhöht, und die *US Fed* hat die erforderliche Liquidität auf dem Wege der Offenmarktoperationen bereitgestellt.

Im Dezember 2009 hat die *US Fed* angekündigt, als dritte Maßnahme eine Termineinlagenfazilität einzuführen, wie sie das *Eurosystem* schon seit langem besitzt. Diese Term Deposits sollen eine Laufzeit zwischen einem Monat und sechs Monaten aufweisen und erlauben es der *Fed*, nach Ende der Finanzmarktkrise von den Geschäftsbanken unter Verwendung eines Auktionsverfahrens nicht mehr benötigte Liquidität zu absorbieren (*Frankfurter Allgemeine Zeitung* 2009b).

Damit hat sich seit Ausbruch der Finanzmarktkrise eine Konvergenz der geldpolitischen Instrumentarien in Richtung auf den vom *Eurosystem* bereits vor der Krise verwendeten Handlungsrahmen ergeben. Wie das *Eurosystem* agieren inzwischen alle Notenbanken mit einem weiten Kreis von Geschäftspartnern, akzeptieren ein breites Spektrum von Sicherheiten und zahlen Zinsen auf Bankreserven. Diese Veränderungen im Instrumentarium lassen erwarten, dass Notenbanken künftig besser als noch vor einigen Jahren in der Lage sein werden, Finanzmarktkrisen zu begegnen. Die Kehrseite dieser Entwicklung ist, dass die Notenbanken in Zukunft auch eine wichtigere Rolle als Akteure auf den Geldmärkten spielen werden. Dies gilt insbesondere für die *US Fed*, die traditionell wenig auf den Interbankenmärkten aktiv ist, in Zukunft aber dort eine größere Rolle als Intermediär spielen wird. Die bislang vergleichsweise geringe Bedeutung der *Fed* vor Ausbruch der Finanzmarktkrise wird deutlich in Tabelle 3, die die

---

Kredit nicht bis zum Ende des Geschäftstages zurückbezahlt, muss die teure Kreditfazilität in Anspruch genommen werden.

16 Die Alternative zur Verzinsung von Bankreserven ist es, Sollzinsen für die Inanspruchnahme von Innertageskrediten zu nehmen (*Lacker* 1997). Diese Option wird von den hier betrachteten Notenbanken aber bislang nicht wahrgenommen.

Gesamtaktiva dreier Notenbanken jeweils in Relation zum BIP bzw. zum Banknotenumlauf zeigt. Sie macht deutlich, dass die *US Fed* vor der Krise eine kleine Notenbank war, deren Bilanzvolumen sowohl relativ zum BIP als auch relativ zum Banknotenumlauf wesentlich geringer als in Europa und Japan war.[17] Inzwischen hat sich das Volumen mehr als verdoppelt, und die *US Fed* ist – zumindest gemessen in Relation zum Banknotenumlauf – zur größten der drei betrachteten Notenbanken geworden (*Europäische Zentralbank* 2009b; *Stella* 2009).

Tabelle 3: Relative Größe von Zentralbanken: Eurosystem, Bank of Japan, US Federal Reserve

	Gesamtaktiva der vereinfachten Bilanz[1)] gemessen am BIP (in %)			**Gesamtaktiva der vereinfachten Bilanz[1)] gemessen am Banknotenumlauf (in %)**		
	Juni 2007	Höchststand (Datum)	August 2009	Juni 2007	Höchststand (Datum)	August 2009
Euro-system	10	19 (02.01.2009)	16	144	231 (02.01.2009)	194
BoJ	16	23 (31.03.2009)	22	111	144 (31.03.2009)	139
US Fed	6	15 (17.12.2008)	14	109	266 (17.12.2008)	232

[1)] Teilweise aggregierte und saldierte Finanzausweise der Notenbanken.

Quelle: *Europäische Zentralbank* (2009b, S. 96).

3.2. Rolle der Notenbanken bei der Bankenaufsicht

Die zweite Gruppe von Reformvorschlägen betrifft die mikroprudenzielle Bankenaufsicht, also die Frage, wer Banklizenzen erteilen oder entziehen und mit der laufenden Überwachung und Prüfung des Bankbetriebs in Hinblick auf Solidität und Sicherheit betraut sein sollte. Diese Aufgaben können bei der Notenbank angesiedelt sein; sie können aber auch bei einer eigenständigen Bankenaufsichtsbehörde oder bei mehreren Behörden zusammen liegen.[18]

Alle drei Arrangements finden sich in der Realität. Gemäß *Barth* et al. (2006, p. 83 ff.) lag 1998/99 bzw. 2002/03 die Bankenaufsicht in 69 von 151 betrachteten Ländern allein bei der Notenbank und in 61 Ländern bei einer speziellen, von der Notenbank

---

[17] Vergleichbare Daten für die *Bank of England* liegen nicht vor.

[18] Die Trennung von Bankenaufsicht und Geldpolitik wird manchmal als ‚deutsches Modell', die Zusammenlegung beider Funktionen bei der Notenbank als ‚britisches Modell' bezeichnet, weil sie in diesen Ländern jeweils die längste Tradition haben (*Goodhart* and *Schoenmaker* 1995, p. 539 ff.). Allerdings weicht Großbritannien seit der Notenbankreform Ende der 1990er Jahre vom britischen Modell ab, weil die Bankenaufsicht auf die *Financial Services Authority* (FSA) übertragen wurde und die *Bank of England* ihre Unabhängigkeit vom Finanzministerium erhielt.

unabhängigen Aufsichtsbehörde, die zumeist beim Finanzministerium angesiedelt war. In 21 Ländern lagen multiple Regulierungsstrukturen vor, wo sich Notenbank und Aufsichtsbehörde die Aufsicht teilen; dazu gehören die USA (wo die Bankenaufsicht bei der *Fed*, der Einlagenversicherung *FDIC* und dem *Comptroller of the Currency* liegt) und bislang auch die Bundesrepublik Deutschland, wo *BaFin* und *Deutsche Bundesbank* mit der Bankenaufsicht befasst sind.[19]

In der Literatur wird seit langem diskutiert, ob Geldpolitik und Bankenaufsicht in Händen der Notenbank liegen oder voneinander getrennt werden sollten (Überblicke bei *Goodhart* and *Schoenmaker* 1995; *Di Noia* and *Di Giorgio* 1999; *Ioannidou* 2005; *Europäische Zentralbank* o.J.). Für ein Zusammenlegen beider Funktionen bei der Notenbank (also für das ‚britische Modell') sprechen vor allem Synergieeffekte, die wie folgt begründet sind:

Als ‚lender of last resort' sollte die Notenbank finanzielle Hilfen nur an illiquide, aber solvente Geschäftsbanken vergeben und nicht an Banken mit negativem Ertragswert (*Freixas* et al. 2004). Die hierfür erforderlichen Informationen über die Solvenz von nach Krediten suchenden Geschäftsbanken erhält die Notenbank zügig und unverfälscht nur, wenn sie selbst an der Bankenaufsicht beteiligt ist. Zwar könnten solche Informationen auch von einer eigenständigen Aufsichtsbehörde gesammelt und an die Notenbank weitergeleitet werden; dabei sind allerdings Zeitverzögerungen oder Verfälschungen zu befürchten, wenn die Aufsichtsbehörde andere Mandate und andere Zielsetzungen als die Notenbank verfolgt (*Haubrich* 1996; *Goodhart* and *Schoenmaker* 1995; *Di Noia* and *Di Giorgio* 1999).[20]

Durch eine Beteiligung an der Bankenaufsicht erhält die Notenbank zusätzliche Informationen, die präzisere Schätzungen der gesamtwirtschaftlichen Aktivität und des Inflationsdrucks erlauben und die Qualität der Geldpolitik verbessern (*Peek* et al. 1999; 2003; *Feldman* et al. 2003).

Neben diesen Synergieeffekten wird zugunsten des ‚britischen Modells' angeführt, dass Notenbanken als Träger der mikroprudenziellen Bankenaufsicht stärker als andere Aufsichtsbehörden das Systemrisiko berücksichtigen, während andere Behörden eher den Anlegerschutz und die Aufsicht einzelner Geschäftsbanken im Fokus haben. Damit berücksichtigen Notenbanken stärker die Konsequenzen, die ein Ausfall einer Geschäftsbank für den Zahlungsverkehr und die Stabilität des Zahlungssystems hat; umgekehrt dürften Zentralbanken weniger dazu neigen, einzelne Intermediäre schützen zu wollen, um das Auftreten von ‚Moral hazard' zu verhindern, wenn nicht die Gefahr von Domino-Effekten besteht. Im Gegensatz zu Notenbanken können eigenständige Aufsichtsbehörden weniger Rücksicht auf systemische Risiken nehmen und müssen größeres Gewicht auf die Beziehungen zwischen einzelnen Geschäftsbanken und ihren Kunden legen. Sie unterliegen Zielkonflikten, wenn aus Gründen des Anlegerschutzes

---

[19] Eine ähnliche Verteilung der Regulierungsarrangements berichten auch *Tuya* and *Zamalloa* (1994); *Goodhart* and *Schoenmaker* (1995); *Di Noia* and *Di Giorgio* (1999).

[20] Mängel bei der Informationsweitergabe anderer Behörden an die Notenbank sind auch eines der zentralen Argumente, mit denen die *US Fed* jüngst Vorschlägen entgegengetreten ist, die darauf abzielen, die Bankenaufsicht der *Fed* zu entziehen. Siehe *Board of Governors* (2010).

einzelne Institute geschützt werden und dies das Auftreten von ‚Moral hazard' fördert (*Europäische Zentralbank* o.J.).[21]

Gegen die Übertragung von aufsichtsrechtlichen Funktionen auf die Notenbanken, und damit für das ‚deutsche Modell', wird vor allem die Befürchtung angeführt, dass Interessenkonflikte mit der Geldpolitik auftreten können, die sowohl die Qualität der Bankenaufsicht als auch die Qualität der Geldpolitik beeinträchtigen:

Die Notenbank unterliegt einem Zuordnungsproblem, wenn sie nur über ein Politikinstrument verfügt und zwei Ziele erreichen muss, die im Widerspruch zueinander stehen. Dann kann es sein, dass sie auf eine restriktive Geldpolitik verzichtet, die zur Erreichung von Preisniveaustabilität erforderlich ist, um die Stabilität des Finanzsektors nicht zu gefährden. Umgekehrt kann es sein, dass sie auf Zinssenkungen verzichtet, um die Profitabilität der Geschäftsbanken nicht zu gefährden (*Goodhart* and *Schoenmaker* 1992; *Di Noia* and *Di Giorgio* 1999).

Die Zusammenfassung geldpolitischer und aufsichtsrechtlicher Aufgaben kann beim Publikum zu einem Glaubwürdigkeitsverlust der Notenbank und zu der Erwartung führen, dass die Geldpolitik expansiv wird. Die Notenbank kann dann gezwungen sein, die höheren Inflationserwartungen zu erfüllen, um unerwünschte Realeffekte zu vermeiden (*Goodhart* and *Schoenmaker* 1995).

Umgekehrt kann die Wahrnehmung der Geldpolitik auch die Qualität der Bankenaufsicht beeinträchtigen, d.h. die Notenbank wird bei restriktiver Geldpolitik nachsichtiger in ihrer Funktion als Bankenaufseher (in dem Sinne, dass eine Zinserhöhung oder Senkung der Bankreserven die Wahrscheinlichkeit einer Intervention als Aufsichtsbehörde vermindert). Die Notenbank mag bei restriktiver Geldpolitik ein Interesse daran haben, Geschäftsbanken bei finanziellen Schwierigkeiten zu unterstützen, um negative Auswirkungen auf ihre eigene Reputation zu vermeiden (*Ioannidou* 2005).

Empirisch gibt es einige wenige Hinweise auf das Vorliegen von solchen Interessenkonflikten für die Notenbank. *Di Noia* und *Di Giorgio* (1999) ermitteln, dass in Ländern, wo allein die Notenbank mit der Bankenaufsicht betraut ist, die Inflationsrate höher und variabler ist als in Ländern, wo die Bankenaufsicht bei einer eigenständigen Behörde liegt oder wo sich Notenbank und Aufsichtsbehörde die Bankenaufsicht teilen; das Ergebnis bleibt auch bestehen, wenn man Unterschiede im Unabhängigkeitsgrad der Notenbanken berücksichtigt. Darüber hinaus zeigt *Ioannidou* (2005) für die USA, dass die *US Fed* nachgiebiger bei der Bankenaufsicht als die übrigen mit der Bankenaufsicht betrauten Agenturen ist. Dennoch erlauben die verfügbaren Daten wohl kaum ein abschließendes Urteil zu der Frage, ob Bankenaufsicht innerhalb oder außerhalb der Notenbank liegen sollte; dies wird auch aus der oben dargestellten relativen Gleichverteilung beider Regime, des ‚deutschen Modells' und des ‚britischen Modells', weltweit deutlich. Es fehlt ein allgemein akzeptierter Rahmen, um die Vor- und Nach-

---

[21] Die *Europäische Zentralbank* (o.J., S. 5) führt zudem noch an, dass politisch unabhängige Zentralbanken weniger als andere Aufsichtsbehörden zur Vergabe ‚politischer Kredite' neigen, also von Krediten, die „unter formalem oder informellen Druck staatlicher Stellen" vergeben werden. *Europäische Zentralbank.*

teile beider Modelle abwägen und zu unstrittigen Schlussfolgerungen kommen zu können (*Europäische Zentralbank* o.J.).

Gleichwohl gibt es Argumente dafür, dass die relative Vorteilhaftigkeit von Notenbanken als Aufsichtsbehörde durch die aktuelle Finanzmarktkrise zugenommen hat: Die Aufgaben der Bankenaufsicht liegen – neben der Prüfung und Überwachung einzelner Geschäftsbanken – vor allem in Maßnahmen zum Schutz von Anlegern und in Maßnahmen zur Überwachung von Systemrisiken. Während Notenbanken komparative Vorteile bei der makroprudenziellen Aufsicht und der Überwachung von Systemrisiken haben, betonen die sonstigen Aufsichtsbehörden häufig den Anlegerschutz. Entsprechend betrachten die meisten Notenbanken die mikroprudenzielle Aufsicht in engem Zusammenhang mit systemischen Risiken, während eigenständige Aufsichtsbehörden sie eher im Hinblick auf den Anlegerschutz interpretieren (*Europäische Zentralbank* o.J., S. 4). Dessen Bedeutung ist auf der politischen Agenda im Zuge der laufenden Finanzkrise relativ gesunken, weil viele Länder ihre Einlegerschutzsysteme ausgebaut und die Absicherung von Einlagen erhöht haben. Darüber hinaus haben Systemrisiken seit dem Zusammenbruch von *Lehman Brothers* an Bedeutung gewonnen, weil deutlich wurde, dass der Zusammenbruch einzelner Banken über die Verluste der Einleger hinaus auch systemische Konsequenzen haben kann. Beide Faktoren zusammen bedingen eine wachsende Rolle von Notenbanken bei der Bankenaufsicht.

Hinzu kommt im Falle des *Eurosystems*, dass die oben genannten Interessenkonflikte wegen der föderalen Struktur der Notenbank weniger von Bedeutung als für andere Zentralbanken sind, weil unterschiedliche Organe für geldpolitische und aufsichtsrechtliche Beschlüsse zuständig sind; über die Geldpolitik entscheidet der *EZB*-Rat, während die Bankenaufsicht im Aufgabenbereich der Nationalen Zentralbanken liegt und damit aufsichtrechtliche Fragen beispielsweise vom Vorstand der Deutschen Bundesbank entschieden werden. Damit dürfte hier eine weitergehende Mitwirkung der nationalen Zentralbanken bei der Bankenaufsicht keine Konfliktquelle darstellen (*Europäische Zentralbank* o.J., S. 9).

Aus diesen Gründen ist zu vermuten, dass Notenbanken nach Ende der Finanzkrise eine stärkere Rolle als bisher bei der Bankenaufsicht spielen werden. Das zeichnet sich bereits ab, beispielsweise in Deutschland, wo die Bankenaufsicht künftig unter dem Dach der *Deutschen Bundesbank* konzentriert werden soll. Ähnliche Pläne hat auch Belgien. Auf europäischer Ebene ist geplant, einen *Systemrisikorat* (‚European Systemic Risk Board') unter Leitung der Europäischen Zentralbank einzurichten, der die Stabilität der Finanzmärkte insgesamt überwacht (*Handelsblatt* 2009; *Frankfurter Allgemeine Zeitung* 2009c).

4. Prävention zukünftiger Finanzkrisen: Beitrag der Geldpolitik

Offen bleibt, ob und inwieweit diese Entwicklungen geldpolitischer Reformen ausreichen, Gefahren zukünftiger Finanzkrisen zu vermindern. Soll die Prävention zukünftiger Finanzkrisen besser als bisher gelingen, sind die monetären und realwirtschaftlichen Prozesse zu stabilisieren. Wie die monetäre Transmissionsanalyse und die monetäre Konjunkturanalyse (*Cassel* und *Thieme* 2007) belegen, spielt hierfür die

Geldpolitik eine entscheidende Rolle. Die Diskussion über geldpolitische Reformen hat bereits lange vor dem Ausbruch der Finanzkrise eingesetzt. Sie bezieht sich insbesondere auf die von der Geldpolitik anzustrebenden Ziele und auf die Strategie der Geldpolitik, aber auch auf Auswahl und Konstruktion der geldpolitischen Instrumente.

In der *Diskussion der geldpolitischen Ziele* besteht – wie in der Vergangenheit – keine Einigkeit darüber, welche Ziele die Geldpolitik verfolgen soll. Für die Deutsche Bundesbank galt und für die Europäische Zentralbank gilt die Sicherung von Preisniveaustabilität als oberstes Ziel, die *Fed* hat realwirtschaftliche (Beschäftigungs-) und nominale (Preisniveau-)Ziele, andere Zentralbanken haben magische Vielecke oder gar keine konkreten Zielfestlegungen. Lange Zeit war unbestritten, die Änderungsrate eines allgemeinen Verbraucherpreisindex als Maßstab für die Messung von Inflation oder Deflation zu verwenden, um die Geldwertänderungen aus der Sicht der Haushalte zu messen. Seit der Dotcom–Krise Ende der neunziger Jahre des vergangenen Jahrhunderts und besonders seit der Immobilienkrise 2007 in den USA wird diskutiert und zunehmend auch in der Wissenschaft gefordert, neben den Konsumgüterpreisen auch die Preisentwicklung von Vermögensgütern (z.B. Aktienkurse, Immobilienpreise, Wechselkurse) explizit in die Inflationsanalyse einzubeziehen (asset price inflation; z.B. *Woodford* 2003; *Taylor* 1993).

Vermögenspreise haben sicherlich eine große Bedeutung bei der Transmission von monetären (und anderen) Impulsen auf den Realsektor einer Wirtschaft. Ihre Entwicklung müssen alle wirtschaftspolitischen Entscheidungsträger analysieren, also auch die Zentralnotenbanken. Verfehlt wäre es allerdings, das Niveau ausgewählter Vermögenspreise als originäre Zielvariable der Geldpolitik zu betrachten, weil mindestens vier Probleme unlösbar scheinen (*Mishkin* 2008; *Neumann* 2009):

- Erstens müsste systematisch und nachvollziehbar begründet werden, welche Vermögensgüter nach welchen Kriterien ausgewählt werden sollen.
- Zweitens müssten Zentralnotenbanken fähig sein, inflationäre oder deflationäre Preisänderungen der Vermögensgüter von normalen relativen Preisänderungen der Bestandsgüter zu unterscheiden, wie sie in dynamischen Marktwirtschaften als Folge struktureller Angebots- und Nachfrageverschiebungen typisch sind. Dies ist gegenwärtig weder theoretisch noch empirisch möglich.
- Drittens verfügt die Zentralnotenbank über keine spezifischen Instrumente, die geeignet wären, eine – möglicherweise durch Spekulation und Herdenverhalten entstandene – starke Preisveränderung eines Vermögensgutes zu vermeiden.
- Viertens schließlich gibt es kaum Chancen, eine entstandene Preisblase durch gezielte geldpolitische Aktionen ohne gesamtwirtschaftliche Verwerfungen und realwirtschaftliche (rezessionsbedingte) Kosten zum Platzen zu bringen.

Zu beachten ist allerdings, dass jede akzelerierende Preiserhöhung eines Vermögensgutes monetär zu alimentieren ist. Eine moderate und stetige Liquiditätsversorgung der Gesamtwirtschaft dürfte auch in dieser Hinsicht am ehesten vorbeugend sein.

Auch die zu wählende *Strategie der Geldpolitik* ist erneut sehr umstritten: Viele Zentralnotenbanken (u. a. die Deutsche Bundesbank) haben in den siebziger Jahren des vergangenen Jahrhunderts – zumindest verbal – monetaristische Strategien einer systematischen Geldmengensteuerung entwickelt. Zahlreiche empirische Analysen haben allerdings belegt, dass der Zusammenhang zwischen kurzfristigen, von der Zentralnotenbank steuerbaren Zinssätzen bzw. Geldmengenaggregaten einerseits und der Preisniveauentwicklung andererseits nicht stringent, sondern durch lange und insbesondere variable Time lags geprägt ist. Dies wird gerade auch im Jahre 2010 in den USA und in Europa deutlich: Die massive Liquiditätsausweitung anlässlich der Finanzkrise hat – bei monetaristischer Interpretation – sehr hohe Inflationspotenziale gelegt, die in der Zukunft ausgelastet werden, was sich bereits bei den Inflationserwartungen für die lange Frist zeigt. Gleichwohl wird auch in Fachkreisen über ‚Deflationsgefahren' debattiert, weil die faktische Inflationsrate in Höhe von ca. 1 v. H. in Europa nach der Zieldefinition der *EZB* Preisniveaustabilität signalisiert.

Die im vergangenen Jahrzehnt propagierten geldpolitischen Strategien basieren auf neo-keynesianischen Makromodellen (*Clarida, Gali* and *Gertler* 1999; *Woodford* 2003; *Svensson* 1999). Sie vernachlässigen monetäre Finanzierungsaspekte bei der Formulierung der gesamtwirtschaftlichen Nachfragefunktion (Überblick bei *Thieme* 2007). Nachfrageimpulse entstehen lediglich über Variationen des (kurzfristigen) Nominalzinssatzes. Die Geldpolitik soll deshalb Zinsregeln befolgen (*Taylor*-Regel; monetary conditions indicators). Neben der Kritik an der theoretischen Spezifikation des Makromodells (‚monetary theory without money') sind zahlreiche praktische Umsetzungsprobleme von Zinssteuerungskonzepten relevant (*Siebke* 1995; *McCallum* 2006; *Dietrich* und *Michler* 2007). Sie betreffen insbesondere den zweifelhaften Informationsgehalt der nominalen Zinssätze: Kurzfristige, von der Zentralnotenbank steuerbare nominale Zinssätze haben keinen Einfluss auf die Nachfragekomponenten, und die langfristigen Zinssätze kann sie nicht direkt steuern. Unklar ist ferner, ob reale oder nominale Zinssätze gesteuert werden sollen. Schließlich ist der Informationsgehalt von Zinsänderungen mehrdeutig: Signalisiert eine Zinssenkung eine expansive Geldpolitik (Liquiditätseffekt) oder ist sie das Ergebnis einer restriktiven Geldpolitik der Vorperioden (Preiserwartungseffekt)? Diverse Strategien des *inflation targetings* auf der Basis von Zinsregeln sind deshalb sehr problematisch, aber gleichwohl bei Politikern beliebt, weil sie geldpolitische Möglichkeiten einer aktiven Konjunktur- und Beschäftigungspolitik eröffnen.

Diese nicht ausgeräumten Kritikpunkte an den Zinssteuerungsstrategien und die geldpolitischen Misserfolge in der jüngsten Vergangenheit rücken alternative Konzeptionen der Geldmengensteuerung wieder in den Blickpunkt (*Thieme* 2007; *Neumann* 2009). Wenngleich solche Überlegungen in der Öffentlichkeit nicht selten als „Rückkehr zu einer simplistischen (sic!) Politik" (*Frankfurter Allgemeine Zeitung* 2010) diskreditiert werden, ist die Entwicklung einer monetaristischen Perspektive für die künftige Geldpolitik bei integrierten Finanzmärkten besonders dann geboten, wenn in einigen Jahren die inflationären Konsequenzen der gegenwärtigen Liquiditätsschwemme in der Welt virulent werden.

Auch eine Geldmengensteuerung ist allerdings nicht perfekt, weil eine Reihe von Gestaltungsproblemen zu beachten sind. Zu prüfen ist erstens, ob eine unabhängige Zentralnotenbank eine adäquat abgegrenzte Geldmengenvariable dominant steuern kann. Dies trifft für die exogene Geldbasis zu, wie sie *McCallum* (2006) in Geldangebotsanalysen für die USA anwendet. Zweitens unterliegen auch die Geldangebotsmultiplikatoren keinen erratischen, unvorhersehbaren Schwankungen. Sie sind lediglich in der akuten Finanzkrise nach der *Lehman*-Insolvenz wegen des dramatischen Anstiegs der Bargeldnachfrage der Nichtbanken und der Reservenhaltung der Geschäftsbanken von September 2008 bis Oktober 2009 deutlich gesunken (für M3-Multiplikatoren siehe *Neumann* 2009, S. 383 f.). Für normale, krisenfreie Jahrzehnte sind die Geldangebotsmultiplikatoren sehr stabil, insbesondere für die eng abgegrenzte Geldmenge M1 (*Thieme* 2007, S. 11). Deshalb und weil sich Preisänderungen in Tauschprozessen auf Güter- und Faktormärkten vollziehen, sollten Tauschgeldabgrenzungen wie M1 zentrale Indikatorfunktionen für die Zentralnotenbank erfüllen. Solche Geldaggregate haben zudem gute Prognoseeigenschaften für zeitverzögerte Outputeffekte monetärer Impulse. Schließlich ist drittens die Entwicklung der Umlaufgeschwindigkeit der Geldaggregate für die Finanzierung realer oder nominaler Variablen bedeutsam. Nur wenn sie prognostizierbar, also eine stabile Funktion einer begrenzten Anzahl von Einflussfaktoren ist, kann die monetäre Gesamtnachfrage durch die Geldpolitik systematisch beeinflusst werden. Dies galt für Europa lange Zeit empirisch als bestätigt. Für den beobachtbaren kontinuierlichen Anstieg der Kassenhaltung in Europa im vergangenen Jahrzehnt gibt es hinreichend Gründe.[22]

Insgesamt sprechen viele Argumente gegen Strategien der Zinssteuerung und einige Argumente für eine systematische Steuerung des Wachstums der exogenen Geldbasis. Die jährliche Wachstumsrate der Geldbasis sollte auf ein Band zwischen 4 und 6 v. H. fixiert werden – in Abhängigkeit vom zu finanzierenden durchschnittlichen Produktivitätsfortschritt, von kurzfristigen Schwankungen der Kassenhaltung sowie als Puffer für Einzelpreisvariationen und statistische Messfehler.

Zu reformieren ist auch der *Einsatz geldpolitischer Instrumente*, wozu z.B. die *EZB* schon in der jüngeren Vergangenheit beigetragen hat, indem sie

– die Verfahren der Kreditvergabe modifiziert hat; und
– die Kreditlaufzeiten im längerfristigen Refinanzierungsgeschäft im Jahr 2008 auf bis zu einem Jahr verlängert und damit die Liquiditätsplanung der Geschäftsbanken verbessert hat; allerdings wurden diese als ‚Sonderlaufzeiten' deklarierten Maßnahmen im Dezember 2009 bzw. im März 2010 wieder zurückgenommen

Die Gewährung des Jumbokredits (442 Mrd. Euro) im Juni 2009 mit einer Kreditlaufzeit von über einem Jahr ist allerdings sehr umstritten, da der nominale Zinssatz in Höhe von 1 v. H. die Geschäftsbanken subventioniert (*Neumann* 2009, S. 385). Für die Zukunft ist nach Abklingen der Finanzkrise eine eindeutige Mengenorientierung des Instrumenteneinsatzes bei mittel- und längerfristigen Kreditlaufzeiten zu präferieren. Sicherzustellen ist auch, dass die Geschäftsbanken keine von der Zentralbank extrem niedrig verzinsten Kredite erhalten, die sie wieder verzinslich bei der Zentralnotenbank anlegen (ev. Negativzins für Kassenhaltung der Geschäftsbanken). Die gegenwärtig

---

[22] Diese sind u.a. Disinflation in Europa, Senkung der Opportunitätskosten der Kassenhaltung, Vertrauenszuwachs in den Euro, Anstieg der Bargeldhaltung wegen zunehmender Schattenwirtschaft; *Thieme* (2007, S. 13 f.).

sehr niedrigen Zinssätze für Refinanzierungskredite verdeutlichen auch, dass Zinssteuerung in solchen Phasen versagt. Wie in Japan seit den neunziger Jahren und in den USA seit einem Jahr ist deshalb der Ankauf von festverzinslichen Wertpapieren am Kapitalmarkt eine wirksame Alternative für eine längerfristig ausgerichtete Geldmengensteuerung. Solange die Zentralnotenbank unabhängig ist und die dadurch praktizierte Kreditierung allein das geplante Geldmengenwachstum sicherstellt, sind kaum ordnungspolitische Bedenken relevant. Auch das Argument, die Zentralbank beeinflusse dadurch die langfristigen Nominalzinsen, überzeugt nicht, da sie bislang den kurzfristigen Zinssatz direkt und den langfristigen nominalen Zinssatz indirekt über Inflations- und Disinflationsprozesse beeinflusst hat. Der geldmengenorientierte Einsatz der geldpolitischen Instrumente betreibt weder Zinsglättung noch aktive Zinssteuerung. Zinssätze sind in diesem Konzept vielmehr Erwartungsparameter der Geldpolitik, die auf den Märkten für kurz-, mittel- und langfristige Kredite durch Anbieter und Nachfrager bestimmt werden.

Geldpolitische Strategien werden entweder durch *Regelbindung* oder *Diskretion* umgesetzt. Letzteres geschah in nahezu allen Zentralbanken. Diskretionäre Ad-hoc-Entscheidungen der Geldpolitiker können bei begrenzten Informationen der Marktakteure über gesamtwirtschaftliche Zusammenhänge Überraschungseffekte auslösen, die von der Politik in bestimmten Situationen (z. B. Überraschungsinflation zum Schuldenabbau des Staates) gewünscht sind. Diskretionäre Geldpolitik ist zwar flexibel einsetzbar, verursacht aber wegen der dynamischen Inkonsistenzen und der hohen Unsicherheit der Marktakteure über die zukünftige Geldpolitik sehr hohe gesamtwirtschaftliche Kosten. Regelbindungen der Zentralbankentscheidungen können diese Nachteile beseitigen und damit die Planungssicherheit der Marktteilnehmer erhöhen. Um gleichwohl bei exogenen Schocks reagieren zu können, sind entsprechende Ausnahmevorbehalte (Escape-Klauseln) institutionell zu verankern.

5. Probleme der Umsetzung

In diesem Essay wurde der Frage nachgegangen, welche Konsequenzen die gegenwärtige Finanzkrise für die Geldpolitik in den USA, im Euro-Währungsraum, in Japan und in Großbritannien hat, welche Rolle die Notenbanken in Zukunft spielen werden und wie geldpolitische Konzeptionen verändert werden könnten. Vor Ausbruch der Finanzkrise gab es wesentliche Unterschiede in den vier Regionen bei den geldpolitischen Zielen, den Strategien und den geldpolitischen Handlungsrahmen, die sich infolge der Finanzkrise stärker angleichen werden. Die hier betrachteten Notenbanken werden stärker als vor Ausbruch der Krise am Geldmarkt aktiv sein und ein größeres Gewicht in der Bankenaufsicht haben. Dabei dürfte die *Fed* den größten Strukturwandel erleben und sich wandeln von „an ‚army with only a signal corps‘ to a truly *central* bank“ (*Stella* 2009, p. 4),[23] d.h. zu einer Bank, die stärker als bisher auf Geldmärkten aktiv und in die Bankenaufsicht eingebunden ist. Weniger dramatisch dürfte der Wandel im Falle von *Bank of Japan* und *Bank of England* aussehen, die ihn schon früher vollzogen

---

[23] Das Zitat geht zurück auf *Friedman* (1999); Hervorhebung im Original.

hatten, und am wenigsten dürfte sich der Handlungsrahmen des *Eurosystems* ändern, das aber in Zukunft stärker (über die Nationalen Zentralbanken) in die Bankenaufsicht eingebunden werden dürfte. Ob Vermögenspreisänderungen stärker als bisher in den geldpolitischen Strategien explizit berücksichtigt werden, bleibt angesichts der Vor- und Nachteile offen.

Gefolgert wurde auch, dass eine makroökonomische Stabilisierung der Wirtschaftsprozesse gute Voraussetzungen für eine bessere Krisenprävention auf den Finanzmärkten schafft. Dies kann nach dem gegenwärtigen Wissensstand am ehesten gelingen durch eine Abkehr von der Strategie kurzfristig ausgerichteter zyklischer Zinssteuerung und den Übergang zu einer regelgebundenen Geldmengensteuerung des Wachstums der exogenen Geldbasis. Diese geldpolitischen Reformen verbessern die Erwartungsbildung und Erwartungsantizipation auf den Märkten, weil keine Anpassungsreaktionen der Marktakteure auf zyklische Zinsschocks notwendig sind. Zugleich vermeidet die Zentralnotenbank den Aufbau von Liquiditätsblasen, die für generelle Preisniveausteigerungen oder für den Anstieg einzelner Vermögenspreise verantwortlich sind.

Der Übergang zu einer institutionell verankerten regelgebundenen, mengenorientierten Geldpolitik ist allerdings gegenwärtig kaum realisierbar, weil weder die verfassungsgebenden Organe noch die Geldpolitiker selbst ein Interesse an der Abkehr von diskretionären Politikeingriffen haben, wie die ökonomische Theorie der Politik und die Bürokratietheorien überzeugend belegen.

Literatur

Acharya, Viral V. and *Matthew Richardson* (eds.) (2009), Restoring Financial Stability: How to Repair a Failed System, Hoboken N. J.

Artuc, Erhan and *Selva Demiralp* (2010a), Discount Window Borrowing after 2003: The Explicit Reduction in Implicit Costs, in: Journal of Banking & Finance, Vol. 34, No. 4, pp. 825-833.

Artuc, Erhan and *Selva Demiralp* (2010b), Provision of Liquidity Through the Primary Credit Facility During the Financial Crisis: A Structural Analysis, forthcoming in: Federal Reserve Bank of New York, Economic Policy Review, Vol. 16, No. 1, pp. 43-53.

Baba, Nahhiko, Nishioka, Shinichi,Oda,Noboyuki, Shirakawa, Masaaki, Ueda, Kazuo and *Ugai, Hiroshi* (2005), Japan's Deflation: Problems in the Financial System and Monetary Policy, BIS Working Paper No 188, Basel, November.

Bank of England (1997), Reform of the Bank of England's Operations in the Sterling Money Market, London.

Bank of England (2008), The Development of the Bank of England's Market Operations: A Consultative Paper, London.

Bank for International Settlements (2008), MC Compendium: Monetary Policy Frameworks and Central Bank Market Operations, Basel.

Bank für Internationalen Zahlungsausgleich (2008), 78. Jahresbericht, Basel.

Barth, James R., Caprio Jr., Gerard and *Levine, Ross* (2006), Rethinking Bank Regulation: Till Angels Govern, Cambridge.

Bernanke, Ben S. (2005), The Global Savings Glut and the US Current Account Deficit: Remarks by Governor *Ben S. Bernanke* at the Homer Jones Memorial lecture, St. Louis, Missouri, April 14, 2005.

Blenck, Denis, Hasko, Harri, Hilton, Spence and *Masaki, Kazuhiro* (2001), The Main Features of the Monetary Policy Frameworks of the Bank of Japan, the Federal Reserve and the Eurosystem, BIS Papers No. 9, Basel.

Board of Governors at the Federal Reserve System (2010), The Public Policy case for a Role for the Federal Reserve Bank Supervision and Regulation, Washington January 13, 2010, Online unter: Online unter:http://www.federalreserve.gov/BoardDocs/RptCongress/supervision/supervision_report.pdf.

Borio, Claudio and *Nelson, William* (2008), Monetary Operations and the Financial Turmoil, in: BIS Quarterly Review, March, pp. 31-46.

Brunner, Karl (1970), The "Monetarist Revolution" in Monetary Theory, in: Weltwirtschaftliches Archiv, Nr. 105, S. 1-29.

Cassel, Dieter und *Thieme, Hans Jörg* (2007), Stabilitätspolitik, in: *Thomas Apolte* u.a., Vahlens Kompendium der Wirtschaftstheorie und Wirtschaftspolitik, Bd. 2, 9. Aufl., München, S. 435-512.

Clarida, Richard, Gali, Jordi and *Gertler, Mark* (1999), The Science of Monetary Policy: A New Keynesian Perspective, in: Journal of Economic Literature, Vol. 37, pp. 1661-1707.

Di Noia, Carmine and *Di Giorgio, Giorgio* (1999), Should Banking Supervision and Monetary Policy Tasks be Given to Different Agencies?, in: International Finance, Vol. 2, No. 3, pp. 361-378.

Dietrich, Diemo und *Albrecht F. Michler* (2007), Geldpolitische Strategien im Umbruch, in: *Albrecht F. Michler* und *H. Jörg Thieme* (Hg.), Systeme monetärer Steuerung, Stuttgart, S. 167-193.

Ennis, Huberto M. and *Weinberg, John A.* (2007), Interest on Rates and Daylight Credit, in: Federal Reserve Bank of Richmond Economic Quarterly, Vol. 93, No. 2 , pp. 111-142.

Europäische Zentralbank (2009a), Die Umsetzung der Geldpolitik seit August 2007, in: Monatsbericht Juli, S. 85-100.

Europäische Zentralbank (2009b), Die jüngsten Veränderungen in den Bilanzen des Eurosystems, des Federal Reserve System und der Bank of Japan, in: Monatsbericht Oktober, S. 89-103.

Europäische Zentralbank (o.J.), Die Rolle der Zentralbanken in der Aufsicht über Finanzdienstleister, Frankfurt.

Feldman, Ron J., Kim, Jan, Miller, Preston J. and *Schmidt, Jason E.* (2003), Are Bank Supervision Data Useful for Macroeconomic Forecasts?, in: Contributions to Macroeconomics, Vol. 3, No 3.

Franke, Günter und *Krahnen, Jan P.* (2009), Instabile Finanzmärkte, in: Perspektiven der Wirtschaftspolitik, Bd. 10, Nr. 4, S. 335-366.

Frankfurter Allgemeine Zeitung (2009a), Die Kosten des Wurstelns (von *Heike Göbel*), 31. Dezember 2009.

Frankfurter Allgemeine Zeitung (2009b), Geldpolitik: Fed schmiedet Pläne für einen Kurswechsel (von *Norbert Kuls* und *Stefan Ruhkamp*), 29. Dezember 2009.

Frankfurter Allgemeine Zeitung (2009c), Bankenaufsicht.: Das Ende der Arbeitsteilung, 18. Oktober 2009.

Frankfurter Allgemeine Zeitung (2010), Die EZB als Modell (von *Gerald Braunberger*), 15. Januar 2010.

Freixas, Xavier, Curzio, Giannini, Hoggarth, Glenn and *Soussa, Farouk* (2004), Lender of Last Resort: What have we Learned since Bagehot?, in: Journal of Financial Services Research, Vol. 18, No. 1, pp. 63-84.

Friedman, Benjamin M. (1999), The Future of Monetary Policy: The Central Bank as an Army With only a Signal Corps, National Bureau of Economic Research Working Paper Series, No. 7420, Washington, D.C.

Furfine, Craig H. (2001), The Reluctance to Borrow from the Fed, in: Economics Letters, Vol. 72, No. 2, pp. 209-213.

Furfine, Craig H. (2003), Standing Facilities and Interbank Borrowing: Evidence from the Federal Reserve's New Discount Window, in: International Finance, Vol. 6, No. 3, pp. 329-347.

Goodhart, Charles and *Schoenmaker, Dirk* (1992), Institutional Separation between Supervisory and Monetary Agencies, in: Giornale degli Economisti e Annali di Economia, Vol. 9, pp. 353-439.

Goodhart, Charles and *Schoenmaker, Dirk* (1995), Should the Functions of Monetary Policy and Banking Supervision be Separated?, in: Oxford Economic Papers, Vol. 47, pp. 539-560.

Görgens, Egon, Ruckriegel, Karlheinz und *Seitz, Franz* (2008), Europäische Geldpolitik: Theorie, Empirie, Praxis, 5. Aufl., Stuttgart.

Handelsblatt (2009), Koalitionsverhandlungen: Bundesbank erhält Bankenaufsicht, 08. Oktober 2009.

Haubrich, Joseph G. (1996), Combining Bank Supervision and Monetary Policy, in: Economic Commentary, Vol. 11, pp. 1-9.

Ioannidou, Vasso P. (2005), Does Monetary Policy Affect the Central Bank`s Role in Banking Supervision?, in: Journal of Financial Intermediation, Vol. 14, pp. 58-85.

Kahn, Charles M. and *Roberds, William* (2009), Why pay? An Introduction into Payment Economics, in: Journal of Financial Intermediation, Vol. 18, pp. 1-23.

Lacker, Jeffrey M. (1997), Clearing, Settlement, and Monetary Policy, in: Journal of Monetary Economics, Vol. 40(2), pp. 347-381.

McCallum, Bennett T. (2006), Policy-Rule Retroperspective on the Greenspan Era, Shadow Open Market Committee, May 8.

Michler, Albrecht F. und *Thieme, H. Jörg* (2009), Finanzmarktkrise: Marktversagen oder Staatsversagen?, in: Ordo, Vol. 60, S. 185-221.

Mishkin, Frederic S. (2008), Housing and the Monetary Transmission Mechanism, in: Housing, Housing Finance and the Monetary Policy, Symposium in Jackson Hole 30.08.-01.09.2007, Federal Reserve Bank of Kansas City, pp. 359-413.

Neumann, Manfred J. M. (2009), Internationale Finanzmärkte und die Geldpolitik der Europäischen Zentralbank, in: Perspektiven der Wirtschaftspolitik, Vol. 10, Nr. 4, S. 367-388.

Peek, Joe, Eric S. Rosengreen and *Geoffrey M. B. Tootell* (1999), Is Bank Supervision Central to Central Banking?, in: The Quarterly Journal of Economics, Vol. 114, pp. 629-653.

Peek, Joe, Eric S. Rosengreen and *Geoffrey M. B. Tootell* (2003), Does the Federal Reserve Possess an Expolitable Informational Advantage?, in: Journal of Monetary Economics, Vol. 50, No. 4, pp. 817-839.

Rajan, Raghuram G. (2009), The Credit Crisis and Cycle-Proof Regulation, in: Federal Reserve Bank of St. Louis Review, September/October Part 1, pp. 397-402.

Shiratsuka, Shigenori (2009), Size and Composition of the Central Bank Balance Sheet: Revisiting Japan`s Experiemce of the Quantitative Easing Policy, Bank of Japan Institute for Monetary and Economic Studies, Discussion Paper No. 2009-E-25, Tokyo.

Siebke, Jürgen (1995), Alternativen der Geldmengensteuerung, in: *Jürgen Siebke* und *H. Jörg Thieme* (Hg.), Geldpolitik, Baden-Baden, S. 35-50.

Stella, Peter (2009), The Federal Reserve System Balance Sheet: What Happened and Why it Matters, International Monetary Fund Working Paper, No. 09/120, Washington, D.C.

Svensson, Lars E. O. (1999), Inflation Targeting as a Monetary Policy Rule, in: Journal of Monetary Economics, Vol. 43, No. 3, pp. 607-654.

Taylor, John B. (1993), Discretion versus Policy Rules in Practice, in: Carnegie-Rochester Conference Series on Public Policy, Vol. 39, pp. 195-214.

Thieme, H. Jörg (1982), Keynesianismus-Monetarismus: Was bleibt?, in: *Joachim Starbatty* (Hg.), Geldordnung und Geldpolitik in einer freiheitlichen Gesellschaft, Tübingen, S. 18-34.

Thieme, H. Jörg (2007), Geldtheorie, Geldpolitik und Finanzmärkte: Entwicklungen und Erklärungsdefizite, in: *Albrecht F. Michler* und *H. Jörg Thieme* (Hg.), Systeme monetärer Steuerung, Stuttgart, S. 3-18.

Tuya, Jose and *Zamalloa, Lorena* (1994), Issues on Placing Banking Supervision in the Central Bank, in: *Thomás Balino* and *Carlo Cottarelli* (eds.), Frameworks for Monetary Stability, Washington, D.C., pp. 663-690.

Vollmer, Uwe (1999), EURO und EZB als ordnungspolitischer Rahmen in der Europäischen Union, in: *Thomas Apolte, Rolf Caspers* und *Paul J.J. Welfens* (Hrsg.), Standortwettbewerb, wirtschaftspolitische Rationalität und internationale Ordnungspolitik, Baden-Baden, S. 285-309.

Woodford, Michael (2003), Interest and Prices: Formulation of a Theory of Monetary Policy, Princeton, N.J.

Albrecht F. Michler und Heinz-Dieter Smeets (Hg.)
Die aktuelle Finanzkrise: Bestandsaufnahme und Lehren für die Zukunft
Schriften zu Ordnungsfragen der Wirtschaft · Band 93 · Stuttgart · 2011

Kommentar zu *H. Jörg Thieme* und *Uwe Vollmer,* Rolle der Notenbanken nach der Finanzkrise: Reform von Zentralbankstruktur und Geldpolitik

Thomas Apolte

Der Beitrag beschäftigt sich mit der Reform der Geldpolitik wichtiger Zentralbanken in der Folge der Finanzmarktkrise 2008/2009. Nach einem konzisen Überblick über die Ursachen der Krise präsentieren die Autoren wichtige Details des geldpolitischen Handlungsrahmens verschiedener Zentralbanken, wobei sie ein besonderes Augenmerk auf die Unterschiede zwischen der *EZB* und der amerikanischen *Fed* lenken. Im Anschluss daran präsentieren sie die Argumente für und wider eine Konzentration der mikroprudenziellen Bankenaufsicht auf die Zentralbank. Schließlich diskutieren sie Implikationen der Finanzmarktkrise für die Frage einer angemessenen Geldpolitik.

Die beiden Autoren machen kein Geheimnis aus ihrer Einschätzung, dass die Geldpolitik nicht allein einen bedeutenden Beitrag zur Entstehung der Krise geleistet hat, sondern dass die „zyklische Geldpolitik insbesondere der *Fed* (…) – im Zusammenspiel mit den institutionellen Rahmenbedingungen der Finanzmarktkrise – die aktuelle Finanzkrise ausgelöst hat." Hierin setzen sie sich bewusst vom aktuellen geldpolitischen Mainstream ab. Gleichwohl beschränkt sich ihr Beitrag nicht auf die Analyse der geldpolitischen Strategie der Notenbanken, sondern geht in Abschnitt 3 sehr detailliert auf den geldpolitischen Handlungsrahmen sowie die unterschiedlichen Bankenaufsichtsregelungen der wichtigsten Zentralbanken ein. Hier zeigen sie, dass vor allem die *Fed* im Verlauf der Krise deutliche Änderungen des geldpolitischen Handlungsumfeldes vorgenommen hat. Unter anderem weitete die *Fed* den Kreis ihrer Geschäftspartner aus, welcher sich vor der Krise auf wenige große Banken beschränkt hatte, so dass ein Ausfall des Interbankenmarktes in den USA potenziell weit dramatischere Folgen hatte als im *Eurosystem.* Weiterhin wurden in den USA und in Japan Einlagefazilitäten eingeführt, welche es erlauben, den Zinskanal der Geldpolitik in definierten Grenzen zu halten. Schließlich hat die traditionell – gemessen an der Bilanzsumme – relativ kleine *Fed* im Zuge der Krise deutlich an Bedeutung gewonnen.

In ihrer Analyse der Bankenaufsicht gelangen die Autoren zu der Einschätzung, dass sich deren Kompetenzen künftig weltweit wohl stärker bei der Zentralbank konzentrieren werden. Wenngleich diese Reformen nach Ansicht der Autoren den Verlauf von Finanzmarktkrisen künftig abmildern könnten, so bleiben sie jedoch bei der Auffassung, dass die tiefere Ursache für das Entstehen solcher Krisen anderswo zu suchen ist, und zwar bei der Geldpolitik selbst. Hier empfehlen sie, „die monetären und realwirtschaftlichen Prozesse zu stabilisieren", um Finanzmarktkrisen künftig präventiv bekämpfen zu können. Was damit gemeint sein soll, skizzieren die Autoren im letzten vierten Abschnitt recht unmissverständlich: Ihnen schwebt eine Rückbesinnung auf die Potenzialorientierung im monetaristischen Sinne vor, für die sie sich dann auch nachhaltig einsetzen. Neokeynesianische Ansätze, welche eher auf eine zinsorientierte statt auf eine mengenorientierte geldpolitische Strategie hinauslaufen, halten sie für nicht zielführend. Im Gegenteil: Aus ihrer Sicht liegt hierin gerade das Problem, welches in einer zu expansiven Geldmengenentwicklung zu suchen ist.

Tatsächlich war die Geldpolitik der vergangenen eineinhalb Dekaden sehr expansiv, und dies gilt nicht allein gemessen an den monetären Aggregaten, sondern auch gemessen an den Zinssätzen. Warum es der Geldpolitik möglich war, mit dieser expansiven Politik über einen derart langen Zeitraum ungewöhnlich niedrige Realzinsen zu erzeugen, ist makroökonomisch bislang nicht zufriedenstellend beantwortet worden. Der häufig zu findende Verweis auf die Globalisierung, welche über einen intensiven weltweiten Wettbewerb die Preissetzungsspielräume begrenzt habe, überzeugt hier nur teilweise. Das Gleiche gilt für den technischen Fortschritt, welcher die Kurve der Preisentwicklung vor allem im Bereich der Technologiegüter dramatisch nach unten verschoben habe. In jedem Falle stehen wir vor dem Phänomen, dass – ganz im Gegensatz zu den klassischen Inflationsprozessen der 1970er Jahre – die geldpolitische Expansion der letzen 15 Jahre keine Lohn-Preis-Zins-Spiralen mehr ausgelöst hat, so dass die Notenbanken ihre Geldmengenexpansion scheinbar ungestraft betreiben konnten. Den Verfassern dieses Beitrags ist es aber wichtig zu betonen, dass dies nur scheinbar so ist. Denn ihre Überzeugung ist es offenkundig, dass man sich weder geld- noch fiskalpolitisch ungestraft an einer gesamtwirtschaftlichen Budgetrestriktion vorbeimogeln kann – daher die Finanzmarktkrise.

Es sieht alles danach aus, dass die Autoren mit dieser Einschätzung richtig liegen. Mehr noch: Es deutet einiges darauf hin, dass die Subprime-Krise als Finanzmarktkrise Teil I erst der Anfang war. Wenn das Feuer letztlich durch Überliquidität gelegt worden ist, so wurde es mit dem Öl weiterer Liquidität zunächst gelöscht, um damit dann später umso heftiger wieder aufzulodern. Hinzu kommt, dass das in Teil I nahezu unkonditioniert gewährte Hilfsversprechen an die Banken sicher einen Beitrag zur Finanzmarktkrise Teil II geleistet hat, innerhalb derer sich die Banken offenbar nahezu blind auf staatliche Hilfe verlassen können, wenn es um den Abschreibungsbedarf aus Wertpapieren von Regierungen geht, welche bei Licht betrachtet zahlungsunfähig sind. Aber auch das ist noch nicht das Ende. Denn allenthalben werden nun an allen Enden „Rettungsschirme" aufgespannt, und es wird das stabilitätspolitische Umfeld des *Eurosystems* komplett auf den Kopf gestellt, so dass die letzten Reste des Haftungsprinzips an den Finanzmärkten zugunsten einer umfänglichen Haftungsgemeinschaft von Regierungen, Banken, *EU* und *IWF* geopfert werden.

Alles das hätte vor noch drei Jahren niemand für möglich gehalten, während die Lunte eigentlich längst brannte. Das tiefer liegende Problem liegt vielleicht darin, dass eine unsolide Geld- und Fiskalpolitik in Zeiten globalisierter Finanzmärkte, moderner Finanzmarktprodukte und – wegen des Ausbleibens von Preisindexinflation – scheinbar glaubwürdiger *anti-inflation commitments* von Zentralbanken andere Symptome der gleichen inflationären Krankheit hervorbringt, als man sie noch bis in die 1980er Jahre hinein regelmäßig beobachtete. Vielleicht wäre es von daher angezeigt, sich wieder auf die ursprüngliche Bedeutung des Wortes Inflation zu besinnen, nach welcher die Aufblähung monetärer Aggregate selbst schon als Inflation bezeichnet wird und nicht erst die verzögert einsetzenden Preisniveausteigerungen. Die traditionellen Monetaristen standen dieser Kausaldefinition eher skeptisch gegenüber. Aber vielleicht war das etwas voreilig. Denn wenn bei sich wandelnden Symptomen mit der Kausaldefinition von Inflation gleich die tiefere Ursache direkt beim Namen genannt werden kann, dann wäre damit schon in einer Vorstufe zur Entwicklung seiner Symptomatik klar, was eigentlich im Busch ist: der Versuch nämlich, die gesamtwirtschaftliche Budgetrestriktion nach außen zu verschieben – ein Versuch, der letztendlich immer zum Scheitern verurteilt ist, weil er immer nur Umverteilungswirkungen zeitigen kann, als Kollateralschaden aber heftige makroökonomische Krisen erzeugt. Wenn das stimmt, dann verheißt die aktuelle Entwicklung nichts Gutes.

Zentrale Fragestellung des Papiers ist die Erklärung des Verhaltens der Geschäftsbanken bei den Hauptrefinanzierungsgeschäften (HRG) des *Eurosystems* und der Nutzung der ständigen Fazilitäten mit Hilfe eines Transaktionskostenansatzes. Ein Anstieg der Transaktionskosten führt in den HRG zu erhöhter Nachfrage durch Banken mit erwarteten Liquiditätsdefiziten, zu geringeren Handelsaktivitäten auf dem Interbankenmarkt und zu einer verstärkten Nutzung der Einlagefazilität durch Banken mit sicheren erwarteten Liquiditätsüberschüssen. Während bei niedrigen Transaktionskosten die Gebote der Banken bei den HRG nur der Deckung des mindestens erwarteten aggregierten Liquiditätsdefizits des Bankensektors dienen, steigt die Nachfrage bei höheren Transaktionskosten darüber hinaus an. Bei sehr hohen Transaktionskosten kann es zu einem teilweisen oder völligen Zusammenbruch des Interbankenmarktes kommen: In diesem Fall finanzieren Banken mit vorhersehbaren Liquiditätsdefiziten diese nicht einmal mehr partiell über den Interbankenmarkt, sondern über die Kreditfazilität der Zentralbank.

Die erhöhte Nachfrage in den HRG erfolgt nicht durch jene Banken, die später die Einlagefazilität nutzen. Dies steht im Widerspruch zur Vorsichtshypothese, nach der sich Banken vorsorglich in den Hauptrefinanzierungsgeschäften mit Liquidität eindecken und diese in der Einlagefazilität horten würden.

Das *Eurosystem* übernimmt in dieser Situation eine Intermediationsfunktion, indem es Liquiditätsüberschüsse, die aufgrund der hohen Transaktionskosten nicht mehr auf dem Interbankengeldmarkt gehandelt werden, über die Einlagefazilität aufnimmt und Banken mit Liquiditätsabflüssen über die Hauptrefinanzierungsgeschäfte und die Kreditfazilität mit Liquidität versorgt. Die Liquiditätsumverteilung durch den Interbankenmarkt fällt aus. Nicht mehr der aggregierte Liquiditätsbedarf des Bankensystems muss vom *Eurosystem* befriedigt werden, sondern die Verteilung der Liquidität innerhalb des Bankensektors wird für die Bemessung der bereitzustellenden Liquidität relevant.

Albrecht F. Michler und Heinz-Dieter Smeets (Hg.)
Die aktuelle Finanzkrise: Bestandsaufnahme und Lehren für die Zukunft
Schriften zu Ordnungsfragen der Wirtschaft · Band 93 · Stuttgart · 2011

Zur Neuregulierung des Bankensektors nach der Finanzkrise: Bewertung der Reformvorhaben der EU aus ordnungspolitischer Sicht[1]

Justus Haucap, Ulrich Heimeshoff und *Andre Uhde*

Inhalt

[1] Für hilfreiche Kommentare danken wir *Malte Krüger* sowie den Teilnehmern des 43. Forschungsseminars Radein.

1. Einleitung

Im Zuge der in den USA durch die exzessive Vergabe von Subprime-Krediten und deren Verbriefung ausgelöste Finanzkrise und der daraus folgenden weltweiten Wirtschaftskrise hat sich gezeigt, dass das bisherige System der Regulierung bzw. Überwachung von Finanzinstitutionen nicht ausreichend ist. Sowohl in den USA als auch in der Europäischen Union wird deshalb intensiv über ein neues System zur Regulierung von Finanzinstituten nachgedacht. Es ist zwar offensichtlich, dass eine wesentliche Ursache der Finanzkrise in den USA die Ermunterung der Finanzinstitute durch den Staat zur Vergabe von Immobilienkrediten an nicht ausreichend solvente Konsumenten war. Die vorhandenen Regulierungsinstrumente konnten die Krise jedoch nicht verhindern bzw. ausreichen abmildern. Das vorliegende Papier setzt sich zum Ziel, die Vorschläge zur Reform der Bankenregulierung zu evaluieren und insbesondere auf ihre potenziellen Wirkungen im Hinblick auf den Wettbewerb im Bankensektor zu überprüfen.

Im Zuge der Diskussion über mögliche Lösungen existieren verschiedenste Vorschläge, die von Änderungen in Rechnungslegungsvorschriften über die Neuordnung der nationalen bzw. internationalen Finanzaufsicht bis hin zu einer stärkeren Berücksichtigung systemischer Risiken gehen. Die Auswirkungen der Finanzkrise haben gezeigt, dass die Abkehr von herkömmlichen Rechnungslegungssystemen hin zu Regeln der internationalen Rechnungslegung unter dem Schlagwort ‚Fair Value Accounting' durchaus Gefahren in sich bergen kann. Die Debatte dreht sich insbesondere um die Frage, ob die neuen Rechnungslegungsvorschriften maßgeblich dazu beitragen, das regulatorische Eigenkapital einer Bank in Boomphasen zu erhöhen und in konjunkturellen Schwächephasen dagegen zu senken. In der Literatur ist im Hinblick auf diese Frage bislang keine einhellige Auffassung zu identifizieren. *Pellens, Jannett* und *Schmidt* (2009) gelangen zu dem Ergebnis, dass bankenaufsichtsrechtliche Normen an das IFRS-Zahlenwerk gebunden sind und dies für regulatorische Entscheidungen als besonders kritisch zu sehen ist. Durch das Konzept des Fair-Value-Accounting wurde das regulatorische Eigenkapital im Zeitraum von 2003 bis 2007 systematisch erhöht, woraus ein gestiegener Kreditvergabespielraum resultierte. Demgegenüber kommen *Laux* und *Leuz* (2009) im Rahmen einer empirischen Studie anhand von Mikrodaten aus den USA zu dem Ergebnis, dass Fair-Value-Accounting nur zum geringen Teil zu den Problemen der US-Banken beigetragen hat und es im Rahmen ihrer Studie keine Evidenz für wesentliche Effekte dieses Rechnungslegungsverfahrens auf die massiven Abschreibungen der US-Banken gibt.

Beide Studien betonen aber auch, dass weitere empirische Forschung notwendig ist, bevor diese Frage abschließend geklärt werden kann. Die Frage des adäquaten Rechnungslegungssystems zeigt, wie vielfältig die Ursachen der gegenwärtigen Finanzkrise sind und wie schwer tatsächliche kausale Effekte zu identifizieren sind. Im folgenden Abschnitt werden zunächst die ordnungspolitischen Rahmenbedingungen einer angemessenen Bankenregulierung dargestellt. Der dritte Abschnitt umfasst einen kurzen Überblick über den Verlauf der Finanzkrise. In Abschnitt 4 diskutieren wir die wesentlichen Vorschläge zur Optimierung der Regulierung von Finanzinstituten. Abschnitt 5 evaluiert diese Vorschläge auch aus einer wettbewerbsökonomischen Perspektive.

Diese Perspektive ist aus unserer Sicht vor allen Dingen notwendig, weil ein großer Teil der Reformdebatte aus Sicht der Finanzmarktstabilität geführt wird und infolgedessen Wettbewerbseffekte vernachlässigt werden. Das Fazit in Abschnitt 6 fasst unsere Ergebnisse zusammen und gibt einen Ausblick auf weiteren Forschungsbedarf aus Sicht der Wettbewerbsökonomie.

2. Ordnungspolitische Rahmenbedingungen der Bankenregulierung

2.1. Notwendige und hinreichende Regulierungsbegründung

Die Grundvorstellung einer liberalen marktwirtschaftlichen Ordnung besteht darin, dass wirtschaftliche Probleme grundsätzlich besser durch den Markt und die in ihm stattfindenden Wettbewerbsprozesse gelöst werden als durch politisch induzierte regulative Steuerungsmechanismen. Auf dem Markt werden die dezentral festgelegten Wirtschaftspläne der Marktteilnehmer über den Preismechanismus koordiniert und durch den Wettbewerb diszipliniert, sodass ein externer Regulierungseingriff ein Fremdkörper ist und eine effiziente Ressourcenallokation gefährden kann. Für die Betroffenen bedeutet der Regulierungseingriff zudem eine Einschränkung ihrer Dispositionsfreiheit und ihres Optionenraumes, wodurch bestehende Verfügungsrechte verdünnt werden. Folglich ist eine Abkehr von der Grundvorstellung einer liberalen marktwirtschaftlichen Ordnung ökonomisch und auch ordnungs- bzw. gesellschaftspolitisch zu begründen, wenn die Frage nach der Daseinsberechtigung staatlicher Regulierung beantwortet werden soll.

Als Argumentationsgrundlage für die Notwendigkeit einer staatlichen Regulierung dient der normativen Regulierungstheorie die Existenz von Marktversagen bzw. Marktunvollkommenheiten infolge spezifischer Besonderheiten eines Wirtschaftssektors (*von Weizsäcker* 1982; *Müller* und *Vogelsang* 1979). Regulatorische Eingriffe des Staates in das Marktgeschehen lassen sich nach dieser Theorie nur dann begründen, wenn ein Versagen des Marktes vorliegt und eine Selbstregulierung durch Marktprozesse dauerhaft nicht zielführend verläuft, sodass in letzter Instanz ein Marktergebnis erzielt wird, welches im Rahmen eines gesellschaftlich vorgegebenen Zielsystems als unbefriedigend zu bewerten ist. Staatliche Regulierung hat in einer solchen Konstellation Marktversagen ex ante zu verhindern oder ex post zu korrigieren, mit dem Ziel, die ökonomische Effizienz in Märkten zu fördern.

Die Existenz von Marktversagenstatbeständen stellt jedoch nur eine notwendige und noch keine hinreichende Begründung für einen staatlichen Regulierungseingriff dar. Hinreichend begründbar wird die staatliche Regulierung erst dann, wenn der regulative Staatseingriff zu einem größtmöglichen gesamtwirtschaftlichen Effizienz- bzw. Wohlfahrtsgewinn führt, verglichen mit allen anderen, realistischerweise umsetzbaren Alternativen (*Dixit* 1996; *Williamson* 1996; *Haucap* und *Uhde* 2008). Dabei ist zu beachten, dass staatliche Regulierung mit Kosten verbunden ist, die aus den Konsequenzen der eingeschränkten unternehmerischen Dispositionsfreiheit sowie den Opportunitätskosten der Finanzierung der eigentlichen Regulierungsmaßnahmen entstehen.

2.2. Zentrale normative Argumente für eine gesonderte Regulierung von Banken

Die Regulierung von Kreditinstituten erfolgt vor dem Hintergrund der sich bedingenden gesellschaftlichen Zielsysteme des *Gläubigerschutzes* und des *Systemschutzes*, welche jeweils normativ aus den Marktversagenstatbeständen der *Informationsasymmetrie* und der *Generierung negativer externer Effekte* abgeleitet werden.

Informationsasymmetrie, Repräsentationshypothese und Gläubigerschutz

Das *Gläubigerschutzargument* findet seinen Anknüpfungspunkt im *Information Theoretic Approach* (*Mester* 1992) der Finanzintermediationstheorie. Dieser Ansatz fokussiert auf die aus einer asymmetrischen Informationsverteilung zwischen Kapitalgeber und -nehmer resultierenden Koordinationsprobleme einer *direkten* Finanzbeziehung über den Kapitalmarkt, wobei der Informationsvorsprung auf der Seite der Kapitalnehmer gesehen wird, da nur diese eine vollständige Kenntnis über die Qualität der Verwendung des Investitionskapitals besitzen. Der Informationsnachteil der Kapitalgeber ließe sich zwar prinzipiell durch ein individuelles *screening and monitoring* abbauen, allerdings dürften die aus der Qualitätsunsicherheit (adverse Selektion) und Verhaltensunsicherheit (moralisches Risiko) resultierenden Transaktionskosten für den einzelnen Kapitalgeber in Relation zu seiner geringen Investitionssumme zu hoch ausfallen, weshalb die Delegation der Überwachung und Kontrolle an einen Finanzmittler sinnvoll erscheint.

Die Bank übernimmt als Finanzintermediär stellvertretend für die Gruppe der Kapitalgeber (und in ihrem eigenen Interesse) zunächst die Aufgaben der Beschaffung und Verwertung von notwendigen Informationen über potenzielle Kapitalnehmer und reduziert damit gleichzeitig den Grad an Qualitätsunsicherheit, der sich im Zuge einer Direktfinanzierung vor Beginn des Vertragsverhältnisses ergeben hätte (*Leland* und *Pyle* 1977). Aus demselben Motiv wird dem Finanzintermediär zudem die fortlaufende Überwachung der Kapitalnehmer zugesprochen, denn das Ziel eines solchen "*delegated monitoring*" (*Diamond* 1984) besteht darin, das Ausmaß an Verhaltensunsicherheit für die Kapitalgeber im Vergleich zu dem Unsicherheitsgrad im Rahmen einer direkten Finanzbeziehung zwischen Kapitalgebern und -nehmern nachhaltig zu reduzieren.

Eine zentrale Schwäche des *Information Theoretic Approach* besteht allerdings darin, dass dieser Ansatz das vertragstheoretische Koordinationsproblem ausschließlich auf den Kontrakt der Direktfinanzierung zwischen Kapitalgeber und -nehmer reduziert. Es wird übersehen, dass sich aus der Inanspruchnahme eines zwischengeschalteten Finanzintermediärs erneut Koordinationsprobleme ergeben können. So dürfen die Kapitalgeber während der Auftragsbeziehung zu einem Finanzintermediär grundsätzlich nicht darauf vertrauen, dass dieser im Zuge der Auftragshandlung die ihm zugesprochenen Aufgaben des *screening and monitoring* vertragsgemäß und damit im Sinne der Kapitalgeberinteressen ausführt (*Holmström* 1979; *Jaffee* und *Russel* 1976). Wiederum sehen sich die Kapitalgeber mit den potenziellen Gefahren eines Informationsnachteils konfrontiert, die nun jedoch aus dem Finanzintermediationsvertrag selbst resultieren (*Calomiris* und *Gorton* 1991). Eine Milderung bzw. vollständige Beseitigung des Informationsmangels mittels Überwachung und Kontrolle der Bank durch den Kleineinleger selbst ist zwar grundsätzlich möglich, wird jedoch durch die Tatsache erschwert, dass dem Einleger annahmegemäß das Wissen um ökonomische Zusammenhänge und deren Beurteilung fehlt (*unsophisticated depositors*, *Santos* 1998). Zudem dürften die Kosten aus einer individuellen Überwachung der Bank den potenziellen Nutzen aus der Informationsgewinnung in Relation zu der eher geringfügigen Höhe des Einlagekapitals eines Kleingläubigers in der Regel übersteigen (*Dewatripont* und *Tirole* 1993). Insofern wird das ursprüngliche Koordinationsproblem aus der Direktfinanzierung nicht vollständig gelöst, sondern es wird vielmehr auf die Intermediationsebene verlagert.

Aus der Überlegung, dass der Finanzintermediationsvertrag demzufolge ebenfalls suboptimale Ergebnisse generieren kann, lässt sich bereits an dieser Stelle grundsätzlich ein staatlicher Regulierungseingriff im Sinne eines Kapitalgeber- bzw. Gläubigerschutzes rechtfertigen. Infolge des aus der Informationsasymmetrie zwischen schutzbedürftigem Kleineinleger und Bank resultierenden Koordinationsproblems bei gegenläufigen Interessen auf der Finanzintermediationsebene lässt er sich zudem normativ begründen. Vor diesem Hintergrund wird in der einschlägigen Literatur als eine Lösung des Marktversagenstatbestandes postuliert, die Verfügungsrechte nicht den Gläubigern, sondern einer staatlichen Regulierungsinstanz zuzusprechen (*Diamond* und *Dybvig* 1983). Im Sinne des Gläubigerschutzes soll diese stellvertretend für die Einleger die Aufsicht über die Banken übernehmen und ggf. regulierend in die Dispositionsfreiheit des Kreditinstituts eingreifen (*Repräsentationshypothese*, *Dewatripont* und *Tirole* 1993).

Die Gefahren einer Qualitäts- und Verhaltensunsicherheit gelten jedoch nicht ausschließlich als ein spezifisches Merkmal des Einlagenvertrages zwischen Banken und Kapitalgebern, sondern sie existieren in jeder Auftragsbeziehung, die von einer asymmetrischen Informationsverteilung zwischen Prinzipal und Agent begleitet wird. Die Notwendigkeit einer gesonderten staatlichen Regulierung von Banken lässt sich folglich durch die Koordinationsprobleme des Einlagenvertrages als ein sektorspezifischer Marktversagenstatbestand und damit aus dem Gläubigerschutzargument per se nicht ableiten. Bezug nehmend auf die Repräsentationshypothese, wäre in diesem Zusammenhang z.B. kritisch zu hinterfragen, warum nicht eine staatliche oder private Informationssammelstelle ausreicht, welche die Qualitäts- und Verhaltensunsicherheit der Einleger beseitigt, indem sie fortlaufend transaktionsrelevante Informationen an die Gläubiger von Banken weiterreicht, jedoch selbst nicht regulierend in die Dispositionsfreiheit der Bank eingreift.

Externe Effekte, Kettenreaktionshypothese und Systemschutz

Das *Systemschutzargument* knüpft direkt an das Gläubigerschutzargument an, indem es spezifischer auf die Gefahr und die möglichen Folgen des moralischen Risikos auf der Finanzintermediationsebene fokussiert (*Bhattacharya, Boot* and *Thakor* 1998). Die grundlegende Überlegung besteht zunächst darin, dass die Bank während der Laufzeit des Einlagevertrages Investitionen durchführen könnte, die aus Sicht der Einleger als suboptimal zu beurteilen sind, da sie nicht (vollständig) ihrer Risikoneigung entsprechen und in letzter Instanz die Liquidität und Solvenz der Bank und damit die Einlageinvestition selbst gefährden. Insbesondere bei einer schlechten Erfolgslage des Kreditinstituts unterliegen die Einleger dem Risiko des *gambling for resurrection*, also der Gefahr, dass die Bank das ihr überlassene Geld in der Hoffnung auf eine bilanzielle Konsolidierung bewusst in rendite-, aber auch risikoreiche Investitionen lenkt (*Demsetz, Saidenberg* und *Strahan* 1997). Maßgeblich determiniert wird ein solches opportunistisches Verhalten durch die ungleiche Rendite-Risiko-Struktur von Bankgläubigern und Bankmanagement (*Dewatripont* und *Tirole* 1994),[2] die aus Sicht der Bank den Fehlanreiz bedeutet, die Kosten aus ihrer risikoreichen Investitionspolitik nicht durch eine entsprechende Erhöhung ihres Risikokapitals zu internalisieren. Die risikoreiche Geschäftspolitik des Bankmanagements lässt sich vor diesem Hintergrund als ein ‚Gut' beschreiben, welches negative externe Effekte auslösen kann, denn die Kosten dieses externen Effekts, die sich in einem potenziellen Vermögensverlust des Einlegers (und in letzter Instanz in einer Insolvenz des Kreditinstituts) widerspiegeln, hat vornehmlich der Bankgläubiger selbst zu tragen.

Die Gefahr eines Marktversagens durch die Generierung negativer externer Effekte wird mit Blick auf den Bankensektor durch drei Besonderheiten noch weiter verschärft. (1) Eine im Vergleich zu Unternehmen des Realgütersektors geringere Haftungsreserve[3] und ein demgegenüber höheres *financial leverage*-Risiko[4] erhöhen die Wahrscheinlichkeit, dass der negative externe Effekt zu Vermögensverlusten der Kleineinleger und mithin zur Insolvenz des Kreditinstituts führen kann.[5] (2) Die Wirkung eines durch ein einzelnes Kreditinstitut verursachten negativen externen Effekts muss sich nicht auf das Einzelinstitut beschränken, sondern kann sich über den gesamten Bankensektor multiplizieren (*systemisches Risiko*). Begründet wird dieser Effekt durch das Phänomen des Schaltersturms (*bank run*), also einem massiven Einlagenabzug durch die Gläubiger (*Diamond* und *Dybvig* 1983) und der damit in Verbindung stehenden Ansteckungsgefahr für auch nicht-risikoreiche Banken (*contagion effect, Gorton* 1988). Der korrelierende Mechanismus zwischen Schaltersturm und Ansteckung kennzeichnet somit die Gefahr, dass aufgrund von wechselseitigen informellen und institutionellen Übertragungskanälen die Insolvenz eines einzelnen Kreditinstituts die Funktionsfähigkeit des gesamten Bankensystems in Frage stellen kann (Kettenreaktionshypothese, *Allen* und *Gale* 2000; *Gorton* 1988).[6] (3) Die Sonderstellung der Banken als Kredit- und

---

2 Während die Einleger für eine erfolgsunabhängige, feste Verzinsung ihrer Einlagen die Risiken aus der Investitionspolitik des Kreditinstituts genauso wie die Bank anteilig mittragen müssen, stehen dem Bankmanagement im Erfolgsfall jedoch *zusätzlich* anteilige erfolgsabhängige Gewinne aus den Investitionsprojekten zu.

3 Eine im Vergleich zu Unternehmen der Realgüterwirtschaft in der Regel erheblich geringere Haftungsreserve (haftendes Eigenkapital) der Kreditinstitute resultiert vornehmlich aus der besonderen Finanzierungsstruktur von Kreditinstituten. Im Gegensatz zu Industrieunternehmen, deren Bilanz durch das zur Produktion benötigte Sachvermögen dominiert wird, herrscht in der Bankbilanz das Geldvermögen und damit die finanzielle Sphäre vor.

4 Aufgrund der im Vergleich zu Industrieunternehmen hohen Fremdfinanzierung des Bankvermögens, ist die Gefahr eines Rückzahlungsausfalles für die Gläubiger von Banken relativ größer, da Kreditinstitute einem aus der besonderen Finanzierungsstruktur resultierenden höheren *financial leverage*-Risiko ausgesetzt sind.

5 Vgl. z.B. *Terberger* 1997.

6 Als Auslöser dieser Kettenreaktion lassen sich informelle und institutionelle Übertragungskanäle gleichermaßen identifizieren (*Saunders* 1987). Die mögliche Gefahr einer *informellen* Übertragung wird durch die Homogenitätsannahme determiniert (*Mishkin* 1991).

Geldversorgungsapparat innerhalb einer Volkswirtschaft kann die räumliche Entfaltung des negativen externen Effekts auch über nicht-finanzielle Sektoren begünstigen. Aufgrund der engmaschigen Verflechtung mit den übrigen Wirtschaftsbranchen und der bedeutsamen Aufgaben, die Banken als Intermediäre innerhalb des Güter- und Geldkreislaufs einer Volkswirtschaft einnehmen, können Störungen des Kreditsektors (oder einer einzelnen Bank) auch ernsthafte Auswirkungen auf die Realgüterwirtschaft nach sich ziehen. Im Sinne des *Systemschutzes* gilt es, dieses systemische Risiko durch eine staatliche Regulierung der Risikopolitik von Banken zu vermeiden (*Beck et al.*, 2010).

Zusammenfassung

Der *Gläubigerschutz* als ein Aspekt der besonderen Schutzbedürftigkeit von Kleineinlegern einer Bank hinsichtlich Gefahren aus einer Qualitätsunsicherheit und einer Verhaltensunsicherheit vor, während und nach der Laufzeit des Einlagenvertrages sowie der *Systemschutz* als ein besonderer Schutz des Bankensektors (und der gesamten Volkswirtschaft) vor den Gefahren einer systemischen Krise infolge von kettenreaktionsartigen Ansteckungsgefahren zwischen den einzelnen Instituten und der Realgüterwirtschaft beschreiben die zentralen *normativen* Argumente für eine gesonderte öffentliche Regulierung von Kreditinstituten. Beide Aspekte sind als grundlegende Ziele einer Bankenregulierung jedoch nicht unabhängig voneinander zu sehen, sondern bedingen sich gegenseitig. Zwischen dem vertragstheoretischen und wohlfahrtstheoretischen Argument besteht insofern eine Komplementarität, als Vorkehrungen zum Schutz der Gläubiger auch gleichzeitig dem Schutz des gesamten Bankensektors dienen (der Individualschutz dient dem Funktionenschutz). Gelingt es der Regulierungsbehörde stellvertretend für die Gläubiger durch eine ordnungsgemäße Überwachung der Banken die Generierung negativer externer Effekte zu unterbinden, dürfte die Wahrscheinlichkeit eines Schalterstürms und gleichsam die Gefahr einer systemischen Krise sinken. Aus diesem Grunde hat die Regulierung stets bei der einzelnen Bank und damit zunächst beim Gläubigerschutz anzusetzen.

2.3. Ordnungspolitische Rahmenbedingungen einer internationalen Bankenregulierung

Die zuvor diskutierten Marktversagenstatbestände, die als normative Begründungen für eine staatliche Regulierung von Banken gelten, lassen sich auch im Kontext zunehmend integrierter Finanzmärkte nicht ausschließen. So verstärkt sich die Informations-

---

Für den Großteil der Kleineinleger bleiben die genaue Geschäftsstruktur und Geschäftstätigkeit eines Kreditinstituts aufgrund ihrer faktischen Unkenntnis weitestgehend intransparent. Da aus ihrer Sicht sämtliche Banken prinzipiell vergleichbare Leistungen rund um das Objekt ‚Geld' anbieten, wird auch von einer ähnlichen Risikostruktur und ähnlichen Verlustausgleichsreserven ausgegangen. Die Folge ist eine unsachgemäße Homogenisierung der Bonitätseinschätzung aller Banken durch die Einleger. *Institutionelle* Übertragungskanäle liefern der Homogenitätsannahme eine rationale Grundlage. Selbst wenn sich die übrigen Banken des Sektors zunächst nicht in Zahlungsschwierigkeiten befinden, so kann die enge institutionelle Verflechtung der Kreditinstitute durch Zahlungsverkehrssysteme und den Interbankenmarkt eine Liquidations- und Solvenzbedrohung weiterer Institute nach sich ziehen (*spillover effect*; *Carlstrom* 1988). Die Ansteckung bisher nicht betroffener Banken (*contagion effect*) führt dann in letzter Instanz zu einer Krise des gesamten Bankensystems.

asymmetrie zwischen Einlegern und international agierenden Banken mit zunehmender Finanzmarktintegration infolge eines erweiterten räumlichen Dispositionsspielraums der Banken, und zudem können grenzüberschreitende negative externe Effekte zu internationalen systemischen Krisen erwachsen.

Dem hingegen lassen sich folgende drei Wirkungsdimensionen fortgeschrittener Finanzmarktintegration in Bezug auf eine Einschränkung des nationalstaatlichen Bankenregulierungsmonopols konstatieren (*Schirm* 2000). (1) Räumliche Dimension: Durch internationale Arbitragemöglichkeiten kann die Effektivität nationaler Regulierungsregeln im Zeitablauf ausgehöhlt und ein Harmonisierungsdruck durch die mit Wettbewerbsnachteilen konfrontierten heimischen Banken ausgelöst werden. (2) Zeitliche Dimension: Im Zeichen rund um die Uhr operierender Kapitalmärkte und im Hinblick auf die Geschwindigkeit, mit der Kapital transferiert und Finanzinnovationen generiert werden können, bleibt den Aufsichtsbehörden sukzessive weniger Zeit für Entscheidungen, sodass staatliche Regulierungsmaßnahmen oftmals nur mit einer zeitlichen Verzögerung auf neue Entwicklungen an den globalen Finanzmärkten reagieren können. (3) Komplexität: Traditionelle Interventionsinstrumente verlieren an Sachgerechtigkeit, da sich Finanzmärkte im Zuge fortschreitender Integration auch strukturell verändern. So führen die Verlagerung vom klassischen Kreditgeschäft zu einem verstärkten Handel mit Wertpapieren (*securitization*) sowie eine stetig steigende Anzahl von Finanzinnovationen dazu, dass klassische Regulierungsinstrumente des Staates nicht mehr sachgerecht wirken.

Aus dem Spannungsfeld, dass mit zunehmender Finanzmarktintegration grenzüberschreitende negative externe Effekte aus bankwirtschaftlicher Tätigkeit zu globalen Risiken erwachsen können, deren Ursachen systemisch miteinander vernetzt sind und deren Wirkung in extra-territorialen Gebieten eskalieren, wobei eine fortschreitende Finanzmarktintegration jedoch zu einer Einschränkung des nationalstaatlichen Bankenregulierungsmonopols führt, erwächst die Notwendigkeit einer *Global Governance* (hier als globale Ordnungspolitik verstanden) für den internationalen Finanz- und Bankenmarkt. Zentralbankvertreter der G10-Staaten, Luxemburgs und der Schweiz installierten bereits Ende des Jahres 1974 den *Baseler Ausschuss für Bankenaufsicht* (BCBS) als ein *internationales Regime* der Bankenregulierung unter dem Dach der *Bank für Internationalen Zahlungsausgleich* (BIS) in Basel. Der Schutz des öffentlichen Gutes ‚globale Finanzmarktstabilität' wurde damit zu einer Frage internationaler Kooperation zwischen den Notenbankgouverneuren und Vertretern von Ministerien der G10-Länder, die für die Bankenaufsicht in den einzelnen Staaten zuständig sind. Das *Baseler Komitee* besitzt als ein internationales Regime zwar keine formelle Autorität zur Regulierung international tätiger Banken, noch verfügt es über eine Gesetzgebungskompetenz in dieser Hinsicht. Dennoch formuliert es Bankenaufsichtsstandards (‚Basel I, II') und spricht Empfehlungen aus für eine zukünftige Gestaltung der internationalen Bankenaufsicht. Diese vom Baseler Ausschuss erlassenen Bankenregulierungsstandards und Empfehlungen werden von den mittlerweile 40 Mitgliedsstaaten (zu denen die G10-Länder, weitere bedeutende Industrienationen und Schwellenländer gehören) sowie einer Vielzahl weiterer Ländern, regelmäßig in nationales Recht transformiert. Auf diese Weise tragen die Baseler Empfehlungen zur Schaffung eines international anerkannten Ordnungsrahmens der Bankenregulierung bei.[7]

Als eine Reaktion auf die fortschreitende Finanzmarktintegration und die damit einhergehende Zunahme globaler Finanz- und Bankenkrisen seit Beginn der 1990er Jahre lässt sich eine verstärkte Politisierung der Frage nach dem Schutz der globalen Finanzmarktstabilität beobachten.[8] Die internationale Bankenregulierung ist von dieser Entwicklung insofern betroffen, als infolge der fortschreitenden Globalisierung des Bankgeschäfts der Anpassungsdruck auf die vom Baseler Ausschuss geprägte Regulierungsarchitektur zunehmend wächst. Die stetige Aufwertung des *Investment Banking* gegenüber dem klassischen *Commercial Banking* und eine wachsende Vielfalt neuer Finanzinstrumente führen zu einer Dimension und Komplexität des Risikopotenzials international agierender Banken, welche die Standardisierung von Bankenregulierungsregeln und damit auch die Strategie, eine globale Finanzmarktstabilität durch ausgehandelte Eigenkapitalunterlegungsquoten herbeizuführen, zunehmend in Frage stellt. Offensichtliche Informationsasymmetrien zwischen Staat und Banken hinsichtlich des angemessenen Managements von Globalisierungsrisiken stehen einer Fortsetzung der Standardisierung von Bankenregulierungsregeln im Wege. Die internationale Bankenregulierung avanciert von einem Standardisierungs- zu einem Wissensproblem.

Als eine unmittelbare Folge fokussiert der Baseler Ausschuss seit Inkrafttreten von ‚Basel II' im Jahr 2007 deutlich stärker auf die Fähigkeit von Kreditinstituten, ihre eingegangenen Risiken in eigener Verantwortung zu steuern (Selbstregulierung, *Flannery* 2001). Es geht demnach nicht mehr länger nur darum, weltweit Bankenregulierungsregeln zu standardisieren, sondern das Ziel besteht vor allem in der Auflösung des Wissensdefizits um die zunehmend komplexeren Risikopotenziale international tätiger Banken. So differenziert sich die internationale Regulierungsarchitektur seit Ende der 1990er Jahre in einer horizontalen und vertikalen Dimension durch eine verstärkte Kooperation mit weiteren öffentlichen (institutionalisierter Multilateralismus) sowie privaten Akteuren (*Public Private Partnerships*) auf verschiedenen politischen Ebenen (*Lütz* 2000). Neben diesem Pluralismus, der zu einer Verschiebung der Akteurkonstellation in der internationalen Bankenregulierung führt, ist gleichsam ein Funktionswandel des Baseler Ausschusses festzustellen. Statt länger nur als ein reines internationales Regime zur zwischenstaatlichen Aushandlung internationaler Bankenregulierungsstandards zu fungieren, wird der Baseler Ausschuss nun zunehmend als eine

---

7 Aufgrund der Tatsache, dass bis heute 168 Länder die Regeln dieses Frameworks in nationales Recht transformiert haben, bestehen nur noch marginale institutionelle Divergenzen zwischen den Bankenregulierungsverfahren und -vorschriften der einzelnen Nationen. Zudem entwickelte der Baseler Ausschuss im Jahre 1999 vornehmlich für Länder, die nicht der G10 angehören, die sogenannten *Core Principles for Effective Banking* sowie die *Core Principles Methodology* als eine Art Blaupause für die Etablierung eines effektiven Bankenaufsichtssystems, um ein noch bestehendes Regulierungsgefälle zwischen den Industrie- sowie Schwellen- und Entwicklungsländern zu senken.

8 Diese äußert sich vor allem in einer noch immer anhaltenden Reformdiskussion des *IMF* und der *World Bank* um ihre Rolle in einer zukünftigen internationalen Finanzmarktarchitektur sowie in der Frage nach einer einheitlichen europäischen Finanzaufsicht.

Clearing-Stelle für die Generierung und Verbreitung von Wissen unter den Mitgliedsstaaten genutzt und bindet private Akteure in die Koordinationsarbeit, nicht aber in den Entscheidungsprozess, mit ein.

Nicht zuletzt als eine Reaktion auf die Ressourcen- und Qualifikationsdefizite nationalstaatlicher Bankenaufsichtsbehörden wurde im März des Jahres 1998 das *Financial Stability Institute* (FSI) als ein Sub-Komitee des Baseler Ausschusses mit dem Ziel gegründet, als institutionalisierter Mechanismus für den Informationsaustausch zwischen nationalen Zentralbanken und Bankenaufsichtsbehörden zu fungieren und die Aus- und Fortbildung des nationalen Aufsichtspersonals zu fördern. Das Institut wird durch einen Beirat beaufsichtigt, dem neben den Repräsentanten verschiedener Aufsichtsgremien auch nationale Bankenvertreter angehören, die sich über einen fest installierten Konsultationsmechanismus beratend einbringen können. Zum Aufbau weiterer institutioneller Pfeiler einer stabilen internationalen Finanzarchitektur gründete man im Jahre 1999 das *Financial Stability Forum* (FSF), das ebenfalls der *BIS* angelagert ist und als Koordinations- und Arbeitsforum dient. Es bringt nationale Aufsichtsinstanzen und Zentralbanken mit Repräsentanten internationaler Organisationen (*IMF*, *World Bank*, *BIS*, *OECD*) und Regulierungsgremien (*BCBS*, *IOSCO*) zusammen. Private Akteure sind nicht zugelassen, sollen jedoch zu Regulierungsfragen konsultiert werden. Ziel des Forums ist es, nationale Praktiken unterschiedlicher finanzsektorbezogener Regulierungsfelder in einem einheitlichen Kompendium zusammenzutragen. Auf europäischer Ebene wurden schließlich Anfang des Jahres 2004 das *Committee of European Banking Supervisors* (CEBS) sowie das *Banking Supervision Committee* (BSC) errichtet, die sich aus Vertretern der nationalen Aufsichtsbehörden und Zentralbanken zusammensetzen und die *Europäische Kommission* im Zuge der Errichtung eines einheitlichen europäischen Bankenregulierungsmindeststandards gemäß der *Capital Requirements Directive* (CRD) beraten, wobei den Banken in zahlreichen Konsultationsverfahren die Möglichkeit geboten wird, eigene Stellungnahmen abzugeben.

Auf privatwirtschaftlicher Ebene haben sich vor allem international tätige Kreditinstitute zeitgleich verstärkt selbst organisiert. Die *Group of Thirty* (G30) und das *Institute of International Finance* (IIF) wurden als globale ‚Selbsthilfeorganisationen' der privaten Banken mit dem Ziel gegründet, die Risikoentwicklung des internationalen Finanzmarktes permanent zu analysieren und diese Informationen unter den Mitgliedsbanken zur stetigen Optimierung des internen Risikomanagements zu verbreiten. Ein weiteres Ziel liegt in der Bereitstellung von Foren, auf denen sich der öffentliche und der private Sektor über notwendige Fragen hinsichtlich der Ausgestaltung einer effizienten globalen Finanzmarktaufsicht austauschen können. Daneben engagiert sich das IIF auch aktiv in einzelnen Arbeitsgruppen der Baseler Sub-Komitees, um die Interessen seiner privatwirtschaftlichen Mitglieder im Rahmen der Entwicklung neuer Bankenaufsichtsstandards zu vertreten. Zu den mittlerweile 345 Mitgliedern des IIF zählen die weltgrößten Geschäfts- und Investmentbanken sowie eine wachsende Anzahl von Versicherungsunternehmen und Investmentfirmen aus mittlerweile 60 Ländern. Das IIF stellt damit die bedeutendste *International Nongovernmental Organization* (INGO) auf der Seite der privatwirtschaftlichen Akteure dar.

Aus ordnungspolitischer Sicht lässt sich zusammenfassend konstatieren, dass sich seit den 1990er Jahren ein globales *Mehr-Ebenen-Modell der internationalen Bankenregulierung* herauskristallisiert. Dieses neue Modell zielt nicht mehr in erster Linie auf zwischenstaatliche Verhandlungslösungen zur Prävention globaler Finanzmarktstabilität ab, sondern es fokussiert vielmehr auf die Etablierung von Kooperationsbündnissen staatlicher Entscheidungsträger mit weiteren öffentlichen und privaten Akteuren auf der lokalen und internationalen politischen Ebene. Das vormals formulierte Ziel des Setzens zwischenstaatlich verhandelter internationaler Bankenregulierungsstandards wird zunehmend durch die Suche nach Möglichkeiten zur Generierung von Steuerungswissen für den regulierenden Staat in einem Umfeld zunehmender und komplexerer Risikopotenziale international agierender Banken auf dem integrierten Finanzmarkt abgelöst. Auf internationaler Ebene mutiert der Baseler Ausschuss in dieser Hinsicht zu einer Clearing-Stelle, welche die dezentral generierten Informationen über die *best practices* einer internationalen Bankenregulierung bündelt und diese Informationen an die einzelnen Mitgliedstaaten weiterleitet. Private Akteure (Banken) und Banken-NGOs werden sowohl auf nationaler als auch auf internationaler Ebene durch staatliche Kooperationsbündnisse in den Koordinationsprozess eingebunden. Entscheidungen über Formen und Inhalte von internationalen Bankenregulierungsregeln werden jedoch weiterhin maßgeblich innerhalb von Expertengremien auf globaler Ebene getroffen. Mitglieder solcher Gremien sind Vertreter der nationalstaatlichen Exekutive, der nationalen Finanzministerien, der Regulierungsbehörden und Notenbanken. Private Akteure werden für den Entscheidungsprozess nicht zugelassen. Der einzelne Nationalstaat fungiert in diesem System als ‚Interdependenzmanager' zwischen der lokalen und internationalen Ebene. Insbesondere nationalstaatliche Vertreter von Regulierungsbehörden werden zur Anlaufstelle für die Anliegen der Bankenverbände, aber auch der Regierung eines Landes.

3. Subprime-Krise (2007-2009): Kurzer Überblick über die Ursachen und den Verlauf

Als eine Reaktion auf den Absturz der New Economy (das Platzen der *Dotcom-Blase*) und die Terroranschläge des 11. September 2001 leitete die US-amerikanische Federal Reserve Bank in der Folge eine Geldmengenausweitung ein, indem sie die Leitzinsen von 6,5 % auf ein historisch niedriges Niveau von knapp über 1% senkte und dieses Niveau bis zum Jahr 2004 konstant hielt. Die in der Folge zunächst geringe Zinslast bedeutete für eine Vielzahl privater Haushalte mit niedrigem Einkommen einen Anreiz, sich für den Erwerb von Immobilien bei Kreditinstituten zu verschulden.

Der Anreiz, Kredite für Immobilieninvestitionen aufzunehmen, wurde durch zwei Faktoren weiter verstärkt. Zum einen ist die Förderung von privatem Hausbesitz in den USA seit jeher ein wichtiges (sozial-)politisches Ziel. Insbesondere der Erwerb von Wohneigentum durch sozial schwache Haushalte mit einer nicht erstklassiger Bonität (sog. ‚Subprime-Segment') wurde politisch nachhaltig gefördert. Zum anderen führten die nachlassende Attraktivität des Aktienmarktes nach der *Dotcom-Krise* und die aus China und dem Nahen Osten recycelten Ersparnisse (*global savings glut*) zu explodierenden Preisen für Grundstücke und Gebäude, die – im Rahmen eines sich selbst verstärkenden Kreislaufs – neben den privaten Haushalten auch institutionelle Investoren zum Kauf von Immobilien bewegten.

Vor dem Hintergrund im Wert kontinuierlich steigender Sicherheiten für Hypothekardarlehen und einer daraus resultierenden günstigeren Rendite-Risiko-Struktur im Kreditgeschäft zeichnete sich bei den kreditvergebenden Banken eine zunehmende Nachlässigkeit im Rahmen der notwendigen Kreditprüfungen ab. Um der deutlich angestiegenen Nachfrage nach Immobiliendarlehen und einer damit einhergehenden Zunahme der Wettbewerbsintensität begegnen zu können, bedienten sich die Banken zudem der Unterstützung von Kreditvermittlern, deren Handlungsziel weniger durch eine sachgemäße Bonitätsprüfung der Schuldner als vielmehr durch eine Steigerung der eigenen Provisionseinnahmen geprägt war. Außerhalb des bankenregulatorischen Rechtsrahmens war es diesen Vermittlern möglich, auch sog. *ninja-loans* (no income, no job or assets) und *piggy backs* (Huckepack-Kredite; Aufnahme einer zweiten Hypothek zu höheren Zinsen, um Anzahlungen der ersten Hypothek leisten zu können) zu vertreiben.

Die Banken selbst entzogen sich der regulatorischen Konsequenz einer höheren aufsichtsrechtlichen Eigenkapitalunterlegung für die anwachsenden Kreditrisiken, indem sie die an private Haushalte vergebenen Hypothekardarlehen mit Hilfe von Verbriefungsinstrumenten aus der Bilanz schrieben. Im Rahmen dieser Verbriefungstransaktionen übertrugen die Banken (*Originatoren*) gebündelte Hypothekardarlehen an eine Zweckgesellschaft (*Special Purpose Vehicle*), die mit diesen Krediten besicherte Wertpapiere bei externen Investoren am Kapitalmarkt platzierten und die von den Schuldnern geleisteten Zins- und Tilgungszahlungen an die Investoren durchreichten. Zwar wird die Qualität von Verbriefungen vor ihrer Platzierung am Kapitalmarkt regelmäßig bewertet, offensichtlich sind jedoch Rating-Agenturen, Wirtschaftsprüfer und die Bankenaufsicht bei der Bewertung der Papiere einer sorgfältigen Prüfung der originär verbrieften Kredite nicht (vollständig) nachgekommen. Erschwert wurde die Prüfung durch die Tatsache, dass die bereits verbrieften Kredite mit Hilfe von *Collateralized Debt Obligations* (CDOs) mehrfach verpackt wurden und die Verbriefungen in mehrere Tranchen unterschiedlicher Bonität am Kapitalmarkt begeben wurden (dazu ausführlich *Hellwig* 2010). *Hellwig* fordert daher, die Verbriefung von Verbriefungen gesetzlich ganz zu untersagen.

Die Aussicht auf hohe Renditen aufgrund noch immer ansteigender Immobilienpreise in den USA und eine Unterbewertung des tatsächlich inhärenten Risikos führten dazu, dass Banken wie auch Versicherungen und Kapitalanlagegesellschaften weltweit als Investoren dieser Papiere auftraten. Insbesondere für Banken stellte die Investition in diese Papiere augenscheinlich eine geeignete Möglichkeit dar, den durch die zunehmende Finanzmarktglobalisierung sinkenden Margen in den traditionellen Geschäftsfeldern bei gleichzeitig steigendem Shareholder-Value-Druck entgegenzuwirken.

Die Krise wurde letztendlich durch einen doppelten Preisschock ausgelöst als zwischen den Jahren 2004 bis Mitte 2007 der US-amerikanische Leitzins von 1% auf 5,25% angehoben wurde und in der Folge Anfang 2007 die Preisblase am amerikanischen Immobilienmarkt platzte. Insbesondere private Haushalte, welche die in den

USA weit verbreitete Variante der *2/28er Hypothek* mit einer Festzinsbindung nur für die ersten zwei Jahre in Anspruch genommen hatten, wurde der Leitzinsanstieg bei nun variabler Kreditverzinsung zum Verhängnis, sodass in letzter Instanz Kredite nicht mehr zurückbezahlt werden konnten und Immobilien verkauft werden mussten.

Der Fundamentalkrise folgte eine Vertrauenskrise. Die zunehmenden Ausfälle bei den Subprime-Papieren ab Anfang 2007 führten zu einem massiven Vertrauensverlust gegenüber diesen Verbriefungen und gegenüber denjenigen Banken, die diese Papiere in ihren Portfolios hielten. Subprime-Papiere wurden quasi unverkäuflich, und gleichzeitig trocknete der Interbankenmarkt aus, weil die Banken untereinander nicht mehr oder nur zu drastisch erhöhten Risikoprämien bereit waren, sich gegenseitig Geld zu leihen. Weltweit sehen sich fortan viele Banken einem völlig unterschätzten Liquiditätsrisiko ausgesetzt, dass durch die vorhandenen ‚Eigenkapitalpuffer' nur selten gedeckt werden kann.

4. Vorschläge zur Verbesserung des Systems der Bankenregulierung

4.1. Problemfelder der Regulierung

Im Zuge der Diskussion um mögliche Verbesserungen bei der Regulierung von Finanzinstituten wurden diverse mehr oder weniger schwerwiegende Probleme identifiziert, die in der folgenden Abbildung dargestellt werden (z.B. auch *Hellwig* 2010).

Tabelle 1: Problemfelder der Finanzmarktregulierung

Problemfelder
1. Extremer Fokus der Regulierung auf die Stabilität einzelner Institute
2. Zu enger Fokus der Regulierung (Hedge Fonds)
3. Kein antizyklisches Regulierungskonzept
4. 'Too big to fail'-Problematik
5. Mangel an internationaler Koordinierung
6. Problem der mangelhaften Eigenkapitalhinterlegung
7. Verbraucherschutz

Zum Zwecke der Stabilisierung von Finanzmärkten wurde bislang nahezu vollständig auf die Stabilität einzelner Institute abgestellt. Dies wird auch bei genauerer Betrachtung der Fokussierung auf interne Risikomodelle der Banken deutlich. Insbesondere durch die Verbriefung von Kreditrisiken und intensivierter weltweiter Geschäftsbeziehungen zwischen Finanzinstituten stieg die Bedeutung systemischer Risiken signifikant an. Eine wichtige Aufgabe künftiger Regulierungsregime muss die adäquate Berücksichtigung dieser Risiken sein. Darüber hinaus wird davon ausgegangen, dass der Fokus der Regulierung zu eng war, sodass beispielsweise Hedge Fonds oder von den Geschäftsbanken gegründete Zweckgesellschaften nicht von der Bankenaufsicht erfasst wurden.

Außerdem müssen neue Wege zu einer besseren Quantifizierung des notwendigen Eigenkapitals gefunden werden, weil die Eigenkapitalhinterlegung sowohl in quantitativer als auch in qualitativer Hinsicht nicht ausreichend war. Eng damit verbunden ist das Problem der antizyklischen Regulierung, welches bereits im Zusammenhang mit der Fair Value Bilanzierung diskutiert wurde. Dass Finanzmärkte zunehmend stärker als andere Märkte durch asymmetrische Informationsverteilung charakterisiert werden, ist kein neues Phänomen. In den letzten Jahren hat das Ausmaß der Asymmetrie allerdings nochmals zugenommen, sodass Konsumenten vermehrt Probleme haben, die Eigenschaften bestimmter Finanzprodukte einzuschätzen. Infolgedessen ist die Verbesserung des Verbraucherschutzes in den Fokus der Reformdebatte gerückt (zur Stärkung des Verbraucherschutzes bei Finanzprodukten, *Inderst* 2008).

Zwei auch aus politökonomischer Perspektive interessante Aspekte sind der Mangel an internationaler Koordinierung und die sogenannte ‚Too big to fail'-Problematik. Die Finanzkrise hat klar verdeutlicht, dass internationale Koordination in Krisenzeiten innerhalb des existierenden Rahmens extrem schwierig und zeitaufwändig ist. Hier muss über geeignetere Ausgestaltungsformen nachgedacht werden. Eine adäquate Behandlung der ‚Too big to fail'-Problematik ist für jeden Staat extrem schwierig. Zum einen ist es nahezu unmöglich, große Finanzinstitute ohne gravierende Schäden für die Finanzmärkte in die Insolvenz gehen zu lassen, zum anderen resultieren gerade aus dieser Bereitschaft zur Rettung immense Moral Hazard-Probleme, die in den Reformüberlegungen nicht unberücksichtigt bleiben dürfen (*Beck* et al. 2010). Im Folgenden werden die Reformvorhaben in der Europäischen Union im Überblick dargestellt.

4.2. Reformvorhaben der Europäischen Union

Die Diskussion der Reformvorhaben erfolgt in zehn einzelnen Schritten. Wir beginnen mit Vorhaben zur Reform der Struktur der Regulierungsbehörden auf Ebene der *EU*.

Struktur der Regulierungsbehörden

Die Europäische Kommission schlägt vor, drei neue europäische Behörden zur Regulierung von Finanzmärkten zu gründen, welche auch als *European System of Financial Supervisors* (ESFS) bezeichnet werden. Hiermit sollen sowohl die Zusammenarbeit auf europäischer Ebene als auch der grenzüberschreitende Informationsaustausch gefördert werden. Diese Institutionen sollen allerdings die nationalen Regulierungsbehörden keineswegs ersetzen. Im Einzelnen sind dies:

- die European Banking Authority,
- die European Insurance and Occupational Pensions Authority und
- die European Securities Authority.

Durch diese Behörden soll die Regulierung der Bereiche Banken, Versicherungen und Wertpapiermärkte abgedeckt werden. Die Aufgaben dieser Behörden liegen insbesondere darin, harmonisierte Regelungen zur Finanzmarktaufsicht für die EU zu entwickeln und die Aufsicht über grenzüberschreitende Institute zu verbessern. Darüber hinaus obliegt den Behörden auf der europäischen Ebene auch eine vermittelnde Rolle zwischen nationalen Regulierungsbehörden, wenn dort Meinungsverschiedenheiten nicht auf der bilateralen Ebene ausgeräumt werden können.

In einigen Bereichen werden die neuen pan-europäischen Behörden aber auch über direkte Zuständigkeiten verfügen, wie z.B. im Rahmen der Regulierung von Rating Agenturen, und somit auch selbst regulatorisch aktiv werden. Zu den Aufgaben zählen des Weiteren die Zusammenstellung geeigneter Mikrodatensätze aus den Mitgliedsstaaten zur Überwachung der Finanzmärkte und die Verbesserung der Krisenkoordination.

Verbesserung der Aufsicht über systemische Risiken

Zur Verbesserung des Monitorings systemischer Risiken hat sich die Europäische Kommission auf die Gründung des *European Systemic Risk Boards* (ESRB) verständigt. Das ESRB wird künftig systemische Risiken überwachen und Warnungen aussprechen, wenn seines Erachtens Risiken für die Finanzmarktstabilität aufgrund makroökonomischer Entwicklungen oder Entwicklungen innerhalb des Finanzsystems erwachsen. Außerdem wird es die Reaktionen auf seine Warnungen evaluieren und die Zusammenarbeit mit anderen internationalen Institutionen wie z.B. dem Weltwährungsfonds koordinieren.

Das ESRB wird keine juristisch bindenden Maßnahmen verordnen können, sondern lediglich Warnungen aussprechen und Abhilfemaßnahmen vorschlagen können. Den Vorsitz über den Council des ESRB wird der Präsident der Europäischen Zentralbank führen. Obwohl das ESRB keine rechtlich bindenden Maßnahmen verordnen kann, wird davon ausgegangen, dass aufgrund der Autorität seiner Mitglieder die ausgesprochenen Warnungen und Gegenmaßnahmen angenommen und umgesetzt werden.

Aufsicht über systemisch bedeutende Institute

Bislang existiert keine eindeutige Definition eines systemrelevanten Instituts, allerdings gehen die bisherigen Planungen davon aus, dass etwa 40 Finanzinstitute bzw. Gruppen mit signifikanter, grenzüberschreitender Bedeutung in den EU-Mitgliedsstaaten als systemrelevant behandelt werden sollen. Diese Institute halten 70% der Bankeinlagen in der EU. Grundsätzlich werden diese Institute natürlich weiterhin von den nationalen Regulierungsbehörden beaufsichtigt, aber auf europäischer Ebene soll zusätzlich koordinierend durch die drei neuen Regulierungsbehörden eingegriffen werden, um dem grenzüberschreitenden Charakter der systemrelevanten Institute besser Rechnung tragen zu können. Auch hier wird die vermittelnde Rolle zwischen den nationalen Regulierungsbehörden einen großen Stellenwert einnehmen.

Krisenbewältigung und Koordinierung

Die Finanzminister der EU haben sich bereits im Oktober 2008 auf gemeinsame Prinzipien zur Krisenbewältigung im Rahmen der Rettung systemrelevanter Institutionen verständigt. Diese Regeln bzw. Prinzipien dienen der Koordinierung der Zusammenarbeit von Regulierungsbehörden, nationalen Zentralbanken und Finanzministerien in Europa (vgl. auch *Beck et al.* 2010). Die aufgestellten Regeln umfassen unter anderem die folgenden Aspekte:

- Die Interventionen sollen zeitnah geschehen und möglichst zeitlich begrenzter Natur sein.
- Außerdem verpflichten sich die Finanzminister, den Interessen der Steuerzahler soweit wie möglich Rechnung zu tragen.
- Die Anteilseigner sollen die Konsequenzen der Intervention tragen.
- Die jeweilige Regierung muss Änderungen im Management des Instituts durchsetzen können.
- Die ungerechtfertigte Auszahlung von Gratifikationszahlungen soll verhindert werden.
- Die Interessen der Wettbewerber müssen beachtet und die Regelungen des Beihilferechts eingehalten werden.
- Negative „Spill-over-Effekte" sollen vermieden werden.

Ein besonderes Regulierungsregime für systemrelevante Institute ist in der *EU* bisher nicht geplant, stattdessen soll dieser Fall in den existierenden Regulierungsrahmen eingebettet werden.

Verschärfung der Eigenkapital- und Liquiditätsvorschriften

Viele große Finanzinstitute sind heute grenzüberschreitend tätig. Aus diesem Grund sollte eine Regulierung von Eigenkapitalanforderungen auf internationaler Ebene erfolgen. In diesem Zusammenhang müssen vier Elemente berücksichtigt werden. Dies sind der Umfang des Eigenkapitals, die Ausgestaltungsform des Eigenkapitals, die Möglichkeit, der prozyklischen Entwicklung des Eigenkapitals vorzubeugen, und die Notwendigkeit, Liquiditätspuffer zu schaffen (*Freixas* 2010). Die Erarbeitung von Vorschriften zur Verschärfung der Eigenkapital- und Liquiditätsanforderungen ist zur Zeit noch im Gange. Über einige Aspekte wurde in der EU aber bereits Einigkeit erzielt. Diese stehen in Übereinstimmung mit den Empfehlungen des Baseler Komitees, die im Januar 2009 herausgegeben wurden. Dazu zählen eine Verdoppelung des hinterlegungspflichtigen Kapitals bei Wertpapierhandel sowie höhere Kapitalanforderungen bei Verbriefungen. Darüber hinaus sollen außerbilanzielle Aktivitäten wesentlich schärferen Kapazitätsausstattungsanforderungen unterworfen werden. Die Diskussion über geeignete Maßnahmen zur Erhöhung der Eigenkapitalanforderungen in konjunkturellen Boom-Zeiten dauert noch an und hat bislang noch nicht zu wesentlichen Ergebnissen geführt.

Weitere Reformvorhaben

Im Rahmen der Verbriefung plant die EU, die Banken dazu zu verpflichten, mindestens fünf Prozent der von ihnen generierten Produkte in ihren Bilanzen zu halten, um Anreize dafür zu schaffen, mehr Sorgfalt in den Planungsprozess der Verbriefung zu legen. Außerdem sollen Anreize geschaffen werden, dass Banken auch an der langfristigen Performance der Wertpapiere interessiert sind. Im Zusammenhang mit der lauter gewordenen Forderung nach der Regulierung alternativer Investmentfonds (z.B. Hedge Fonds), plant die EU, nicht die Fonds an sich, sondern ihre Manager gewissen Vorschriften zu unterwerfen. Fonds-Manager, die aus EU-Mitgliedsstaaten operieren, müssen sich registrieren, um in der EU operieren zu dürfen. Sind die Manager hingegen außerhalb der EU ansässig, müssen sie zunächst Genehmigungen in jedem einzelnen Land einholen, in dem sie Handel betreiben. Zu einem späteren Zeitpunkt können sie eine sogenannte Pan-Europäische Genehmigung bekommen, wenn sie nachgewiesen haben, dass sie bislang allen Anforderungen der Regulierung, Aufsicht und auch steuerlichen Erfordernissen nachgekommen sind. Darüber hinaus müssen Fonds-Manager über ihre Risikomanagementstrategien berichten und Performance Daten offenlegen.

Ein weiteres, kontrovers diskutiertes Thema ist die künftige Behandlung von Rating Agenturen. Die EU plant, eine Registrierungspflicht für Ratingagenturen einzuführen und durch Gremien, die aus Vertretern der nationalen Regulierungsbehörden bestehen, zu regulieren. Die Agenturen werden insbesondere ihre Methoden offenlegen müssen und darüber hinaus die Güte ihrer Bewertungen ex post evaluieren. Außerdem muss künftig offengelegt werden, wenn bestimmte Unternehmen für mehr als 5 % der Einnahmen einer Ratingagentur verantwortlich sind. Weiterhin ist geplant, ein System der Rotation für Analysten einzuführen, um zu enge persönliche Verbindungen zu den bewerteten Unternehmen zu vermeiden.

Des Weiteren wird die Verbesserung des Verbraucherschutzes als wesentliches Ziel in der Europäischen Union erachtet. In diesem Zusammenhang sollen insbesondere einfachere Produktinformationen für die Finanzprodukte entwickelt werden, die der durchschnittliche Kunde von Finanzinstituten regelmäßig erwirbt. Beispielsweise wird ein Indikator angeregt, der Werte von eins bis sechs annehmen kann und ein Maß für das Risiko des erworbenen Produkts darstellt. Verbraucherschutz fällt in der EU allerdings in die Zuständigkeit der Einzelstaaten. Deshalb ist auch künftig davon auszugehen, dass die Regelungen zwischen den Mitgliedsstaaten stark variieren werden. Die Kommission regt die nationalen Regulierungsbehörden aber an, besonderes Augenmerk auf so genannte verantwortungsvolle Kreditvergaben zu legen. Hier wird insbesondere die Vermarktung von Kreditprodukten angesprochen, welche den Konsumenten auch potenzielle Risiken nicht verschweigen darf.

5. Bewertung der Reformvorhaben

5.1. Bewertung der wichtigsten Reformschritte

Grundsätzlich sind die Reformvorhaben der Europäischen Union als positiv und notwendig zu bewerten. Es ergeben sich allerdings einige Probleme, die im Folgenden näher erörtert werden. Durch die Einführung der Regulierungsbehörden auf der europäischen Ebene bleiben die Kompetenzen der nationalen Regulierungsbehörden zunächst weitestgehend unangetastet. Insbesondere im Hinblick auf die Regulierung grenzüberschreitender Finanzinstitute könnte diese Lösung unbefriedigend sein, da die Vermittlung zwischen nationalen Regulierungsbehörden durch die europäische Ebene teilweise schwierig sein könnte. Andererseits trägt die Ansiedlung von Kompetenzen auf der nationalstaatlichen Ebene eventuell dazu bei, den Systemwettbewerb zu stimulieren und im Wettbewerb um bestmögliche Regulierungsregimes möglichst optimale Lösungen zu erzielen.

Weitere Probleme lassen sich in Bezug auf die Gremien zur Identifikation systemischer Risiken identifizieren. Solche Institutionen sind ohne Zweifel sinnvoll und sollten demnach eingerichtet werden. Allerdings besteht bei der gewählten Ausgestaltungsform das Problem, dass die hohe Mitgliederzahl der Gremien (etwa 30) zu einer schwierigen Entscheidungsfindung führen kann. Darüber hinaus besitzen diese Gremien keinerlei konkrete Handlungs- bzw. Regulierungsbefugnis. Sie können nur Warnungen vor systemischen Risiken sowie Handlungsempfehlungen abgeben. Erschwerend kommt hinzu, dass generell Mitglieder der Zentralbank auch Mitglieder dieser Gremien sind und infolgedessen Interessenskonflikte zwischen den Institutionen entstehen können. Man denke in diesem Zusammenhang nur an die ‚lockere' Geldpolitik der amerikanischen Notenbank in den Jahren vor der Finanzkrise, welche in einigen Fällen sicherlich den Auffassungen eines Gremiums zur Identifikation systemischer Risiken sowie ihrer Abmilderung diametral entgegensteht.

Die konkrete Regulierung systemrelevanter Institute auf der europäischen Ebene stellt nicht darauf ab, Institute davon abzuhalten, systemrelevant zu werden, sondern setzt sich zum Ziele, die Risikoabsorptionsfähigkeit solcher Institute zu gewährleisten bzw. zu erhöhen. Dies impliziert, dass der Regulierer keinerlei Befugnisse hat, die Größe und Komplexität systemrelevanter Finanzinstitute direkt zu beeinflussen. Aufspaltungen in verschiedene selbständige Geschäftsbereiche, wie z.B. Investment und Commercial Banking, sind durch den Regulierer nicht möglich. Dadurch entsteht die Möglichkeit, dass die Befugnisse des Regulierers im Vergleich zu den zu lösenden Problemen ein vergleichsweise stumpfes Schwert darstellen. *Zimmer* und *Rengier* (2010) schlagen daher vor, zumindest in Erwägung zu ziehen, im Rahmen der kartellrechtlichen Fusionskontrolle und ggf. auch in Entflechtungsverfahren die ‚Too-big-to-fail'-Problematik zusätzlich zu den bisherigen Wettbewerbserwägungen zu berücksichtigen. Ansonsten bestünden systematische Anreize, sich zu systemrelevanten Instituten zusammenzuschließen und so Wettbewerbsvorteile gegenüber kleineren Finanzinstituten zu erlangen, welche nicht systemrelevant sind. Diese Idee mag an Attraktivität auch deshalb gewinnen, weil empirisch festzustellen ist, dass Bankenkrisen in Staaten mit einer hohen Wettbewerbsintensität im Bankensektor seltener sind als auf stärker konzentrierten Bankenmärkten (*Uhde* und *Heimeshoff* 2009).

Der Plan einer gemeinsamen Koordination von Krisenbekämpfungsmaßnahmen erscheint bislang nicht mehr als eine bloße Absichtserklärung, die offensichtlich erst im Ernstfall mit Leben gefüllt werden wird. Natürlich ist eine Krisenkoordinierung auf europäischer Ebene ungleich schwieriger als in einem Nationalstaat wie z.B. den USA, aber gerade deshalb wäre eine wesentlich konkretere Ausgestaltung der Koordinierungsrichtlinien sinnvoll und unbedingt notwendig. In Bezug auf künftige Vorschriften zur Eigenkapitalhinterlegung erweist sich insbesondere die Implementierung eines geeigneten Konzepts zur antizyklischen Regulierung als wesentliche Schwierigkeit. Alle bisherigen Vorschläge befinden sich allenfalls im Anfangsstadium und bedürfen intensiver Weiterentwicklung, bevor sie einsatzfähig sein werden. Positiv sollte allerdings angemerkt werden, dass die von Seiten der EU ausgearbeiteten Regeln zur

Kapitalhinterlegung für Wertpapierhandel und Verbriefung weit gediehen sind und unter Umständen internationalen Vorbildcharakter gewinnen könnten. Island hat seine Vorschriften zur Eigenkapitalhinterlegung von Krediten bereits modifiziert und die Hinterlegungsquoten verdoppelt.[9]

Die Idee der Europäischen Kommission, Banken zu einer Haltepflicht eines bestimmten Anteils selbst emittierter Wertpapiere zu verpflichten, könnte zur Verringerung des moralischen Risikos beitragen. Es stellt sich aber die Frage, ob ein solch geringer Prozentsatz dazu ausreichend ist. Leider enthalten die geplanten Vorschriften keinerlei Vorschläge zur Eindämmung bzw. Absicherung der so genannten Wiederverbriefung (Re-Securitization), welche im Rahmen der Finanzkrise eine prominente Rolle spielte und zu diversen Problemen beitrug. Bei der Regulierung alternativer Investmentfonds bei den Fonds-Managern anzusetzen und nicht bei den Fondsgesellschaften selbst ist sicherlich nicht unproblematisch, aber als erster Schritt in jedem Fall zu begrüßen. Die Abstufung der Registrierungspflichten in Abhängigkeit von der Fondsgröße bzw. -art (100 Mio. Euro für leveraged Fonds und 500 Mio. Euro für unleveraged Fonds) dürfte jedenfalls sinnvoll sein.

Ein besonders schwerwiegendes Problem bei der Neukonzeptionierung der Finanzmarktregulierung ist die künftige Behandlung von Kreditratingagenturen. Da das Rating auch im Rahmen der Regulierung eine prominente Rolle spielt, ist hier dringender Handlungsbedarf geboten. Dies ist allerdings schwierig, da auf dem Markt für Ratings kaum wirksamer Wettbewerb vorhanden und es demzufolge fraglich ist, ob die Rolle des Ratings in der Regulierung künftig wirklich wirksam eingeschränkt werden kann. Die Vorschläge der EU zur Vermeidung von Interessenskonflikten durch Rotation der Analysten sind sicherlich keineswegs perfekt, aber durchaus ein Schritt in die richtige Richtung. Eine Offenlegungspflicht in Bezug auf die verwendeten Methoden zur Erstellung des Ratings sowie einer Performancehistorie sind dabei sinnvolle Ergänzungen, auch zur Information der Verbraucher. Der Verbraucherschutz nimmt im Zusammenhang mit künftigen pan-europäischen Regulierungsregimen ohnehin eine besondere Rolle ein, da der Verbraucherschutz in die Verantwortlichkeit der Mitgliedsstaaten fällt und dort eine Vereinheitlichung der Regeln besonders schwerfallen wird. Langfristig sind europaweite Regelungen aber sinnvoll, weil Finanzprodukte z.B. vermehrt über das Internet-Banking vertrieben werden.

5.2. Das Problem der Universalbanken und die ‚Too big to fail'-Problematik

Besonders in den USA (aber auch in Großbritannien) wird im Rahmen der Reformdiskussion die Rückkehr zum System der spezialisierten Banken (Investmentbank, Commercial Banking, ...) diskutiert. Ein solches System weicht offensichtlich stark vom aktuell existierenden Bankensystem in Deutschland ab. Nicht nur deshalb stellt sich die Frage, ob

– eine solche Aufspaltung zur Stabilisierung des Finanzsystems beiträgt und

[9] Dass diese Maßnahme in Island besonders früh ergriffen wurde, überrascht aufgrund der dortigen Vorfälle wenig, zeigt aber auch, dass rasche Maßnahmen möglich sind.

– wie mögliche Effizienzverluste durch den Abbau von Verbundvorteilen aussehen könnten.

Ob eine Aufspaltung von Universalbanken in verschiedene spezialisierte Institute stabilisierend wirkt, bleibt zunächst unklar. Zu befürchten ist, dass Spezialisierung auch den Verlust von Diversifizierungsvorteilen bedeuten würde und dementsprechend Risiken in Krisenzeiten steigen könnten. Aus der Sicht des Regulierers hingegen könnten spezialisierte Banken einfacher zu regulieren sein, weil ihre Risiken besser einzuschätzen sind und die Gesamtstruktur weniger kompliziert zu überblicken ist. Insgesamt erscheint diese Debatte wenig viel versprechend für eine künftige Finanzmarktregulierung zu sein. Auch aus einer wettbewerbsökonomischen Sicht bleiben die Effekte unklar, da durch die Aufspaltung von Universalbanken der Wettbewerb in den jeweiligen Marktsegmenten nicht unbedingt gesteigert werden muss (*Beck* et al. 2010). Aus einer Effizienzperspektive lässt sich ex ante nur schwer beurteilen, ob Spezialisierungsvorteile Nachteile aus dem Verlust von Verbundvorteilen wettmachen können, sodass die in den USA geführte Debatte unter dem Stichwort *Glass-Steagall-Act* nicht per se Erfolg versprechend erscheint.[10]

Eine Lehre, die aus dem bisherigen Verlauf der Finanz- und Wirtschaftskrise gezogen werden kann, ist eindeutig, dass die so genannte ‚Too big to fail'-Problematik in keiner Weise gelöst ist und dass hier über Richtlinien für künftige Krisen nachgedacht werden muss. Dies zeigt sich insbesondere daran, dass die bislang nur im Finanzsektor übliche Argumentation in Deutschland auch auf andere Branchen übergegriffen hat. Befürworter der *Opel-Rettung* begründeten ihren Standpunkt teilweise auch damit, dass eine Insolvenz des Automobilherstellers *Opel* eine Kette von Insolvenzen und Arbeitsplatzverlusten bei Zulieferbetrieben nach sich ziehen würde. Dass hier keine Panikreaktionen der Verbraucher, wie dies auf Finanzmärkten der Fall sein könnte, zu erwarten sind, wurde dabei oftmals verschwiegen. An dieser Stelle wird abermals deutlich, wie notwendig eine saubere Definition eines systemrelevanten Finanzinstituts ist, um für den Staat klare Hinweise zu geben, wann eine Rettung eines angeschlagenen Instituts notwendig ist. Es sollte allerdings auch deutlich werden, dass der Staat diese Problematik nie komplett vermeiden kann. Der einzige Erfolg versprechende Weg liegt mit ziemlicher Wahrscheinlichkeit darin, eine möglichst gute, auf die Vermeidung von Krisen ausgerichtete Regulierung zu implementieren, die dafür sorgt, solche schwerwiegenden Entscheidungen zu vermeiden. Weitere lesenswerte und überzeugende Vorschläge unterbreitet *Hellwig* (2010).

---

[10] Als Randbemerkung sei hier angemerkt, dass die von Bundeswirtschaftsminister *Brüderle* geplante Verschärfung des Kartellrechts, nach dem eine eigentumsrechtliche Entflechtung auch ohne Nachweis des Missbrauchs einer marktbeherrschenden Stellung ermöglicht werden soll (*Monopolkommission* 2010), für die hier diskutierte Entflechtung von Banken ungeeignet ist, da auf dem deutschen Bankenmarkt nicht systematisch Marktbeherrschung vorliegt. Dies wiederum ist jedoch nach dem Gesetzesvorhaben zwingende Voraussetzung für eine etwaige Entflechtung ohne Missbrauchsnachweis. Für eine Entflechtung aus anderen als aus Wettbewerbsgründen und ohne marktbeherrschende Stellung hat das *Bundeskartellamt* nicht die notwendige Expertise, sollte eine solche Idee erwogen werden.

Dies ist insbesondere deshalb erforderlich, weil Regierungen in Krisen dazu neigen, angeschlagene Institute zu retten und sich unter Umständen auch an diesen zu beteiligen. Der Ausstieg gestaltet sich allerdings ungleich schwieriger und dürfte in den meisten Fällen einen sehr langen Zeitraum andauern. Da unter den meisten Ökonomen aber Konsens herrscht, dass der Staat auch im Banken- und Finanzsektor kein besserer Unternehmer als die private Wirtschaft ist, sollte der Zeitraum der Staatsbeteiligung an privaten Finanzinstituten so kurz wie möglich ausgestaltet werden, gerade weil sich auch Wettbewerbsverzerrungen durch Beteiligungen der öffentlichen Hand und durch staatliche Bürgschaften ergeben. Um die Wettbewerbsverzerrungen gering zu halten, sollte sich der Staat von seinem Eigentum an Banken sehr bald wieder trennen (vgl. auch *Zimmermann* und *Rengier* 2010).

6. Fazit

Die Ausführungen in diesem Beitrag haben gezeigt, dass die Finanzkrise vielfältige Ursachen hatte. Genauso vielfältig sind nun die erforderlichen Änderungen an der Finanzmarktregulierung sowie die vorgeschlagenen Lösungsmöglichkeiten. Tendenziell gehen die Vorschläge, welche von Seiten der Europäischen Union erarbeitet wurden, in die richtige Richtung. Daraus erwachsen aber auch einige Probleme, die noch gelöst werden müssen.

Durch die Einrichtung mehrerer Regulierungsbehörden auf europäischer Ebene entstehen sowohl Abgrenzungsprobleme zwischen den einzelnen Regulierern in horizontaler Hinsicht als auch Kompetenzschwierigkeiten mit den nationalen Regulierungsbehörden. Es wäre überlegenswert, ob nicht eine einzelne europäische Regulierungsbehörde sinnvoller wäre als eine Aufsplitterung der Kompetenzen auf diverse Regulierungsbehörden. In manchen Aspekten, insbesondere der Behandlung grenzüberschreitender Aspekte, ist eine Verlagerung von Kompetenzen von der nationalstaatlichen auf die europäische Ebene tendenziell vorteilhaft. Dies soll allerdings nicht implizieren, die nationalen Regulierungsbehörden de facto überflüssig zu machen. In vielen Bereichen der Regulierung sollten, dem Subsidiaritätsprinzip folgend, Kompetenzen auf der möglichst „niedrigsten“ Ebene angesiedelt werden. Dies kann im Falle der nationalen Regulierungsbehörden vor allem damit begründet werden, dass diese über die spezifischen Gegebenheiten ihrer nationalen Finanzmärkte besser informiert sind als eine pan-europäische Regulierungsbehörde. Damit kann auch der Systemwettbewerb seine Leistung entfalten und möglichst optimale Regulierungsdesigns hervorbringen.

Aus wettbewerbsökonomischer Sicht fällt insbesondere auf, dass die gesamte Reformdebatte sich um Finanzmarktstabilität dreht, aber die wettbewerbliche Perspektive weitgehend außen vor gelassen wurde. Problematisch ist vor allem, dass systemrelevante Institute sich darauf verlassen können, im Zweifelsfall gerettet zu werden, sodass eine Wettbewerbsverzerrung zwischen systemrelevanten und nicht-systemrelevanten Instituten entsteht. Jedes Institut hat somit einen Anreiz, systemrelevant zu werden. Um diesen Anreiz zu mildern, ist zum einen denkbar, Eigenkapitalanforderungen progressiv auszugestalten, sodass diese mit der Größe eines Instituts ansteigen. Erwägenswert ist jedoch auch der Vorschlag von *Zimmer* und *Rengier* (2010), die kartellrechtliche Fusionskontrolle bzw. etwaige Entflechtungsmöglichkeiten für den Banken- und Finanzsektor so auszugestalten, dass die Frage der Systemrelevanz bei der kartellrechtlichen Prüfung mit berücksichtigt wird.

Literatur

Allen, Franklin and *Douglas Gale* (2000), Financial Contagion, in: Journal of Political Economy, Vol. 108, No.1, pp. 1-33.

Beck, T., D. Coyle, M. Dewatripont, X. Freixas and *P. Seabright* (2010), Bailing out Banks: Reconciling Stability and Competition, Centre for Economic Policy Research, London.

Bhattacharya, Sudipto., Arnoud W.A Boot und *Anjan Thakor* (1998), The Economics of Banking Regulation, in: *Journal of Money, Credit, and Banking*, Vol. 30, pp. 745-770.

Calomiris, Charles W. and *Gary Gorton* (1991), The Origins of Banking Panics: Models, Facts, and Bank Regulation, in: *R. Glenn Hubbard,* (eds.), Financial Markets and Financial Crises, Chicago, pp. 109-174.

Carlstrom, Charles T. (1988), Bank Runs, Deposit Insurance, and Bank Regulation, Part I, Economic Commentary, February 1988, Federal Reserve Bank of Cleveland.

Demsetz, Rebecca, Marc R. Saidenberg and *Philip E. Strahan* (1997), Agency Problems and Risk Taking at Banks, Federal Reserve Bank of New York Research Paper, No. 9709, New York.

Dewatripont, Mathias and *Jean Tirole* (1993), Efficient Governance Structure: Implications for Banking Regulation, in: *Colin Mayer* and *Xavier Vives* (eds.), Capital Markets and Financial Intermediation, Cambridge, pp. 12-35.

Dewatripont, Mathias and *Jean Tirole* (1994), The Prudential Regulation of Banks, Cambridge/MA.

Diamond, Douglas W. and *Philip H. Dybvig* (1983), Bank Runs, Deposit Insurance and Liquidity, in: *Journal of Political Economy*, Vol. 91, No. 3, pp. 401-419.

Diamond, Douglas W. (1984), Financial Intermediation and Delegated Monitoring, in: *Review of Economic Studies*, Vol. 51, S. 393-414.

Dixit, Avinash K. (1996), The Making of Economic Policy: A Transaction-Cost Politics Perspective, Cambridge/MA.

Flannery, Mark J. (2001), The Faces of "Market Discipline", in: Journal of Financial Services Research, Vol. 20, pp. 107-119.

Freixas, Xavier (2010), Post Crisis Challenges to Regulation, Centre for Economic Policy Research Economic Policy, Vol. 25, pp. 375-399.

*Gorton, Gary (*1988), Banking Panics and Business Cycles, in: Oxford Economic Papers, Vol. 40, pp. 751-781.

Haucap, Justus und *André Uhde* (2008), Regulierung und Wettbewerbsrecht in liberalisierten Netzindustrien aus institutionenökonomischer Perspektive, in: ORDO, Nr. 59, S. 237-262.

Hellwig M. (2010), Finanzkrise und Reformbedarf, Gutachten für den 68. Deutschen Juristentag.

Holmström, B. (1979), Moral Hazard and Observability, in: Bell Journal of Economics, Vol. 10, pp. 74-91.

Inderst, Roman (2008), "Irresponsible Lending" with a Better Informed Lender, in: Economic Journal, Vol. 118, pp. 1499-1519.

Jaffee, Dwight and *Thomas Russell* (1976), Imperfect Information, Uncertainty, and Credit Rationing, in: Quarterly Journal of Economics, Vol. 90, pp. 651-666.

Laux, Christian und *Christian Leutz* (2009), The Crisis of Fair Value Accounting: Making Sense of the Recent Debate, in: Accounting, Organizations and Society, Vol. 34, pp. 22-38.

Leland, Hayne and *David Pyle* (1977), Informational Asymmetries, Financial Structure and Financial Intermediation, in: Journal of Finance, Vol. 23, No. 2, pp. 371-387.

Lütz, Susanne (2000), Globalisierung und die politische Regulierung von Finanzmärkten, in: Prokla - Zeitschrift für kritische Sozialwissenschaft, Vol. 30, No. 1, S. 61-82.

Mester, Loretta, J. (1992), Traditional and Non-traditional Banking: An Information-theoretic Approach, in: Journal of Banking and Finance, Vol. 16, No. 3, pp. 545-566.

Mishkin, Frederic (1991), Asymmetric Information and Financial Crises, in: *R. Glenn Hubbard* (ed.), Financial Markets and Financial Crises, Chigaco, pp. 69-108.

Monopolkommission (2010), Mehr Wettbewerb, wenig Ausnahmen, 18. Hauptgutachten, Bonn.

Müller, Jürgen und *Ingo Vogelsang* (1979), Staatliche Regulierung: Regulated Industries in den USA und Gemeinwohlbindung in wettbewerblichen Ausnahmebereichen in der Bundesrepublik Deutschland, Baden-Baden.

Pellens, Bernhard, Stefan Jannett und *André Schmidt* (2009), Bilanzierungsstandards im Kontext der Finanzmarktkrise, in: Perspektiven der Wirtschaftspolitik, Nr. 4, S. 413-435.

Santos, Joao A.C. (1998), Commercial Banks in the Securities Business: A Review, in: Journal of Financial Services Research, Vol. 14, pp. 35-59.

Saunders, Anthony (1987), The Interbank Market, Contagion Effects and International Financial Crises, in: *Richard Portes* and *Alexander Swoboda* (eds.), Threats to International Financial Stability, New York, pp. 196-231.

Schirm, Stefan (2000), Global Economic Governance? Globalisierung, Staat und die Prävention weltwirtschaftlicher Krisen, in: *Jens van Scharpfenberg* und *Peter Schmidt* (Hg.) Stabilität und Kooperation: Aufgaben internationaler Ordnungspolitik, Baden-Baden, S. 377-392.

Terberger, Eva (1997), Die Neue Institutionenökonomik als Bindeglied zwischen Volks- und Betriebswirtschaftslehre. Eine Analyse am Beispiel der Finanzierungstheorie, in: Homo Oeconomicus, Vol. 14, No. 1/2, S. 99-120.

Uhde, André and *Ulrich Heimeshoff* (2009), Consolidation in Banking and Financial Stability in Europe: Empirical Evidence, in: Journal of Banking and Finance, Vol. 33, pp. 1299-1311.

Weizsäcker von, Carl Christian (1982), Staatliche Regulierung – positive und normative Theorie, in: Schweizerische Zeitschrift für Volkswirtschaft und Statistik, Nr. 118, S. 325-343.

Williamson, Oliver E. (1996), The Mechanisms of Governance, New York.

Zimmer, Daniel und *Lukas Rengier* (2010), Entflechtung, Fusionskontrolle oder Sonderregulierung für systemrelevante Banken? Ansätze zur Lösung des ‚Too-big-to-fail'-Problems, in: Zeitschrift für Wettbewerbsrecht, 2/2010, S. 105-138.

Albrecht F. Michler und Heinz-Dieter Smeets (Hg.)
Die aktuelle Finanzkrise: Bestandsaufnahme und Lehren für die Zukunft
Schriften zu Ordnungsfragen der Wirtschaft · Band 93 · Stuttgart · 2011

Kommentar zu *Justus Haucap, Ulrich Heimeshoff* und *Uwe André Uhde*, Zur Neuregulierung des Bankensektors nach der Finanzkrise: Bewertung der Reformvorhaben der EU aus ordnungspolitischer Sicht

Malte Krüger

Die Bedeutung monetärer Faktoren

Finanzmarktkrisen gibt es immer wieder, aber nur selten sind sie so schwerwiegend wie die jüngste Krise. Daher ist verständlich, dass gegenwärtig eine Debatte darüber geführt wird, wie solche Krisen in Zukunft vermieden werden können. Verständlich ist auch, dass dabei der Blick verstärkt auf die Regulierung von Finanzmärkten und den dortigen Akteuren liegt. Ein Blick auf die Ursachen der Krise zeigt jedoch, dass ein solcher Ansatz zu eng ist, da er die Rolle der Geldpolitik außer acht lässt. Letztere spielt in der gegenwärtigen Debatte fast keine Rolle mehr. Dies war am Beginn der Krise noch anders. Heute scheint schon fast vergessen in welch atemberaubender Schnelligkeit *Alan Greenspan* von einer Art Lichtgestalt der Weltwirtschaft zum großen Buhmann mutierte. Dahinter stand die weit verbreitete Auffassung, dass die Zinssenkung der US-Notenbank nach dem *Dotcom-Crash* zu weit ging und vor allem, dass die Zinsen viel zu lange auf diesem niedrigen Niveau verharrten.[1]

Die EZB wird seltener beschuldigt, eine Mitschuld an der Krise zu tragen. Aber auch die Euro-Kurzfristzinsen wurden stark reduziert (weniger stark allerdings als in den USA) und relativ spät erhöht (weitaus später als in den USA) (siehe Abbildung 1). Somit haben die beiden wichtigsten Notenbanken der Welt den Preis für liquide Mittel über lange Zeit sehr niedrig gehalten. Mit diesem Verhalten haben beide das wichtigste Gegenmittel gegen Übertreibungen an den Finanzmärkten außer Kraft gesetzt: steigende Kurzfristzinsen. Die Folge war ein Prozess andauernder Geldschöpfung durch das Bankensystem, der den Unterbau für die Exzesse im Vorfeld der Krise bildete. Es lässt sich mit Fug und Recht bezweifeln, dass die Krise auch nur annähernd so schwerwiegend geworden wäre, wenn die Notenbanken rechtzeitig die Zinsen angehoben hätten.[2]

---

1 *Taylor* (2010) charakterisiert diese Periode der Geldpolitik als „end of the great moderation".

2 An dieser Stelle sollte betont werden, dass es hier um eine Ursachenanalyse geht, nicht um eine Schuldzuweisung. Geldpolitische Entscheidungen werden unter hoher Unsicherheit getroffen, so dass Fehlentscheidungen geradezu vorprogrammiert sind. Ex post ist man immer schlauer.

Abbildung 1: Geldpolitik vor der Krise [3]

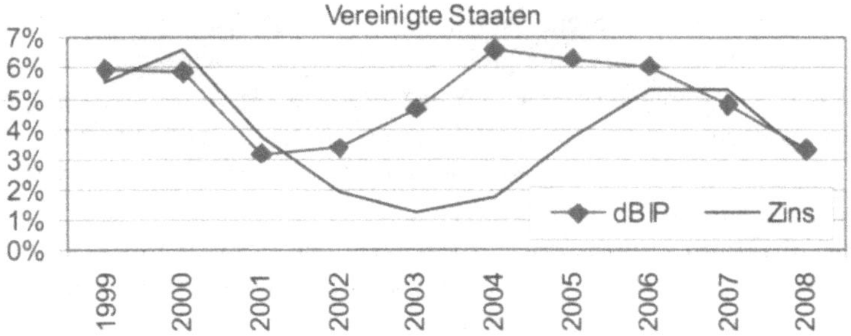

dBIP: Veränderungsrate des Bruttoinlandsprodukts in %, Zins: Libor (US), Euribor (Eurozone). Quelle: *ECB, IMF* und eigene Berechnungen.

Folgt man dieser Analyse, dann sollte die Frage, wie sich solche Krisen in Zukunft vermeiden lassen, zunächst einmal an der Geldpolitik ansetzen. Hier gibt es in der Tat noch viele ungelöste Probleme. Denn die Notenbanken können mit einigem Recht darauf verweisen, dass die Geldpolitik primär dem Ziel der Preisniveaustabilität verpflichtet ist. An der Preisfront war jedoch lange Zeit Ruhe, die Inflationsraten stiegen erst relativ spät – zu einem Zeitpunkt, als die Notenbanken schon begonnen hatten, die Zinsen zu erhöhen. Nun hat es bereits lange Stimmen gegeben, die eine stärkere Orientierung der Geldpolitik an der Entwicklung der Finanzmarktpreise forderten. Eine solche Politik wurde von den Notenbanken aber mit durchaus schlüssigen Argumenten abgelehnt. Warnsignale kamen auch von der Entwicklung der monetären Aggregate. Diese Entwicklung wurde jedoch nicht hinreichend als Warnsignal interpretiert. Auch dies ist nicht ganz unverständlich, da sich die Interpretation von Geldmengenänderungen in der Vergangenheit als äußerst komplex erwiesen hat.[4] Es gibt zur Zeit also keine einfachen Rezepte für die Geldpolitik. Um so dringender ist eine eingehende Diskussion über die zukünftige geldpolitische Strategie. Denn ein einfaches „Weiter so" birgt die Gefahr, dass die Geldpolitik in nicht allzu ferner Zeit erneut exzessive Entwicklungen auf den Finanzmärkten alimentiert.

Die oberste Priorität sollte also bei der Suche nach einer verbesserten geldpolitischen Strategie liegen. Damit wird ein Nachdenken über mögliche Reformen der Finanzmärkte nicht überflüssig, aber ihre Bedeutung wird relativiert. Der geradezu eschatologische Unterton einiger Äußerungen zum Thema Finanzmarktregulierung könnte einer nüchternen Analyse weichen, und zeitlich ließe sich der ganze Prozess etwas entzerren.

---

[3] Die Entwicklung des Bruttoinlandsprodukts spiegelt die konjunkturelle Entwicklung wider. Sie kann auch als Indikator des *natürlichen Zinssatzes* (nach *Wicksell*) verstanden werden. Der kurzfristige Zinssatz wird wesentlich durch die Geldpolitik bestimmt. Die Differenz zwischen beiden Größen kann also als eine Schätzung der Differenz zwischen dem natürlichen Zinssatz und dem Geldzinssatz interpretiert werden.

[4] Kenner der deutschen Geldpolitik werden sich an die Debatte über die so genannten „Sonderfaktoren" erinnern, mit denen die Bundesbank ihre Nicht-Reaktion auf starke Zuwachsraten bei der Geldmenge rechtfertigte. Vgl. *Krüger* (1994).

Too big to fail-Problem noch nicht gelöst

Zur Zeit erscheint jedoch hektischer Aktionismus angesagt. *Haucap, Heimeshoff* und *Uhde* geben einen Überblick über die große Zahl geplanter Maßnahmen. Dabei fällt insbesondere auf, wie wenig man einer Lösung des *Too big to fail*-Problems näher gekommen ist. Wie die Autoren zu Recht konstatieren, ist dieses Problem weiterhin ungelöst. Ja es sind in den bisher verabschiedeten Maßnahmen nicht einmal Ansätze einer Lösung zu erkennen. Dies wiegt doppelt schwer, erstens weil gerade dieses Problem viele Marktmechanismen außer Kraft setzt, die ansonsten geeignet wären, exzessive Entwicklungen auf den Märkten zu bremsen, und zweitens, weil auch in dieser Krise wieder sichtbar wurde, dass Regierungen dazu neigen, in Krisenzeiten gefährdete Institute mit anderen zu fusionieren. Die Beispiele sind bekannt: *Commerzbank* und *Dresdner Bank* in Deutschland, *Lloyds* und *HBOS* in Großbritannien, *Wells Fargo* und *Wachovia* in den Vereinigten Staaten. Die Liste ließe sich weiter fortsetzen. Selbst nach der Krise ist anscheinend noch kein Umdenken erfolgt. Jedenfalls ist mir keine Stimme bekannt, die mit Hinweis auf die *Too big to-fail*-Problematik das *Allheilmittel* Landesbankenfusion in Frage gestellt hätte.

Internationale Koordination der Finanzmarktregulierung: Darf es ein bisschen weniger sein?

Es besteht eine weit verbreitete Auffassung, dass die Finanzmarktregulierung international koordiniert werden muss. Angesichts der zunehmenden internationalen Integration der Finanzmärkte klingt dies auch plausibel. Wenn international agierende Finanzmarktakteure unterschiedlichen nationalen Regeln gegenüberstehen, dann können sie sich die aus ihrer Sicht günstigste aussuchen (*regulatory arbitrage*). Damit wird die „Effektivität nationaler Regulierungsregeln im Zeitverlauf ausgehöhlt" (*Haucap, Heimeshoff* und *Uhde*, Kap. 2.3).

Trotzdem erstaunt es, wie wenig die Beispiele geglückter nationaler Alleingänge vor der Krise berücksichtigt wurden. Sowohl Spanien als auch Kanada haben ihren Banken strengere Regeln aufgelegt, als es die international abgesprochenen Regeln (Basel II) vorsahen.[5] Die *Banco de España*, die in Spanien für die Bankenaufsicht zuständig ist, hat (a) ein System dynamischer Kapitalanforderungen (*dynamic provisioning*) eingeführt und (b) einen konsolidierten Risikoansatz verfolgt (siehe *Fernández de Lis* und *Herrero* 2008). (a) impliziert, dass Banken in guten Zeiten zusätzliche Rückstellungen bilden müssen, die sie in schlechten Zeiten wieder auflösen können. (b) macht es für Banken uninteressant, garantierte Zweckgesellschaften (SPVs) zu gründen und Risiken (scheinbar) auf diese zu verlagern.[6]

Nach gängiger Meinung hätten Sonderwege wie etwa der spanische dazu führen müssen, dass die Regeln entweder umgangen werden (zumindest von den international

---

[5] Siehe *Fernández de Lis* und *Herrero* (2008 und 2009) und *The Economist* (2009).

[6] Die Regeln der *Banco de España* sehen vor, dass die Bank die entsprechenden Positionen weiterhin mit Kapital unterlegen muss, da sie ja weiterhin aufgrund der Garantie im Risiko steht.

tätigen Playern) oder aber den heimischen Instituten bedeutende Wettbewerbsnachteile bringen. De facto haben diese Regulierungen jedoch gegriffen und die betroffenen Banken vor erheblichen Schäden bewahrt. Diese Beispiele zeigen, dass es anscheinend für nationale Regulierungen mehr Spielraum gibt als allgemein angenommen. Sie zeigen auch, wie wichtig es sein kann, dass man von internationalen Standards abweichen kann. Sie stellen ein Paradebeispiel dar für die Sinnhaftigkeit des Wettbewerbs auch auf dem Feld der Regulierung. Internationale Koordination einfach nach dem Motto „Naja, national kann man ja sowieso nichts machen" ist also verfehlt. Es sollte schon etwas genauer dargelegt werden, wann internationale Koordination von Nutzen ist und wann nicht. Insbesondere sollten Regierungen sich bewusst sein, dass sie nicht jeden faulen Kompromiss mitmachen müssen. Es gibt durchaus auch nationale bzw. regionale Spielräume. Zudem hat die Krise gezeigt, dass eine gewisse Pluralität der Aufsichtsregeln durchaus Vorteile hat. Denn in vielen Ländern schaut man heute mit großem Interesse auf die Erfahrungen der Kanadier und Spanier.

Der jüngste Baseler Kompromiss zur Eigenkapitalregulierung hat zwar das spanische Modell nicht übernommen, aber zumindest eine gewisse Flexibilität eingebaut (siehe *Basel Committee on Banking Supervision* 2010 und *Zeitler* 2010). Die Banken müssen jetzt einen Kapitalpuffer (*capital conservation buffer*) anlegen, den sie in schwierigen Zeiten nutzen können – allerdings um den Preis eines Gewinnausschüttungsverbots.

Brauchen wir komplexe Regeln für eine komplexe Welt?

In ihrem Aufsatz betonen *Haucap, Heimeshoff* und *Uhde* die Komplexität der internationalen Finanzmärkte, welche traditionelle Regulierungskonzepte zunehmend in Frage stelle. Möglicherweise haben sie recht. Allerdings wäre diese These erst noch zu beweisen. Braucht man wirklich komplexe Regeln für komplexe Systeme? Die meisten Verantwortlichen scheinen diese Frage zu bejahen. Jedenfalls wird zur Zeit eine Vielzahl oft sehr detaillierter Maßnahmen umgesetzt bzw. diskutiert. Das reicht von einer Verschärfung der Eigenkapitalanforderungen über das Verbot bestimmter Instrumente oder Transaktionen (Verbriefung von Verbriefungen, Leerverkäufe), Auflagen für Gehälter und Boni, Rechnungslegungsvorschriften, Regulierung des Ratings, Art des Handels (Förderung des organisierten Handels) u.s.w. Sicherlich lässt sich jede einzelne Maßnahme gut begründen. Aber einen Regulierungsrahmen aus einem Guß erhält man so nicht. Ein solcher Ansatz ist eher interventionistisch als ordnungspolitisch. Unbestreitbar ist der Informationsbedarf enorm, wenn die Regulierer bis ins Detail alle Aspekte des Marktes regulieren wollen. Das erwähnte Beispiel der spanischen Notenbank zeigt jedoch, dass die alte Art der Regulierung durchaus gewirkt hat. Die *Banco de España* hat lediglich den Grundsatz durchgesetzt, dass gleiche Risiken auch gleich behandelt werden müssen, unabhängig davon, wo die Buchhalter sie ablegen. Die Durchsetzung dieses Prinzips hat gewirkt, und sie hat auch Komplexität reduziert (bzw. nicht aufkommen lassen), weil der Anreiz zerstört wurde, komplexe Umgehungsstrategien zu implementieren.

Literatur

Basel Committee on Banking Supervision (2010), Group of Governors and Heads of Supervision Announces Higher Global Minimum Capital Standards, Press release 35/2010, 12 September 2010.

Fernández de Lis, Santiago and *Alicia García Herrero* (2008), The Housing Boom and Bust in Spain: Impact of the Securitisation Model and Dynamic Provisioning, Housing Finance International, Vol. 23, No. 1, pp. 14-19.

Fernández de Lis, Santiago and Alicia García Herrero (2009), The Spanish Approach: Dynamic Provisioning and other Tools, Banco Bilbao Vizcaya Argentaria Working Paper, No. 0903, Bilbao.

Krüger, Malte (1994), Geldpolitische Sonderfaktoren – Die Deutsche Bundesbank zwischen kurzfristiger Zinssteuerung und mittelfristiger Geldmengenpolitik, in: Zeitschrift für Wirtschaftspolitik , Vol. 43, No. 2, S. 225-247.

Taylor, John B. (2010): Getting Back on Track: Macroeconomic Policy Lessons from the Financial Crisis, in: Federal Reserve Bank of St. Louis Review, May/June, pp. 165 – 176.

The Economist (2009): A Special Report on International Banking: Don't blame Canada, March 14, 2009.

Zeitler, Franz-Christoph (2010), Finanzaufsicht nach der Krise, Rede beim 14. ECFS-Banken-Symposium, Düsseldorf, 29. September 2010.

Albrecht F. Michler und Heinz-Dieter Smeets (Hg.)
Die aktuelle Finanzkrise: Bestandsaufnahme und Lehren für die Zukunft
Schriften zu Ordnungsfragen der Wirtschaft · Band 93 · Stuttgart · 2011

Rating, Kapitalmarktsignale und Risikomanagement: Reformansätze nach der Transatlantischen Bankenkrise

Paul J. J. Welfens

Inhalt

1. Einführung

Das Rating von Anleihen ist ein wichtiger Geschäftszweig auf den Finanzmärkten, wobei hier weltweit drei große Rating-Agenturen dominieren. Ratings können sich auf die Emissionen staatlicher Anbieter (*sovereign debt*) oder auf solche von privaten Anbietern beziehen. Ratings werden – so kann man vereinfachend feststellen – in einer gewissen Spannweite von AAA bis C (*junk bonds*) und D (*default*) vergeben und informieren den potenziellen Käufer über die Ausfallwahrscheinlichkeit, ob die Anleihe also bedient wird und am Laufzeitende eine planmäßige Rückzahlung erfolgt. Für eine portfoliotheoretisch fundierte Anlageentscheidung, die auf die Zielpunkte Sicherheit, Rendite und Liquidität achten muss, sind Rating-Informationen offensichtlich wichtig. Letztere geben allerdings zu Liquiditätsfragen kaum eine Antwort; höchstens indirekt insoweit, als man bei top gerateten Wertpapieren von einer besseren Liquidität ausgehen kann als bei schwach gerateten Papieren. Ratings werden im Zeitablauf angepasst, wenn sich die Bonität des Schuldners verbessert oder verschlechtert.

Das Adressenausfallrisiko, das ansatzweise im Rating eines Papiers zum Ausdruck kommt, ist ein Aspekt bei Portfolioentscheidungen bzw. Überlegungen zur optimalen Vermögensstruktur. Sicherheit (also geringes Kursschwankungsrisiko), Liquidität und Rendite sind die drei Eckpunkt, die Anleger bzw. Investoren auf dem Analyseradar haben werden.

Zu den Besonderheiten der Dekade nach 1995 gehörte der Sachverhalt, dass ein immer größerer Teil von strukturierten Papieren bzw. Verbriefungen mit abgestuften Ratings einzelner Tranchen in den Kapitalmarkt gegeben wurde, wobei die Senior-Tranche ein Top-Rating hatte, Junior-Tranchen ein schwaches Rating. Folgt man Standardlehrbüchern zu *Capital Markets and Finance*, dann bleibt die Junior-Tranche in den Büchern der beim Verbriefungsprozess aktiven Bank; aber zu den Sonderbarkeiten der Bankenkrise gehörte, dass auch die Junior-Tranche in vielen Fällen – unter den Augen der Bankenaufsicht – verkauft wurde. Deren Verkauf bedeutete insbesondere mit Blick auf die in der EU relevanten Basel-II-Regeln – die USA zögerten *Basel II* in der Anwendung bei sich hinaus –, dass erhebliches sonst zur Risikoabdeckung gebundenes Eigenkapital frei wurde. Auffällig war, dass der Verbriefungsprozess in den USA, und zwar gerade auch bei Subprime-Hypotheken-Produkten, mit einem sehr hohen Anteil von Top-Ratings einherging.

Rating-Agenturen realisieren Größenvorteile und vermutlich auch auf der Nachfrageseite wirksame Netzwerkeffekte, und das dürfte zu Markteintrittsbarrieren führen. Für die Finanzmärkte mit ihren asymmetrischen Informationen spielen Rating-Agenturen – so sie denn glaubwürdig sind – eine erhebliche Rolle als Informationserzeuger und Kommunikationsstelle. Rating-Agenturen untersuchen quasi stellvertretend für sonst alternative bilaterale Bonitätsdurchleuchtungen (bilateral heißt hier: zwischen Kapitalanbieter und Kapitalnachfrager organisiert) die Marktprozesse bzw. die Qualität der Emittenten von Anleihen; dabei werden natürlich in hohem Maß Größenvorteile genutzt. Die Wettbewerbsintensität auf den Märkten für Rating-Informationsdienste ist jedenfalls sichtbar schwach. Obwohl hier ein natürliches Monopol vorzuliegen scheint, hat man sich bislang in den USA nicht zu einer Regulierung der Rating-Agenturen entschließen können. Da der relevante Markt für Rating-Dienste bei internationalen Anleihen grenzüberschreitend ist bzw. hier ein enges internationales Oligopol vorliegt, wäre es aus ökonomischer Sicht eigentlich angemessen, dass Kartellbehörden hier länderübergreifend die Arbeit der Rating-Behörden untersuchen. Es wäre durchaus erwägenswert, dass etwa die *Monopolkommission* in Deutschland in Verbindung mit Kollegen aus Großbritannien und den USA die Rating-Märkte durchleuchtete. Die gelegentlich in der Fachliteratur zu lesende These, dass der Markt für Rating-Dienste bei Vorhandensein weniger Anbieter grundsätzlich besser funktioniere als im Fall einer größeren Zahl von Anbietern – so etwa die These von *Elsas* (2010) – wird hier nicht geteilt. Nachfolgend wird durchaus ein System entwickelt bzw. vorgeschlagen, dass für nachhaltige Wettbewerbsintensität auf dem Weltmarkt für Rating-Informationsdienste sorgen könnte.

In der öffentlichen Debatte hat sich im Zuge der Bankenkrise eine ernste Auseinandersetzung darüber ergeben, inwiefern eine Regulierung von Rating-Agenturen notwendig sei, die vor der Bankenkrise in den USA und der EU kaum Regeln unterlagen; so schreiben *Afhüppe* und *Cünnen* (2010): „Auslöser für die Rufe nach Regulierung der Ratingagenturen war, dass die Bonitätswächter mit schwachen US-Hypotheken verbriefte Anleihen zu lange zu gut bewertet hatten. Dies hat die Finanzkrise befeuert."

Die Bedeutung von Ratings ist zunächst eine dreifache:

- Ein relativ schwaches Rating muss aus ökonomischer Sicht mit einem entsprechenden Aufschlag auf die Rendite risikoloser Anleihen (mit Rating AAA) einhergehen, wobei die theoretische Standardanalyse von einem Zuschlag auf Basis von Preis des Risikos multipliziert mit der Varianz der Rendite ausgeht. Daher kann man eine positive Korrelation von Ratingklassen-Entwicklung im Gesamtmarkt und Marktpreis des Risikos bei Anleihen bzw. Krediten erwarten, und entsprechend sind die Entwicklungen von *Credit Default Swaps* (CDS) in der Regel von der Rating-Entwicklung abhängig – dies kann man etwa beim Länderrisiko sehen.
- Für Anleger, die ein optimales Portfolio unter den Aspekten Risiko, Rendite und Liquidität wünschen, sind Rating-Informationen also wichtig, und aus ökonomischer Sicht könnte man Ratings als wertvolles Kapitalmarktsignal ansehen, das zu einer optimalen Kapitalallokation wesentlich beiträgt – vorausgesetzt allerdings, dass die Rating-Agenturen solide arbeiten bzw. die Rating-Signale aussagekräftig und unverzerrt sind. Hierzu aber gibt es erhebliche Zweifel, zumal die Rating-Agenturen ihre Urteile bislang mit einer Art Haftungsausschluss versehen.
- Im Kontext der Basel II-Regeln der *BIZ* sind externe Ratings insofern in ihrer Bedeutung gestärkt worden, als die Ratings zur Einschätzung des Risikos bei Banken bzw. Kreditvergaben und Anleihebegebungen dienen, wobei sich mit steigendem Risiko die Eigenkapitalanforderungen bei den Banken erhöhen.

Probleme mit der Qualität des Ratings haben in den USA bzw. den OECD-Ländern erheblich zur *Transatlantischen Bankenkrise* beigetragen – die Ratings waren tendenziell gerade bei strukturierten Produkten zu gut, und man fragt sich natürlich, welche Reformen insbesondere im Rating-Bereich geeignet sind, die zum Teil sehr gravierenden Missstände abzustellen. Die Transatlantische Bankenkrise 2007-09 hat die Weltwirtschaft im Oktober 2008 nahe an eine Kernschmelze des marktwirtschaftlichen Systems geführt, als der Interbankenmarkt fast vollständig in den OECD-Ländern nach dem politisch von Seiten der US-Administration gewollten Konkurs von *Lehman Brothers* zusammenbrach. Es gibt eine Reihe von Ursachen der Bankenkrise, die von den USA im Bereich verbriefter Hypothekenkredite ihren Ausgang nahm, wobei nicht nur das von den Banken via Zweckgesellschaften errichtete Schattenbankenreich in die Kritik geriet, sondern auch das Risikomanagement von Großbanken und die Rolle der großen Rating-Agenturen, die für sehr viele strukturierte Verbriefungsprodukte sehr gute Ratings gegeben hatten. Ein Untersuchungsbericht der Aufsichtsbehörde *USSEC* 2008 kam zu dem Ergebnis, dass die Qualität der Arbeit der führenden Rating-Agenturen in den Jahren vor der US-Bankenkrise relativ schwach war.

Wie man sieht, haben die großen US-Rating-Agenturen offenbar zeitweise weitgehend wenig professionelle Arbeit abgeliefert, was ein bedenkliches Licht auf die Informationsqualität in Sachen Adressenausfallrisiko wirft. In einem effizienten Kapitalmarkt ergibt sich eine Zinsbildung auf einfache Weise (mit i für Nominalzins, i‘ für Zins einer risikolosen Anleihe, Ω Preis des Risikos, σ Höhe des Risikos):

- Auf Basis der Formel $i = i' + \Omega\sigma$ ergibt sich nach Standardansätzen der Portfoliotheorie der Zins für ein Wertpapier als Summe aus dem Zins für risikolose Anleihen plus einer Risikoprämie; werden die Risiken zu gering eingeschätzt, etwa weil zutreffende Informationen über Ω fehlen, dann kann sowohl über ein geringeres wahrgenommenes σ als auch über einen verzerrten Risikopreis ein verzerrter Kapitalmarktzins zustande kommen. Für die Einschätzung von Risiken spielen Ratings eine wesentliche Rolle, und nur wenn die Abstufungen bzw. zeitliche Veränderungen von Risiken unverzerrt sind, dann gibt es keinen verzerrten Risikopreis.
- Gibt es in der Spätphase eines Aufschwungs bzw. bei anhaltend starkem Kreditwachstum (Summe aus Bankkrediten und Schuldverschreibungen steigt relativ zum Bruttoinlandsprodukt stark an) ein Sinken der Risikoprämie in Land I (Inland), so ist dies erklärungsbedürftig. Ursache hierfür können Verzerrungen bei der Risiko-Preisbildung im Inland sein, aber auch Verzerrungen im Ausland könnten eine Rolle spielen. In integrierten Finanzmärkten gilt grundsätzlich die Zinsparität in der Form $i = i^* + a'$, wobei * für Ausland (Land II) und a‘ für die erwartete Abwertungsrate steht; alternativ kann $r = r^* + dq^*/dt$ formuliert werden, wobei die Änderungsrate von q^*, dem realen Wechselkurs, über neuere Ansätze zum Zahlungsbilanzgleichgewicht bestimmt werden kann (*Welfens* 2008).

Rating-Agenturen stehen erst seit der Asien-Krise etwas stärker im Fokus der Öffentlichkeit, wobei es bei jener Krise primär um Länderratings ging; in der *Asienkrise* wurde den Rating-Agenturen vorgeworfen, dass sie zu spät ihre Ratings nach unten angepasst hätten. Grundsätzlich kann man mit Blick auf die Rating-Agenturen allgemein unter Anreizaspekten monieren:

- Fehlende Haftung für Fehlratings: Rechtlich ist ein Rating einfach eine öffentliche Meinungsäußerung, so dass ein Fehlrating keine Konsequenzen hat.

- Offensichtliche Interessenkonflikte, die aus einer oft bestehenden Parallelität von Beratungsmandaten und Ratings von Kapitalmarktprodukten des beratenen Unternehmens herrühren.
- Grundsätzlich stellt sich die Frage, ob es unter dem Aspekt der Vertrauensbildung im Markt sinnvoll ist, Ratings als private Güter zu produzieren – eben dadurch, dass der einzelne Emittent für sein jeweiliges Rating konkret zahlt, oder ob, wie noch auf Basis theoretischer Überlegungen zu prüfen sein wird, Ratings als öffentliches Gut organisiert werden sollten.
- Zu fragen ist aber auch, auf was sich Rating-Informationen sinnvollerweise beziehen sollten: Sofern sie einfach nur eine Antwort geben sollen – wie vor der Krise –, wie groß die Wahrscheinlichkeit des Ausfalls der Bedienung des Schuldtitels ist, hat man keine umfassende anlegerrelevante Risiko-Information. Neben dem Adressenausfallrisiko – und der auf Vertragsbasis zu erwartenden normalen Rendite – ist aus Sicht des Schuldtitelhalters eine hohe Liquidität des Papiers wichtig, also die Wahrscheinlichkeit, zu der man zum herrschenden Marktpreis den Titel jederzeit ohne nennenswerten Preisabschlag verkaufen kann. Hierüber gibt das bisherige Rating keinerlei Informationen; das Risiko der Illiquidität von Papieren ist für den Halter von Papieren naturgemäß indirekt einerseits mit dem Risiko verbunden, im Extremfall selbst illiquide zu werden, und andererseits können mit erforderlichen Notverkäufen auch erwartete Renditeziele außerordentlich beeinträchtigt werden.

Ratings sind Bonitätsnoten bzw. Aussagen zu Adressenausfallrisiken, die im Rahmen der *Basel II*-Regeln besondere Relevanz haben. Die Vorgaben bei der Eigenkapitalrichtlinie gemäß *Basel II* und die von der Finanzmarktaufsicht verlangten Mindestanforderungen an das Risikomanagement (*MaRisk*) sehen vor, dass auch KMUs ein Rating erhalten – dies betrifft in der Regel die eigene Hausbank. Die Unternehmen erhalten also im Rahmen der Kreditvergabe ein Rating, das jedoch wenig transparent ist. Der Gesetzgeber hat weder Sorge dafür getragen, dass die Einzel-Ratingfaktoren noch deren Gewichtung für das Gesamtratingergebnis bekannt sind; die Firmen haben einen Rechtsanspruch, die Einstufung auf Nachfrage mitgeteilt zu bekommen. Eine Vorschrift für eine aktive und regelmäßige Mitteilung durch die Bank gibt es nicht. Aufgrund bankinterner Vorgaben gilt, dass Verschlechterungen beim Rating meist eine Kürzung von Kreditlinien, Neubewertungen von Sicherheiten und verschärfte Monitoringstandards zur Konsequenz haben. Werden KMUs durch Ratingverschlechterungen überrascht, so kann dies im Einzelfall zu existenzgefährdenden Finanzierungslücken führen.

Die *Basel II*-Richtlinien verlangen von Banken nach Risiken differenzierte Eigenkapitalunterlegungen. Richtlinien für viele Fonds, Versicherungen und andere Kapitalmarktakteure bestimmen, dass in Abhängigkeit vom Rating Papiere gehalten werden können oder nicht. Bei der Beurteilung von komplexen verbrieften Finanzprodukten haben die großen Rating-Agenturen erhebliche Fehleinschätzungen vorgenommen. *Osman* (2010) vermerkt mit Blick auf die Rating-Agenturen kritisch:

> „Ihre Reputation hat gelitten, der Glaube der Investoren an ihre Bonitätsnoten ist angekratzt – aber ihrem Einfluss tut das erschreckender Weise keinen Abbruch. Die Hauptschuld daran trägt die Politik. Erst hat sie die Ratings durch gewinnorientierte

> Firmen zum festen Bestandteil der Finanzmarktaufsicht gemacht. Und nun unterlässt sie jeden ernsthaften Versuch, Alternativen auszuloten. Stattdessen ergehen sich europäische und amerikanische Politiker in zaghaften Versuchen, die Ratingagenturen selbst besser zu kontrollieren. Ein bisschen mehr Offenlegung bei den Erträgen hier, ein bisschen mehr Transparenz bei den Analysemethoden da, Angestellte müssen gelegentlich rotieren – so lässt sich der Stand der Regulierung grob umreißen. Nun ist es nicht so, dass die Problematik den Aufsehern nicht aufgefallen wäre. So ist dem *Baseler Ausschuss* der blinde Ratingglaube der Finanzwelt zuwider. Der Ausschuss räumt ein, dass die Integration in die Regulierung die intensive Nutzung von Ratings noch stärker legitimiert hat und dass dies die Käufer solcher Wertpapiere dazu verleitet, selbst weniger genau hinzusehen... Neulich berichtete der Fondsmanager einer großen Kapitalanlagegesellschaft, seine Arbeitgeber bieten institutionellen Anlegern an, die Anlagerichtlinien nicht allein an Ratings, sondern auch an weiteren Risikoparametern auszurichten. Leider liegt die Nachfrage bislang quasi bei null. Der Grund: Die angesprochenen institutionellen Investoren – Pensionskassen, Versicherer, Banken – sind selbst aufsichtsrechtlich an Ratings gebunden. So erstickt die regulatorische Allgegenwart von Ratings neue Ansätze schon im Keim.

Verschlechterte Ratings für Griechenland-Anleihen spielten im Vorfeld der Griechenland-Krise eine Rolle, denn – steigenden Spreads für solchen Anleihen grundsätzlich folgend – *Standard & Poor's* reduzierte das Rating für Griechenland-Anleihen im Mai 2010 deutlich bzw. auf unter Investor-Grade; dies geschah u.a. deshalb, weil die neue Regierung Griechenlands im April 2010 mitgeteilt hatte, dass die Defizitquote mit über 12 % in 2009 deutlich über der Zahl von etwa 5 % liegen werde, die die alte konservative Regierung verkündet hatte. Damit begann die Griechenland- bzw. Eurokrise, wobei die Rating-Agenturen einerseits unterschiedliche Ratingqualitäten für Griechenland anzeigten, andererseits jedoch ohnehin nicht für die gravierenden Fehlentwicklungen der griechischen Wirtschaftspolitik über viele Jahre verantwortlich zu machen sind.

Die folgende Analyse skizziert die (Fehl-)Entwicklungen beim Rating, zeigt erstmals die Rolle von Rating in einem einfachen *Mundell-Fleming-Modell* auf, diskutiert die Rating-Reformen in der EU und den USA und gibt eine theoretische Fundierung für eine alternative Rating-Organisation; darüber hinaus werden mit Rating-Fragen verbundene Aspekte des Risikomanagements behandelt. Es zeigt sich hierbei, dass einige Vorschläge in der aktuellen EU- und US- sowie G20-Diskussion durchaus vernünftig sind, dass aber die Hauptprobleme in den Bereichen Rating und Risikomanagement ungelöst sind.

2. Rating und Kapitalmarktsignale als Elemente des Risikomanagements: Theoretische Analyse und empirische Aspekte

Aus der Sicht vieler gängiger ökonomischer Modelle der Zins- und Wechselkurstheorie ist es eigentlich erstaunlich, dass es überhaupt Ratings gibt, die ja offensichtlich vor allem Informationen für risikoscheue Anleger bereit stellen: Die meisten Standardmodelle in der Makroökonomik unterstellen risikoneutrale Anleger, wie dies exemplarisch in der offenen Zinsparität zum Ausdruck kommt; demnach ist der nominale Inlandszins i im Gleichgewicht gleich der Summe aus Auslandszins i* und der erwarteten Abwertungsrate a', während doch auf unvollkommenen Kapitalmärkten aus der Sicht risikoscheuer Anleger die Gleichung i=i*+a'-R' gelten müsste (mit R' für Risikoprämie bei einer Auslandsanlage).

Banken und Kapitalmarktakteure sowie Einleger sind in Finanzmärkten unter den Bedingungen asymmetrischer Informationen aktiv, wobei zudem Moral-Hazard-Probleme zu erwarten sind. Rating-Agenturen kann man als Mittler zwischen Angebotsseite und Nachfrageseite im Kapitalmarkt sehen. Dabei muss man realistischerweise – zumindest vor der Finanzmarktkrise – davon ausgehen,

- dass die Emittenten von Wertpapieren bzw. Schuldverschreibungen die jeweilige Rating-Agentur bezahlen;
- dass zugleich zu bedenken ist, dass der Wertpapierpreis im Markt umso höher bzw. der aus Emittentensicht zu bietende Zins umso geringer ist, je besser das Rating ist;
- dass ein Wertpapieremittent unter mehreren Rating-Agenturen wählen kann, und er wird grundsätzlich diejenige Agentur mit dem Rating betrauen, von der er das beste Rating erwartet. Ratings können „indikativ" sein und brauchen dann auch nicht veröffentlicht zu werden – dies ist ein Gegensatz zum Fall eines publizierten Ratings. Zudem ist zwischen angeforderten Ratings – sie werden quasi im Rahmen eines Beratungsmandates erbeten – und unangeforderten Ratings zu unterscheiden. Im Übrigen werden Ratings in bestimmten Zeitabständen erstellt, bzw. es finden dann ggf. Anpassungen in den Bonitätsnoten statt.

In einem naiven Ansatz werden Rating-Agenturen unparteiisch Kapitalmarktinformationen bereitstellen – sie sind an dem langfristigen Aufbau von Reputation interessiert –, die von langfristig orientierten und vollständig informierten Finanzmarktakteuren (mit homogenen Informationsständen) aufgenommen werden. Nun ist ein Großteil der Finanzmarktakteure weder langfristig orientiert und sicherlich auch nicht vollständig informiert; Inhomogenität von Informationen und daher Insidergeschäfte sind zudem realistische Phänomene; Reputationsaufbau spielt in einem engen Oligopol von drei führenden Rating-Agenturen nur eine begrenzte Rolle.

Potenzieller Fehlinformationsgehalt von Ratings

In der Praxis spielt aus Investorensicht das Rating nur eine begrenzte Rolle im Entscheidungsprozess. Besonders gewichtig ist die Kategorie *Investorgrade-Rating* Ja/Nein; viele Fonds dürfen Papiere unterhalb von Investorgrade-Ratings (oberer B-Bereich) nicht halten, so dass bei einem Abfallen der Ratingstufe nahe des kritischen Bereichs ein Verkaufsdruck durch institutionelle Anleger am Markt einsetzen wird – die Kurse werden dann relativ stark fallen.

Das Rating für eine Anleihe bzw. Emission bezieht sich auf eine isolierte Aussage über die Ausfallwahrscheinlichkeit. Nicht betrachtet wird die Liquidität der Anleihe, die jedoch aus Investorensicht von großer Bedeutung ist. Die Liquidität einer Anleihe ergibt sich aus dem Zusammenspiel von drei Aspekten:

- Größe des Marktes (hier ist auch die Währungsdenomination relevant);
- Tiefe der Finanzmarktentwicklung in den beteiligten Ländern: je besser dessen Entwicklungsgrad ist, desto höher ist die Wahrscheinlichkeit, einen Käufer ohne nennenswerte Kurseinbuße zu finden;

- Korrelationsmuster mit anderen Finanzaktiva bzw. Vermögensobjekten: Wenn etwa eine mit AAA-Rating versehene Anleihe A_i mit Vermögensobjekt V_j (z.B. Immobilien) positiv korreliert ist, dann wird der Verfall der Preise für V_j automatisch zu einem Verfall der Vermögenspreise bei A_i führen. Daher ist die Aussage vieler Bankvorstände aus 2008/09, sie hätten ja nur AAA-Anleihen im Portfolio gehabt und daher eine konservative, praktisch risikolose Anlagestrategie verfolgt, als Irreführung zurückzuweisen; wer so argumentiert, hat grundlegende Kapitalmarktfragen nicht verstanden. Hinzu kommt, dass das Portfolio- bzw. Anlagerisiko ohnehin nicht durch die Betrachtung eines einzelnen Vermögensobjektes ermittelt werden kann; vielmehr ist die Korrelation der gehaltenden Aktivaarten insgesamt zu betrachten. Wer eine Aktivaart A_i mit einer Aktivaart $A_{i'}$ kombiniert, die miteinander in der Kursentwicklung typischerweise negativ korreliert sind, handelt klüger bzw. vermindert das Portfoliorisiko im Vergleich zu einer Entscheidung, A_i mit Aktivaart A_j zu kombinieren, deren Wertentwicklung positiv miteinander korreliert ist. Dabei ist zu beachten, dass aus der Vergangenheit statisch ermittelte Korrelationsmuster nicht ohne Weiteres in der Zukunft fortbestehen müssen und dass insbesondere in Krisenzeiten eine verstärkte Gleichförmigkeit der Kursentwicklung verschiedener Aktivaarten festzustellen sein dürfte. Das Risikomanagement einer Bank bzw. eines Fonds lässt sich wesentlich an der Fristigkeitsstruktur einerseits und der Korrelationsstruktur der Finanztitel im Portfolio andererseits festmachen.

Makroprudentielle Aspekte

Die *makroprudentielle Finanzmarktaufsicht*, die sich auf die Frage von Systemrisiken bezieht, die durch Entscheidungen wesentlicher Finanzmarktakteure entstehen könnten, müsste Kennziffern von Banken, Versicherungen und Hedge Fonds zu den Anlagestrukturen erhalten bzw. die Korrelationsmuster mit im Auge halten. Zudem gilt: Je höher der Fremdkapitalhebel einerseits und je kurzfristiger die Finanzierung der Portfolios andererseits (je höher also das Refinanzierungsrisiko), desto kritischer wird vernünftigerweise der Blick der makroprudentiellen Aufsicht sein. Zudem wird man sinnvollerweise davon ausgehen, dass bei einem Anteil außerbilanzieller Geschäfte einer Bank von mehr als x % (etwa 10 %) der Aussagewert der entsprechenden Bilanz unzulässig stark eingeschränkt ist. Der isolierte Aussagewert einzelner Ratings ist auf Basis der bisherigen Ausführungen recht beschränkt. Ob sich alle Banken dieser Tatsache bewusst sind, ist zu fragen; zudem sind unbedingt Art und Umfang des Risikomanagements der jeweiligen Banken zu prüfen. Je höher die Verflechtungsintensität der Banken untereinander ist, desto größer ist das Systemrisiko in dem Sinn, dass Fehler im Risikomanagement einzelner Großbanken sich negativ auf die Überlebenswahrscheinlichkeit anderer Banken auswirken. Im Übrigen werden im abschließenden Politikabschnitt noch einige weitere Schlussfolgerungen formuliert.

Mögliche Verzerrungseffekte bei Ratings

Sofern der Emittent von Papieren einer Finanzmarktregulierung wie bei den *Basel II*-Regeln unterliegt, wird er von einem guten Rating zumindest mittelfristig Vorteile bzw. höhere Profite haben. Die realistische Ausgangssituation führt, kurzsichtige Investoren bzw. Anleger vorausgesetzt, in einer Modellierung des Rating-Marktes zu einer Verzerrung hin zu einem zu guten Rating (*Skreta* and *Veldkamp* 2009; *Sangiorgi* et al. 2008). Im Modell von *Sangiorgi* et al. (2008) kommt es zu einigen merkwürdigen Effekten: etwa in der Gestalt, dass eine Kostenerhöhung im Ratingprozess zu weniger indikativen Ratings führt, während publizierte Ratings tendenziell besser ausfallen – zugleich nimmt das *notching* ab, nämlich die Wahrscheinlichkeit, dass ein unpubliziertes Rating schlechter als das bisher publizierte Rating ist. Die Autoren verweisen daher kritisch auf die (nach der Bankenkrise gemachte) Vereinbarung zwischen dem New Yorker Generalstaatsanwalt und den drei führenden Rating-Agenturen, nämlich dass die Agenturen für indikative Ratings Gebühren erheben sollen. Das führt gemäß Analyse zu mehr Top-Ratings, obwohl die Vereinbarung wohl kaum in diese Richtung zielte.

Empirische Befunde zum Informationsgehalt des Rating sind aufschlussreich in vielerlei Hinsicht, insbesondere auch mit Blick auf die Frage, ob Finanzmärkte informationseffizient sind; effiziente Finanzmärkte verarbeiten zu jeder Zeit in Form des aktuellen Preisvektors alle relevanten Informationen. Demnach müssten auch im aktuellen Rating von Schuldverschreibungen alle relevanten verfügbaren Informationen abgebildet sein. Zudem zeigt der empirische Befund, dass es systematische Verzerrungsprobleme im oligopolistischen Rating-Markt gibt, der lange von *Moody's* und *Standard & Poors* dominiert wurde, bis dann auch die Rolle der europäischen Rating-Agentur Fitch anstieg.

- *Harbrecht* und *Wieland* (2010) bzw. *Becker* und *Milborn* (2009) argumentieren, dass die zunehmende Marktpräsenz von *Fitch* zu einem etwas besseren Rating am Markt geführt hat: Verminderte Profiterwartungen für die Zukunft verstärken daher bei etablierten Rating-Firmen den Anreiz, kurzfristige Gewinnmaximierung auf Kosten der langfristigen Reputationssicherung zu betonen. Dies zeigt, dass hier der Wettbewerb nicht normal funktioniert; die hohe Rendite – von rund 50 % bei *Moody's* in 2007 (immerhin noch 42 % im Krisenjahr 2008) – zeigt, dass man für relativ schlechte Qualität bei der Rating-Arbeit erstaunlich hohe Renditen einfahren kann. Diese hohen Renditen sorgen dann aber keineswegs für eine hohe Zahl von Markteintritten, und dies deutet auf die Existenz hoher Markteintrittsbarrieren.
- In einer neueren empirischen Analyse zeigen *Güttler* und *Raupach* (2008) allerdings auf, dass die alleinige Beachtung des aktuellen Ratings Anleger in vielen Fällen in die Irre führt, denn auch das *Downward Rating Momentum* (also die Zahl der in der jüngeren Vergangenheit erfolgten Rating-Verschlechterungen) erweist sich als signifikante Einflussgröße des *Value-at-Risk* (VAR: Standardkennzahl zur Erfassung der Risikoposition einer Bank). Die Autoren zeigen, dass in 8 % der Fälle die Nichtbeachtung des Momentums zu unkorrekter Risikounterschätzung führt und daher die betreffende Bank auch zu wenig Eigenkapital vorhalten wird.

- Ratings haben eine erkennbare Zeitverzögerung, wenn es um die Anpassung an veränderte Kreditwürdigkeiten von Unternehmen geht: *Elsas* (2010, S. 6) schreibt:

  > „Schon die anekdotische Evidenz durch spektakuläre Unternehmenszusammenbrüche wie Enron und Parmalat ließen Zweifel an dem Informationsgehalt und der Aktualität von Unternehmensratings aufkommen. Neueste Evidenz belegt, dass Unternehmensratings systematisch wesentliche Bonitätsschocks bei Unternehmen nicht oder erst mit erheblicher Verzögerung (typischerweise von einem halben Jahr) widerspiegeln."

  Hierbei wird Bezug auf die Studie von *Elsas* und *Mielert* (2009) genommen. *Elsas* (2010, S. 7) fährt fort:

  > „Es gibt empirische Hinweise, dass Ratingagenturen so genannte „unsollicited ratings" (ungefragte Ratings) dazu verwenden, durch einen systematisch negativen Bias in diesen Einschätzungen Unternehmen zum Abschluss eines Ratingsauftrags zu bewegen (so dass das Rating sich hierdurch verbessert)."

Von funktionsfähigen Rating-Märkten kann man daher nicht ohne Weiteres ausgehen. Sonderbarerweise hat sich bisher die Europäische Kommission ebenso wenig wie die US-Wettbewerbsbehörde um die geringe Intensität des Wettbewerbs auf den Rating-Märkten gekümmert. Dabei meint *Elsas* (2010), dass gerade ein deutlich unvollkommener Wettbewerb geeignet sei, die notwendigen Anreize hervorzubringen, um objektivierte Informationen von Rating-Agenturen zuverlässig entstehen zu lassen.

3. Verbesserung des Risikomanagements und Politikoptionen

Ein alternativer Ansatz zum Rating – gegenüber bisherigen Praktiken – liegt darin, dass man Ratings als öffentliches Gut organisiert. Den Unterschied zwischen der Organisation als privates Gut und als öffentliches Gut kann man leicht aufzeigen, ebenso die entsprechenden relevanten wohlfahrtsökonomischen Aspekte. Hierbei wird auf die Konsumentenrente einerseits und die Produzentenrente andererseits abgestellt, deren Summe hier als sozialer Überschuss bezeichnet wird.

Bei einer Organisation von Rating als öffentlichem Gut ist zu bedenken, dass die Nachfragekurven vertikal aggregiert werden müssen; bei einem privaten Gut werden die individuellen Nachfragen horizontal aggregiert. Betrachten wir exemplarisch zwei individuelle Nachfrager nach Rating-Informationen, wobei in der Abbildung 1 die Nachfrage mit DD_I bzw. DD_{II} für die beiden Nachfrager I bzw. II bezeichnet ist. Die Grenzkostenkurve ist in beiden Abbildungen a) und b) gleich, und es stellt sich unter wohlfahrtsökonomischen Aspekten die Frage, welche Lösung vorziehenswert ist:

- Rating als öffentliches Gut zu organisieren: Jeder Nachfrager zahlt dann entsprechend seiner individuellen Zahlungsbereitschaft, wobei die Konsumentenrente A"Ep_2 beträgt, die Produzentenrente beläuft sich auf BEp_2 (Abb. 1 a). Grundsätzlich denkbar ist, dass Rating als öffentliches Gut in der EU organisiert wird oder aber auch als globales Kollektivgut. Ein Problem könnte hierbei sein, dass die Zahlungsbereitschaft für Ratings nicht angemessen ermittelt werden kann bzw. nur verzerrt signalisiert wird.
- Rating als privates Gut zu organisieren (Abb. 1 b), wobei jeder Nachfrager denselben Preis p_2 bezahlt, der oberhalb der zu zahlenden individualisierten Preise in a)

liegt. Die Konsumentenrente beträgt A'CEp_2, was geringer als die Konsumentenrente im Fall des öffentlichen Gutes ist, die Produzentenrente beläuft sich wieder auf BEp_2.

Daher ist die Organisation von Rating-Märkten als Märkte für private Güter nachteilig gegenüber einem Markt, der als öffentliches Gut organisiert ist; vorausgesetzt, dass die Rating-Nachfrager tatsächlich ihrer Zahlungsbereitschaft nach zur Kasse gebeten werden können. Geht man näherungsweise davon aus, dass die Zahlungsbereitschaft proportional zum Marktanteil im Bondsmarkt ist, dann ist das relevante Entgelt proportional zum Anteil am Bondsmarkt festzulegen – ähnlich wie etwa im Fall der Regelung der Beitragspflichten zum Universaldienst im Bereich der Telekommunikation.

Abbildung 1: Öffentliches Gut vs. Private Güter

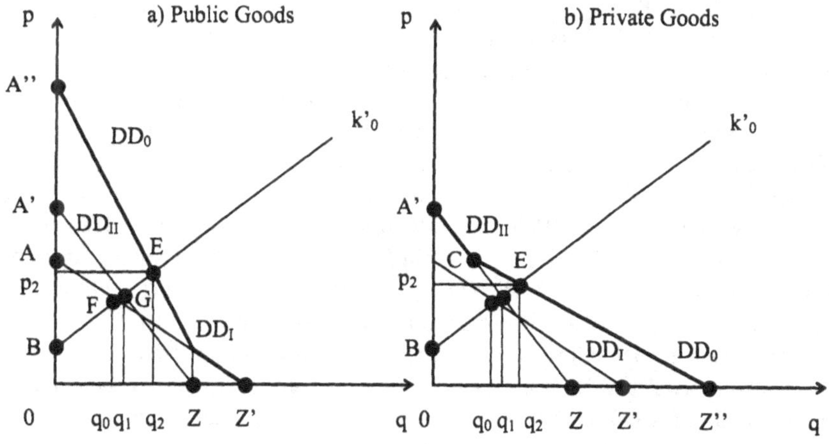

Es zeigt sich hier also, dass eine EU-weite oder ggf. globale Ratingorganisation – mit Rating als Kollektivgut – optimal ist; notwendig wäre hier eine entsprechende EU-Initiative, bzw. die Reformen der *Europäischen Union* könnten auf ein solches verändertes Rating-Modell abstellen. Dabei wäre das Rating – meinem Vorschlag (*Welfens* 2009) folgend – zweistufig organisiert, d.h. dass alle ein Rating wünschende Unternehmen bzw. Emittenten einen Beitrag in einen Ratingfinanzierungspool leisten, und dann wird in einer zweiten Stufe in einem Ausschreibungsverfahren entschieden, welche Rating-Agentur das Rating durchführt. Damit ist das Verfahren wettbewerbsorientiert, effizient und pareto-optimal. Nach dieser mikroökonomischen Betrachtung des Rating-Marktes ist eine ergänzende makroökonomische Analyse notwendig: Welche Rolle spielt Rating im Güter-, Geld- und Devisenmarkt, und welche Auswirkungen auf Realeinkommen, Zins und Wechselkurs ergeben sich daraus?

4. Rolle von Rating in einem Makromodell

Bezeichnet man mit R das Rating der Anleihen, das u.a. für internationale Portfolioinvestitionen als relevante Einflussgröße unterstellt wird, und berücksichtigt man zugleich Direktinvestitionszuflüsse, die positiv von der internationalen Differenz beim Kapitalgrenzprodukt abhängt – in beiden Ländern gelte eine *Cobb-Douglas*-Produktionsfunktion, so dass die Differenz als $ßY/K-ß^*Y^*/K^*$ (mit ß für Produktionselastizität des Kapitals) dargestellt werden kann –, dann kann man leicht den Einfluss von R auf wichtige Makrovariablen ermitteln. Dabei wird hier angenommen, dass Investitionen positiv von R abhängen, die Direktinvestitionen positiv vom realen Wechselkurs $q^*:=eP^*/P$ (mit e für nominalen Wechselkurs in der Preisnotierung). Der Einfluss von q^* auf die Direktinvestitionen wurde bereits von *Froot* und *Stein* (1991) diskutiert, der Einfluss von R wird erstmals hier bzw. in *Welfens* (2010) betrachtet.

Bislang ist die Rolle von Ratings in Makromodellen nicht betrachtet worden, obwohl doch Ratings für die Kapitalbildung bzw. Investitionen und für den Nettokapitalzufluss von außerordentlicher Bedeutung sind. Es lässt sich auch argumentieren, dass die Geldnachfrage vom Rating (R) beeinflusst wird, wobei hier R so definiert ist, dass ein höheres R ein verbessertes Rating bedeutet. Die nachfolgende Analyse baut die Rolle des Ratings erstmals in ein Makromodell ein, wobei hier zugleich als Besonderheit eine Volkswirtschaft mit Direktinvestitionszuflüssen betrachtet wird: Es gibt also sowohl Portfolioinvestitionen als auch Direktinvestitionen; allerdings soll aus Vereinfachungsgründen eine asymmetrische Weltwirtschaft bzw. eine kleine offene Volkswirtschaft betrachtet werden, wobei letztere selbst nicht im Ausland mit Direktinvestitionen auftritt (hier wird angeschlossen an *Welfens* und *Keim* 2007). Betrachtet wird also eine kleine offene Volkswirtschaft bei unterausgelasteten Kapazitäten, wobei das betrachtete Land Zuflussland für Direktinvestitionen ist. Es gibt daher eine Differenz von Bruttonationaleinkommen Z und Bruttoinlandsprodukt Y, wobei der Anteil des Auslandes am Kapitalbestand mit α bezeichnet sei; nimmt man Entlohnung der Produktionsfaktoren nach ihrem Grenzprodukt an, dann ist $Z=Y(1-\alpha^*ß)$. Dabei wird als Produktionsfunktion eine *Cobb-Douglas*-Produktionsfunktion $Y=K^{ß}(AL)^{1-ß}$ betrachtet (K, L bzw. A ist Realkapital, Arbeit bzw. arbeitsvermehrendes Wissen). Annahmegemäß hängen die Investitionen positiv von der Differenz zwischen Kapitalgrenzprodukt ßY/K und Realzins r ab (b ist ein positiver Parameter); außerdem hängen die Bruttoinvestitionen positiv vom Länderrating R sowie der internationalen Differenz der Kapitalgrenzprodukte (φ' ist ein positiver Parameter) und dem realen Wechselkurs $q^*:= eP^*/P$ (e ist der nominale Wechselkurs, P ist das Preisniveau, * steht für Ausland) ab. Letzteres entspricht dem Argument von *Froot* und *Stein* (1991), wonach auf unvollkommenen Kapitalmärkten eine reale Abwertung der USA das in $ ausgedrückte Eigenkapital ausländischer Bieter erhöht, so dass ausländische Investoren bzw. Interessenten größere Chancen für eine erfolgreiche internationale Unternehmensübernahme im Zielland – in der empirischen Analyse von *Froot* und *Stein*: die USA – haben. Die Direktinvestitionen hängen zudem positiv von der internationalen Differenz bei den Kapitalgrenzprodukten ab. Die Reinvestitionen sind δK. Das einfache Gesamtmodell kann daher mit drei Gleichungen beschrieben werden, wobei die erste Gleichung den Gütermarkt, die zweite den Geldmarkt und die dritte das Devisenmarktgleichgewicht bei flexiblen Kursen darstellt (bei statischen Wechselkurserwartungen und unter der vereinfachenden Annahme, dass die Elastizität der Güterimport in Bezug auf den realen Wechselkurs q* minus 1 ist, während sie bei den Exporten 1 beträgt).

$$(1) \quad Y = c(1-\alpha^*ß)(1-\tau)Y + [b(ßY/K - r) + \varphi'(ßY/K - ß^*Y^*/K^*) + \varphi''q^* + b'R + \delta K] + G + \{x(Y^* + \alpha^*ßY/q^*)q^* - jY(1-\alpha^*ß)\};$$

Die Steigung der IS-Kurve in einem Zuflussland von (kumulierten) Direktinvestitionen – also mit α > 0 – ist flacher als im normalen IS-Modell, wie man dem folgenden Ausdruck entnehmen kann (dies gilt streng für den Fall x = j):

$$(2) \quad \frac{dr}{dY} = \frac{1}{b}\left[c(1-\alpha^*\beta)(1-\tau) - 1 + \beta b/K + \varphi'\beta/K + x\alpha^*\beta - j(1-\alpha^*\beta)\right]$$

Bei der Geldnachfrage ist das Vorzeichen mit Blick auf den Einfluss des Ratings nicht klar, sofern nicht genau bestimmt ist, ob sich das Rating R als Länderrating im Sinn eines Ratings von Staatsanleihen darstellt oder ob es sich um das Rating für Unternehmensanleihen von Firmen des betrachteten Landes handelt; wenn sich das Rating von Unternehmen verbessert, dann werden diese mehr Anleihen in realer Rechnung auflegen können, und daher wird die Realkapitalbildung verstärkt – aus portfoliotheoretischer Sicht sind Realkasse und Realkapital komplementär unter Risikoaspekten, so dass die Nachfrage nach Realkasse steigen wird. Im Fall eines aggregierten Unternehmensratings ist also h" positiv, während h" bei einem staatlichen Anleihenrating negativ ist, da aus portfoliotheoretischer Sicht Geld und staatliches Bonds unter Risikoaspekten Substitute sind.

$$(3) \quad \frac{M}{P} = hY - h'r + h''R;$$

Die Steigung der LM-Kurve ist hier wie üblich positiv – mit Ausnahme des Spezialfalls der Liquiditätsfalle – und ist gegeben durch:

$$(4) \quad \frac{dr}{dY} = \frac{h}{h'}$$

Die Nettokapitalimporte hängen hier mit Blick auf die Gleichgewichtsbedingung für den Devisenmarkt positiv vom Rating ab – unabhängig, ob es sich um ein Rating für die Firmen des Landes oder für die Staatsanleihen des Landes handelt. Der Einfluss der Direktinvestitionen auf die Steigung ist – im Vergleich zum herkömmlichen *Mundell-Fleming*-Modell (ohne Direktinvestitionen) – negativ, bzw. die Steigung ist umso flacher, je höher der Anteil α*, den Direktinvestitionen haben. Mit Blick auf die Realität kann vermutet werden, dass ein erhöhter Anteil α vermutlich auch mit einem höheren Reagibilitätsgrad (Parameter φ) der Nettokapitalimporte einhergeht, so dass hier eine von mehreren interessanten empirischen Fragestellungen vorliegt. Zudem ergibt sich für den theoretisch interessanten Fall, dass $\varphi = \varepsilon\alpha^*$ ist (mit $0 < \varepsilon < \infty$) keineswegs bei $\varphi \to \infty$ eine waagerechte ZZ-Kurve als Gleichgewichtskennlinie für Zahlungsbilanzgleichgewicht, sondern die Kurve hat eine endliche positive Steigung von $dr/dY = -ß(j-1)/\varepsilon$. Die Implikation ist, dass der Realzins im (historischen) Zuflussland von Direktinvestitionen im Inland im Fall einer unendlich großen Zinselastizität des Portfoliokapitalverkehrs höher als im Ausland ist.

(5) $\varphi[r-(r^*+a')]+\varphi'(\beta Y/K-\beta^*Y^*/K^*)+\varphi''q^*+\varphi'''R = jY(1-\alpha^*\beta)-x(Y^*+\alpha^*\beta Y/q^*)q^*$

(5.1) $r = \{r^*+a'-[\varphi''q^*+\varphi'''R-\varphi'\beta^*Y^*/K^*-xY^*q^*]/\varphi\}+\{[j(1-\alpha^*\beta)-\alpha^*\beta+\varphi'(\beta/K)]\}Y/\varphi$

(6) $\frac{dr}{dY}=\frac{1}{\varphi}\left[j(1-\alpha^*\beta)-\alpha^*\beta+\varphi'\beta/K\right]$

Es ergeben sich nun die folgenden Multiplikatoren, wobei die für den Einfluss des Ratings besonders interessant sind:

- Ein verbessertes Rating führt zu einer realen Aufwertung, sofern der Ausdruck $(h/h'')\varphi''' > k_2$ ist (zur Definition von k_2 siehe den nachfolgenden entsprechenden Ausdruck, der Parameter aus der realen Wirtschaft betrifft); der Ausdruck $(h/h'')\varphi'''$ enthält nur Parameter aus den Finanzmärkten, wobei ein großer h"-Wert – mit höherem Rating steigt die Geldnachfrage stark – die Einhaltung der Bedingung für eine Aufwertung erschwert. Hingegen wird eine starke Reaktion des Nettokapitalimports auf eine Ratingverbesserung (siehe den Parameter φ'') die Aufwertungsreaktion sicherstellen, wodurch natürlich die Nettogüterexporte negativ beeinflusst werden. Sofern h" negativ ist (das Rating bezieht sich also auf Staatsanleihen!), geht ein verbessertes Rating stets mit einer Abwertung einher, sofern – wie angenommen – die Systemdeterminante negativ ist.
- Die Reaktion des Realzinssatzes auf eine Verbesserung des Ratings ist unklar – hier kommt es auf bestimmte Parameterwerte an, wobei ein einfacher Fall mit positivem Zinsmultiplikator auftritt, wenn die Investitionsnachfrage relativ stark auf eine Ratingänderung reagiert bzw. wenn der entsprechende Parameter b' größer als der für die Reaktion der Nettokapitalimporte relevante Rating-Parameter φ''' ist; dies kann man insofern als Paradoxon ansehen, als eine Rating-Verschlechterung (also die Betrachtung von -dR) den Realzins hier nicht ansteigen lässt, so dass sich keine normale Risikoprämie einstellt. Sofern allerdings $\varphi''' > b'$ ist – dies dürfte typischerweise der Fall einer kleinen offenen Volkswirtschaft mit hoher Auslandsschuldenquote darstellen –, so kann der Zinsmultiplikator negativ sein; bei $\varphi''' > b'$ ist allerdings der Outputmultiplikator des Ratings stets positiv.
- Wenn die Zinselastizität der Geldnachfrage einen hinreichend hohen endlichen Wert erreicht, dann steigt bei einer Ratingverbesserung immer das Realeinkommen – ein sehr wichtiges Ergebnis, da es tendenziell die Irrelevanz des Konzeptes der Liquiditätsfalle zeigt.
- Der Einfluss des Ratings erhöht via φ''' (Reaktionsparameter der Nettokapitalimporte in Bezug auf R) die absolute Höhe der vorzeichenmäßig bei r und Y eindeutigen Multiplikatoren für die Geld- und Fiskalpolitik, wie man aus den nachfolgenden Multiplikatoren sieht. Schwächt sich φ''' ab, etwa weil die Kapitalmarktakteure den Ratingsignalen aufgrund einer gewissen Desillusionierung über die Arbeitsqualität der großen Ratingagenturen ein vermindertes Gewicht beimessen, dann vermindert dies allerdings die Effizienz der Geld- und Fiskalpolitik.

Angemerkt sei noch, dass die Präsenz von ausländischen (kumulierten) Direktinvestitionen die Steuermultiplikatoren reduziert, wie man aus dem Einfluss von α sehen kann. Im Übrigen kann man die Frage stellen, wie sich die Multiplikatoren bzw. Politikeffekte ändern, wenn man davon ausgeht, dass eine Verbesserung des Ratings mit einer erwarteten Währungsaufwertung (a‘ < 0) einhergeht (dabei versteht sich, dass man als Startsituation nicht eine Ausgangslage mit Top-Rating wählen sollte, andernfalls könnte man nur Fälle von Rating-Verschlechterung betrachten; die Systemdeterminante des nachfolgenden Gleichungssystems ist eindeutig negativ, sofern c(1-τ)+j < 1).

$$\begin{pmatrix} k_1 & b & -\varphi''-xY^* \\ h & -h' & 0 \\ k_2 & \varphi & \varphi''+xY^* \end{pmatrix}\begin{pmatrix} dY \\ dr \\ dq^* \end{pmatrix}=\begin{pmatrix} b' & 0 & 1 & -c(1-\alpha^*\beta Y) & -\varphi \\ -h'' & 1 & 0 & 0 & 0 \\ -\varphi''' & 0 & 0 & 0 & 0 \end{pmatrix}\begin{pmatrix} dR \\ d(M/P) \\ dG \\ d\tau \\ da' \end{pmatrix}$$

$$k_1 = 1-c(1-\alpha^*\beta)(1-\tau)-\varphi'\beta/K>0, \text{ für ausreichend große } K$$

$$k_2 = \varphi'\beta/K - j(1-\alpha^*\beta)+x\alpha^*\beta>0, \text{ if } \varphi'\beta/K > j(1-\alpha^*\beta)-x\alpha^*\beta$$

$$k_1+k_2 = 1+x\alpha^*\beta-(1-\alpha^*\beta)(c(1-\tau)+j)>0, \text{ if } 1+x\alpha^*\beta>(1-\alpha^*\beta)(c(1-\tau)+j)$$

$$U=-(\varphi''+xY^*)\left[h(b+\varphi)+h'(k_1+k_2)\right]<0$$

$$\frac{dq^*}{dR}=\frac{1}{U}\left(k_1(h'\varphi'''+\varphi h'')+b(h\varphi'''-h''k_2)+b'(h\varphi+h'k_2)\right)<0, \text{ if } \frac{h}{h''}\varphi'''>k_2$$

$$\frac{dr}{dR}=-\frac{(\varphi''+xY^*)}{U}\left[h(b'-\varphi''')+h''(k_1+k_2)\right]>0, \text{ if } b'>\varphi'''$$

$$\frac{dY}{dR}=\frac{(\varphi''+xY^*)}{U}\left[h''(b+\varphi)-h'(b'-\varphi''')\right]$$

$$\frac{dr}{d(M/P)}=\frac{(\varphi''+xY^*)(k_1+k_2)}{U}<0$$

$$\frac{dY}{d(M/P)}=-\frac{(\varphi''+xY^*)(b+\varphi)}{U}>0$$

$$\frac{dr}{dG}=-\frac{h(\varphi''+xY^*)}{U}>0$$

$$\frac{dY}{dG}=-\frac{h'(\varphi''+xY^*)}{U}>0$$

$$\frac{dr}{d\tau}=\frac{hc(1-\alpha^*\beta Y)(\varphi''+xY^*)}{U}<0$$

$$\frac{dY}{d\tau}=\frac{h'c(1-\alpha^*\beta Y)(\varphi''+xY^*)}{U}<0$$

$$\frac{dr}{da'}=\frac{\varphi h(\varphi''+xY^*)}{U}<0$$

$$\frac{dY}{da'}=\frac{\varphi h'(\varphi''+xY^*)}{U}<0$$

Die grafische Analyse zeigt den Fall einer Ratingverbesserung, wobei die Aufwertung die IS-Kurve aus der zunächst eingenommenen „expansiven Position“ IS_1 nach IS_2

zurückverschiebt, während zugleich die LM-Kurve nach unten verschoben ist, da die hier betrachtete Ratingverbesserung sich auf Staatsanleihen beziehen soll. Grundsätzlich lässt sich im Übrigen auch der Fall berücksichtigen, dass bei einer expansiven Fiskalpolitik ein eintretendes kritisch hohes Haushaltsdefizit – hier wird dann eine kritisch hohe Schuldenquote überschritten – zu einer Rating-Verschlechterung führt.

Abbildung 2: Effekt einer Verbesserung des Ratings bei flexiblen Wechselkursen: a) bei Staatsanleihen; b) bei Unternehmensanleihen

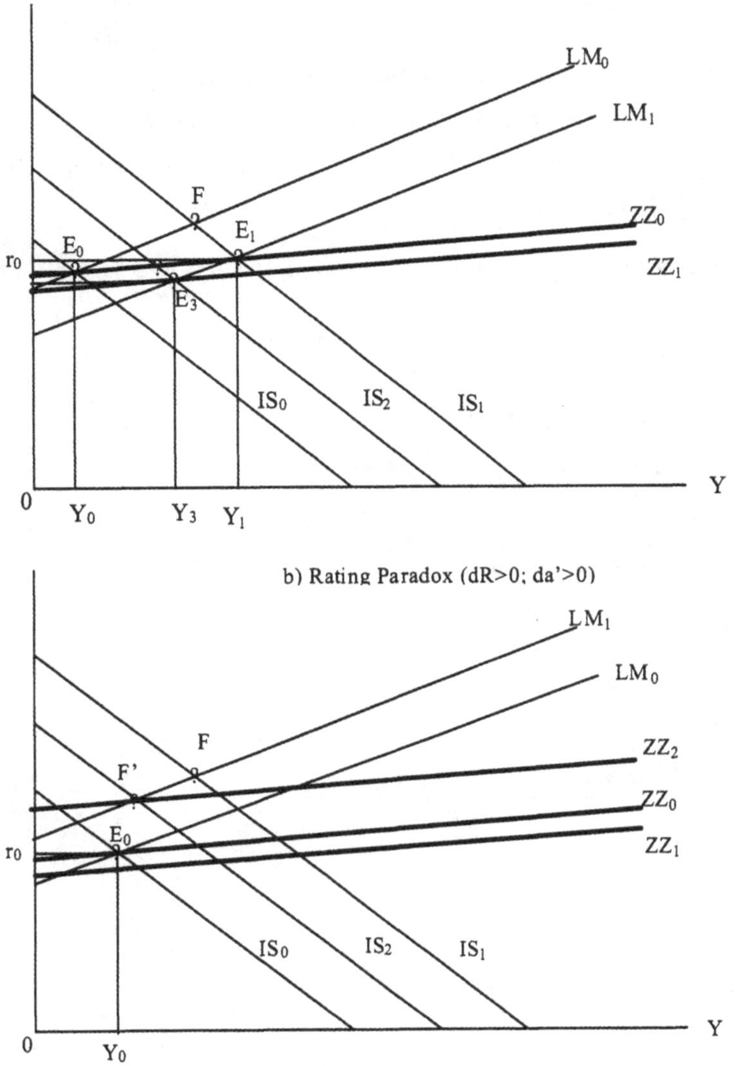

Eine weitere interessante Fragestellung betrifft Modelle mit rationalen Erwartungen, die typischerweise bei den *New Keynesian Economics* eine große Rolle spielen. Diese Modelle werden in der Politikberatung bzw. bei Zentralbanken häufig verwendet und enthalten in den Gleichungen für den Güter- und Arbeitsmarkt – und ggf. in weiteren Gleichungen – stochastische Zufallsvariablen, die annahmegemäß normalverteilt und mit Mittelwert Null charakterisiert sind. Viele dieser Modelle arbeiten mit einer *Phillipskurve* als Basis zur Inflationsanalyse und betrachten im Übrigen Abweichungen vom Gleichgewichtswert, etwa den *output gap* als Unterschied zwischen tatsächlicher Produktion und Produktion bei Normalauslastung; hinzu kommt ggf. eine Geldmengenregel – etwa die *Taylor-Regel*, wonach die Zentralbank den Notenbankzins in Abhängigkeit vom *output gap* und vom *inflation gap* (Differenz von Ist-Inflationsrate und Zielinflationsrate) setzt.

Ein sehr einfacher Prototyp eines stochastischen Grundmodells, das von Friktionen im Wirtschaftsprozess, aber im Durchschnitt korrekten Inflationserwartungen ausgeht, wird nachfolgend betrachtet, wobei hier erstmals eine einfache Frage gestellt und beantwortet wird:

- Wenn man Gleichungen mit annahmegemäß normalverteiltem Störterm nimmt, wieso sollten rationale Wirtschaftssubjekte indifferent sein, egal wie groß die betrachtete Varianz des Störterms ist? Es wird ja in jeder (relevanten) Gleichung ein normalverteilter Störterm mit endlicher Varianz σ^2 und Mittelwert Null betrachtet. In diesen Modellen macht es für die Modelllösung keinerlei Unterschied, wie groß die angenommene Varianz ist. Das aber ist gerade ein Widerspruch zum Modell rationaler Erwartungen, die auf vernünftige und lernfähige Wirtschaftsubjekte abstellt.
- Wie werden Wirtschaftssubjekte vernünftigerweise auf eine Vergrößerung der Varianz reagieren bzw. wie wird sich die Modelllösung ändern?

Betrachten wir ein verbessertes Modell, dass ein endogenes Rating $R(\sigma)$ betrachtet, wobei das Rating eine negative Funktion der Standardabweichung σ ist. Allerdings wird hier vom üblichen Standardmodell abgewichen, und wir betrachten zur Vereinfachung eine geschlossene Volkswirtschaft.

5. Rating und Kapitalmarktsignale im Kontext der G20- und EU-Reformen

Auf Basis der hier präsentierten Analyse ist es angebracht, in Europa auf *EU-Ebene* oder auf Basis der *Eurozone* – ggf. ergänzt um die Schweiz und andere Länder mit einem langfristigen Interesse an einer Mitwirkung – ein zweistufiges Rating-Modell zu entwickeln; hierbei wirken die Emittenten nach Maßgabe des Marktanteils an der Finanzierung der Ratings mit, für die in einer zweiten Stufe eine Ausschreibung auf Basis des Emittentenpools erfolgt. Grundsätzlich könnte man auch erwägen, als Alternative einen Investorenpool zu organisieren, allerdings ist deren Interesse bzw. Kooperationsbereitschaft vermutlich wenig ausgeprägt; dem könnte man ggf. mit dem Modell einer Zwangsgenossenschaft begegnen, allerdings kann dies ordnungspolitisch als problematisch eingestuft werden. Ein wichtiges praktisches Problem bezieht sich auf die Frage, wie bei Marktänderungen erfolgende Neuratings erfolgen sollen. Grundsätzlich ist denkbar, dass man im Wochenrhythmus Ausschreibungen auf Basis einer digitalen Börse durchführt. Erwägenswert im Sinne von Unparteilichkeit könnte auch sein, dass man bei der ersten Rating-Ausschreibung für Anleiheprojekt X aus dem Kreis der besten (z.B. fünf) Bieter beim Rating-Verfahren via Losverfahren zugleich die Agentur für ein folgendes Nachrating bestimmt, was ein neuartiges praktikables Verfahren wäre. Ein solches Verfahren käme nicht nur der Unabhängigkeit zugute, sondern wäre auch wettbewerbsförderlich.

In den USA gibt es eine Registrierungspflicht für Rating-Agenturen – und zwar auch schon vor der Transatlantischen Bankenkrise. Gemäß einem Anfang 2010 im *Kongress* diskutierten Gesetzesentwurf sollen Rating-Agenturen künftig Unternehmen nicht länger raten dürfen, denen sie durch ein Beratungsmandat verbunden sind. Die Rating-Agenturen werden künftig ihre Bewertungsgrundlagen stärker veröffentlichen müssen. Die *USSEC* soll zudem einem siebenköpfigen Aufsichtsrat unterstellt werden, in dem maximal zwei ehemalige Mitarbeiter von Rating-Agenturen sitzen dürfen. Die letztgenannte Vorgabe ist ausgesprochen sinnvoll, da damit tendenziell das Problem des *Regulatory Capture* vermieden werden kann – dass nämlich die zu regulierende Industrie am Ende durch ein Netzwerk ehemaliger (und ggf. dann auch später künftiger) Mitarbeiter in der Aufsichtsbehörde sich eine bequeme Regulierungslandschaft sichert.

Was die *Europäische Union* angeht, so sind Rating-Agenturen in 2009 zum ersten Mal einer staatlichen Aufsicht unterstellt worden. Rating-Agenturen haben sich bei der EU-Wertpapieraufsichtsbehörde zu registrieren. Zudem unterliegen die Rating-Agenturen Transparenzpflichten, die sich auf die verwendeten Modelle, Methoden und Annahmen beziehen. Agenturen haben eine interne Kontrollstelle zu unterhalten, die die Qualität ihrer Ratings überwacht; von Rating-Agenturen ratingmäßig betreute Unternehmen dürften nicht zugleich von der Rating-Firma beraten werden, womit man Interessenkonflikte vermeiden will. Die EU-Verordnung fordert wirksame, verhältnismäßige und abschreckende Sanktionen bei Fehlverhalten der Rating-Agenturen.

In Deutschland hat das *Bundesministerium der Finanzen* im Januar 2010 einen Gesetzesentwurf vorgelegt, der die entsprechende EU-Ratingverordnung umsetzt, wobei zu den Hauptpunkten zählen:

- Bei einem schwerwiegenden Verstoß gegen die EU-Ratingverordnung droht den Rating-Agenturen ein Bußgeld von bis zu einer Mio. Euro. Eine Sanktionszahlung wird insbesondere fällig, wenn ein Rating-Unternehmen eine Firma oder Bank mit Ratings versieht und zugleich ein Beratungsmandat wahrnimmt.
- Ratings dürfen nur abgegeben werden, wenn verlässliche Daten vorliegen. Sanktionsbewährt sind auch Quasi-Fehler beim Rating – wenn nämlich keine neuen Ratings erstellt werden, obwohl sich Methoden grundlegend geändert haben.
- Die Kontrolle der Agenturen wird in Deutschland von der *BaFin* übernommen, wobei die Kosten von den Agenturen selbst finanziert werden. Jährlich einmal sollen sich die Agenturen einer Prüfung durch einen Wirtschaftsprüfer stellen; dieser wird dann auch der *BaFin* einen Bericht zuzuleiten haben. Zudem kann die *BaFin* unangemeldete Kontrollen bei den Rating-Agenturen durchführen.

An diesem Katalog sind fünf Punkte zu kritisieren:

- Rating wird nicht als öffentliches Gut organisiert, obwohl dies wohlfahrtsökonomisch eindeutige Vorteile hat.

- Die Wirtschaftsprüfer zur Prüfung der Rating-Agenturen heranzuziehen ist verfehlt, da den Wirtschaftsprüfern das notwendige Spezialwissen fehlt und viele Wirtschaftsprüfer selbst in zahlreichen Interessenkonflikten stecken, wenn es um die Bewertung von Bilanzpositionen der von ihnen geprüften Unternehmen und Banken geht. Es wäre besser, ein wissenschaftliches Spezialinstitut – etwa im Rahmen der *Max-Planck-Gesellschaft* – zu gründen, wobei sich mehrere EU-Länder hierbei zusammenfinden könnten, um Kosten zu teilen.
- Die *BaFin* ist ungeeignet, die Arbeit von Rating-Agenturen kritisch zu prüfen; ihre ganze langjährige Ausrichtung ist sehr stark juristisch geprägt, und es fehlt ihr an relevantem wissenschaftlichen Sachverstand – nicht einmal einen wissenschaftlichen Beirat hat die *BaFin*. Im Übrigen wird es unvergessen bleiben, dass *BaFin*-Chef *Sanio* im Vorwort des Jahresberichts 2008 schrieb, dass seine Behörde von den Vorgängen in den USA völlig überrascht wurde. Es ist bis heute ein Rätsel, dass der damalige Finanzminister *Steinbrück Sanio* nach dieser Äußerung nicht in den Ruhestand versetzt hat – wie kann jemand Chef der nationalen Finanzmarktaufsicht in Deutschland sein und dann feststellen, dass man von den wichtigen Entwicklungen im wichtigsten Kapitalmarkt der Welt kaum etwas weiß?
- Ratings von Bankprodukten sollten aus ökonomischer Sicht ein neutrales Rating insofern geben, als sie bei systemrelevanten Großbanken eigentlich angeben sollten, wie das Rating ohne implizite Staatsgarantie für Großbanken wäre und wie es mit der impliziten Staatsgarantie ist. Hier kann man im Übrigen die Doppelbödigkeit der Argumentation des Bundesverbandes deutscher Banken erkennen, der jahrelang erklärte, die Sparkassen hätten wegen der staatlichen Gewährträgerhaftung einen Wettbewerbsvorteil – und tatsächlich hat dann die *Europäische Kommission* den Sparkassensektor zur Aufgabe der Gewährträgerhaftung gezwungen –, während in Wahrheit die Großbanken alle als systemrelevante Institute beim impliziten staatlichen Rettungsschirm unterstanden.
- Es ist auf EU-Ebene versäumt worden, die Neugründung eines Rating-Institutes zwecks Stärkung des internationalen Rating-Wettbewerbs anzuschieben (*Keim* 2009). Im Rahmen einer Private-Public-Partnership hätte man zumindest ein oder zwei neue Rating-Agenturen anschieben können, die längerfristig ggf. privatisiert hätten werden können.

Man kann mit Blick auf die veränderten Rating-Regulierungen nur feststellen, dass hier nur minimale Korrekturen in Europa und den USA vorgenommen wurden. Die ordnungspolitischen Hausaufgaben sind weitgehend weiterhin unerledigt. Betrachtet man die Aussagen von *Blankfein*, dem Chef von *Goldman Sachs*, dass man keine stärkere Regulierung der Finanzmärkte machen solle, da doch nur etwa alle 80 Jahre eine schwerwiegende Finanzmarktkrise eintrete, so ist einzuwenden, dass man aus der Abfolge von Weltfinanzkrise der 1930er Jahre und Transatlantischer Bankenkrise keine wirklichen Schlussfolgerungen ziehen kann. Im Übrigen könnte man die Hypothese formulieren, dass wegen der anhaltenden Globalisierung der Wirtschaft das Schadensausmaß internationaler Finanzmarktkrisen tendenziell zunehmen dürfte. Zudem ist zu bedenken, dass die extreme Niedrigzinspolitik in den USA und Großbritannien – und zeitweise auch in der Eurozone – das Entstehen neuer Finanzmarktblasen etwa in Asien und in der EU begünstigen dürfte. Es bleibt die Herausforderung, zu normalen Verhältnissen weltweit zurückzukehren und dabei auch die Unnormalität japanischer Verhältnisse eines Zinsniveaus nahe Null zu überwinden.

Es liegt an der Staatengemeinschaft bzw. den OECD-Ländern, für mehr Wettbewerb und Effizienz auf den Märkten für Ratings-Infodienste zu sorgen. Grundsätzlich kann man funktionsfähigen Wettbewerb auf den Rating-Märkten herstellen. Es ist empfehlenswert, eine neue Organisation von Ratings herbeizuführen, bei der Rating den Charakter eines öffentlichen Gutes hat – hierbei zahlt dann, so der neue Vorschlag hier (*Welfens* 2009), jeder Emittent von Anleihen proportional zu seinem Marktanteil Gebühren in einen internationalen Fonds, der wiederum in einem zweiten Schritt – auf Basis eines Ausschreibungsverfahrens – im Rahmen eines Ausschreibungswettbewerbs die jeweilige Rating-Aufgabe dem günstigsten Anbieter zuweist.

Elsas (2010) hat zur Verbesserung der Qualität der Arbeit der Rating-Agenturen vorgeschlagen, man möge eine Art EU-TÜV für solche Agenturen einführen – hier könnte man etwa durch Nachtests von Ratingfällen die Qualität der Rating-Agenturen untersuchen, was positive Anreizeffekte für sorgfältiges Rating-Arbeiten erzeugen kann. Die Politik in den OECD-Ländern und auf der Ebene der G20-Länder hat hier bislang kaum vernünftige Reforminitiativen entfaltet.

Finanzmärkte sind teilweise von hoher Wettbewerbsintensität geprägt, teilweise ist aber auch die Wettbewerbsintensität gering, und die Markteintrittsbarrieren sind entsprechend hoch. In dynamischer *Schumpeterscher* Sicht funktioniert der Innovationswettbewerb auf einem Teil der Finanzmärkte kaum: Das Innovationssystem der Finanzmärkte lässt sich kaum mit dem im realen Sektor vergleichen, wo die Qualitätssicherungsstandards etwa dank der Existenz von Patentämtern bzw. der Institution Patent und einer größeren Markttransparenz sowie einer geringeren Rolle von Vertrauensgütern bzw. einem größeren Anteil von Inspektions- und Erfahrungsgütern weitgehend gut funktionieren. Es gibt auf den Finanzmärkten nicht nur Informationsasymmetrien, sondern es gibt aus dem verständlichen Bemühen um Diskretion – hier geht es gelegentlich um persönliche Interessen in Sachen Vermeidung von Öffentlichkeit, aber auch um das Vermeiden von Ansehensverlusten – auch bestimmte Schwächen bei endogenen Qualitätssicherungsmechanismen; *exit* und vor allem *voice* spielen nur eine geringe Rolle. Kunden, die etwa Opfer einer krassen Fehlberatung bei der Vermögensanlage geworden sind und hohe Vermögensverluste erlitten haben, werden aus Scham, sich in der Öffentlichkeit zu blamieren, den Weg an die Öffentlichkeit vermeiden wollen. Der Staat wiederum scheut sich oft, gegenüber den Banken bzw. Finanzdienstanbietern einen klaren und ggf. auch konfliktträchtigen Überwachungs- bzw. Anreizkurs zu verfolgen: Der Staat als Nettoschuldner ist – mit wachsender Schuldenquote zunehmend – auf das Wohlwollen großer Banken und Kapitalmarktakteure angewiesen; daher gibt es aus der Perspektive der *Neuen Politischen Ökonomie* Eigeninteressen der Regierung, nämlich die Haushaltsdefizite durch Schuldverschreibungen finanzieren zu können, die dahin gehend wirken, Konflikte gegenüber Großbanken und anderen Finanzmarktakteuren zu vermeiden bzw. zu minimieren. Das aber ist aus Sicht der Bürgerinnen und Bürger in einer alternden Gesellschaft mit potenziell zunehmender Rolle von privatem Altersvorsorgesparen höchst problematisch. Die Anfang 2010 in Deutschland bei einer Aktion von *Finanztest* festgestellten schlechten Ergebnisse bei Tests bei Banken in Sachen Vermögensanlageberatung ist exemplarisch: Die Ergebnisse – bestes Ergebnis war ein Befriedigend – waren so schlecht bzw. schlechter als vor der Bankenkrise, obwohl doch viele Politiker mit Blick auf die Opfer des Konkurses der US-Investmentbank *Lehman Brothers* in 2008 (Schuldverschreibungen von *Lehman Brothers* waren abertausendfach als *Garantiezertifikate* an risikoscheue Anleger verkauft worden – Ergebnis beim *Lehman*-Konkurs war dann der Totalausfall der *Lehman*-Papiere) öffentlich eine deutliche Verbesserung des Verbraucherschutzes im Bankenbereich versprochen hatten. Außer einer Erhöhung der Zahl der bei der Anlageberatung zu unterschreibenden Formulare hat sich jedoch wenig getan, wie eben die Ergebnisse von Finanztest zeigen. Notwendig wäre ein Gesetz, das die kurzfristige Schließung der Aktivitäten im Bereich der Anlageberatung von Banken mit wiederholt schlechten Ergebnissen bei standardisierten Finanztests erzwingt. Solange der Staat bzw. das Parlament hier keine entsprechenden Gesetzesinitiativen entfaltet, wird das Qualitätsniveau der Vermögensanlageberatung schwach bleiben.

Das Zusammenspiel von Finanzmarktglobalisierung – wo die Nationalstaaten immer mehr den Überblick verlieren und Regulierungen ins Leere laufen –, unvollkommenen Märkten für Rating-Informationsdienste und schwachem Verbraucherschutz bei Banken bietet die fast sichere Gewähr, dass die nächste große Bankenkrise nur eine Frage eines Jahrzehntes ist. Die Realwirtschaft bzw. die entsprechenden Unternehmen in den OECD-Ländern sind ebenso wie Millionen von privaten Haushalten die Opfer dieser Missstände, deren Überwindung trotz der G20-Aktivitäten kaum absehbar ist. Im mehr abstrakten Sinn wird der Westen als Ganzes wohl Opfer ungezähmter Finanzmärkte in OECD-Ländern sein; der residuale Gewinner dürfte Asien bzw. China sein. In Asien gibt es mit den Finanzzentren Singapur, Hongkong und Shanghai gleich drei Finanzzentren, die in den Händen chinesischer Banker sind, die weltweit hohe Achtung ob ihrer professionellen Arbeitsweise genießen. Mit dem Absturz der US-Investmentbanken könnte sich jedenfalls eine deutliche ökonomisch-politische Machtverschiebung zwischen den OECD-Ländern und Asien ergeben.

Makroprudentielle Aspekte

Aus Sicht der makroprudentiellen Aufsicht, die das Systemrisiko der Finanzmarktdynamik auf dem Analyseradar haben sollte, ist daher der Anteil der Papiere um den kritischen Bereich des *Investorgrad-Rating* von großem Interesse. Von Seiten der Finanzmarktaufsicht wird diese kritische Größe aber bislang nicht erfasst – entsprechende Reformen sind notwendig. Die makroprudentielle Aufsicht ist aus wirtschaftspolitischer Sicht mit der mikroprudentiellen – auf einzelne Banken bzw. Finanzmarktanbieter ausgerichteten – sinnvoll zu verbinden. Das ist insbesondere für kleine Volkswirtschaften unerlässlich, wo bei typischer Dominanz sehr weniger Finanzinstitute schon die Schieflage eines einzigen großen Anbieters ein Systemrisiko bedeuten kann. Wenn in einem Währungsraum wie der *Eurozone* Bestände von Anleihen einiger Mitgliedsländer ratingmäßig stark abgewertet werden, so zeigt dies nicht nur Symptome einer Staatsfinanzierungskrise, sondern natürlich ist auch das Rating von Banken, die solche Papiere halten, von einer Herabstufung bedroht. Damit aber steigen dann die Kapitalkosten bzw. droht dann zudem eine Abschwächung des Wirtschaftswachstums, was wiederum das

Rating der betreffenden staatlichen Schuldverschreibung verschlechtern kann. Eigentlich bietet sich hier an, dass aus Gründen des Risikomanagements von Großbanken die Anteile von schlechter gerateten Papieren heruntergefahren werden.

Mit Blick auf eine solche, eigentlich vernünftige Verhaltensweise gab es jedoch im Mai 2010 erhebliche Konsistenzprobleme in der *Eurozone*, da die Politik in vielen Mitgliedsländern heimische Banken dazu drängte, herunter geratete Griechenland-Papiere im Bestand unverändert zu halten oder gar Papiere hinzuzukaufen. Allerdings gibt es auch Konsistenzprobleme bei den führenden Ratingagenturen selbst, deren Ratings im Vorfeld der Krise vom Mai 2010 recht unterschiedlich bei 10-jährigen griechischen Staatsanleihen waren: Am 22.10.2009 reduzierte *Fitch* sein Rating auf A-, *Moody's* folgte am 29.10. mit einem Herunterraten auf A1(-), am 07.12. folgte *S&P* mit einem Herunterraten auf A-(-). Einen Tag später stufte *Fitch* auf BBB+ herab; am 16.12. reagierte *S&P* und stufte auf BBB+(-) herab. Am 22.12. folgte *Moody's* mit einer Herabstufung auf A2. Erst im April 2010 stuften alle drei Agenturen wieder ab: *Fitch* am 09.04. auf BBB-, *Moody's* am 22.04. auf A3(-) und *S&P* am 27.04. auf BB+, womit man unterhalb Investor-grade gefallen war – Pensionsfonds und Versicherungen kamen also unter Druck, Griechenland-Anleihen zu verkaufen; und zwar mit etwa 25 % Verlust.

Mit der Griechenlandkrise wurden Ansätze einer Staatsfinanzierungskrise in den OECD-Ländern offenbar: Die staatlichen Schuldenquoten sind in der Dekade nach 2000 erheblich gestiegen, wobei in vielen Ländern neben Sondereffekten der Bankenkrise auch hohe strukturelle Defizite eine Rolle spielten. In einer Situation, in der der Staat zunehmend auf die Großbanken für die Platzierung hoher Anleihevolumina angewiesen ist, wird der Staat kaum in der Lage sein, verschärfte bzw. verbesserte Regulierungsstandards durchzusetzen. Damit zeichnet sich in den OECD-Länder eine gefährliche Krisendynamik ab, die längerfristig zu Wachstumsschwäche und ggf. auch erhöhtem Inflationsdruck führen könnte. Im Mai 2010 kam Griechenland unter enormen Druck, da die Refinanzierung von Staatsanleihen nur noch zu sehr hohen Zinsaufschlägen – im Vergleich zu Deutschland – zustande kam.

Die *Eurozone* erlebt im Kontext der Transatlantischen Bankenkrise einen ersten großen Bewährungstest, wobei hausgemachte Staatsschuldenprobleme der Kohäsionsländer Spanien, Portugal und insbesondere Griechenland (und Irland) hinzukommen. Die enorme Zunahme der Zinsaufschläge für Griechenland und die moderateren Anstiege bei Italien, Spanien und Portugal in 2010 zeigen an, dass die *Eurozone* in ernste Schwierigkeiten kommen könnte, was schon im Herbst 2008 – bei Abfassen der Analyse – absehbar war (*Welfens* 2009, S. 158 f):

> „... Die Eurozone könnte in ernste Schwierigkeiten geraten, wenn die Risikoprämien für Länder wie Griechenland, Italien, Spanien oder Portugal stark ansteigen. Es ist mit Blick auf Griechenland und Italien als Ländern mit hoher Schuldenquote und hoher Defizitquote sowie hohen Auslandsschulden keineswegs ausgeschlossen, dass bei einer temporären Verschärfung der globalen Finanzkrise eine marktmäßige Refinanzierung nicht mehr darstellbar ist – wenn indes etwa ein Land wie Griechenland im Wesentlichen durch die Impulse der US-Bankenkrise in ernste Probleme kommt, so sollte man dann die *No-bail-out*-Vorgaben aus dem Maastrichter Vertrag nicht zur Anwendung bringen; vielmehr sollten die Mitgliedsländer der Eurozone sich in solidarischer Verantwortung

auch hinter Mitgliedsländer mit Refinanzierungsproblemen stellen. So wie im Rahmen von Mega-Hilfspaketen EU-Staaten Garantien für eigene Banken angeboten haben, so sollte man auch Garantiepakete von Seiten mehrerer EU-Länder für Eurozone-Länder mit besonderen Refinanzierungsproblemen geben; ob die Europäische Investitionsbank als EU-Institution hier auch besondere Garantien für einige Jahre geben könnte, bleibt zu überlegen. Man sollte jedenfalls in einer globalen Finanzkrise nicht die für eine normale Finanzwelt gedachten Regeln aus dem Maastrichter Vertrag anwenden. Das heißt allerdings nun nicht, dass EU-Ländern sich gegenseitig eine Freifahrkarte für laxe Fiskalpolitik und hohe Defizitquoten ausstellen sollen. Nachdem sich in der transatlantischen Bankenkrise gerade die Währungsintegration bzw. die Eurozone bewährt hat, wäre es aber gänzlich unvernünftig, die Wirtschafts- und Währungsunion durch eine überzogene Interpretation des Maastrichter Vertrages in Schwierigkeiten zu bringen. Die Eurozone dürfte im Übrigen an Attraktivität gewonnen haben – ein baldiger Beitritt zur Eurozone dürfte für viele osteuropäische EU-Ländern zu einem mittelfristig gewichtigen Ziel werden, denn eine Mitgliedschaft in der Eurozone bietet bei internationalen bzw. globalen Finanzmarktinstabilitäten offenbar einen gewissen Schutz gegen sehr starke Instabilitäten. Die Eurozone bzw. die EU wird aber gut daran tun, die Konvergenzkriterien nicht aufzuweichen; und ergänzend auch die Leistungsbilanzdefizitquote von Kandidatenländern kritisch zu beachten."

Da man im Herbst 2008 diese Problematik erkennen konnte, kann man im Frühjahr 2010 nur feststellen, dass die Politik auf nationaler und EU-Ebene eine aktive Politikantwort unterließ – zum Schaden Europas. Es droht über eine fortgesetzte Krise der Club-Med-Länder Griechenland, Portugal, Spanien und Italien eine Unterminierung der EU-Integration – mit weitreichenden Destabilisierungsimpulsen auch für andere Integrationsräume. Die *Europäische Kommission* hat es bedauerlicherweise unterlassen, Griechenland für langjährige fortgesetzte falsche Statistikangaben zu sanktionieren; erstaunlicherweise hat das Europäische Parlament keinen Rücktritt von Kommissionspräsident *Barroso* diskutiert, obwohl dieser doch politisch für diese gefährliche Duldungspolitik verantwortlich ist, die die Glaubwürdigkeit nicht nur Griechenlands, sondern der gesamten *Eurozone* unterminiert hat und dabei auch die Gefahr mit sich bringt, dass sich die Kapitalkosten für Investoren in der *Eurozone* wegen sich verschlechternder Ratings deutlich erhöhen könnten. Ein wichtiger Ansatzpunkt für eine Stärkung des Vertrauens der Kapitalmärkte in die *Eurozone* wird offensichtlich bei einem verbesserten Stabilitäts- und Wachstumspakt zu suchen sein: Mitgliedsländern der *Eurozone* sollte unbedingt vorgeschrieben werden, dass Haushaltsüberschüsse in Boomphasen zu erwirtschaften sind – Verstöße hiergegen sind mit automatisierten Sanktionen zu verbinden, wobei dies politisch-ökonomisch gesehen auch durchsetzbar sein sollte; denn kein Land wird gute Argumente gegen ein Fehlverhalten bzw. finanzielle Sanktionen vorbringen können, wenn der Fehltritt in der Boomphase geschieht. Mit den *Basel II*-Reformen hat die EU die Rolle der Rating-Agenturen deutlich gestärkt; es wäre ziemlich sonderbar, wenn die Euro-Integration Opfer von Fehlverhalten von Mitgliedsländern der *Eurozone* einerseits und andererseits von möglicherweise überzogenen Veränderungen des Ratings bei staatlichen Schuldtiteln werden sollte. Im Übrigen ist darauf hinzuweisen, dass Griechenland mit seinem Rating weiter unter Druck kommt, wenn führende OECD-Länder – insbesondere die USA – eine Erhöhung der Schuldenquote verzeichnen; dann wird nämlich die Differenzierung bei den Risikoprämien verschärft.

Literatur

Afhüppe, Sven und *Andrea Cünnen* (2010), Regierung will Bußgelder für Ratingagenturen, in: Handelsblatt, 12.01.2010, S. 38.

Becker, Bo and *Todd Milbourn* (2009), Reputation and Competition: Evidence from the Credit Rating Industry, Harvard Business School Working Paper, No. 09-051, Cambridge/MA.

Elsas, Ralf (2010), Ist eine europäische Ratingagentur sinnvoll, und wie sollte sie organisiert sein?, in: ifo-Schnelldienst, 1/2010, S. 6-9.

Elsas, Ralf and *Sabine Mielert (2009)*, Rating Validation based on Shocks to Firms' Credit Quality, Ludwig-Maximilians-Universität München, Working Paper, München.

Froot, Kenneth A. and *Jeremy C. Stein* (1991), Exchange Rates and Foreign Direct Investment: An Imperfect Capital Markets Approach, in: Quarterly Journal of Economics, Vol. 106, No. 4, pp. 1191-1217.

Güttler, André and *Peter Raupach* (2008), The Impact of Downward Rating Momentum on Credit Portfolio Risk, Deutsche Bundesbank Discussion Paper, Series 2: Banking and Financial Studies, No. 16/2008, Frankfurt/M.

Harbrecht, Erich und *Martin Wieland* (2010), Ist eine europäische Ratingagentur sinnvoll und wie sollte sie organisiert hatten? In: ifo-Schnelldienst, 1/2010, S. 3-6.

Keim, Martin (2009), Finanzmarktintegration in Europa: Implikationen für Stabilität und Wachstum in Sozialen Marktwirtschaften, Stuttgart.

O.V. (2010), Richter rechnen mit Vorstand und Aufsehern der IKB ab, in: Frankfurter Allgemeine Zeitung, 15.01.2010, S. 18.

Osman, Yasmin (2010), Aufseher stützen Einfluss der Ratings, in: Handelsblatt, 05.01.2010, S. 6.

Reinhart, Carmen (2002), Sovereign Credit Ratings Before and After Financial Crises, Munich Personal RePec Archive Paper, No. 7410, München.

Sangiorgi, Francesco, Jonathan Sokobin and *Chester Spatt* (2008), Credit Ratings Shopping, Selection and the Equilibrium Structure of Ratings, University of Texas, Red McComb School of Business Working Paper, Austin.

Skreta, Vasiliki and *Laura Veldkamp* (2009), Ratings Shopping and Asset Complexity: A Theory of Ratings Inflation, Journal of Monetary Economics, Vol. 56, No. 5, pp. 678-695.

Welfens, Paul J. J. (2008), Innovations in Macroeconomics, 2. Aufl., Heidelberg.

Welfens, Paul J. J. (2009), Transatlantische Bankenkrise, 2. Aufl., Stuttgart.

Welfens, Paul J. J. (2010), The Transatlantic Banking Crisis: Dynamics, Modeling, Reform Options, paper presented at the Swiss National Bank, Zurich, February 9, 2010, Europäisches Institut für Internationale Wirtschaftsbeziehungen Discussion Paper, No. 179, Wuppertal.

Welfens, Paul J. J. und *Martin Keim* (2007), Finanzmarktintegration und Wirtschaftsentwicklung im Kontext der EU-Osterweiterung, in: *Albrecht F. Michler* und *H. Jörg Thieme* (Hg.), Systeme monetärer Steuerung. Analyse und Vergleich geldpolitischer Strategien, Stuttgart, S. 379-410.

Anhang 1: Ratingfehleinschätzung am Beispiel der IKB

Was die Rolle von Ratings für strukturierte Finanzprodukte angeht, so hat eine Reihe von Banken offenbar die Problematik solcher Produkte insofern nicht verstanden, als unter Hinweis auf gute Ratings eines Großteils der Papiere (im Bereich AAA bis A) gar kein Risiko wahrgenommen wurde, obwohl natürlich Liquiditätsrisiken grundsätzlich auch bei gut gerateten Produkten vorliegen können: Die IKB betonte in einer Kundeninformation auf ihrer Website, dass die angebotenen Produkte von *Rhineland Funding*, einer Zweckgesellschaft der IKB, kurzfristig risikolos für die Anleger seien.

Gemäß einem Bericht in der *Frankfurter Allgemeinen Zeitung* (*O.V.* 2010) geht das Oberlandesgericht Düsseldorf im Fall *IKB Deutsche Industriebank AG* von ernsten Rechtsbrüchen aus, wie sich aus dem veröffentlichten Wortlaut einer Gerichtsentscheidung aus dem Dezember 2008 ergibt. Hintergrund hierbei ist, dass die IKB in der Bankenkrise von der Staatsbank KfW, dem Haupteigentümer, mit einer Milliardenspritze gerettet wurde; später wurde die IKB, deren Haupteigentümer faktisch der Staat war, an den US-Finanzinvestor *Lone Star* verkauft – der neue Eigentümer wollte die Arbeit des von der Hauptversammlung berufenen Sonderprüfers beenden, und dies hat das Oberlandesgericht für rechtswidrig erklärt. Das Gericht sieht Anhaltspunkte bzw. den Verdacht für schwerwiegende Pflichtverletzungen von Vorstand und Aufsichtsrat: Immerhin habe die IKB 46 % ihrer Anlagen auf dem US-Verbriefungsmarkt für Kreditkartenforderungen, Hypotheken- und Autofinanzierungskredite getätigt, womit der Vorstand gegen den Satzungszweck verstoßen habe, wonach die IKB der Förderung und Finanzierung der gewerblichen Wirtschaft, insbesondere des Mittelstandes, verpflichtet sei. „Beliebige Wertpapier-, Risiko- und Spekulationsgeschäft" seien hierzu nicht zu rechnen, „insbesondere auch nicht das Wettgeschäft mit Finanzinnovationen und -derivaten". Der Vorstand habe vernünftige Ermessensspielräume grob überschritten und zwingende Gesetzes- und Satzungsvorschriften hätten nicht einfach opportunistisch ignoriert werden dürfen. Diese Verfehlungen seien auch dem Aufsichtsrat bestens bekannt gewesen; der hätte es nicht zulassen dürfen, dass eine solche Situation eintritt „oder zumindest rechtzeitig Gegenmaßnahmen ergreifen müssen." Das Gericht führt aus: „Bereits die übermäßige Komplexität und Intransparenz des Verbriefungssektors bedingt nahezu die Unmöglichkeit für den Vorstand, Entscheidungen auf ausreichender Informationsgrundlage zu treffen." Durch die Konzentration auf US-Konsumentenkreditforderungen habe das Bankmanagement – insbesondere wegen der mehrfachen hintereinander geschalteten Strukturierungen der Portfolios – sehenden August Klumpenrisiken in Kauf genommen. Dieses Verhalten widerspreche nicht nur den Grundsätzen eines sorgfältigen und gewissenhaften Bankmanagements, sondern auch den Vorgaben von Kreditwesengesetz und Aktiengesetz an ein Früherkennungssystem. Selbst wenn der Aufsichtsrat vom Vorstand unzureichend informiert worden sei, so hätte der Aufsichtsrat doch im Rahmen seiner Amtspflichten selbst nachfragen müssen. Das Gericht stellt fest, dass sich Vorstand und Aufsichtsrat der Bank nicht mit dem Hinweis auf die positive Bewertung der Geldanlagen durch externe Rating-Agenturen entschuldigen können. Die Rating-Agenturen hätten sich einem erkennbaren Interessenkonflikt ausgesetzt, da sie zum einen Finanzprodukte benotet hätten, zum anderen aber die Urheber dieser Produkte durch laufende Beratungsmandate verpflichtet waren. Obendrein hätten die Rating-Agenturen ihrerseits eine eigene Haftung ausgeschlossen. Die Richter ließen auch das Verteidigungsargument der Bank nicht gelten, man habe auch eigene Prüfungen angestellt: „Im Übrigen sind zum einen auch nach diesem Vortrag die externen Ratings das Maß aller Dinge gewesen, und zum anderen war das interne System offensichtlich wertlos." Die Richter stellten darüber hinaus fest, dass durch die Auslagerung wesentlicher Teile der Bankgeschäftstätigkeit auf eine Zweckgesellschaft der Vorstand seine Organisationspflichten verletzt und unerlaubt seine Verantwortung delegiert habe. Man fragt sich natürlich, wie nun die Rolle der *BaFin* hier einzustufen ist, da sie offenbar alle die festgestellten Pflichtverletzungen jahrelang sehenden Auges hingenommen hat.

Anhang 2: Preis des Risikos

Betrachten wir eine Volkswirtschaft mit gegebener realwirtschaftlicher Produktion Y und einer realen Wertschöpfung des Versicherungssektors (Y'), bei dem die Haushalte Policen gegen zufällige Schockereignisse erwerben können – das Ausmaß der Schocks wird durch die Standardabweichung σ der stochastischen Störterme der Volkswirtschaft erfasst. Es gilt also Y+Y' und zudem $Y':=\alpha\sigma p''(\sigma)$, wobei p" der relative Preis des Risikos ist, der positiv von σ abhänge; α bezeichnet einen nachfragerelevanten positiven Verhaltensparameter. Der relative Preis für eine Risikoabsicherung (p") ist definiert als P"/P, wobei P" der Preis einer Risikoabsicherung ist.

Die Nutzenfunktion sei

(A2-1) $U=U(C, \sigma)$

wobei die partiellen Ableitungen $UC > 0$ und $U\sigma < 0$ sind; die zweiten Ableitungen sind negativ bzw. positiv. Das Einkommen Y+Y' entsteht unter Nutzung von Finanzdiensten als Vorleistungen, wobei man die Liquiditätsdienste von Realkasse durch iM/P erfasst; das Nettoeinkommen $Y+Y'- i(\sigma)M/P$ wird verwendet für den Konsum C. Maximiert wird die Nutzenfunktion unter der Nebenbedingung

(A2-2) $Y= C + i(\sigma)M/P - \alpha\sigma p''(\sigma)$

wobei der Zins annahmegemäß positiv von σ abhängt und α ein positiver Parameter ist; wir betrachten nachfolgend den Realzins r statt des Nominalzinssatzes i, da hier von Preisniveaustabilität ausgegangen werden soll. Die Maximierung von (A2-1) unter der Nebenbedingung von (A2-2) führt auf die folgende Lagrangefunktion bzw. die nachfolgenden notwendigen Bedingungen für ein Optimum.

Lagrange-Funktion (1') $L'= U(C, \sigma) + \lambda(Y- C - i(\sigma)B/P + \alpha\sigma p''(\sigma))$

(A2-3) $U_C - \lambda = 0$

(A2-4) $U_\sigma - \lambda r_\sigma B/P + \alpha p'' + \alpha\sigma p''_\sigma$

(A2-5) $U_\sigma = UC\ r_\sigma B/P - \alpha p'' - \alpha\sigma p''_\sigma$

(A2-6) $U_\sigma = UC\ r_\sigma B/P - \alpha p''(1+ E_{p'',\sigma})$

(A2-7) $p'' = (UC\ r_\sigma B/P - U_\sigma)/[\alpha(1+E_{p'',\sigma})]$

Der relative Preis des Risikos ist demnach eine positive Funktion des Grenznutzens des Konsums und zudem positiv vom Grenzschaden ($-U_\sigma$) des Risikos abhängig; je stärker der Realzins auf die Outputvarianz reagiert, desto höher ist der relative Preis des Risikos.

Anhang 3: Stochastisches Modell mit Rating

Zu den beliebten Modellen der Makroökonomik gehören *Dynamic Stochastic General Equilibrium Models*, deren Grundstruktur recht einfach ist: Es gibt eine gesamtwirtschaftliche Angebotskurve, eine Nachfragekurve und eine Geldpolitik-Regel (z.B. Taylor-Regel oder Stabilisierungsregel für das nominale Bruttoinlandsprodukt). Dabei finden sich in der Angebots- und der Nachfragekurve jeweils eine stochastische Störgröße, die normalverteilt ist und als „weißes Rauschen" erscheint – also Erwartungswert Null und endliche Varianz σ^2. Nachfolgend wird ein einfacher Modellansatz betrachtet, in dem zusätzlich die Rolle von Rating betrachtet wird.

Nachfolgend steht y_t für $\ln Y_t$ und E stellt den Erwartungsoperator da, während pt für $\ln P_t$ (P steht für Preisniveau) und R für das Rating steht; u_t ist eine normalverteilte Zufallsvariable mit Mittelwert Null und endlicher Varianz σ^2. Das Güterangebot ist annahmegemäß eine positive Funktion der Differenz von tatsächlichem Preisniveau und erwartetem Preisniveau (E ist der Erwartungsoperator; ß und ß' sind positive Parameter; t bezeichnet den Zeitindex) und soll zudem in Erweiterung üblicher Modelle positiv vom Rating der Unternehmensanleihen abhängen. Je besser das Rating (R_t) ist, desto höher sei annahmegemäß die Produktion der Unternehmen, da das Vertrauen in Lieferketten – etwa die Belieferung von Unternehmen der Endverarbeitungsstufe durch solvente und liquide Vorlieferanten – die Produktionsbereitschaft der Unternehmen erhöhen wird (ein besseres Rating wirkt wie ein vermindertes Produktionsrisiko bzw. eine Kostenreduzierung):

(A3-1) $y_t = \beta(p_t - E_{t-1}(p_t)) + \beta' R_t + u_t$

Zusätzlich zu Modellen mit rationalen Erwartungen bzw. dem üblichen Lucas-Angebotsterm $\beta(p_t - E_{t-1}p_t)$ findet sich in der gesamtwirtschaftlichen Angebotsgleichung hier also die Ratingvariable und zudem ein stochastischer Störterm mit Mittelwert Null und endlicher Varianz u_t.

Die Güternachfrage sei – wie üblich – proportional zur Realkasse und zudem von einer normalverteilten Zufallsvariable v_t mit Mittelwert Null und endlicher Varianz gekennzeichnet:

(A3-2) $y_t = \gamma(m_t - p_t) + v_t$

Die Zentralbank folgt annahmegemäß einer einfachen Geldmengenregel

(A3-3) $m_t = \theta(p_t + y_t)$

Die Annahme, dass die Geldpolitik auf eine nominale Stabilisierung des Bruttoinlandsproduktes abstellt bzw. der Politikparameter θ unendlich ist, also die Reaktion der Geldmenge entsprechend hoch ist, ergibt:

(A3-4) $p_t + y_t = 0$

Daher gilt hier $p_t = -y_t$ und $-E_{t-1}(p_t) = E_{t-1}(y_t)$. Darüber hinaus wird angenommen, dass das Rating proportional zum Erwartungswert des Outputs ist: $R_t = \alpha' E_{t-1}(y_t) + u'_t$. Aus Gleichung (A3-1) erhält man daher nach Anwendung des Erwartungs-Operators und unter Berücksichtigung von $E(y_t) = ß'E(R_t)$ bzw. unter Beachtung von $p_t = -y_t$ und $-E_{t-1}(p_t) = E_{t-1}(y_t)$ sowie $R_t = \alpha E_{t-1}(y_t)$ ergibt eingesetzt (mit $\alpha'=1/\alpha$) in (A3-1):

(A3-5) $y_t = ß[-y_t+\alpha' R_t]+ß' R_t+u''_t$; $u''_t = u_t+u'_t$

Man definiere $ß'' = (\alpha' ß+ß')/(1+ß)$:

(A3-6) $y_t = (1+ß)^{-1}u''_t+ß'' R_t$

Wenn man den Varianz-Operator auf diese Gleichung anwendet, dann erhält man:

(A3-7) $\operatorname{var}(y_t)=\left[(1+\beta)^{-1}\right]^2 \sigma_u^2+\beta''^2 \sigma_R^2$

Nimmt man nun an, dass $\sigma_{u''} = \sigma_R$ ist: demnach spiegelt die Varianz des Ratings gerade die Varianz auf der Angebotsseite wider. Daher ergibt sich dann für die Output-Varianz:

(A3-8) $\operatorname{var}(y_t)=\left[(1+\beta)^{-1}\right]^2 \sigma_{u''}^2+\beta''^2 \sigma_{u''}^2=\left[\beta''^2+(1+\beta)^{-2}\right]\sigma_{u''}^2$

Wie man sieht, erhöht sich die Output-Varianz durch das Rating, denn ß" ist ja ein positiver Parameter. Natürlich wird man diesen Aspekt ergänzend zum Effekt des Ratings auf den Erwartungswert des Outputs sehen. Man kann sich hier durchaus die Frage stellen, wie eine institutionelle Innovation wie Rating überleben kann, wenn die Varianz entsprechend ansteigt – der Effekt kann ggf. in kritischer Weise größer sein als der positive Effekt beim Erwartungswert.

Wenn man eine nur partielle Verbindung zwischen der Varianz von R und der Varianz von u annimmt, dann ergibt sich – mit $\sigma_R = \rho'\sigma_{u''}$ ($0<\rho'<1$) eine leicht modifizierte Situation. Hiermit ergibt sich nun:

(A3-9) $\operatorname{var}(y_t)=\left[(1+\beta)^{-1}\right]^2 \sigma_{u''}^2+\beta''^2 \rho'^2 \sigma_u^2=\left[\beta''^2 \rho'^2+(1+\beta)^{-1}\right]^2 \sigma_u^2$

Wird hingegen davon ausgegangen, dass die angebotsseitige Varianz der Störgröße u durch sinnvolles Rating hinreichend stark verkleinert werden kann, dann kann die Gesamtvarianz sinken – dann müsste allerdings das Rating von Unternehmensanleihen auch bei der historischen (oder erwarteten) Outputvarianz des betrachteten Unternehmens ansetzen; der Fragenkomplex ist insofern kompliziert, als die Rating-Agentur bei der Ausfallwahrscheinlichkeit ja implizit einen Unternehmenskonkurs annimmt und damit eine drastische Reduktion der firmenbezogenen Produktion: bis hin zur Einstellung der Produktion. Von einer mikroökonomischen Ratingwirkungsanalyse müsste dann in geeigneter Weise auf die gesamtwirtschaftliche Ratingwirkung geschlossen werden.

Ob der Nutzen der Wirtschaftssubjekte dank der Einführung von Rating ansteigt, hängt von den relativen Effekten beim Erwartungswert der Produktion und bei der Outputvarianz ab; risikoscheue Wirtschaftssubjekte müssten bei einer Erhöhung der

Outputvarianz durch eine hinreichend starke Erhöhung des Erwartungswertes der Produktion kompensiert werden.

Man kann nun für ein um Wachstumsaspekte erweitertes Modell die Hypothese hinzufügen, wonach die Wachstumsrate des technischen Fortschritts, die die Trendwachstumsrate des Outputs bestimmt, negativ von der realwirtschaftlichen Varianz abhängt.

Die Neu-Keynesianischen Modelle, die im einfachsten Fall auf einer Lucas-Angebotsfunktion und einer stochastischen Nachfragekurve basieren, sind aus theoretischer Sicht insofern nicht überzeugend, als die Angebotsfunktion eigentlich eine negative Funktion der Outputvarianz sein müsste – je höher die Varianz des Zufallsterms in der stochastischen Lucas-Angebotsfunktion ist, desto stärker verschiebt sich in einem mikroökonomischen Optimierungskalkül die Grenzkostenkurve der Firmen nach oben. Daher sollte bei Erhöhung der Varianz des Störterms der Gleichgewichtsoutput sinken. Mit Blick auf die stochastische Nachfragekurve ist darauf hinzuweisen, dass bei einer Erhöhung der Varianz des Störterms in der Nachfragekurve die Nachfrage zurückgehen müsste, da Sparer auf eine höhere erwartete Varianz im Gütermarkt typischerweise mit einer Erhöhung der Sparquote bzw. einer Verminderung der Konsumquote reagieren. Die Gleichgewichtslösung für Output und Preisniveau wird dann allerdings auch von der Varianz der Störterme beeinflusst, was eine erheblich veränderte Modell- und Politikperspektive bedeutet.

Albrecht F. Michler und Heinz-Dieter Smeets (Hg.)
Die aktuelle Finanzkrise: Bestandsaufnahme und Lehren für die Zukunft
Schriften zu Ordnungsfragen der Wirtschaft · Band 93 · Stuttgart · 2011

Kommentar zu *Paul J. J. Welfens,* Rating, Kapitalmarktsignale und Risikomanagement: Reformansätze nach der Transatlantischen Bankenkrise

Hanno Beck

Eine unbekannte Größe und ein neues Problem

Bis zur Finanzkrise des Jahres 2008 waren Rating-Agenturen eine in der Öffentlichkeit mehr oder weniger unbekannte Größe – nur Kapitalmarktexperten wussten um die Arbeit dieser Kapitalmarkt-Schiedsrichter, die breite Öffentlichkeit war mit dem Buchstaben-Salat und Rating-Jargon völlig unvertraut. Erstmals mit der Bankenkrise und dann noch eindringlicher mit Europas Schuldenkrise hatten die Rating-Agenturen ihren großen Auftritt auf der Bühne der Weltöffentlichkeit – allerdings eher in der Rolle des Schurken und Sündenbocks. Auch wenn man den Rating-Agenturen sicher nicht die Alleinschuld an diesen Ereignissen geben kann (zu einer Analyse der Finanzkrise vgl. *Beck* und *Wienert* 2009), so kommt man nicht umhin festzustellen, dass eine umfassende Reform der internationalen Kapitalmarktarchitektur nicht ohne eine Reform des Rating-Wesens auskommt.

Rating-Agenturen sind Schiedsrichter an den Kapitalmärkten, sie untersuchen stellvertretend für Investoren die Bonität eines Emittenten und geben ein Urteil über die Bonität potenzieller Schuldner ab. Damit erfüllen sie eine wichtige Rolle, sie erleichtern den Ausgleich von Sparen und Investieren an den Kapitalmärkten und übernehmen damit eine wichtige volkswirtschaftliche Funktion. Rating-Agenturen realisieren Größenvorteile und spielen – wenn sie glaubwürdig sind – eine wichtige Rolle als Informationserzeuger und Kommunikationsstelle. Allerdings setzt diese Rolle der Rating-Agenturen voraus, dass sie auch einwandfrei funktionieren und akkurate Einschätzungen von der Bonität der von ihnen beurteilten Emittenten abgeben. Die Erfahrungen der Vergangenheit zeigen, dass Zweifel an dieser Annahme angebracht sind.

Was die Reformoptionen angeht, die im Zusammenhang mit der Tätigkeit der Rating-Agenturen diskutiert werden, so gibt es hier verschiedene Vorschläge:

- Da wäre zum einen die Möglichkeit, Rating-Agenturen für ihre Urteile haftbar zu machen. Diese Idee ist mehr oder weniger illusorisch, und das aus mehreren Gründen: Zum einen ist zu vermuten, dass bei einschneidenden Irrtümern der Agenturen diese nicht in der Lage wären, Regressansprüche zu bedienen. Weiterhin würde eine solche Vorschrift nur dazu führen, dass die Agenturen keine expliziten Urteile mehr abgeben, sondern verklausulierte Prüfberichte abgeben. Weiterhin wäre eine solche

Regelung eine Aufforderung, auf Kosten der Agenturen zu spekulieren: Lag die Agentur mit ihrem Urteil richtig, verdient man mit dem Investment Geld, irrt sich die Agentur, so klagt man und holt sich sein Geld wieder zurück – eine Pervertierung der Anreize.

- Als weitere Reformoption wird die Einrichtung einer europäischen Rating-Agentur diskutiert (vgl. dazu auch *Beck* und *Wienert* 2010a). Auch dieser Vorschlag ist kritisch zu sehen. Zum einen verschwindet dadurch der dem Geschäftsmodell der Rating-Agenturen immanente Interessenkonflikt nicht, sondern wird eher größer: Die Staaten Europas als einer der größten Emittenten am Anleihemarkt gründen eine Rating-Agentur, welche die Emissionen der Staaten beurteilen soll – ein Interessenkonflikt von beachtlicher Größe. Kaum vorstellbar, dass angesichts der massiven Finanzierungskosten für einen Staat, die ein entsprechendes Rating verursachen kann, keine staatliche Einflussnahme stattfindet. Darüber hinaus begibt sich der Staat hier in eine politische Haftungsfalle: Wenn eine staatliche Rating-Agentur die Emissionen eines Landes mit einer guten Bonitätsnote versieht und dies schief geht, werden Anleger mit der Idee von Regressforderungen an den Staat liebäugeln; zumindest politisch ist der Staat als Initiator der Agentur mit in der Haftung.
- Nicht diskutiert, aber praktiziert wird eine Strategie des *muddling through*, kleine, inkrementelle Veränderungen und teilweise lediglich kosmetische Korrekturen. Hier ist *Welfens* zuzustimmen, der feststellt, dass mit Blick auf die veränderten Rating-Regulierungen nur minimale Korrekturen in Europa und den USA vorgenommen wurden.

Es bleibt als letzte Option die von *Welfens* vorgeschlagene Option, der Organisation von Ratings den Charakter eines öffentlichen Gutes zu verleihen. Jeder Emittent von Anleihen zahlt proportional zu seinem Marktanteil Gebühren in einen internationalen Fonds, der wiederum in einem zweiten Schritt – auf Basis eines Ausschreibungsverfahrens – im Rahmen eines Ausschreibungswettbewerbs die jeweilige Rating-Aufgabe dem günstigsten Anbieter zuweist.

Wohlfahrtstheoretisch zeigt *Welfens*, dass die Organisation von Rating-Märkten als Märkte für private Güter nachteilig ist gegenüber einem Markt, der als öffentliches Gut organisiert ist, sobald man die Rating-Nachfrager tatsächlich ihrer Zahlungsbereitschaft nach zur Kasse bittet. Gehe man näherungsweise davon aus, dass die Zahlungsbereitschaft der Emittenten proportional zum Marktanteil im Anleihemarkt ist, dann sei das relevante Entgelt proportional zum Anteil am Bondsmarkt festzulegen – ähnlich wie etwa im Fall der Regelung der Beitragspflichten zum Universaldienst im Bereich der Telekommunikation

Diese Idee ist nicht nur wohlfahrtstheoretisch, sondern auch wirtschaftspolitisch attraktiv. Im folgenden Abschnitt sollen einige praktische Details dieses Vorschlags erörtert werden; der letzte Abschnitt fasst die Ergebnisse kurz zusammen und gibt einen Ausblick.

Rating als öffentliches Gut – einige praktische Überlegungen

Eines der großen Probleme beim Rating besteht in dem Interessenkonflikt der Agenturen, die ihren Auftraggeber kritisch durchleuchten soll, der sie ja bezahlt. Eine Organisation des Ratings als öffentliches Gut in Form eines Fonds würde den Auftrag vom Auftraggeber trennen. Die Funktionsweise des Fonds ist einfach: Die Emittenten stellen die zu bewertenden Produkte in den Fonds ein und zahlen Beiträge an den Fonds, aus dem das anonyme Rating dieser Produkte finanziert wird. Bewerben darf sich jede Agentur, welche Qualitätskriterien erfüllt, die der Fonds festlegt; den Zuschlag erhält der günstigste Bieter. Auf diese Weise wird die direkte Beziehung zwischen Auftraggeber und Rating-Agentur zerschnitten.

Bei der praktischen Umsetzung der vorgeschlagenen Fondslösung sind verschiedene Fragen zu klären:

- Wer nimmt am Fonds teil?
- Wie ist der Fonds zu finanzieren?
- Wie soll die Bezahlung der Agenturen erfolgen?
- Welche Agenturen dürfen am Verfahren teilnehmen?

Diese Punkte sollen im Folgenden knapp erörtert werden.

Alle Unternehmen, die ein Produkt bewerten lassen wollen, sollten an diesem Fonds teilnehmen. Zusätzlich wäre es von Vorteil, auch die Nutzer von Ratings in den Fonds einzubinden: Zum einen würde das die Finanzierungsbasis des Fonds verbreitern, zum anderen wären bei der Vergabe und Kontrolle der Ratings auch die Interessen der Nutzer dieser Ratings im Entscheidungsprozess eingebunden, die im Gegensatz zu den Emittenten kein Interesse an einem geschönten Rating haben. Das Problem dieser Idee ist der Charakter des Ratings als öffentliches Gut, weswegen man Trittbrettfahrerverhalten befürchten muss. Man könnte aber zumindest all diejenigen Investoren verpflichtend einbinden, die Ratings aufgrund gesetzlicher Vorschriften nutzen müssen.

Man könnte das Trittbrettfahrerproblem auch über eine entsprechende Finanzierung lösen, indem man einen Teil der Finanzierung des Fonds aus einer zweckgebundenen Steuer oder einer Gebühr auf geratete Finanzprodukte finanziert. Das verhindert Trittbrettfahrerverhalten.

Bezahlt werden die Agenturen aus dem Aufkommen des Fonds, eine direkte Beziehung zu gerateten Unternehmen existiert damit nicht mehr. Die Bezahlung der Agenturen macht sich fest an der Art des zu bewertenden Produktes, nach Stundenaufwand oder auch nach einer Erfolgskontrolle. Am einfachsten ist es wohl, die Aufträge in einer normalen Ausschreibung zu vergeben. Solange ausreichend Wettbewerb auf dem Markt für Ratings herrscht, wird eine Ausschreibung zu einem effizienten Ergebnis führen. Zusätzliche Erfolgshonorare schaffen bessere Anreize bei den Rating-Agenturen.

Grundsätzlich muss allen Agenturen die Möglichkeit offen stehen, an diesem Verfahren teilzunehmen – ein hinreichender Wettbewerb der Agenturen untereinander ist einer der kritischen Erfolgsfaktoren dieses Konzepts. Wer die vom Fonds definierten Qualitätskriterien erfüllt, ist zum Bieterverfahren zugelassen und kann Aufträge aus dem Fonds akquirieren, wenn er das Bieterverfahren gewinnt. Dabei geht es nicht darum, eine einheitliche Rating-Methode zu etablieren, sondern einen Wettbewerb der Methoden und Verfahren zuzulassen. Dabei muss sich jede Agentur einmalig akkreditieren, also einen Qualitätstest durch den Fonds über sich ergehen lassen. Die Zulassung zum Fonds ist dann eine Art Gütesiegel, das allerdings permanent überprüft werden muss.

Wichtig an diesem Verfahren ist eine regelmäßige Leistungsüberprüfung durch den Fonds und seine Gremien, in der die Leistungen der Agenturen evaluiert werden. Bei Nicht-Wohlverhalten der Agenturen oder zu schlechten Leistungen kann der Fonds Agenturen verwarnen oder temporär vom Bieterverfahren ausschließen. Eine standardisierte und transparente Erfolgskontrolle durch den Fonds ist also wichtig, auch die Erfüllung der Zulassungskriterien muss periodisch immer wieder überprüft werden. Die Leistungskontrolle durch den Fonds sowie die Zulassungskriterien bewirken eine Reduktion der Markteintrittsbarrieren für neue Agenturen und schaffen so mehr Wettbewerb. Der Fonds liefert das Gütesiegel, das auch kleinen Agenturen und Neulingen den Marktzutritt ermöglicht, den sie so sonst nie bekommen hätten.

Kritische Erfolgsfaktoren und Ausblick

Neben den hier angesprochenen Punkten gilt es noch eine Fülle weiterer Details zu klären (vgl. dazu ausführlich *Beck* und *Wienert* 2010b); darüber hinaus gilt es, einige kritische Erfolgsfaktoren zu beachten.

Problematisch sind beispielsweise die Freiheitsverluste der Unternehmen – die Unternehmen haben keine absolute Freiheit mehr in der Wahl ihrer Rating-Agentur. Dieser Verlust an Freiheit ist der Preis für die Behebung der Funktionsprobleme im Rating-Markt. Allerdings hat jedes Unternehmen auch weiterhin die Freiheit, sich ein zusätzliches Rating auf dem freien Markt zu besorgen, dem das Qualitätssiegel des Fonds fehlt. Weiterhin setzt das hier vorgestellte Konzept ein ausreichendes Angebot an Rating-Dienstleistungen und damit einen funktionierenden Wettbewerb voraus. Da er das Problem der fehlenden Reputation neuer, unbekannter Agenturen aber mindert, indem er ihnen sozusagen ein Qualitätssiegel verleiht, wenn er sie zum Bieterverfahren zulässt, ist zu erwarten, dass dieses Konzept den Wettbewerb auf dem Markt für Rating-Leistungen stärker beflügelt als das bisherige Regime.

Das größte Problem dieses Ansatzes allerdings dürfte die politische Umsetzung dieses Konzepts sein, weil es sich nicht um inkrementelle Schritte, sondern um eine größere Veränderung handelt, die erfahrungsgemäß viel politischen Mut erfordert – solange die Politik nicht unmittelbare Vorteile in Form von Wählerstimmen sieht, dürfte sich ihr Reformwille in Grenzen halten. Dieser Attentismus könnte sich in der nächsten Finanzkrise rächen – nie war der Zeitpunkt günstiger für den großen Wurf als im Jahr 2010.

Literatur

Beck, Hanno und *Helmut Wienert* (2009), Anatomie der Weltwirtschaftskrise: Ursachen und Schuldige, in: Aus Politik und Zeitgeschichte, Beilage zur Wochenzeitung Das Parlament, Heft 20/2009, S. 7-12.

Beck, Hanno und *Helmut Wienert* (2010a), Zur Reform des Rating-(Un)Wesens. Bestandsaufnahme und eine Reform-Option, in: Jahrbuch für Wirtschaftswissenschaften, Jg. 61, S. 45-67.

Beck, Hanno und *Helmut Wienert* (2010b): Brauchen wir eine europäische Rating-Agentur?, in: Wirtschaftsdienst, Jg. 90, H. 7, S. 464-469.

Albrecht F. Michler und Heinz-Dieter Smeets (Hg.)
Die aktuelle Finanzkrise: Bestandsaufnahme und Lehren für die Zukunft
Schriften zu Ordnungsfragen der Wirtschaft · Band 93 · Stuttgart · 2011

Bank Credit and the Business Cycle

Thorsten Polleit

Content

1. Introduction

Ongoing change is the defining feature of the free market system. The better entrepreneurs anticipate forthcoming changes in, for instance, production technologies and consumer demand, the more successful they will be, and the smaller will be scale of bad or wrong investments, and the less pronounced will be the fluctuations of business activity (*Rothbard* 1963, pp. 8). As there is no such thing as perfect foresight for all entrepreneurs, however, business fluctuations are a natural fact in a free market economy.

What about the business cycle, the recurrence of severe swings in overall economic activity, namely boom-and-bust? According to *Murray N. Rothbard* (1926 – 1995), the business cycle has three characteristics. First, there is the cluster of business errors. Not only some, but the majority of entrepreneurs find themselves with having made wrong investments (*Rothbard* 2000, pp. 8): „Suddenly, without warning, conditions change and the bulk of business firms are experiencing losses; they are suddenly revealed to have made grievous errors in forecasting."

Second, capital-goods industries fluctuate more widely in the business cycle than do the consumer-goods industries. The former expand much further in the boom than the latter, and it is hit far more severely in the recession/depression than consumer goods producing industries. And third, the business cycle tends to be accompanied by large changes in the supply of bank credit and the money stock: a strongly rising credit and money supply during the boom period, followed by a noticeable contraction of credit and money (growth) in the bust period. The pressing question is, of course: Why are there business cycles?

In what follows it will be shown that the *Austrian Business Cycle Theory* (ABCT) provides a theoretically sound framework for explaining the cause and the symptoms of the business cycle. The ABCT explains that the (relentless) expansion of *bank circulation credit* – which is at the heart of today's government controlled fiat money systems – must necessarily cause mal-investment and the business cycle.[1] And the longer the expansion of bank circulation credit goes on, the higher will be the costs from the inevitable final collapse of the monetary and economic system.[2]

The rest of the paper has been structured as follows. It starts with briefly reviewing the nature of the interest rate (II.). Thereafter, *Wicksell*'s cumulative process and *Friedrich von Hayek's triangle* will be outlined as central elements of the *Austrian Monetary*

---

1 *Bank circulation credit* (*Zirkulationskredit*), as *von Mises* put it, are bank loans which are not backed by savings, and through which the money stock is increased. In contrast, *bank commodity credit* (*Sachmittelkredit*) is a bank loan which is fully backed by real savings, and through which existing money is transferred from the saver to the investor. See *von Mises* (1981, chap. 15).

2 Such a severe economic crisis would be, if free market forces are allowed to do their job, a deflation-depression style correction of mal-investment. Of course, in practise, the resulting economic and political hardship could induce governments to take recourse to hyperinflation.

Theory of the Trade Cycle (III.). Against this background, the (political-economic) reasons for the recurrence of boom and bust will be outlined (IV.). Finally, the results will be summarized (V.). It should be noted that the reasoning presented in this paper will be based on the scientific approach to the science of economics as put forward by the *Austrian School of Economics*.[3]

2. The Nature of the Interest Rate

Present goods are exchanged for future goods in the so-called time market. The supply of present goods is the equivalent to the demand for future goods, while the demand for present goods is the equivalent to the supply of future goods. The (pure) interest rate as determined in an unhampered time market is simply the relation between the price of future goods and the price of present goods.[4] What is at the heart of the interest rate? „This pure rate of interest", as *Rothbard* (1962, p. 389) put it, „is determined solely by the time preferences of the individuals in the society, and by no other factor." [5] Indeed, it is time preference, not the marginal productivity of capital, which explains the interest rate.

To show this, we start with the irrefutably true law of diminishing marginal utility.[6] From this law we can deduce that that each additional unit of money acquired ranks lower on an individual's value scale. Conversely, each successive unit of money given up will rank higher on an individual's value scale. This reasoning applies to present as well as to future goods. The value relation between present goods and future goods is indisputably determined by peoples' time preference. Time preference means that a

---

3 For an overview see *Hoppe* (1995). At this juncture it may suffice to say that the methodology of the *Austrian School of Economics* considers economics an a-priori science: a pure science of economics whose propositions can be given a rigorous logical justification. It therefore stands in sharp contrast to the positivist-empiricist approach which characterises today's mainstream economics.

4 *Eugen von Böhm-Bawerk* (1851 – 1914) gave three reasons why interest rates are positive: (1) people's marginal utility of income will fall over time because they expect higher income in the future; (2) the marginal utility of a good declines with time (for psychological reasons); and, for both reasons, (3) people are willing to pay positive interest rates to get access to resources in the present, and they insist on being paid interest if they are to give up such access (*time preference*). The first volume of *Capital and Interest*, titled *History and Critique of Interest Theories* (1884), is an exhaustive survey of the alternative treatments of the phenomenon of interest. *Böhm-Bawerk's Positive Theory of Capital* (1889), offered as the second volume of *Capital and Interest*, contains his profound contribution to our understanding of the economy's time-consuming production processes and of the interest payments they entail.

5 He also noted: „Perhaps more fallacies have been committed in discussions concerning the interest rate than in the treatment of any other aspect of economics. It took a long while for the crucial importance of time preference in the determination of the pure rate of interest to be realized in economics; it took even longer for economists to realize that time preference is the only determining factor."

6 For an explanation see, for instance, *von Mises* (1996, pp. 119 and in particular p. 124).

good which is available in the present is preferred over the good available at a future date.[7]

Figure 1: Explaining the pure interest rate by time preference

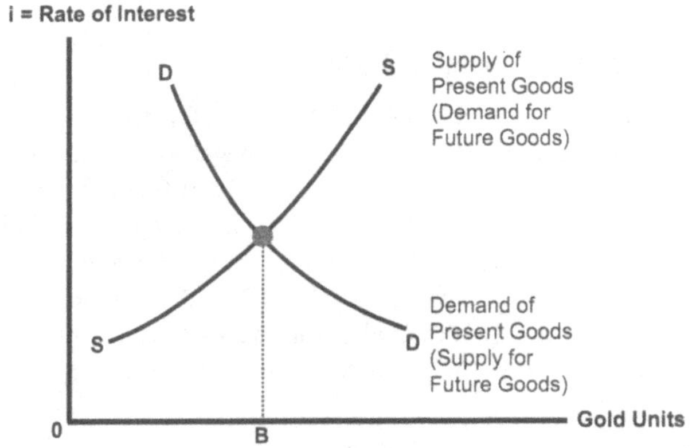

Source: *Rothbard* (1962, p. 388).

It follows that the higher savings out of current income are, the higher must be the discount of the price of future goods over the price of present goods and thus the interest rate. The present-goods-supply-schedule (savings) must therefore show a positive (exponential) slope in the interest-present-and-future-goods-space (see Fig. 1). By the same reasoning, the higher the demand for present goods in exchange for future goods is, the smaller must be the discount of future goods against present goods. As a result, the present-goods-demand-schedule (investment) has a negative (asymptotic) slope in the interest-savings-investment space.

One important insight resulting from the above is that in a free market it is not the interest rate that drives savings and investment decisions; or to put it differently: savings and investment are not a function of the (pure) interest rate, they are expressive of individuals' time preference schedules. "People do not save and accumulate capital because there is interest. Interest is neither the impetus to saving nor the reward or the compensation granted for abstaining from immediate consumption. It is the ratio in the mutual valuation of present goods as against future goods" (*Mises* 1996, p. 527). As such, the (pure) market interest rate determines the intertemporal allocation of scarce resources onto consumption and savings/investment spending, which is conducive to economic progress via capital accumulation.

Interference with the determination of the (pure) market interest rate in the free market will necessarily cause deviations of the market interest rate from the societal

[7] For a further elaboration on time preference see, for instance, *Hoppe* (2001). *Ludwig von Mises* noted: "Time preference is a categorial requisite of human action. No mode of action can be thought of in which satisfaction within a nearer period of the future is not—other things being equal—preferred to that in a later." (*Mises* 1996, p. 484)

time preference rate, leading to misallocations (malinvestment), as market agents are induced to make wrong consumption, savings and investment decisions. In that sense, today's monetary policy practise in terms of monopolising the (short-term) interest rate (and its dominant effect on the overall interest rate spectrum) must necessarily cause malinvestment and the business cycle.

3. Wicksell's Cumulative Process and the Austrian MTTC

The *Austrian Monetary Theory of the Trade Cycle* (MTTC) was developed in particular by *Ludwig von Mises* (1881 – 1973) and *Friedrich August von Hayek* (1899 – 1992). It was *Mises*, however, who built his business-cycle theory basically out of three pre-existing theoretical elements: the boom-and-bust model of the *Currency School*, the differentiation between the natural interest rate and the market interest rate as developed by *Knut Wicksell* (1851–1926), and the capital-and-interest-rate theory as developed by *Eugen von Böhm-Bawerk*.

By integrating these previously separated theories, *Mises* showed that any artificial government manipulation of the interest rate by expanding — what he called — circulation credit sets into motion an economic boom that must inevitably end in bust (*Mises* 1996, p. 538). It necessarily brings about a structure of investment and production activities which is at variance with the real supply of capital goods and must finally collapse. To show the workings of the Austrian MTTC, we first take a look at *Wicksell*'s cumulative process.

3.1. Wicksell's Cumulative Process

Knut Wicksell (1851–1926) identified the difference, or spread, between the market interest rate and natural interest rate (or the societal time preference rate) determining banks' credit and money supply, thereby affecting price level changes. In an attempt to reject the quantity theory (as favoured by, for instance, *Irving Fisher* (1867 – 1947)) as overly simplistic, *Wicksell* sought to supplement it with an explanation through which monetary equilibrium is disturbed and subsequently restored, allowing for an economy of credit and deposit creation through commercial banks under a gold standard. What emerged was the cumulative process.

Using the formal representation of *Wicksell*'s cumulative process put forward by *Humphrey* (1997, pp. 79), it is assumed that all savings (S) are deposited with banks, that investment demand (I) determines the demand for bank loans (LD) which, in turn, is supplied by banks (LS). The interest rate on loans is i, while the natural rate is r, that is the rate that equilibrates saving and investment (I = S).

Excess demand (that is actual demand over potential output) is E. As banks create additional deposits (D) when extending loans, the change in deposit supply is dD/dt. The change in the price level (P) is dP/dt, and the change in the market interest rate is di/dt.

According to the first equation, planned investment will exceed planned savings if I falls below r:

(1) $I - S = a(r - i)$

where a relates the investment-saving gap to the difference between the natural rate and the market rate.

The second equation says that the excess of investment over saving equals the additional demand deposits created by bank loan extension:

(2) $dD/dt = I - S.$

Assuming that investment is financed by loans, we can write: $LD = I(i)$, where $I(i)$ is the function linking desired investment to the interest rate of the loan. That said, banks' loan supply is: $LS = S(i) + dD/dt$, that is banks' loan supply equals savings deposited plus newly created deposits.

The third equation says that new deposits are used for demanding goods and services, therefore inducing excess demand. Note that it is assumed that the economy is at full employment. That said, we can write:

(3) $dD/dt = E.$

Assuming that additional deposits create excess demand, one can assume that this causes prices to go up:

(4) $dP/dt = bE,$

where the coefficient b is the factor of proportionality between price level changes and excess demand.

Substituting equations (1), (2), and (3) into (4), one yields:

(5) $dP/dt = ab(r - i).$

It says that the discrepancy between the natural rate and the market rate is to be held responsible for changes in the price level.

Substituting (1) into (2) yields:

(6) $dD/dt = a(r - i),$

which shows that the change in deposits is also a function of the discrepancy between the natural rate and the market rate.

The final equation relates the change in the market interest rate to changes in the price level:

(7) $di/dt = g dP/dt;$

here, g is the factor of proportionality. Equation (7) takes account of the fact that banks must, sooner or later, increase the loan rate to protect their gold holdings from inflation-induced demands for cash. The equation assumes that banks raise rates in response to price changes. The equation ensures that the loan rate eventually converges to its natural equilibrium level. This can be seen by substituting equation (5) into the above formula to obtain

(8) $di/dt = gab(r - i).$

Solving this equation for the time path of i yields:

(9) $i(t) = (i_0 - r)e^{-gabt} + r,$

where t is time, e is the base of the natural logarithm system, i_0 is the initial disequilibrium level of the loan rate, and r is the given natural rate. With the passage of time, the first term on the right-hand side vanishes and the loan rate converges to the natural rate. At this point, monetary equilibrium is restored. Saving equals investment, excess demand disappears, deposit expansion ceases, and prices stabilize at their new, higher level.

The *Wicksell* cumulative process explains that (i) a rise in economic activity and overall prices is a result of bank credit and money creation (out of thin air) and that (ii) such an expansion is driven by an artificial lowering of the market interest rate below the society's time preference rate, a development that (iii) sooner or later will be reversed. In that sense, the *Wicksell* cumulative process does not only explain the swings in overall prices but also lays bare the driving forces of boom-and-bust: namely bank credit expansion in excess of deposits.

3.2. The Austrian Monetary Theory of the Trade Cycle

The Austrian MTTC is started by an expansion of circulation bank credit: that is bank credit which is not backed by real savings, and through which the economy's money supply is increased.[8] As a result, the market interest rates will be artificially suppressed relative to the natural rate of interest (which, in turn, is indicative of the societal time preference rate). As a result of the declining market interest rate, savings declines, consumption increases and, in addition, the demand for investment rises. That said, the expansion of bank credit increases the monetary demand beyond the economy's available resources.

What is more, the artificial suppressing of the market interest rate distorts the intertemporal allocation of resources: scarce resources are increasingly diverted from the production of consumption (or lower-order) goods to investment (or higher-order) goods, making production more roundabout. Sooner or later, however, people return to their favored savings-consumption ratio. When this happens, the market interest rates starts rising, and it becomes obvious that the economy has lived beyond its means, that is it has embarked upon an unsus-tainable path, and the credit-and-money-fuelled boom turns into bust.

In a 1931 lecture at the London School of Economics, *Hayek* presented his famous *triangle* for illustrating the effects changes in the interest rate (induced by a change in the social time preference as well as by artificial credit expansion) exert on the intertemporal allocation of resources in the structure of production (Fig. 2).[9] The horizontal axis shows the stages of production as they extend through time. The vertical axis

8 *Mises* termed the type of bank credit which simply transfers existing savings from the saver to the investor as *commodity credit*. The latter does not increase the money stock through bank lending.

9 The print version of his lecture is *Hayek* (1935), Prices and Production.

shows the consumable output. The latter can be increased as the number of production stages (roundabout production) rises.

Figure 2: Hayek's triangle

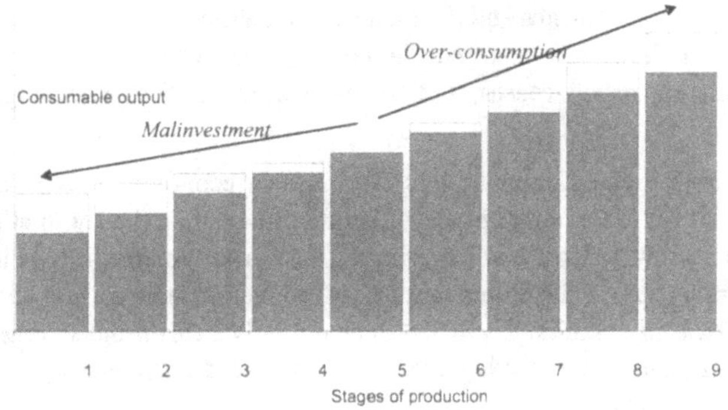

Quelle: Own presentation.

Starting from an intertemporal equilibrium (represented by shaded columns), a rise in savings at the expense of consumption (brought about by a declining time preference) devotes more present goods to investment. Consumable output in the early stages of production declines (represented by the blank area). The more capital intensive (and more time consuming) production process increases the level of consumption goods in later stages (represented by the crosshatched area). That said, the new equilibrium of the Hayek triangle, brought about by a decline in the interest rate, is characterized by lower output in consumable goods in the presence, compensated for by a higher consumable goods output in the future.

The lowering of the interest rate increases the waiting time between the input of the resources and the yielding of a given quantity of consumable goods – a lowering of the lower interest rate brings about a lengthening of the structure of production. In the graphical illustration above, the lowering of the interest rate means that quantity of consumable goods, which initially was available in stage 1, is now available not earlier than in stage 3. The longer the waiting period between first input and final output, the greater the disutility, ceteris paribus, since more time must elapse before the satisfaction is attained.

Hayek's triangle provides a theoretical tool for outlining the intertemporal pattern of investment in response to changes in the interest rate. The upper part of Fig. 3 shows the production possibilities frontier (PPF), relating all economically possible combinations of investment and consumption for a given endowment of the economy (see *Garrison* 2004). The lower part of Fig. 3 shows the familiar investment-savings cross related to the interest rate (loanable-funds model). In point A', the economy is in equilibrium, with the interest rate i_0, savings S_0, consumption C_0 and investment I_0. In what follows, the effect of a lowering of the interest rate through bank circulation credit expansion will be illustrated.

Figure 3: Overconsumption, malinvestment and forced savings

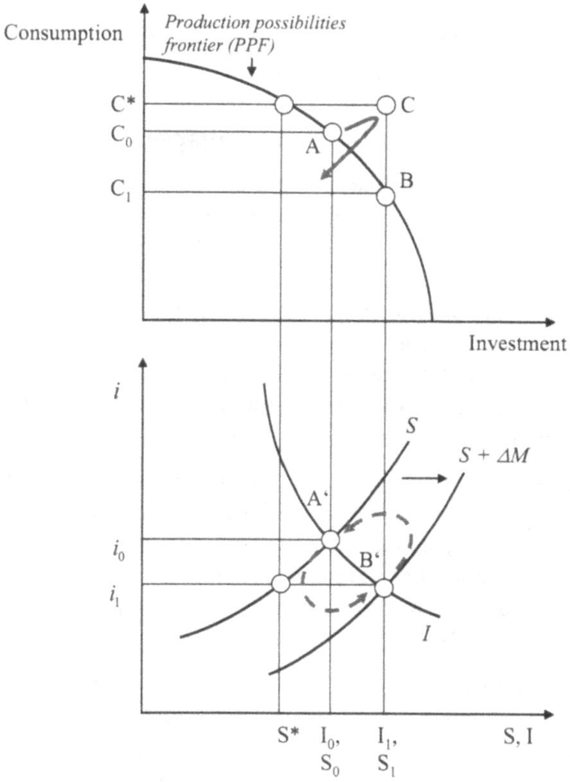

- An increase in the money supply (ΔM) moves S to the right to $S + \Delta M$, lowering the interest rate from i_0 to i_1, reaching a new equilibrium in B', where savings and investment have increased to S_1 and I_1, respectively.
- The decline in the interest rate motivates savers to save less and consume more and investors to investment more. The economy reacts to the rise in the money stock as if voluntary savings had increased. The increase in investment from I_0 to I_1 represents forced savings.
- At the interest rate i_1, actually preferred savings, as implied by peoples' time preference, would be S* ($< S_0 < S_1$), and lower savings S* would imply higher consumption, namely C* (up from C_o) on the PPF.
- The increase in investment and savings, stimulated by a bank circulation credit-induced reduction of the interest rate (while peoples' time preference remain unchanged), pushes the economy off the PPF to *C*, which is economically unsustainable.

The adjustment process (illustrated by the arched path pointing beyond A on the PFF) represents both malinvestment and overconsumption. The artificial lowering of the interest rate directs resources to the early stages of production. At the same time, rising demand for consumption goods is accompanied by an increased (derived) demand for resources in the very late stages. In that sense, scarce resources are pulled in two directions at the same time, away from the middle stages of production to the early (malinvestment) and late stages of production (overconsumption).

4. The Return of Boom and Bust – and the Final Collapse

The Austrian MTTC has a strong political-economic element, which explains the recurrence of boom and bust, and which will culminate into a final collapse of the monetary and economic system. However, such a development may unfold over an extended period of time. In view of an approaching depression, *Mises* noted, people would start calling for the continuation of the very policies that have caused the malaise: they demand even lower interest rates through a further increase in the supply of circulation credit and money; more credit and money at the lowest possible interest rate are seen as a remedy rather than cause of the malaise. Lower central-bank interest rates may prevent depression on some occasions, but this comes at a high price.

A correction of the distortions in the production structure is prevented, and the artificially lowered interest rate encourages even more distortions in the economy's production structure. As a result, a monetary policy that tries to fend off depression – the economically painful but necessary process of correcting malinvestment – merely postpones the inevitable crisis and, because it increases the amount of malinvestment, increases the costs of the final and inevitable bust.

Of course, if the circulation credit expansion and the associated downward manipulation of the interest rate would be a one-shot affair, boom would end in a corrective bust. But under today's fiat money systems, circulation credit expansion is not one shot. It is repeated again and again. The economy is given no chance to re-establish their preferred proportions of consumption and saving, never allowing the rise in cost in the capital goods industries to catch up to the inflationary rise in prices. As *Murray N. Rothbard* (2002, p. 194) puts it:

> "Like the repeated doping of a horse, the boom is kept on its way and ahead of its inevitable comeuppance by repeated and accelerating doses of the stimulant of bank credit. It is only when bank credit expansion must finally stop or sharply slow down, either because the banks are getting shaky or because the public is getting restive at the continuing inflation, that retribution finally catches up with the boom. As soon as credit expansion stops, the piper must be paid, and the inevitable readjustments must liquidate the unsound over-investments of the boom and redirect the economy more toward consumer goods production. And, of course, the longer the boom is kept going, the greater the malinvestments that must be liquidated, and the more harrowing the readjustments that must be made."

5. Summary

The Austrian MTTC shows that the business cycle is not due to an alleged instability of the free market economy but, quite the opposite, that it is the inevitable outcome of *bank circulation credit expansion*, that is an increase in bank credit, which is not backed by savings, and through which the economy's money stock is increased out of thin air. The Austrian MTTC accounts for the cluster of business error, which are a typical feature of the business cycle, it explains why economic swings are bigger in the capital goods than the consumer goods producing industries; and it shows that a bank circulation credit initiated boom is economically unsustainable and must end in bust.

Unfortunately, the Austrian MTTC does not (yet) rank prominently among mainstream economics, with the latter actually in favour of the government holding the money supply monopoly, under which money is produced through bank circulation credit. The prevailing intellectual attitude prevents from correctly diagnosing the *true cause* of business cycles and from recommending proper policy corrections. However, change in current mainstream economics thinking is badly needed if economic catastrophe shall be prevented. *Mises* (1996, p. 572) put it succinctly:

> "There is no means of avoiding the final collapse of a boom brought about by credit expansion. The alternative is only whether the crisis should come sooner as the result of a voluntary abandonment of further credit expansion, or later as a final and total catastrophe of the currency system involved."

Literatur

Böhm-Bawerk, Eugen von (1959), Capital and Interest, 3 vols. in one, South Holland, IL: Libertarian Press., trans. by George D. Huncke and Hans F. Sennholz.

Garrison, Roger W. (2004), Overconsumption and Forced Saving in the Mises-Hayek Theory of the Business Cycle, in: History of Political Economy, Vol. 36, No. 2, pp. 323-349.

Hayek, Friedrich A. von (1931), Prices and Production, New York.

Hoppe, Hans-Hermann (1995), Economic Science and the Austrian Method, Ludwig von Mises Institute, Auburn, US Alabama.

Hoppe, Hans-Hermann (2001), On Time Preference, Government, and the Process of Decivilization, in: Democracy, The God That Failed, Transaction Publishers, Rutgers, N.J., pp. 1 – 44.

Humphrey, Thomas M. (1997), Fisher and Wicksell on the Quantity Theory, in: Federal Reserve Bank of Richmond, Economic Quarterly, Vol. 83, No. 4, pp. 71 – 90.

Mises, Ludwig von (1912), The Theory of Money and Credit, Indianapolis.

Mises, Ludwig von (1996), Human Action, 4th ed., San Francisco.

Rothbard, Murray N. (1962), Man, Economic and State, A Treatise on Economic Principles, Scholar's Edition, Ludwig von Mises Institute, Auburn, US Alabama.

Rothbard, Murray N. (2000), America's Great Depression, 5th ed., Ludwig von Mises Institute, Auburn, US Alabama.

Rothbard, Murray N. (2002), For a New Liberty, The Libertarian Manifesto, revised edition, New York.

Wicksell, Knut (1906), Lectures on Political Economy, Vol. 2, "Money," translated by E. Classen, ed. by Lionel Robbins, London reprinted, New York.

Wicksell, Knut (1965), Interest and Prices, 1898, translated by R. F. Kahn, London 1936, reprinted, New York.

Appendix I

Descriptive statistics: US data 1950-Q2 to 2009-Q4

	D(LNBC-LNCPI	D(LNGDP)	D(LNINV)	D(LNC)	D(CORPR)	D(_3M)
Mean	0.008963	0.008064	0.008391	0.008412	0.010962	-0.004351
Median	0.009980	0.007808	0.010239	0.008522	0.020000	0.040000
Maximum	0.071358	0.038592	0.124645	0.050072	1.600000	4.460000
Minimum	-0.035457	-0.027425	-0.193178	-0.030593	-1.870000	-3.730000
Std. Dev.	0.013564	0.009706	0.049441	0.008538	0.359245	0.725310
Skewness	0.196063	-0.187680	-0.599910	-0.442692	0.032790	-0.337203
Kurtosis	4.940479	4.208315	4.482831	8.352533	8.116067	13.68295
Jarque-Bera	39.02893	15.94249	36.23198	293.1088	260.6936	1141.027
Probability	0.000000	0.000345	0.000000	0.000000	0.000000	0.000000
Sum	2.142222	1.927293	2.005458	2.010396	2.620000	-1.040000
Sum Sq. Dev.	0.043788	0.022421	0.581770	0.017349	30.71548	125.2057
Observations	239	239	239	239	239	239

Legend: LN = log, BC = Bank Credit, CPI = consumer price index, GDP = real GDP, INV = investment, C = private consumption, CORPR = corporate bond yield (AAA), and _3m = 3-mths T-Bill rate.

Figure A1: Real GDP and real Bank Credit in the USA (% y/y)

Source: *Thomson Financial*; Bank Credit deflated with US CPI.

Figure A2: Real GDP and investment in the USA (% y/y)

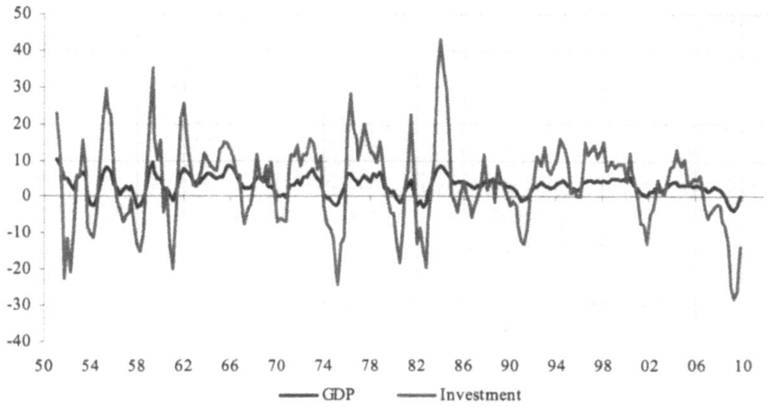

Source: Thomson Financial.

Figure A3: Real GDP and personal consumption in the USA (% y/y)

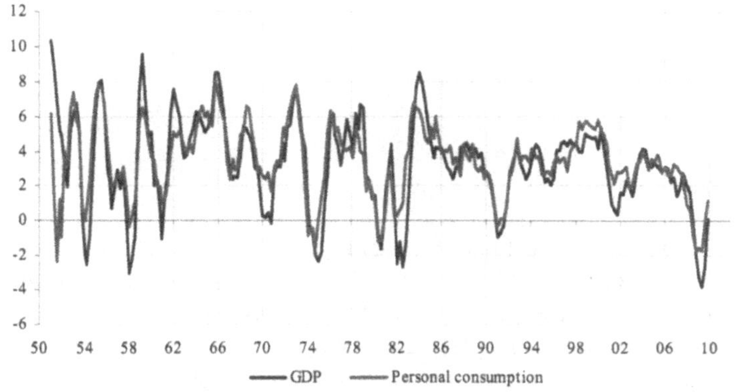

Source: Thomson Financial.

Appendix II

For *pure illustrative purposes*, we will take a look at the dynamic relation of real bank credit, output and interest in the US. The long-run equation (credit demand equation) is:

(A1) $$\ln BC_t - \ln CPI_t = \beta_0 + \beta_1 \ln GDP_t + \beta_2 i_t^{3\text{-}mths} + \beta_3 i_t^{corp} + \varepsilon_t \,,$$

whereas BC = bank credit, CPI = consumer price index, GDP = real GDP, $i_t^{3\text{-}mths}$ = 3-mths T-Bill rate and i_t^{corp} = corporate bond yield (AAA). The estimation period is 1950-Q1 to 2009-Q4. Standard unit root tests find the series integrated of the order one ($I(1)$).

On the basis of an unrestricted VAR, we identify the optimal lag lengths of the system at 2 quarters (*Schwarz* information criterion). According to the *Johansen* cointegration test, we identify one cointegration relation between the variables under review (Max-Eigen statistic 33.8 with a critical value of 27.58). The long-run relation is (*t*-values in brackets):

$$\text{(A2)} \quad \ln BC_t - \ln CPI_t = 3.300 + \underset{(-3.04)}{0.557} \ln GDP_t - \underset{(5.70)}{0.426}\, i_t^{3-mths} + \underset{(-5.65)}{0.457}\, i_t^{corp}.$$

In a vector error correction (VEC) estimation, we find that deviations from the long-run equilibrium are corrected by changes in corporate yields (rather than real bank credit, real GDP and short-term interest rates).

Figure A4: Impulse-response function

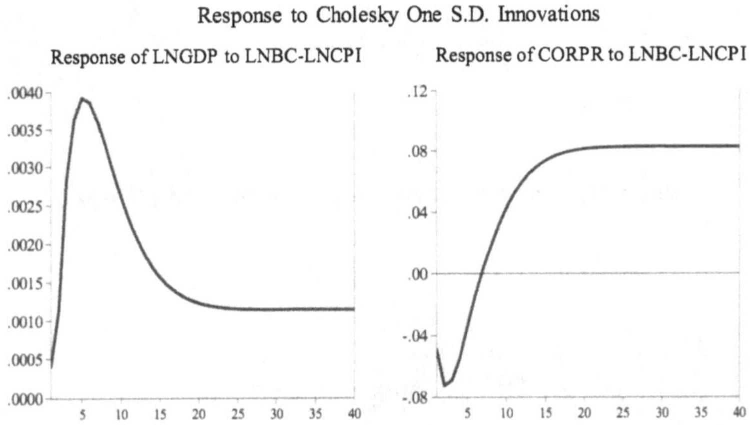

The LHS graph in Fig. A4 show the reaction of real GDP to a one-off (one standard deviation impulse) of real bank credit on real GDP, which is positive throughout the period following the impulse. The RHS graph of Fig. A4 indicates that a rise in real bank credit initially lowers the corporate bond yield. The statistical results would support the basic tenets of the Austrian MTTC, namely that an expansion of bank circulation credit induces a rise in economic activity and that a rise in bank circulation credit leads to a decline in the market interest rate.

Albrecht F. Michler und Heinz-Dieter Smeets (Hg.)
Die aktuelle Finanzkrise: Bestandsaufnahme und Lehren für die Zukunft
Schriften zu Ordnungsfragen der Wirtschaft · Band 93 · Stuttgart · 2011

Staatliche Insolvenzen, freiwilliger Austritt und Zwangsausschluss aus der Europäischen Währungsunion

Gerhard Rösl und *Wolf Schäfer*

Inhalt

1. Einleitung

Unter den Mittelmeeranrainern demonstriert Griechenland am überzeugendsten, dass die gegenwärtigen Anreizmechanismen für regelkonformes Verhalten sowie die Sanktionsmechanismen für regelwidriges Verhalten der Mitgliedstaaten in der EWU höchst ineffektiv sind. Das Ausmaß der negativen Externalitäten eines drohenden Staatsbankrotts, mit denen Griechenland – und in ähnlicher Spur Italien, Spanien, Portugal – die Gemeinschaft der Euro-Zone belastet, hat spätestens mit dem jüngst verabschiedeten Rettungspaket in Höhe von 750 Mrd. € eine Grenze erreicht, die ein Nachdenken über die Möglichkeiten einer Abkoppelung der gemeinsamen Währung von der permanent vertragswidrigen wirtschafts- und finanzpolitischen Performanz eines Mitgliedstaates – oder auch mehrerer – dringend erforderlich macht. Man muss das bisher Undenkbare denken: das Ausscheiden aus der EWU, also den freiwilligen Austritt sowie den unfreiwilligen Ausschluss aus der EWU. Allerdings finden sich weder in den europäischen Gemeinschaftsverträgen diesbezügliche Regelungen noch gibt es ein allgemeines internationales Insolvenzrecht für Staaten, das den dann wohl unweigerlich eintretenden Staatsbankrott der Austritts- bzw. Ausschlussländer regelt.

2. Konstruktionselemente staatlicher Insolvenzordnungen – Vorschläge und Konzepte

Bislang wurden Überlegungen zu einer staatlichen Insolvenzordnung überwiegend vor dem Hintergrund einer temporären bzw. dauerhaften Zahlungsunfähigkeit oder Zahlungsunwilligkeit von Regierungen aus Schwellen- und Entwicklungsländern diskutiert. Drängend wurde eine Lösung nicht zuletzt deshalb, weil es in den Krisen (Lateinamerika-, Russland-, Asienkrise) der jüngeren Vergangenheit nicht nur sehr schwierig war, die Gläubigerinteressen effizient zu organisieren, sondern auch, weil die pure Abwesenheit eines glaubhaften und geordneten Insolvenzverfahrens zu strategischem Verhalten einluden und somit die Insolvenzkosten für alle Beteiligten unnötig erhöhten (*Krueger* 2002).

Mittlerweile ist umfangreich untersucht worden, in wieweit privatrechtliche Insolvenzordnungen auch auf souveräne Staaten übertragbar sein könnten (*Paulus* 2002; *Karb* 2006, u.a.). Als Referenzmodell dient dabei üblicherweise das US-amerikanische Insolvenzrecht, welches einen *Fresh Start* der Unternehmung als primäres Ziel und nicht die Liquidation derselben favorisiert. Als Kernpunkte dieser Regelung sind das zeitliche Aussetzen der Annahme von Gerichtsklagen gegen das zahlungsunfähige Unternehmen (*Stay*), um Zeit für Verhandlungen zu gewinnen und um eine Ungleichbehandlung der Gläubiger bei einer Bedienung ausstehender Schulden zu verhindern. Vorrangig bedient wird aber üblicherweise frisches Kapital zur Aufrechterhaltung des Unternehmensbetriebs. Generell gilt, dass aus Gründen des Gläubigerschutzes während des *Stays* grundsätzlich keine Vermögensübertragung aus der Insolvenzmasse erfolgen darf. Zudem sind Mehrheitsregelungen auf Seiten der Gläubiger entscheidend für eine zügige Abwicklung des Umschuldungsverfahrens.

Der IWF-Vorschlag (*International Monetary Fund* 2003a) zur Schaffung eines *Sovereign Debt Restructuring Mechanism* (SDRM) inkorporiert die oben genannten Kernpunkte etablierten privaten Insolvenzrechts. Dabei ist vorgesehen, dass – analog zum Chapter 9 US-Bankruptcy Code – die Aktivierung des Verfahrens nur auf Antrag des von der Insolvenz bedrohten Staates erfolgen kann und der IWF bzw. eine zugeordnete (neu zu schaffende) Behörde über die Eröffnung des Verfahrens entscheidet. Auf diese Weise sollen die staatlichen Souveränitätsrechte gewahrt werden, auch dürfen die beschlossenen Insolvenzmaßnahmen nicht die grundsätzliche Aufgabenerfüllung der Staaten in Frage stellen. Allerdings sollen die durch ein Komitee vertretenen Gläubiger über eine etwaige Verlängerung des *Stays* entscheiden und so Verhandlungsdruck auf den Staat ausüben können. Ziel ist es unter anderem mit den Gläubigern einen zügigen Umschuldungsplan zu erarbeiten, um unnötige Wertverluste seitens der Gläubiger und vermeidbare Aufschläge bei den ohnehin steigenden Risikoprämien auf Neuemissionen von Schuldverschreibungen seitens der Regierungen möglichst zu verhindern. Um unmittelbare Bindungswirkung aus dem mit qualifizierter Mehrheit der Gläubiger zu verabschiedenden Insolvenzabkommen in den einzelnen Staaten des IWF-Abkommens zu erreichen, schlägt man eine entsprechende Statutenänderung des IWF-Vertrages vor.

Der einfachen Übertragung der Prinzipien des privatrechtlichen Insolvenzrechts auf souveräne Schuldner sind aber auch klare Grenzen gesetzt. So können die Gläubiger nicht mit einer Liquidation drohen, und auch eine Betriebsübernahme im Sinne eines *Debt-for-equity* könnte maximal für Staatsunternehmen anwendbar sein. Ohnehin können Insolvenzmaßnahmen letztlich ohne die Zustimmung der betroffenen Regierung nicht durchgesetzt werden, da eine echte Zwangsmaßnahme im Sinne der gewaltsamen Durchsetzung der Gläubigerinteressen als ultima ratio nicht mit dem Völkerrecht vereinbar wäre (*Dooley* und *Verma* 2001). Die Folge dieser grundsätzlich asymmetrischen Machtverteilung beim *Insolvenzpoker* führt unmittelbar zu der Forderung, dass bereits im Vorfeld glaubhafte Regelungen installiert werden sollten, die eine staatliche Zahlungsunfähigkeit bzw. -verweigerung erst gar nicht entstehen lassen (*Krüger* 2002).

3. Einige juristische Überlegungen zum Austritt und Ausschluss von Mitgliedstaaten aus der EWU

Grundsätzlich würde der oben vorgestellte SDRM auch für Industriestaaten gelten. Die Vorschläge des IWF oder anderer Insolvenzordnungen für Staaten sind aber bislang nicht umgesetzt worden (*Beck* und *Wentzel* 2010). Bei den Mitgliedstaaten der E(W)U vertraute man bislang jedoch auf den bekannten Stabilitäts- und Wachstumspakt und die *No-bail-out*-Klausel des Art. 125 AEUV, die eine wechselseitige Haftung für nationale Schulden ausschließt. Diese Regelung ist essentiell, weil sie als notwendige Bedingung für die Überführung der nationalen Geld- und Währungspolitiken in die ausschließliche Zuständigkeit der EU angesehen werden kann. Sie ist sozusagen das *Ordnungsprinzip des Maastricht-Prozesses* (*Seidel* 2010). Sie kann auch nicht durch die Inanspruchnahme der Flexibilitätsklausel des Art. 352 AEUV unterlaufen werden und schließt ebenso IWF-Währungsbeistände aus, die auf eine Aushöhlung der *No-bail-out*-Regelung hinauslaufen. Dies gilt auch für Art. 122 AEUV, der finanzielle Beistände bei

Naturkatastrophen oder außergewöhnlichen Ereignissen, die sich der Kontrolle eines Landes entziehen, erlaubt, denn die Überschuldung Griechenlands ist selbstverschuldet und keine Naturkatastrophe.

Dass die *No-bail-out*-Regelung aber ihre disziplinierende Wirkung bereits in der Vergangenheit kaum entfalten konnte und nach der jüngsten Installierung des *Rettungspakets* für die *PIGS-Staaten* (Portugal, Italien, Irland, Griechenland und Spanien) nunmehr der Eintritt in eine umfängliche europäische Haftungsunion vollzogen wurde, überrascht aufgeklärte Ökonomen freilich nicht (*Schäfer* 2010). Weil die versprochenen Garantien und Geldzahlungen jedoch allenfalls Liquiditätsengpässe überbrücken können, die fundamentalen Wettbewerbsprobleme dieser Länder aber nicht lösen, stellen die Märkte unvermindert die Frage nach der Nachhaltigkeit des *Europäischen Währungsverbunds*. Dies zeigt sich klar an den weiterhin hohen Zinsaufschlägen der PIGS-Staaten gegenüber den deutschen Benchmark-Anleihen.

Abbildung 1: Zinsspreads gegenüber Bundesanleihen (10-jährige Restlaufzeiten)

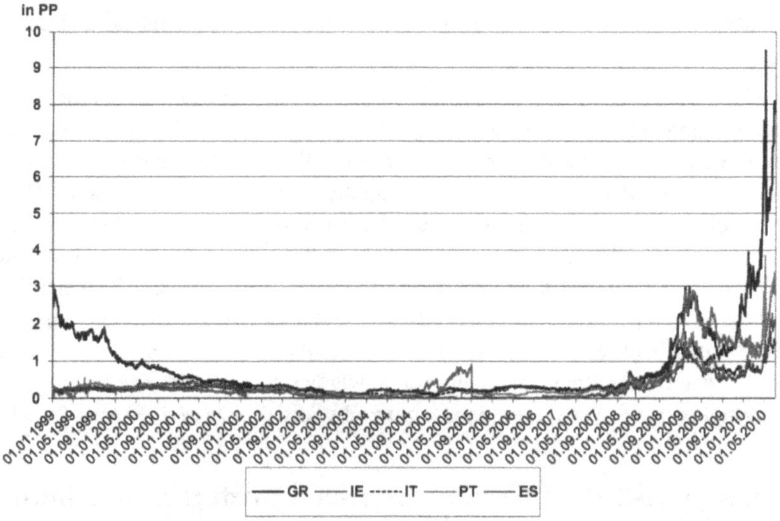

Aber weder im *Vertrag von Maastricht* noch in den Folgeverträgen findet sich eine Regelung für einen etwaigen freiwilligen Austritt oder einen unfreiwilligen Ausschluss aus der EWU. So schreibt der Vertrag nicht vor, dass die Erfüllung der Eintrittsbedingungen auch die Voraussetzung für das dauerhafte Verbleiben in der EWU bildet und also, im Umkehrschluss, die Nichterfüllung zum Ausscheiden aus der EWU führt. Deshalb ist allgemein die Meinung verbreitet, dass ein Ausscheiden aus der EWU rechtlich ausgeschlossen sei. Diese Ansicht muss man nicht teilen, man sollte ihr sogar widersprechen. Denn ein Ausscheiden aus der Euro-Zone hieße lediglich, dass für den betreffenden Mitgliedstaat die gemeinsame Geldpolitik nicht mehr Anwendung findet. Das Land verliert also nicht seinen Status als Mitglied der EU. Die EWU selbst ist keine eigenständige Organisation, sondern stellt lediglich eine gemeinsame Politik der *Europäischen Zentralbank* dar. Das Land wird dann einfach in den Status der ‚Mitgliedstaaten mit Ausnahmeregelung' zurückversetzt, also der Staaten, die die Konvergenzkriterien als Voraussetzung für die Einführung des Euro nicht erfüllen (Art. 139 AEUV). Dazu gehören momentan z. B. Dänemark, Großbritannien und Schweden.

Kann ein Mitgliedstaat den Austritt aus der Euro-Zone freiwillig vollziehen? Darüber sagt der *Maastricht-Vertrag* nichts, schließt ihn demgemäß also auch nicht ausdrücklich aus. Der gescheiterte Verfassungsvertrag sah in Art. I 12 vor, dass ein Mitgliedstaat im Bereich ausschließlicher Zuständigkeiten der EU durch Ermächtigung der EU gesetzgeberisch tätig werden kann. Das impliziert die Möglichkeit, die Beteiligung an der gemeinsamen Geldpolitik zu suspendieren und eine eigene Währung erneut einzuführen. Der nunmehr geltende *Vertrag von Lissabon* hat diese Regelung in Art. 2 Abs. 1 AEUV übernommen. Zu verweisen ist in diesem Zusammenhang auf das Urteil des Bundesverfassungsgerichts, demzufolge Deutschland aus der EWU austreten muss, wenn die EWU die Eigenschaft einer Stabilitätsgemeinschaft verliert. Der Austritt aus der EWU könnte analog Art. 50 EUV geregelt werden: Das austrittswillige Mitgliedsland handelt mit den EWU-Mitgliedern ein Abkommen über das Procedere des Austritts analog Art. 218, 3 AEUV aus. Über das Abkommen wird mit qualifizierter Mehrheit abgestimmt, wobei das austrittswillige Land nicht stimmberechtigt ist.

Griechenland wird einen freiwilligen Austritt vermutlich gar nicht vornehmen wollen. Vielmehr kann es auch weiterhin auf die Nichtbeachtung bzw. das Unterlaufen der *No-bail-out*-Klausel durch manche politischen Funktionsträger und Regierungen in der EU (einschließlich und besonders Deutschlands) und also auf die solidarische Hilfe der EWU-Mitglieder vertrauen. Dabei war es dezidiert die Intention der *No-bail-out*-Regel, dass es keine solidarische Schuldenhaftung der EU und der Mitgliedstaaten gibt, die EWU also keine transferzahlungsorientierte Haftungsgemeinschaft darstellt.

Eine solche Schuldenhaftung ist für die Stabilität der gesamten Euro-Zone fatal (*Schlesinger*, *Weber* und *Ziebarth* 1993). Denn abgesehen davon, dass eine Transfer-Haftungsunion gegen Geist und Buchstaben der EWU verstößt, macht sie das Moral Hazard unionsweit salonfähig und schwächt die gesamte EU in ihrer Stabilität, wenn sie sich nicht im Bereich der gemeinsamen Geldpolitik eines Mitglieds entledigt, das die Stabilitätskriterien extrem und notorisch verletzt und zudem einem drohenden Staatsbankrott entgegensieht. Der Fall Griechenland zeigt exemplarisch, dass und in welcher Weise Hilfe immer neue Hilfsbedürftigkeit erzeugt, weil die für Griechenland unumgängliche grundlegende Renovierung seiner gesellschaftlichen Infrastruktur (Korruption, Steuerhinterziehung, Statistiktäuschungen usw.), seiner formellen und informellen Institutionen (aufgeblähter Öffentlicher Dienst, sklerotischer Arbeitsmarkt, Korporatismus usw.) einschließlich seiner wirtschafts- und finanzpolitischen Performanz (Überschuldung, hohes Zahlungsbilanzdefizit, geringe Wettbewerbsfähigkeit usw.) nicht erfolgt. Hinzu kommt, dass Hilfe für Griechenland über Transferzahlungen von Mitgliedstaaten zur Vermeidung eines Staatsbankrotts geradezu eine Einladung für andere Unionsmitglieder darstellt, es Griechenland gleichzutun in der Einschätzung, dass der Ausschluss solidarischer Haftung in der EU auf einer nichtglaubwürdigen Regel beruht. Die *No-bail-out*-Regel als Haftung ausschließendes Ordnungsprinzip des *Maastricht-Vertrages* impliziert nämlich, dass jedes Mitgliedsland seine individuelle Konkursfähigkeit behält und also selbst verantwortlich ist für die Wahl und potentielle

Abwicklung eines Staateninsolvenzverfahrens außerhalb der Euro-Zone. Die Mitgliedschaft in der EWU schließt mithin die Vergemeinschaftung der Konkursfähigkeit eines Mitgliedstaates regelrecht, aber nicht glaubwürdig genug, aus.

Dieses Glaubwürdigkeitsvakuum muss also durch eine schärfere Sanktionsregel ausgefüllt werden. Deshalb stellt sich die Frage nach dem – unfreiwilligen – Ausschluss Griechenlands aus der Euro-Zone als ultima ratio der Sanktionsmöglichkeiten. Der Ausschluss impliziert, dass der frühere Beschluss des *Europäischen Rates* zur Aufnahme Griechenlands in die Gruppe der ‚Mitgliedstaaten ohne Ausnahmeregelung', also in die Euro-Zone, wieder rückgängig gemacht werden kann. Der Beschluss wurde auf Basis der Feststellung des Rates getroffen, dass Griechenland die Konvergenzkriterien erfüllt hätte und somit den Ausnahmeregelungen nicht mehr unterliegen müsste. Es geht also um die Frage, ob eine Annullierung dieses Ratsbeschlusses möglich ist, der ja die Erfüllung der Konvergenzkriterien durch Griechenland seinerzeit explizit festgestellt und damit die Ausnahmeregelung außer Kraft gesetzt hat (Art. 140 AEUV).

Ohne Zweifel ist für die Rechtmäßigkeit dieses Beschlusses vonnöten, dass Griechenland die Kriterien tatsächlich erfüllt hatte. Bekanntlich war dies, wie sich später herausstellte, nicht der Fall, weil Griechenland die Statistiken gefälscht und also den Rat vorsätzlich getäuscht hatte. Insofern war der Ratsbeschluss nichtig. Allerdings erscheint es wegen Fristablaufs (Art. 263 AEUV) zunächst nicht mehr möglich, diesen Nichtigkeitsgrund für die Annullierung des Ratsbeschlusses heranzuziehen. Aber Griechenland hat bis in die jüngste Zeit seine Praxis der Statistikfälschungen, der Täuschungen und der signifikanten Nichteinhaltung der Stabilitätskriterien fortgesetzt. Damit signalisiert das Land in expressiver Weise seine offensichtlich dauerhafte Nichtbereitschaft zur Befolgung der die EWU tragenden Rechtsregeln. Auf dieser Tatsachenbasis stellt sich dann erneut die Frage nach der Rückversetzung Griechenlands in den Zustand eines ‚Mitgliedstaates mit Ausnahmeregelung' auf der Basis eines contrarius actus, also eines Beschlusses, der nicht den alten Ratsbeschluss aufhebt, sondern ex nunc für Griechenland die Mitgliedschaft mit Ausnahmeregelung neu beschließt. Dies könnte verfahrenstechnisch wiederum in Analogie zu Art. 50 EUV erfolgen: Der Rat entscheidet mit qualifizierter Mehrheit ohne Beteiligung des Ausschlusskandidaten.

Der mögliche Einwand, dies sei wegen der *Unumkehrbarkeit* des Übergangs der Gemeinschaft zur dritten Stufe der Wirtschafts- und Währungsunion (Protokoll 15 zum *Maastricht-Vertrag*) nicht mehr möglich, geht ins Leere, denn mit der Suspension eines Mitglieds von den EWU-Regeln wird ja nicht der kollektive Integrationsweg der Gemeinschaft berührt, sondern nur die Beteiligung eines einzelnen Mitgliedstaates. Unabhängig davon gilt es anzuzweifeln, ob angesichts der historischen Erfahrungen mit gescheiterten staatenübergreifenden Währungsunionen (Lateinische, Skandinavische, Deutsch-österreichische Münzunion und andere) die vertragliche Kodifizierung einer dem Ewigkeitsgedanken verhafteten *Unumkehrbarkeit* eines speziellen ökonomisch-politischen Integrationsprozesses überhaupt als sinnvoll angesehen werden kann: Unumkehrbarkeit exkludiert die Chance des Lernens aus institutionellen Fehlern des politisch organisierten Integrationsprozesses.

Insgesamt zeigt sich, dass der Vertrag über die Ausschlussmöglichkeit eines Mitglieds aus der Euro-Zone nichts aussagt. Dies kann man als Regelungslücke ansehen, die angesichts der genannten ineffektiven Sanktionsmechanismen, die der Vertrag vorsieht, durch die Notwendigkeit der Kodifizierung zusätzlicher schärferer Sanktionsarrangements auszufüllen wäre. Hier könnte und sollte man, wie mancherorts aus der Jurisprudenz vorgeschlagen wird, auf ein allen Rechtsordnungen der Mitgliedstaaten gemeinsames allgemeines Rechtsprinzip aus dem Gesellschaftsrecht rekurrieren: Ein Gesellschafter, der vorsätzlich dauerhaft Obstruktion betreibt, wird ausgeschlossen. Hingewiesen wird zudem auf das Völkerrecht, denn das Völkervertragsrecht sieht im Falle einer gravierenden Vertragsverletzung durch eine Vertragspartei die Suspendierung oder Beendigung des Vertrags vor.

4. Die Theorie optimaler Währungsräume – von den Lehrbüchern zur harten ökonomischen Realität

Der Fall Griechenland – als pars pro toto: Italien, Portugal, Spanien etc. – verweist auf die nach wie vor bestehende Relevanz der bekannten Diskussion um den *Optimalen Währungsraum*, wie sie in Europa vor Beginn der EWU geführt wurde: Die mit einer einheitlichen Währung verbundene Abschaffung der nominalen Wechselkurse als Anpassungsvariable impliziert, dass die verbleibenden Anpassungskanäle als Substitute im Währungsraum um so stärker wirken müssen: interne nationale Preisanpassungen, transnationale freiwillige Ressourcenwanderungen (Menschen, Kapital). Funktionieren auch diese nicht ausreichend, so müssen es politisch administrierte transnationale Ressourcentransfers (über diverse Fonds) richten. Griechenland demonstriert, dass von den Anpassungssubstituten keines (ausreichend) funktioniert und es auch nicht realistisch ist, davon auszugehen, dass sich dies absehbar ändert. Deshalb vertraut das Land auf die Transfers. Dies zeigt, dass die EWU mit Griechenland kein optimaler Währungsraum ist und auch in absehbarer Zeit nicht zu werden verspricht (dynamischer Ansatz der *Theorie des Optimalen Währungsraumes*). Solange dies der Fall ist, sollte Griechenland mit dem Ausscheiden aus der EWU das Instrument des nominalen Wechselkurses als Anpassungsvariable zurückgegeben werden.

Man kann diesen Sachverhalt verallgemeinern: Ein optimaler Währungsraum liegt vor, wenn der reale Wechselkursänderungsbedarf zwischen den Mitgliedsländern gering ist. Steigen die realen Wechselkursänderungen aufgrund fehlender Flexibilität interner Anpassungsmechanismen einzelner Länder, dann sollten diese Länder den realen Wechselkursänderungsbedarf wieder durch nominale Wechselkursänderungen befriedigen können (freiwilliger Austritt) bzw. müssen (Ausschluss).

Das Ausscheiden aus der EWU durch freiwilligen Austritt bedeutet, dass das Land im Rahmen einer Kosten-Nutzen-Analyse den Austritt per Saldo als vorteilhaft bewertet. Bei dieser Bewertung spielt der Verzicht des Landes auf die partielle Vergemeinschaftung der Risikoprämie im Zins seiner Staatsanleihen eine entscheidende Rolle. Wenn die Kapitalmärkte den Austritt aus der EWU zugleich mit einer Erhöhung des Risikos eines Staatsbankrotts assoziieren, repräsentiert die erhöhte Risikoprämie neben dem Währungsabwertungsrisiko zudem das erhöhte Staateninsolvenzrisiko. Diesem Nachteil steht der Vorteil der Wiederherstellung der Wechselkursgestaltungssouveränität gegenüber, der insbesondere dann eine Rolle spielt, wenn – wie offensichtlich in Griechenland – die Kosten der internen Anpassung über Preise und Mengen als makroökonomisch höher eingeschätzt werden als die Kosten der externen Anpassung über den Wechselkurs. Zudem sind bei einem Austritt Währungsbeistände gemäß Art. 143, 144 AEUV möglich, denn sie setzen eine eigene Währung voraus, die man schützen will. Ebenso sind Währungsbeistände im Rahmen des *Wechselkursmechanismus II* möglich, dem das ausgetretene Land dann ja angehört.

Die Option des freiwilligen Austritts lädt, wie oben bereits angesprochen, zu strategischem Spielverhalten ein: Da das Austrittsland den Vorteil für die verbleibenden EWU-Mitglieder in Bezug auf den austrittsbedingt sinkenden EWU-Kapitalzins kennt, kann sich das Land seinen Austritt durch Kompensationszahlungen mindestens in Höhe des zinssenkungsbedingten EWU-Vorteils ‚abzukaufen' versuchen. Um dies zu vermeiden, erscheint die Option des Ausschlusses als letzte Sanktionsdrohung unumgänglich.

Man darf sich keiner Illusion hingeben: Die EWU wird in jedem Fall geschwächt, solange staatsbankrottgefährdete Weichwährungsländer ihr angehören. Das gilt unabhängig davon, ob sie Transferhilfen aus der Euro-Zone erhalten oder nicht. Im ersteren Fall wird der Anreiz zur durchgreifenden institutionellen Restrukturierung dieser Länder reduziert, was zum *Moral Hazard* auch anderer Länder einlädt, im letzteren Fall resultiert die Schwächung aus dem Risiko der Nichtbedienung ihrer Staatsschulden gegenüber den EWU-Ländern. Nur die institutionellen Arrangements der freiwilligen und vor allem der unfreiwilligen Exit-Option der Weichwährungsländer erscheinen als Sanktion effektiv genug zu sein, um die Euro-Zone von dieser Last zu befreien. Eine explizite Aufnahme derartiger Austritts- und Ausschlussregelungen in die Gemeinschaftsverträge sollte dabei durch ein internationales Staateninsolvenzrecht ergänzt werden, um im Falle des Falles die Unsicherheitskosten für alle Beteiligten zu reduzieren und bereits a priori eine höhere Glaubwürdigkeit zu erzeugen.

Literatur

Beck, Hanno und *Dirk Wentzel* (2010), Eine Insolvenzordnung für Staaten? in: Wirtschaftsdienst, Bd. 90, S. 167-171.

Dooley, Michael and *Sujata Verma* (2001), Rescue Packages and Output Losses Following Crises, National Bureau of Economic Research Working Paper, No. 8315, Cambridge, MA.

International Monetary Fund (2003a), Proposals for a Sovereign Debt Restructuring Mechanism (SDRM), veröffentlicht im Internet: http://www.imf.org/external/np/exr/facts /sdrm.htm.

International Monetary Fund (2003b), Public Debt in Emerging Markets, World Economic and Financial Surveys, World Economic Outlook, September, Washington D.C.

Karb, Volker (2006), Währungskrisen und Staatliche Schuldenkrisen: Ursachen, Wechselwirkungen und Politikimplikationen, Hamburg.

Krueger, Anne O. (2002), A New Approach to Sovereign Debt Restructuring, International Monetary Fund, Washington, D.C.

Krüger, Malte (2002), Some Canadian Lessons for EMU, in: *Patrick M. Crowley* (ed.), Before and Beyond EMU: Historical lessons and future prospects, London and New York, pp. 146-156.

Paulus, Christoph G. (2002), Some Thoughts on an Insolvency Procedure for Countries, in: The American Journal of Comparative Law, Vol. 50, No 3, pp. 531-553.

Reinhart, Carmen, Kenneth Rogoff and *Miguel Savastano* (2003), Debt Tolerance, in: Brookings Papers on Economic Activity, Vol. 2003(1), pp. 1-74.

Schlesinger, Helmut, Manfred Weber und *Gerhard Ziebarth* (1993), Staatsverschuldung – ohne Ende? Zur Rationalität und Problematik des öffentlichen Kredits, Darmstadt.

Schäfer, Wolf (2010), Griechenland sollte ausscheiden müssen, veröffentlicht im Internet: www.wirtschaftlichefreiheit.de.

Seidel, Martin (2010), Der Euro – Schutzschild oder Falle? Zentrum für Europäische Integrationsforschung, Working Paper, B 01 2010, Bonn.

Albrecht F. Michler und Heinz-Dieter Smeets (Hg.)
Die aktuelle Finanzkrise: Bestandsaufnahme und Lehren für die Zukunft
Schriften zu Ordnungsfragen der Wirtschaft · Band 93 · Stuttgart · 2011

Kommentar zu *Gerhard Rösl* und *Wolf Schäfer,* Staatliche Insolvenzen, freiwilliger Austritt und Zwangsausschluss aus der Europäischen Währungsunion

Peter Sass

Der Beitrag von *Gerhard Rösl* und *Wolf Schäfer* diskutiert die Möglichkeiten eines Ausscheidens von Mitgliedsstaaten aus der Europäischen Währungsunion vor dem Hintergrund der Griechenland-Krise. Ausgangspunkt der Überlegungen ist, dass man in der aktuellen Situation das bislang Undenkbare denken sollte – das Entlasten der gemeinsamen Währung durch Ausschluss von Problem-Ländern aus der EWU. Die Autoren kommen in Ihrer Analyse zum Schluss, dass ein derartiger Austritt oder Ausschluss durchaus möglich ist, auch wenn in den Statuten (bislang) nicht explizit vorgesehen. Die explizite Einführung einer Ausschlusssanktion würde den Euro entlasten und eine disziplinierende Wirkung auf die Mitgliedsländer entfalten. Das Instrument des Ausschlusses sollte nach Meinung der Autoren durch ein internationales Staatsinsolvenzrecht ergänzt werden.

Den Verfassern ist uneingeschränkt darin zuzustimmen, dass harte Sanktionen bis hin zu einem Ausschluss sowie ein Staatsinsolvenzrecht dringend notwendig sind, um die Glaubwürdigkeit der Währungsunion zu erhöhen. Allerdings sollte beachtet werden, dass dem Instrument des Ausschlusses nicht nur rechtliche und politische, sondern auch ökonomische Grenzen gesetzt sind. In diesem Kommentar sollen daher diese Grenzen aufgezeigt, die Grundsätze eines Insolvenzverfahrens für EWU-Mitgliedsländer konkretisiert und das Zusammenspiel dieser beiden Instrumente in einer zukünftigen EWU-Insolvenzordnung erörtert werden.

Bei der Suche nach einer wirksamen zukünftigen EWU-Insolvenzordnung ist es sinnvoll, sich an den generellen Aufgaben einer jeden Insolvenzordnung zu orientieren. Bei Insolvenzordnungen für Unternehmen ist es üblich, zwei grundlegende Ziele zu unterscheiden (*Aghion* 1998): Zum einen die *ex post*-Begrenzung der Schäden im tatsächlichen Insolvenzfall, zum anderen die Schaffung adäquater Anreize für die Akteure *ex ante*.

Die *ex post*-Schadensbegrenzung im Insolvenzfall erfolgt bei allen Insolvenzordnungen im Wesentlichen durch die Auflösung eines Gefangenendilemmas zwischen Investoren, die in einem *asset run* mündet (vgl. z. B. *White* 1998). Eine Insolvenzordnung, welche die Ressourcen in Unternehmen sichert und strukturierte Verhandlungen der Investoren regelt, löst dieses Problem. Der Wert des insolventen Unternehmens wird maximiert, unnötige Wertevernichtung vermieden. Diese positive Wirkung einer Insolvenzordnung betrifft allerdings nur die Unternehmen, die *tatsächlich* insolvent geworden sind.

Die *ex ante*-Anreizeffekte einer Insolvenzordnung für *alle* Unternehmen sind weniger offensichtlich, dafür aber nicht weniger bedeutsam. Das primäre Ziel ist hierbei, die Wahrscheinlichkeit und die sozialen Kosten von Insolvenzen zu begrenzen, ohne dabei das Eingehen von produktiven Risiken zu hemmen. In diesem Zusammenhang müssen insbesondere die folgenden drei Wirkungen bzw. Teilziele berücksichtigt werden (*Aghion* 1998; *Hart* 2000; *Schwartz* 2005):

1. Eine Insolvenzordnung sollte bereits im Vorfeld allen Kapitalgebern bei allen Investitionsprojekten eine *glaubhafte* Aussicht auf ein geordnetes Insolvenzverfahren zur Überwindung des Gefangenendilemmas der Investoren geben. So erhöht eine Insolvenzordnung bereits ex ante die Erwartungssicherheit *aller* Investitionen. Dies führt zu höheren Investitionsvolumen und geringeren Kapitalkosten, wovon sowohl Kapitalnehmer, als auch Kapitalgeber profitieren.
2. Die Aussicht auf eine *weiche Landung* im Insolvenzfall erzeugt ein Moral Hazard-Problem bei Kapitalnehmern (Unternehmen oder Staaten): Sie sind weniger geneigt, eine Insolvenz zu vermeiden. Daher muss eine Insolvenzordnung auch dafür sorgen, dass die Kapitalnehmer Anreize zur Vermeidung von Insolvenzen erhalten und somit das Insolvenzrisiko vermindert wird.
3. Auch bei Investoren kann ein *Moral Hazard*-Problem entstehen, wenn sie im Insolvenzfall mit Unterstützung rechnen können: Sie gehen ineffizient hohe Risiken ein. Investoren müssen daher Anreize erhalten, Risiken adäquat zu bewerten und zu bepreisen, insbesondere durch ein Verbot staatlicher *Bail-Outs*. Erst dies führt zu einer effizienten Allokation von Kapital zwischen Projekten mit unterschiedlichem Risiko.

Diese positiven Wirkungen entfaltet eine Insolvenzordnung bereits im Vorfeld, ohne dass es zu Insolvenzen kommen muss. Die wichtigste Voraussetzung dafür, dass diese gewünschte *ex ante*-Anreizwirkung auch tatsächlich eintritt, ist jedoch die *Glaubwürdigkeit* der vorgesehenen Maßnahmen. Wie im Folgenden argumentiert wird, ist es gerade das Problem mangelnder Glaubwürdigkeit, welches der Ausschlusssanktion als Bestandteil eines zukünftigen EWU-Ordnungsrahmens enge Grenzen setzt. Dies soll im Folgenden für drei in Frage kommende Szenarien erörtert werden:

Szenario 1: Ausschlusssanktion bei Insolvenz-Gefahr. Die Autoren betonen, man sollte in der gegenwärtigen Situation das Unmögliche denken – den Ausschluss der insolvenzgefährdeten Länder aus der Währungsunion, um die gemeinsame Währung zu entlasten. Auf den ersten Blick scheint die zukünftige *ex ante*-Anreizwirkung dieses Instruments beachtlich: Ein derartiger Ausschluss ist sowohl für das betreffende Land als auch für die Investoren schmerzhaft. Dies könnte das *Moral Hazard* im Vorfeld wirksam begrenzen. Allerdings ist hier ein Zeitinkonsistenz-Problem im Handeln der übrigen EWU-Partner zu befürchten. Die aktuelle Lage Griechenlands macht deutlich, dass der Ausschluss eines insolvenzgefährdeten Landes aus der EWU dramatische Konsequenzen für die internationalen Finanzmärkte haben würde. Die Forderungen gegenüber Griechenland sind bislang durch Erwartungen eines geordneten Umschuldungsverfahrens in der EWU und weiterer Beihilfen der Euro-Partner gestützt. Würde

Griechenland aus der Währungsunion ausscheiden, würden sich die Aussichten auf die korrekte Bedienung der Schuld wesentlich verschlechtern. Das Land hätte kaum Chancen, frisches Kapital aufzunehmen und die fälligen Kredite zu bedienen. Die Forderungen gegenüber Griechenland (aktuell knapp 300 Mrd. Euro) würden dramatisch an Wert verlieren, mit allen Konsequenzen für die finanzielle Lage und die Kreditwürdigkeit der Akteure, die diese Forderungen halten. Auf den Finanzmärkten würde eine Situation eintreten, die mit der dramatischen Lage nach der Insolvenz von *Lehman Brothers* im Herbst 2008 vergleichbar wäre.

Aufgrund dieser zu befürchtenden dramatischen Konsequenzen kommt ein tatsächlicher Ausschluss eines insolvenzgefährdeten Landes aus der EWU für die übrigen EWU-Mitglieder mit hoher Wahrscheinlichkeit nicht in Frage, auch wenn die EWU-Verfassung dies explizit vorsehen oder gar fordern würde. Eine *ex ante*-Drohung mit der Ausschluss-Sanktion ist daher schlicht unglaubwürdig. Der Anreizeffekt wäre daher sehr begrenzt, das *Moral Hazard*-Problem der Kapitalnehmer und Investoren nicht gelöst. Der Ausschluss bei Insolvenz als Bestandteil der Regelordnung der EWU bliebe genauso wirkungslos, wie die *No-Bail-Out*-Klausel, die ebenfalls als unglaubwürdig angesehen wurde und so nicht die erhoffte disziplinierende Wirkung im Vorfeld entfalten konnte. Die Ausschlusssanktion bei Insolvenz kann somit nicht Bestandteil einer zukünftigen EWU-Insolvenzordnung sein.

Szenario 2: Ausschlusssanktion in Vorfeld. Die Situation stellt sich allerdings ganz anders dar, wenn die Ausschlusssanktion nicht erst bei Insolvenz, sondern bereits im Vorfeld zur Anwendung kommt. Die Autoren verwiesen auf eine Möglichkeit hierzu: die Verwendung der *Maastricht-Kriterien* nicht nur als einmalige Hürde für die Aufnahme, sondern auch faktisch als permanente Bedingung für den Verbleib eines Landes in der EWU. Wenn ein solches Verfahren transparent und regelgebunden ist, können sich die Investoren im Vorfeld auf einen Ausschluss einstellen und ihre Portfolios rechtzeitig anpassen; die Gefahr von Finanzmarktinstabilitäten wäre gering. Zwar würde ein Ausschluss die Kreditwürdigkeit des betreffenden Landes verschlechtern, doch ohne akute Insolvenzgefährdung würde diese Maßnahme keine unmittelbare Zahlungsunfähigkeit nach sich ziehen. Es bliebe noch Spielraum, den Haushalt zu konsolidieren und einer Insolvenzgefahr vorzubeugen.

Diese weit weniger dramatischen Konsequenzen lassen das angesprochene Zeitinkonsistenz-Problem wenn nicht ganz verschwinden, dann doch weitgehend an Schärfe verlieren. Somit ist die Androhung dieser Sanktion wesentlich glaubwürdiger. Die betreffenden Staaten hätten einen tatsächlichen Anreiz zur Einhaltung der Stabilitätskriterien und zur Senkung des Insolvenzrisikos. Als Zwischenfazit lässt sich daher festhalten: Die Einführung von Sanktionen bei Verletzung der im Vorfeld festgelegten Kriterien bis hin zum expliziten Ausschluss könnte ein wirksames Instrument einer EWU-Insolvenzordnung sein.

Szenario 3: Umschuldung mit Kapitalschnitt im Insolvenzfall. Die massiven Probleme mit einem Ausschluss eines akut insolvenzgefährdeten Landes bedeuten jedoch keinesfalls, dass ein *Bail-Out* (mit allen damit verbundenen *ex ante*-Fehlanreizen) die einzige Möglichkeit für die EWU in dieser Lage darstellt. Eine Umschuldung mit Kapitalschnitt bietet hier die alternative Option, die sowohl das akute Problem lösen als auch *ex ante* adäquate Anreize setzen kann. Ein solcher Mechanismus entspricht dem Insolvenzverfahren von Privatunternehmen mit dem Ziel eines *fresh start*, in dem die Investoren auf einen Teil ihrer Forderungen im Interesse der sicheren Tilgung der verbleibenden Schuld verzichten. Ein analoges Vorgehen kommt auch bei der Zahlungsunfähigkeit von Staaten infrage: In Verhandlungen mit den Investoren wird ein Teil der Staatsschuld erlassen und ein neuer Plan zur Tilgung der verbleibenden Schuld aufgestellt. Der verschuldete Staat erlangt wieder seine Handlungsfähigkeit, die Investoren müssen Abschreibungen vornehmen, erhalten dann aber Sicherheit über den Wert ihrer Forderungen.

Bei Insolvenzen von Privatunternehmen bedarf es für die Umschuldung eines geordneten Verfahrens mit einer Durchsetzungsinstanz, um strategisches Verhalten der Schuldner und Gläubiger im kollektiven Interesse aller zu begrenzen. Dies kann je nach Rechtssystem ein Hauptgläubiger, ein Insolvenzverwalter oder ein Gericht sein. Auf internationaler Ebene bedarf es ebenfalls einer derartigen Instanz. Die Autoren verweisen in diesem Zusammenhang auf die bisherigen katastrophalen Erfahrungen mit staatlichen Insolvenzen. Aufgrund der Macht-Asymmetrie zwischen dem Gläubiger-Staat und den Investoren ist die Schließung und Durchsetzung von Vereinbarungen und somit die Beschränkung der Kosten der Insolvenz von Staaten besonders schwierig.

Vor diesem Hintergrund bietet sich für die EWU die Chance, die Rolle dieser Durchsetzungsinstanz für ihre Mitglieder zu übernehmen. Wenn die EWU-Verfassung Verfahren und Organe für eine geordnete, regelgebundene Umschuldung mit Kapitalschnitt festlegt, bietet die Mitgliedschaft in der EWU den Ländern die Möglichkeit, den Gläubigern ein geordnetes zügiges Verfahren und somit die Maximierung der Werte im Fall einer Insolvenz glaubhaft zu versprechen. In einem solchen Verfahren unter der Beteiligung der EWU könnten auch Konsequenzen für die Gläubiger mit berücksichtigt werden, so z. B. eine Schieflage von Gläubiger-Banken im Falle eines Kapitalschnitts frühzeitig erkannt und abgefedert werden. Die EWU könnte hier durchaus als *lender of last resort* auftreten, aber erst, wenn die Möglichkeiten der privaten Investoren ausgeschöpft sind.

Das Fazit von *Gerhard Rösl* und *Wolf Schäfer* kann daher noch etwas konkretisiert werden. Die zukünftige EWU-Insolvenzordnung bedarf zweier explizit in den Statuten verankerter Säulen: erstens, einer Ausschlusssanktion bei Verletzung von Stabilitätskriterien durch ein Land ohne Insolvenz-Gefährdung, zweitens ‚eines Mechanismus' der Umschuldung mit Kapitalschnitt unter der Federführung der EWU bei tatsächlicher Insolvenz. Dieser Ordnungsrahmen würde dazu beitragen, dass die Mitgliedschaft in der *EWU* nicht einer Einladung zum *Moral Hazard* gleich kommt, sondern eine Chance der Politik bietet, sich glaubwürdig zu solider Haushaltspolitik zu verpflichten. Die explizite Regelung des Insolvenzfalls eines Mitglieds wird die Währungsunion daher nicht schwächen, sondern stärken.

Literatur

Aghion, Philippe (1998), Bankruptcy and its Reform, in: Peter Newman (ed.), The New Palgrave Dictionary of Economics and the Law, Vol. 1, pp. 145-148.

Hart, Oliver (2000), Different Approaches to Bankruptcy, National Bureau of Economic Research Working Paper, No. 7921, Cambridge, MA.

Schwartz, Alan (2005), A Normative Theory of Business Bankruptcy, Virginia Law Review, Vol. 91, pp. 1199-1265.

White, Michelle J. (1998), Corporate Bankruptcy, in: Peter Newman (ed.), The New Palgrave Dictionary of Economics and the Law, Vol. 1, pp. 483-491.

Albrecht F. Michler und Heinz-Dieter Smeets (Hg.)
Die aktuelle Finanzkrise: Bestandsaufnahme und Lehren für die Zukunft
Schriften zu Ordnungsfragen der Wirtschaft · Band 93 · Stuttgart · 2011

Ausgleichsforderungen und Bilanzlücken bei Banken: Kann das Instrument der Jahre 1948 und 1990 an die heutigen Anforderungen angepasst werden?

Michael Vogelsang

Inhalt

1. Einleitung

Bankenkrisen wirken unterschiedlich auf die Kreditinstitute. Uneinbringliche Forderungen führen zu Verlusten. Diese reduzieren das Eigenkapital, was Zweifel an der Solvenz entstehen lässt. Schwierigkeiten bei der Refinanzierung führen dann zu Liquiditätsproblemen. Dieser beispielhafte Prozess war auch im Zuge der jüngsten Bankenkrise sichtbar. Die im Rahmen der *Bankenrettungsschirme* eingesetzten Instrumente lassen sich daher in Liquiditätszufuhr, Garantien und direkt auf das Eigenkapital wirkende Maßnahmen unterscheiden. In Deutschland wurden Beteiligungen des staatlichen *Sonderfonds Finanzmarktstabilisierung* an Banken zur Stärkung ihres Eigenkapitals ab 2008 ermöglicht. Damit wurde der Gefahr entgegengewirkt, dass eine Überschuldung einzelner Banken zu einer Kettenreaktion führt, die die Insolvenz weiterer Institute bedeutet hätte.

Der Ansatz dieses Beitrags ist es zu untersuchen, ob alternativ auch eine Variante des Instruments Ausgleichsforderungen in einer solchen Situation hätte Verwendung finden können. Ausgleichsforderungen wurden während der Währungsreformen 1948 und 1990 eingesetzt, um eine Überschuldung des Bankensektors zu verhindern.

Im Folgenden werden die Logik der Ausgleichsforderungen im Zuge der Währungsreformen vorgestellt und eine Variante in Form der *EZB-Abschreibungsbonds* entwickelt. Abschließend werden Vor- und Nachteile analysiert und der Versuch einer Einordnung, auch vor dem Hintergrund des im Mai 2010 beschlossenen *Securities Markets Programme* der Europäischen Zentralbank, vorgenommen.

2. Die Bankenkrise 2008/2009

2.1. Überblick

Zu der jüngsten Bankenkrise kann keine monokausale Erklärung herangezogen werden. Neben der Preisblase an den US-amerikanischen Immobilienmärkten werden in der wissenschaftlichen Literatur auch diese Faktoren genannt: eine zu laxe Geldpolitik, Finanzinnovationen, die den realen Wert von Wertpapieren (Verbriefungen) verschleiern, Ratingagenturen, die systemische Risiken außer Acht gelassen haben, Investmentbanker, die auf kurzfristige Rendite statt auf langfristigen Erfolg schauten, Regulierungsfehler, auch im Zusammenhang mit den Eigenkapitalhinterlegungsvorschriften für verbriefte Forderungen im Rahmen von *Basel II*, die Möglichkeiten, Risiken außerhalb der Bankbilanz in Zweckgesellschaften auszulagern (*Sachverständigenrat* 2008; *Larosière* 2009; *Welfens* 2009). Dabei ist eine Bankenkrise kein singuläres Phänomen. *Reinhart* und *Rogoff* (2009) zählen durchschnittlich fast sechs Bankenkrisen für europäische Länder seit Beginn des 19. Jahrhunderts. Entsprechend lang ist die Historie der Analysen und Vorschläge zur Lösung einer Bankenkrise. Einen Überblick über die Ansätze unter Einbeziehung der Zentralbanken gibt *Knittel* (2007). Auch stimmt nicht der Eindruck, dass es im Vorfeld der Bankenkrise 2008 f. keine warnenden Stimmen gab. So hat beispielsweise *Belke* (2001) frühzeitig auf die *too-big-to-fail*-Problematik in den USA hingewiesen.

In Deutschland wurde im Oktober 2008 innerhalb von einer Woche das Finanzmarktstabilisierungsgesetz beschlossen, das eine Eigenkapitalzufuhr für Banken bis zu 70 Mrd. Euro und Garantien bis zu 400 Mrd. Euro erlaubt (*Bundesgesetzblatt* 2008). Die wirtschaftspolitische Reaktion auf die Bankenkrise lässt sich in fünf Säulen aufteilen.

- Liquiditätssicherung: In der Finanzkrise hat das Eurosystem sowohl die Bereitstellung von Zentralbankliquidität als auch die Hereinnahme von Einlagen stark ausgeweitet. Nach *Hauck* und *Neyer* (2011) hat das Eurosystem verstärkt die Rolle eines Intermediärs übernommen, und sie erklären u.a. das stark gesunkene Volumen auf dem Interbankenmarkt mit gestiegenen Transaktionskosten im Zuge der Bankenkrise.
- Eigenkapital(EK)-Sicherung: Dazu gehören Beteiligungen, Änderungen im Bilanzrecht oder auch die Gründung einer *Bad Bank* (s. Kapital 4.4.).
- Garantien: Beispielsweise können neu ausgegebene Anleihen von Banken mit Garantien versehen werden.
- Regulierung: Mittel- und langfristige regulatorische Änderungen sollen zu einer risikoärmeren Geschäftspolitik der Banken führen.
- Kreditfinanzierung Wirtschaft: Ausweitung von Förderprogrammen zum Beispiel über die KfW.

2.2. Eigenkapitalanforderungen

In Kapitel 3 wird das Instrument der Ausgleichsforderungen vorgestellt, das im Zuge der Währungsreformen 1948 und 1990 verwendet wurde, um Bilanzlücken auszugleichen. Der Bezug zu der aktuellen Situation ergibt sich aus den Schätzungen bezüglich der notwendigen Abschreibungen auf Wertpapiere und Kredite in den Bankbilanzen, die ebenfalls zu Bilanzlücken im Sinne einer Überschuldung führen könnten. So geht der *Internationale Währungsfonds* von erforderlichen Abschreibungen auf Wertpapiere und Kredite in Höhe 814 Billionen USD für Banken in der Euro-Zone in den Jahren von 2007 bis 2010 aus. Mehr als die Hälfte davon würde zwischen dem zweiten Quartal 2009 und Ende 2010 anfallen (*IWF* 2009, S. 10).

Allerdings ist bei solchen Schätzungen Vorsicht geboten, zumal sie starken Schwankungen unterliegen. Dies beweist Abbildung 1, die unterschiedliche Verlustschätzungen für Banken zeigt. Die Gründe liegen in methodischen Unsicherheiten, unterschiedlichen Abgrenzungen und Datenquellen, aber auch den erheblichen Schwankungen monetärer und realer Variablen (BIP), die zwar den prognostizierten Abschreibungsbedarf beeinflussen, aber kaum sicher auf Sicht von 12 Monaten vorhergesagt werden können. Ebenso schwanken die ausgewiesenen Gewinne der Banken sehr stark. Um ein maritimes Bild zu verwenden: Eine Sturmflut geht mit schlechter Sicht einher. Die Informationsasymmetrie zwischen Banken und Öffentlichkeit ist dabei ein Teil des Problems.

Abbildung 1: Verlustschätzungen für Banken (global)

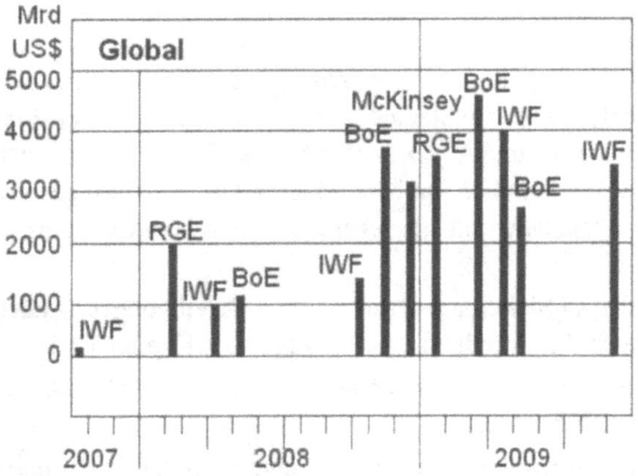

Quelle: *Deutsche Bundesbank* (2009, S. 61); Legende: *Bank of England (BoE), IWF, EZB, McKinsey, Roubini Global Economics (RGE).*

In einer weiteren Prognose berechnet der *Internationale Währungsfonds* (*IWF* 2009) den erforderlichen Kapitalbedarf für europäische Geschäftsbanken in Abhängigkeit unterschiedlicher Regulierungsvorgaben und der erwarteten Gewinne und Verluste. Abbildung 2 zeigt, welche Kapitalanforderungen für Banken in der Euro-Zone mit höheren Kernkapitalquoten bzw. der Einführung einer bilanziellen Verschuldungsgrenze mit einem maximalen Hebel von 25 in Bezug auf das Stammkapital einhergehen würden.

Eine weitere Indikation gibt der sogenannte Stress-Test, der vom *Committee of European Banking Supervisors* im Juni und Juli 2010 für 91 Europäische Banken durchgeführt wurde (*CEPS* 2010). Im schlechtesten Szenario (*adverse scenario*) wurde für die *EU* unterstellt, dass das BIP in 2010 nicht wächst und es in 2011 zu einem Rückgang um 0,4 % kommt. Zudem wurde angenommen, dass es in allen Ländern zu einer unterschiedlich starken Erhöhung der Marktzinsen kommt, was zu entsprechenden Wertberichtigungen von länger laufenden Anleihen dieser Länder im Handelsbuch der Banken führt.

Ausgehend von einem Kernkapital (Tier 1) der 91 getesteten Banken von Euro 1.162 Mrd. Euro im Jahr 2009, würde es laut CEPS im *adverse scenario* zu Verlusten aufgrund von Wertberichtigungen von 566 Mrd. Euro in den Jahren 2010 und 2011 kommen. Allerdings stehen diesen operative Gewinne vor Abschreibungen von 509 Mrd. Euro gegenüber. Ausgehend von einer Kernkapitalquote von 10,3 % in bezug auf die risikogewichteten Anlagen im Jahr 2009, würden nach Berechnungen des CEPS im

Abbildung 2: Eigenkapitalanforderungen der Banken

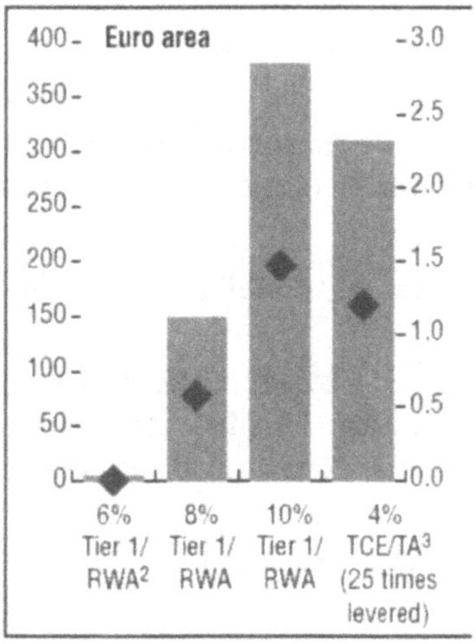

Legende: Tier 1 (Tier 1 Kapital) = Kernkapital; RWA = Risikogewichtete Anlagen; TCE / TA = Tangible Common Equity / Tangible Assets (entspricht der Eigenkapitalquote (nur Stammkapital) nach Abzug immaterieller Vermögensgegenstände); Die Rauten beziehen sich auf die rechte Skala, die die zusätzlichen Kapitalanforderungen in Prozent der gesamten Bilanzsumme (Stichtag Juni 2009) angibt. Die offizielle regulatorische Mindestanforderung von Tier 1 / RWA liegt zu Jahresbeginn 2010 noch bei 4 %.

Quelle: *IWF* (2009, S. 14);

adverse scenario nur sieben Banken unter den Grenzwert von 6 % Kernkapitalquote fallen. Der notwendige Kapitalzufluss für diese Banken, um die 6 %-Marke Tier1/RWA auch im *adverse scenario* einzuhalten, wurde mit 3,5 Mrd. Euro berechnet.

Dieser Betrag entspricht der Größenordnung des ersten Balkens in Abbildung 2. Deutlich an den genannten Zahlen wird aber auch, wie sehr die Tragfähigkeitsschätzungen von den Annahmen über die Entwicklung der operativen Gewinne der Banken abhängen. Zudem gehen sowohl *IWF* (2009) als auch *CEPS* (2010) nicht davon aus, dass es zu einem Zahlungsaufschub bzw. einer Umschuldung von europäischen Staatsanleihen kommt. Ein solcher *default* eines Landes würde nicht nur zu temporären Abschreibungen im Handelsbuch, sondern auch zu dauerhaften Verlusten bei den längerfristigen Anlagebeständen (Bankbuch) führen.

Vor diesem Hintergrund wird im Weiteren das Instrument der Ausgleichsforderungen vorgestellt, das im Zusammenhang mit den Währungsreformen von 1948 und 1990 zum Ausgleich von Bilanzlücken von Banken in Deutschland verwendet wurde. Die Charakteristika der Ausgleichsforderungen werden ermittelt, und es wird untersucht, ob dieses Instrument auch im Zuge einer Bankenkrise eingesetzt werden kann.

3. Geschichte der Ausgleichsforderungen

Ausgleichsforderungen dienen als bilanzielle Gegenpositionen in Bankbilanzen, die zum Einsatz kommen, wenn sich durch künstliche Eingriffe das Verhältnis zwischen Aktiv- und Passivseite der Bankbilanz verschiebt. In Deutschland wurden sie nach dem Zweiten Weltkrieg sowie für die ostdeutschen Sparkassen und Banken nach der Wiedervereinigung eingesetzt.

3.1. Ausgleichsforderungen nach der Währungsreform von 1948

Mit der Währungsreform für Westdeutschland und West-Berlin am 21. Juni 1948 wurde die Reichsmark durch die D-Mark abgelöst. In diesem Zusammenhang sind mehrere Formen von Ausgleichsforderungen eingesetzt worden (*Deutsche Bundesbank*, 1995):

- Ausgleichsforderungen für die Banken und Sparkassen zur Auffüllung der Bilanzlücke auf der Aktivseite.
- Ausgleichsforderungen für die Landeszentralbanken und die *Bank deutscher Länder* als Gegenposition zur Bargeldausgabe. Es ist vorgesehen, dass diese Ausgleichsforderungen ab 2024 durch den Bund getilgt werden, da Notenbankkredite an den Staat laut EU-Vertrag verboten sind.
- Sonderausgleichsforderungen zu Gunsten der Banken zur Deckung ihrer Kosten für die Währungsumstellung.
- Sowie in den 50er und 60er Jahren die Rentenausgleichsforderungen zu Gunsten von Versicherungsunternehmen, um Leistungen aus privaten Renten- und Pensionsversicherungsverträgen verbessern zu können.

Im weiteren Verlauf dieses Beitrags wird nur auf die zuerst genannte Form eingegangen, da die anderen Formen der Ausgleichsforderungen keine Parallelen zu der heutigen Fragestellung aufweisen.

Die Ausgleichsforderungen für die Banken und Sparkassen wurden notwendig, da im Zuge der Währungsreform 1948 Forderungen und Verbindlichkeiten zwar generell im Verhältnis 1:10 umgestellt, aber Forderungen der Banken gegenüber dem Reich, der NSDAP, Interbankenforderungen und Altgeldguthaben gestrichen wurden. Da die Aktiva der Finanzinstitute aber zu einem großen Teil aus Forderungen an das Reich bestanden, schrumpfte die Aktivseite stärker als die Passivseite. Zum Ausgleich des Fehlbetrags wurden Kreditinstituten, Versicherungen und Bausparkassen daher Aus-gleichsforderungen zugeteilt (*Deutsche Bundesbank* 1995). Entwickelt wurden die Ausgleichsforderungen in einem Plan der US-amerikanischen Militärregierung (*van Suntum und Ilgmann* 2009).

Die Ausgleichsforderungen wurden in der Regel mit 3 % verzinst, Versicherungen erhielten 3,5 %. Da später der Marktzinssatz höher als diese Marke lag, wäre der Marktwert der Ausgleichsforderungen geringer als der Nennwert gewesen, was zu neuen Bilanzlücken bei den Banken geführt hätte. Daher wurde in einer Durchführungsverordnung bestimmt, dass die Ausgleichsforderungen nur zum Nennwert bilanziert und veräußert werden durften.

Der Anteil der Ausgleichsforderungen am Geschäftsvolumen erreichte 1950 bei den Kreditinstituten im Durchschnitt gut 15 %, bei den Versicherungen 60 %. Eine Verringerung dieser Relationen erfolgte zunächst nur über ein Wachstum der Bilanzsummen.

3.2. Ausgleichsforderungen nach der Währungsreform von 1990

Auch im Zuge der Währungsumstellung von der DDR-Mark auf die DM wurden Ausgleichsforderungen eingesetzt, um die durch eine asymmetrische Umstellung von Verbindlichkeiten und Forderungen in den Bilanzen entstandenen Lücken zu füllen. Die Ausgleichsforderungen wurden verwendet von

- Kreditinstituten,
- Außenhandelsbetrieben, die an der Schnittstelle zwischen Fremdwährungs- und Binnenwährungskreislauf agierten, und
- Unternehmen der Treuhandanstalt. Deren Ausgleichsforderungen richteten sich direkt gegen die Treuhandanstalt.
- Zudem gab es eine Sonderform der Ausgleichsverbindlichkeit, die die Staatsbank Berlin einstellen musste.

Im Gegensatz zu den Ausgleichsforderungen von 1948 kamen auch Nicht-Banken in den Genuss der Bilanzhilfen. Zwischen den Ausgleichsforderungen für die Unternehmen und für die Banken bestand ein enger Zusammenhang: Wurde durch die Ausgleichsforderungen ein Unternehmen an dessen Insolvenz verhindert, mussten die entsprechenden Kredite nicht abgeschrieben werden, und daher wurden weniger Ausgleichsforderungen bei den Banken notwendig (*Deutsche Bundesbank* 1996). Unternehmen der Treuhandanstalt, die zuvor als "volkseigene Betriebe" galten, erhielten Ausgleichsforderungen, wenn sich deren Aktiva nicht als genügend werthaltig erwiesen, aber dennoch eine Insolvenz nicht notwendig erschien.

Im Finanzsektor ergaben sich Ausgleichsforderungen aus den asymmetrischen Umstellungsraten bei der Währungsreform: Während generell Forderungen und Verbindlichkeiten im Verhältnis 2:1 zur DM umgetauscht wurden, wurden Sparguthaben von DDR-Bürgern in Abhängigkeit ihres Alters bis zur maximalen Höhe von 6.000 Mark (Ost) im Verhältnis 1:1 umgestellt. Da die Bürger der DDR ihre Ersparnisse nur bei den Sparkassen anlegen konnten, waren vor allem diese von dem asymmetrischen Umtauschverhältnis betroffen (*Kreiss* 2003). Die Aktiva der Sparkassen bestanden fast ausschließlich aus Forderungen gegenüber der Staatsbank, die im Verhältnis 2:1 umgestellt würden. Die dadurch entstandene Lücke auf der Aktivseite wurde durch Ausgleichsforderungen aufgefüllt.

Neben den Sparkassen gab es einige Banken mit Sonderaufgaben, wie zum Beispiel die Deutsche Kreditbank, die im Gegensatz zu den Sparkassen Abschreibungen auf ihren Kreditbestand verkraften musste, da die Unternehmen ihre Aktiva zu Zeit- oder Wiederbeschaffungswerten nach der Wiedervereinigung neu bewerten mussten. Zudem wurden Ausgleichsforderungen eingesetzt, um ggf. bei Banken und Sparkassen das Eigenkapital zu erhöhen, so dass es mindestens 4 % der Bilanzsumme betrug.

Die Verzinsung der Ausgleichsforderungen orientierte sich am 3-Monatszins FIBOR, später am 3-Monats EURIBOR. In den Jahren 1991 bis 1993 lag der 3-Monatszins mit 6 % bis 9 % jeweils über der durchschnittlichen Umlaufrendite für längerfristige Anleihen, so dass sich daraus ein zusätzlicher positiver Ertragseffekt für die Banken ergab und die Sparkassen eine attraktive Verzinsung von Spareinlagen anbieten konnten. Die den Unternehmen zugeteilten Ausgleichsforderungen wurden geringer verzinst (*Kreiss* 2003).

Bis zum 31. Dezember 2000 erreichten die gesamten Ausgleichsforderungen gegen den Ausgleichsfonds Währungsumstellung ohne gegengerechnete Tilgungen 88,8 Mrd. DM, davon 84,3 Mrd. DM gegenüber Geldinstituten (vgl. Jahresabschluss des Ausgleichsfonds Währungsumstellung, zitiert nach *Kreiss* 2003, S. 136). Nach Schätzung der Deutschen Bundesbank erhielten die Sparkassen und Genossenschaftsbanken Ausgleichsforderungen über 30 Mrd. DM aufgrund der asymmetrischen Währungsumstellung und 5 Mrd. zur Aufstockung ihres Eigenkapitals (*Deutsche Bundesbank* 1996). Die Probleme bei der statistischen Aufbereitung der begebenen Ausgleichsforderungen, insbesondere in Bezug auf die unterschiedlichen Zuteilungsgründe, werden von *Kreiss* (2003, S. 136 f) erörtert.

Ab 1995 mussten Banken, die nachträgliche Zahlungen auf wertberichtete Forderungen erhielten, diese an den Ausgleichsfonds Währungsumstellung abführen. Im Juni 1999 sind die Verbindlichkeiten aus dem Ausgleichsfonds Währungsumstellung bzw. Erblastentilgungsfonds aufgrund des Schuldenmitübernahmegesetzes direkt auf den Bundeshaushalt übergegangen. Zu diesem Zeitpunkt bestanden im Erblastentilgungsfonds noch Schulden in Höhe von 137 Mrd. Euro (*Bundesrechnungshof* 2009).

3.3. Vergleich und Bewertung

Im Fokus stehen die Ausgleichsforderungen, die von Banken zur Auffüllung von Bilanzlücken eingebucht werden konnten. Die Ausgleichsforderungen für diesen Zweck, die in den Jahren 1948 und 1990 entstanden sind, unterscheiden sich nicht im Prinzip, aber im Detail. Die folgende Tabelle gibt einen Überblick.

Aus diesem Vergleich lassen sich die grundlegenden Charakteristika von Ausgleichsforderungen ableiten:

- "Volkswirtschaftlich relevante" Größenordnung.
- Tilgung durch Bund und Länder.
- Lange Laufzeiten (≥ 40 Jahre).
- Zentralbankfähig.

Unterschiede bestanden vor allem in der Verzinsung. Durch die Unterverzinsung der 1948er-Ausgleichsforderungen wurden nach Ansicht der Bundesbank die Belastungen durch die Währungsumstellung vor allem auf die Finanzinstitute abgewälzt, während sie 1990 vom Staat, d.h. vom Steuerzahler, getragen wurden (*Deutsche Bundesbank* 1996).

Abbildung 3: Überblick über Ausgleichsforderungen

	Auffüllung Bilanzlücke 1948	**Auffüllung Bilanzlücke 1990**
Zweck	Auffüllung der Bilanzlücke auf der Aktivseite (= Vermeidung von Überschuldung), die durch Streichung von Forderungen entstanden war	1. Überschuldung aufgrund asymmetrischer Bilanzumstellung vermeiden 2. Eigenkapitalzufuhr, um Mindestquote von 4 % zu erreichen
Begünstigte aus Finanzsektor	Kreditinstitute, Versicherungen, Bausparkassen	Ostdeutsche Kreditinstitute
Gegenposition	Schuldner: Länder und Bund	Bund (über div. Sondervermögen wie z.B. dem "Erblastentilgungsfonds")
Bilanzierung	zum Nominalwert	zum Nominalwert
Volumen (Nominal)	Kreditinstitute: 7,3 Mrd. DM Versicherungen: 5,9 Mrd. DM Bausparkassen: 66 Mio. DM	aus asymmetr. Bilanzumstellung Sparkassen: 30 Mrd. DM Banken: 54 Mrd. DM (1990)
Volumen in Preisen von 2009, in Mrd.[1]	Summe für KI, Vers., Bauspark.: ca. 30 Mrd. Euro	Summe für Sparkassen und Banken: ca. 61 Mrd. Euro
Verzinsung	für KI: 3 % (ab 1983: 1 %) für Versicherungen: 3,5 %	Marktmäßig, gemäß 3-Monats FIBOR, später 3-Monats EURIBOR
Tilgung	Rückkäufe ab 50er Jahre; planmäßige Tilgung durch "Fonds zum Ankauf von Ausgleichs-forderungen" bis 1995	Tilgung: jeweils 2,5 %, d.h. über 40 Jahre. Tilgungsende: 2035.
Geldpolitik	Ausgleichsforderungen waren Ausgangspunkt für Offenmarkt-politik der Bundesbank (bis 1992)	ebenso Grundlage für Lombard- und Wertpapierpensionsgeschäfte mit Bundesbank
Handelbarkeit	Faktisch nein. Durch die geringe Verzinszung wäre der Marktwert unter dem Nennwert gewesen, was neue Bilanzlücken ergeben hätte. Daher wurde in einer Durch-führungsverordnung bestimmt, dass die Ausgleichsforderungen nur zum Nennwert bilanziert und veräußert werden durften.	Ja, durch die Möglichkeit der Umwandlung in Schuldver-schreibungen. 96 % aller Ausgleichsforderungen wurden umgewandelt.

Quelle: Eigene Darstellung

[1] Umrechnung auf Basis Verbraucherpreisindex (bzw. Vorläufer) 1948-2009, Quelle: Deutsche Bundesbank http://www.bundesbank.de/statistik/statistik_zeitreihen_download.php?func=directcsv &from=&until=&filename=bbk_ujfb99&csvformat=de&euro=mixed&tr=UJFB99.

Die Ziele, die mit dem Einsatz der Ausgleichsforderungen verbunden waren, lauteten:

- Schließung von bilanziellen Lücken, um eine Überschuldung bei Banken und Unternehmen im Zuge der Währungsreform zu vermeiden und damit ihre Überlebensfähigkeit zu sichern. Die länderspezifischen Zahlen zur Häufigkeit von Bankenkrisen von *Reinhart* und *Rogoff* (2009) zeigen, dass Deutschland seit 1945 im Ländervergleich einen relativ stabilen Bankensektor hatte. Damit dürfte dieses Ziel als erreicht gelten.
- Konsensfähigkeit: Im Zuge der Währungsreform von 1990 boten die Ausgleichsforderungen einen Weg, zwischen den politischen Anforderungen eines hohen Umstellungskurses für Sparguthaben und den notwendigen hohen Abschreibungen auf Anlagen und Maschinen der ostdeutschen Unternehmen zu vermitteln (*Kreiss* 2003).
- Mäßige Belastung für die Staatshaushalte: Dies wurde durch die lange Laufzeit und, insbesondere im Fall der Ausgleichsforderungen von 1948, relativ geringe Verzinsung erreicht.
- Handhabung: Die Wirkung der Ausgleichsforderungen musste sofort greifen, Einführung, Durchsetzung und Überwachung sollten wenig aufwendig sein.

Gemessen an diesen Zielen haben die Ausgleichsforderungen ihren Zweck erfüllt. Nicht berücksichtigt sind dabei aber die grundlegenderen wirtschaftspolitischen Debatten um die Währungsumstellung an sich. Im Fall der Währungsumstellung von 1990 wird zum Beispiel kritisiert, dass die Banken Ausgleichsforderungen für Forderungen erhalten hätten, die stärker als notwendig abgeschrieben worden waren (*Deutscher Bundestag* 1997). Auch gibt es auf politischer Ebene Streit um die Frage, ob man die Überführung von Schulden aus dem Erblastentilgungsfonds in den Bundeshalt als *Tilgung* bezeichnen darf (*Deutscher Bundestag* 2009).

4. EZB-Abschreibungsbonds

4.1. Konzept

Die einfache und schnelle Schließung von bilanziellen Lücken bei Banken ohne eine übermäßige Belastung der Staatshaushalte war nicht nur eine Anforderung an die Wirtschafts- und Finanzpolitik der Jahre 1948 und 1990, sondern ist ab 2008 wieder akut geworden. Zur Debatte gestellt wird daher hier, ob das Prinzip der Ausgleichsforderungen als Blaupause für eine Lösung der derzeitigen Bilanzprobleme bei Banken verwendet werden kann. Dazu werden zunächst die oben genannten Charakteristika auf ihre Sinnhaftigkeit in bezug auf die aktuelle Situation untersucht.

- *Volkswirtschaftlich relevante* Größenordnung: Die Bilanzlücken der Banken in der aktuellen Krise waren *volkswirtschaftlich relevant*. Daher ist dieses Kriterium erfüllt.
- Tilgung: a) Ausgleichsforderungen wurden getilgt. Im aktuellen Fall würde dies aber das Verursacherprinzip verletzen, da in der derzeitigen Bankenkrise keine von Staats wegen durchgeführte Währungsreform die Ursache für Bilanzprobleme war.

Dem Verursacherprinzip würde es im aktuellen Fall eher entsprechen, wenn die Ausgleichsforderungen nicht durch Tilgung, sondern durch Abschreibungen, die sich in der Gewinn- und Verlustrechnung der Banken niederschlagen, im Laufe der Zeit abgebaut würden. Daher wird im weiteren der Begriff "Abschreibungsbonds" eingeführt, deren Wert sich linear reduziert und am Ende der Laufzeit Null beträgt.

b) Die Gegenpositionen übernahmen Bund und Länder. Eine Gegenposition der Staatshaushalte kommt bei den Abschreibungsbonds nicht in Betracht. Dies würde entgegen dem Verursacherprinzip zu einer nicht akzeptablen ad hoc-Erhöhung des Schuldenstands der Staaten führen. Eine mögliche Gegenposition könnte aber die Zentralbank (bzw. das Eurosystem) bilden, daher der Name EZB-Abschreibungsbonds.

- Lange Laufzeiten: Mit den langen Laufzeiten wurde sichergestellt, dass die Tragfähigkeit der Staatshaushalte nicht überschritten wurde. Bei den Abschreibungsbonds ist ebenfalls eine Laufzeit über mehrere Jahrzehnte sinnvoll. In der Streckung der notwendigen Abschreibungen notleidender Wertpapiere und Kredite über einen längeren Zeitraum besteht der eigentliche ökonomische Sinn der EZB-Abschreibungsbonds.
- Zentralbankfähig: Werden die EZB-Abschreibungsbonds von der Zentralbank ausgegeben, bestehen keine Bedenken, diese bei Bedarf als Grundlage für geldpolitische Operationen zu verwenden.

Das Konzept der EZB-Abschreibungsbonds sieht vor, dass Banken mit Hauptsitz in der Euro-Zone bis zu einem bestimmten Stichtag Aktiva zum aktuellen Buchwert gegen EZB-Abschreibungsbonds tauschen können. Die Banken tauschen damit kurzfristig notwendige Abschreibungen gegen langfristig geplante Abschreibungen. Die *Gebühr* für die Banken besteht in dem Verzicht auf Zuschreibungen bzw. Verwertungserlösen, die sich bei den problembehafteten Wertpapieren möglicherweise ergeben. Trotz der Verlängerung der Zentralbankbilanz entsteht durch die Bildung der EZB-Abschreibungsbonds kein monetärer Impuls, da es sich aus Sicht der Geschäftsbanken um den Tausch zweier Aktiva handelt. Eine Verzinsung ist nicht vorgesehen. Die EZB-Abschreibungsbonds sind nicht handelbar, aber eine Berücksichtigung als Sicherheit im Rahmen geldpolitischer Operationen könnte fallweise ermöglicht werden.

Abbildung 4 zeigt einen Vergleich zwischen Ausgleichsforderungen und EZB-Abschreibungsbonds im Überblick.

Abbildung 4: Vergleich von Ausgleichsforderungen und Abschreibungsbonds

	Ausgleichsforderungen	Abschreibungsbonds
Zweck	Auffüllung der Bilanzlücke auf der Aktivseite	dto.
Begünstigte	Kreditinstitute	dto.
Gegenposition	Schuldner: Länder und Bund	EZB bzw. Eurosystem
Bilanzierung	unterschiedlich	verbleibender Nominalwert, d.h. Abzug der jeweiligen Abschreibung
Verzinsung	unterschiedlich	nein, um einen monetären Impuls zu vermeiden
Tilgung	≥ 40 Jahre	dto.
Geldpolitik	Zentralbankfähig	möglich, in Abhängigkeit der aktuellen geldpolitischen Strategie
Handelbarkeit	unterschiedlich	nein

Quelle: Eigene Darstellung

4.2. Vorteile des Konzepts

Im Ergebnis würde der Vorschlag nachhaltig Bilanzprobleme im Europäischen Bankensystem lösen können, ohne zu einer weiteren Belastung für die Steuerzahler oder zu einem inflationären monetären Überhang zu führen. Vielmehr findet ein Tausch von Aktiva statt: Die Banken übertragen die toxischen Wertpapiere an die EZB, erhalten dafür aber kein Bargeld, sondern eine neue Form von Forderungen gegenüber der Zentralbank. Somit kommt es nicht zu einer kurzfristigen und möglicherweise existenzbedrohenden Verringerung des Eigenkapitals, sondern die Verluste werden über Abschreibungen über die Jahre verteilt. Es ergibt sich Planungssicherheit für die Banken, was eine Voraussetzung für gegenseitiges Vertrauen und die Refinanzierung am Interbankenmarkt ist. Der Vorschlag ermöglicht den Banken dennoch keinen "Free Lunch", die EZB-Abschreibungsbonds befolgen das Verursacherprinzip. Zudem ergibt sich ein psychologischer Aspekt, wenn die EZB-Abschreibungsbonds über ihre Laufzeit eine dauerhafte Merkposition mit Warncharakter in den Bankbilanzen darstellen.

4.3. Offene Fragen

Der Vorschlag der EZB-Abschreibungsbonds greift tief in das europäische Regelwerk ein, denn es setzt eine Einigung zwischen dem EU-Ministerrat, den nationalen Regierungen und dem Europäischen System der Zentralbanken voraus. Neben den juristischen Problemen kann es zu Vertrauensverlusten der Zentralbanken oder weiteren Fehlanreizen (*moral hazard*) kommen. Es besteht die Gefahr, dass die Unabhängigkeit der EZB Schaden nimmt, wenn von ihr eine solche Intervention erwartet wird. *Stasch* (2009, S. 246) argumentiert, dass Lender of Last Resort-Interventionen zu Gunsten (regulatorisch) überschuldeter Banken aber nach dem Europäischen Beihilferecht (Art. 107 III b Vertrag über die Arbeitsweise der Europäischen Union - AEUV) dann mit dem Gemeinsamen Markt vereinbar seien, wenn sie einer Vielzahl von Banken zugutekommen, die aufgrund von systemischen Ansteckungseffekten in eine Überschuldungskrise geraten seien.

In diesem Zusammenhang ist auch ein Mechanismus zu entwickeln, der die Staatshaushalte schützt, damit diese nicht die Anfangsverluste der nationalen Zentralbanken im Eurosystem übernehmen müssen. Ein Beispiel gibt etwa der IWF-Mechanismus mit der Nutzung von Sonderziehungsrechten als bilanzielle Gegenposition in den Zentralbankbilanzen. Langfristig ergibt sich für das Eurosystem kein Verlust, da die EZB-Abschreibungsbonds ja nicht getilgt werden, sondern kontinuierlich an Wert verlieren. Vielmehr könnte das Eurosystem durch etwaige Verwertungserlöse der übertragenen problematischen Wertpapiere sogar Gewinne erwirtschaften. Diese Fragen müssen im europäischen Gesamtkontext geklärt werden, zumal der EZB-Rat keine alleinige Entscheidungsbefugnis über die Bilanz des Zentralbankensystems hat (*Bini Smaghi, Gros* und *Schobert* 2000).

Zudem sind operative Fragen zu klären wie etwa, für welche problembehafteten Forderungen in welchem maximalen Umfang der Tausch gegen EZB-Abschreibungsbonds erlaubt sein sollte, und wer im Eurosystem für die Verwertung der übernommenen problembehafteten Wertpapiere verantwortlich zeichnet.

4.4. Vergleich mit alternativen Vorschlägen

Kernelement des skizzierten Vorschlags der EZB-Abschreibungsbonds ist eine Fristentransformation bei der Verarbeitung anfallender Verluste in den Bankbilanzen. Zwei weitere Vorschläge, die hier kurz skizziert werden sollen, wenden ebenfalls dieses Prinzip an.

- *Bad-Bank*-Modell: In Deutschland ist das sog. *Bad-Bank*-Gesetz (Gesetz zur Fortentwicklung der Finanzmarktstabilisierung (FMStFEntwG) seit dem 23. Juli 2009 in Kraft (*Hildebrandt* und *Müller* 2009). Unter anderem sieht es vor, dass strukturierte Wertpapiere von Banken an eine Zweckgesellschaft übertragen werden und diese im Gegenzug Schuldtitel erhalten, die von der "Bundesanstalt für Finanzmarktstabilisierung" (FMSA) garantiert werden. Die Banken müssen während der Laufzeit der Garantie die Differenz zwischen dem Übertragungswert der strukturierten Wertpapiere und ihrem tatsächlichen wirtschaftlichen Wert (Fundamentalwert) ausgleichen sowie die Garantie vergüten. Als Daumenregel sollte ein Übertragungswert dienen, der neunzig Prozent des Buchwertes ausmacht (*Lehment* 2009).
- Austausch toxischer Papiere gegen unverzinsliche Staatsanleihen (Zerobonds) mit zunächst offener Laufzeit (*van Suntum* und *Ilgmann* 2009). Die toxischen Wertpapiere werden von einer *Bad Bank* verwertet. Die Erlöse daraus werden so lange angelegt, bis der Nominalwert der Zerobonds erreicht ist und diese abgelöst werden.

Daneben wurden etliche weitere Varianten in die Diskussion eingebracht. Dazu gehörten etwa der Vorschlag von *Schäfer* und *Zimmermann* (2009), dass eine *Bad Bank* die toxischen Wertpapiere zum aktuellen Marktwert übernehmen sollte und die Banken gleichzeitig rekapitalisiert werden, oder auch der Vorschlag, dass Banken die toxischen Papiere an eine staatliche Institution abgeben und entsprechende Besserungsscheine ausgeben, um zukünftige Verluste abzudecken (*Joelges* und *Krieger* 2009).

Obwohl die Grundidee einer zeitlichen Streckung der anfallenden Verluste bei den Vorschlägen übereinstimmt, so unterscheiden sie sich doch in den Details hinsichtlich Gegenpartei, Übertragungswerten, Bilanzierungsfolgen und Verlusthaftung.

Im Gegensatz zu den anderen Vorschlägen setzt der in diesem Beitrag skizzierte Ansatz der EZB-Abschreibungsbonds

- auf die Europäische Zentralbank als Gegenpartei,
- empfiehlt, die im Tausch erhaltenen Wertpapiere (EZB-Abschreibungsbonds) kontinuierlich abzuschreiben, so dass sich die entsprechende Bilanzposition im Zeitverlauf verringert,
- setzt auf einen längeren Zeitraum zur Fristentransformation der Verluste als die *Bad Bank*,
- schafft frühzeitiger als andere Vorschläge Planungssicherheit für die Banken, da Abschreibungszeitraum und Verlust schon zum Zeitpunkt der Übertragung feststehen,
- und umgeht die Bewertungsproblematik bei der Übertragung der problembehafteten Wertpapiere. Bei anderen Modellen entscheidet der Wert, zu dem die Wertpapiere übertragen werden, über die Verlustverteilung, bei den EZB-Abschreibungsbonds tragen alle Verluste die Banken.

Alle genannten Ansätze weisen eine Gemeinsamkeit auf: Sie bieten Vorschläge für die Lösung eines Teilproblems, nämlich die möglicherweise existenzbedrohende Verringerung des Eigenkapitals. Alle Ansätze müssen mit weiteren wirtschaftspolitischen Maßnahmen, insb. zur mittel- und langfristigen Regulierung des Bankensektors einhergehen. Insbesondere gilt es, die Banken glaubhaft zu überzeugen, dass die beschriebenen Maßnahmen eine Singularität bleiben. Andernfalls würde eine *Moral Hazard*-Problematik entstehen, deren negativen Auswirkungen den Nutzen der Modelle übersteigen könnten.

4.5. Exkurs: Einordnung und Rolle der Zentralbank vor dem Hintergrund des "Euro-Rettungspakets"

Kritik gegen den Vorschlag der EZB-Abschreibungsbonds könnte aus geldpolitischer Sicht geltend gemacht werden: Es sei nicht Aufgabe des Eurosystems, Bilanzprobleme von Banken zu lösen. Dies könnte zu einer ungewollten Ausweitung der Zentralbankgeldmenge sowie zu Problemen in der Bilanz der Zentralbank selbst führen. Dieses Argument entspricht dem Prinzip, das bereits *Bagehot* (1873) im 19. Jahrhundert formuliert hatte, indem die Zentralbank als *Lender of Last Resort* illiquide, aber solvente Banken mit Liquidität zu hohen Zinssätzen versorgen sollte, insolvente Banken aber abgewickelt werden sollten. Allerdings ist dieses klassische Prinzip in der Vergangenheit nicht durchgängig befolgt worden, sondern mitunter wurden auch insolvente Banken von den Zentralbanken gerettet und deren Aktiva aufgekauft (*Bordo* 1990). *Goodfriend* und *King* (1988/2002, S. 161) halten trotz Bedenken in bestimmten Situationen einen weitergehenden Einsatz der Zentralbanken für legitim:

> "What banking policy could do is support otherwise insolvent banks by temporarily swapping government securities for nonperforming loans. If the disturbance were temporary, and the loans earned nothing for the central bank, then the size of the subsidy would be the lost interest on government securities that has been diverted to bank depositors. Alternatively, it the loans defaulted, the subsidy would be the entire face value of the loans purchased by the central bank."

In der Bankenkrise der Jahre 2008 f. setzte das Eurosystem auf geldpolitische Sondermaßnahmen (*Deutsche Bundesbank* 2009, S. 93) oder auf Anpassungen an ihren geldpolitischen Handlungsrahmen (*Thieme* und *Vollmer* 2011). Als jüngstes Beispiel für eine unorthodoxe Maßnahme sei hier auf den 9. Mai 2010 verwiesen. An diesem Tag beschlossen im *Ecofin-Rat* die Euro-Finanzminister ein umfassendes Paket, das in Kurzform als *Euro-Rettungspaket* oder *Euro-Rettungsschirm* bezeichnet wurde. Es sieht die Errichtung einer Zweckgesellschaft vor, die Kredite bis zu einem Gesamtvolumen von 440 Milliarden Euro an Euro-Migliedsstaaten vergeben darf und für die alle Mitgliedsstaaten gemeinschaftlich haften. Weitere Mittel für Mitgliedsländer sollen im Bedarfsfall vom *Internationalen Währungsfonds* (IWF) sowie direkt über den Haushalt der Europäischen Kommission zur Verfügung gestellt werden.

Ebenfalls im Rahmen der Verhandlungen in Brüssel am 9. Mai 2010 hat sich die Europäischen Zentralbank bereit erklärt, im Markt befindliche Staatsanleihen von Euro-Ländern anzukaufen. Der Zentralbankrat beschloss das *Securities Markets Programme* formal am 10. Mai und begründet den Markteingriff damit, dass man „*depth and liquidity in those market segments which are dysfunctional*“ sicherstellen wollte (*EZB* 2010a). Der Bundestag stimmte dem ausgehandelten Rettungspaket im Rahmen des „*Gesetzes zur Übernahme von Gewährleistungen im Rahmen eines europäischen Stabilisierungsmechanismus*“ am 21. Mai 2010 zu.

Aus wirtschaftspolitischer Sicht markieren die Ereignisse vom Mai 2010 eine Zäsur:

- Die *no bail out*-Klausel des Vertrags von Maastricht wurde de facto ausgehebelt. Mit der juristischen Seite setzt sich das Bundesverfassungsgericht auseinander.
- Das u.a. im EU-Vertrag (*EU* 2008, § 123) ausgesprochene Verbot für die Europäische Zentralbank, Staatsanleihen direkt anzukaufen, wird umgangen.

Durch den Ankauf von Staatsanleihen durch die EZB und bei Aktivierung der Zweckgesellschaft werden Staatsschulden von einem einzelstaatlichen zu einem gemeinschaftlichen Problem. Dadurch wird eine moral hazard-Problematik geschaffen, die mit dem Vertrag von Maastricht verhindert werden sollte. Weitere kritische Punkte zu dem *Euro-Rettungspaket* werden von *Sinn* (2010) aufgeführt.

Nach Angabe der EZB wurden bis zum 2. Juli 2010 Staatsanleihen im Wert von 59 Mrd. Euro unter dem Securities Markets Programme aufgekauft und durch kurzfristige Einlagegeschäfte sterilisiert (*EZB* 2010b). Ein früheres Programm zum Aufkauf von gedeckten Anleihen, das bis Juni 2010 lief und ein Gesamtvolumen von 60 Mrd. Euro hatte, bezog sich dagegen nicht auf Staatsanleihen (*Covered Markets Program - EZB* 2010c). Neben den kurzfristigen Markteffekten auf die Anleihenkurse

- werden durch die Ankäufe die Verkäufer der Staatsanleihen, d.h. vor allem europäische Banken und Fonds, dauerhaft von dem Risiko entlastet, das eine Umschuldung eines Staates (*default*) für ihre Gewinnausweise bedeuten würde,
- ist eine geldpolitische Grenze überschritten worden, wenn die Staatsanleihen nicht nur vorübergehend als Sicherheit wie bislang, sondern bis zur Endfälligkeit bei der EZB verbleiben. Entsprechend erhöht sich durch den Ankauf die Geldmenge. Ob die in Aussicht gestellte Sterilisierung im gleichen Umfang dauerhaft funktioniert, bleibt abzuwarten. Zudem wird die EZB dadurch in die Verantwortung gebracht, eine Meinung zur Angemessenheit von Anleihenkursen zu entwickeln und durchzusetzen, und
- erweitert die EZB ihre faktische Rolle als *Lender of Last Resort*, die sie bereits durch die Bereitstellung von umfänglicher Zentralbankliquidität im Zuge der Bankenkrise 2008 / 2009 ausübte.

Offenbar wurden im Mai 2010 den Sorgen um die Stabilität des europäischen Finanzsystems Vorrang vor den geldpolitischen Bedenken eines direkten Aufkaufs von Staatsanleihen durch die EZB eingeräumt (*Weber* 2010). Eine Maßnahme wie die EZB-Abschreibungsbonds ist damit seit Mai 2010 weniger undenkbar, als es zuvor den Anschein hatte. Es bleibt aber bei den generellen Bedenken, so dass vor dem Hintergrund der konkreten Situation eine genaue Abwägung der Nachteile wie Vertrauensverluste der Zentralbank oder möglicher Fehlanreize mit den Vorteilen einer Lösung der Bilanzprobleme und der Vermeidung von Ansteckungsgefahren innerhalb des Bankensystems vorgenommen werden muss.

5. Zusammenfassung

Der Beitrag beschreibt das System der Ausgleichsforderungen, wie es im Zuge der Währungsreformen der Jahre 1948 und 1990 zum Einsatz kam. Eine ihrer Aufgaben war es, Bilanzlücken bei Banken zu schließen. Es werden arbeitet die gemeinsamen Charakteristika der Ausgleichsforderungen herausgearbeitet und analysiert, wie diese auf die heutige Situation eines möglicherweise weiteren Eigenkapitalbedarfs europäischer Banken angepasst werden können. Die Analyse führt zu dem Vorschlag der EZB-Abschreibungsbonds, die das Verursacherprinzip beachten, Planungssicherheit für die Banken bedeuten und keine Belastung für die Staatshaushalte darstellen. Abschliessend werden die offenen Fragen beleuchtet und argumentiert, dass nach dem Beginn des Aufkaufs von Staatsanleihen durch die EZB im Mai 2010 das Instrument der EZB-Abschreibungsbonds weniger undenkbar als zuvor erscheint.

Literatur

Bagehot, Walter (1873), Lombard Street: A description of the Money Market, London: H.S. King; Nachdruck auszugsweise in: *Charles Goodhart* and *Gerhard Illing* (eds.), Financial Crises, Contagion, and the Lender of Last Resort, Oxford, pp. 67-72.

Belke, Ansgar (2001), Too Big to Fail-Bankenkonkurs, "Bailout" und Wählerstimmenkalkül, in: Universität Hohenheim, Diskussionsbeiträge aus dem Institut für Volkswirtschaftslehre, Nr. 192/2001, Stuttgart.

Bini Smaghi, Lorenzo, Daniel Gros and Franziska Schobert (2000), Are European Central Banks Over-Capitalized?, in: *Lorenzo Bini Smaghi* and *Daniel Gros* (eds.) Open Issues in European Central Banking, Houndsmills and London pp. 67-93.

Bordo, Michael D. (1990), The Lender of Last Resort, Economic Review, Jan/Febr. 1990, Nachdruck in: *Charles Goodhart* and *Gerhard Illing* (eds.), Financial Crises, Contagion, and the Lender of Last Resort, Oxford, pp.109-126.

Bundesgesetzblatt (2008), Gesetz zur Umsetzung eines Maßnahmenpakets zur Stabilisierung des Finanzmarktes (Finanzmarktstabilisierungsgesetz – FMStG), Teil I Nr. 46, veröffentlicht im Internet: http://www.soffin.de/downloads/gesetz_fmstg.pdf, 08.02.2010.

Bundesrechnungshof (2009), Bemerkungen 2009 zur Haushalts- und Wirtschaftsführung des Bundes, Bonn.

CEPS (2010), Aggregate =utcome of the 2010 EU Wide Stress Test Exercise Coordinated by CEBS in Cooperation with the ECB, veröffentlicht im Internet: http://stress-test.c-ebs.org/ documents/Summaryreport.pdf, 25.07.2010.

Deutsche Bundesbank (1995), Ausgleichsforderungen aus der Währungsreform von 1948 und Fonds zum Ankauf von Ausgleichsforderungen, Monatsbericht November 1995, S. 55-69.

Deutsche Bundesbank (1996), Funktion und Bedeutung der Ausgleichsforderungen für die ostdeutschen Banken und Unternehmen, Monatsbericht März 1996, S. 35-53.

Deutsche Bundesbank (2009), Finanzstabilitätsbericht 2009, Frankfurt/M..

Deutscher Bundestag (1997), Antwort der Bundesregierung auf die Kleine Anfrage der Abgeordneten *Dr. Uwe-Jens Rössel, Rolf Kutzmutz, Dr. Christa Luft, Dr. Gregor Gysi* und der Gruppe der PDS - Drucksache 13/8414 - Abwicklung von Altkrediten der ehemaligen DDR und Übernahme von Geschäften von DDR-Kreditinstituten durch andere Geschäftsbanken, Drucksache 13/8852 vom 30.10.1997.

Deutscher Bundestag (2009), Stenographischer Bericht 199. Sitzung, Plenarprotokoll 16/199, veröffentlicht im Internet: http://dip21.bundestag.de/dip21/btp/16/16199.pdf, 25.07.2010.

EU (2008), Vertrag über die Arbeitsweise der Europäischen Union, Amtsblatt EG Nr. C 115 vom 9.5.2008.

EZB (2010a), ECB Decides on Measures to Address Severe Tensions in Financial Markets, Pressemitteilung vom 10. Mai 2010, veröffentlicht im Internet: http://www.ecb.int/press /pr/date/2010/ html/pr100510.en.html, 25.07.2010.

EZB (2010b), Final monthly report on the Eurosystem's covered bond purchase programme, veröffentlicht im Internet: http://www.ecb.int/pub/pdf/other/monthlyreporteurosystem coveredbondpurchaseprogramme201007en.pdf, 25. Juli 2010.

EZB (2010c), ECB Monthly Bulletin, July 2010, Frankfurt/M.

Goodfriend, Marvin and *Robert G. King* (1988), Financial Deregulation, Monetary Policy, and Central Banking, in: Restructuring Banking and Financial Services in America (AEI Studies 481); Nachdruck in: *Charles Goodhart* and *Gerhard Illing* (eds.), Financial Crises, Contagion, and the Lender of Last Resort, Oxford 2002, pp. 145-168.

Hauck, Achim und *Ulrike Neyer (2011),* Rolle der Notenbanken in der aktuellen Krise, in diesem Band.

Hildebrandt, Burghard und *Uwe Müller* (2009), Das Bad-Bank-Gesetz als Eckpfeiler der Finanzmarktstabilisierung, in: Der Finanzbetrieb, Jg 11, H. 12, S. 741-750.

IWF (2009), Global Financial Stability Report: Navigating the Financial Challenges Ahead, Oktober 2009, International Monetary Fund, Washington D.C.

Joelges, Heike und *Alexandra Krieger* (2009), Bad Bank, Ausgleichsforderungen und Kreditversicherungen: Wie kann der Staat Banken effizient stabilisieren?, In: Policy Brief Februar 2009, Institut für Makroökonomie und Konjunkturforschung (IMK), Düsseldorf.

Kreiss, Sylvia (2003), Ausgleichsforderungen im Rahmen der deutschen Wiedervereinigung, Hamburg.

Knittel, Michael (2007), Geldpolitik und Stabilität des Bankensystems – Das Liquiditätsproblem aus Sicht der Theoriegeschichte und der gegenwärtigen Finanzmarktentwicklung, Hohenheimer Volkswirtschaftliche Schriften, Band 57, Frankfurt/M.

Larosière, Jacques (2009), Report of the High-level Group on Financial Supervision in the EU, chaired by Jacques Larosière, veröffentlicht im Internet: http://ec.europa.eu/internal_market/ finances/docs/de_larosiere_report_de.pdf, 25.07.2010.

Lehment, Harmen (2009), The German Bad Bank Scheme, in: *Henning Klodt* und *Harmen Lehment* (Hg.), The Crisis and Beyond, Institute for the World Economy, Kiel, S. 24-27.

Reinhart, Carmen M. and Kenneth S. Rogoff (2009), This Time is Different – Eight Centuries of Financial Folly, Princeton, NJ.

Sachverständigenrat (2008), Die Finanzkrise meistern – Wachstumskräfte stärken, Jahresgutachten 2008/09 des Sachverständigenrats zur Begutachtung der gesamtwirtschaftlichen Entwicklung, Paderborn.

Schäfer, Dorothea und *Klaus F. Zimmermann* (2009), Bad Bank(s) and Recapitalization of the Banking Sector, in: Forschungsinstitut zur Zukunft der Arbeit, IZA Policy Paper No. 10, Bonn.

Sinn, Hans-Werner (2010), Euro-Krise, in: Ifo-Schnelldienst, Sonderausgabe, 63. Jg., 20.-21. KW 2010.

Stasch, Katharina (2009), Lender of Last Resort – Bankenkrisen und Krisenmanagement in der Europäischen Union, Baden-Baden.

Thieme, H. Jörg und *Uwe Vollmer* (2011), Rolle der Notenbanken nach der Finanzkrise: Reform von Zentralbankstruktur und Geldpolitik, in diesem Band.

van Suntum, Ulrich und Cordelius Ilgmann (2009), Das Bilanzproblem der Banken – Ein Lösungsvorschlag, in: ORDO – Jahrbuch für die Ordnung von Wirtschaft und Gesellschaft, Bd. 60, S. 223-246.

Weber, Axel (2010), Stellungnahme von *Prof. Dr. Axel A. Weber*, Präsident der Deutschen Bundesbank, anlässlich der öffentlichen Anhörung des Haushaltsausschusses des Deutschen Bundestags am 19. Mai 2010 zu dem Entwurf für ein Gesetz zur Übernahme von Gewährleistungen im Rahmen eines europäischen Stabilisierungsmechanismus, In: Deutsche Bundesbank, Monatsbericht Mai 2010, S. 12-13.

Welfens, Paul J. J. (2009), Transatlantische Bankenkrise, Stuttgart.

Albrecht F. Michler und Heinz-Dieter Smeets (Hg.)
Die aktuelle Finanzkrise: Bestandsaufnahme und Lehren für die Zukunft
Schriften zu Ordnungsfragen der Wirtschaft · Band 93 · Stuttgart · 2011

Kommentar zu *Michael Vogelsang*, Ausgleichsforderungen und Bilanzlücken bei Banken: Kann das Instrument der Jahre 1948 und 1990 an die heutigen Anforderungen angepasst werden?

Cordelius Ilgmann

Einleitung

Der von *Michael Vogelsang* unterbreitete Vorschlag der EZB-Abschreibungsbonds scheint zwar auf den ersten Blick als eine interessante Möglichkeit, Banken vor der sofortigen Insolvenz zu retten und ihre Verluste über einen langen Zeitraum zu strecken. Bei näherem Hinsehen wird jedoch deutlich, dass der Vorschlag an einigen Konstruktionsfehlern krankt, die seine Anwendung unwahrscheinlich machen. Insbesondere geht der Vorschlag am eigentlichen Problem – dem Vorhandensein illiquider *toxischer* Aktiva – vorbei. *Vogelsang* fordert eine Totalabschreibung sämtlicher nicht handelbarer Papiere über einen sehr langen Zeitraum, d.h. er nimmt implizit an, dass der fundamentale Wert der Papiere letztlich null ist.[1] Dies ist aller Wahrscheinlichkeit nach nicht der Fall, so dass den Finanzsektoren zu hohe Verluste auferlegt und falsche Anreize für zukünftiges Risikomanagement gesetzt würden. Aber selbst wenn ihr Wert gegen null tendieren würde, läuft der Vorschlag auf eine Änderung der Bilanzierungsrichtlinien hinaus, ohne dass eine reale Re-Kapitalisierung stattfindet. Im schlimmsten Fall würde dies zur Entstehung eines Zombiebankensektors führen, welcher die realwirtschaftliche Entwicklung negativ beeinflussen würde. Diese Kritik soll jedoch nicht heißen, dass der Vorschlag komplett unbrauchbar ist. Vielmehr könnte eine modifizierte Version der Abschreibungsbonds einen wesentlichen Beitrag dazu leisten, die durch Informationsasymmetrien bedingte Unsicherheit auf den Finanzmärkten zu reduzieren. Eine solche Modifikation soll am Ende des Beitrages kurz skizziert werden.

Das Problem illiquider Vermögenswerte

Am Anfang gilt es festzuhalten, dass Kreditinstitute, deren Schulden größer sind als ihr Vermögen, nicht durch bilanzielle *Taschenspielereien* zu retten sind. Vielmehr benötigen sie eine reale Re-Kapitalisierung, wobei es zwangsläufig zu einer Umverteilung und *moral hazard* kommt. Die Literatur, die sich mit der Notwendigkeit und den Implikationen einer solchen Rettung auseinandersetzt, ist Legion.[2] Ein einfaches

---

1 Der Erwartungswert aller abdiskontierten zukünftigen Zahlungsströme (*Buiter* 2009).

2 Vgl. hierzu beispielhaft *Calomiris and Mason* (2003), *Crotty* (2009) und *Kindleberger and Aliber* (2005).

Strecken der notwendigen Abschreibungen in die Zukunft hinaus ändert nichts an der langfähigen Ertragskraft eines Institutes und erschafft letztlich eine Klasse von Zombiebanken, die nur noch auf dem Papier bestehen.

Davon zu unterscheiden sind die handlungsleitenden Effekte der aktuellen Bilanzierungsregeln, die u. U. die reale wirtschaftliche Situation eines Unternehmens nur unzureichend abbilden. In diesem Kontext sind Änderungen an der Art der Bilanzierung dann zielführend, wenn die geltenden Bestimmungen dazu führen, dass eine Bank bilanziell insolvent wird, obwohl real noch Eigenkapital vorhanden ist. In der Tat war in der aktuellen Finanzkrise eine der wesentlichen Herausforderungen der Umgang mit einer großen Anzahl von illiquiden *toxischen* Papieren, deren fundamentalen Wert man nicht annähernd genau bestimmen konnte (*Buiter* 2009). Die Unsicherheit über deren Wert führte zu einem Zusammenbruch des Marktpreises, da mögliche Käufer ohne belastbare Informationen bezüglich des Fundamentalwertes davon ausgehen mussten, dass die Banken ihnen die schlechtesten Papiere verkaufen: das klassische Zitronenproblem (*Gros* 2009).

Da die illiquiden Papiere zum Teil mit ihrem Marktwert bilanziert werden müssen (*fair value*), führt die Unsicherheit auf den Märkten zu einer dramatischen Reduktion des bilanziellen Eigenkapitals. Alle Banken, welche solche Papiere in ihrem Portfolio halten, sind u. U. unabhängig von ihrer Ertragslage gezwungen, diese sofort zu verkaufen, was den Marktpreis weiter drückt, was wiederum Abschreibungsbedarf im gesamten Finanzsektor verursacht und somit einen Teufelskreis in Gang setzt, der in der Literatur als Notverkaufs-Externalität bezeichnet wird (*Kashyap et al.* 2008). Dies kann letztendlich zur (bilanziellen) Insolvenz von Finanzinstituten führen, was wiederum das Kreditvergaberisiko auf dem Interbankenmarkt erhöht und zu dessen Zusammenbruch führen kann, wie z. B. im Sommer 2008 (*Wyplosz* 2008). Die aktuelle Krise folgt somit dem neueren Muster von Finanzkrisen. War es früher die Passivseite der Banken, welche durch den Abzug von Einlagen in Bedrängnis geriet, so breiten sich moderne Krisen durch die Abwertung der Aktiva und der damit verbundenen Reduktion des Eigenkapitals aus, da die Verbindlichkeiten der Bank mittels Einlagensicherung und Liquiditätsbereitstellung seitens der Zentralbank geschützt sind (*Bordo* 2008).

Somit ist der Teufelskreis aus Abschreibungen und Notverkäufen sowie die dadurch induzierte bilanzielle Insolvenz letztlich auf Marktversagen aufgrund von Informationsasymmetrien zurückzuführen, was dazu führt, dass der *fair value* die reale wirtschaftliche Situation der Unternehmen verzerrt wiedergibt. Denn der geringe Marktwert der *toxischen* Papiere muss nicht den Fundamentalwert widerspiegeln, insbesondere da nach dem Platzen einer Vermögenspreisblase die Preise oftmals unter ihren Fundamentalwert fallen (*Kindleberger and Aliber* 2005). So haben sich beispielsweise seit dem Höhepunkt der Krise die Marktwerte für viele vormals illiquiden Wertpapiere erholt (*AMFE/EFS* 2009), und der *Internationale Währungsfonds* (*IMF* 2010) geht davon aus, dass deutsche Geschäftsbanken an die 22 Mrd. € an bilanziellem Eigenkapital im Zuge der Erholung der Märkte gewinnen werden.

Negative Effekte der Abschreibungsbonds

Folgt man der oben dargestellten Lesart des Problems, erscheint der Vorschlag der Abschreibungsbonds sogar schädlich. Als wesentliche Kritikpunkte sind u. a. zu nennen, dass die illiquiden Papiere, die oftmals noch einen beträchtlichen Restwert haben, an die EZB im Gegenzug für eine fiktive Bilanzposition übertragen werden, es mithin also zu einem realen Transfer an die Zentralbank kommt. Im Rahmen der Abschreibungsbonds wird dies als *Gebühr* für die Bereitstellung der Bilanzposition gesehen, ohne allerdings darauf einzugehen, wie hoch diese im Einzelfall sein kann. Zwar wäre der Teufelskreis aus Notverkäufen unterbrochen und die Verluste der Finanzinstitute sofort in der Bilanz ersichtlich. Aber die Höhe der Abschreibungen läge über der tatsächlichen Differenz aus Buch- und Fundamentalwert. Beispielsweise geht der *IMF* (2010) in seinem *worst-case scenario* für die *collateralized debt obligations* (CDOs), der wohl am härtesten getroffenen Wertpapierklasse, von Verlusten in Höhe von 70 % aus. Damit wäre die Höhe der Gebühr für die überwerteste Vermögensklasse im schlechtesten Fall 30 % des Buchwertes.

Schlimmer ist jedoch, dass eine solche Ausgestaltung der Gebühr verzerrende Anreize setzt. Denn je besser das illiquide Portfolio einer Bank, d. h. je kleiner die Differenz aus Buch- und Fundamentalwert, desto höher fällt die Gebühr aus. Letztendlich wird die Bank also nicht mehr auf die Qualität ihres Portfolios achten, da die Summe der notwendigen Abschreibungen unabhängig von dieser ist, und vor allem in ertragsstarke, risikoreiche Papiere investieren. Eine solche Ausgestaltung der Abschreibungsbonds würde somit dem oft beklagten exzessiven Risikoverhalten erneut Tür und Tor öffnen.

Darüber hinaus ließen sich noch weitere Argumente gegen das Konzept ins Feld führen. So würde beispielweise die EZB für die Verwertung der Papiere verantwortlich sein, eine Aufgabe, die weder ihrem Aufgabenbereich noch ihren Fähigkeiten entspricht. Gleichzeitig wären die Abschreibungsbonds rein fiktive Bilanzposten, denen überhaupt kein Gegenwert gegenüberstände, was den Marktteilnehmern bewusst sein sollte. Letztlich ist die Idee der Abschreibungsbonds, dass Finanzinstitute den Buchwert entgeltlos übertragener illiquider Wertpapiere in ihrer Bilanz weiterhin als Aktiva ausweisen dürfen. Dafür bedarf es nicht der EZB, sondern einer Änderung der Bilanzierungsrichtlinien sowie einer speziellen Abwicklungsanstalt, die sich auf die Verwertung der übernommenen Papiere spezialisiert.

Ein modifizierter Vorschlag

Trotz der Kritik an der konkreten Ausgestaltung der Abschreibungsbonds ist die Idee, sich bei einer Lösung des Problems der *toxischen* Wertpapiere an dem Instrument der Ausgleichsforderungen zu orientieren, im Grundsatz richtig. Dabei bietet sich allerdings die Kombination mit *Asset Management Companies* (AMC)-Konzepten an, welche sich in den letzten zwanzig Jahren als die wesentliche Methode zur Bewältigung großer Mengen an nicht preisbarer und damit nicht handelbarer Vermögensgegenstände entwickelt hat (*Campbell* 2007). In der öffentlichen Diskussion werden sie zu meist als „Bad Banks" bezeichnet, wobei der Begriff offensichtlich irreführend ist, da eine solche

Anstalt keine Bankgeschäfte tätig, sondern letztlich die übernommen Aktiva nur verwertet und abwickelt.

Das Konzept der AMC sieht die Gründung einer marktmächtigen Institution vor, welche die illiquiden Papiere kauft und somit die Unsicherheit aus den Märkten nimmt und damit den Teufelskreis aus Wertberichtungen und Notverkäufen unterbricht (*Freixas* 2010). Im Idealfall übernimmt die *Bad Bank* dabei die Papiere zu ihrem fundamentalen Wert, so dass es keinen realen Transfer gibt. Allerdings sind die Papiere deshalb quasi unverkäuflich, weil eine zuverlässige Preisbildung seitens des Käufers nicht möglich ist. Somit besteht die Gefahr, dass die Finanzinstitute nur solche Papiere an die *Bad Bank* verkaufen, bei denen der Kaufpreis über dem von ihnen geschätzten fundamentalen Wert liegt. Da die Banken normalerweise einen Informationsvorteil hinsichtlich der Qualität ihres Portfolios haben, besteht die Gefahr, dass der Finanzsektor Gewinne zu Lasten der AMC generiert, die in den meisten Fällen staatlich finanziert sind (*Zimmermann und Schäfer* 2009). Im Folgenden soll in kurzer Form ein Vorschlag skizziert werden, der dieses Problem zu umgehen sucht.[3]

Eine zu gründende AMC nimmt den Banken ihre toxischen Papiere zum aktuellen Nennwert in der Bilanz ab. Dafür erhält jede Bank flexibel verzinsliche Staatsanleihen in gleicher Höhe, und zwar zunächst mit einem Zinssatz von null und einem unbestimmten Fälligkeitstermin. Diese sind aber wie die Ausgleichsforderungen mit dem Nennwert zu bilanzieren, obwohl ihre unbestimmte Fälligkeit und Verzinsung einen geringeren Buchwert implizieren. Die *Bad Bank* versucht nun, die toxischen Papiere bestmöglich zu verkaufen oder abzuwickeln, wobei sie unabhängig vom dem Teufelskreis aus Abwertungen und Notverkäufen agieren kann. Die Erlöse aus der Abwicklung investiert sie am Kapitalmarkt, bis die Summe der Erträge dem Nennwert der Staatsanleihen entspricht. Erst dann werden diese abgelöst.

Eine Null-Verzinsung würde jedoch eine hohe Belastung der im Regelfall angeschlagenen Banken bedeuten. Daher können die Staatsanleihen auch verzinst werden, allerdings in Analogie zu den Ausgleichsforderungen von 1948 unter dem Marktzins. Für eine formale Darstellung soll X dem Buchwert eines gegebenen Wertpapierportfolios entsprechen, α das Verhältnis der bereits realisierten Erlösen aus dem Portfolio zu seinem Buchwert im Zeitpunkt t, i_m der Marktzinssatz für sichere Staatsanleihen und i_b die flexible Verzinsung der Anleihen, mit $X, \alpha, i_m > 0$ und $i_b \geq 0$. Allerdings reicht es nun nicht, wenn die wieder angelegten Erlöse bei Ablösung dem Buchwert entsprechen. Vielmehr müssen sie zum Zeitpunkt der Ablösung n dem Buchwert plus der Summe der Zinszahlungen sowie deren Zinseszins entsprechen.

$$(1) \qquad \alpha X(1 + i_m)^n \geq X + i_b X [(1+i_m)^n - 1]/(1+i_m) - 1$$

Die linke Seite der Gleichung entspricht den Erlösen aus den Wertpapieren sowie ihrer Zinserträge auf dem Kapitalmarkt. Die rechte Seite entspricht dem Buchwert plus der Summe der Zinszahlungen sowie deren Zinseszins. Da sich die AMC am Kapitalmarkt refinanzieren muss, werden die Zinszahlungen der Anleihen mit dem Marktzins

[3] Die nachfolgenden Überlegungen folgen im Wesentlichen *van Suntum und Ilgmann* (2009; 2010).

verzinst. Beachte, dass α im Zeitablauf steigt. Somit ergibt sich der Einlösungszeitpunkt als

(2) $$n = [\ln(1 - i_b/i_m) - \ln(\alpha - i_b/i_m)] / \ln(1 + i_m)$$

Offensichtlich gilt, dass α größer sein muss als das Verhältnis von Anleihe- zu Marktzins. Dies ist intuitiv leicht verständlich. Denn würde der Anleihezinssatz über dem Marktzinssatz liegen, wäre eine Ablösung der Anleihe niemals möglich. Ein flexibles i_b erlaubt gleichzeitig den Banken, zwischen einer relativ kurzen Ablösefrist mit geringen Zinszahlungen oder aber einer relativ langen Frist mit relativ hohen Zinserträgen zu wählen.

Eine solche Verbindung des *Bad Bank*-Ansatzes mit bestimmten Eigenschaften der Ausgleichsforderungen würde das Problem der Aktiva-Bewertung elegant umgehen, da diese erst im Nachhinein erfolgt. Gleichzeitig wäre aber der Teufelskreis aus Abschreibungen und Notverkäufen und die damit verbundene Reduzierung des bilanziellen Eigenkapitals unterbrochen, und zwar ohne jedwede reale Transfers und der damit verbundenen Gefahr des *moral hazard.*

Fazit

Das vorgeschlagene Konzept der Abschreibungsbonds ist in seiner jetzigen Form kein empfehlenswertes Vorgehen, da es am eigentlichen Problem illiquider Aktiva vorbeigeht. Nichtsdestotrotz ist die Idee, auf bestimmte Eigenschaften der Ausgleichsforderungen zurückzugreifen, sinnvoll, wie seine Verbindung mit modernen *Bad Bank*-Konzepten gezeigt hat. Es kann helfen, das Kernproblem der Bewertung der illiquiden Wertpapiere zu lösen, ohne dass es dabei zu realwirtschaftlichen Transfers kommt. Gleichzeitig ist aber nochmals eindringlich auf die Grenzen dieses Ansatzes hinzuweisen. Er ist geeignet, die Spirale aus Notverkäufen und weiteren Abschreibungen zu unterbrechen, die das bilanzielle (!) Eigenkapital reduziert. Sollten aber die Aktiva in der Tat mehr oder weniger wertlos sein, wird der hier vorgebrachte Vorschlag eine Insolvenz nicht abwenden können. Eben gerade weil er keine Transfers an die Banken vorsieht, ist er kein Ersatz für eine Re-Kapitalisierung von real überschuldeten Finanzinstituten.

Literatur

AFME/EFS (2009), Securitization Data Report Q4, veröffentlicht im Internet: http://www.afme.eu/reports.aspx, 22.04.2010.

Bordo, Michael D. (2008), An Historical Perspective on the Crisis of 2007-2008, National Bureau of Economic Research Working Paper, No. 14569, Cambridge, MA.

Buiter, Willem (2009), Good Bank vs Bad Bank: Don't touch the unsecured creditors! Clobber the tax payer instead, veröffentlicht im Internet: http://www.voxeu.org/index.php?q=node/3264, 05.07.2010.

Calomiris, Charles W. and *Joseph R. Mason* (2003), How to Restructure Failed Banking Systems: Lessons from the U.S. in the 1930's and Japan in the 1990's, National Bureau of Economic Research Working Paper, No. 9624, Cambridge, MA.

Campbell, Andrew (2007), Bank Insolvency and the Problem of Nonperforming Loans, in: Journal of Banking Regulation, Vol. 9 (1), pp. 25-45.

Crotty, James (2009), Structural Causes of the Global Financial Crisis: a Critical Assessment of the 'New Financial Architecture, in: Cambridge Journal of Economics, Vol. 33, pp. 563-580.

Freixas, Xavier (2010), Post-crisis challenges to bank regulation, in: Economic Policy, Vol. 26 (62), pp. 377-399.

Gros, Daniel (2009). Why a bad bank needs to be big, veröffentlicht im Internet: http://www.voxeu.org/index.php?q=node/2997, 03.05.2010.

International Monetary Fund (2010), Global Financial Stability Report: Meeting Challenges to Stability and Building a Safer System, April, Washington, D.C.

Kashyap, Anil K., Raghuram G. Rajan, and Jeremy C. Stein (2008). Rethinking Capital Regulation, Paper prepared for Federal Reserve Bank of Kansas City Symposium on "Maintaining Stability in a Changing Financial System", Jackson Hole, Wyoming, August 21-23, veröffentlicht im Internet http://www.kansascityfed.org/publicat/sympos/2008/KashyapRajanStein.08.08.08.pdf, 08.06.2010.

Kindleberger, Charles P. and *Robert Aliber* (2005), Manias, panics and crashes: A history of financial crises, 5. ed., Hoboken.

van Suntum, Ulrich und *Cordelius Ilgmann* (2010), Bad Banks: The German Experience, Westfälische Wilhelms-Universität Münster, Centrum für angewandte Wirtschaftsforschung, Discussion Paper 24, Münster.

van Suntum, Ulrich und *Cordelius Ilgmann* (2009), Das Bilanzproblem der Banken – Ein Lösungsvorschlag, in: ORDO – Jahrbuch für die Ordnung von Wirtschaft und Gesellschaft, Bd. 60, S. 223-246.

Wyplosz, Charles (2008), The Subprime Crisis: Observations on the Emerging Debate, in: *Carmen Reinhart* and *Andrew Felton* (eds.), The First Global Financial Crisis of the 21st Century, London, pp. 17–19.

Zimmermann, Klaus F. and *Dorothea Schäfer* (2009), Bad Bank(s) and the Recapitalisation of the Banking Sector, in: Intereconomics, Vol. 44 (4), pp. 215-225.

Teil III:

Weltwirtschaftliche Auswirkungen der Finanzkrise

Albrecht F. Michler und Heinz-Dieter Smeets (Hg.)
Die aktuelle Finanzkrise: Bestandsaufnahme und Lehren für die Zukunft
Schriften zu Ordnungsfragen der Wirtschaft · Band 93 · Stuttgart · 2011

Mittel- und Osteuropa in der Weltfinanzkrise: Simultanes Auftreten von Banken- und Währungskrisen?

Diemo Dietrich, Tobias Knedlik und *Axel Lindner* [1]

Inhalt

---

[1] Wir danken *Katja Drechsel* für wertvolle Diskussionen und Anregungen und *Marcus Gedai* für die Hilfe bei der Datenaufbereitung.

1. Problemstellung

Die Weltfinanzkrise, die im Sommer 2007 von den USA ausging, gehört sicher zu den folgenreichsten. In deren Verlauf gerieten nicht nur die Bankensysteme in vielen Ländern der Welt unter Druck. Mancherorts entwickelten sich auch Verschuldungskrisen, und einige Währungen gerieten unter starken Abwertungsdruck.

Krisenhafte Zustände können in ganz unterschiedlichen Bereichen eines Finanzsystems auftreten. Bei Bankenkrisen sind ganze Bankensysteme nicht in der Lage, ihrer Intermediationsfunktion nachzukommen, so dass die Kanalisierung einzelwirtschaftlicher Ersparnisse in einzelwirtschaftliche Investitionen blockiert wird. Bei einer Verschuldungskrise sind Schuldner plötzlich nicht in der Lage, ausstehende Verbindlichkeiten zu bedienen, so dass potenzielle Kapitalgeber nicht geneigt sind, weitere Ausleihungen zu machen. Bei einer Währungskrise verliert ein Land plötzlich das Vertrauen der internationalen Investoren; es kommt zur erheblichen Abwertung seiner Währung und/oder Abschmelzung internationaler Reserven (*Gerber* 2010). Häufig treten unterschiedliche Erscheinungsformen von Finanzkrisen nicht einzeln, sondern simultan auf. Sie verstärken sich dann gegenseitig, und die realwirtschaftlichen Verluste sind besonders hoch. Für das Zusammentreffen von Banken- und Währungskrisen hat sich der Begriff Zwillingskrisen durchgesetzt.

Der vorliegende Beitrag widmet sich der Frage, ob in der Weltfinanzkrise die (Post-) Transformationsländer Mittel- und Osteuropas durch solche Zwillingskrisen betroffen waren, ob also sowohl deren Währungen unter starken Abwertungsdruck gerieten als auch deren Bankensysteme nicht mehr in der Lage waren, ihre Intermediationsfunktionen wahrzunehmen. Hierbei wird den Besonderheiten dieser Länder insoweit Rechnung getragen, als dass die Struktur ihres Bankensektors und das Ausmaß ihrer internationalen Verschuldung berücksichtigt werden. Die zentrale These ist, dass die starke Präsenz internationaler Banken in diesen Ländern weniger belastend (im Sinne eines zusätzlichen Ansteckungskanals) als vielmehr stabilisierend gewirkt hat.

Es werden zunächst die Zusammenhänge zwischen Währungs-, Verschuldungs- und Bankenkrisen, wie sie in der Literatur diskutiert werden, dargelegt. Im Abschnitt 3 folgt eine kurze Darstellung der Struktur der Bankensysteme und der Wechselkursregimes ausgewählter Länder Mittel- und Osteuropas am Vorabend der Weltfinanzkrise. Im Abschnitt 4 werden Beobachtungen aus den Jahren 2007-2009 zur Beantwortung der Frage herangezogen, inwieweit von einem simultanen Auftreten von Banken- und Währungskrisen in diesem Länderkreis gesprochen werden kann. Der Beitrag endet mit den Schlussfolgerungen.

2. Finanzkrisen in Schwellen- und Transformationsländern

2.1. Der Zusammenhang zwischen Währungs- und Schuldenkrise: Das Problem des ‚currency mismatch‘

Eine Volkswirtschaft ist mit einem ‚currency mismatch‘ konfrontiert, wenn das Realvermögen oder das Realeinkommen der Unternehmen, der privaten oder der öffentlichen Haushalte stark von Währungsrelationen abhängt. Insbesondere für die Finanzmarktstabilität in Schwellenländern stellt sich immer wieder das Problem, dass Wirtschaftssubjekte Verbindlichkeiten in Fremdwährung eingegangen sind, die Aktiva aber, aus deren Erträgen die Verbindlichkeiten bedient werden müssen, Einkommen in heimischer Währung erzielen. Wenn diese Währung, aus welchen Gründen auch immer, deutlich abwertet, vergrößern sich die Verbindlichkeiten im Verhältnis zum Vermögen. Wenn eine solche Verschlechterung der Bilanzpositionen eine Vielzahl von Wirtschaftssubjekten in die Insolvenz zu treiben droht, kann sie eine Kredit- oder sogar Finanzsystemkrise hervorrufen oder verschärfen.

‚Currency mismatches‘ waren ein wesentliches Element der meisten internationalen Finanzkrisen in den vergangenen Jahrzehnten;[2] sie zählen zu den Hauptrisiken für das weltweite Finanzsystem. Beispiele für Finanzkrisen, in denen die Fremdwährungsverschuldung des Staates eine Hauptrolle spielte, sind Mexikos sogenannte Tequila-Krise 1994/95 und die Solvenzkrise in Argentinien 2001/02.[3] Russland wurde 1998 von einer Finanzkrise heimgesucht, in der neben der Fremdwährungsverschuldung der öffentlichen Hand auch ein ‚currency mismatch‘ in den Bilanzen der russischen Banken eine Hauptrolle spielte. Ein ‚mismatch‘ sowohl im Bankensektor als auch bei nichtfinanziellen privaten Unternehmen waren zentrale Elemente der Asienkrise 1997/98, etwa in Korea, Thailand und Indonesien. Damals zeigte sich, dass einzelwirtschaftliche Maßnahmen zur Absicherung des Währungsrisikos gesamtwirtschaftlich ins Leere greifen können. Finanzinstitute haben damals zum Teil durchaus dafür gesorgt, dass sich Fremdwährungsverbindlichkeiten und -forderungen die Waage halten. Es stellte sich dann aber heraus, dass sie so das ‚currency mismatch‘ nur auf ihre heimischen Schuldner überwälzten. Die Banken hatten ihr Währungsrisiko in ein Kreditrisiko verwandelt, welches seinerseits vom Wechselkurs abhing.

In den Jahren nach der Asienkrise entspann sich eine besonders intensive Debatte über Ursachen und Gegenmittel. Ausgangspunkt der Debatte war damals die Beobachtung, dass internationale Kapitalgeber nur in sehr begrenztem Umfang bereit sind, Forderungen zu halten, die auf Schwellenländer-Währungen lauten. *Eichengreen*, *Hausmann* und *Panizza* (2005) prägten das provozierende Konzept der ‚Erbsünde'(‚original sin‘) für dieses Problem.[4] Der Begriff veranschaulicht ihre These, dass Schwellenländer diesen Nachteil im Allgemeinen nicht selbst verschuldet hätten. Denn selbst eine über Jahre hinweg stabilitätsorientierte Wirtschaftspolitik verschaffe in einheimischen Währungen denominierten Schuldverschreibungen nicht den Zugang zu internationalen Ka-

---

2 Siehe *Goldstein* und *Turner* (2004) und *Allen et al.* (2002).

3 Zur Argentinienkrise siehe *Dietrich* und *Lindner* (2002).

4 Erstmals taucht der Begriff allerdings schon bei *Eichengreen* und *Hausmann* (1999) auf.

pitalmärkten; das Risiko des ‚mismatch' sei also keinesfalls frei gewählt.[5] *Goldstein* und *Turner* (2004) haben dagegen gezeigt, dass das Ausmaß des ‚mismatch' je nach Wirtschaftslage und -politik in den verschiedenen Schwellenländern durchaus variiert. Das von ihnen verwendete Maß für ‚currency mismatches' ist deutlich aussagekräftiger als der von *Eichengreen et al.* betrachtete Anteil der auf Fremdwährung lautenden Wertpapiere an den gesamten von dem Land begebenen Wertpapieren. Nach *Goldstein* und *Turner* ist vielmehr der Umfang der Nettoverbindlichkeiten in ausländischer Währung aller Wirtschaftssubjekte die relevante Größe. Zudem sind die Risiken eines ‚mismatch' in der Regel gering, wenn die in Auslandswährungen denominierten Schulden nur einen kleinen Teil des gesamten Schuldenbestandes ausmachen und wenn er in Relation zum Umfang der Exporte gering ist. Von diesen Überlegungen ausgehend, definieren *Goldstein* und *Turner* als alternativen Indikator für ‚currency mismatches' die Größe „Nettoverbindlichkeiten aller Wirtschaftssubjekte in ausländischer Währung mal Anteil der Fremdwährungsverbindlichkeiten an den Gesamtverbindlichkeiten, dividiert durch die gesamtwirtschaftlichen Exporte" (*Goldstein* and *Turner* 2004, S. 44). Nach diesem Indikator zeigt sich, dass das Ausmaß des ‚mismatch' nach der Asienkrise gerade bei den damals besonders betroffenen Ländern ganz erheblich zurückgegangen ist. Das ist sicher ein plausibles Ergebnis. Der Ansatz hat freilich auch Nachteile: Zum einen können die Nettoverbindlichkeiten in ausländischer Währung nur mehr oder weniger genau geschätzt werden. Außerdem ist der Indikator nicht modelltheoretisch abgeleitet, sondern folgt Plausibilitätsüberlegungen.

2.2. Der Zusammenhang zwischen Währungs- und Bankenkrisen

Ein ‚currency mismatch' kann zu Währungskrisen führen, wenn die Finanzmärkte einem Land das Vertrauen in dessen Fähigkeit entziehen, die ausstehenden Fremdwährungsverbindlichkeiten zu bedienen; die Währungskrise geht dann mit einer Verschuldungskrise einher. Aber auch die Bankenstabilität ist gefährdet, wenn die Gläubiger der Banken ihre Einlagen in Einheiten ausländischer Währung bewerten. In einer wegweisenden theoretischen Arbeit über diese Interdependenzen untersuchen *Chang* und *Velasco* (2000) den Einfluss des Wechselkursregimes auf die Anfälligkeit von Banken gegenüber Krisen infolge selbsterfüllender Erwartungen. Ausgangspunkt ist das Modell von *Diamond* und *Dybvig* (1983); dieses erklärt, dass die Fristentransformation durch Banken wegen asymmetrischer Informationsverteilungen zu multiplen Gleichgewichten führen kann, wobei eines der Gleichgewichte ein Koordinationsversagen der Bankeinleger bedeutet und mit einem ‚bank run' verbunden ist. Eingebettet in ein einfaches Makromodell für die kleine offene Volkswirtschaft, zeigen *Chang* und *Velasco*, dass bei Wechselkursfixierung Banken- und/oder Währungskrisen auftreten können, unabhängig von der Art der Wechselkursbindung. Allerdings kann in einem Regime mit flexiblen

---

5 *Eichengreen*, *Hausmann* und *Panizza* (2005) traten deshalb dafür ein, das Problem auf internationaler Ebene anzugehen: Als Zwischenschritt zur Errichtung internationaler Kapitalmärkte für Bonds in den verschiedenen nationalen Währungen schlugen sie vor, dass mit Hilfe von internationalen Finanzinstitutionen ein Kapitalmarkt für Schuldverschreibungen geschaffen werden solle, deren Wert sich nach einem Index der wichtigsten Schwellenländerwährungen ergeben solle (ebenda, S. 266 ff.).

Wechselkursen ein *Lender of Last Resort* (LLR) dafür sorgen, dass multiple Gleichgewichte verhindert werden. Jeder Anleger erwartet dann, dass die Zentralbank im Falle eines ‚bank run‘ den Banken Liquidität zur Verfügung stellen würde. Da die Erhöhung der Zentralbankliquidität aufgrund des flexiblen Wechselkursregimes jedoch nicht zu einer Verringerung der Währungsreserven der Zentralbank, sondern zu einer Abwertung führt, würde das Vermögen jedes Anlegers (gemessen in ausländischer Währung) im Fall eines ‚bank run‘ in gleichem Ausmaß entwertet. Diese Entwertung droht auch Einlegern, die frühzeitig abheben. Deshalb besteht kein Anreiz, eine über den individuellen Liquiditätsbedarf hinausgehende Ausbezahlung der Bankeinlagen zu fordern; der ‚bank run‘ wird vermieden.

Chang und *Velasco* (2000) betrachten in ihrer Analyse ausschließlich den Fall, dass Banken die Fristentransformation deshalb betreiben, weil sie auf diese Weise den Liquiditätspräferenzen der Investoren am besten genügen. *Diamond* und *Rajan* (2001a) weisen zusätzlich darauf hin, dass die fragile Finanzierungsstruktur von Banken auch die Reaktion auf Anreiz- und Durchsetzungsprobleme im Rahmen von Finanzierungsbeziehungen sein kann. Für viele Schwellenländer gilt nämlich, dass Rechts- und Corporate Governance-Systeme noch unterentwickelt sind und daher einerseits eine Abhängigkeit von Bankkrediten besteht (*Diamond* and *Rajan* 2001b). Andererseits dienen in einem solchen institutionellen Umfeld kurzfristige Bankverbindlichkeiten als notwendiges Disziplinierungselement für Banken, ihre Intermediationsfunktion zu erfüllen; allerdings begründen sie auch eine erhöhte Anfälligkeit für ‚bank runs‘, wenn fundamentale Schocks im Bankensystem auftreten.

Aber nicht nur die kurzfristige Refinanzierung der Banken ist Ausfluss einer Notwendigkeit zur Disziplinierung von Banken. Diese könnte ja grundsätzlich sowohl in heimischer als auch in ausländischer Währung erfolgen. Häufig können sich aber auch Banken nur in Auslandswährung refinanzieren (‚currency mismatch‘), beispielsweise aufgrund des mangelnden Vertrauens in die nationalen Makropolitiken. So impliziert die Existenz eines nationalen LLR nicht nur, dass ‚bank runs‘ als Ergebnis von Koordinationsversagen ausgeschlossen werden, sondern auch, dass die für Banken notwendigen Anreize zum Wohlverhalten untergraben werden. Denn die Banken könnten auf eine Intervention des LLR und damit auf eine reale Abwertung ihrer Verbindlichkeiten spekulieren (*Diamond* and *Rajan* 2006), solange die Bankenregulierung dem nicht effektiv entgegensteuert. Um diesem Umstand wiederum zu begegnen, überlassen Anleger den Banken ihr Vermögen überwiegend in Fremdwährung. Letztlich sind die Bankverbindlichkeiten durch die Exporterlöse des Schwellenlandes zu decken, wodurch gleichzeitig auch die Makropolitiken eines Landes unter Disziplinierungsdruck geraten (*Diamond* and *Rajan*, 2001b). Dies macht die Banken jedoch wiederum anfällig gegenüber Währungsschwankungen und kann ein simultanes Auftreten von Banken- und Währungskrisen begründen.

Aus empirischer Sicht zeigt sich, dass Bankenkrisen in der Regel Währungskrisen vorlaufen und dass die Bankenkrisen durch das Eintreten von Währungskrisen verstärkt werden (*Kaminsky* and *Reinhart* 1999). Beide Beobachtungen sind konsistent mit den bisherigen theoretischen Überlegungen. Zudem werden Zwillingskrisen bevorzugt im Gefolge von Kapitalverkehrsliberalisierungen beobachtet. Das gleichzeitige Auftreten beider Krisenarten ist besonders dann zu beobachten, wenn ein Land in eine Rezession eintritt, die einer durch Kredit- und Kapitalzuflüsse begünstigten Boom-Phase folgt, welche wiederum von einer Überbewertung der Währung begleitet wurde. Diese Ergebnisse werden von einer Studie von *Glick* und *Hutchison* (2001) gestützt. Auch hier wird die Rolle von Bankenkrisen als Frühindikator für Währungskrisen betont. Die Liberalisierung von Kapitalbilanztransaktionen tragen besonders zur Anfälligkeit gegenüber Zwillingskrisen bei. *Hutchison* und *Noy* (2005) zeigen zudem, dass das gemeinsame Auftreten von Banken- und Währungskrisen mit deutlich höheren realen Kosten verbunden ist, als wenn nur eine der beiden Krisen auftritt. Die durchschnittlichen Produktionseinbußen betragen zwischen fünf und acht Prozent in den ersten beiden Jahren nach Ausbruch der Krise. *Falcetti* und *Tudela* (2008) zeigen ebenfalls einen engen Zusammenhang zwischen Banken- und Währungskrisen, nicht zuletzt weil beide durch weitestgehend gleiche Fundamentalfaktoren erklärt werden können. Sie können jedoch den Befund von *Kaminsky* und *Reinhart* (1999), wonach Bankenkrisen Währungskrisen zeitlich vorangehen, nicht bestätigen und führen deren Ergebnis auf ein fehlspezifiziertes ökonometrisches Modell zurück.

2.3. Die Bedeutung multinationaler Banken für die Finanzstabilität

Die Zusammenhänge zwischen Währungs- und Bankenkrisen wurden bislang mehrheitlich unter der Annahme untersucht, dass das Bankensystem aus nationalen Banken besteht. Der Einfluss international aktiver Banken auf die simultane (In-)Stabilität von nationalen Bankensystemen und insbesondere von Währungen ist jedoch eine zur Zeit weitgehend offene Forschungsfrage.

Die Integration nationaler Bankensysteme in das globale Finanzsystem kann grundsätzlich auf zwei Wegen vor sich gehen, deren Stabilitätsimplikationen verschieden sind. Entweder betreiben international aktive Banken im Rahmen des ‚multinational bankings' außerhalb ihres Heimatlandes Kredit- und Einlagengeschäfte über ausländische Niederlassungen oder Tochterbanken, die in gewissem Umfang sowohl organisatorisch als auch finanziell eigenständig sind.[6] Oder die Banken bieten im Rahmen der ‚cross-border financial services' direkt von ihrem Heimatland aus Finanzdienstleistungen an Kunden in anderen Ländern an.

Die Entscheidung der Banken über die Organisation ihres Auslandsgeschäfts ist eng verwandt mit der Frage, unter welchen Bedingungen nichtfinanzielle Unternehmen ausländische Märkte durch Handel oder durch Auslandsdirektinvestitionen erschließen (*Helpman* 2006).[7] *Dietrich* und *Vollmer* (2010) argumentieren, dass Banken ihr Auslandsgeschäft vorwiegend über Töchter abwickeln, wenn sie über deutliche Produktivitätsvorsprünge gegenüber ihren Wettbewerbern verfügen; dieser Vorsprung ist notwen-

6 Im folgenden werden ausländische Niederlassungen und Tochterbanken multinationaler Banken als Töchter bezeichnet.

7 Modelle multinationaler nichtfinanzieller Unternehmen übertragen beispielsweise auch *Gray* und *Gray* (1981), *Sagari* (1992) sowie *Buch* und *Lipponer* (2007) auf international aktive Banken. Dass finanzielle Gesichtspunkte auch bei nichtfinanziellen Unternehmen eine Rolle für die Internationalisierungsstrategie spielen, zeigen *Dietrich* und *Jindra* (2010).

dig, um die komparative Nachteile dieser Organisationsform beim Ausgleich länderspezifischer Liquiditätsschocks auszugleichen. Dieses Ergebnis wird empirisch von *Buch, Koch* und *Kötter* (2009) gestützt, die zeigen, dass zwar fast alle deutschen Banken Forderungen gegenüber dem Ausland halten, es aber vor allem die Banken mit Produktivitätsvorsprüngen sind, die in den Auslandsmärkten auch vor Ort präsent sind. Hierbei deutet sich an, dass bevorzugt in solchen Ländern Töchter existieren, die relativ nah an Deutschland liegen, einen vergleichbaren kulturellen Hintergrund haben und wirtschaftlich recht stark sind.[8]

International aktive Banken verbessern die Effizienz der internationalen Allokation von Finanzmitteln (*Stein* 1997), denn die Bankenzentrale kann aufgrund ihrer Herrschaftsrechte auf eine Änderung der erwarteten Ertragslage einzelner Unternehmensteile flexibel mit einer Anpassung der Kapitalallokation reagieren. Darüber hinaus kann eine Bankzentrale Erträge oder Vermögensgegenstände in einem Land beleihen und das so aufgenommene frische Kapital solchen Töchtern zur Verfügung stellen, die aufgrund unterentwickelter Finanz- und Rechtssysteme oder wegen gegenwärtig krisenhafter Zustände im Bankensektor des Gastlands nur schwer externe Finanzierung erhalten würden. Multinationale Banken verbessern daher die Kreditversorgung gegenüber ausschließlich national agierenden Banken, da Vermögensteile in anderen Regionen und dort erzielbare Krediterträge als zusätzliches Pfand bei der Refinanzierung der Geschäftsaktivitäten in den Gastländern dienen.[9]

Aus dieser Sicht sind die Stabilitätsimplikationen international aktiver Banken nicht immer eindeutig. Einerseits streben die Banken einen grenzüberschreitenden Ausgleich der Grenzerträge an; es besteht daher eine Tendenz, das Kapital bei gegebenem Refinanzierungsvolumen in jene Länder umzulenken, wo der erwartete Grenzertrag gestiegen ist (*Substitutionseffekt*). Andererseits werden die Banken die Rückwirkungen einer Reallokation auf ihre Refinanzierungsmöglichkeiten berücksichtigen. So hat das Kreditgeschäft in den entwickelten Volkswirtschaften eine über den Ausgleich der Grenzerträge hinausgehende Priorität (*Refinanzierungseffekt*), da die mit den Krediten verbundenen Liquiditäts- und Solvenzrisiken in weniger entwickelten Gastländern höher sind und daher mit höheren Refinanzierungskosten für die Bank insgesamt verbunden sind.[10] Obgleich diese grundsätzlichen Wirkungsmechanismen sowohl für den direkten Handel mit Finanzdienstleistungen als auch für Töchter multinationaler Banken existieren, gibt es doch Unterschiede in deren relativen Gewichtung.

Im Falle des grenzüberschreitenden Handels mit Finanzdienstleistungen sollte eine konjunkturell bedingte Verschlechterung der Ertragserwartungen im Heimatland dazu führen, dass das Kreditangebot in den Gastländern zwar über den Substitutionseffekt begünstigt wird. Aber wegen der insgesamt ungünstigeren Ertragslage der Bank ver-

---

[8] Die Organisationsform wird auch bestimmt durch diskriminierende Regulierungstatbestände (*Cerutti* et al. 2007).

[9] Zu diesem sogenannten ‚cross-pledging' von Erträgen siehe *Inderst* und *Müller* (2003), und zum ‚cross-pledging' von Vermögensgegenständen siehe *Dietrich* (2007).

[10] Zur formalen Modellierung des Zusammenspiels von Substitutions- und Refinanzierungseffekt im internationalen Kontext siehe *Dietrich* (2004).

schlechtern sich auch die Refinanzierungsmöglichkeiten für das Kreditgeschäft dort. Insgesamt kann es also aufgrund des Refinanzierungseffekts trotz der verstärkten relativen Attraktivität des Auslandsgeschäfts zu einem Rückgang der Kreditaktivität dort kommen. Wenn sich allerdings die Ertragsaussichten konjunkturbedingt in den Gastländern verbessern, dann bleiben die Refinanzierungsmöglichkeiten insgesamt weitgehend unverändert; denn diese sind maßgeblich durch die Vermögens- und die Ertragslage der Bank in den von ihr bedienten entwickelten Volkswirtschaften bestimmt. In diesem Fall wirkt also vorwiegend der Substitutionseffekt. Substitutions- und Refinanzierungseffekte lassen das Auslandsgeschäft im grenzüberschreitenden Handel mit Finanzdienstleistungen auch profitieren, wenn es in den schwächer entwickelten Gastländern zu einer Bankenkrise kommt. Die krisenbedingte, erhebliche Beeinträchtigung der Refinanzierungsmöglichkeiten betrifft nämlich dann ausschließlich die lokalen Banken, die nicht zu internationalen Bankengruppen gehören, und damit deren Kreditexpansion.[11] Wenn sich aber die Refinanzierungsmöglichkeiten der im grenzüberschreitenden Handel mit Finanzdienstleistungen engagierten Banken aufgrund einer Bankenkrise im Heimatland verschlechtern, dann wird auch das Auslandsgeschäft über den Refinanzierungseffekt stark in Mitleidenschaft gezogen, auch wenn es aufgrund des Substitutionseffekts zu einer Ausweitung des Auslandsgeschäfts relativ zum Geschäft im Heimatland kommt.[12]

Im Falle multinationaler Banken ist der Substitutionseffekt tendenziell schwächer, denn die zur Ressourcenallokation erforderlichen bank-internen Kapitalmärkte sind durch Interessenkonflikte zwischen den Managern der verschiedenen Töchter behindert (*Stein* 2002; *Dietrich* und *Vollmer* 2010). Dies kann sich aber auch günstig auswirken, denn dadurch schützen multinationale Banken ihre weltweiten Geschäftsaktivitäten vor kräftigen, länderspezifischen Schocks und vermeiden eine bankinterne Ansteckung, weil sie betroffene Töchter in ‚Quarantäne' stellen können (*Fecht* und *Grüner* 2008; *Dell'Ariccia* and *Marquez* 2010). Wenn es zu einer Bankenkrise in einem Gastland kommt, dann erhalten die Töchter also finanzielle Rückendeckung von der Muttergesellschaft, solange die Existenz der gesamten Bank nicht bedroht wird; dies sollte insbesondere dann der Fall sein, wenn die Bankenkrise in diesen Ländern eher zu Refinanzierungs- als zu Ertragsschwierigkeiten führt. Das bedeutet, dass Töchter ihr Kreditgeschäft nicht nur aufrechterhalten, sondern wegen ihrer finanziellen Rückendeckung den krisengeschüttelten lokalen Banken sogar Marktanteile abnehmen. Es spricht also einiges dafür, dass multinationale Banken in nationalen Bankenkrisen eine stabilisierende Rolle spielen. Wenn jedoch die Bankenkrise im Heimatland der multinationalen Bank auftritt, dann sollte aus theoretischer Sicht das Risiko einer bankinternen Ansteckung relativ gering sein. Zwar besteht die Gefahr, dass Mutterbanken in Reaktion auf eigene Refinanzierungsprobleme auch Ressourcen von ihren Töchtern abziehen. Dem entgegen wirkt aber, dass aufgrund der Art der organisatorischen und finanziellen Selbstständig-

---

11 Der stabilisierende Effekt des Handels mit Finanzdienstleistungen tritt zumindest auf, solange mit der lokalen Bankenkrise nur Verschlechterungen bei den Refinanzierungsbedingungen, aber nicht auch bei den Ertragsaussichten verbunden sind.

12 Zumindest gilt dies, solange sich mit der Verschlechterung der Refinanzierungsmöglichkeiten im Heimatland nicht gleichzeitig die Bedingungen zur Mittelaufnahme in den Gastländern (überproprtional) verbessern.

keit der Töchter bankinterne Umverteilungen von Ressourcen kaum stattfinden, wenn länderspezifische Schocks den Bestand der gesamten Bank gefährden; im schlimmsten Fall würden die Auslandstöchter dann bezüglich ihrer Refinanzierung unvermittelt auf sich allein gestellt sein und könnten nicht mehr auf die Unterstützung durch die Mutter rechnen.

Hinsichtlich des Zusammenhangs zwischen Währungs- und Bankenstabilität ist zu unterscheiden, in welcher Währung die Kredite durch Auslandstöchter vergeben werden. Werden die Kredite in heimischer Währung vergeben, während ein Großteil der Refinanzierung über den Konzernverbund im Ausland in ausländischer Währung erfolgt, so könnte das ‚currency mismatch' die Bankbilanz belasten. Solange aber ihre Verbindlichkeiten weitgehend durch die Erträge, die eine Bank in anderen Regionen der Welt erzielt, abgesichert sind, hätten die in dem von der Währungskrise betroffenen Land bestehenden Vermögensgüter ohnehin nur einen geringen Wert für die Bankgläubiger. Eine zusätzliche abwertungsbedingte Abschmelzung hätte daher kaum Folgen für die Refinanzierungsmöglichkeiten der Bank insgesamt. Das Kreditgeschäft im Gastland würde also begünstigt, weil der Substitutionseffekt den Refinanzierungseffekt dominiert. Werden die Kredite aber in Auslandswährung vergeben, dann führt eine Abwertung der Währung zu einem Anstieg der Kreditausfallrisiken, weil das ‚currency mismatch' auf die Bankschuldner abgewälzt wurde. Hierauf müssten die Banken mit einem Abzug der Mittel reagieren, um ihre eigene Stabilität nicht zu gefährden; dieser Abzug wäre aber umso schwächer, je unbedeutender die Vermögenswerte der Tochter für die Refinanzierung der Bank insgesamt sind.

Aus dieser theoretischen Perspektive lässt sich zusammenfassen, dass international aktive Banken – unabhängig von ihrer Organisationsform – als Stabilisatoren für die Bankensysteme in den Schwellenländern (einschließlich Transformationsländer) wirken sollten, wenn es dort zu Bankenkrisen kommt. Hierbei sollte die Stabilisierung durch grenzüberschreitenden Handel mit Finanzdienstleistungen tendenziell größer sein. Wenn es aber aufgrund einer Bankenkrise im Heimatland international aktiver Banken zu einer Verschlechterung der Refinanzierungsbedingungen kommen sollte, dann wäre davon auszugehen, dass über den grenzüberschreitenden Handel mit Finanzdienstleistungen auch die Gastländer angesteckt werden, während eine Ansteckung über die Töchter ausländischer Banken, wenn überhaupt, nur gering ist.

Die empirischen Befunde aus der Zeit vor Ausbruch der Weltfinanzkrise deuten in der Tat auf einen alles in allem stabilisierenden Einfluss insbesondere multinationaler Banken auf die nationalen Bankensysteme in Mittel- und Osteuropa hin. So zeigen Umfrageergebnisse unter westlichen Banken, dass die meisten Mutterbanken grundsätzlich bereit sind, sich schützend vor ihre mittelosteuropäischen Töchter in für diese finanziell schwierigen Zeiten zu stellen und sie vor Liquiditäts- und Solvenzproblemen zu bewahren; allerdings gilt dies nicht in solchen Fällen, in denen eine existenzielle Gefährdung der Mutter oder der gesamten Bank von einer Unterstützung ausgehen würde (*de Haas* and *Naaborg* 2006). Ergänzend liegt empirische Evidenz dafür vor, dass in Krisenzeiten die heimischen Banken in Mittel- und Osteuropa ihre Kreditvergabe substanziell eingeschränkt haben, während westliche Banken ihr Kreditgeschäft vor Ort teilweise sogar ausdehnen konnten (*de Haas* and *van Lelyveld* 2006). Die Refinanzierung des Kreditgeschäfts erfolgt dann vorwiegend über Mittel, die von der westlichen Muttergesellschaft bank-intern bereit gestellt worden sind (*de Haas* and *van Lelyveld* 2009). Auf der anderen Seite war in der Vergangenheit auch der finanzielle Status der Mutterbanken bedeutsam für das Kreditgeschäft der verbundenen Auslandstöchter (nicht nur in Mittel- und Osteuropa); insbesondere eine günstige Ertragslage der Mutter (gemessen an deren Zinsmarge) zeigt sich als vorteilhaft für die Töchter. Zudem ist das Kreditgeschäft einer Auslandstochter negativ von der Entwicklung des Bruttoinlandsprodukts im Sitzland der Mutter oder der Tochterbanken in anderen Ländern abhängig, was auf die beschriebene Wirkung des Substitutionseffekts hinweist (*de Haas* and *van Lelyveld* 2009).

3. Die Integration des mittelosteuropäischen Bankensektors in das globale Finanzsystem – einige stilisierte Fakten

In den vergangenen Jahren hat die Bedeutung international aktiver Banken weltweit zugenommen (*McGuire* and *Tarashev* 2007). Auf die Länder Mittel- und Osteuropas traf dies am Vorabend der Weltfinanzkrise in besonderem Maße zu. Der Marktanteil der im Auslandsbesitz befindlichen Banken ist sehr hoch; er liegt in Estland, Litauen, Ungarn und der Slowakei bei 90 Prozent und darüber (Tabelle 1, 2. Spalte). Vor allem in den größeren Ländern wie Polen und Tschechien wird das Geschäft vorwiegend vor Ort über Töchter und Niederlassungen abgewickelt (3. Spalte). Der Anteil der von international aktiven Banken begebenen kurzfristigen Kredite ist unterschiedlich hoch, aber nicht exorbitant – tatsächlich liegt er für Deutschland höher als für jedes mittelosteuropäische Land (4. Spalte). Problematischer scheint der meist hohe Anteil der Fremdwährungskredite am Gesamtkreditvolumen ausländischer Banken. Gerade Länder, die seit Ausbruch der Weltfinanzkrise als Risikokandidaten gelten, also etwa die baltischen Republiken, Bulgarien und Rumänien, sind zu einem hohen Teil in ausländischer Währung verschuldet.

Für die Bankensektoren dieser Länder insgesamt (einschließlich heimischer Banken) gilt zudem, dass deren Verbindlichkeiten in weitgehend gleichem Ausmaß wie die Forderungen auf Auslandswährung lauten, sodass die Währungszusammensetzung nur geringe direkte Gefahren für die Bankenbilanzen bergen.[13] Dies bedeutet jedoch, dass die Bankschuldner in zum Teil beträchtlichem Maße anfällig gegenüber Wechselkursschwankungen sind; dies trifft insbesondere für die drei baltischen Republiken und weniger für Tschechien und Polen zu.

Die Länder Mittel- und Osteuropas repräsentieren ein breites Band an Wechselkursregimes, das, abgesehen von den Mitgliedsländern des Euroraums, von vollkommen freien Wechselkursen bis hin zu ‚currency boards‘ reicht. Länder wie die baltischen Republiken und Bulgarien, in denen die festen Wechselkurse zum Großteil im Rahmen von ‚currency boards‘ mit Fremdwährungsdeckung der Geldbasis gestützt werden, zeichnen sich durch den im Vergleich zu Ländern mit flexibleren Wechselkursen hohen Anteil der Fremdwährungsverschuldung aus.

---

[13] Eigene Berechnungen auf Basis von *BIS* (2009).

Tabelle 1: Ausgewählte Kennzahlen zum Finanzsektor in einigen mittelosteuropäischen Ländern (Stand: Ende 2007)

	Marktanteil der ausländischen Banken[a)]	Anteil der Kredite von ausländischen Niederlassungen und Töchtern am gesamten Kreditvolumen ausländischer Banken[b)]	Anteil kurzfristiger Kredite am gesamten Kreditvolumen ausländischer Banken[c)]	Anteil der Fremdwährungskredite am gesamten Kreditvolumen ausländischer Banken[d)]	Währungsregime[e)]
Bulgarien	78%	63%	41%	64%	Currency board
Estland	99%	43%	23%	75%	Currency board (WKM II)
Kroatien	82%	54%	33%	58%	Other Managed Arrangement
Lettland	63%	62%	31%	81%	Conventional peg (WKM II)
Litauen	90%	41%	23%	64%	Currency board (WKM II)
Polen	69%	73%	28%	41%	Free float
Rumänien	60%	61%	56%	66%	Float
Slowakei	94%	70%	50%	29%	Peg with horizontal band (WKM II)[f)]
Slowenien	NA	43%	29%	52%	Euro
Tschechien	84%	70%	46%	23%	Free Float
Ungarn	97%	51%	33%	62%	Float
Deutschland	*6%*	*33%*	*60%*	*55%*	*Euro*

[a)] Anteil der Kredite von den zu mehr als 50% im Auslandsbesitz befindlichen Banken am gesamten Kreditvolumen zum Jahresende 2005 (in Prozent). [b)] einschließlich grenzüberschreitender Finanzdienstleistungen (in Prozent). [c)] Kreditforderungen international aktiver Banken mit einer Laufzeit von bis zu einem Jahr, einschließlich grenzüberschreitender Finanzdienstleistungen (in Prozent). [d)] Anteil der in ausländischer Währung begründeten Kreditforderungen von international aktiven Banken gegenüber Nichtbanken (in Prozent). [e)] Nach Definition des Internationalen Währungsfonds, alle Festkurssysteme bestehen gegenüber dem Euro. [f)] Einführung des Euro zum 1. Januar 2009.

Quellen: Eigene Berechnungen auf Basis von *BIS* (2009), *Caprio, Levine* und *Barth* (2008), *IMF* (2009b, Appendix II), *Thomson Reuters Datastream.*

Zusammenfassend lässt sich festhalten, dass international aktive Banken in den Ländern Mittel- und Osteuropas sehr präsent sind. Hinsichtlich der Art ihrer Präsenz ergibt sich zwar kein einheitliches Bild, aber lokale Töchter und Niederlassungen ausländischer Banken spielen überall eine große Rolle. Insgesamt ist der Anteil kurzfristiger Ausleihungen, die in Krisenzeiten eine besondere Anfälligkeit der Länder begründen könnten, nur in wenigen Ländern hoch. Dagegen ist der Fremdwährungsanteil der von international aktiven Banken vergebenen Kredite in einigen Ländern recht hoch. Alles in allem fällt auf, dass die Länder Mittel- und Osteuropas zwar sehr heterogen sind, dass aber vor allem Tschechien, Polen und die Slowakei sowohl durch einen hohen Anteil vor Ort tätiger Töchter multinationaler Banken als auch einen vergleichsweise geringen Anteil von Fremdwährungskrediten gekennzeichnet sind.

4. Zu den Entwicklungen in Mittel- und Osteuropa in der Weltfinanz krise

4.1. Vertrauensverlust gegenüber den Volkswirtschaften Mittel- und Osteuropas

Im Zentrum der Weltfinanzkrise standen im Gegensatz zu vielen vorangegangenen Finanzkrisen keine ‚currency mismatches'. Diesen Platz nahmen vielmehr strukturierte Wertpapiere wie ‚mortgage backed securities' (MBS) ein. Sie waren überwiegend in US-Dollar denominiert, und obwohl die Krise von den USA ihren Ausgang nahm, wertete die dominierende Welt-Reservewährung in der bedrohlichsten Phase der Krise zwischen September 2008 und März 2009 sogar noch auf.

Obgleich die Krise auf den Derivatemärkten keine unmittelbare Gefährdung Mittel- und Osteuropas darstellte, breitete sich die Weltfinanzkrise auch in diese Länder aus. Deren Volkswirtschaften galten auch schon in den Zeiten des weltwirtschaftlichen Aufschwungs als potenziell labil. In der Krise büßten sie auf den Finanzmärkten schnell an Vertrauen ein. Dieser Vertrauensverlust fand seinen Ausdruck in den Preisen für ‚credit default swaps' (CDS) auf Staatspapiere, also für handelbare Versicherungskontrakte gegen deren Zahlungsausfall. Vor allem für die baltischen Republiken, Bulgarien und Rumänien sind die Risikoprämien kräftig gestiegen (Tabelle 2, 2. Spalte). Diesen Ländern gemeinsam sind die exorbitanten Leistungsbilanzdefizite (in Prozent vom Bruttoinlandsprodukt jeweils im zweistelligen Bereich). Die Höhe dieser Defizite, und damit des internationalen Finanzierungsbedarfs, war angesichts der recht strikten Wechselkursfixierung für die Risikoeinschätzung auf den Kapitalmärkten von offensichtlich besonderer Bedeutung (Abbildung 1).[14] Ein Großteil der Anstiege wurde im Frühjahr 2009 in vielen Ländern jedoch wieder korrigiert.

Monate mit besonders starken Erhöhungen der CDS-Preise lassen sich mit Hilfe eines statistischen Abgrenzungsverfahrens identifizieren.[15] Hiernach kam es zu Anstiegen dramatischen Ausmaßes im Oktober 2008 – also im Monat nach dem Zusammenbruch von *Lehman Brothers*. Es bestehen nur geringe Unterschiede zwischen den Ländern hinsichtlich der Anzahl solcher Krisenmonate.

Angesichts dieses ersten Befundes sind die Länder Mittel- und Osteuropas kräftig in den Sog der Weltfinanzkrise geraten, jedoch in unterschiedlichem Ausmaß. Es soll nun der Frage nachgegangen werden, ob die Krise im internationalen Finanzsystem mit

---

[14] Eine Regression der CDS-Anstiege auf die Leistungsbilanzdefizite ergibt ein Bestimmtheitsmaß von 0,49; der Koeffizient ist auf dem 5%-Niveau signifikant.

[15] In Analogie zu dem später noch verwendeten Exchange Market Pressure Index wird eine Periode als Krisenperiode identifiziert, wenn die Veränderung des CDS-Preises ihren Mittelwert um ein bestimmtes Vielfaches ihrer Standardabweichung überschreitet (siehe Fußnote 19).

einer Bankenkrise, einer Währungskrise oder sogar einer Zwillingskrise in Mittel- und Osteuropa einherging, und welche Rolle international aktive Banken spielten.

Abbildung 1: Leistungsbilanzsalden[a] und kumulierte Anstiege der CDS-Preise[b] für mittelosteuropäische Länder

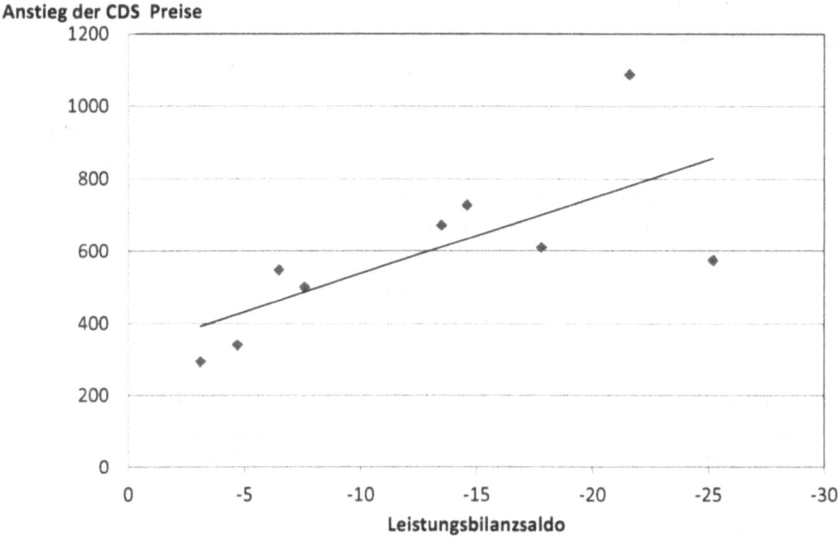

[a] im Jahr 2007, in Relation zum Bruttoinlandsprodukt (in Prozent). [b] in den Jahren 2008/09 (in Basispunkten). Länder: siehe Tabelle 2 (ohne Deutschland).

Quelle: Eigene Berechnungen auf Basis von *IMF* (2009c), *Thomson Reuters Datastream.*

Tabelle 2: CDS Preise für Staatsanleihen mit einer Restlaufzeit von 10 Jahren in ausgewählten Ländern

Länder	Kumulierter Anstieg der CDS Preise[a]	Monate mit besonders kräftigen Anstiegen der CDS Preise						Gesamt-anzahl
		3/2008	10/2008	11/2008	12/2008	2/2009	3/2009	
Bulgarien	644		X			X		2
Estland	732		X			X		2
Kroatien	552		X	X		X		3
Lettland	1189		X				X	2
Litauen	837		X			X		2
Polen	380		X	X		X		3
Rumänien	735		X	X		X		3
Tschechien	330		X			X		2
Ungarn	618	X	X			X		3
Deutschland	*90*		*X*		*X*	*X*		*3*

[a] Jeweils die Differenz aus dem höchsten Wert in der Krise und dem niedrigsten Wert vor deren Ausbruch (in Basispunkten).

Quelle: Eigene Berechnungen auf Basis von *Thomson Reuters Datastream.*

4.2. Bankenkrise?

Eine Bankenkrise liegt nach allgemeinem Verständnis dann vor, wenn Bankensysteme nicht in der Lage sind, ihrer Intermediationsfunktion selbstständig nachzukommen, und wenn deshalb die Kreditversorgung in der Volkswirtschaft kollabiert. Es sollte aber auch dann von einer Bankenkrise gesprochen werden, wenn lediglich durch staatliche Interventionen der Kollaps des Bankensystems verhindert werden kann. Hingegen wäre allein der Umstand, dass die Dynamik der Bankkredite gebremst wird, nicht hinreichend dafür, von einer Funktionsunfähigkeit des Bankensystems zu sprechen; denn auch sprunghafte Einbrüche der Kreditnachfrage können die Dynamik bremsen. Für die Zeit seit Herbst 2007 ist aber wohl unstreitig, dass die Bankensysteme der meisten entwickelten Volkswirtschaften in eine tiefe Krise geraten sind. Die von den Regierungen bereitgestellten finanziellen Hilfen für Banken nahmen historisch einmalige Größenordnungen an, trotzdem kam es zu vielen Bankenzusammenbrüchen.[16] Diese Krise hat über einen abrupten Rückgang des Risikoappetits an den Finanzmärkten, angebotsseitige Verringerungen des Kreditvolumens und pessimistischere Erwartungen auch außerhalb des Finanzsektors zu einer tiefen Rezession geführt.[17]

Es stellt sich nun die Frage, ob die von den USA, Großbritannien und dem Euroraum ausgehende Bankenkrise auch die Banken in Mittel- und Osteuropa erfasst hat. Einen ersten Anhaltspunkt zur Beantwortung dieser Frage könnten die Bewertungen von Banken auf den lokalen Aktienmärkten geben. Als Beispiele werden Polen und Ungarn herangezogen (Abbildung 2). Der Verlauf der Kurse für Bankaktien in Polen und noch mehr für Ungarn ist dem im Euroraum sehr ähnlich. Die Bewertung des Bankensektors durch die Finanzmärkte verschlechterte sich seit Sommer 2007 immer weiter. Im Herbst 2008, nach der Lehmann-Insolvenz, brachen die Indizes regelrecht ein. Dabei war der Sturz in beiden Ländern und im Euroraum deutlich stärker als der von breiten Aktienindizes, in denen auch nichtfinanzielle Unternehmen erfasst sind. Misst man das Ausmaß des Kurseinbruchs an der Spanne zwischen dem Höhepunkt im Sommer 2007 und dem Tiefpunkt im ersten Quartal 2009, war dieser in Ungarn (-86 %) etwas stärker und in Polen (-72 %) etwas milder als im Euroraum (-82 %). Offensichtlich galt ein Großteil der Banken auch in diesen mittelosteuropäischen Ländern im Winter 2008/09 als insolvenzgefährdet. Die Bankenkrise, welche in den USA und in Westeuropa nur durch massives Eingreifen der öffentlichen Hand nicht zu einem systemischen Kollaps des Finanzsystems führte, ist also auch auf Mittel- und Osteuropa übergesprungen.

---

16 Nach Angaben der Federal Deposit Insurance Corporation brachen in den USA allein im Monat Oktober 2009 mehr als 100 Banken zusammen.

17 Zu den realwirtschaftlichen Wirkungen der Weltfinanzkrise auf die US Wirtschaft infolge des identifizierten Einbruchs des Kreditangebots siehe *Almeida et al.* (2009).

Abbildung 2: Indizes der Kurse von Bankaktien in Polen, Ungarn und im Euroraum (April 2005 = 100)

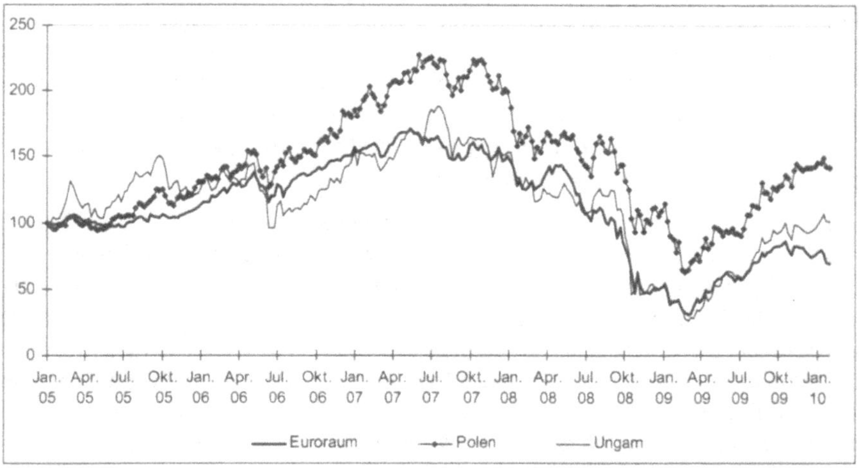

Quelle: Eigene Berechnungen auf Basis von Thomson Reuters Datastream.

Hinsichtlich der Kanäle, über die sich die Bankenkrise auf Mittel- und Osteuropa ausbreitete, liegt zunächst die Vermutung nahe, dass international aktive Banken die Überträger waren, spielen diese doch im mittelosteuropäischen Raum eine überragende Rolle.[18] Allerdings haben die theoretischen Überlegungen in Abschnitt 2.3. gezeigt, dass das Ansteckungspotenzial wesentlich von der relativen Bedeutung von Substitutions- und Refinanzierungseffekt abhängt. Entsprechend unterschiedlich können dann auch die Einschätzungen ausfallen. Multinationale Banken könnten das wesentliche Transmissionsglied gewesen sein, da die Krise dazu geführt hat, dass die Kapitalbasis der Mutterbanken aufgrund des hohen Wertberichtigungsaufwands geschwächt wurde; zugleich verschlechterten sich deren Liquiditätsausstattung und Ertragsaussichten. Diese Effekte führten dazu, dass sich die Refinanzierungsmöglichkeiten für die Mutterbanken in der westlichen Welt dramatisch verschlechterten und ein Liquiditätsabfluss aus Mittel- und Osteuropa mit dem Ziel einsetzte, die gestrauchelten Banken im Westen zu stabilisieren. Angesichts der hohen Bedeutung der multinationalen Banken für die nationalen Bankensysteme wurde so das Kreditangebot in den Ländern Mittel- und Osteuropas maßgeblich reduziert, so dass sich die Aussichten für die wirtschaftliche Entwicklung der Gastländer erheblich verschlechterten. Hierauf reagierten dann die Händler an den Devisenmärkten mit einer zum Teil dramatischen Abwertung der Währungen.[19]

Demgegenüber steht die Ansicht, dass auch in der Weltfinanzkrise multinationale Banken als Stabilisatoren gewirkt haben, zumindest in einigen Ländern (*Europäische*

---

18 Solche Übertragungseffekte konnten für andere Regionen der Welt schon früher nachgewiesen werden. So zeigen *Peek* und *Rosengren* (2000), dass die Bankenkrise im Japan der 1990er Jahre auch zu realwirtschaftlich bedeutsamen Kreditangebotsreduktionen in den USA geführt hat.

19 Zu dieser Argumentation siehe *Gabrisch* (2009).

Zentralbank 2010). Die bis weit in das Krisenjahr 2008 hinein relativ günstige Wirtschaftsentwicklung in Mittel- und Osteuropa und der Einbruch der Ertragsaussichten in Westeuropa und den USA hätten nach dieser Sicht die Banken sogar dazu veranlasst, die vorhandenen Mittel in den Osten umzulenken. Dies hätte dazu beigetragen, das Überschwappen der Krise auf diese Region zu verzögern. Erst zum Jahreswechsel 2008/09 wurden diese Länder über den internationalen Konjunkturverbund von der Wirtschaftskrise erfasst, in dessen Folge sowohl die Kreditexpansion zurück ging als auch die nationalen Währungen unter Druck gerieten.

Einige Beobachtungen sprechen für diese zweite Ansicht. Zwar war der Rückgang der Kredite ausländischer Banken in diesen Ländern insgesamt mit zum Teil über 25 % dramatisch. Diese Pauschalbewertung verschleiert aber Informationen, die für die Identifikation der Rolle dieser Banken wichtig sind. So haben ausländische Banken auch nach dem Sommer 2007, als in der westlichen Welt die ersten heftigen Finanzmarktturbulenzen einsetzten und auch die mittelosteuropäischen Bankaktien in Mitleidenschaft zogen, ihr Kreditgeschäft um insgesamt knapp 50 % weiter kräftig ausgebaut, vor allem in Polen und der Tschechischen Republik (Vergleich Q2:2008 zu Q2:2007). Der anschließende Rückgang der Forderungen ausländischer Banken belief sich auf weniger als die Hälfte dieses Anstiegs. Eine weitere Besonderheit war, dass nach dem ‚Bail-out' von Bear Stearns im März 2008 zunächst nur der grenzüberschreitende Handel mit Krediten zurückging, insgesamt um etwa 25 %. Hingegen sind die Kreditforderungen von Töchtern ausländischer Banken (in US-Dollar gerechnet) erst ab Herbst 2008 zurückgegangen, wobei dieser Rückgang mit etwa 18 % auch noch deutlich geringer ausfiel. Wird weiterhin berücksichtigt, dass Tochterbanken einen nicht unbeträchtlichen Teil ihrer Forderungen in den lokalen Währungen begründet haben, so ist dieser Rückgang weitgehend abwertungsbedingt. Die von Töchtern multinationaler Banken in jeweils heimischer Währung vergebenen Kredite waren zuletzt (Q2:2009) nur in den baltischen Republiken geringer als im Frühjahr 2008; allerdings begann der Abwärtstrend in Litauen und Lettland bereits vor Ausbruch der Finanzkrise. In den übrigen Ländern wurden nach höchstens einem halben Jahr die ursprünglichen Kreditvolumina wieder erreicht; im zweiten Quartal 2009 lagen sie sogar zwischen 4 % (Kroatien) und 18 % (Rumänien) über dem jeweiligen Vorjahreswert.

Eine stabilisierende Rolle multinationaler Banken wird für einige Länder auch deutlich, wenn deren Kreditexpansion mit der ausschließlich national aktiver Banken verglichen wird. Werden die Kreditvolumina auf US-Dollar Basis zu Grunde gelegt, so zeigt sich, dass in fünf der neun betrachteten mittelosteuropäischen Länder die Zuwachsraten zwischen Frühjahr 2007 und Frühjahr 2009 bei den heimischen Banken geringer waren als die der Kredite von Töchtern ausländischer Banken. Dieser Befund ist weitgehend unabhängig von dem Umstand, dass heimische Banken Kredite in heimischer Währung gewähren, während Töchter ausländischer Banken Kredite auch in Auslandswährung vergeben. Legt man nämlich ausschließlich die in heimischer Währung vergebenen Kredite von heimischen und ausländischen Banken an private Nichtbanken zu Grunde, so ändert sich nur bei Estland das Bild (Tabelle 3).

Tabelle 3: Veränderung der Kreditforderungen von heimischen Banken sowie von Töchtern und Niederlassungen multinationaler Banken (Q2:2007-Q2:2009).

	Kredite heimischer Banken[a)]	Kredite multinationaler Banken[a)]	Kredite heimischer Banken (in heimischer Währung)	in heimischer Währung vergebene Kredite multinationaler Banken
Bulgarien	99,0 %	41,3 %	96,8 %	38,8 %
Estland	15,7 %	22,7 %	14,6 %	-22,1 %
Kroatien	-15,4 %	25,8 %	-16,1 %	14,4 %
Lettland	23,7 %	3,4 %	22,8 %	-54,4 %
Litauen	52,1 %	10,5 %	50,9 %	-30,1 %
Polen	28,4 %	44,9 %	48,6 %	51,4 %
Rumänien	70,2 %	28,1 %	114,9 %	55,8 %
Tschechien	0,6 %	26,3 %	-6,0 %	28,4 %
Ungarn	-9,0 %	43,0 %	3,9 %	50,6 %

[a)] Abwertung gegenüber dem Euro auf Basis monatsdurchschnittlicher Wechselkurse, jeweils als Differenz aus dem niedrigsten Wert in der Krise und dem höchsten Wert vor deren Ausbruch (in Prozent).

Quelle: Eigene Berechnungen auf Basis von Thomson Reuters Datastream.

Zur Identifikation der Bestimmungsgründe für Währungskrisen können Signal- oder Probitansätze verwendet werden (*Knedlik* and *Scheufele* 2008). Die Ableitung signifikanter Ergebnisse scheitert im vorliegenden Fall jedoch an der schlechten Datenverfügbarkeit und der geringen Anzahl an Ländern. So hat das Wechselkursregime keinen Erklärungsgehalt bezüglich der Anzahl der Krisenmonate, denn Bulgarien (‚currency board') wurde relativ schwer getroffen, während in Litauen (ebenso ‚currency board') keine Währungskrise beobachtet wurde. Auch Länder mit ‚floating regimes' waren unterschiedlich stark betroffen. Weitere Größen (Staatsverschuldung, Leistungsbilanzsaldo, Anteile von Auslandsbanken und der Fremdwährungsverbindlichkeiten) leisten ebenfalls keinen statistisch signifikanten Erklärungsbeitrag.[20]

[20] Es sei hier angemerkt, dass die fehlende Signifikanz nicht ausschließt, dass es dennoch einen Zusammenhang im daten-generierenden Prozess gibt.

Abbildung 3: Entwicklungen des Exchange Market Pressure in ausgewählten Ländern (1/2006-10/2009)

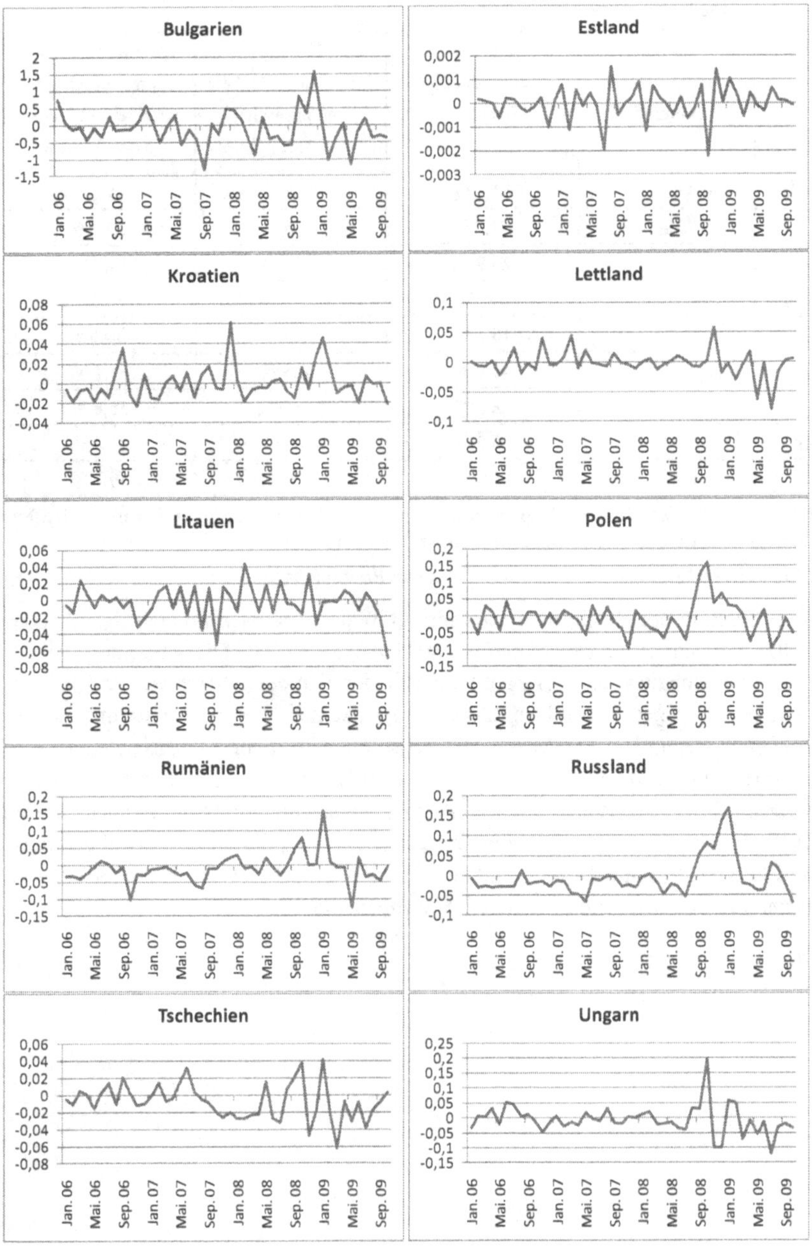

Quelle: Eigene Berechnungen auf Basis von *Thomson Reuters Datastream.*

5. Schlussfolgerungen und Ausblick

Im vorherigen Abschnitt wurde gezeigt, dass während der Weltfinanzkrise simultan Banken- und Währungskrisen in Mittel- und Osteuropa aufgetreten sind. Deren Charakter war aber ein ganz anderer, als die im Anschluss der Asienkrise entwickelten Theorien der *twin crises* unterstellen. Denn zunächst spielte sich die Bankenkrise in den Weltfinanzzentren der USA und Westeuropas ab; Schwellenländer-Regionen, wie die hier betrachtete, waren nur Nebenschauplätze. Im Lauf des Jahres 2008 setzte sich auf den Finanzmärkten die Überzeugung durch, dass viele internationale Investoren im Zuge von Konsolidierungsbemühungen ihre Engagements in allen risikoreichen Märkten, auch in den Schwellenländern, zurückführen müssten. Deshalb gerieten vor allem Staatstitel jener Schwellenländer unter Druck, welche in besonders hohem Maß von ausländischem Kapital abhängig waren, also Länder mit besonders hohen Leistungsbilanzdefiziten und festen Wechselkursen.

Bankenkrisen bedrohten Mittel- und Osteuropa zu Beginn der Weltfinanzkrise in erster Linie deswegen, weil das Bankensystem in den Weltfinanzzentren selbst auf der Kippe stand, und weil von dieser Krise direkt oder indirekt betroffene multinationale Banken den Finanzsektor in Mittel- und Osteuropa dominieren. Deshalb dürfte aber auch für die Region Mittel- und Osteuropa insgesamt stabilisierend gewesen sein, dass der Kollaps der Bankensysteme in den USA und Westeuropa mit Hilfe massiver staatlicher Interventionen im Winterhalbjahr 2008/09 verhindert werden konnte. Hierdurch konnten die dort ansässigen, international aktiven Banken Belastungen besser verkraften. Sie hatten aber hierdurch auch einen höheren Vertrauensvorschuss, als es bei einem durch heimische Banken dominierten Finanzsektor der Fall gewesen wäre.

Allerdings unterschied sich die Belastbarkeit der Länder Mittel- und Osteuropas erheblich. Offenkundig wird dies durch den Vergleich von zwei Ländergruppen, den baltischen Republiken einerseits und Tschechien und Polen andererseits. Die erste Ländergruppe konnte zwar erfolgreich ihre Fixkurssysteme verteidigen (nach dem hier verwendeten Indikator war die Anzahl der Währungskrisenmonate sehr gering), allerdings war insbesondere in diesen Ländern der Vertrauensverlust (gemessen an den Anstiegen der CDS-Preise) sehr groß. Die Währungen Tschechiens und Polens hingegen werteten kräftig ab (begleitet von einer höheren Anzahl von Krisenmonaten), der Verlust des Vertrauens gegenüber deren Staatstiteln war jedoch insgesamt am geringsten.

Eine Ursache für die ungleichen Ergebnisse liegt vermutlich in den unterschiedlichen Strukturen der Finanzsysteme. In den baltischen Republiken bestehen sehr rigide Währungsregime. Im Falle von Turbulenzen auf den Finanzmärkten bedeutet dies, so die Theorie, einen erhöhten Belastungsdruck für die Banken. Die Bankensektoren dieser drei Länder zeichnen sich aber dadurch aus, dass der Anteil der vor Ort agierenden Niederlassungen und Töchter multinationaler Banken am gesamten Kreditgeschäft ausländischer Banken vergleichsweise gering ist; das Bankgeschäft wird überwiegend im Rahmen des grenzüberschreitenden Handels mit Finanzdienstleistungen betrieben (Tabelle 1). Aus den theoretischen Überlegungen folgte, dass diese Form in besonderer Weise zur Übertragung einer Bankenkrise aus dem Ausland beitragen kann. Verschärft wurde die Situation in diesen Ländern wohl auch dadurch, dass der Anteil der von den internationalen Banken vergebenen Fremdwährungskredite sehr hoch ist (über 60 %).

Mit dem Rückgang der Exporterlöse aufgrund der weltweiten Wirtschaftskrise wurden die Bankenbilanzen von zunehmenden Kreditausfallrisiken in diesen Ländern belastet, worauf die Banken mit einem Abzug der ausleihbaren Mittel reagierten: Der Anstieg des Kreditvolumens international aktiver Banken blieb hinter dem heimischer Banken zurück (Tabelle 3).[21]

Tschechien und Polen unterschieden sich in der Ausgangslage wesentlich von den baltischen Republiken nach diesen drei Merkmalen. Beide Länder haben flexible Wechselkursregime, Niederlassungen und Töchter ausländischer Banken dominieren das internationale Bankgeschäft, und der Anteil der von internationalen Banken vergebenen Fremdwährungskredite ist gering. Den theoretischen Überlegungen entsprechend könnten multinationale Banken hier zu einer Stabilisierung des Kreditangebots beigetragen haben und erklären, warum der Anstieg ihres Kreditvolumens kräftiger ausfiel als der Zuwachs des Kreditvolumens heimischer Banken.

Alles in allem lehren die Erfahrungen mittelosteuropäischer Länder, dass die Implikationen der Integration der Bankensektoren sich entwickelnder Volkswirtschaften in das Weltfinanzsystem für die Finanzstabilität sehr verschieden sein können. Es deutet sich an, dass die Art der Integration einen großen Einfluss haben kann. Aber sowohl die theoretischen Zusammenhänge als auch die empirische Evidenz hinsichtlich der Bedeutung international aktiver Banken für das simultane Auftreten von Banken- und Währungskrisen lassen derzeit noch keine gesicherten Aussagen zu.

Literatur

Allen, Mark, Christoph Rosenberg, Christian Keller, Brad Setser and *Nuriel Roubini* (2002), A Balance Sheet Approach to Financial Crisis, International Monetary Fund Working Paper, No. 02/210, Washington, D.C.

Almeida, Heitor, Murillo Campello, Bruno A. Laranjeira and *Scott J. Weisbenner* (2009), Corporate Debt Maturity and the Real Effects of the 2007 Credit Crisis, University of Illinois, veröffentlicht im Internet: http://papers.ssrn.com/sol3/papers.cfm?abstract_id=1405505

BIS (2009), Bank for International Settlements Quarterly Review Statistical Annex, December 2009, Basel.

Buch, Claudia M. and *Alexander Lipponer* (2007), FDI versus Exports: Evidence from German Banks, in: Journal of Banking and Finance, Vol. 31, pp. 805-826.

Buch, Claudia M., Cathérine Tahmee Koch and *Michael Kötter* (2009), Margins of International Banking: Is There a Productivity Pecking Order in Banking, Too?, Deutsche Bundesbank Discussion Paper Series 2, No 12/2009, Frankfurt/M.

Caprio, Gerard, E. Levine Ross and *R. Barth James* (2008), Bank Regulation and Supervision Database, Stand 2007, veröffentlicht im Internet: http://econ.worldbank.org/

---

[21] Dass es trotz des hohen Anstiegs der Risikoprämien auf lettische Staatsanleihen nicht zu einem Kollaps des Finanzsystems kam, dürfte auch an dem vom Internationalen Währungsfonds im Dezember 2008 bereitgestellten Notkredit (Stand-by Agreement) gelegen haben (*IMF* 2009a).

Cerutti, Eugenio, Giovanni Dell'Ariccia and *Maria Martinez Peria* (2007), How Banks Go Abroad: Branches or Subsidiaries, in: Journal of Banking and Finance, Vol. 31, pp. 1669-1692.

Chang, Roberto and *Andrés Velasco* (2000), Financial Fragility and the Exchange Rate Regime, in: Journal of Economic Theory, Vol. 92, pp. 1-34.

de Haas, Ralph and *Ilko Naaborg* (2006), Foreign Banks in Transition Countries: To Whom Do They Lend and How Are They Financed?, in: Financial Markets, Institutions & Instruments, Vol. 15, pp. 159-199.

de Haas, Ralph and *Iman van Lelyveld* (2006), Foreign Banks and Credit Stability in Central and Eastern Europe: A Panel Data Analysis, in: Journal of Banking and Finance, Vol. 30, pp. 1927-1952.

de Haas, Ralph and *Iman van Lelyveld* (2010), Internal Capital Markets and Lending by Multinational Bank Subsidiaries, in: Journal of Financial Intermediation, Vol. 19, pp. 1-25.

Dell'Ariccia, Giovanni and *Robert Marquez* (2010), Risk and the Corporate Structure of Banks, in: Journal of Finance, Vol. 65, pp. 1075-1096.

Diamond, Douglas and *Phillip Dybvig* (1983), Bank Runs, Deposit Insurance, and Liquidity, in: Journal of Political Economy, Vol. 91, pp. 401-419.

Diamond, Douglas and *Raghuram Rajan* (2001a), Liquidity Risk, Liquidity Creation, and Financial Fragility: A Theory of Banking, in: Journal of Political Economy, Vol. 109, pp. 287-327.

Diamond, Douglas and *Raghuram Rajan* (2001b), Banks, Short-term Debt and Financial Crises: Theory, Policy Implications and Applications, in: Carnegie-Rochester Conference Series on Public Policy, Vol. 54, pp. 37-71.

Diamond, Douglas and *Raghuram Rajan* (2006), Money in a Theory of Banking, in: American Economic Review, Vol. 96, pp. 30-53.

Dietrich, Diemo (2004), Financing FDI into Developing Economies and the International Transmission of Business cycle Fluctuations, in: Schweizerische Zeitschrift für Volkswirtschaft und Statistik, Vol. 140, pp. 449-481.

Dietrich, Diemo (2007), Asset Tangibility and Capital Allocation, in: Journal of Corporate Finance, Vol. 13, pp. 995-1007.

Dietrich, Diemo and *Björn Jindra* (2010), Corporate Governance in the Multinational Enterprise: A Financial Contracting Perspective, in: International Business Review, Vol. 19, pp. 446-456.

Dietrich, Diemo und *Axel Lindner* (2002), Währungspolitische Lehren aus dem Scheitern des argentinischen Currency board, in: Wirtschaft im Wandel, 15/2002, S. 463-469.

Dietrich, Diemo and *Uwe Vollmer* (2010), International Banking and Liquidity Allocation: Cross-border Financial Services versus Multinational Banking, in: Journal of Financial Services Research, Vol. 37, pp. 45-69.

Eichengreen, Barry and *Ricardo Hausmann* (1999), Exchange Rates and Financial Fragility: New Challenges for Monetary Policy, Federal Reserve Bank of Kansas City, Kansas City, pp. 329-368.

Eichengreen, Barry, Ricardo Hausmann and *Ugo Panizza* (2005), The Pain of Original Sin, in: *Barry Eichengreen* and *Ricardo Hausmann* (eds.), Other People's Money: Debt Denomination and Fnancial Instability in Emerging Market Economies, Chicago, pp. 13-47.

Eichengreen, Barry, Andrew Rose and *Charles Wyplosz* (1996), Contagious Currency Crises: First Tests, in: Scandinavian Journal of Economics, Vol. 98, pp. 463-484.

Europäische Zentralbank (2010), Economic and Monetary Developments, in: ECB Monthly Bulletin January 2010, Frankfurt/M., pp. 9-16.

Falcetti, Elisabetta and *Merxe Tudela* (2008), What do Twins Share? A Joint Probit Estimation of Banking and Currency Crises, in: Economica, Vol. 75, pp. 199-221.

Fecht, Falko and *Hans P. Grüner* (2008), Limits to International Banking Consolidation, in: Open Economies Review, Vol. 19, pp. 651-666.

Gabrisch, Hubert (2009), Finanzielle Instabilität und Krise in den Post-Transformations-Ländern, in: Wirtschaftspolitische Blätter, Bd. 56, S. 331-346.

Gerber, James (2010), International Economics, 5. ed., Boston.

Glick, Reuven and *Michael M. Hutchison* (2001), Banking and Currency Crises: How Common Are Twins?, in: *Reuven Glick , Ramon Moreno* and *Mark Spiegel* (eds.), Financial Crises in Emerging Markets, New York, pp. 35-79.

Goldstein, Morris and *Philip Turner* (2004), Controlling Currency Mismatches in Emerging Markets, Washington, D.C.

Gray, Jean M. and *H. Peter Gray* (1981), The Multinational Bank: A Financial MNC?, in: Journal of Banking and Finance,Vol. 5, pp. 33-63.

Helpman, Elhanan (2006). Trade, FDI, and the Organization of Firms, in: Journal of Economic Literature, Vol. 64, pp. 589–630.

Hutchison, Michael M. and *Ilan Noy* (2005), How Bad Are Twins? Output Costs of Currency and Banking Crises, in: Journal of Money, Credit, and Banking, Vol. 37, pp. 725-752.

Inderst, Roman and *Holger M. Müller* (2003), Internal versus External Financing: An Optimal Contracting Approach, in: Journal of Finance, Vol. 58, pp. 1033-1062.

IMF (2009a), Hungary: First Review Under the Stand-by Arrangement and Request for Modification of Performance Criteria, International Monetary Fund, Staff Report, Washington, D.C.

IMF (2009b): Annual Report 2009, International Monetary Fund, Washington, D.C.

IMF (2009c): World Economic Outlook October 2009, International Monetary Fund, Washington, D.C.

Kaminsky, Graciela L. and *Carmen M. Reinhart* (1999), The Twin Crises: The Causes of Banking and Balance-of-payments Problems, in: American Economic Review, Vol. 89, pp. 473-500.

Knedlik, Tobias (2006), Signaling currency crises in South Africa, in: Macroeconomic Challenges for South Africa, South African Reserve Bank, pp. 197-217.

Knedlik, Tobias and *Rolf Scheufele* (2008), Forecasting Currency Crises: Which Methods Signaled the South African Currency Crisis of June 2006?, in: South African Journal of Economics, Vol. 76, pp. 367-383.

McGuire, Patrick and *Nikola Tarashev* (2007), International Banking with the Euro, in: BIS Quarterly Review, December, pp. 47-61.

Peek, Joe and *Eric Rosengren* (2000), Collateral Damage: Effects of the Japanese Banking Crisis on Real Activity in the United States, in: American Economic Review, Vol. 90, pp. 30-45.

Sagari, Silvia (1992), United States Foreign Direct Investments in the Banking Industry, in: Transnational Corporations, Vol. 1, pp. 93-123.

Stein, Jeremy C. (1997), Internal Capital Markets and the Competition for Corporate Resources, in: Journal of Finance, Vol. 52, pp. 111-133.

Stein, Jeremy C. (2002), Information Production and Capital Allocation: Decentralized versus Hierarchical Firms, in: Journal of Finance, Vol. 57, pp. 1891-1921.

Albrecht F. Michler und Heinz-Dieter Smeets (Hg.)
Die aktuelle Finanzkrise: Bestandsaufnahme und Lehren für die Zukunft
Schriften zu Ordnungsfragen der Wirtschaft · Band 93 · Stuttgart · 2011

Kommentar zu *Diemo Dietrich, Tobias Knedlik* und *Axel Lindner,* Mittel- und Osteuropa in der Weltfinanzkrise: Simultanes Auftreten von Banken- und Währungskrisen?

Henning Eckermann

Der Beitrag untersucht die Auswirkungen der Weltfinanzkrise auf die Länder Mittel- und Osteuropas. Nach Auffassung der Autoren unterscheiden sich die Zwillingskrisen (Währungs- und Bankenkrise) in Mittel- und Osteuropa von früheren Finanzkrisen in Entwicklungsländern (z.B. Asienkrise) dadurch, dass sie als exogener Schock aus den USA und Westeuropa auftraten und ihre Ursachen nicht in den einzelnen Ländern selbst zu suchen sind. Für die Übertragung der Weltfinanzkrise auf die Länder Mittel- und Osteuropas waren die multinationalen Banken, die in dieser Region eine bedeutende Marktstellung einnehmen, von großer Bedeutung, da diese von der US-Subprime Krise besonders betroffen waren. Dennoch vertreten die Autoren die These, dass die Präsenz internationaler Banken in diesen Ländern weniger belastend als vielmehr stabilisierend gewirkt habe. Die Begründung für diese These ist allerdings doch etwas überraschend: Der stabilisierende Effekt sei darauf zurückzuführen, dass der Kollaps der Bankensysteme in den USA und Westeuropa mit Hilfe staatlicher Interventionen verhindert wurde: „Hierdurch konnten die in Mittel- und Osteuropa ansässigen Banken Belastungen besser verkraften.“ Nicht die westlichen Banken haben also stabilisierend gewirkt, sondern der westliche Steuerzahler.

In diesem Zusammenhang wäre es interessant, den modelltheoretischen Zusammenhang zwischen Währungs- und Bankenkrisen herzustellen. Offenbar gilt dieser Zusammenhang für entwickelte Volkswirtschaften in nur eingeschränktem Maße. Es ist daher zu fragen, was den Unterschied zwischen entwickelten und unterentwickelten Volkswirtschaften für das Auftreten von Zwillingskrisen ausmacht. Die Autoren stellen zudem die These auf, dass Zwillingskrisen bevorzugt im Gefolge von Kapitalverkehrsliberalisierung eintreten. Auch hierfür geben die Autoren weder empirische Belege noch theoretische Erklärungsansätze, obwohl das Beispiel der baltischen Staaten eindrücklich zeigt, dass Kapitalverkehrsliberalisierung nur in Verbindung mit festen Wechselkursen zu problematischen Ergebnissen führt.

Unter Umständen hätten hier die *traditionellen* makroökonomischen Erklärungsansätze mehr Erklärungsgehalt, wonach flexible Wechselkursregime, freier Kapitalverkehr und eine auf Geldwertstabilität verpflichtete Notenbank am ehesten in der Lage sind, negative realwirtschaftliche Effekte exogener Schocks zu minimieren.

Die Autoren greifen in ihrem 2. Kapitel mit dem sogenannten *currency mismatch* ein weiteres sehr interessantes Thema der Finanzkrise in Mittel- und Osteuropa auf. In Tabelle 1 zeigen die Autoren, dass in vielen Ländern der *currency mismatch* beträchtlich war, namentlich in den baltischen Staaten, Bulgarien, Rumänien und Ungarn. Im Übrigen weisen diese Staaten auch die höchsten Zahlungsbilanzdefizite auf, die nicht durch ausländische Direktinvestitionen gedeckt wurden. Lediglich Polen, der Tschechischen Republik und der Slowakei ist es gelungen, einen großen *currency mismatch* zu verhindern. In diesem Zusammenhang wäre es unter Umständen lohnenswert gewesen, die Ursachen für die länderspezifischen Unterscheide aufzuzeigen.

Auch hier könnte ein wesentlicher Grund in der Ausgestaltung des Wechselkursregimes liegen. *Currency mismatches* sind letztlich das Ergebnis von sogenannten *carry trades*: Investoren verschulden sich in einer Niedrigzinswährung und legen die Mittel in einer Hochzinswährung an. Ein solches Investorenverhalten ist aber in einem flexiblen Wechselkursregime mit dem Risiko verbunden, den Zinsvorteil durch Wechselkursverluste einzubüßen. Das könnte die Erklärung dafür sein, dass Polen und Tschechien mit ihren flexiblen Wechselkursregimen nicht oder nur in sehr geringem Ausmass von *currency mismatches* betroffen waren.

Ein weiteres Problem für einige mittelosteuropäische Länder ist, dass die *currency mismatches* noch mit einer erheblichen Laufzeiteninkongruenz (*maturitiy mismatch*) verbunden waren, also die Verschuldung in Fremdwährung zumeist in kurzen Laufzeiten und die Wiederanlage in illiquideren langen Laufzeiten erfolgte. Für die Stärke der Krise erscheint mir daher nicht nur die Höhe des *currency mismatch*, sondern auch das Ausmaß des Laufzeiteninkongruenz von erheblicher Bedeutung.

Nimmt man das Ausmaß der Forderungen westlicher Banken gegenüber Mittel- und Osteuropa als Grundlage, kann man diese Investitionsstrategie zumindest aus ex post-Sicht als extrem risikoreiches Verhalten bezeichnen. Österreichische Banken hatten rund 230 Mrd. Euro in diese Region ausgeliehen, was rund 70 Prozent des österreichischen GDP entspricht. Ähnliche Zahlen ergeben sich für das *Exposure* schwedischer Banken. Griechische Banken haben hier ebenfalls eine ganz grosse Rolle gespielt. Die Ursache für dieses Bankenverhalten ist dabei weniger in einem Marktversagen als in einem Politikversagen zu suchen. Aus früheren Ereignissen (z. B. Ungarn) haben die Marktteilnehmer geschlossen, dass im Fall der Fälle die EU und andere westliche Länder einen *default* eines Landes oder einer Bank verhindern würden (*too big to fail*). Bei einzelnen Banken ist der Aufbau grosser Fremdwährungsrisikopositionen mit *moral hazard*-Verhalten zu erklären.

Die jüngsten Entwicklung der Staatsverschuldungskrisen in einigen westeuropäischen Ländern und die damit einhergehende Krise des Euros zeigen unter Umständen, dass eine *künstliche Unterscheidung* zwischen entwickelten und unterentwickelten Volkswirtschaften eher zur Verwirrung denn zur Klärung des Zusammenspiels von Währungs- und Bankenkrisen beiträgt.

Albrecht F. Michler und Heinz-Dieter Smeets (Hg.)
Die aktuelle Finanzkrise: Bestandsaufnahme und Lehren für die Zukunft
Schriften zu Ordnungsfragen der Wirtschaft · Band 93 · Stuttgart · 2011

Internationale Kapitalströme vor dem Hintergrund der Finanzkrise

Albrecht F. Michler und *Franz Seitz*

Inhalt

1. Einleitung

Obwohl die Krise auf den internationalen Finanzmärkten noch nicht vollständig überwunden ist und Teilmärkte – wie der Kreditkartenmarkt oder der Markt für gewerbliche Immobilien mit ihren entsprechenden Verbriefungssegmenten – noch ein erhebliches Ausfallpotenzial bergen, haben die internationalen Kapitalströme im Hinblick auf ihre Volumina wieder deutlich an Dynamik gewonnen. Die Warnungen vor einer erneuten Zunahme der globalen Ungleichgewichte und der Gefahr neuer Kursblasen auf den Finanzmärkten – insbesondere in den Schwellenländern – werden immer lauter. Zugleich nehmen die Forderungen aus Politik und Wissenschaft zu, die unerwünschten Effekte dieser Kapitalströme durch stärkere Regulierungen zu dämpfen: Einzelne Schwellenländer – wie Brasilien – haben bereits begonnen, ihre Finanzmärkte gegen unerwünschte Kapitalimporte abzuschirmen.

Vor diesem Hintergrund werden die Entwicklungsprozesse im Vorfeld der Wirtschafts- und Finanzkrise, die 2007 begann, beleuchtet (Kapitel 2). Zunächst werden potenzielle Determinanten der Finanzmarktintegration und die empirischen Fakten beschrieben, um schließlich die Ursachen der drastisch gestiegenen Kapitalströme in der abgelaufenen Dekade zu identifizieren. Kapitel 3 beschäftigt sich mit den Anpassungsprozessen während der Finanzkrise, die mit einer Umkehr vieler Kapitalströme in Richtung auf die sicheren Häfen der Industrieländer (3.1.) verknüpft waren. Ein besonderes Augenmerk wird auf die Anpassungsreaktionen in den Schwellenländern gelegt (3.2.), deren Finanzmärkte zeitverzögert auf die Subprime-Krise in den USA reagierten. Kapitel 4 erläutert die aktuellen und potenziellen Entwicklungstendenzen im Nachgang der Finanzkrise und skizziert mögliche Szenarien mit ihren Risikopotenzialen. Angesichts der zunehmenden Forderungen nach wirtschaftspolitischen Eingriffen auf den internationalen Finanzmärkten wird im Kapitel 5 die Frage nach der Notwendigkeit von regulierten internationalen Kapitalströmen aufgegriffen. Abschließend werden die Ergebnisse zusammengefasst.

2. Entwicklungsprozesse im Vorfeld der Finanzkrise

2.1. Bestimmungsfaktoren einer zunehmenden Integration der Finanzmärkte

In der Literatur werden unterschiedliche Faktoren angeführt, die den Grad der Finanzmarktintegration und damit das Ausmaß der internationalen Kapitalströme bestimmen. Dazu gehören der Offenheitsgrad einer Volkswirtschaft, die Entwicklung der inländischen Finanzmärkte, die gesamtwirtschaftliche Entwicklung, die Größe eines Landes, das Ausmaß der Kapitalverkehrsbeschränkungen, die Nähe zu Finanzzentren sowie das verwendete Wechselkursregime (*Lane* and *Milesi-Ferretti* 2008a, *De Santis* and *Lührmann* 2009).

Offenheitsgrad der Volkswirtschaft: Die Öffnung einer Volkswirtschaft für den internationalen Güterhandel begünstigt den Austausch von Finanzprodukten und -dienstleistungen (*Obstfeld* and *Rogoff* 2001). Unter dem Aspekt der Risikoverteilung steigen die Vorteile aus einer internationalen Diversifikation von Wertpapierportfolios mit der

Bedeutung des handelbaren Konsums. Handelsbeziehungen verstärken zudem den Informationsfluss zwischen Ländern und Regionen, bauen bestehende Informationsasymmetrien ab und erhöhen damit die Bereitschaft, sich in ausländischen Vermögensaktiva zu engagieren. Die Gefahr von Ausfallrisiken dürfte sich durch engere Handelsbeziehungen ebenfalls reduzieren. Schließlich generieren Handelsbeziehungen selbst internationale Finanzbeziehungen in Form von Handelskrediten, Exportversicherungen sowie den Wunsch nach vereinfachten Zahlungsformen.

Die Entwicklung der inländischen Finanzmärkte: Die Entwicklung der inländischen Bankensysteme und Finanzmärkte erleichtert zunächst den Handel mit Vermögensaktiva zwischen inländischen Marktteilnehmern und reduziert die Notwendigkeit, auf ausländische Finanzintermediäre zurückzugreifen. Andererseits können ausländische Marktteilnehmer die Markttiefe und -breite der inländischen Finanzmarktsegmente nachhaltig verbessern. Die Etablierung neuartiger Finanzprodukte im Inland steigert zudem die ausländische Nachfrage nach inländischen Vermögensaktivaformen (*Martin* and *Rey* 2004). Ferner erhöhen die im Inland gesammelten Erfahrungen mit Finanzprodukten die Bereitschaft für Auslandsengagements. Daraus lässt sich eine positive Korrelation zwischen der nationalen Finanzmarktentwicklung und dem Grad der Finanzmarktintegration ableiten.

Die realwirtschaftliche Entwicklung: Auch die gesamtwirtschaftlichen Wachstumsprozesse können die Bereitschaft inländischer Marktteilnehmer für finanzielle Engagements im Ausland stärken und den Grad der internationalen Finanzmarktintegration erhöhen. Bei konstanten oder unterproportional steigenden Lernkosten im Fall steigender Auslandsinvestments, dürfte sich die entsprechende Anlagebereitschaft mit steigendem Inlandsvermögen erhöhen. Sinkt zudem mit zunehmendem Vermögen die Risikoaversion der Anleger, dürften sich Engagements in die generell als risikobehafteter eingestuften internationalen Anlagepositionen ausweiten.

Die Größe der Volkswirtschaft: Der Zusammenhang zwischen der Größe einer Volkswirtschaft und den grenzüberschreitenden Investments ergibt sich aus den Anlage- und Diversifikationsmöglichkeiten; ceteris paribus ermöglichen größere Volkswirtschaften auch eine bessere Portfoliodiversifikation im Inland, so dass die Vorteile einer internationalen Portfoliostrukturierung vergleichsweise gering erscheinen und die Motivation für Auslandsengagements schwächer ausgeprägt ist. Anleger aus kleinen Ländern zeigen hingegen eine höhere Bereitschaft für Auslandsanlagen. Angesichts einer geringen Marktbreite und -tiefe der eigenen Finanzmarktsegmente werden sie mit höheren inländischen Kurs- bzw. Renditevolatilitäten konfrontiert. Zudem ist nicht sichergestellt, dass alle Finanzprodukte – die ihrem Chance/Risiko-Profil entsprechen – im Inland angeboten werden. Auch aus Sicht der Emittenten von Eigen- und Fremdkapital ist eine internationale Ausrichtung erstrebenswert, wenn bei größeren Emissionsvolumina die ausschließliche Platzierung im Inland mit höheren Kosten verknüpft ist.

Das Ausmaß von Kapitalverkehrsbeschränkungen: Kapitalverkehrsbeschränkungen haben einen negativen Einfluss auf den Bestandsaufbau in ausländischen Vermögensaktiva und Verbindlichkeiten. Bei Existenz bindender Kapitalverkehrskontrollen wird sich die Entwicklung des inländischen Finanzsystems zunächst nicht in einer stärkeren internationalen Integration niederschlagen. Mögliche Ausweichreaktionen der Marktteilnehmer beispielsweise in Form von Finanzinnovationen können den Integrationsprozess allerdings mittel- und langfristig sogar begünstigen.

Das Ausmaß von Regulierungen auf den inländischen Finanzmärkten: Wirtschaftspolitische Eingriffe auf den inländischen Finanzmärkten, beispielsweise das Setzen von Zinsobergrenzen im Passivgeschäft der Banken, führen nicht nur zu Ausweichreaktionen auf andere Segmente des inländischen Finanzmarktes, sondern erhöhen auch die Bereitschaft zu Engagements im Ausland. Eine verstärkte Regulierungsarbitrage begünstigt mithin die internationale Finanzmarktintegration insbesondere in Richtung auf Finanzzentren, die durch eine geringere Regulierungsdichte gekennzeichnet sind.

Der Wegfall von Wechselkursänderungsrisiken in der Eurozone: Der Wegfall der Wechselkursänderungsrisiken in der Eurozone und die einsetzende Harmonisierung der nationalen Finanzmärkte haben den Grad der Finanzmarktintegration deutlich erhöht und zugleich einen starken Anstieg der grenzüberschreitenden Anlagepositionen initiiert. Die größere Markttiefe und -breite hat ferner dazu geführt, dass nicht nur Marktteilnehmer aus der Eurozone die Vorteile nutzen, sondern auch Akteure aus Fremdwährungsländern. So stieg nach der Einführung des Euros die Zahl der emittierten Anleihen von Unternehmen aus Fremdwährungsländern sprunghaft an.

2.2. Empirische Fakten

Allgemeine Entwicklungstendenzen: In den ersten acht Dekaden des letzten Jahrhunderts stieg das weltweite Finanzvermögen mit der gleichen Geschwindigkeit wie die reale Wirtschaft. Ausnahmen bildeten lediglich Kriegsphasen und der damit verbundene höhere Finanzierungsbedarf der öffentlichen Hand. Nach 1980 ist allerdings eine Abkoppelung von der realen Wirtschaft zu beobachten. So hat sich beispielsweise das Finanzvermögen in den USA bis 2007 gegenüber 1980 mehr als verdoppelt. Weltweit kann festgestellt werden, dass Aktien und die private Verschuldung wesentliche Determinanten dieser Entwicklung sind. Seit Beginn der 1980er Jahre sind Unternehmen und Kreditinstitute mehr und mehr zur Außenfinanzierung übergegangen. Im Jahr 2007 betrug das geschätzte weltweite Finanzvermögen ca. 194 Bio. USD, was 343 % des weltweiten Bruttoinlandsproduktes entspricht (*McKinsey* 2009).

Folgerichtig war auch die Entwicklung der grenzüberschreitenden Kapitalströme, zunächst zwischen den Industrieländern, später auch zwischen Industrie- und Schwellenländern durch ein hohes Wachstum geprägt. Die ***Abbildungen 1*** und ***2*** beschreiben die Kapitalströme in Relation zum weltweiten Bruttoinlandsprodukt in den Jahren 1999 und 2007 und verdeutlichen (a) das starke regionale Wachstum der Finanzmärkte, (b) die herausgehobene Stellung der Industrieländer im internationalen Kapitalverkehr, (c) die zunehmende Bedeutung der Schwellenländer und (d) die steigende Verästelung der Kapitalströme.

Abbildung 1: Grenzüberschreitende Investments im Jahr 1999

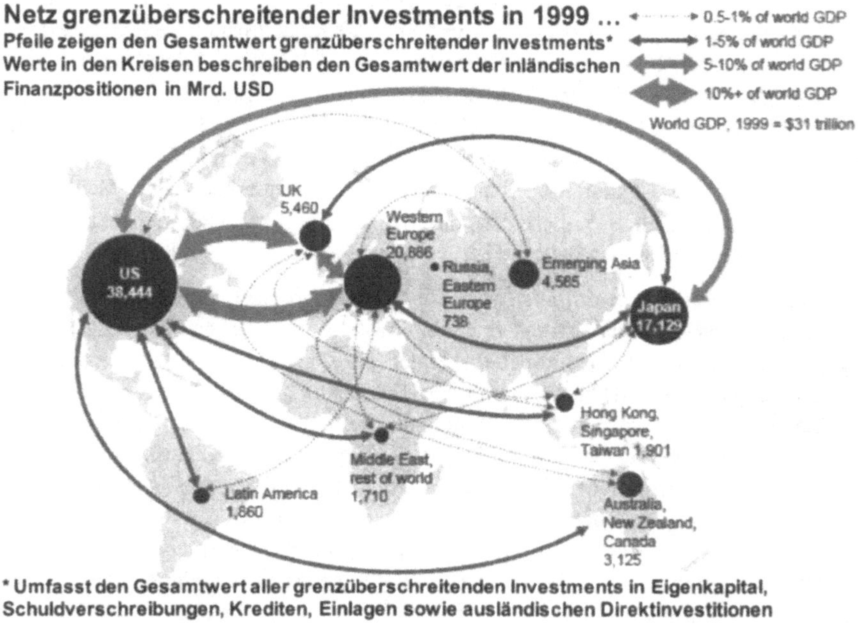

Abbildung 2: Grenzüberschreitende Investments im Jahr 2007

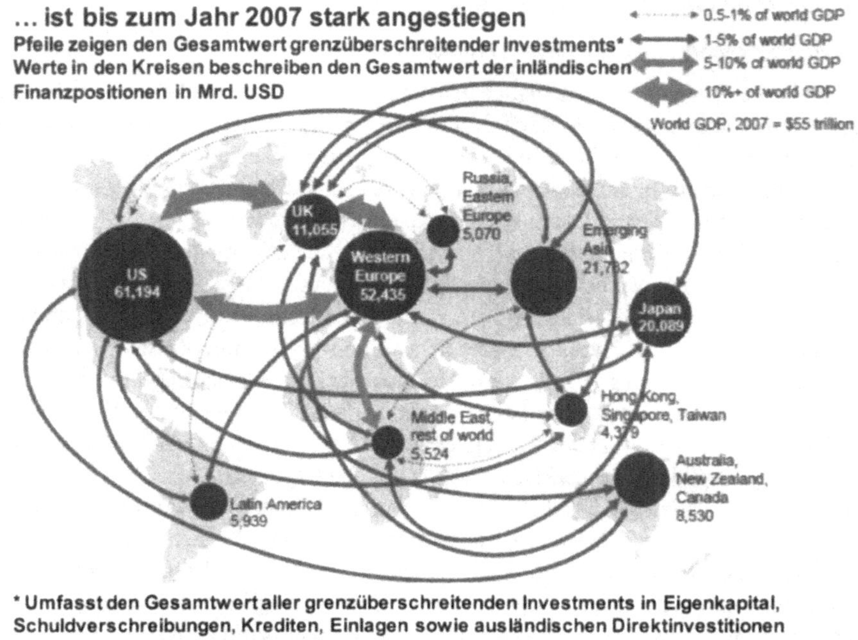

Quelle: *McKinsey* (2008b, S.24) und eigene Ergänzungen.

Kreditexpansion im privaten Sektor der Schwellenländer: Während die öffentliche Hand in vielen Schwellenländern ihre Kreditnachfrage im letzten Konjunkturaufschwung begrenzte, kam es zu einer verstärkten Kreditaufnahme seitens finanzieller und nicht-finanzieller Privatunternehmen aus diesen Ländern. Die Kreditexpansion erfolgte sowohl in lokaler als auch in Fremdwährungen. Banken in den Emerging Market Countries (EMCs) hatten sich im Ausland – auch an den kurzfristigen Interbankenmärkten – refinanziert, um ihre aggressive Kreditvergabe im Inland finanzieren zu können. Liquiditätsverspannungen auf den internationalen Geldmärkten würden demzufolge ohne zeitliche Verzögerung auf die Refinanzierungsmöglichkeiten dieser Finanzinstitute einwirken.

Zunahme der Direktinvestitionen in den Schwellenländern: In den letzten Jahren sind die ausländischen Direktinvestitionen (FDIs) drastisch angestiegen. Diese Entwicklung spiegelt sowohl das Auftreten neuer Länder als Quelle und Investitionsziele von Kapitalströmen wider als auch die rasche Entwicklung neuer Finanzmärkte. Diese Märkte ermöglichten einen zügigen Anstieg des verfügbaren Kapitals im privaten Sektor, was zugleich verbunden war mit einem Rückgang der Kreditaufnahme bei internationalen Finanzinstitutionen. Besonders interessant waren die Veränderungen in der Zusammensetzung der neuen Direktinvestitionen. Obwohl der überwiegende Teil der FDIs weiterhin in den Industrieländern stattfindet, hat die Bedeutung Asiens, Lateinamerikas und der osteuropäischen Schwellenländer erheblich zugenommen. Eine besondere Rolle spielen die Kapitalexporte aus den EMCs; einige Länder wurden bereits zu bedeutenden Investoren auf den internationalen Finanzmärkten.

2.3. Ursachen für die aktuellen Entwicklungsprozesse

Wellen der zunehmenden Finanzmarktintegration

Die rasche Zunahme des internationalen Kapitalverkehrs in den 1980er und 1990er Jahren wurde durch sinkende Kapitalverkehrskontrollen, Deregulierungen der nationalen Finanzsysteme sowie sinkende Informationskosten – die zugleich den verstärkten Einsatz von derivativen Instrumenten und anderen Finanzinnovationen begünstigten – getrieben. In den 2000er Jahren wurden die grenzüberschreitenden Transaktionen hingegen im Wesentlichen durch das Tempo bei der Neueinführung von Finanzinnovationen bestimmt. Das Wachstum der grenzüberschreitenden Engagements wurde durch sektorale Trends wie die Verbriefung, die zunehmende Rolle von Hedge Funds und die verstärkte Nutzung von Zweckgesellschaften (SPVs) in Offshore-Zentren begünstigt. Finanzinnovationen eines Landes erhöhten zugleich die Nachfrage nach diesen Konstruktionen durch institutionelle und private Anleger aus dem Ausland. Vermeintlich neue Asset-Klassen boten die Möglichkeit zu einer breiteren Risikostreuung und zur Verbesserung der Chance/Risiko-Profile von Anlagepositionen. Ein gewichtiger Teil der neuen Aktivitäten resultierte zudem aus der Nutzung von Arbitragemöglichkeiten, die sich aus den Differenzen von Vermögenspreisen, der steuerlichen Behandlung von Finanzprodukten sowie einer unterschiedlichen Regulierungsdichte in einzelnen Rechtsräumen ergaben. Gerade diese Arbitragemöglichkeiten erzeugten eine enge Verknüpfung zwischen den Finanzinnovationen und dem Grad der Finanzmarktintegration.

Das veränderte Wettbewerbsumfeld

Seit den neunziger Jahren ist eine tendenzielle Verflachung der Zinsstrukturkurven in allen Industrieländern zu beobachten, wobei der Rückgang unterschiedlich ausgeprägt war. Zeitgleich ist ein trendmäßiger Rückgang der Zinsspannen bei den Geschäftsbanken zu beobachten. Im Ergebnis sanken die Erträge der Banken aus der Fristentransformation, und es stiegen die Motivation zur Ausweitung des Provisionsgeschäfts sowie die Bereitschaft zur Übernahme mehr oder minder überschaubarer Ausfallrisiken.

Für die Abflachung der zeitlichen Zinsstrukturkurven waren im Wesentlichen die sinkenden Nominal- und Realzinssätze am langen Ende des Laufzeitenbandes verantwortlich. Das vom damaligen US-Notenbankchef *Greenspan* angesprochene Rätsel der niedrigen Langfristzinssätze („*bond yield conundrum*") lässt sich aber als Kombination aus unterschiedlichen Faktoren erklären (*Bandholz, Clostermann* und *Seitz* 2009; *Hume* und *Sentance* 2009):

- *Steigende Bedeutung globaler Sparüberschüsse*: Aufgrund zunehmender internationaler Sparüberschüsse, die insbesondere aus den Leistungsbilanzüberschüssen von Schwellenländern und einigen Industrieländern wie Deutschland und Japan gespeist wurden, stand eine ausreichende Liquidität auf den internationalen Finanzmärkten zur Verfügung. Die Bereitschaft der Investoren aus den EMCs zu einem Engagement in anderen Schwellenländern war angesichts der Erfahrungen mit den Finanzkrisen der letzten Dekaden – insbesondere der Asienkrise 1997/98 – begrenzt, und die Kapitalexporte konzentrierten sich folgerichtig auf vermeintlich sichere Anlageregionen und vergleichsweise einfache Anlageprodukte wie Staatsanleihen, in die die vorhandenen Devisenreserven investiert wurden.
- *Die demografische Entwicklung begünstigt die Ersparnisbildung*: Angesichts der ungünstigen demografischen Entwicklung in zahlreichen Industrie- und Schwellenländern stieg die Bereitschaft zum Aufbau zusätzlicher Ersparnisse für die Altersvorsorge. Als Anlagevehikel für die Alterssicherung wurden in großem Umfang Pensionsfonds eingesetzt, die aufgrund gesetzlicher Vorgaben eine hohe Anlagepräferenz für Rentenpapiere aufwiesen. Frühere Engagements in Aktien hatten im Zuge der geplatzten Dotcom-Blase im März 2000 zu erheblichen Vermögensverlusten geführt und eine konservativere Ausrichtung der Fonds begünstigt.
- *Die Bedeutung einer stabilitätsorientierten Geldpolitik in den Industrieländern*: Eine verstärkt stabilitätsorientierte Geldpolitik in den 1980er und 1990er Jahren führte zu einer Abnahme der makroökonomischen Risiken, respektive der Inflationsgefahren in den Industrieländern. Der sukzessive Rückgang der Inflationsraten bewirkte nicht nur eine Reduktion der langfristigen Nominalzinssätze im Sinne der Fisher-Relation sondern beispielsweise in den USA bis zum Jahr 2005 auch einen spürbaren Rückgang der Realzinssätze sowohl am Staatsanleihen- als auch am Hypothekenmarkt. Die sinkende Inflationsvolatilität reduzierte Inflationsunsicherheiten und löste einen Rückgang der eingepreisten Inflationsrisikoprämien aus.
- *Die zunehmende Finanzmarktintegration verschärft den internationalen Wettbewerb*: Das Vordringen US-amerikanischer Investmentbanken auf die Märkte anderer Industrieländer sowie die dadurch zunehmenden Alternativen (Disinterme-

diationsprozesse) für die Refinanzierung von (Groß-)Unternehmen stellten beispielsweise das traditionelle Hausbankprinzip in Deutschland sowie die damit verknüpften preispolitischen Spielräume in Frage und verschärften den Margendruck bei den Geschäftsbanken.

– *Die weltweite Niedrigzinspolitik und die dadurch bedingte üppige Liquiditätsversorgung*: Im Gefolge der Aktienmarktzusammenbrüche Anfang des Jahrtausends und der terroristischen Anschläge vom 11.09.2001 haben viele Zentralbanken, speziell die US-Notenbank, aggressiv die Zinsen gesenkt und zu lange auf einem niedrigen Niveau belassen. Diese Liquidität suchte nach Anlagemöglichkeiten und floss wegen der allgemein niedrigen Zinsen nicht nur in die Rentenmärkte, sondern auch in riskantere Anlageformen.

Angesichts der veränderten Wettbewerbsbedingungen bestand ein zunehmender Anreiz, Vermögenspositionen aufzubauen, die bei einem (angeblich) überschaubaren Risiko einen Renditeaufschlag gegenüber den traditionellen Aktivgeschäften der Finanzinstitute versprachen. Aus Sicht institutioneller und privater Investoren wiesen Kreditverbriefungen eine Reihe von Vorteilen gegenüber traditionellen Anlageformen auf. ABS-Strukturen erlaubten die gezielte Übernahme von Kreditrisiken, d. h. die Anlagen konnten präzise an das eigene Risikoprofil angepasst werden. Insbesondere institutionelle Anleger wie Hedge Funds waren bereit, in risikoreichere Anleihe-Tranchen von Investmentvehikeln zu investieren. Zugleich partizipierte der Anleger aber auch von der Risikodiversifikation eines gut strukturierten Forderungs-Pools. Im Fall von Einzelengagements hätte er diese Risikodiversifikation selber sicherstellen und entsprechende Ressourcen für die Informationsbeschaffung und -verarbeitung vorhalten müssen. Angesichts (scheinbar) geringer Korrelationen gegenüber traditionellen Asset-Klassen erlaubten Investitionen in Verbriefungen zusätzliche Diversifikationseffekte und damit ein verbessertes Rendite/Risiko-Profil auch bei bereits gut diversifizierten Portfolios. Zum Ausgleich eventueller Kreditausfälle wurden in den Verbriefungsstrukturen zusätzliche Absicherungselemente (*Credit Enhancements*) integriert, einzelne Forderungsausfälle bewirkten folgerichtig noch kein Downgrading bei der Bewertung des gesamten Pools. Im Ergebnis wiesen ABS-Transaktionen eine höhere Rating-Stabilität und deutlich geringere Ausfallraten als Unternehmensanleihen oder einzelne Kreditengagements auf. Sofern die Eigenkapitalausstattung des Investors wiederum von der Bewertung seines Aktiva-Pools bestimmt wurde, konnte dies auch zu einer spürbaren Entlastung des Anlegers im Hinblick auf die Eigenkapitalunterlegung beitragen. Darüber hinaus wiesen verbriefte Produkte im Vergleich zu traditionellen Anlagen attraktivere Spreads gegenüber den Refinanzierungskosten auf. Renditeaufschläge ließen sich auch gegenüber dem originären Geschäft der Geschäftsbanken beobachten. Zwischen den Verbriefungsstrukturen waren ebenfalls deutliche *Spread Pickups* identifizierbar. So rentierten CDOs mit hochgradig strukturierten Forderungen (*HG SF CDOs*) unabhängig von der betrachteten Tranche deutlich über den korrespondierenden Tranchen einfacher ABS-Strukturen. Damit bestand im Laufe der Zeit ein verstärkter Anreiz zu komplexer werdenden Verbriefungsstrukturen.

Neben einer Vielzahl anderer Vorteile – wie regulatorische Arbitrage, Risikotransfer oder einer optimierten Bilanzstruktur – ermöglichten verbriefte Kreditstrukturen aus Sicht der Emittenten eine verbesserte Marktgängigkeit ihrer Aktiva-Positionen. Die Verbriefungen zielten auf eine Diversifizierung der Finanzierungsquellen und hier insbesondere auf den Transfer der Positionen aus dem nationalen Finanzsystem in Richtung auf die internationalen Finanzmärkte – also auf Länder mit einer Nettogläubigerposition (Leistungsbilanzüberschüsse) – ab. Die Diversifikation sollte sowohl die Refinanzierung verbilligen als auch die Liquidität nachhaltig sichern.

Die Notwendigkeit der internationalen Refinanzierung

Die stetige Zunahme der internationalen Kapitalströme wird nicht zuletzt mit der Entstehung und drastischen Ausweitung des US-Leistungsbilanzdefizits erklärt, das sich sowohl aus zyklischen als auch aus strukturellen Komponenten zusammensetzt. Die Ursachen dieses Defizits lassen sich nicht eindeutig bestimmen. Letztlich hängt es davon ab, ob man den Entwicklungsprozess aus Sicht der Handels- bzw. Leistungsbilanz begründet (Handelsperspektive) oder die Kapitalbilanz in den Fokus der Betrachtung stellt. Es geht also um die alte Frage, ob die Leistungsbilanz die Kapitalbilanz bedingt oder vice versa.

Die Leistungsbilanz bedingt die Kapitalbilanz: Das in den beiden letzten Dekaden erheblich höhere Wirtschaftswachstum der USA im Vergleich zu wichtigen Handelspartnern führte zu einem deutlich stärkeren Anstieg der US-Importe im Vergleich zu den US-Exporten, mit der Folge, dass sich permanente Leistungsbilanzdefizite etablierten. Diese Entwicklung wurde dadurch verschärft, dass die Einkommenselastizität der Importnachfrage in den USA wesentlich höher ist als bei den Handelspartnern (*Houthakker-Magee-Asymmetrie*). Selbst im Fall eines vergleichbaren Wirtschaftswachstums hätte sich die US-Leistungsbilanz somit tendenziell verschlechtert. Darüber hinaus kann die internationale Wettbewerbsfähigkeit vieler US-Branchen nachhaltig in Frage gestellt werden. Die starke Binnenorientierung von US-Produzenten behinderte in den vergangenen Jahrzehnten eine erfolgreiche Ausrichtung auf die Bedürfnisse der internationalen Märkte. Folgt man dieser Perspektive, wären somit die Handelsströme wesentliche Ursache der US-Leistungsbilanzdefizite und die zu ihrer Finanzierung notwendigen Kapitalzuflüsse lediglich eine Folgeerscheinung.

Die Kapitalbilanz bedingt die Leistungsbilanz: Betrachtet man die US-Leistungsbilanzentwicklung aus dem Blickwinkel der Kapitalbilanz, so sind die Kapitalströme ursächlich für das Auftreten der Defizite. Aufgrund der Attraktivität der US-Wirtschaft und in Erwartung höherer Ertragschancen kommt es zu Kapitalimporten. In der Folge wertet der USD gegenüber anderen Anlagewährungen auf, was einerseits die Renditeaussichten ausländischer Anleger zusätzlich verbessert und andererseits die Güterimporte für die USA verbilligt. Der einsetzende Anstieg der Importnachfrage sowie der gleichzeitige Rückgang der Exporte führten zur Passivierung der Handels- bzw. Leistungsbilanz. Die hohen außenwirtschaftlichen Defizite der USA sind demzufolge das Ergebnis der Anlageentscheidungen internationaler Investoren.

Die beiden Begründungen für das Entstehen der US-Leistungsbilanzdefizite erlauben auch eine unterschiedliche Bewertung im Hinblick auf die Stärke bzw. Schwäche der

US-Volkswirtschaft. Aus dem Blickwinkel der Kapitalbilanz ist die US-Volkswirtschaft also durch eine besondere Stärke geprägt.

Letztlich ist eine monokausale Erklärung nicht möglich, und es spricht vieles für eine gegenseitige Kausalität der Finanz- und Güterströme. Bei der Beurteilung der Leistungsbilanzdefizite stellt sich allerdings die zusätzliche Frage, inwieweit private Anleger bereit sind, die Finanzierung zu übernehmen bzw. inwieweit staatliche Akteure auf den Finanzmärkten aktiv waren. Während langer Zeiträume überwog die private Finanzierung, während es in Phasen von Verspannungen auf den Finanzmärkten eine deutliche Dominanz der öffentlichen Kreditgeber gab.

Betrachtet man die Gegenparteien der US-Leistungsbilanzdefizite, wird deutlich, dass die Motivation der Überschussländer zur Finanzierung der US-Leistungsbilanzdefizite unterschiedlich war. Aus Sicht von Überschussländern wie Deutschland und Japan dürften höhere Renditeaussichten und die Möglichkeiten zur Portfoliodiversifikation bedeutsam gewesen sein. Öl-produzierende Länder der OPEC sowie Russland hatten aufgrund mangelnder Anlagemöglichkeiten im Inland einen Anreiz, ihr Kapital im Ausland anzulegen und demzufolge ein Petro-Dollar-Recycling zu initiieren. Die asiatischen Tigerländer waren nach dem Ende der Asienkrise bestrebt, ihre eigenen Währungen durch den Aufbau von Devisenreserven abzusichern. Durch die sinkenden Investitionsquoten im Inland entstanden Sparüberschüsse, die den Aufbau von Währungsreserven begünstigten. China versuchte in den letzten Jahren seine internationale Wettbewerbsfähigkeit sicherzustellen, indem es die vorhandenen Aufwertungstendenzen des Renminbis insbesondere gegenüber dem USD verhinderte und über die erforderlichen Devisenmarktinterventionen Währungsreserven aufbaute. Angesichts der unterentwickelten inländischen Finanzmärkte, die bei starken Zuflüssen zu Überhitzungen neigen würden, machte eine Umlenkung der Ersparnisse in Richtung USA durchaus Sinn. In nahezu allen Ländern waren auch die inländischen Ersparnisse signifikant höher als die korrespondierenden Investitionen.

Die Bedeutung von Carry Trades

Neben längerfristigen Anlageentscheidungen zugunsten von US-Finanzaktiva motivierten die höheren Renditeaussichten in den Jahren vor der Finanzkrise viele Finanzmarktakteure zur Durchführung von Carry Trades, d.h. der – zeitlich begrenzten – Ausnutzung vorhandener Renditedifferenzen zwischen einzelnen Ländern. Im Fall der „klassischen" Variante wurden zinsgünstige Kredite auf dem Interbankenmarkt einer Niedrigzinswährung (Finanzierungswährung), dem japanischen Yen (JPY) oder dem Schweizer Franken (CHF), aufgenommen (Short Position) und der entsprechende Betrag in Ländern mit einer höheren Verzinsung bzw. höheren Renditeaussichten (z.B. USA) zeitgleich wieder angelegt (Long Position). Zur Verbesserung der Ertragsaussichten erfolgte im Zuge der Anlage zugleich eine Fristentransformation (z.B. Anlage in langfristige Staatsanleihen) oder eine Risikotransformation (z.B. Anlage in Corporates oder Aktien). Die Finanzmarktteilnehmer waren nicht nur einem Wechselkursänderungsrisiko, sondern auch Zinsänderungs- bzw. Ausfallrisiken ausgesetzt. Bei Arbitrage-Freiheit der Finanzmärkte – einschließlich der Gültigkeit der (ungedeckten) Zinsparitätentheorie – dürften systematische risikoadjustierte Überrenditen mithilfe von Carry Trades eigentlich nicht realisierbar sein. Dennoch weisen empirische Untersuchungen darauf hin, dass diese Strategien zwar durch ein höheres Risikopotenzial geprägt sind, über lange Zeiträume aber systematische Überrenditen generieren können. In Zeiten eines starken Weltwirtschaftswachstums, reichlich vorhandener Liquidität, einer hohen Risikobereitschaft der Anleger, haussierender Finanzmärkte und niedriger Volatilität auf den Märkten profitierten die Carry Trader nicht nur durch die vorhandenen Renditedifferenzen, sondern zugleich auch von Wechselkursgewinnen aufgrund der immer schwächer werdenden Refinanzierungswährungen, insbesondere des JPY.

Die Reallokation von Risiken auf den internationalen Finanzmärkten

Die Entwicklung der internationalen Kapitalströme war in den vergangenen Jahren nicht nur durch einen drastischen Anstieg der Volumina, sondern auch durch eine beachtliche Reallokation von Risiken geprägt. Durch den Erwerb von strukturierten US-Kreditprodukten seitens internationaler Investoren – beispielsweise deutscher Geschäftsbanken – wurden Klumpenrisiken von US-amerikanischen Finanzinstituten international „verrieselt".

Eine weitere Dimension des internationalen Kapitalverkehrs resultierte aus der unterschiedlichen Risikobereitschaft bzw. -tragfähigkeit der Investoren. Angesichts der drastischen Leistungsbilanzdefizite der USA stellte sich die Frage, ob und inwieweit die USA künftig in der Lage sind, ihren internationalen Zahlungsverpflichtungen nachzukommen. Im Rahmen dieser Diskussion und insbesondere für die Einschätzung der künftigen Entwicklung sind nicht nur die Höhe und Veränderung der Nettoauslandsposition von Interesse, sondern auch die damit verknüpften Zahlungsströme. Interessanterweise war die Kapitalertragsbilanz der USA bis zum Jahr 2006 positiv. Diese Entwicklung erschien angesichts der drastisch gestiegenen Leistungsbilanzdefizite der USA wenig plausibel. Es wurde deshalb vermutet, dass die US-Zahlungsbilanz entweder nicht alle Leistungsströme erfasste oder die US-Auslandsguthaben in den Statistiken nicht hinreichend berücksichtigt wurden. In Anlehnung an die Astronomie wurde die These von der dunklen Materie (*„dark matter"*) formuliert, die selber nicht beobachtbar ist, deren Auswirkungen, also die Kapitalerträge zugunsten von US-Anlegern hingegen in der Kapitalertragsbilanz aufscheinen. Die Nettoauslandsverschuldung wäre demnach geringer als die offiziell ausgewiesenen Verbindlichkeiten, und die USA wären im Idealfall weiterhin ein internationaler Nettogläubiger, der trotz hoher Leistungsbilanzdefizite kreditfähig wäre.

Eine andere Erklärung liefert das divergierende Anlageverhalten von US-Investoren und ausländischen Marktteilnehmern. US-Akteure erzielen im Ausland deutlich höhere Renditen als ausländische Anleger in den USA. Angesichts höherer Zinsen in den USA – die die zuvor beschriebenen Carry Trades motivierten – erscheint diese Aussage paradox. Betrachtet man allerdings die Auslandspositionen genauer, wird deutlich, dass die USA zu Beginn der letzten Dekade eine geringfügige Nettogläubigerposition in Bezug auf Eigenkapitalpositionen (Einzelaktien, Aktienfonds und Direktinvestitionen) aufwiesen und zugleich eine große Nettoschuldnerposition in Fremdkapitalinstrumenten, insbesondere Anleihen (und hier wiederum Staatsanleihen) einnahmen.

Obwohl sich die Leistungsbilanzdefizite der USA im Zeitraum von 2002 bis 2007 kumulativ um 3,4 Bio. USD erhöhten, verschlechterte sich die internationale Vermögensposition lediglich um 400 Mrd. USD, und im Verhältnis zum BIP verbesserte sich die Quote der Auslandsverschuldung sogar. Für diese Entwicklung sind im Wesentlichen zwei Gründe verantwortlich: Der USD wertete gegenüber vielen anderen Anlagewährungen – insbesondere gegenüber dem EUR – zwischen 2002 und 2007 ab, und zweitens entwickelten sich die Aktienmärkte in anderen Anlageregionen deutlich besser als in den USA (*Curcuru*, *Thomas* and *Warnock* 2008; *Lane* and *Milesi-Ferretti* 2008b). In der Summe fielen die Renditen von US-Anlegern im Ausland deutlich höher aus als die entsprechenden Engagements ausländischer Investoren in den USA. Auch in anderen Industrieländern war mit der fortschreitenden Entwicklung des inländischen Finanzsystems ein substanzieller Rückgang des *Home Bias* und eine höhere Risikobereitschaft (z.B. beim Ankauf von strukturierten US-Kreditprodukten) zu erkennen.

3. Anpassungsprozesse während der Finanzkrise

Alternative Kanäle zum grenzüberschreitenden Transfer von Vermögensaktiva führen in der Praxis zu recht komplexen Transmissionsmechanismen. Lokale Schocks in einem Land können deshalb zu sehr differenzierten Reaktionen auf den Finanzmärkten anderer Länder führen. Die Effekte hängen sowohl vom Niveau als auch von der Struktur der bilateralen Investmentpositionen sowie dem Gleichlauf der Renditen zwischen den beteiligten Ländern ab. Die Heterogenität der bilateralen Transmissionsprozesse wird verstärkt durch vorhandene Asymmetrien zwischen den internationalen Finanzzusammenhängen und den internationalen Handelsbeziehungen: So ist der Grad der Handelsbeziehungen zwischen den Industrie- und Schwellenländer deutlich stärker ausgeprägt als die Finanzbeziehungen. Kleine und wenig liquide Finanzsysteme – wie in den Schwellenländern – reagieren deutlich stärker auf Verschiebungen in den globalen Portfoliogewichten. Auch moderate Umschichtungsprozesse in den Industrieländern können deshalb starke Vermögenspreis- und Wechselkursvolatilitäten auslösen.

Der Risikotransfer und damit die Risikostreuung auf eine Vielzahl von Marktteilnehmern sollte im Normalfall die Absorptionsfähigkeit des internationalen Finanzsystems bei Schocks stärken. Im Fall massiver Störungen funktioniert das weltweite Finanznetz aber wie ein Kanal, über den sich auftretende Risiken rasch und weitgehend ungedämpft bzw. verstärkt auf andere Marktsegmente übertragen können. Im Zuge der Finanzkrise im Jahr 2008 reduzierten sich die gesamten grenzüberschreitenden Kapitalimporte auf 1,9 Bio. USD. Dies entspricht einem Rückgang von ca. 82 % gegenüber dem Volumen im Jahr 2007 (10,9 Bio. USD): In Relation zum Bruttoinlandsprodukt erreichte man die niedrigste Quote seit dem Jahr 1991.

3.1. Die Anpassungsreaktionen in den Industrieländern

Im Jahr 2008 gingen die internationalen Kapitalströme in einzelnen Marktsegmenten nicht nur zurück, sondern es kam zu einer Umkehr der Stromrichtung. Anleger, Unternehmen und Kreditinstitute lösten externe Positionen auf und transferierten ihr Kapital zurück ins Inland. Wie in vorangegangenen Finanzkrisen konzentrierte sich die Reduktion auf die Bankkredite. Während im Jahr 2007 noch 9,4 Bio. USD an Bankkrediten in andere Länder transferiert wurden, sank das grenzüberschreitende Kreditvolumen in 2008 um 1,3 Bio. USD. Internationale Kreditgeber zogen sich zurück, indem sie Kreditlinien kündigten oder nicht weiter anboten sowie vorhandene Kreditpositionen nicht prolongierten. Über 40 % des Rückgangs lässt sich hierbei auf die reduzierte Kreditvergabe im Interbankengeschäft in Folge der Insolvenz von *Lehman Brothers* zurückführen. Auch die bereitgestellten grenzüberschreitenden Einlagen waren rückläufig, die Marktteilnehmer zogen ca. 400 Mrd. USD aus ausländischen Finanzzentren ab.

Beim grenzüberschreitenden Erwerb von Aktien und Rentenpapieren war ebenfalls eine deutliche Kaufzurückhaltung erkennbar. Einzige Ausnahme waren die USA, die von der Flucht in den „sicheren Hafen" profitierten und wo erhebliche Kapitalimporte zugunsten US-amerikanischer Staatsanleihen beobachtet werden konnten, die sich auch in Kursanstiegen der US-Treasuries bemerkbar machten. Die geringsten Einbrüche verzeichneten die Direktinvestitionen, deren Kapitalströme traditionell die niedrigste Volatilität aufweisen, da die Investments auf längerfristigen Unternehmensentscheidungen basieren und diese Positionen durch eine geringe Marktgängigkeit gekennzeichnet sind (*Sula* and *Willett* 2009). Obwohl man nicht mehr das Niveau von 2007 erreichte, blieben die FDI-Ströme im Laufe der Krise über dem Niveau von 2006.

Geografisch betrachtet, stellten sich die stärksten Einbrüche im grenzüberschreitenden Verkehr in den USA und Westeuropa ein, respektive in Großbritannien. Ausländische Anleger – insbesondere aus der Eurozone – zogen in erheblichem Umfang Gelder aus dem Königreich ab. Aber auch zwischen den Ländern der Eurozone und gegenüber den USA war ein deutlicher Rückgang des Kapitalverkehrs zu beobachten.

Das Austrocknen der internationalen Kapitalströme zeigte sich in vielen Facetten. Die Kapitalkosten stiegen weltweit zügig an und erschwerten die Refinanzierung der Unternehmen. Nachdem die Credit Spreads in den Jahren vor der Finanzkrise tendenziell rückläufig waren, stiegen sie innerhalb weniger Monate drastisch an. Die Unterbrechung des grenzüberschreitenden Verkehrs bzw. die rasche Zurückführung von ausländischen Anlagen ins Inland spiegelte sich auch in deutlichen Kurskorrekturen und einer zunehmenden Volatilität auf den internationalen Devisenmärkten wider bzw. im Fall nicht vollständig flexibler Wechselkurse in starken Schwankungen der Devisenreserven.

3.2. Die Anpassungsreaktionen in den Schwellenländern

Die Finanzinstitute in den Schwellenländern hatten – angesichts der negativen Erfahrungen mit Krisen in der vorherigen Dekade – nur vergleichsweise geringere Positionen in komplexen Aktivaformen, wie verbrieften Kreditstrukturen, aufgebaut. Auch die Verwendung derivativer Instrumente beschränkte sich im Wesentlichen auf die Absicherung gegenüber Wechselkursrisiken und anderen Risiken, die sich aus dem Güterhandel ergaben. Diese vergleichsweise konservative Ausrichtung wurde zudem durch nationale Regulierungsmaßnahmen forciert. Aus diesem Grund wurden die EMCs durch die erste Welle der Finanzkrise, die unmittelbar aus den Ausfällen im US-Subprime-Segment entstand, nicht erfasst. So lässt sich beispielsweise bis Mitte 2008 zwar eine höhere Volatilität auf den Aktienmärkten der EMCs beobachten, ein deutlicher Abwärtstrend setzt allerdings erst in der zweiten Jahreshälfte 2008 ein und damit später als in den Industrieländern. Auch die *Credit Default Swaps* und *Credit Spreads* einzelner Schwellenländer bzw. einzelner Unternehmen zeigten bis weit in das Jahr 2008 kein erhöhtes Ausfallrisiko auf den Anleihemärkten an.

Die erfolgreiche Abschirmung gegenüber den Turbulenzen auf den internationalen Finanzmärkten war aber nur zeitlich begrenzt. Es lassen sich eine Reihe von Transmissionskanälen identifizieren, die zu einer Übertragung der Finanzmarktkrise auf die Schwellenländer führte (*Boorman* 2009; *IMF* 2009a):

- *Abzug von Finanzmitteln durch international tätige Finanzinstitute*: Die international agierenden Finanzinstitute zogen im Laufe der Krise zunehmend Finanzmittel aus ihren Niederlassungen bzw. Tochtergesellschaften in den Schwellenländern ab. Die notwendigen Bilanzkorrekturen und die erforderliche Stärkung der Eigenkapitalbasis auf den Heimatmärkten führten sowohl in den Industrieländern (z. B. bei Hedge Funds) als auch in den Schwellenländern zu einem verstärkten Deleveraging. Folgerichtig ergaben sich in den EMCs Refinanzierungsengpässe insbesondere in USD und EUR. Die Anpassungsprozesse fanden statt, obwohl zur gleichen Zeit die staatlichen Unterstützungsprogramme in den Industrieländern anliefen und eine erhöhte Kapitalbereitstellung gewährleistet wurde. Zu beachten bleibt, dass im Gegensatz zu früheren Finanzkrisen insbesondere ein Abzug von Portfolioinvestitionen einsetzte und nicht wie im Fall der Asienkrise vor allem ein Rücklauf kurzfristigen Bankkredite erfolgte (*IMF* 2009b).
- *Die Kreditmärkte trocknen aus und Portfolioinvestitionen werden abgezogen*: Mit zunehmender Schärfe der Krise trockneten die Kreditströme der internationalen Banken und Rentenmärkte, allerdings zugunsten der Schwellenländer, weitgehend aus. In einigen, insbesondere mittel- und osteuropäischen Ländern kam es zu erheblichen Verspannungen auf den Finanzmärkten. Die Entwicklung war durch hohe Leistungsbilanzdefizite und eine nicht unerhebliche internationale Verschuldung geprägt. Die konsolidierten Positionen aller der BIS berichtenden Banken in Bezug auf die Schwellenländer sanken von 5,4 Bio. USD in Juni 2008 innerhalb weniger Monate auf 4,6 Bio. USD im Dezember 2008. Dies entsprach einem Rückgang von 14,8 %. Die Schrumpfungsprozesse waren nicht auf einzelne Regionen oder Länder begrenzt, sondern erfassten alle Schwellenländer. Alle Kapitalzuflüsse in die EMCs wiesen dabei einen deutlichen Rückgang auf. Die kumulative Reduktion betrug bei den internationalen Bondemissionen 62 %, bei traditionellen Bankkrediten 61 % und 54 % bei Direktinvestitionen. Die Exportkredite zugunsten der Schwellenländer brachen in der zweiten Hälfte des Jahres 2008 vollständig ein. Der Rückzug der Portfolioinvestitionen war ein zentraler Faktor hinter dem dramatischen Rückgang auf den Aktienmärkten der Schwellenländer (*Bartram* and *Bodnar* 2009). Der Rückgang übertraf die Kurskorrekturen auf den Aktienmärkten der Industrieländer, und die einsetzende Erholung in 2009 konnte diesen Einbruch bis Ende 2009 nicht vollständig korrigieren. Insbesondere jene Schwellenländer mit hoher Verschuldung und hohem Refinanzierungsbedarf aufgrund von Leistungsbilanzdefiziten und der Notwendigkeit der Refinanzierung von Altschulden mussten erhebliche Einbrüche in den Kapitalzuflüssen hinnehmen. Einige Länder wurden zudem mit Kapitalflucht und gravierenden Abwertungen konfrontiert. Insgesamt war ein deutlicher

Rückgang der internationalen Währungsreserven in den Schwellenländern – mit Ausnahme ostasiatischer Länder – zu verzeichnen.

- *Liquiditätsengpässe in Folge der Lehman-Insolvenz*: Der Beinahe-Zusammenbruch der Interbankenmärkte in den Wochen nach der Lehman-Insolvenz führte zu einem scharfen Rückgang der weltweiten Aktivitäten, da die kurzfristige Finanzierung von Produktion und Handel mehr oder minder völlig zum Erliegen kam. Banken, nichtfinanzielle Unternehmen und private Haushalte in den Industrieländern erhöhten massiv ihre Liquiditätshaltung. Auf der Anlegerseite waren Hedge Funds wichtige Refinanzierer von Unternehmensschulden aus Schwellenländern. Deren Refinanzierungsprobleme infolge der *Lehman*-Pleite übertrugen sich somit zwangsläufig auch auf die Schwellenländer. Zwar hatten sich die Refinanzierungskonditionen für Kredite von Unternehmen aus EMCs bereits vor dem dritten Quartal 2008 verschlechtert, zu einer deutlichen Verschärfung kam es aber erst im vierten Quartal. Obwohl die Zentralbanken in den Schwellenländern häufig hohe Devisenreserven hielten, waren sie anfangs nicht in der Lage oder nicht bereit, die entsprechenden Positionen als zusätzliche Liquidität bereitzustellen. In der Folge mussten die Geschäftsbanken in diesen Ländern ihre eigene Kreditvergabe entsprechend restriktiver handhaben. Die Verspannungen lösten sich teilweise, nachdem die US-Notenbank in einer koordinierten Aktion mit anderen Zentralbanken Ende Oktober 2008 entsprechende Swap-Linien etablierte.
- *Der Konjunktureinbruch in den Industrieländern überträgt sich auf die EMCs*: Ein dritter Übertragungskanal lässt sich aus den realwirtschaftlichen Effekten der Finanzkrise ableiten, die zunächst in den USA und anderen Industrieländern einsetzten. Der dortige drastische Konjunkturrückgang spiegelte sich auch in den Exporten vieler Schwellenländer wider, deren Absatzmärkte in den Industrieländern innerhalb weniger Monate einbrachen. Zeitverzögert wurden weitere Länder erfasst, die Rohstoffe und Zwischenprodukte an jene Schwellenländer – insbesondere China – lieferten, die sich bereits als Hersteller von Endprodukten auf den Märkten etabliert hatten. Der Einbruch bei den Rohstoffpreisen traf viele Kreditnehmer aus den Schwellenländern besonders hart. Unternehmen aus dem Rohstoffsektor hatten in den Vorjahren ihre Produktion deutlich ausgeweitet und diese Expansion kreditfinanziert. Die größten Verspannungen waren deshalb in Lateinamerika (Argentinien, Ecuador und Venezuela) sowie in Europa (Russland und Ukraine) zu beobachten. Die Finanzkrise pflanzte sich demzufolge zeitverzögert durch die in den letzten Jahren immer komplexer gewordenen internationalen Angebotsketten fort. Der drastische Exporteinbruch initiierte zudem Feedback-Schleifen innerhalb der Schwellenländer. Der originäre Rückgang der Exporte verursachte eine Konjunktureintrübung mit entsprechenden Folgen auf den nationalen Finanzmärkten, die sich in einem deutlichen Rückgang bei der Qualität der Kreditnehmer bemerkbar machte.
- *Sinkende Geldüberweisungen in die Heimatländer*: Geldüberweisungen von Gastarbeitern in Industrieländern sind in vielen Schwellenländern eine gewichtige Einkommensquelle und bedeutsam für die internationalen Währungsreserven. Sie betrugen nach Schätzungen der *Weltbank* ca. 206,2 Mrd. USD in 2007 bzw. 231,7

Mrd. USD in 2008 und reagieren üblicherweise mit zeitlicher Verzögerung auf konjunkturelle Schwankungen in den Gastländern. Auch die Geldüberweisungen innerhalb eines Landes waren zwischen den Ballungsräumen und den ländlichen Gebieten deutlich rückläufig. Damit wurden die Probleme der Exportwirtschaft auch auf binnenwirtschaftlich orientierte Sektoren übertragen. Schließlich führte der scharfe Konjunktureinbruch auch zur Rückkehr vieler Arbeitskräfte aus den Gastländern, sodass sich der Druck in den betroffenen Entsendeländern weiter verschärfte. Akutelle Schätzungen der *Weltbank* deuten allerdings darauf hin, dass die Einbrüche bei den Geldüberweisungen im Jahr 2009 überschaubar waren und in 2010 sogar mit einem erneuten Anstieg zu rechnen war.

- *Steigendes Unsicherheitsbewusstsein auf den Finanzmärkten*: Die Tatsache, dass nur die wenigsten Marktteilnehmer auf die Finanzkrise ausreichend vorbereitet waren, führte dazu, dass alle Wirtschaftspläne und Zukunftserwartungen revidiert werden mussten. Der drastische Rückgang in den Vermögenspreisen, insbesondere bei Aktien und Immobilien, sowie der rasche Anstieg der Arbeitslosigkeit waren mit einem zunehmenden Unsicherheitsbewusstsein auf den Märkten verknüpft, die sich auch auf den Finanz- und Gütermärkten der Schwellenländer bemerkbar machten.
- *Sinkende Anlagebereitschaft von Investoren aus den Schwellenländern*: Andererseits kann auch unterstellt werden, dass Investoren aus den Schwellenländern – insbesondere Staatsfonds – ihr Engagement in den Industrieländern angesichts der massiven Verluste zurückführen und die auftretenden Abflüsse seitens der international agierenden Finanzinstitute und privater Anleger aus den Schwellenländern zumindest partiell kompensiert wurden (zur Bedeutung der Staatsfonds siehe beispielsweise *Jost* 2009).

4. Entwicklungstendenzen im Nachgang der Finanzkrise

4.1. Ein mögliches Anpassungsszenario

Mit welchen Anpassungsprozessen ist in den kommenden Jahren auf den internationalen Finanzmärkten zu rechnen? Eine Reihe von Anpassungsreaktionen im Zuge der Finanzkrise wird sicherlich vorübergehender Natur sein. Die gravierenden Output-Lücken – insbesondere in stark exportorientierten Industrie- und Schwellenländern – lassen sich rasch überwinden, der drastische Anstieg der Sparquoten in vielen Ländern wird sich in den kommenden Jahren sicherlich relativieren, und die Einkommen sowie Vermögenspreise dürften sich wieder erholen. Darüber hinaus sind mittelfristig aber folgende Anpassungsreaktionen vorstellbar:

- *Sinkende Vermögenspositionen erhöhen die Sparquote und senken den internationalen Refinanzierungsbedarf für Investitionen*: Die im Zuge der Finanzkrise erfolgten Kurskorrekturen auf den Finanz- und Immobilienmärkten haben zu einem deutlichen Rückgang der Vermögenspositionen geführt und könnten in den kommenden Jahren einen nachhaltigen Anstieg der Sparquoten und einen Rückgang der Konsumquoten bewirken. In Ländern – wie den USA –, deren Wirtschaftswachstum konsumgetrieben war, steht folgerichtig ein höheres Finanzierungspotenzial für Investitionen zur Verfügung. Dies reduziert dann den Refinanzierungsbedarf im Ausland.

- *Geringe Wachstumsimpulse auf den Finanzmärkten der Industrieländer*: Die privaten Haushalte der Industrieländer werden versuchen, ihre bestehende – und während der Krise nochmals deutlich gestiegene – Verschuldung in den kommenden Jahren zu reduzieren und ihre Kreditaufnahme zurückfahren.[1] Ein entsprechendes Verhalten ist auch bei Unternehmen zu erwarten, die eine Erhöhung ihrer Eigenkapitalquote anstreben. Angesichts eines tendenziell sinkenden Wirtschaftswachstums und sinkender Gewinne dürfte allerdings eine Innenfinanzierung der Unternehmen erschwert werden.
- *Strukturverschiebungen auf den Finanzmärkten der Industrieländer infolge stark ansteigender Staatsdefizite*: Die Finanzmärkte werden in den kommenden Jahren durch die ansteigenden staatlichen Haushaltsdefizite getrieben. Das Nettoangebot an Staatsschuldtiteln dürfte sich substanziell erhöhen, und das zunehmende Risiko von Crowding-out-Effekten könnte die konjunkturelle Erholung dämpfen. Das Risiko steigender Zinssätzen resultiert nicht nur aus der verstärkten Kreditnachfrage, sondern auch aus dem Einpreisen von Ausfallrisiken, wenn die Anleger das Vertrauen in die Zahlungsfähigkeit der öffentlichen Schuldner verlieren. Im Fall rasch steigender Zinsen am langen Ende des Laufzeitenbandes – unabhängig von der Ursache – dürften die realisierten Zinsänderungsrisiken die Vermögenspositionen institutioneller Anleger, insbesondere Finanzinstitute, nachhaltig belasten. Auch wenn es sich zunächst um ein lokales, länderspezifisches Problem handelt, dürfte die Gefahr einer Ansteckung bestehen, da die steigenden Emissionsvolumina an Staatsschuldtiteln zunächst von den internationalen Finanzmärkten absorbiert werden und den internationalen Kapitalaustausch fördern.
- *Zunehmende Regulierungsdichte und sinkende Kreditqualität erhöhen die Kapitalkosten und senken die Investitionsnachfrage*: Die Investitionsnachfrage könnte in vielen Ländern geringer ausfallen als vor der Finanzkrise. Eine verschärfte Regulierung auf den Finanzmärkten – insbesondere eine höhere Eigenkapitalunterlegung von Krediten – wird die Kosten der Intermediationsleistungen deutlich erhöhen. Die im Zuge der Finanzkrise gesunkene Qualität der Kreditnehmer dürfte in die gleiche Richtung wirken. Die Diskussion in Deutschland 2009/10 über eine bestehende Kreditklemme spiegelt diesen Prozess wider.
- *Steigende Risikoprämien auf den internationalen Finanzmärkten begünstigen inländische Kreditaufnahme und senken die internationalen Kapitalströme*: Die Risikoprämien im grenzüberschreitenden Verkehr sind für viele Schuldnerländer im Zuge der Finanzkrise angestiegen und verursachen höhere Kapitalkosten. Diese Prämien werden sich im Laufe der Zeit zurückbilden, ob sie allerdings wieder das Vorkrisenniveau erreichen, ist fraglich. In diesem Fall dürfte auch die Neigung der Schuldner sinken, ihre Refinanzierung über die internationalen Finanzmärkte vorzu-

---

1 Angesichts fehlender Sicherheiten beispielsweise aufgrund der gesunkenen Immobilienpreise dürfte auch die Kreditvergabebereitschaft seitens der Banken limitiert sein.

nehmen. Andererseits würden sich dadurch die globalen Ungleichgewichte zurückentwickeln.

- *Die weltweit üppige Liquiditätsversorgung wird nicht signifikant zurückgefahren, und es kommt zu Inflationsprozessen*: Inflationsrisikoprämien würden steigen und mit ihnen die Nachfrage nach Instrumenten zur Absicherung gegen Inflation. Damit würden Realaktiva (z.B. Immobilien, Rohstoffe, Edelmetalle) an Attraktivität gewinnen, Nominalpapiere wie z.B. traditionelle Staatsanleihen dagegen an Bedeutung verlieren.
- *Die Bedeutung der EMCs auf den internationalen Finanzmärkten nimmt zu*: Für die Schwellenländer dürfte die Finanz- und Konjunkturkrise lediglich eine kurzfristige Unterbrechung im langfristigen Entwicklungstrend darstellen, da die Wachstumsquellen auch weiterhin wirksam sind. Vor diesem Hintergrund dürfte die Bedeutung der Schwellenländer sowohl auf der Refinanzierungsseite als auch bei der Bereitstellung von Kapital ansteigen. Mittelfristig könnten die Refinanzierungsbedingungen für die Schwellenländer noch begrenzt sein. Aufgrund des hohen Abschreibungsbedarfs in den Industrieländern ist der Risikoappetit ihrer Investoren gedämpft, was sich in einem signifikanten Rückgang der Direktinvestitionen in Richtung Schwellenländer im Zuge der Finanzkrise bemerkbar machte. Angesichts steigender Eigenkapitalunterlegungsvorschriften werden Kreditinstitute aus den Industrieländern zudem gezwungen, ihre Kreditvergabe zugunsten weniger risikobehafteter Kredite umzuschichten. Die bedeutsamen Kapitalexporteure kommen weiterhin aus den asiatischen Schwellenländern, wobei Leistungsbilanzüberschusse nicht mehr nur in China, sondern auch in anderen asiatischen Ländern anfallen. Verantwortlich hierfür sind die noch vergleichsweise niedrigen Rohstoffpreise respektive Rohölpreise sowie die tendenziell sinkenden Importe dieser Länder. Die steigenden Devisenreserven werden auch künftig schwerpunktmäßig auf den Rentenmärkten der Industrieländer platziert. Da die Bedeutung privater Investoren aus den EMCs steigt, ist aber damit zu rechnen, dass es zu strukturellen Veränderungen kommt. Eine höhere Risikobereitschaft privater Investoren dürfte das Engagement in die Finanzierung von Eigenkapital in den Industrieländern erhöhen. Voraussichtlich wird auch zunehmend Kapital in Richtung anderer Schwellenländer fließen. Mit anderen Worten, die Nettoschuldner aus den Schwellenländer können verstärkt auf regionale Finanzierungsquellen zurückgreifen. Dies gilt insbesondere für den asiatischen Raum, der eine ausreichende Finanzierung auf regionaler Ebene ermöglichen dürfte. Auch ausländische Direktinvestoren könnten sich auf lokalen Märkten refinanzieren und müssten nicht auf die Märkte der Industrieländer zurückgreifen. Folgt man diesen Überlegungen, so ist mit einer verstärkten Regionalisierung der internationalen Kapitalströme in den kommenden Jahren zu rechnen.

4.2. Empirische Fakten

Die zunehmende Verbriefung von Krediten: Die verschärften Kreditkonditionen der Banken führten im Jahr 2009 zu einem Emissionsboom im Bereich der Corporates. Das geschätzte Emissionsvolumen außerhalb des Finanzsektors betrug in der Eurozone 372 Mrd. EUR und war damit circa doppelt so hoch wie die jährlichen Emissionsvolumina seit dem Jahr 2000. Interessanterweise stieg die Zahl der Einzelemissionen nicht an, sie war ähnlich wie in den beiden Vorjahren und deutlich geringer als beispielsweise im Jahr 2006. Dies kann als Indiz dafür gewertet werden, dass speziell größere Unternehmen – die besonders über die verschärften Kreditkonditionen „klagten" – eine Umschichtung ihrer Refinanzierung vorgenommen haben. Die großen Emissionsvolumina sind für institutionelle Anleger von besonderem Interesse und dürften somit auch den internationalen Kapitalverkehr begünstigen. Ob diese Disintermediationsprozesse allerdings anhalten, erscheint fraglich, da der drastische Rückgang der Credit Spreads im Laufe des Jahres 2009 die Attraktivität von Unternehmensanleihen aus Sicht der Anleger deutlich minderte.

Die Anleger verlassen die sicheren Häfen: Der Beginn des Jahres 2009 markiert eine deutliche Trendwende auf den Finanzmärkten. Nachdem der USD im Zuge der Finanzkrise von der Nachfrage nach sicheren Anlageformen profitierte, hat er seit Anfang 2009 gegenüber allen frei floatenden EMC-Währungen tendenziell abgewertet.

Deutlicher Zufluss von Portfoliokapital in die Schwellenländer: Während sich die Zuflüsse von Bankkrediten in die Schwellenländer bislang nur zögerlich erholen, ist ein verstärkter Import von Portfoliokapital zu beobachten, der sowohl die Renten- als auch die Aktien- und Immobilienmärkte der Schwellenländer auf breiter Front erfasst hat und deutliche Kursanstiege auslöste.

Verbesserte Refinanzierungsmöglichkeiten der Schwellenländer auf den inter-nationalen Rentenmärkten: Die internationalen Fremdfinanzierungsbedingungen haben sich für die EMCs nach der drastischen Verschärfung im Jahr 2008 seit Beginn 2009 deutlich entspannt. Die EMBI+ Spreads sind beispielsweise in der Zwischenzeit auf das Niveau gefallen, das sie vor Beginn der Finanzkrise zur Mitte der letzten Dekade aufwiesen.[2] Sie liegen damit wieder deutlich unter jenem Niveau, das sich durchschnittlich im Vorfeld der Asien-Krise von 1997/98 etablierte. Die günstigeren Refinanzierungskonditionen lassen sich dabei für alle Regionen beobachten. Die Preisentwicklung spiegelt folgerichtig den verstärkten Kapitalfluss in Richtung auf die Emerging Markets sowie den gestiegenen Risikoappetit der internationalen Investoren wider.

Verbesserte Eigenkapitalbeschaffungsmöglichkeiten der Schwellenländer: Auch auf den Aktienmärkten der EMCs ist eine deutliche Kurserholung zu beobachten. Dabei konnten die Kurseinbrüche des Jahres 2008 in vielen Ländern noch nicht wieder aufgeholt werden. Die mangelnde Marktbreite und -tiefe in vielen Ländern wird auch weiterhin für ein hohes Schwankungspotenzial sorgen.

Steigende Kapitalimporte in den Schwellenländern verursachen einen Aufwertungsdruck: Der erhöhte Kapitalzufluss zugunsten der Schwellenländer – insbesondere in den asiatischen und lateinamerikanischen Raum – wird inzwischen mit Sorge betrachtet. Neben starken Aufwertungstendenzen der lokalen Währungen gegenüber dem USD und den Währungen anderer Industrieländer besteht aus Sicht vieler Beobachter die Gefahr einer Überhitzung der lokalen Finanzmärkte. Zudem erschwert die Entwicklung die

---

2 JP Morgan EMBI+ Spreads beschreiben die Renditedifferenz zwischen aktiv gehandelten internationalen Anleihen der EMCs und entsprechenden US-Staatsanleihen.

Umsetzung geld- und wechselkurspolitischer Maßnahmen, insbesondere in jenen Ländern, die nicht auf ein vollständiges Flex-Kurs-System setzen. Auch wenn einzelne Länder und ihre Finanzmärkte bereits deutliche Kursanstiege verzeichnen, lässt sich der Anstieg der Vermögenspreise auf vielen Märkten noch nicht als exzessiv und als ein allgemeines Phänomen der Schwellenländer identifizieren. Da die Belebung der Kreditmärkte in vielen Schwellenländern erst im Jahr 2010 einsetzte, kann man davon ausgehen, dass Leverage-Effekte noch nicht die zentralen Treiber der Vermögenspreisentwicklung waren. Dennoch besteht bei einem weiter anhaltenden Kapitalzufluss und den damit verbundenen Möglichkeiten der Kreditausweitung die Gefahr einer Assetpreis-Inflation.

4.3. Die Ursachen der veränderten Kapitalströme

Die zunehmenden Kapitalimporte werden durch eine Reihe von Faktoren begünstigt. Die erste Importwelle war das Ergebnis von Push-Faktoren. Ein steigender Risikoappetit der internationalen Anleger führte zu einem veränderten Anlageverhalten zugunsten risikobehafteter Vermögensaktiva. Die Investoren verließen angesichts der niedrigen Zinssätze und der Suche nach höheren Renditen die sicheren Häfen der Industrieländer, wobei die US-Finanzmärkte den stärksten Abfluss verzeichneten. Dies lässt sich anhand der Abwertung des USD gegenüber den Währungen der Schwellenländer, dem raschen Aufbau von Währungsreserven zur Dämpfung des Aufwertungsdrucks, steigenden Renditen auf US-Staatsanleihen und am Abfluss aus den Geldmarktfonds der Industrieländer festmachen. Das veränderte Anlageverhalten beschränkt sich aber nicht nur auf die reine Substitution von Vermögensaktiva, sondern initiierte auch eine Renaissance der Carry Trades. Aufgrund des niedrigen Zinsniveaus dient der USD inzwischen als Refinanzierungswährung von Carry Trades, was den Abwertungsdruck auf den USD weiter erhöht.

Seit dem zweiten Quartal 2009 lassen sich zunehmend Pull-Faktoren identifizieren. Im Gegensatz zum verhaltenen Aufschwung in den Industrieländern wurde für die Schwellenländer eine deutliche Konjunkturbelebung festgestellt, die zugleich mit mittelfristig besseren Wachstumsaussichten verbunden war. Vor diesem Hintergrund haben sich die Portfolioinvestitionen in den Schwellenländern deutlich beschleunigt. Diese Investitionen haben die teilweise reichlich vorhandene inländische Liquidität wieter gestärkt und einen erheblichen Vermögenspreisanstieg induziert. Zusammen mit einem robusten Wachstum und steigenden Inflationsgefahren steigt allerdings auch die Notwendigkeit zur Straffung der monetären und finanziellen Rahmenbedingungen in diesen Ländern und die Bereitschaft, Konjunkturprogramme nicht mehr zu prolongieren.

4.4. Risiken für die Finanzmärkte und die weltweite Konjunktur

Das Trilemma der Wirtschaftspolitik in offenen Volkswirtschaften: Jene Länder, die die Finanz- und Konjunkturkrise erfolgreich und schnell überwinden, sind dem Risiko erneuter Überbewertungen auf den nationalen Finanz- und Immobilienmärkten am stärksten ausgesetzt. Es drohen sowohl Vermögenspreisblasen als auch dramatische Aufwertungen der Währungen mit den entsprechenden realwirtschaftlichen Konsequenzen: Dies gilt insbesondere für jene Länder, die einen hohen Offenheitsgrad ihrer Volkswirtschaft aufweisen. Das niedrige Zinsniveau auf den US-Geldmärkten und die Erwartung weiterer USD-Abwertungen erhöhen das Potenzial für erfolgreiche Carry Trades mit dem USD als Refinanzierungsvehikel und den Währungen insbesondere der Emerging Markets als Anlagevehikel. Die aktuelle Entwicklung in den Schwellenländern spiegelt das wohlbekannte Trilemma der Wirtschaftspolitik in offenen Volkswirtschaften wider. Es ist letztlich unmöglich einen freien Kapitalverkehr sowie Wechselkursstabilität zu garantieren und zugleich eine völlig unabhängige Geldpolitik zu betreiben. Insbesondere die Implementierung einer strafferen Geldpolitik zur Vermeidung von Überhitzungstendenzen auf den lokalen Güter- und Finanzmärkten wird nur zögerlich verfolgt, da man im Fall steigender Zinssätze einen weiteren Kapitalzufluss mit einem entsprechenden Aufwertungsdruck auf die nationale Währung und negative konjunkturelle Effekte befürchtet. Sofern mittelfristig auf eine restriktivere Ausrichtung der Geldpolitik verzichtet wird, muss aber mit erheblichen Nebeneffekten gerechnet werden, die die – aus Sicht der EMCs – negativen Effekte von Flex-Kurs-Systemen mit ihren Aufwertungstendenzen erheblich überschreiten dürften. Vor diesem Hintergrund steigt die Neigung seitens der Wirtschaftspolitik, die negativen Auswirkungen der Kapitalimporte durch eine Regulierung der Kapitalmärkte abzuwehren.

Die Bedeutung der globalen Ungleichgewichte in den kommenden Jahren: Die künftige Entwicklung auf den internationalen Finanzmärkten hängt insbesondere vom wieteren Ausmaß der globalen Ungleichgewichte ab. Der Internationale Währungsfonds geht gegenwärtig von folgendem Anpassungsszenario aus (*Blanchard* and *Milesi-Ferretti* 2009): Die chinesische Konjunkturentwicklung ist auch künftig durch eine robuste Inlandsnachfrage geprägt, während die Wirtschaftspolitik weiterhin eine reale Aufwertung des Renminbis verhindert. Zugleich werden andere Schwellenländer eine reale Aufwertung gegenüber dem USD blockieren, um ihre Wettbewerbsfähigkeit gegenüber China zu erhalten. Da sich die Wettbewerbsfähigkeit der USA gegenüber den EMCs in diesem Szenario nicht nachhaltig verbessern kann, bleiben die dringend erforderlichen Konjunkturimpulse aus dem Ausland aus. Aufgrund des niedrigen Zinsniveaus kann die US-Notenbank keine zusätzlichen (zinsorientierten) geldpolitischen Impulse setzen, sodass die Notwendigkeit fiskalpolitischer Konjunkturprogramme besteht. Die hohen US-Haushaltsdefizite erfordern allerdings in den künftigen Jahren einen deutlichen Konsolidierungsprozess, der das Auflegen umfassender Konjunkturprogramme behindert. In diesem Fall dürfte der konjunkturelle Aufschwung in den USA einbrechen und würde in Folge die weltweite Konjunkturentwicklung erfassen. Länder, die aufgrund vorhandener Reserven einen Spielraum haben, um ihre Binnennachfrage zu stärken, könnten auch weiterhin ein nachhaltiges Wachstum sicherstellen. In diesem Szenario ist weiterhin mit gravierenden globalen Ungleichgewichten und entsprechenden Rückkoppelungen auf die internationalen Kapitalströme zu rechnen, die Kapitalzuflüsse in Richtung der Schwellenländer begünstigen.[3]

---

3 Auch in einem Alternativszenario mit umfangreichen US-Konjunkturprogrammen werden die globalen Ungleichgewichte in Form von bedeutsamen Leistungsbilanzdefiziten weiterhin bestehen.

5. Die wirtschaftspolitischen Implikationen

5.1. Die Vorteile nicht-regulierter Finanzmärkte

Die Argumente für weitgehend unregulierte Finanzmärkte und einen freien internationalen Kapitalverkehr gehen von der Vorstellung effizienter Märkte bzw. von der mangelnden Effektivität staatlicher Regulierungen aus. Demzufolge wird angenommen, dass die Abwesenheit von Regulierungen, ein höheres Investitions- und Outputniveau garantieren, dass das Produktivitäts- und Wirtschaftswachstum allgemein beschleunigt wird, eine Reallokation finanzieller Mittel in Richtung auf Länder (beispielsweise EMCs) mit dem höchsten Kapitalbedarf und deshalb mit den höchsten Renditeaussichten stattfindet, durch die Diversifikationsmöglichkeiten ein geringes Risikoniveau generiert und die Fähigkeit zur Glättung des Konsums in der Zeit begünstigt wird. Ein freier internationaler Kapitalverkehr sichert zudem die individuellen Freiheiten sowie Eigentumsrechte ab, und die Versuche von Kapitalverkehrsbeschränkungen scheitern an vielfältigen Umgehungsmöglichkeiten der Marktteilnehmer (*Fischer* 1998 und Übersicht bei *Frenkel* 2002). Schließlich lassen sich politökonomische Überlegungen ins Feld führen (*Cooper* 1998). Kapitalverkehrskontrollen sichern Politikern diskretionäre Entscheidungsspielräume, die abrupte Politikwechsel mit allen negativen Folgen begünstigen. Gleichzeitig besteht die Möglichkeit zur Erzielung von Renten und folgerichtig auch die Gefahr von Korruption.

Es gibt inzwischen eine große Anzahl empirischer Untersuchungen für verschiedene Zeiträume und Länder, die die Vorteilhaftigkeit unregulierter Märkte untersuchen (siehe beispielsweise *Lee* and *Jayadev* 2005, *Kose et al.* 2006, *Reinhart* and *Rogoff* 2008 sowie *Rodrik* and *Subramanian* 2008). Die Mehrheit der Studien kommt zu dem Schluss, dass es keine robuste empirische Evidenz für den Zusammenhang zwischen dem Grad der Finanzmarktintegration und dem Wirtschaftswachstum gibt. Andererseits zeigt sich eine hohe Korrelation zwischen der Kapitalmobilität und dem Auftreten von Finanzkrisen (siehe *Reinhart* and *Rogoff* 2008) und zugleich eine strenge Evidenz für das Entstehen permanenter Outputverluste im Zuge von Finanzkrisen (siehe beispielsweise *Cerra* and *Saxena* 2008). Des Weiteren kann die Beseitigung von Kapitalverkehrsbeschränkungen vorhandene Ungleichgewichte erhöhen (*Lee* and *Jayadev* 2005). Als Fazit halten Befürworter von Kapitalverkehrsbeschränkungen fest, dass die Vorteile des freien Kapitalverkehrs empirisch nicht evident sind (beispielsweise *Epstein* 2009).

5.2. Die Notwendigkeit regulierter internationaler Kapitalströme

Angesichts der zuvor dargestellten empirischen Ergebnisse ist es verständlich, dass sowohl in der Theorie als auch in der Praxis die Akzeptanz für ein stärkeres staatliches Management von internationalen Kapitalströmen besteht. Dabei wird durchaus die Gefahr gesehen, dass viele Regulierungen vorhandene Ungleichgewichte auf den Märkten eher verschärfen können oder bestenfalls unwirksam sind.

Betrachtet man die Regulierungen genauer, lässt sich eine Vielzahl direkter und indirekter Instrumente zur Beeinflussung der internationalen Kapitalströme ausmachen (siehe dazu *Epstein* 2009). Kapitalverkehrskontrollen und die Besteuerung von Kapitalströmen wirken direkt auf die Kapitalimporte und -exporte ein. Sie können wie im Fall der Besteuerung preisbasiert oder wie im Fall von Export- und Importquoten (bis hin zum absoluten Verbot) mengenbasiert wirken. Die denkbaren Differenzierungsmöglichkeiten entsprechen jenen der Außenhandelspolitik. Eine Beeinflussung der Kapitalströme kann hingegen auch indirekt über die Regulierung der Finanzinstitutionen – beispielsweise durch die Eigenkapitalunterlegung, Leverage-Ratio bestimmter Geschäfte, Begrenzung derivativer Kontrakte, Limitierung der Fristentransformation etc. – erfolgen.

Die Kombination aus Kapitalverkehrskontrollen, der Besteuerung, Regulierungsinstrumenten mit indirekter Wirkung und dem Versuch der Wechselkursbeeinflussung bezeichnet man als „capital management techniques". Zielsetzung dieser Techniken, ist (a) der Versuch, Finanzmarktstabilität zu gewährleisten, (b) gewünschte Investitionen und Finanzierungsprojekte zu motivieren, (c) die wirtschaftspolitische Autonomie zu stärken einschließlich der Etablierung stabiler und „wettbewerbsfähiger" Wechselkurse und (d) die nationale Souveranität zu garantieren (*Epstein* 2009).

Die empirischen Ergebnisse in Bezug auf die Effektivität von Kapitalverkehrskontrollen liefern aber ebenfalls keine eindeutigen Ergebnisse (siehe zu einem Überblick *Ostry et al.* 2010). *Frenkel* (2002, S. 259) kommt zu dem Schluss, dass die Kontrollen allenfalls temporäre Wirkungen aufweisen und in der Vergangenheit nicht geeignet waren, bei Turbulenzen auf den Devisenmärkten Währungskrisen nachhaltig zu verhindern. Auch *Magud, Reinhard* and *Rogoff* (2007, S. 21) kommen bei der Auswertung von mehr als dreißig empirischen Studien zu keinem eindeutigen Befund. Sie wiesen zwar darauf hin, dass Kapitalimportkontrollen die Autonomie der Geldpolitik erhöhen und die Zusammensetzung der Kapitalströme verändern können. Aber bereits bei der Frage, ob das Instrumentarium geeignet ist, eine unerwünschte reale Wechselkursentwicklung zu vermeiden, relativieren sie ihre Aussage. Bei den Kapitalexporten ist die Effektivität der wirtschaftspolitischen Eingriffe noch schwächer ausgeprägt. Angesichts derartiger Ergebnisse ist es verwunderlich, dass sich Kapitalverkehrskontrollen und andere Regulierungsinstrumente weiterhin einer hohen Beliebtheit erfreuen. Es liegt der Verdacht nahe, dass politökonomische Gründe das wirtschaftspolitische Verhalten dominieren. Regierungen greifen auf Kapitalverkehrsbeschränkungen aufgrund einer kurzfristigen Ausrichtung ihrer Politik, die durch die Wiederwahlchancen geprägt ist, zurück (*Frenkel* 2002, S. 260).

Bei allen Maßnahmen zur Abschirmung der eigenen Volkswirtschaft gegenüber unerwünschten Kapitalimporten oder -exporten bleibt zu beachten, dass die Marktteilnehmer vielfältige Möglichkeiten zur Umgehung der vorhandenen Barrieren nutzen könen (siehe Überblick bei *Frenkel* 2002).

5.3. Kritische Würdigung

Die Frage, ob und inwieweit unregulierte Finanzmärkte ursächlich für die zunehmende Häufigkeit und Stärke von Finanzkrisen sind, bleibt aber jenseits der „beeindruckenden" empirischen Ergebnisse weiterhin offen, und ihre Beantwortung hängt letztlich von der sorgfältigen Identifikation staatlicher Eingriffe auf scheinbar unregulierten Finanzmärkten ab.

Finanzkrisen lassen sich traditionell in drei Kategorien unterteilen: Währungskrisen, Bankenkrisen und internationale Verschuldungskrisen (*Eichengreen* und *Rose* 1998, Übersicht bei *Michler* und *Thieme* 2003). Währungskrisen liegen vor, wenn spekulative Attacken gegen den Wechselkurs einer Währung entweder zu einer drastischen Abwertung führen oder aber die erfolgreiche Verteidigung des Außenwertes nur durch den Abbau der Devisenreserven bzw. durch drastische Zinserhöhungen garantiert werden kann. Bankenkrisen charakterisieren Situationen, in denen eine Vielzahl von Banken die interne Konvertibilität ihrer Verpflichtungen nicht mehr gewährleisten kann bzw. die öffentliche Hand durch weitreichende Hilfestellungen den Ausfall von Banken oder einen Banken-Run verhindert. Im Fall von internationalen Verschuldungskrisen ist ein Land nicht mehr in der Lage, seine öffentlichen bzw. privaten Auslandsverpflichtungen vollständig zu erfüllen.

Bis auf wenige Ausnahmen waren alle Währungskrisen der letzten Dekade mit einem System fester Wechselkurse – also massiven staatlichen Eingriffen in das Gefüge relativer Preise – verknüpft. Die Währungskrisenmodelle der ersten und zweiten Generation weisen zudem auf die zentrale Rolle des Staates im Vorfeld spekulativer Attacken hin. In den Modellen der ersten Generation wird auf die Rolle einer inkonsistenten Wirtschaftspolitik – die zu Liquiditätsüberhängen neigt – verwiesen (*Krugman* 1979, *Flood* and *Garber* 1984), in den Modellen der zweiten Generation auf die Nichtlinearitäten im Verhalten der wirtschaftspolitischen Entscheidungsträger (*Obstfeld* 1986). Die Modelle der dritten Generation, die im Zuge der Asienkrise entwickelt wurden (*Krugman* 1998), erklären den Zusammenhang zwischen Währungskrisen und allgemeinen Strukturproblemen im Finanzsektor respektive im Bankensektor von Schwellenländern (*Demirguc-Kunt* and *Detragiache* 1998). Implizite oder explizite Staatsgarantien im Aktivgeschäft von Kreditinstituten und die im Vertrauen auf die Stabilität von Fixkurs-Systemen erfolgte Refinanzierung in Fremdwährungen von Industrieländern lieferten die Grundlage für die Asienkrise (*Michler* und *Thieme* 2003).

Im Fall von Bankenkrisen spielt nicht nur eine inkonsistente Regulierung eine vitale Rolle, die ein „level playing field" auf der nationalen oder internationalen Ebene verhindert und der Regulierungsarbitrage beispielsweise durch die Schaffung neuer Finanzprodukte Tür und Tor öffnet, sondern auch die antizipierten Reaktionen der Wirtschaftspolitik im Fall auftretender Verspannungen.[4] Können die Marktakteure davon ausgehen, dass Kreditinstitute im Fall von Schieflagen durch die Wirtschaftspolitik gerettet werden und damit de facto konkursunfähig sind, darf man umgekehrt keine ausreichende Marktdisziplin von den Beteiligten erwarten. Auch eine verstärkte Regulierung und Kontrolle durch Aufsichtsbehörden stellt hierbei keinen ausreichenden Ersatz für die fehlende Disziplin auf den Märkten dar.[5] Die Bereitschaft von Noten-

---

4 Als zentrale Motivation für den Aufbau von verbrieften Kreditstrukturen wird in nahezu allen einzelwirtschaftlich orientierten Monographien zum Thema ABS- oder speziell CDO-Strukturen auf die Möglichkeiten der Regulierungsarbitrage und damit auf die Umgehung von Eigenkapitalunterlegungsvorschriften verwiesen.

5 *Rochet* (2008, S. 33) kommt in einer umfassenden Analyse von Bankenkrisen in Industrie- und Schwellenländern zu dem Schluss: „... the main reason behind the frequency and

banken, im „Ernstfall" eine ausreichende Liquidität auf den Interbankenmärkten sicherzustellen, lädt zudem zu einem laxen Refinanzierungsverhalten mit erheblichen Mismatch-Risiken ein.

Ähnliche Überlegungen lassen sich auch für die Verschuldung ganzer Länder anführen. Eine hohe Verschuldung bzw. rasch ansteigende Haushaltsdefizite müssten sich eigentlich in steigenden Risikozuschlägen niederschlagen. Die Risikoprämien hängen aber nicht nur von lokalen oder nationalen Regierungen ab, entscheidend ist die Frage, inwieweit übergeordnete Institutionen bereit sind, die Finanzierung im „Ernstfall" sicherzustellen. Existieren derartige „bail out"-Klauseln, ist für die Finanzmärkte letztlich die Kreditwürdigkeit der übergeordneten Institution relevant. Die Frage, ob in der Europäischen Union eine solche Klausel für die Nationalstaaten existiert, wurde von den Regierungen und der EU-Kommission in der Vergangenheit vehement bestritten. Die geringen Risikoprämien für hoch verschuldete Länder in der Eurozone wiesen allerdings in der Vergangenheit darauf hin, dass die Finanzmärkte eine derartige Klausel nicht völlig ausgeschlossen haben. Länder mit einer hohen Staatsverschuldung wurden demzufolge nicht ausreichend durch eine höhere Risikoprämie „bestraft" bzw. die Bestrafung traf alle Länder der Eurozone im gleichen Umfang. Erst die Verschuldungskrise Griechenlands ließ Zweifel an der nachhaltigen Finanzierbarkeit von Staatsschulden aufkommen und bewirkte einen raschen Anstieg der Risikoprämien.

Berücksichtigt man diese ordnungspolitischen Fehlentwicklungen bei der Abschätzung der Chancen und Risiken einer zunehmenden Finanzmarktintegration, so ist die schlichte These, dass die aktuelle Finanzmarktkrise im Wesentlichen auf ein Versagen der Märkte zurückgeführt werden kann, kaum haltbar. Dieser Eindruck verstärkt sich noch, wenn man zusätzlich die prozesspolitischen Fehlentwicklungen respektive die Stop-and-go-Strategie der US-Notenbankpolitik in das Kalkül einbezieht.

6. Schlussbemerkungen

Die Analyse zeigt, dass sich eine Reihe von Bestimmungsfaktoren für die zunehmende Integration der Finanzmärkte und damit für die steigenden Kapitalmarktströme identifizieren lassen. Im Ergebnis führen deshalb unterschiedliche Variationen grenzüberschreitender Positionen zu komplexen Transmissionsmechanismen. Lokale Schocks in einem Land führen folgerichtig zu sehr differenzierten Reaktionen auf den Finanzmärkten anderer Länder. Kleine und wenig liquide Finanzsysteme – wie in den Schwellenländern – reagieren deutlich stärker auf Verschiebungen in den globalen Portfoliogewichten. Auch moderate Umschichtungsprozesse in den Industrieländern können mithin starke Vermögenspreis- und Wechselkursvolatilitäten auslösen.

Die Entwicklungsprozesse im Vorfeld, während und insbesondere im Nachgang der Finanzkrise deuten darauf hin, dass sich die grenzüberschreitenden Kapitalströme zu Lasten der Industrieländer und zugunsten der Schwellenländer verschieben werden. Die weiterhin vorhandenen globalen Ungleichgewichte schaffen neue Nettogläubiger-

magnitude of recent banking crises is … essentially the commitment problem of political authorities who are likely to exert pressure for bailing out insolvent banks."

positionen insbesondere in den EMCs. Dies wird künftig eine deutlich einfachere Refinanzierung zwischen den Schwellenländern ermöglichen und partiell eine Regionalisierung der Kapitalströme bewirken.

Mit den weiterhin vorhandenen Ungleichgewichten besteht auch künftig die Gefahr von Überhitzungen einzelner Finanzmärkte, die sich auf das globale Finanzsystem ausbreiten können und die bekannten realwirtschaftlichen Folgen auslösen. Die unmittelbar einleuchtende Forderung nach einer Limitierung des grenzüberschreitenden Kapitalverkehrs in Form von Kapitalverkehrskontrollen oder in Form steuerlicher Belastungen ist kritisch zu hinterfragen. Eine Begrenzung der internationalen Kapitalströme erscheint angesichts der mangelnden Effektivität von Regulierungsmaßnahmen wenig opportun. Globale Ungleichgewichte lassen sich letztlich nur mithilfe von Wechselkursanpassungen, d.h. durch eine Aufwertung der kapitalimportierenden Länder abbauen. Die negativen realwirtschaftlichen Konsequenzen insbesondere für die Schwellenländer dürften im Vergleich zu den Folgen erneut entstehender Vermögenspreisblasen und den damit verbundenen heftigen Kurskorrekturen in der Folgezeit das kleinere Übel darstellen („*short-run pain, long-run gain*"; *Kaminsky* und *Schmukler* 2003; *Loayza* und *Ranciere* 2006).

Zur Vermeidung stärkerer Ungleichgewichte zwischen den Industrieländern sollte eine gemeinsame Exit-Strategie entwickelt werden, mit der die immense Liquidität auf den internationalen Finanzmärkten eingesammelt wird. Eine geldpolitische Straffung sollte also nicht im Alleingang, sondern im Gleichlauf zwischen den Industrieländern stattfinden. Andernfalls dürften entstehende Zinsdifferenzen und eine mangelnde Konjunktursynchronisation weitere Umlenkungsprozesse in den internationalen Kapitalströmen initiieren.

Literatur

Bandholz, Harm, Jörg Clostermann and *Franz Seitz* (2009), Explaining the US Bond Yield Conundrum, in: Applied Financial Economics, Vol. 19, pp. 539-550.

Bartram Söhnke M. and *Gordon M. Bodnar* (2009), No Place to Hide: The Global Crisis in Equioty Markets in 2008/2009, in: Journal of International Money and Finance, Vol. 28, pp. 1246-1292.

Blanchard, Olivier and *Gian Maria Milesi-Ferretti* (2009), Global Imbalances, International Monetary Fund Staff Position Note, No. 09/29, Washington D.C.

Boorman, Jack (2009), The Impact of the Financial Crisis on Emerging Market Economies: Transmission Mechanism, Policy Response and Lessons, Emerging Markets Forum Discussion Draft, Washington D.C.

Cerra, Valerie and *Sweta Charman Saxena* (2008), Growth Dynamics: The Myth of Economic Recovery, in: American Economic Review, Vol. 98, pp. 439-457.

Cooper, Richard N. (1998), Should Capital-Account Convertibility be a World Objective?, in: Should the IMF Pursue Capital-Account Convertibility, Princeton University Essays in: International Finance, No. 207, pp. 11-19.

Curcuru, Stephanie, Charles Thomas and *Francis Warnock* (2008), Current Account Sustainability and Relative Reliability, National Bureau of Economic Research Working Paper, No. 14295, Cambrigde, MA.

Demirguc-Kunt, Asli and *Enrica Detragiache* (1998), The Determinants of Banking Crises in Developing and Developed Countries, in: International Monetary Fund Staff Papers, Vol. 45, pp. 81-109.

De Santis, Roberto and *Stefanie Lührmann* (2009), On the Determinants of Net International Portfolio Flows: A Global Perspective, in: Journal of International Money and Finance, Vol. 28, pp. 880-901.

Eichengreen, Barry and *Andrew K. Rose (*1998), Staying Afloat When the Wind Shifts: External Factors and Emerging-Market Banking Crises, National Bureau of Economic Research Working Paper, No. 6370, Cambridge, MA.

Epstein, Gerald (2009), Should Financial Flows be Regulated? Yes, United Nations DESA Working Paper, No. 77, New York.

Fischer, Stanley (1998), Capital-Account Liberalization and the Role of the IMF, in: Should the IMF Pursue Capital-Account Convertibility, Princeton University Essays in: International Finance, No. 207, pp. 1-10.

Flood, Robert P. and *Peter M. Garber* (1984), Collapsing Exchange Rate Regimes: Some Linear Example, in: Journal of International Economics, Vol. 17, pp. 1-13.

Frenkel, Michael (2002), Kapitalverkehrskontrollen: Ein Überblick zur Theorie und zum empirischen Befund, in: *Renate Ohr* und *Franz Peter Lang* (Hg.), Integration, Währung und Wachstum: Dimensionen internationaler Wirtschaftsbeziehungen, Festschrift für Dieter Bender zum 60. Geburtstag, Berlin, S. 243-263.

Hume, Michael and *Andrew Sentance* (2009), The Global Credit Boom: Challenges for Macroeconomics and Policy, in: Journal of International Money and Finance, Vol. 28, pp. 1426-1461.

IMF – International Monetary Fund (2009a), Responding to the Financial Crisis and Measuring Systemic Risks, Global Financial Stability Report, April 2009, Washington, D.C.

IMF – International Monetary Fund (2009b), Asia and Pacific. Building a Sustained Recovery, Regional Economic Outlook, October 2009, Washington, D.C.

Jost, Thomas (2009), Sovereign Wealth Funds - Size, Economic Effects and Policy Reactions, Hochschule Amberg-Weiden, Diskussionspapier, No. 13, Weiden.

Kaminsky, Graciela Laura and *Sergio L. Schmukler* (2003), Short-Run Pain, Long-Run Gain: The Effects of Financial Liberalization, International Monetary Fund Working Paper, No. 03/34, Washington D.C.

Kose, M. Ayhan, Eswar Prasad, Kenneth Rogoff and Shang-Jin Weim (2006), Financial Globalization: A Reappraisal, International Monetary Fund Working Paper, No. 06/189, Washington, D.C.

Krugman, Paul (1979), A Model of Balance of Payments Crises, in: Journal of Money, Credit, and Banking, Vol. 11, pp. 311-325.

Krugman, P. (1998), What Happened to Asia?, Januar 1998, veröffentlicht im Internet: http://web.mit.edu/krugman/ www/disinter.html.

Lane, Philip R. and *Gian Maria Milesi-Ferretti* (2008a), The Drivers of Financial Globalization, Trinity College IIIS Discussion Paper, No. 238, Dublin.

Lane, Philip R. and *Gian Maria Milesi-Ferretti* (2008b), Where Did All the Borrowing Go? A Forensic Analysis of the US External Position, International Monetary Fund Working Paper, No. 08/28, Washington, D.C.

Lee, Kang-Kook and *Arjun Jayadev* (2005), Capital Account Liberalization, Growth and the Labor Share of Income: Reviewing and Extending the Cross-Evidence, in: *Gerald Epstein* (ed.), Capital Flight and Capital Controls in Developing Countries, Northhampton, pp. 15-57.

Loayza, Norman and *RomainRanciere* (2006), Financial Development, Financial Fragility, and Growth, in: Journal of Money, Credit, and Banking, Vol. 38, pp. 1051-1076.

Magud, Nicolas E., Carmen Reinhart and *Kenneth Rogoff* (2007), Capital Controls: Myth and Reality. A Portfolio Balance Approach to Capital Controls, Federal Reserve Bank of San Francisco Working Paper Series, No. 2007-31, San Francisco.

Martin, Phillipe and *Helene Rey* (2004), Financial Super-Markets: Size Matters for Asset Trade, in: American Economic Review, Vol. 64, pp. 335-361.

McKinsey Global Institute (2008a), Mapping Global Capital Markets, 4th Annual Report.

McKinsey Global Institute (2008b), Mapping Global Capital Markets, 5th Annual Report.

McKinsey Global Institute (2009), Global Capital Markets: Entering a New Era.

Michler, Albrecht F. und *H. Jörg Thieme* (2003), Finanzmarktintegration, Krisenprävention und Krisenmanagement, in: *Dieter Cassel* und *Paul J. J. Welfens* (Hg.), Regionale Integration und Osterweiterung der Europäischen Union, Stuttgart, S. 187-217.

Obstfeld, Maurice (1986), Rational and Self-Fulfilling Balance-of-Payments Crises, in: American Economic Review, Vol. 76, pp. 72-81.

Obstfeld, Maurice and *Kenneth S. Rogoff* (2001), The Six Major Puzzles in International Macroeconomics: Is there a Common Sense?, National Bureau of Economic Research Macroeconomics Annual, Vol. 15, pp. 339-390.

Ostry, Jonathan D., Atish R. Gosh, Karl Habermeier, Marcos Chamon, Mahyash S. Oureshi and *Dennis B. S. Reinhardt* (2010), Capital Inflows: The Role of Controls, International Monetary Fund Staff Position Note, No. 10/04, Washington D.C.

Reinhart, Carmen and *Kenneth Rogoff* (2008), Banking Crisis: An Equal Opportunity Menace, National Bureau of Economic Research Working Paper, No. 14587, Cambridge, MA.

Rochet, Jean-Charles (2008), Why Are There so Many Banking Crises? The Politics and Policy of Bank Regulation, Princeton.

Rodrik, Dani and *Arvind Subramaniam* (2008), Why Did Financial Globalization Disappoint? Mimeo, veröffentlicht im Internet: http://www.www.piie.com/publications/papers/ subramanian0308.pdf.

Sula, Ozan and *Thomas D. Willett* (2009), The Reversibility of Different Types of Capital Flows to Emerging Markets, in: Emerging Market Review, Vol. 10, pp. 926-310.

Warnock, Francis E. and *Veronica Cacdac Warnock* (2009), International Capital Flows and U.S. Interest Rates, in: Journal of International Money and Finance, Vol. 28, pp. 903-919.

Albrecht F. Michler und Heinz-Dieter Smeets (Hg.)
Die aktuelle Finanzkrise: Bestandsaufnahme und Lehren für die Zukunft
Schriften zu Ordnungsfragen der Wirtschaft · Band 93 · Stuttgart · 2011

Kommentar zu *Albrecht F. Michler* und *Franz Seitz,* Internationale Kapitalströme vor dem Hintergrund der Finanzkrise

Thomas Jost

Albrecht F. Michler und *Franz Seitz* haben sich eine Herkulesaufgabe gestellt. Sie analysieren in ihrem Beitrag die internationalen Kapitalströme vor dem Hintergrund der globalen Finanzmarkt- und Wirtschaftskrise. Die Autoren werfen zahlreiche Fragestellungen auf, die für das Verständnis der Ursachen der Krise und die Reaktionen der verschiedenen Akteure an den internationalen Finanzmärkten im Verlauf der Krise wichtig sind. Zudem diskutieren sie die wirtschaftspolitischen Implikationen und das Pro und Kontra zunehmender Regulierungen der internationalen Kapitalmärkte. Der Beitrag gibt somit einen sehr interessanten Überblick über die wichtigsten Entwicklungen und Probleme der internationalen Kapitalströme.

Naturgemäß stellt sich derzeit vor allem die Frage, wie es weitergeht: (1) Werden sich die einzelnen Segmente der internationalen Kapitalströme, die im Zuge der Finanzkrise besonders stark eingebrochen sind, wieder erholen? (2) Werden Entwicklungen im internationalen Kapitalverkehr, die zur Entstehung der Krise beigetragen haben und die längerfristig nicht tragbar erscheinen, abgebaut und in eine gleichgewichtigere Entwicklung gelenkt? (3) Was können die Regierungen und Aufsichtsbehörden tun? Welche Wirksamkeit haben staatliche Eingriffe in das Finanzsystem? Und sind die Regierungen überhaupt entschlossen zu koordinierten neuen Regelungen?

Der vorliegende Beitrag kann – alleine schon aus Platzgründen – nicht alle diese Fragen ausreichend beantworten, die unter Ökonomen und Politikern sehr kontrovers diskutiert werden. Aus diesem Grund sollen sich auch die Anmerkungen nur auf eine Frage konzentrieren, die aber eines der Kernprobleme für die Zukunft darstellt, nämlich die Frage nach den Ursachen, den Konsequenzen und der Tragfähigkeit des hohen amerikanischen Leistungsbilanzdefizits und der spiegelbildlichen Kapitalimporte, die die Aufblähung des US-Finanzsektors und die spekulative Überhitzung des amerikanischen Immobilienmarktes mit verursacht haben.

Die Autoren erklären die starke Zunahme der internationalen Kapitalströme in der letzten Dekade unter anderem mit dem markanten Anstieg des amerikanischen Leistungsbilanzdefizits. Die Ursachen des Leistungsbilanzdefizits seien dabei nicht definitiv zu klären. Auf der einen Seite, die Erklärung über die Leistungsbilanzseite, führte das deutlich höhere Wirtschaftswachstum in den USA im Vergleich zu den anderen Industrieländern, allerdings nicht im Vergleich zu den Schwellenländern, die im vergangenen Jahrzehnt eine nie dar gewesene Wirtschaftsdynamik verzeichneten, bei einer hohen Einkommenselastizität der Importe zu einem starken Anstieg der amerikanischen Einfuhren. Die amerikanischen Ausfuhren wuchsen dagegen aufgrund einer stärkeren Binnenorientierung der US-Wirtschaft schwächer. Die innovativen und produktiven amerikanischen Unternehmen müssten danach vor allem über ihre ausländischen Tochterunternehmen den Weltmarkt bedient haben, was sich nicht in den Exporten der USA niederschlägt, wohl aber in den Gewinnen der US-Unternehmen im Ausland, die zum Teil in das Inland zurückfließen und die Leistungsbilanz im Bereich der Vermögenseinkommen aus dem Ausland wenigstens zum Teil entlasten.

Auf der anderen Seite, die Erklärung über die Kapitalbilanzseite, wird von den Autoren beschrieben, dass die Attraktivität der US-Wirtschaft und die Erwartung höherer Ertragschancen zu hohen Kapitalzuflüssen in die USA führte, die spiegelbildlich ein Defizit in der Leistungsbilanz bedingen, das sich unter anderem über eine Aufwertung des Dollar gegenüber den Haupthandelspartnern und die damit verbundene Zunahme der Importe und Abnahme der Exporte einstellte. Ist diese Sichtweise plausibel? Haben die Anleger aus Europa, Asien und dem Nahen Osten rational gehandelt, als sie in den vergangenen Jahren in großem Umfang in den USA investiert haben?

Eine Reihe bekannter Ökonomen und politischer Entscheidungsträger haben vor Ausbruch der Krise in ähnlicher Weise gedacht. Die wichtigsten Argumente seien noch einmal kurz aufgeführt: (1) Das US-Leistungsbilanzdefizit reflektiere vor allem den Prozess einer zunehmenden Finanzintegration (*global financial deepening*), der den Ländern größere Leistungsbilanzdefizite und -überschüsse als in der Vergangenheit ermögliche (der ehemalige Fed-Chairman *Greenspan*). (2) Aufgrund des hohen Produktivitätswachstums der US-Wirtschaft sei es natürlich, dass andere Länder den USA Kapital zur Verfügung stellen. Das Konzept der Leistungsbilanz sei im Übrigen bedeutungslos (*meaningless*) (der ehemalige US-Staatssekretär *O'Neill*). (3) Die Schwellenländer seien nach den Erfahrungen der Asienkrise und den Krisen in Brasilien und Russland an einer sicheren Anlage in den Vereinigten Staaten interessiert. (4) Der zunehmende Wunsch nach Diversifikation und die Suche nach geeigneten Anlagemöglichkeiten bei unterentwickelten heimischen Finanzmärkten müsse naturgemäß in eine Anlage in den USA führen, deren hoch entwickeltes und effizient reguliertes Finanzsystem geeignete Anlagemöglichkeiten biete (der derzeitige Fed-Chairman *Bernanke*). (5) Das US-Leistungsbilanzdefizit sei Folge der exportgetriebenen Wachstumsstrategie der Entwicklungsländer bei einer Wechselkursanbindung an den US-Dollar in Form eines *Bretton Woods II* (die Deutsche Bank-Volkswirte *Dooley*, *Folkerts-Landau* und *Garber*). (6) Hohe Sparraten in alternden Volkswirtschaften, wie der japanischen und deutschen Volkswirtschaft, suchten nach produktiven Anlagemöglichkeiten.

Allen diesen Erklärungsversuchen ist gemeinsam, dass nicht etwaige Fehlentwicklungen in den USA, sondern Entwicklungen in den anderen Industrie- und Schwellenländern das Leistungsbilanzdefizit der USA verursacht haben. Das hohe amerikanische Leistungsbilanzdefizit erscheint dadurch auch tendenziell tragfähiger als bei einer leistungsbilanzorientierten Erklärungsweise. Die Deutungen kulminierten in der in dem Beitrag angesprochenen These, dass sich die Netto-Auslandsposition der Vereinigten Staaten trotz der über einen Zeitraum von fast 20 Jahren akkumulierten Leistungsbilanzdefizite nicht dramatisch verschlechtert habe, da sich die Werthaltigkeit und Ertragskraft der amerikanischen Aktiva im Ausland deutlich besser entwickelt habe als diejenige der ausländischen Anlagen in den Vereinigten Staaten, so dass die Netto-Zahlungen der amerikanischen Wirtschaft an das Ausland nicht so hoch und längerfristig tragbar erscheinen. Dies impliziert natürlich, dass die amerikanischen Anleger und Unternehmen rational in wachstums- und ertragsstarken Auslandsmärkten investiert und dort hohe Renditen erzielen haben, während sich die ausländischen Anleger mit niedrigen und vermeintlich sicheren Renditen auf dem US-Markt begnügten. Der „Effizienzvorsprung" der amerikanischen „Finanzindustrie" hat damit dazu geführt, dass man sich erfolgreich eines Teils der hohen Risiken und Verluste von heimischen Immobilienfinanzierungen auf Kosten der ausländischen Anleger entledigen konnte.

Auf der anderen Seite warnten seit Ende der neunziger Jahr immer wieder bekannte Ökonomen wie *Krugman* (2007) sowie *Obstfeld* und *Rogoff* (2007) vor den Gefahren des steigenden amerikanischen Leistungsbilanzdefizits. Das Defizit, das in Relation zum Bruttoinlandsprodukt vor dem Ausbruch der Krise im Jahr 2007 bis auf 6 % anstieg, hat seine Ursachen vor allem in dem starken Rückgang der Ersparnisbildung der privaten Haushalte, die in den Jahren 2005 bis 2007 im Durchschnitt unter 2 % des verfügbaren Einkommens lag.

Infolge der Krise kam es in 2008 und 2009 zwar zu einem Anstieg der Sparneigung, der sich jedoch nach den Prognosen der *OECD* (2009) in 2010 und 2011 nicht fortsetzen wird. Die im Zuge der Krise drastisch eingebrochenen Investitionen in den Vereinigten Staaten führten zwar dazu, dass die gesamtwirtschaftliche Ersparnislücke geringer ausfiel und damit das Leistungsbilanzdefizit in den Jahren 2008 und 2009 deutlich zurückging. Aufgrund der sehr stark gewachsenen Staatsdefizite, die die gesamtwirtschaftliche Ersparnisbildung negativ beeinflussen, wird das amerikanische Leistungsbilanzdefizit nach den Prognosen der *OECD* jedoch bei wieder anziehenden Investitionen in den Folgejahren wieder ansteigen.

Insofern benötigt die amerikanische Volkswirtschaft weiterhin hohe Kapitalzuflüsse, die von der übrigen Welt bereitgestellt werden müssen. Ob die amerikanische Regierung angesichts des hohen Kapitalbedarfs der US-Wirtschaft ein großes Interesse an einer umfassenden Regulierung der Finanzmärkte hat, bleibt fraglich. Die Autoren schließen ihren Beitrag mit einem skeptischen Fazit hinsichtlich der Erfolgschancen koordinierter Bemühungen zur Eindämmung spekulativer Kapitalströme. Ihrem Fazit ist auch im Hinblick auf die geschilderten Probleme der amerikanischen Leistungsbilanz beizupflichten.

Literatur

Buiter, Willem (2006), Dark Matter or Cold Fusion?, Goldman Sachs Global Economic Papers, No. 136, im Internet veröffentlicht: http://www.nber.org/~wbuiter/dark.pdf.

Hausmann, Ricardo and *Federico Sturzenegger* (2006), The Implications of Dark Matter for Assessing the US External Imbalance, Center for International Development at Harvard University Working Paper 137, Cambridge, MA.

Krugman, Paul (2007), Will there be a dollar crisis?, in: Economic Policy, pp. 435-467.

Obstfeld, Maurice and *Kenneth S. Rogoff* (2007), The Unsustainable U.S. Current Account Position Revisited, in: Richard Clarida (ed.) G7 Current Account Imbalances: Sustainability and Adjustment, Chicago, IL, pp. 339-366.

OECD (2009), OECD Economic Outlook, No. 86, November 2009, Paris.

Reinhart, Carmen M. and *Kenneth S. Rogoff* (2009), This time is Different, Eight Centuries of Financial Folly, Princeton.

Albrecht F. Michler und Heinz-Dieter Smeets (Hg.)
Die aktuelle Finanzkrise: Bestandsaufnahme und Lehren für die Zukunft
Schriften zu Ordnungsfragen der Wirtschaft · Band 93 · Stuttgart · 2011

Die Auswirkungen der Finanzkrise auf Emerging Markets – Die Beispiele Russische Förderation und Vereinigte Arabische Emirate

Kira Baranova und *Rahel Schomaker*

Inhalt

1. Einleitung

Die Finanz- und Wirtschaftskrise, die mit einem Ausfall zahlreicher sog. „Subprime-Kredite" in den Vereinigten Staaten im Jahr 2007 ihren Anfang genommen hat, macht auch vor den weniger entwickelten Volkswirtschaften der Erde, den *Emerging Markets*, nicht halt. Vielmehr sind es gerade die aufstrebenden Volkswirtschaften, deren Wachstum der letzten Dekade oftmals von hohen Preisen für Ressourcen wie Erdöl und Erdgas angetrieben wurde, die nun besonders stark von der Krise betroffen sind: Kostete im Juli 2008 ein Barrel Rohöl der Sorte Brent mehr as 140 US-$, so liegt der Preis – nach einem zwischenzeitlichen Tiefstand von knapp 40 US-$ – heute lediglich bei rund 70 US-$.[1] Ähnlich stellt sich die Situation für die Erdgaspreise dar.

Diese Entwicklung ist insbesondere problematisch für diejenigen Staaten, deren Staatseinnahmen sich zu einem großen Teil aus den Einnahmen aus fossilen Energieträgern speisen und deren Fördermengen nicht kurzfristig erhöhbar oder auf anderem Wege zu substituieren sind, um die Preiseinbrüche zu kompensieren. Zu diesen Staaten gehören, neben anderen, die Russische Föderation und die Vereinigten Arabischen Emirate (VAE). Obgleich sehr unterschiedlich in Bezug auf Staatsgröße, politisches System oder sonstige Makroindikatoren, eint beide Staaten doch ihre Abhängigkeit von Förderung und Export fossiler Brennstoffe. So liegt der Anteil des Erdöl- und Erdgassektors am gesamten Bruttoinlandsprodukt in der Russischen Föderation bei rund 22 Prozent, in den VAE bei knapp 26 Prozent. Auch kennzeichnen beide Staaten hohe Inflationsraten von 13 bis 20 Prozent in den Jahren 2005 bis 2008 sowie eine zunehmende Einbindung in die internationalen Finanzmärkte innerhalb der letzten Jahre. Angesichts dessen sind es auch durchaus vergleichbare wirtschaftliche Auswirkungen, mit denen die beiden Staaten in der aktuellen Wirtschafts- und Finanzkrise zu kämpfen haben.

Neben den ökonomischen Konsequenzen fallen auch die politischen Folgen für Russland und die VAE durchaus ähnlich aus, betreffen sie doch – wenn auch auf unterschiedliche Weise – erheblich die Macht- und Aufgabenverteilung innerhalb der föderalen Systeme. Während in den VAE die horizontale Ebene insbesondere zwischen den zwei traditionell besonders bedeutenden Emiraten Dubai und Abu Dhabi betroffen ist, handelt es sich bei der Russischen Föderation eher um die vertikale Struktur betreffende Einflüsse.

Trotz der durchaus bestehenden Gemeinsamkeiten müssen die strukturellen Unterschiede der beiden Staaten berücksichtigt werden. So ist die Russische Föderation mit einer Bevölkerungszahl von rund 142 Mio. trotz einer um 0,4 Prozent pro Jahr schrumpfenden Bevölkerung um ein Vielfaches größer als die Vereinigten Arabischen Emirate, die lediglich rund 4,5 Mio. Einwohner haben (von denen jedoch nur knapp 20 Prozent auch die Staatsbürgerschaft der Emirate besitzen), jedoch Wachstumsraten von bis zu 5 Prozent pro Jahr aufweisen. Auch das Territorium der beiden Staaten könnte kaum unterschiedlicher sein: Während es sich bei der Russischen Föderation um einen Staat mit der größten Landfläche weltweit, teilweise arktischem Klima und einer in großen

---

1 Ein Barrel entspricht 159 Liter.

Teilen im ländlichen Raum lebenden Bevölkerung handelt, sind die VAE durch eine Urbanisierungsrate von knapp 90 Prozent geprägt, die Bevölkerung lebt auf einem Staatsgebiet von nur rund 82.880 km² in einer extrem ariden Region. Dazu kommen weitere strukturelle Unterschiede, die insbesondere den Bankensektor betreffen und die auf die Rezeption der globalen Entwicklungen in der Krise erheblichen Einfluss haben, jedoch nicht als so gravierend angesehen werden können, als dass sie einen Vergleich der beiden Staaten im Rahmen des vorliegenden Beitrags verbieten würden.

Tabelle 1: Prognostizierte Entwicklung in wichtigen Schwellenländern und Rohöl exportierenden Ländern

Land/ Ländergruppe	Bruttoinlandsprodukt [1] Veränderung gegenüber dem Vorjahr v.H.				Leistungsbilanzsaldo In Relation zum Bruttoinlandsprodukt in jew. Preisen v.H.			
	2007	2008	2009	2010	2007	2008	2009	2010
Brasilien	5,7	5,1	– 0,7	3,5	0,1	– 1,8	– 1,3	– 1,9
China	13,0	9,0	8,5	9,0	11,0	9,8	7,8	8,6
Indien	9,4	7,3	5,4	6,4	– 1,0	– 2,2	– 2,2	– 2,5
Vereinigte Arabische Emirate	6,3	7,4	– 0,2	2,4	16,1	15,7	– 1,6	5,2
Russische Föderation	8,1	5,6	– 7,5	1,5	6,0	6,1	3,6	4,5
Lateinamerika [2]	5,5	4,1	– 2,5	2,9	0,6	– 0,4	– 0,5	– 0,6
Südostasiatische Schwellenländer [3]	5,7	2,9	– 1,1	3,8	5,5	3,7	5,2	4,3
Rohöl exportierende Länder [4]	6,3	5,9	1,4	4,1	16,4	16,9	3,1	7,8

1) Die Veränderungsraten der Ländergruppen sind gewichtet mit den Anteilen am nominalen Bruttoinlandsprodukt der einzelnen Länder im jeweiligen Jahr.
2) Argentinien, Brasilien, Chile, Kolumbien, Mexiko, Peru, Venezuela.
3) Hongkong (China), Indonesien, Malaysia, Singapur, Südkorea, Taiwan, Thailand, Vietnam
3) Algerien, Angola, Ecuador, Indonesien, Irak, Iran, Katar, Kuwait, Vereinigte Arabische Emirate.

Quelle: *SVR* 2009/10, S. 38; *World Bank* 2010 für die VAE.

Das Ziel des vorliegenden Beitrages ist es, die Auswirkungen der Finanzkrise auf die *Emerging Markets* am Beispiel der Russischen Föderation und der Vereinigten Arabischen Emiraten darzustellen und zu analysieren, ohne einen Anspruch auf einen vollständigen Vergleich der beiden Ländern zu erheben.

2. Die Ausgangslage in Russland vor der Finanzkrise

„Ein ruhiger Hafen" nach dem oft zitierten Ausdruck des russischen Finanzminister *Alexej Kudrin* ist Russland nicht mehr. Das Land wurde genauso hart von der

Finanzkrise getroffen wie viele nicht so schnell wachsende Industriestaaten und in manchen Bereichen sogar härter als die anderen Schwellenländer.

Russland nimmt nach Saudi Arabien weltweit den zweiten Platz in der Erdöl- und den ersten Platz in der Erdgasförderung ein (*BP* 2009). Seit der Erschließung der großen Ölfelder in den 1960ern in Westsibirien[2] (*Samotlor* und andere) spielten die Einnahmen aus den fossilen Brennstoffen eine wichtige, ja entscheidende Rolle für den Haushalt der ehemaligen Sowjetunion[3]. Das Gleiche trifft heute den Haushalt der Russischen Föderation. Die Einnahmen aus Energiequellen, die stark mit den Ölpreisen korrelieren[4], machen fast 50 Prozent der Einnahmen des Bundeshaushaltes aus, die 2008 22,2 Prozent des BIP betrugen. Der Anteil aus Öl- und Gaseinnahmen im Bundeshaushalt betrug 10,5 Prozent des BIP; 2009 ist dieser Anteil abrupt auf 6,6 Prozent gesunken.

Abbildung 1: Öl- und Gaseinnahmen des Bundeshaushalts, 2005 – 2012 in v.H. des BIP

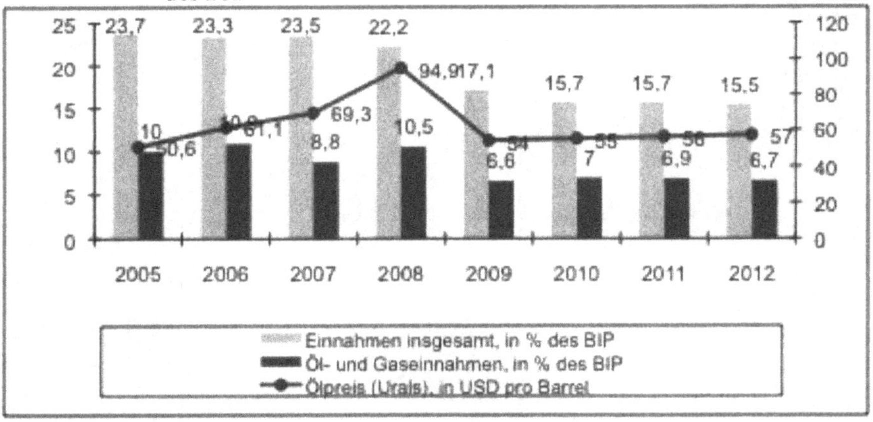

Quelle: *Ministerium der Finanzen der RF* (2009), S. 6, 27; eigene Darstellung.

Die Zölle auf Erdöl- und Erdgasexporte sowie die von den großen Ölgesellschaften gezahlten Steuern (die Steuer auf Bodenschätze[5] und die Körperschaftsteuer) sind die wichtigsten Einnahmenquellen im Bundeshaushalt (siehe Tabelle 2).

---

2 Inzwischen hat man begonnen, auch die schwierigeren Ölfelder in Ostsibirien zu erschließen. Diese werden allerdings kräftig durch den Staat gefördert und zahlen momentan sehr wenig Steuern.

3 *Egor Gaidar*, der ehemalige stellvertretende Vorsitzende der ersten russischen Regierung unter *Boris Jelzin*, erklärt den Zerfall der Sowjetunion durch drastisch gefalle Ölpreise in der Mitte der 1980er Jahre (*Gaidar* 2007).

4 Zu den Besonderheiten und Problemen der wirtschaftlichen Entwicklung der an natürlichen Ressourcen reichen Staaten (sog. *mineral economies*) siehe u.a. *Guriev, Plekhanov* und *Sonin* (2010) sowie *EBRD Transition Report* (2009, Chap. 4) und die dort angeführte Literatur.

5 Налог на добычу полезных ископаемых (НДПИ) – rus.

Tabelle 2: Steuern und Abgaben 2000 bis 2007 (in Prozent zum Gesamtsteueraufkommen)

	2000	2001	2002	2003	2004	2005	2006	2007
Steuereinnahmen, insgesamt	100.0	100.0	100.0	100.0	100.0	100.0	100.0	100.0
Körperschaftsteuer	15.1	16.1	12.0	11.5	14.4	16.8	17.1	17.9
Personelle Einkommensteuer	6.6	8.0	9.3	10.0	9.5	8.9	9.5	10.5
Mehrwertsteuer	17.4	20.1	19.6	19.3	17.8	18.6	15.5	18.7
Spezielle Verbrauchsteuern	6.4	7.6	6.9	7.5	4.1	3.3	2.8	2.6
Zölle	8.8	10.4	8.4	9.9	14.3	20.5	22.9	19.2
Steuern auf Förderung der Bodenschätze *(НДПИ)*	3.0	4.1	8.6	8.6	9.6	11.5	11.9	9.9
Einheitliche soziale Steuer *(ECH) = soziale Beiträge*	20.4	20.1	19.4	19.1	17.8	14.9	14.7	15.3
Andere Steuern und Abgaben	22.4	13.6	15.9	14.2	12.5	5.6	5.6	5.9

Quelle: *Ministerium der Finanzen der RF* (2008), S.12.

Mit immer weiter steigenden Ölpreisen und der damit verbundenen kontinuierlichen Steigerung des Steueraufkommens in den drei wichtigsten Öl-fördernden Regionen im russischen Norden sowie den wachsenden Ungleichgewichten zwischen den Regionen ist die Entscheidung getroffen worden, die Einnahmen aus diesen Einnahmenquellen mit extrem ungleichmäßig verteilten Bemessungsgrundlagen weiter zu zentralisieren. Das Aufkommen von Zöllen sowie 95 Prozent der Steuer auf Ölförderung (seit 2005) und 100 Prozent der Steuer auf Gasförderung (seit 2004) fließen dem Bundeshaushalt zu. Seit 2010 wird das Aufkommen aus der Steuer auf Öl- und Gasförderung zu 100 Prozent dem Bundeshaushalt zufließen.

Mit dem Ziel, den Haushalt auch bei den niedrigen Ölpreisen ausgleichen zu können, wurde 2004 in Russland der staatliche Stabilitätsfonds *(Stabfonds)* gegründet, in dem die Mehreinnahmen aus steigenden Ölpreisen akkumuliert wurden. Gleichzeitig sollte der Fonds die überflüssige Geldmenge auffangen, Inflation verhindern und Ausfälle aus Exporteinnahmen ausgleichen. Der Fonds akkumulierte die Einnahmen aus Zöllen auf Öl sowie Öl-Steueraufkommen bei Ölpreisen, die den auf US-$ 72 pro Barrel (Urals) festgestellten „Basispreis" übersteigen.[6] Das erklärte Ziel des Fonds war es, die Haushaltsdefizite – die bei Ölpreisen unterhalb des Basispreises drohten – auszugleichen. Bei einem Fondsvolumen über 500 Mrd. RUR (ca. 16 Mrd. US-$) sollten die Fondsmittel auch für andere Zwecke als Haushaltskonsolidierung verwendet werden, was erstmals

[6] Die Grundlagen des Stabilitätsfonds sind im Kapitel 13.1 des Haushaltskodex der RF geregelt (Бюджетный Кодекс Российской Федерации, глава 13.1)

schon 2005 passierte.[7] Ein Teil der Fondsmittel wurde 2005 für die Rückzahlung der Auslandsschulden (3,1 Mrd. US-$ an den IWF und 14,2 Mrd. US-$ an den Pariser Club) sowie ca. 1 Mrd. US-$ für die Finanzierung des Defizits des Rentenfonds verwendet *(Ministerium der Finanzen der RF* 2009a).

Mit weiter steigenden Ölpreisen wurde 2008 der Stabilitätsfonds durch den Reservenfonds und den Fonds des Nationalen Wohlstandes ersetzt. [8] [9] Im Vergleich zum Stabilitätsfonds wird der *Reservenfonds* durch weitere Einnahmen aus Energiequellen ergänzt. Der Fonds akkumuliert nicht nur Öl-, sondern auch Gaseinnahmen. Insgesamt geht es um die Einnahmen aus Zöllen auf Erdöl, Erdgas und Ölprodukte sowie um das Aufkommen aus der Steuer auf Öl- und Gasförderung.[10] Das Fondsvolumen darf 10 Prozent des jährlichen BIP nicht übersteigen und dient dazu, die Staatsausgaben innerhalb eines dreijährigen Zeitraums tätigen zu können. Die Resteinnahmen nach der Auffüllung des Fonds bis zur einer Quote von 10 Prozent des BIP fließen dem gleichzeitig gegründeten *Fonds des Nationalen Wohlstandes* zu. Aus diesem Fonds sollten ursprünglich die groß angelegten sozialen Projekte finanziert werden. Zum 1.12.2009 akkumulierte der Reservenfonds noch ca 75 Mrd. US-$ (*Ministerium der Finanzen der RF* 2009b). Da 2010 das Haushaltsdefizit aus Mitteln des Reservenfonds finanziert wird und in den Jahren 2010 bis 2012 – mit Blick auf die aktuelle Weltkonjunktur – keine zusätzlichen Einnahmen zu erwarten sind, werden die Mittel des Fonds voraussichtlich schon 2010 ausgeschöpft sein *(RBC, 16.12.09)*. In den Jahren 2011/2012 wird das Haushaltsdefizit dann aus Mitteln des Fonds des Nationalen Wohlstandes finanziert, der Anfang 2010 ca. 93 Mrd. US-$ akkumulierte (*Ministerium der Finanzen der RF* 2009c).

Die andere wichtige Änderung in der Haushaltsstrategie bestand darin, dass seit 2008 alle Einnahmen aus fossilen Brennstoffen separat von anderen Einnahmenarten im Haushaltsplan ausgewiesen werden. Ein Teil davon wird als sog. *Öl- und Gaszuschuss* für die Finanzierung der Staatsausgaben im Rahmen des aktuellen Haushaltsplans verwendet, wobei der Rest den oben erwähnten Reservenfonds auffüllt.[11] Zum einen ist eine separate Ausweisung der Einnahmen aus Energiequellen technisch sinnvoll, da sich diese extrem konjunkturabhängigen Einnahmen in diesem Falle besser berücksichtigen und verwalten lassen. Zum anderen aber könnte das als ein Zeichen dafür gesehen werden, dass sich die russische Regierung mit dem Status einer *Ölmacht* arrangiert hat. In der Vergangenheit hat man versucht, die Abhängigkeit Russlands von Energiequellen zu vertuschen oder zu marginalisieren, jetzt befasst man sich mit der Frage, wie man mit

---

[7] Hier und im Folgenden die Zahlen in US-$ zum 31.12.2009.

[8] Резервный фонд – rus.

[9] Фонд национального благосостояния – rus.

[10] Op.Cit, Kapitel 13.2.

[11] Нефтегазовый трансферт – rus.

diesen Einnahmen am besten umgeht. [12] Deswegen kann diese Änderung auch als ein Wendepunkt in der nationalen Wirtschaftspolitik angesehen werden.

3. Die Auswirkungen der Finanzkrise auf Russland

3.1. Ökonomische Auswirkungen der Finanzkrise

Die unmittelbare Auswirkung der globalen Finanzkrise auf Russland war der dramatische Rückgang des BIP. Russland wurde in dieser Hinsicht stärker betroffen als viele andere Volkswirtschaften, nicht nur unter Industrienationen, sondern auch unter Schwellenländern wie Brasilien, Indien und China. Dieser drastische Rückgang war allerdings zu erwarten, zumal die ganze BIP-Steigerung in den letzten fetten Jahren vor der Krise praktisch ausschließlich auf steigende Rohstoffpreise zurückzuführen war (empirische Untersuchungen dazu siehe z.B. bei *Gurvich* 2004 *sowie Ruehl* und *Shaffer* 2004). Das starke Wirtschaftswachstum der letzten Jahre in Russland ist als *Ölblase* einzustufen, die nun geplatzt ist.[13] Die Auswirkungen der *Ölblase* waren auch bei der Lohnsteigerung entsprechend groß: Zwar stiegen seit Anfang 2005 (bis zum 3. Quartal 2008) die Netto-Löhne und Gehälter kontinuierlich, diese Entwicklung war allerdings nicht von einer entsprechenden Steigerung der Arbeitsproduktivität begleitet. Steigende Löhne und die starke nationale Währung hatten wiederum die Erhöhung des Endverbrauchs und eine Steigerung der Warenimporte zur Folge; diese brachen jedoch infolge der Krise rasch ein.

Geldpolitische Auswirkungen

Der russische Aktienmarkt – wie in zahlreichen anderen *Emerging Markets* – ist in Folge der Finanzkrise nicht nur den Entwicklungen des amerikanischen Marktes gefolgt, sondern wurde sogar stärker als die Finanzmärkte in anderen Ländern getroffen (*Pikulev* 2009). Der steile Kursverfall der russischen Aktien hat die bekannten Probleme der russischen Wirtschaft und des Aktienmarktes nun noch einmal deutlich gemacht: die Abhängigkeit vom ausländischen kurzfristigen (spekulativen) Kapital und ein Mangel an langfristigen (strategischen) Investitionen *(Erschov* 2007).

Der hohe Anteil des ausländischen spekulativen Kapitals – resultierend aus den hohen politischen und sonstigen Risiken – hat dazu geführt, dass die fallenden Ölpreise eine sofortige Kapitalflucht aus Russland bewirkten (im Übrigen galt es in *guten Jahren* umgekehrt: steigende Ölpreise führten zum massiven Kapitalzufluss ins Land). Das Problem illustriert die nachfolgende Abbildung, die die Handelbilanz-, die Leistungsbilanz- und die Kapitalbilanzentwicklungen seit Ende 1990er in Mrd. US-$ darstellt. Die Kapitalbilanz, die seit Ende 2006 langsam in den positiven Bereich drehte, erreichte ihren Höhepunkt mit fast 50 Mrd. US-$ im 2. Quartal 2007. Ab dem 1. Quartal 2008 und besonders ab dem 3. Quartal rutschte sie allerdings abrupt nach unten, mit dem

---

[12] So sind z.B. die Zahlen der offiziellen Statistik über die Rolle des Ölsektors für die russische Wirtschaft immer deutlich geringer gewesen, als die entsprechenden Zahlen unabhängiger Experten (*Gurvich* 2004).

[13] Da alle anderen BRIC-Volkswirtschaften nicht entsprechend rohstoffabhängig sind, haben diese einen weniger starken Wachstumsrückgang hinnehmen müssen als Russland.

Ergebnis, dass das Kapitalbilanzdefizit im 4. Quartal 2009 einen Wert von ca. 135 Mrd. US-$ erreichte. Im Gegensatz zur Kapitalbilanz hat sich die Handelsbilanz (und damit auch Leistungsbilanz) schnell erholt und weist schon seit dem 1. Quartal 2009 eine steigende Tendenz auf.

Abbildung 2: Leistungs-, Handels- und Kapitalbilanz der RF, 1999-2009, in Mrd. US-$

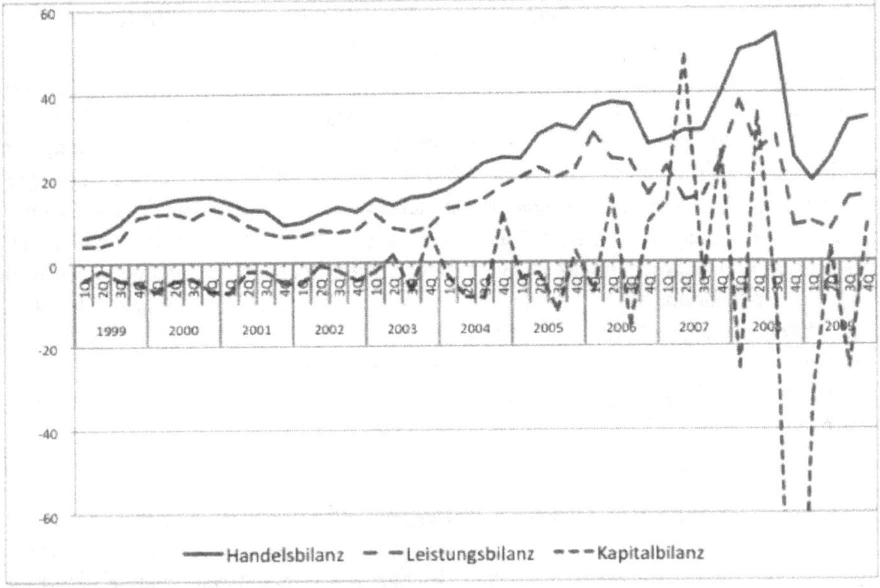

Quelle: *Bank Rossii* (2010); eigene Darstellung.

Im Ergebnis betrug der Nettokapitalabfluss aus Russland alleine im 3. und 4. Quartal 2008 sowie im 1. Quartal 2009 insgesamt mehr als 170 Mrd. US-$. Gleichzeitig sanken die Gold- und Währungsreserven der russischen Zentralbank von 597 Mrd. US-$ im Juli auf 427 Mrd. US-$ im Dezember 2008 und auf 387 Mrd. US-$ im Januar 2009.[14]

Im Gegensatz zu vielen anderen Auswirkungen der Finanzkrise, die mit staatlichen Mitteln (wie z.B. Stabilitäts- und Reservenfonds) sehr wohl zu beheben oder mindestens zu mildern sind, stellt dieser verheerende Kapitalabfluss für Russland ein ernsthaftes, langfristiges Problem dar. Grundsätzlich lässt sich die Situation nur durch eine deutliche Verbesserung des Investitionsklimas und Reduzierung der politischen Risiken verbessern. Das ist allerdings ein langfristiges, globales Ziel der ökonomischen und politischen Entwicklung in Russland. In der kurz- bis mittelfristigen Perspektive und im Falle der wieder steigenden Ölpreise wird auch in wissenschaftlichen Kreisen die Möglichkeit diskutiert, – nach dem chinesischen Muster – den Zufluss von spekulativem Kapital aus dem Ausland strenger zu regulieren (*Erschov* 2009, *Pikulev* 2009).

---

[14] Ende 2009 und im Laufe des Jahres 2010 sind diese allerdings wieder gestiegen (auf 447 Mrd. US-$, Stand 1.4.2010). Im 1. Quartal 2010 zeigte auch die Kapitalbilanz zum ersten Mal einen Überschuss von ca. 10 Mrd. US-$ (Zentralbank der RF 2010).

Finanzpolitische Auswirkungen

Sinkende Ölpreise, der Rückgang des BIP und ein starker Kapitalabfluss aus Russland haben tiefe Spuren im Staatshaushalt hinterlassen, die sich bei der Betrachtung der wichtigsten Posten des Bundeshaushaltes feststellen lassen.

Tabelle 3: Kennziffern des Bundeshaushalts der Russischen Förderation

	Ist				Soll	Prognose		
	2005	2006	2007	2008	2009	2010	2011	2012
Einnahmen, Mrd. RUR	5 127,2	6 278,8	7 781,1	9 275,9	6 561,3	6 636,2	7 346,9	8 097,4
% BIP	23,7	23,3	23,5	22,2	17,0	15,7	15,7	15,5
Ausgaben, Mrd. RUR	3 514,3	4 284,8	5 986,6	7 570,9	9 980,1	9 822,8	9 358,6	9 661,2
% BIP	16,3	15,9	18,1	18,2	25,9	23,2	20,0	18,5
Defizit/Profizit, Mrd. RUR	1 612,9	1 994,1	1 794,6	1 705,1	- 3 418,8	- 3 186,6	- 2 011,7	- 1 563,8
% BIP	7,5	7,4	5,4	4,1	-8,9	-7,5	-4,3	-3,0

Quelle: *Ministerium der Finanzen der RF* (2009), S. 19.

Vor allen Dingen stellt man fest, dass das Jahr 2009 eine Wende von einem ausgeglichenen zum defizitären Bundeshaushalt darstellt. Für 2009 betrug das erwartete Haushaltsdefizit 8,9 Prozent des BIP.[15] Dabei lassen sich negative Tendenzen auf beiden Haushaltsseiten gleichzeitig feststellen. Zum einen wurden – bedingt durch gefallene Ölpreise – deutlich weniger Staatseinnahmen erwartet. Die Einnahmen sanken sowohl absolut von 9,3 Bio. RUR in 2008 auf 6,6 Bio. RUR in 2009 und 2010 als auch relativ zum BIP.[16] Der Rückgang der Steuereinnahmen aus Energiequellen stellt eine neue Herausforderung für das russische Steuersystem dar, da sich dieses – auch nach den umfassenden Reformen der letzten Jahre – weiter im Wandel befindet. Es ist dabei sowohl mit Steuererhöhungen (z.B. die Erhöhung ab 2010 des Steuersatzes der propor-

---

[15] Aufgrund der leicht gestiegenen Ölpreise betrug 2009 das tatsächliche Haushaltsdefizit „lediglich" 5,9% des BIP (Zentralbank der RF 2010, S. 34)

[16] Der absolute Einnahmenrückgang ist teilweise auch dadurch bedingt, dass zum einen ab 2010 die Sozialbeiträge wieder aus dem Haushalt ausgegliedert und direkt den entsprechenden Fonds zufließen werden, zum anderen im Bundeshaushalt 2009 die freien Mittel der „staatlichen Korporationen" (RosNanoTech und Fonds des kommunalen Wohnungsbaus) in Höhe von über 5 Mrd. US-$ berücksichtigt wurden.

tionalen Einkommensteuer von 13 auf 16 Prozent), als auch mit Steuersenkungen (z.B. bei der Körperschaftsteuer und Mehrwertsteuer) zu rechnen.[17]

Zum anderen steigen die Staatsausgaben weiter an. Der Haushalt hat sich – bedingt durch sehr schnell steigende Einnahmen aus Energiequellen – im Zeitraum 2005-2008 von 3,5 Bio. RUR auf 7,6 Bio. RUR mehr als verdoppelt; der Anteil der Staatsausgaben im BIP stieg auch kontinuierlich. Ab 2009 steigen die Staatsausgaben bedingt durch hohe Transfers an private Haushalte (gestiegene Arbeitslosigkeit, Erhöhung des Rentenniveaus in 2010 u.a.) und an Unternehmen weiter. Mit Blick auf die in Zukunft sinkenden Öl- und Gaseinnahmen stellen diese Entwicklungen eine riesige Herausforderung für die öffentlichen Finanzen dar. Wenn man die Ausgabenstruktur nach Funktionen betrachtet, stellt man fest, dass die sozialen Ausgaben steigen werden. So werden z.B. 2010 die Ausgaben für das Gesundheitswesen um 12 Prozent im Vergleich zu 2009 steigen, in anderen sozialen Bereichen (u.a. für die Alterssicherung) um 7 Prozent. Gleichzeitig sinken die Ausgaben für Innovationen und Verkehrssystem (*Ministerium der Finanzen der RF* 2009, S. 49).[18] Die Zinsausgaben steigen im Bundeshaushalt von 2,4 Prozent in 2009 auf 6,2 Prozent in 2012 (*Ministerium der Finanzen der RF* 2009, S. 79).

Staatsverschuldung

Es war zum großen Teil der persönliche Verdienst von Russlands Finanzminister *Alexej Kudrin*, dass Russland – im Gegensatz zu vielen Industrienationen (USA, Japan, Großbritannien) – der aktuellen Finanzkrise mit enormen – zum Teil in Staatsfonds akkumulierten – Gold- und Währungsreserven begegnen konnte. Dieses finanzielle Polster hat zum einen erlaubt, die nationale Währung im Laufe des Jahres 2009 vorsichtig zu devalvieren und dadurch eine Panik unter Anlegern zu verhindern, was für russische Verhältnisse (verlorene Ersparnisse aus der Sowjetzeit und Staatsbankrott im Jahr 1998) eine sehr vernünftige Entscheidung war. Zum anderen befindet sich Russland in der komfortablen Situation, die steigenden Ausgaben über Kredite finanzieren zu können, ohne dass die Staatsverschuldung zum speziellen Problem der öffentlichen Finanzen und der ganzen Volkswirtschaft wird (*verlorene Dekade* in Japan; Verschuldungsproblematik in den USA).

Problematisch sind allerdings die Entwicklung und das Ausmaß der privaten Verschuldung (der Banken und Unternehmen), die durch günstige Finanzierungsmöglichkeiten im Ausland entstand und sich Ende 2009 auf ca. 425 Mrd. US-$ belief (siehe Abbildung 3). Nach Schätzungen resultiert allerdings mindestens die Hälfte davon aus Schulden der russischen Banken und Unternehmen bei ihren ausländischen Tochtergesellschaften (*Losev* 2010).

---

[17] Es wird in Russland eine weitere umfassende Steuerreform geplant. Besonders kontrovers wird dabei die Möglichkeit der Mehrwertsteuersenkung (von derzeit 18 Prozent auf voraussichtlich 16 Prozent) diskutiert, was angesichts der aktuell schrumpfenden Einnahmen allerdings eher unwahrscheinlich erscheint, da diese Steuer als *money machine* (*Larry Summers*) gilt.

[18] Ein wichtiger Extra-Posten im Bundeshaushalt ist die Finanzierung der Olympischen Spiele 2014 in *Sotschi*.

Abbildung 3: Staats- und private Verschuldung in der RF

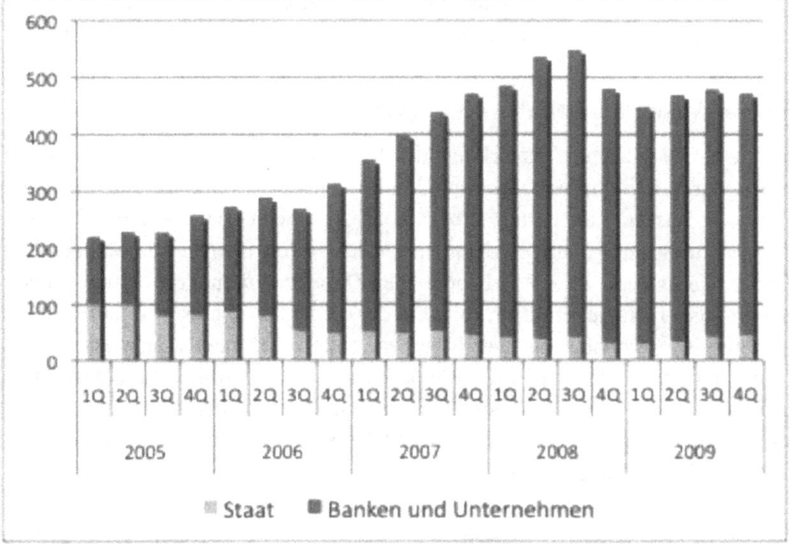

Quelle: *Bank Rossii* (2010); eigene Darstellung.

So wird das entstehende Haushaltsdefizit in den nächsten Jahren teilweise über die eingesparten Mittel des Reservenfonds (in 2010) und des Fonds des Nationalen Wohlstands (in 2011 – 2012) sowie über neue Kreditaufnahme finanziert. Details der Finanzierungsquellen lassen sich der nachstehenden Übersicht entnehmen.

Tabelle 4: Finanzierungsquellen des Bundeshaushaltsdefizits 2009-2012 (in Mrd. RUR und in Prozent)

	2009	2010	2011	2012
Finanzierungsquellen, insgesamt	**3 418,8**	**3 186,6**	**2 011,7**	**1 563,8**
in % BIP	8,9	7,5	4,3	3,0
darunter:				
Reservenfonds	3028,3	1 674,6	5,6	-
in % BIP	7,9	4,0		
Fonds des Nationalen Wohlstandes	-	681,7	737,0	712,1
in % BIP	-	1,6	1,6	1,4
Andere Finanzierungsquellen	405,2	830,3	1 269,1	851,7
in % BIP	1,05	2,0	2,7	1,6

Quelle: Ministerium der Finanzen der RF (2009), S. 20.

Ab 2010 beabsichtigt Russland, sich wieder mehr im Ausland zu verschulden. Es wird u.a. geplant, Staatsanleihen in Höhe von ca. 20 Mrd. US-$ in 2010, 15 Mrd. US-$ in 2011 und 26 Mrd. US-$ in 2012 zu emittieren (*Ministerium der Finanzen der RF* 2009, S. 22).

3.2. Politische Auswirkungen der Finanzkrise

Eine bedeutsame politische Auswirkung der Finanzkrise ist z.B. in der föderalen Struktur und in der Verteilung der Machtverhältnisse zwischen Zentrum und Regionen zu beobachten. Da Russland ein extrem großes Land ist, spielen die föderative Ordnung und die Ausgestaltung der Finanzbeziehungen zwischen den Ebenen eine unglaublich wichtige Rolle. Die unter *Boris Jelzin* begonnenen Dezentralisierungen führten schnell zur politischen und finanziellen Entmachtung des föderalen Zentrums und zu den teilweise chaotischen Zuständen in den Regionen, ohne einen bemerkenswerten positiven Beitrag zur wirtschaftlichen Entwicklung Russlands zu leisten. Die schlagartige Umkehr kam im Jahr 2000 mit der Machtübernahme durch *Wladimir Putin* und umfassenden Re-Zentralisierungen der politischen und fiskalischen Kompetenzen. Da auch diese Entwicklung recht extrem verlief und zu nicht-effizienten Ressourcenallokationen und damit auch nicht zu einem optimalen Angebot öffentlicher Güter führte, kam es seit 2005 allmählich zu den neuen Re-Dezentralisierungen. Gleichzeitig hat die Regierung zum zweiten Mal ernsthaft – und diesmal auch erfolgreich – mit der Reform der kommunalen Selbstverwaltung begonnen.[19] [20]

Die Wirtschaftskrise hat diese neuen Dezentralisierungen unterstützt und vorangetrieben, da es für das föderale Zentrum immer schwieriger wurde, die verschiedenen Sektoren und Bereiche zu verwalten und zu finanzieren. Die Tatsache, dass der Bund nicht mehr im Geld schwimmt, hat in der Tat dazu beigetragen, dass die Regionen und Gemeinden mehr Finanzautonomie bekamen; mit weiteren Dezentralisierungen ist zu rechnen.

4. Staatliche Maßnahmen zur Bekämpfung der Krise in Russland

Die schnelle Verbreitung der amerikanischen Hypothekenkrise und ihre Übertragung über Aktienmärkte auf andere Volkswirtschaften haben auch die Besonderheiten der staatlichen Maßnahmen in unterschiedlichen Ländern determiniert. Die Finanzkrise in Russland hat mit dem Absturz des russischen Aktienmarktes, der sich als besonders stark abhängig vom amerikanischen Markt erwies, sowie mit den erheblichen Schwierigkeiten im Bankensystem begonnen. Begleitet wurde das von starken Kapitalabflüssen ins Ausland.

Dementsprechend bestand das Ziel der staatlichen Maßnahmen in der ersten Phase der Krise in der Rettung des Finanz- und Bankensystems, der Unterstützung der natio-

---

19 Die ersten Versuche wurden schon in den 1990ern unternommen, allerdings ohne großen Erfolg, da weder die kommunalen Regierungsstrukturen für die Reformen vorbereitet waren noch die Bevölkerung diese akzeptiert hat.

20 Siehe zahlreiche Beratungsprojekte des *Center for Fiscal Policy* in Moskau, www.fpcenter.org.

nalen Währung und dadurch der Rettung der Bankanlagen. Allein für diese Zwecke wurden von September bis Dezember 2008 insgesamt ca. 219 Mrd. US-$ ausgegeben (davon, 126 Mrd. aus den Mitteln der Zentralbank sowie 93 Mrd. aus dem Bundeshaushalt; *Reuters* 2009).

Die Maßnahmen des Finanzministeriums und der Zentralbank, um die Stabilität der nationalen Währung zu gewährleisten, gelten zwar einerseits als Erfolg, werden aber gleichzeitig als Hauptkritikpunkt der staatlichen Maßnahmen in der Anfangsphase der Krise angeführt. Zwar ist es der Regierung gelungen, den Rubel zu stabilisieren und eine Panik in der Bevölkerung zu verhindern. Jedoch waren diese Maßnahmen extrem teuer; für diese Ziele wurden die meisten Gelder aus dem Reservenfonds ausgegeben. Besonders kritisch werden die Aktivitäten der russischen Regierung in den ersten Monaten der Finanzkrise (Herbst 2008) angesehen, in denen besonders viel Geld ausgegeben wurde. Die meisten Entscheidungen wurden in dieser Zeit direkt von der russischen Staatsführung getroffen, wahrscheinlich sogar persönlich vom Regierungschef *Wladimir Putin*; der Finanzminister blieb eher im Hintergrund. Das Verhalten der russischen Doppelspitze in den ersten Monaten der Krise deutete darauf hin, dass das Ausmaß und die Auswirkungen der Finanzkrise auf Russland eher unterschätzt wurden. Unterschätzt wurden die Abhängigkeit des russischen Aktienmarktes von den globalen Entwicklungen, der darauf folgende drastische Rückgang des BIP, das Ausmaß des Kapitalabflusses etc.. Gleichzeitig hatte man gehofft, mit erheblichem Kapital die Situation schnell unter Kontrolle zu bekommen. Nur langsam kam die Erkenntnis, dass diese Krise besonders schwere und langfristige Auswirkungen (aber auch Chancen) für Russland haben wird.

In 2009 wurden ca. 80 Mrd. US-$ aus dem Haushalt und ca. 66 Mrd. US-$ aus Mitteln der Zentralbank ausgegeben (*Reuters* 2009). Der Großteil davon wurde weiterhin für die Unterstützung des Rubels verwendet. 2009 haben die staatlichen Maßnahmen auch den Realsektor erreicht. Vor allen Dingen ging es darum, die Unternehmen bei der Restrukturierung der Schulden zu unterstützen. Die Mittel wurden u.a. für die Landwirtschaft (3 Mrd. US-$), Verteidigung (2,3 Mrd. US-$), Luftfahrt (500 Mio US-$), Autoindustrie (1,3 Mrd. US-$), Unterstützung der kleinen und mittleren Unternehmen (200 Mio US-$.) und Arbeitsmarktpolitik (4,3 Mrd. US-$) verwendet. In der Beurteilung dieser sektoralen Unterstützung sind die Experten allerdings einig, dass diese ihre Ziele zum größten Teil verfehlt hat; der erwünschte Multiplikatoreffekt ist nicht eingetreten.

5. Der Status quo ante in den Vereinigten Arabischen Emiraten

Die Vereinigten Arabischen Emirate gehörten in der letzten Dekade mit Wachstumsraten des Bruttoinlandsproduktes (BIP) von durchschnittlich 9 Prozent, in Spitzen bis zu 15 Prozent pro Jahr, zu den am stärksten wachsenden Ökonomien weltweit. Im Jahr 2008 betrug das BIP rund 230 Mrd. US-$, das entspricht rund 40.000 US-$ pro Kopf; die VAE sind damit die zweitgrößte Volkswirtschaft des gesamten Nahen Ostens nach Saudi-Arabien (*Chailloux* und *Hakura* 2009). Ermöglicht wurde diese positive Entwicklung durch die staatlich beförderte Öffnung der Emirate für internationale Investoren, die Einbindung in internationale Finanzmärkte und den Welthandel, aber auch durch ein hohes Bevölkerungswachstum und die durch den steigenden Lebensstandard gestiegene

Binnennachfrage und große Infrastrukturprogramme, insbesondere in den Emiraten Dubai und Abu Dhabi. Insbesondere in Dubai waren die letzten Jahre darüber hinaus geprägt von einer starken Zunahme des Tourismus, zu den bestehenden rund 60.000 Unterkünften sind bis 2015 weitere 120.000 geplant, das Land gehört aktuell zu den 20 meistbesuchten Touristenzielen weltweit (*Schweizerische Botschaft* 2009). Der Anteil der Nicht-Öl-Sektoren zum (nominellen) BIP betrug im Jahr 2006 (letzte offizielle Angabe) rund 102 Mrd. US-$, das entspricht 63 Prozent – ein Anteil, der deutlich die zunehmende wirtschaftliche Diversifizierung der Emirate als Ganzes widerspiegelt (*UAE Interact* 2009).

Dazu kamen nicht zuletzt die hohen Weltmarktpreise für Erdöl und Erdgas, die insbesondere die ressourcenreichen Emirate begünstigten und sich damit auch auf den Gesamthaushalt der VAE positiv auswirkten. Die Folge dieser Entwicklungen waren hohe Überschüsse der Handelsbilanzen sowie steigende Auslandsvermögen, jedoch auch hohe jährliche Inflationsraten, die seit Ende 2007 insbesondere auf spekulationsbedingte Kapitalzuflüsse zurückgingen: „This triggered large capital inflows into the U.A.E., particularly during the last quarter of 2007, further exacerbating credit growth and inflationary pressures" (*Chailloux* und *Hakura* 2009). Dazu kam eine zunehmende Auslandsverschuldung, die insbesondere von Firmen aus dem Emirat Dubai angetrieben wurde; zum Ende des Jahres 2007 erreichte die gesamte Auslandsverschuldung der VAE 74 Prozent des Bruttoinlandsproduktes.

Im Zuge der grundsätzlich positiven wirtschaftlichen Entwicklung verlief auch die gesellschaftliche Entwicklung innerhalb der letzten zwei Jahrzehnte sehr zügig. Neben einem raschen Ausbau der Infrastruktur, insbesondere Verkehrswege, Elektrizität sowie Telekommunikation, wurden moderne Bildungs- und Gesundheitssysteme implementiert und ausgebaut. Der kurzfristige Anschluss an internationale Standards in den Bereichen Soziales, Bildung und Gesundheit ist erklärtes Ziel der Regierung, ebenso wie der bessere Schutz von Menschenrechten, die Korruptionsbekämpfung und eine höhere Transparenz des öffentlichen Sektors (*UAE* 2005). Dennoch bestehen nach wie vor erhebliche Defizite, insbesondere in den Bereichen Arbeitssicherheit sowie die Einhaltung von Menschenrechten betreffend, wie sich wiederholt am Beispiel der zahlreichen Arbeitsmigranten (insbesondere aus den Staaten Südasiens und Südostasiens) zeigt. Diese verfügen in der Regel nicht über einen gesicherten Aufenthaltsstatus und sind somit von den jeweiligen Arbeitgebern abhängig – eine Situation, die sich oftmals in einer äußerst niedrigen Entlohnung und der Ausbeutung von Abhängigkeiten niederschlägt. Darüber hinaus hat die hohe Abhängigkeit von ausländischen Arbeitskräften auch die Unterqualifizierung und Unterbeschäftigung der eigenen Bevölkerung zur Folge.

Verglichen mit der wirtschaftlichen Dynamik der letzten Dekade zeigen sich im politischen System der Emirate starke statische und authoritäre Elemente. Die politische Macht in den VAE liegt seit ihrer Unabhängigkeit von Großbritannien im Jahr 1971 bei den Herrscherfamilien der einzelnen Emirate, die als Monarchien ohne formelle Gewaltenteilung und parlamentarische Kontrolle konstituiert sind und die Legitimation des Staatsgebildes der Vereinigten Arabischen Emirate sichern (*Carnegie Endowment* 2006). Innerhalb der föderalen Struktur der VAE ist die politische Macht im Wesentlichen zwischen der Herrscherfamilie des Emirates Abu Dhabi, den *Al-Nahyans*, und derjenigen des Emirates Dubai, der Familie *Al-Maktum*, aufgeteilt: Während erstere den Präsidenten der VAE stellt, müssen der Vizepräsident, der Premierminister sowie der Verteidigungsminister der Familie *Al-Maktum* entstammen.

Entsprechend der Artikel 120 und 121 der Verfassung der VAE fallen unter die föderale Zuständigkeit die Bereiche Außen- und Verteidigungspolitik, Immigration, Gesundheit und Bildung sowie Währungspolitik, Post- und Telekommunikationsdienstleistungen, Luftverkehrskontrolle, Arbeitsmarktpolitik, Bankwesen und Terrorismusbekämpfung (*Carnegie Endowment* 2006). Die Einnahmen aus den Ressourcen der einzelnen Emirate sind dezentralisiert; direkte Steuern bestehen auf zentraler Ebene nicht, dezentral nur in geringem Ausmaß (*Ahmad* und *Mottu* 2002).[21] Die Finanzierung der VAE als Ganzes erfolgt offiziell durch eine Abgabe der Staatseinnahmen der einzelnen Emirate in Höhe von 50 Prozent an die Zentralregierung; faktisch wird diese Quote jedoch nur in seltenen Fällen eingehalten. Die Erträge aus dem Export fossiler Brennstoffe stellen dabei im Durchschnitt den höchsten Anteil der Finanzierung dar (*Ahmad* und *Mottu* 2002).

Offiziell ist das *Federal Supreme Council (FSC)* die höchste legislative und exekutive Gewalt der VAE, es ernennt Präsident und Vizepräsident und bestätigt die Ernennung des Premierministers durch den Präsidenten. Das *FSC* besteht aus verdienten Mitgliedern der traditionellen Eliten der einzelnen Emirate; Abu Dhabi und Dubai besitzen ein Vetorecht, welches alle Entscheidungen des Rates betrifft (*Carnegie Endowment* 2006). Neben dem Rat existiert ein Ministerrat oder Kabinett, welches vom Präsidenten ernannt wird und *de facto* nur beratend tätig ist. Darüber hinaus besteht mit dem *Federal National Council (FNC)* ein weiteres beratendes Organ, welches Gesetzgebung initiieren und kontrollieren kann, jedoch keine eigentliche legislative Gewalt inne hat (*United Nations* 2004).[22] Seit 2006 wird die Hälfte des insgesamt aus 40 Personen bestehenden *FNC* von ausgewählten Stimmberechtigten aus den sieben Emiraten gewählt, die weiteren Mitglieder werden von den Herrschern der einzelnen Emirate benannt, wobei wiederum Abu Dhabi und Dubai über den größten Einfluss verfügen und entsprechend mehr Mitglieder ernennen dürfen. Ein formal unabhängiger Oberster Gerichtshof stellt die Judikative der VAE; auch hier besteht jedoch informell ein großer Einfluss der Regierung, nahezu jede Gerichtsentscheidung wird vom Justizministerium überwacht (*Carnegie Endowment* 2006). Parteien und Gewerkschaften sind verboten, eine Rede- und Pressefreiheit besteht formell, ist jedoch *de facto* stark eingeschränkt. Entsprechend schlecht werden von internationalen Organisationen die Governance-Werte für die VAE eingestuft, insbesondere im Bereich „Demokratische Partizipation" (Indikator „*Voice and Accountability*" der Weltbank), aber auch bzgl. Regulierungsqualität und Rechtstaatlichkeit (*World Bank* 2009).

---

[21] Eine UAE-weite geplante Mehrwertsteuer wurde im Zuge der Finanzkrise verschoben; insgesamt betragen die Einnahmen aus Steuern nur knapp ein Prozent des BIP.

[22] Daneben besteht eine Reihe informeller, traditioneller Beratungsgremien sowie die Möglichkeit für die Bevölkerung, über traditionelle Gremien Beschwerde zu führen und an politischen Prozessen teilzunehmen (*United Nations* 2004).

6. Die Auswirkungen der Finanzkrise auf die Vereinigten Arabischen Emirate

Die Auswirkungen der globalen Finanz- und Wirtschaftskrise erreichten die Vereinigten Arabischen Emirate verstärkt seit Mitte des Jahres 2008. Zusammenfassend gilt für die VAE: „[They] suffered from the slowdown in the global economy; the contraction in global trade, a decline in capital flows, sizeable losses incurred by sovereign wealth funds, and dwindling oil prices" (*Booz & Company* 2009). Es ergeben sich damit verschiedene Transmissionskanäle, durch welche die VAE von der globalen Finanz- und Wirtschaftskrise betroffen sind: Zum einen sind sie als *Emerging Markets* einzustufen und werden entsprechend auch von Finanzinvestoren gesehen, sie sind zum anderen Ölexporteure und daher von der Weltkonjunktur hochgradig abhängig, zeigen aber darüber hinaus eine spezifische Resilienz gegenüber speziellen Effekten, bedingt durch kulturspezifische Besonderheiten.

Diese Effekte gelten für die VAE insgesamt, dennoch bestehen erhebliche Unterschiede zwischen den einzelnen Emiraten der Föderation. Dubai und, in eingeschränktem Maße, auch Abu Dhabi sind aufgrund ihrer relativ starken Einbindung in das internationale Kreditsystem in besonderem Maße von der Finanzkrise betroffen, während die fünf kleineren Emirate zumindest bislang wenig Verwundbarkeit gezeigt haben (*Stratfor* 2009).

6.1. Ökonomische Auswirkungen der Finanzkrise

In den VAE sind, anders als in anderen Staaten sowohl der Region als auch weltweit, neben privaten Anlegern insbesondere die Staatsfonds von der Finanzkrise betroffen. Insgesamt waren von Beginn der Krise bis Ende Mai 2009 vorübergehende Verluste von Auslandsvermögen in Höhe von knapp 130 Prozent des BIP, das entspricht ca. 300 Mrd. US-$, zu verzeichnen; knapp ein Drittel davon durch Staatsfonds (Abbildung 7). Insbesondere haben diejenigen Staatsfonds verloren, die verstärkt in Aktien und Schwellenländerfonds investiert haben; die meisten Staatsfonds der VAE, aber auch anderer Ölexporteure wie z.B. das Emirat Kuwait, fallen unter diese Kategorie (*Brach* und *Loewe* 2009).

Verglichen mit anderen *Emerging Marktes* weltweit waren diese Verluste jedoch relativ gering; eine Erholung im Laufe des Jahres 2010 ist zu beobachten. Eine Ursache dafür liegt in der verstärkten Nutzung sog. Sukuk-Anleihen, einer spezifisch islamischen Anlageform, die mit Obligationen vergleichbar sind und nach islamischem Recht nicht unter das allgemeine Zinsverbot fallen, daher also verstärkt von islamischen Staaten genutzt werden. Die Staatsunternehmen der VAE investieren in erheblichem Maße in diese Anlageformen, darüber hinaus sind die Emirate die weltweit größten Emittenten: Im Jahr 2008 wurden 35,6 Prozent der Sukuk-Anleihen in den VAE ausgegeben, die Gesamthöhe von Sukuk-Anleihen lag global bei rund 15 Mrd. US-$ in 2008 (34 Mrd. US-$ im Jahr 2007) und knapp 18 Mrd. US-$ in 2009 (*Handelsblatt* 2010; *Richenberger* 2009). Zwar ist auch diese Anlageform zumindest mittelbar von der Finanzkrise betroffen, wie sinkende Emissionszahlen neuer Anleihen und Investitionsvolumina zeigen. Ausgelöst wird dies insbesondere durch den sinkenden Erdölpreis, der die Hauptemittenten dieser Anlagen betrifft; die Wertverluste lagen jedoch im Durchschnitt unter denjenigen klassischer Anlagen (*Richenberger* 2009). Die Unfähigkeit des Dubaier Immobilienfinanzierers *Nakheel*, eine im Mai 2010 fällige Sukuk-Anleihe in Höhe von 3,52 Mrd. US-$ aus eigener Kraft zu bedienen, führte zu erheblichen Turbulenzen, konnte jedoch durch finanzielle Hilfen Abu Dhabis abgefedert werden (*Woertz* 2010).

Abbildung 4: Vermögenseffekt in ausgewählten Staaten

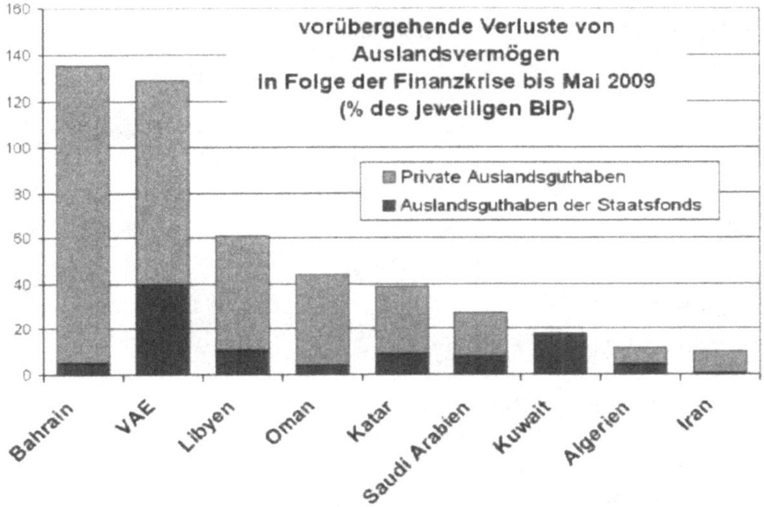

Quelle: *Loewe* (2009).

Den Verlusten der VAE stehen darüber hinaus insgesamt hohe Auslandsvermögen gegenüber. So verfügen die Staatsfonds von Abu Dhabi (*Abu Dhabi Investment Authority-ADIA, International Petroleum Investment Company-IPIC, Abu Dhabi Investment Council-ADIC, Mubadala Development Company*) über Vermögen in Höhe von geschätzt 500 bis 900 Mrd. US-$, Fonds aus Dubai (*Investment Corporation Dubai-ICD, Dubai International Financial Centre-DIFC, Istithmar World Capital-IWC*) über knapp 50 Mrd. US-$, dazu kommen die Beteiligungen der anderen Emirate (*Schweizerische Botschaft* 2009).

Insgesamt ergaben sich für die VAE schon Mitte 2008 erhebliche Kapitalabflüsse. Diese wurden initial durch Verkäufe regionaler Anleger ausgelöst, jedoch auch bedingt durch Erwartungsänderungen (von Anlegern aus den Industriestaaten) bzgl. der Entwicklung des an den US-$ gekoppelten Dirham. Hohe Verluste an den Börsen in Dubai und Abu Dhabi führten anschließend zu Kettenreaktionen, so dass die Kurse im Jahr 2008 erheblichen Schwankungen unterworfen waren und insgesamt um mehr als 50 Prozent einbrachen; die Kapitalisierung entsprach Ende Dezember 2008 nur noch knapp 100 Mrd. US-$, verglichen mit knapp 230 Mrd. US-$ im Juni 2008 (*Central Bank of the UAE* 2009). Diese Entwicklungen sowie eine restriktivere Kreditvergabe aus dem Ausland, insbesondere in den Bereichen Immobilien und Bau, hatten eine rasche Abkühlung der Konjunktur zur Konsequenz (*Chailloux* und *Hakura* 2009).

Unmittelbare Folge war eine Liquiditätskrise, da der kurzfristige Abzug nicht kompensiert werden konnte (regionale Mittel sind regelmäßig mittel- bis langfristig gebunden und standen daher nicht zur Verfügung; dazu auch *Central Bank of the UAE* 2009); die Interbankenrate stieg an und führte zu einer Verschärfung des Problems. Problematisch an dieser Entwicklung ist insbesondere die nachfolgende Herabstufung der VAE in der Risikobewertung internationaler Ratingagenturen, die zu weiteren Vertrauensverlusten führen kann (*Brach* und *Loewe* 2009).

Abbildung 5: Börsenindizes Dubai und Abu Dhabi 2009

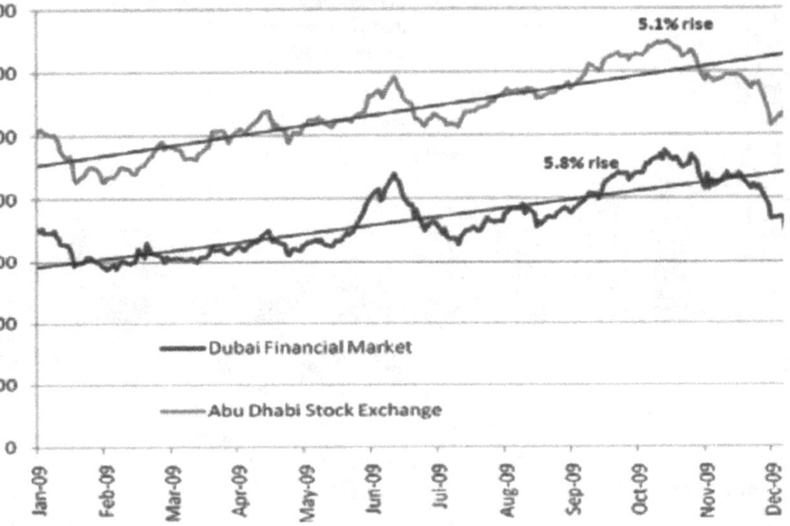

Quelle: *Dubai Chamber of Commerce & Industry* (2009).

Insbesondere Bau- und Immobilienfinanzierer waren vom Abzug ausländischen Kapitals betroffen, so dass z.B. zahlreiche prestigeträchtige Immobilienprojekte zwischenzeitlich unterbrochen oder eingestellt werden mussten. Diese Einbrüche spiegeln sich deutlich in der Entwicklung an den Börsen der Emirate Dubai und Abu Dhabi wider; insbesondere Dubai war – ausgehend von einem leichten Anstieg im Laufe des Jahres 2009 – besonders betroffen, als es Ende November 2009 um Aufschub für fällige Zahlungen der Immobilientochter *Nakheel* seines Staatsunternehmens *Dubai World* in Höhe von 3,5 Mrd. US-$ bitten musste (Abbildung 8). Insgesamt musste *Dubai World* bis April 2010 26 Mrd. US-$ umschulden; 10 Mrd. US-$ davon wurden kurzfristig von Abu Dhabi zu Verfügung gestellt (*Wirtschaftswoche* 2009).

Nach knapp einer Dekade des Wachstums, welches insbesondere durch das *Foreign Property Ownership Law* vom März 2006 zusätzlich befördert wurde, ist seit 2008 der Immobilienmarkt der VAE stark von der Krise betroffen. Auch hier zeigt sich die besondere Verwundbarkeit des Emirats Dubai, in dem ein Großteil der aktuell geplanten oder bereits angelaufenen Bauprojekte angesiedelt ist. Ein offizieller Immobilienpreisindex der VAE existiert nicht, jedoch zeigen sich nach Berechnungen von *Morgan Stanley* Preiseinbrüche von 25 Prozent für Wohneigentum in Händen von Emiratis in Dubai bis hin zu 35 Prozent für Luxusimmobilien und Appartements (jeweils im vierten Quartal 2008 verglichen mit dem Allzeithoch im zweiten Quartal) und bis zu 60 Prozent für Immobilien auf der *Palm Jumeira*, einer künstlichen Insel in Palmenform vor der Küste Dubais (*Global Property Guide* 2009).[23] Andere Prozentwerte, jedoch ebenfalls erhebliche Einbrüche von 30 bis zu 50 Prozent ergeben sich nach Berechnungen von *Collins International* für verschiedene Objektarten (Villen, Apartments) in *Dubai*. Zahlreiche Bauprojekte im Werte von knapp 300 Mrd. US-$ wurden vorübergehend gestoppt, Projekte in Höhe von bisher 360 Mrd. US-$ endgültig eingestellt – ein nicht unbeträchtlicher Teil davon wurde durch Tochterunternehmen des Staatskonzerns *Dubai World* durchgeführt (*Wirtschaftswoche* 2009).

Im Zuge der Krise ist auch der Binnenkonsum in den VAE erheblich zurückgegangen, Investitionen werden zurückgehalten. Darüber hinaus ist in den Monaten der Finanzkrise die Zahl der Arbeitslosen erheblich angestiegen, 10 Prozent der Arbeitskräfte haben ihre Arbeit verloren, bei bis zu 50 Prozent wurde Kurzarbeit eingeführt (*Schweizerische Botschaft* 2009). Zahlreiche Arbeitsmigranten sowohl aus Industrie- als auch Entwicklungsländern verlassen im Zuge dieser Entwicklung die Emirate – die Schätzungen reichen hier bis zu zweistelligen Raten (*Böll* 2009). Dieser Abzug, insbesondere kaufkräftiger ausländischer Konsumenten, beeinträchtigt Dubai in höherem Maße als die anderen Emirate, die insgesamt weniger vom Konsum gerade von Luxusartikeln abhängen.

Im Jahr 2008 exportierten die VAE Waren im Umfang von 232 Mrd. US-$, das entspricht trotz der Wirtschafts- und Finanzkrise einer Steigerung um 30 Prozent gegenüber dem Vorjahr, und belegen damit Platz 19 der internationalen Exportstatistik (*Schweizerische Botschaft* 2009). Diese Exporte sind neben ausländischen Direktinvestitionen die wichtigsten Einnahmen der Emirate. Für die VAE insgesamt ist jedoch im Zuge der Krise ein erheblicher Rückgang von Exporteinnahmen festzustellen: Insgesamt beträgt der durch die Finanzkrise ausgelöste Nettoeffekt rund minus 12 Prozent, ein Großteil ist hier auf die sinkenden Einnahmen aus dem Verkauf fossiler Energieträger zurückzuführen (Abbildung 6).

Die Inflationsrate der Emirate ist jedoch von 12,3 Prozent im Jahr 2008 auf knapp 1 Prozent für das Jahr 2009 (Prognose für 2010: rund 2 Prozent) zurückgegangen, ein positiver Einfluss auf den Binnenkonsum ist daher zu erwarten, obgleich belastbare Zahlen hierzu bislang fehlen. Auch sind im Bereich Tourismus zumindest im Emirat Abu Dhabi stabile Entwicklungen zu beobachten, bislang sind die aktuell fertig gestellten Hotelanlagen, insbesondere im 3- bis 4-Sterne-Segment, ausreichend belegt, ohne dass es – trotz zwischenzeitlichen Sonderaktionen – zu erheblichen Preisreduktionen gekommen wäre, welche in Dubai und den nördlichen Emiraten durchaus zu beobachten sind (*Böll* 2009).

---

[23] Nach Meldungen verschiedener Internetseiten soll zum Jahresbeginn 2010 durch die *Real Estate Regulatory Authority* der VAE ein allgemeiner Immobilienpreisindex eingeführt werden; ein Mietpreisindex wurde bereits 2009 im Zuge der Krise geschaffen; *Global Property Guide* 2009.

Abbildung 6: Realeffekt der Finanzkrise

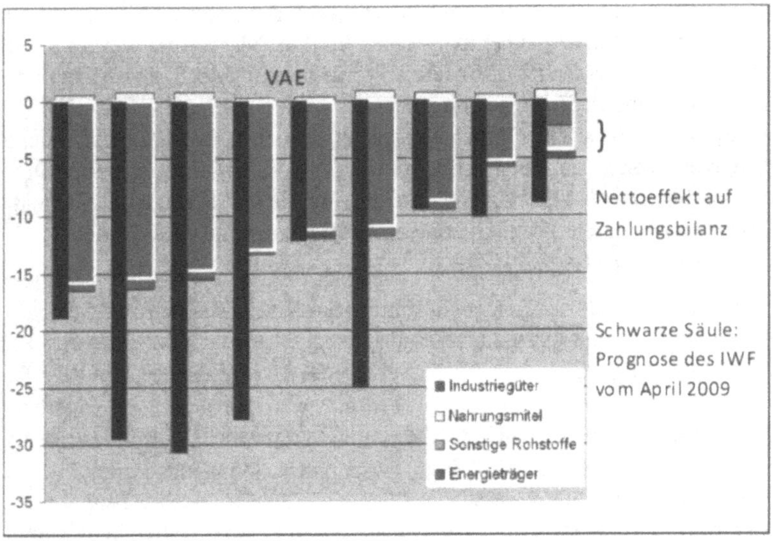

Quelle: *Loewe* (2009).

Für die Jahre 2009 bis 2011 sind insgesamt trotz der Finanzkrise Projektausgaben in Höhe von 543,6 Mrd. US-$ geplant, schwerpunktmäßig in den Bereichen Hoch- und Tiefbau, dem Elektrizitätssektor und den Sektoren Öl und Gas (*Böll* 2009). Auch zahlreiche prestigeträchtige Immobilienprojekte sollen weitergeführt werden, wie z.B. die Fertigstellung und Eröffnung des *Burj Dubai*. Dazu kommt die Aussicht auf mittelfristig weiter ansteigende Preise für Erdöl, die insbesondere den Emiraten Abu Dhabi und Sharjah zugutekommen werden, aber auch die Gesamtbilanz der VAE stützen.

6.2. Politische Auswirkungen der Finanzkrise

Neben den unmittelbaren wirtschaftlichen Auswirkungen der Finanzkrise ergeben sich für die Vereinigten Arabischen Emirate darüber hinausgehende politische Folgen. Bei den VAE, gegründet im Jahr 1978, handelt es sich um eine Föderation, jedoch mit Verbleib weitreichender Rechte bei den einzelnen Mitgliedsstaaten Abu Dhabi, Dubai, Sharjah, Ajman, Umm al-Qaiwain, Fujaira und Ras al-Khaima. Abu Dhabi, das größte der Emirate, verfügt zum einen über die größten Ölreserven der VAE und ist zum anderen Inhaber des weltgrößten Staatsfonds. Die aktuelle Finanzkrise trifft das Emirat Dubai besonders hart: Nachdem bis zum Herbst 2009 zwar durchaus Auswirkungen zu spüren waren, diese jedoch – ähnlich wie in den anderen Emiraten – als vorübergehend bzw. weitgehend überwunden angesehen wurden (*Khaleej Times* 2009), traf die Ankündigung einer Bitte um Zahlungsaufschub für ausstehende Schulden des staatlichen Unternehmens *Dubai World* im November 2009 sowohl lokale Anleger als auch die internationalen Finanzmärkte unvermittelt hart.

Abu Dhabi stellte im Jahr 2009 bereits zweimal finanzielle Ressourcen in Höhe von insgesamt mindestens 32 Mrd. US-$ bereit[24], um eine Zahlungsunfähigkeit der Staatsunternehmens Dubais zu verhindern (zuletzt für *Dubai World*), machte jedoch zeitgleich klar, dass es sich hierbei um singuläre Ereignisse handelt, eine generelle Garantie jedoch ausgeschlossen sei (*FAZ* 2009). Weitere Unterstützung in Höhe von je 10 Mrd. US-$ erfolgte durch den Aufkauf von Dubaier Bonds sowie eine Transferzahlung im Frühling 2010 für *Dubai World.* Ein automatisierter Riskoausgleichsmechanismus besteht in den VAE offiziell nicht, dennoch zeigt die Reaktion von Abu Dhabi im Zuge der Finanzkrise, dass ein derartiger Ausgleichsmechanismus *de facto* besteht.

Mit diesem Eingreifen verbunden ist also die reelle Möglichkeit einer Machtverschiebung innerhalb der Emirate, sind es doch traditionell Dubai und Abu Dhabi, welche eine führende Rolle in der Föderation für sich reklamieren. Während in den letzten beiden Dekaden insbesondere Dubai durch rasches Wachstum und spektakuläre Immobilienprojekte auf sich aufmerksam machte, hat Abu Dhabi innerhalb der letzten Jahre mit eigenen Großprojekten, finanziert durch die eigenen Erdölreserven, aufholen können – eine Entwicklung, die durchaus als Herausforderung des Konkurrenten Dubai angesehen werden kann, wie z.B. die Gründung der eigenen Fluglinie *Etihad Airways* im Jahr 2003 als Konkurrenz zu *Emirates* nahe legt (*Laurent* 2009). Dazu kommt die grundsätzlich längerfristige Orientierung von Abu Dhabi mit Blick auf Investitionen in Bildung, Technologie und erneuerbare Energien (neben den traditionellen Feldern Tourismus, Handel und Flugverkehr), die als zukunftsfähig einzustufen sind und mittelfristig eine stärkere Diversifizierung der Volkswirtschaft Abu Dhabis verglichen mit Dubai vermuten lassen.

Es ist anzunehmen, dass durch die – wenn auch zeitlich und quantitativ limitierten – Hilfen das Autonomiestreben Dubais zumindest temporär zugunsten eines Machtzuwachses Abu Dhabis einschränken (*Brach* und *Loewe* 2009; *Laurent* 2009). Ein Indiz dafür ist auch die plötzliche Umbenennung des als *Burj Dubai* geplanten höchsten Gebäudes der Welt, welches – nach Rettung Dubais durch Abu Dhabi – nunmehr nach dem Herrscher Abu Dhabis *Burj Khalifa* heißt.

Dies erscheint von besonderer Bedeutung angesichts des durch Abu Dhabi traditionell vertretenen starken Zentralismus. Dieser hat bereits in der Vergangenheit zu internen Problemen zwischen den einzelnen Emiraten geführt (*Woertz* 2009). Insbesondere mit Blick auf die Heterogenität der Emirate könnte ein derartiger Zentralismus zum Verlust der Vorteile aus der derzeitigen föderalen Struktur im Sinne Oates' führen. Angesichts der sehr unterschiedlichen Entwicklungspfade der einzelnen Emirate erscheint das gegenwärtige System im Sinne eines Laborföderalismus gut geeignet, um eine optimale Versorgung der Bevölkerung zu gewährleisten: „It is one of the happy incidents of the federal system that a single courageous state may, it's citizens choose, serve as a laboratory and try novel social and economic experiments without risk to the rest of the country" (*Louis Brandeis* 1932, zitiert nach *Oates* 1999).

---

[24] Diese Finanzhilfe erfolgte teils direkt durch die Regierung von Abu Dhabi, teilweise über die Zentralbank der VAE und Privatbanken (*FAZ* 2009).

Ob aktuellen Entwicklungen tatsächlich diese Effekte auf die föderale Struktur der VAE haben wird, ist bislang nicht sicher abzusehen. Neben möglichen negativen Effekten ergeben sich aus der aktuellen Situation Chancen für eine Reorganisation der VAE im Sinne Abu Dhabis, z.B. bzgl. der Einhaltung von durch die Verfassung festgesetzten Abgabequoten zur Finanzierung der Bundesregierung, ebenso wie einer auf nachhaltiges Wachstum ausgerichteten Zukunftsstrategie. Darüber hinaus ist kurzfristig zu erwarten, dass Abu Dhabi, z.B. durch die Möglichkeit zur Übernahme von Anteilen Dubaier Staatsunternehmen – diskutiert werden hier insbesondere die Fluglinie *Emirates* oder *Dubai Port World* – zumindest wirtschaftliche Vorteile aus seiner Hilfstätigkeit ziehen kann (*Backfisch* 2009). Auch sorgen „Infrastrukturprojekte wie die Formel-1-Rennstrecke, MASDAR City, öffentlicher Verkehr, Kulturinsel und der forcierte Wieterausbau des Straßennetzes und des öffentlichen Verkehrs in der Hauptstadt" (*Schweizerische Botschaft* 2009) dafür, dass in Abu Dhabi insgesamt weiter mit einem verstärkten Wachstum zu rechnen ist, gerade auch induziert durch Kapitalzuflüsse aus dem Ausland und steigende Einnahmen aus dem Tourismussektor.

7. Staatliche Maßnahmen zur Bekämpfung der Finanzkrise in den VAE

Die VAE als Ganze haben eine Reihe von durchaus erfolgreichen Maßnahmen ergriffen, um die Auswirkungen der Finanzkrise abzuschwächen (*Dubai Chamber of Commerce & Industry* 2010). An erster Stelle zu nennen sind hier zwei Konjunkturpakete in Höhe von insgesamt 32,7 Mrd. US-$, das entspricht rund 12 Prozent des BIP von 2008, die im Jahr 2009 aufgelegt wurden (*Booz & Company* 2009). Das Emirat Dubai allein plant für das nächste Jahr ein staatliches Ausgabenwachstum von 9,2 Prozent, das die staatliche Konjunktur zusätzlich stützen soll; insgesamt sollen in allen Emiraten insbesondere Bau- und Immobiliensektor sowie Infrastrukturprojekte gefördert werden. In diesem Zusammenhang wird verstärkt auch der Einbezug privater Unternehmen in die Bereitstellung von Infrastruktur im Rahmen *von Public Private Partnerships* gefördert.

Daneben wurde (im Februar 2009) ein vereinfachtes Kreditvergabesystem, insbesondere an staatliche Unternehmen, implementiert, um das Vertrauen zurückzugewinnen sowie eine staatliche Einlagengarantie für private Anleger ausgesprochen (*Stratfor* 2009). Auch wurde eine spezielle Absicherung für die 24 Banken der Emirate geschaffen. Damit haben die von den VAE bislang zur Bekämpfung der Krise vorgenommenen Maßnahmen den größten Umfang aller Schwellenländer (*Lanzeni* und *Vallés* 2009).

8. Bewertung und Ausblick

Beide Staaten, sowohl die Russische Föderation als auch die Vereinigten Arabischen Emirate, sind von der aktuellen Wirtschafts- und Finanzkrise in erheblichem Maße betroffen. Die im Zuge der Krise sinkenden Ölpreise, Kapitalabflüsse und die weiteren Auswirkungen auf die Realwirtschaft haben die vor der Krise extrem erfolgreichen Staaten in den Jahren 2008/2009 hinter ihre Performance der letzten Jahre zurückfallen lassen und zeigen deutlich insbesondere die mit spekulativen Kapitalzuflüssen und der einseitigen Abhängigkeit vom Export von Erdöl und -gas verbundenen Risiken auf.

In diesem Zuge wurde deutlich, dass die – auch politische – Fokussierung auf den gegenwärtigen Entwicklungspfad für die beiden Staaten trotz ihrer Unterschiede gleichermaßen problembehaftet ist. Obgleich durchaus erfolgreich staatliche Maßnahmen ergriffen wurden, um die unmittelbaren Auswirkungen der Wirtschafts- und Finanzkrise abzuschwächen, ist für die nähere Zukunft doch ein schwächeres Wachstum zu erwarten.

Tabelle 5: Auswirkungen der Finanzkrise und Gegenmaßnahmen in der Russischen Förderation und in den VAE im Vergleich

	Auswirkungen			
Ausgewählte Indikatoren	**RF**		**VAE**	
Allgemeine Wirtschaftsindikatoren				
Negatives Wirtschaftswachstum nach dem Wirtschaftsboom	X	8,1% in 2007; -7,5 % in 2009 (schnelle Erholung in 2010)	X	-0,5 bis -1 % in 2009 (schnelle Erholung in 2010)
Vermögensverluste	X	Höhe nicht bezifferbar	X	130 Prozent des BIP, das entspricht ca. 300 Mrd. US-$ (Mai 2009)
Negative Leistungsbilanz	O	6,1 % in 2008; 3,6 % in 2009	X/ O	15,7% in 2008; -1,6 in 2009
Massive Kapitalabflusse	X	135 Mrd. US-$ allein im 4.Quartal 2008; insgesamt über 180 Mrd. US-$ in 2008-2009.	X	Höhe nicht bezifferbar, Effekte an den Börsen Dubai und Abu Dhabi jedoch Sinken der Kapitalisierung um ca. 60%
Absinken der Gold- und Währungsreserven	X	597 Mrd. US-$ (Juli 2008) auf 384 Mrd. (März 2009)	X	Höhe nicht bezifferbar
Schwache nationale Währung	X	Schnelle Abwertung des Rubels (46% zum US-$ im Winter 2009)	–	Bindung des Dirham an US-$
Gesunkene Inflationsrate	X	Stark gesunkene Inflationsrate (13,3% Ende 2008; 8,8% Ende 2009)	X	Stark gesunkene Inflationsrate seit 2008
Sinkende Immobilienpreise	X/ O	In Moskau, St. Petersburg u. anderen großen Städten;	X	Alle Emirate betroffen, insbesondere Luxusimmobilien
Gestiegene Arbeitslosenquote	X	7 % in 2008; 8 % in 2009 (max Wert 9% im 1.Quartal 2009);	X	Zunahme der Arbeitslosigkeit insbesondere bei ausländischen Gastarbeitern, inoffizielle Schätzungen bis hin zu 15%
Haushaltsindikatoren				
Sinkende Steuereinnahmen durch gefallene Rohstoffpreise	X	22,4 % BIP in 2008; 18,8 % BIP in 2009	–	Keine direkten Steuern, kaum Effekte
Steigende Staatsausgaben	X	18,3% BIP in 2008; 24,7 % 2009; steigende soziale Transfers	X	11,49 Mrd. US-$ in 2009; 11,87 Mrd. US-$ in 2010

Haushaltsdefizit	X	4,1 % BIP Profizit in 2008; 6 % BIP Defizit in 2009 (das ist deutlich weniger als prognosiert)	–	
Akkumulierte Verschuldung - ***Staat*** - ***Private Unternehmen u. Banken***	 – X	 - Keine nennenswerte Staatsverschuldung; - ca. 425 Mrd. US-S (Ende 2009)	 –	 Keine nennenswerte Zunahme der Staatsverschuldung
Maßnahmen zur Bekämpfung der Finanzkrise				
Geldpolitische Maßnahmen				
Leitzinssenkungen/ Erhöhungen	X	Erhöhung von 10% auf 13% in 2008; Senkung von 13% auf (aktuell) 7,75% in 2009-2010 (Stand: 1.6.2010)	–	
Senkung der Mindestreserven	X	Oktober 2008	X	September 2008
Interventionen am Devisenmarkt	X	Ca. 200 Mrd. US-$ (September 2008 – März 2009)	–	
Einlagengarantie für alle Einlagenarten	X		X	Oktober 2008
Bankenschirm	X	November 2008	X	19,1 Mrd. US-$ (Oktober 2008)
Liquiditätsunterstützung	X	In erster Linie für Restrukturierung der Schulden von privaten Unternehmen (ca. 50 Mrd. US-$)	X	Swap Facility März 2008; Liquidity Support Facility September 2008
Finanzpolitische Maßnahmen				
Konjunkturprogramme	X	Umfangreiche antizyklische Maßnahmen (Das erste Paket beschlossen im November 2008)	X	Höhe ca. 32,7 Mrd. US-$, insbesondere für Infrastruktur, Bildung und Gesundheit
Unterstützung der „systemrelevanten" Unternehmen	X	Das sind i.d.R große Unternehmen und Banken; u.a. einheimische Autoindustrie („AvtoVAZ", ca. 4 Mrd. US-$; KamAZ)	O	Systemrelevante Unternehmen sind i.d.R. Staatsunternehmen
Steuersenkungen	X	Senkung des Körperschaftsteuersatzes von 24% auf 20% (seit 2009); Senkung der Mehrwertsteuer (geplant)	–	
Steuererhöhungen	X	Erhöhung des „flat rate"-Satzes bei der Einkommensteuer von 13 auf 16% ab 2010;	–	
Weitere	X	Erhöhung (Verdoppelung) der Staatsrenten in 2010-2012	–	

(Zu erwartende langfristige) politische und gesellschaftliche Auswirkungen				
Langfristige politische und gesellschaftliche Auswirkungen	X	(Re)-Dezentralisierungen; Privatisierungen; Stärkung der kommunalen Selbstverwaltung	X	Verschiebung der Machtkompetenzen zwischen einzelnen Emiraten; Zentralisierungstendenz

Quelle: Eigene Darstellung:

Neben den Risiken und Herausforderungen, welche die aktuelle Krise für die beiden Staaten bietet, sind jedoch auch Chancen zu identifizieren. Dies betrifft bei beiden Staaten unter anderem die föderale Struktur. Während in Russland eher eine Veränderung hin zu einer verstärkten Dezentralisierung zu erwarten ist, so zeigen sich in den VAE Schritte in Richtung einer stärkeren Zentralisierung – nicht zwangsläufig induziert durch die Einsicht aller politischen Entscheidungsträger, sondern vielmehr durch interne Machtverschiebungen veranlasst.

Darüber hinaus ist zu erwarten, dass die aktuelle Krise der Wirtschaft beider Staaten den dringend notwendigen Diversifizierungsimpuls geben wird und damit zukünftig die Abhängigkeit vom Export fossiler Energieträger reduzieren kann – eine Entwicklung, die aus ökonomischer Sicht für beide Staaten dringend geboten erscheint, sind doch trotz den vergleichsweise hohen Reserven der beiden Staaten an Erdöl und Erdgas diese nicht unendlich. Auch sonstigen, politisch sensiblen Reformen, wie z.B. der Gewährung zusätzlicher gesellschaftlicher Partizipationsmöglichkeiten, die weniger von finanziellen Ressourcen abhängig sind, sondern vielmehr von dem – bislang fehlenden – politischen Willen, ist möglicherweise gerade durch die Krise ein Weg geebnet worden.

Literatur

Zu Russland

BP (2009), BP Statistical Review of World Energy, June 2009, veröffentlicht im Internet: www.bp.com.

EBRD (2009), European Bank for Reconstruction and Development Transition Report, insbes. Chap. 4, London.

Erschov, Michail (2007), Как обеспечить стабильное развитие в условиях финансовой нестабильности? Вопросы экономики, 12/2007, S. 4-26.

Erschov, Michail (2009), Мировой финансовый кризис: год спустя. Вопросы экономики, 12/2009, S. 4-21.

Gaidar, Yegor (2007), Collapse of an Empire: Lessons for Modern Russia, Washington, D.C.

Guriev, Sergei, Alexander Plekhanov und *Konstantin Sonin* (2010), Экономический механизм сырьевой модели развития. Вопросы экономики, 3/2010, S. 4-23.

Gurvich, Evsey (2004), Макроэкономическая оценка роли российского нефтегазового сектора. Вопросы экономики, 10/2004, S. 4-32.

Losev, Michail (2010), Всему свое бремя. РБК, 1/2010, S. 30-32.

Ministerium der Finanzen der RF (2008), Бюджетная стратегия на период до 2023г. Москва 2008.

Ministerium der Finanzen der RF (2009), Основные направления бюджетной политики на 2010г. и плановый период 2011 и 2012 гг., Москва 2009.

Ministerium der Finanzen der RF (2009a), О стабилизационном фонде РФ, veröffentlicht im Internet: http://www1.minfin.ru/ru/stabfund.

Ministerium der Finanzen der RF (2009b), О резервном фонде РФ, veröffentlicht im Internet: http://www1.minfin.ru/ru/reservefund.

Ministerium der Finanzen der RF (2009c), О фонде национального благосостояния, veröffentlicht im Internet: http://www1.minfin.ru/ru/nationalwealthfund.

Pikulev, Pavel (2009), Небезопасная гавань: идеи для рынков и регуляторов, veröffentlciht im Internet: http://www.slon.ru/blogs/pikulev/post/210902, 11.12.2009

Ruehl, Christof und Mark Shaffer (2004), Доля нефти: Потемкинский ВВП. Ведомости. 19.02.2004, veröffentlicht im Internet: www.vedomosti.ru/newspaper/print/2004/02/19/72586.

SVR (2009), Sachverständigenrat zur Begutachtung der gesamtwirtschaftlichen Entwicklung. Jahresgutachten 2009/2010: Die Zukunft nicht aufs Spiel setzen, Wiesbaden 2009.

Zentralbank der RF (Bank Rossii) 2009, Обзор финансового рынка. Первое полугодие 2009. 2/2009, veröffentlicht im Internet: www.cbr.ru.

Zentralbank der RF (Bank Rossii) 2010, Квартальный обзор инфляции. 1/2010, veröffentlicht im Internet: www.cbr.ru.

Zu den Vereinigten Arabischen Emiraten (VAE)

Ahmad, Ehtisham and Eric Mottu (2002), Oil Revenue Assignments: Country Experiences and Issues, International Monetary Fund Working Paper 02/203, Washington, D.C.

Backfisch, Michael (2009), Abu Dhabi soll Dubai vor Ruin rette, Handelsblatt online, 21.11.2009, veröffentlicht im Internet: www.spiegel.de, 18.12.2009.

Booz & Company (2009), One year on: the GCC region's post-economic crisis prospects. veröffentlicht im Internet unter: http://www.booz.com/me/home/what_we_think/40007409/40007869/46837033, 04.12.2009.

Böll, Martin (2009), Wirtschaftstrends Vereinigte Arabische Emirate, Juni 2009, veröffentlicht im Internet unter: www.gtai.de.

Brach, Juliane und *Markus Loewe* (2009), Nur ein blaues Auge? Auswirkungen der internationalen Finanzkrise auf Nahost und Nordafrika, in: German Institute of Global and Area Studies Focus, Nr. 4, 2009.

Carnegie Endowment for International Peace (2006), United Arab Emirates, veröffentlicht im Internet: www.carnegieendowment.org/arabpoliticalsystems, 01.12.2009.

Central Bank of the United Arab Emirates (2009), veröffentlicht im Internet: www.centralbank.ae, 19.12.2009.

Chailloux, Alexandre and *Dalia Hakura* (2009), Systemic Liquidity Management in the U.A.E.: Issues and Options, International Monetary Fund Working Paper 09/261, Washington, D.C.

Dubai Chamber of Commerce & Industry (2009), UAE's outlook for 2010 promising, veröffentlicht im Internet: www.dubaichamber.ae, 04.12.2009.

Dubai Chamber of Commerce & Industry (2010), Dubai Chamber Economist, Vol. 26, veröffentlicht im Internet: www.dubaichamber.ae, 05.06.2010.

FAZ (2009), Abu Dhabi will Dubai „von Fall zu Fall“ unterstützen, in: Frankfurter Allgemeine Zeitung, 28.11.2009, veröffentlicht im Internet: www.faz.de, 03.12.2009.

Global Property Guide (2009), United Arab Emirates, veröffentlicht im Internet: http://www.globalpropertyguide.com/real-estate-house-prices/U, 03.12.2009.

Handelsblatt (2010), Dubai-Krise bremst islamische Finanzierung, veröffentlicht im Internet : http://www.handelsblatt.com/finanzen/anleihen/vertrauensverlust-dubai-krise-bremst-islamische-finanzierung; 2543726, 25.05.2010.

Khaleej Times (2009), Competitiveness of Gulf states, post-financial crisis, 14.11.2009, veröffentlicht im Internet: www.menafn.com, 04.12.2009.

Lanzeni, Maria Laura und *Veronica Vallés* (2009), Antikrisenmaßnahmen in den Schwellenländern: Die Spreu vom Weizen trennen, Deutsche Bank Research Aktuelle Themen, Nr. 455, veröffentlicht im Internet: www.dbresearch.de, 18.12.2009.

Laurent, Lionel (2009), Abu Dhabi profits from downturn, veröffentlicht im Internet: www.forbes.com, 18.12.2009.

Loewe, Markus (2009), Folgen der Finanzkrise für die MENA-Länder und deren Reaktionen, Präsentation auf dem 16. Jahreskongress der Deutschen Arbeitsgemeinschaft Vorderer Orient (DAVO), Bonn, 8.-10. Oktober 2009.

Oates, Wallace (1999), An Essay on Fiscal Federalism, in: Journal of Economic Literature, Vol. 37, pp. 1120-1149.

Richenberger, Jeanne (2009), Halal schützt nicht vor der Finanzkrise, Finanz und Wirtschaft, 18.02.2009. S. 21.

Schweizerische Botschaft in Abu Dhabi (2009), Wirtschaftsbericht 2008 Vereinigte Arabische Emirate, veröffentlicht im Internet: www.osec.ch, 04.12.2009.

Stratfor (2009), United Arab Emirates: The Financial Crisis and Abu Dhabi-Dubai Relations, veröffentlicht im Internet:http://www.stratfor.com/analysis/20090219_united_arab_emirates_ financial_crisis_and_abu_dhabi_dubai_relations, 14.12.2009.

United Arab Emirates (2005), Highlights of the UAE Government Strategy, veröffentlicht im Internet: http://www.moca.gov.ae/English/strategy.asp, 03.12.2009.

UAE Interact (2009), Offizielle Nachrichtenseite der Vereinigten Arabischen Emirate, veröffentlicht im Internet: www.uaeinteract.com, 19.12.2009.

United Nations (2004), UNITED ARAB EMIRATES, Public Administration Country Profile, Washington, D.C.

Wirtschaftswoche (2009), Sandkastenspiele, Nr. 50 vom 7.12.2009, S. 102-111.

Woertz, Eckart (2009), Implications of Dubai's Debt Troubles, Gulf Research Center Report, December 2009, Dubai.

Woertz, Eckart (2010), Bye Bye Dubai? The UAE and the Global Financial Crisis, Presentation at the World Congress of Middle Eastern Studies 2010, 19.-24 June 2010, Barcelona.

World Bank (2009), Governance Matters 2009: Worldwide Governance Indicators 1996-2008, veröffentlicht im Internet: http://info.worldbank.org/governance, 03.12.2009.

World Bank (2010), Database, veröffentlicht im Internet: http://econ.worldbank.org/WBSITE/EXTERNAL/EXTDEC/0,,menuPK:476823~pagePK:64165236~piPK:64165141~theSite PK:469372,00.html, 13.12.2009.

Albrecht F. Michler und Heinz-Dieter Smeets (Hg.)
Die aktuelle Finanzkrise: Bestandsaufnahme und Lehren für die Zukunft
Schriften zu Ordnungsfragen der Wirtschaft · Band 93 · Stuttgart · 2011

Kommentar zu *Kira Baranova* und *Rahel Schomaker*, Die Auswirkungen der Finanzkrise auf Emerging Markets – Die Beispiele Russische Föderation und Vereinigte Arabische Emirate

Achim Hauck

Überblick

Der Beitrag von *Baranova* und *Schomaker* diskutiert am Beispiel zweier Länder, der *Russischen Föderation* und der *Vereinigten Arabischen Emirate*, die Auswirkungen der Finanzkrise auf Emerging Markets. Beide Länder sind in vielerlei Hinsicht sehr unterschiedlich. So ist die räumliche Ausdehnung der Russischen Föderation mit ca. 17 Mio. km² um mehr als den Faktor 200 größer als die Ausdehnung der Vereinigten Arabischen Emirate, die lediglich rund 83.600 km² umfasst.[1] Auch bestehen erhebliche Unterschiede hinsichtlich der jeweiligen Bevölkerungszahl. Während die Russische Föderation im Jahre 2008 ca. 142 Mio. Einwohner aufwies, betrug die Zahl der Einwohner in den Vereinigten Arabischen Emiraten im selben Jahr ca. 5 Mio. Dabei ist die Russische Föderation im Gegensatz zu den Vereinigten Arabischen Emiraten, die einen sehr hohen Urbanisierungsgrad aufweisen, in weiten Teilen ländlich geprägt.

Entsprechend der unterschiedlichen räumlichen Ausdehnung und Populationsgröße übersteigt auch der Umfang der Wirtschaftsleistung in der Russischen Föderation jenen in den Vereinigten Arabischen Emiraten bei weitem. Gemessen am Bruttoinlandsprodukt ergibt sich dabei im Fall der Russischen Föderation in 2008 ein Gesamtvolumen in Höhe von ca. 2,3 Billionen USD und im Fall der Vereinigten Arabischen Emirate in Höhe von 200 Mrd. USD. Unterschiedlich ist auch das jeweilige BIP pro Kopf, das sich in 2008 in der Russischen Föderation auf 16.600 USD/Kopf und in den Vereinigten Arabischen Emiraten auf 43.300 USD/Kopf belief.

Neben den genannten großen strukturellen Unterschieden weisen beide Wirtschaftsräume indes auch zwei Gemeinsamkeiten auf, die eine gemeinsame Betrachtung hinsichtlich der Auswirkungen der Finanzkrise auf die Wirtschaftstätigkeit lohnenswert erscheinen lassen. Zum einen können beide Länder als sogenannte Emerging Markets klassifiziert werden: In den Jahren vor der Finanzkrise wuchs das BIP beider Länder überdurchschnittlich. Außerdem haben sowohl die Russische Föderation als auch die Vereinigten Arabischen Emirate in dieser Zeit einen graduellen Transformationsprozess hin zu einem stärker marktwirtschaftlich geprägten Wirtschaftssystem durchlaufen.

[1] Sämtliche Daten in diesem Abschnitt sind *Central Intelligence Agency* (2010) entnommen.

Zum anderen spielt in beiden Ländern der Energiesektor eine herausragende Rolle für die Wirtschaftstätigkeit: Der Anteil des Erdöl- und Erdgassektors beläuft sich jeweils auf etwa ein Viertel des gesamten Bruttoinlandsprodukts.

Dieser Kommentar knüpft an den sehr detailreichen Beitrag von *Baranova* und *Schomaker* an. Ziel ist dabei, komplementär zu dem Beitrag die wirtschaftliche Entwicklung, die sich im Zuge der globalen Finanzkrise in der Russischen Föderation und in den Vereinigten Arabischen Emiraten ergeben hat, anhand einiger ausgewählter ökonomischer Indikatoren explizit zu vergleichen.

Vergleich ausgewählter ökonomischer Indikatoren

Ein wesentliches konzeptionelles Merkmal des Beitrags von *Baranova* und *Schomaker* liegt darin, dass die jeweiligen Ausführungen zu Russland und den Vereinigten Arabischen Emiraten in sehr starkem Maße jeweilige nationale Spezifika berücksichtigen und, soweit die Ausführungen durch Daten unterlegt sind, sehr stark auf jeweils nationale Datenquellen zurückgreifen. So wird einerseits im Falle Russlands sehr detailliert auf die Struktur und Ausgestaltung der öffentlichen Finanzen eingegangen, wohingegen dieser Aspekt im Teil zu den Vereinigten Arabischen Emiraten eine eher untergeordnete Rolle spielt. Andererseits werden in den Ausführungen zu den Vereinigten Arabischen Emiraten ausführlich die Entwicklungen auf den Aktien- und Immobilienmärkten beschrieben, die im Teil zu Russland nicht oder nur rudimentär angesprochen werden.

Ein möglicher Vorteil dieses konzeptionellen Vorgehens liegt unbestreitbar darin, dass hierdurch ein detailreiches Bild über die jeweils national relevanten Entwicklungen nachgezeichnet werden kann. Indes ist dieses Vorgehen auch mit Kosten verbunden. Auf Grund der deutlich unterschiedlichen Schwerpunkte und der unklaren Vergleichbarkeit der Daten ist ein Vergleich der Entwicklungen in beiden Ländern, der möglicherweise Grundlage für die Ableitung allgemeiner ökonomischer Schlussfolgerungen sein könnte, praktisch ausgeschlossen. Ein solcher Vergleich indes wird, wie die Autorinnen am Ende der Einführung ihres Beitrags erwähnen, auch nicht angestrebt.

Vor diesem Hintergrund sei an dieser Stelle komplementär zu *Baranova* und *Schomaker* der Versuch einer vergleichenden Gegenüberstellung der Implikationen der Finanzkrise für Russland und die Vereinigten Arabischen Emirate unternommen. Als Grundlage sollen dabei die Tabellen 1 und 2 dienen, in denen die Entwicklung einiger ausgewählter ökonomischer Indikatoren für die Russische Föderation (Tabelle 2) und die Vereinigten Arabischen Emirate (Tabelle 1) dargestellt sind. Sämtliche Daten wurden dabei derselben Quelle entnommen, sodass eine hinreichende Vergleichbarkeit der Daten vermutet werden kann.

Tabelle 1: Ausgewählte Indikatoren der Vereinigten Arabischen Emirate

Jahr	Wachstum des realen BIP	Inflationsrate	Leistungsbilanzsaldo	Staatliches Budget			
				Einnahmen	Ausgaben	Saldo	Verschuldg.
	(Prozent)	(Prozent)	(jeweils Prozent des BIP)				
2000	12,38	1,36	17,29	34,66	31,28	3,38	4,58
2001	1,70	2,80	9,45	30,57	35,44	-4,87	4,01
2002	2,65	2,92	4,86	23,95	30,85	-6,91	5,31
2003	11,89	3,12	8,65	25,23	28,08	-2,85	6,72
2004	9,69	5,04	9,09	28,02	24,77	3,25	8,28
2005	8,19	6,20	16,44	33,25	19,40	13,86	8,98
2006	8,72	9,29	20,64	36,42	18,39	18,03	9,40
2007	6,06	11,13	9,72	35,82	18,98	16,84	9,78
2008	5,14	12,26	8,64	39,44	21,23	18,21	15,49
2009	-2,47	1,21	4,04	25,77	32,11	-6,33	27,12
2010	2,43	1,99	5,40	29,92	28,34	1,58	24,70
2011	3,18	2,45	5,61	31,03	23,09	7,94	21,62
2012	3,94	2,98	5,99	31,35	21,18	10,18	18,53
Schätzung	**ab 2009**	**ab 2010**	**ab 2009**	**ab 2009**	**ab 2009**	**ab 2009**	**ab 2009**

Quelle: Eigene Darstellung nach Daten von *Internationaler Währungsfonds* (2010a).

Tabelle 2: Ausgewählte Indikatoren der Russischen Föderation

Jahr	Wachstum des realen BIP	Inflationsrate	Leistungsbilanzsaldo	Staatliches Budget			
				Einnahmen	Ausgaben	Saldo	Verschuldg.
	(Prozent)	(Prozent)	(jeweils Prozent des BIP)				
2000	10,05	20,78	18,04	36,17	32,84	3,33	59,86
2001	5,09	21,46	11,07	36,92	33,71	3,21	47,61
2002	4,74	15,78	8,44	36,99	36,27	0,72	40,31
2003	7,25	13,67	8,23	36,38	34,93	1,45	30,36
2004	7,15	10,89	10,07	36,65	31,75	4,90	22,32
2005	6,39	12,68	11,06	40,96	32,80	8,16	14,24
2006	8,15	9,68	9,53	39,48	31,15	8,33	9,05
2007	8,53	9,01	5,93	39,86	33,10	6,75	8,51
2008	5,24	14,11	6,22	38,63	34,35	4,28	7,85
2009	-7,90	11,65	4,02	34,32	40,53	-6,21	10,88
2010	3,97	6,56	4,73	34,56	39,34	-4,78	11,08
2011	4,34	7,45	3,70	35,24	38,82	-3,58	12,85
2012	4,40	6,47	2,51	35,30	38,20	-2,90	14,49
Schätzung	**ab 2010**	**ab 2010**	**ab 2010**	**ab 2010**	**ab 2010**	**ab 2010**	**ab 2010**

Quelle: Eigene Darstellung nach Daten von *Internationaler Währungsfonds* (2010a).

Die beiden Tabellen verdeutlichen zunächst, dass sich die Finanzkrise, die im Jahre 2007 begann und mit dem Zusammenbruch von *Lehman Brothers* im September 2008 ihren ersten Höhepunkt erreichte, insbesondere im Jahre 2009 auf die Russische Föderation und die Vereinigten Arabischen Emirate auswirkte, wobei sich in beiden Ländern in qualitativer Hinsicht recht ähnliche Entwicklungen ergaben. So kam es in beiden Ländern in 2009 zu einem Absinken des realen Bruttoinlandsprodukts (BIP), des Leistungsbilanzsaldos sowie der Inflationsrate. Auch mussten beide Länder ein Absinken der Staatseinnahmen hinnehmen, was zusammen mit erhöhten Staatsausgaben zu einem negativen Finanzierungssaldo und mithin zu steigender Staatsverschuldung führte. Interessanter als diese qualitativen Auswirkungen der Finanzkrise, die typisch für die meisten Volkswirtschaften sind, sind indes die quantitativen Effekte in beiden Ländern. So zeigt ein Vergleich der Jahre 2008 und 2009, dass der Rückgang des Wachstums des realen BIP in den Vereinigten Arabischen Emiraten mit insgesamt ca. 7,5 Prozentpunkten erheblich geringer ausfiel als in der Russischen Föderation, die einen Rückgang von über 13 Prozentpunkten hinnehmen musste. In allen anderen Kategorien hingegen wirkte sich die Finanzkrise stärker auf die Vereinigten Arabischen Emirate aus. So sank dort erstens die Inflationsrate deutlich stärker als in Russland; außerdem reagierte die Inflationsrate in Russland erst verspätet im Jahr 2010 merkbar auf die Finanzkrise. Zweitens zeigte auch das staatliche Budget der Vereinigten Arabischen Emirate deutlich stärkere Reaktionen als in Russland. In Russland sanken die Staatseinnahmen in Relation zum BIP im Jahre 2009 um etwas mehr als 10 %, was zusammen mit der BIP-Senkung zu einer fast 20 %-igen Verminderung des Einnahmevolumens führte. In den Vereinigten Arabischen Emiraten hingegen sanken die Staatseinnahmen um ca. 35 %. Da Letztere gleichzeitig die Staatsausgaben in 2009 deutlich stärker erhöhten als Russland, was möglicherweise als eine Erklärung für die geringere BIP-Senkung dienen kann, verschlechterte sich der staatliche Finanzierungssaldo der Vereinigten Arabischen Emirate erheblich mehr als in Russland. Hiermit einher ging in den Vereinigten Arabischen Emiraten eine sehr deutliche Steigerung der Staatsverschuldung, die sich verglichen mit dem Vorkrisenniveau beinahe verdreifachte. Schließlich war drittens auch das Ausmaß der Leistungsbilanzsaldoverschlechterung in den Vereinigten Arabischen Emiraten deutlich größer als in Russland. Während sich der Leistungsbilanzüberschuss in den Vereinigten Arabischen Emiraten von 2008 zu 2009 mehr als halbierte, ergab sich in Russland nur eine etwa 30 %-ige Absenkung.

Dieser recht kursorische Vergleich deutet mithin darauf hin, dass sich hinsichtlich der Auswirkungen der Finanzkrise zwischen der Russischen Föderation und der Vereinigten Arabischen Emirate recht deutliche Unterschiede ergeben, die aus ökonomischer Sicht eine weitergehende Analyse der Frage, welche Bestimmungsfaktoren für das Ausmaß der Auswirkungen der Finanzkrise verantwortlich sind, durchaus lohnenswert erscheinen lassen. Interessant ist diese Frage insbesondere auch, weil der Finanzsektor in den Vereinigten Arabischen Emiraten deutlich weniger stark von der Krise betroffen zu sein scheint als der Finanzsektor Russlands: So betrug beispielsweise der Anteil notleidender Kredite am Gesamtkreditvolumen in den Vereinigten Arabischen Emiraten lediglich 4,8 %, während er im Falle Russlands 9,7 betrug; auch weist der russische Bankensektor nach Ausbruch der Finanzkrise eine erheblich geringere Ertragskraft auf (*Internationaler Währungsfonds* 2010b).

Literatur

Central Intelligence Agency (2010), The World Factbook, im Internet veröffentlicht: https://www.cia.gov/library/publications/the-world-factbook

Internationaler Währungsfonds (2010a), World Economic Outlook Database, October 2010 Edition, im Internet veröffentlicht: http://www.imf.org/external/pubs/ft/weo/2010/02/weodata/index.aspx.

Internationaler Währungsfonds (2010b), Global Financial Stability Report – Statistical Appendix, October 2010 Edition, im Internet veröffentlicht: http://www.imf.org/external/pubs/ft/gfsr/2010/02/pdf/statappx.pdfhttp://www.imf.org/external/pubs/ft/weo/2010/02/weodata/index.aspx.

Autoren und Seminarteilnehmer

Allroggen, B.Sc. Florian, Universität Münster

Apolte, Prof. Dr. Thomas, Universität Münster

Baranova, Dr. Kira, Deutsche Hochschule für Verwaltungswissenschaften, Speyer

Beck, Prof. Dr. Hanno, Hochschule Pforzheim

Börner, Prof. Dr. Christoph, Universität Düsseldorf

Bucher, Dr. Monika, Universität Halle-Wittenberg

Budzinski, Prof. Dr. Oliver, University of Southern Denmark

Cassel, Prof. Dr. Dieter, Universität Duisburg-Essen, Campus Duisburg

Diemer, Dipl.-Vw. Michael, Universität Düsseldorf

Dietrich, PD Dr. Diemo, Institut für Wirtschaftsforschung IWH Halle

Eckermann, Dr. Henning, Partners Group, Zürich

Färber, Prof. Dr. Gisela, Deutsche Hochschule für Verwaltungswissenschaften, Speyer

Fürtjes, Dipl.-Vw. Christian, Universität Düsseldorf

Hartwig, Prof. Dr. Karl-Hans, Universität Münster

Haucap, Prof. Dr. Justus, Universität Düsseldorf

Hauck, Dr. Achim, Universität Düsseldorf

Heimeshoff, Dr. Ulrich, Universität Düsseldorf

Herr, Dr. Annika, Universität Düsseldorf

Hielscher, Dipl.-Vw. Stefan, Universität Halle-Wittenberg

Ilgmann, M.A., M Sc Ec. Cordelius Universität Münster

Jennissen, M.A. Oliver, Universität Münster

Jost, Prof. Dr. Thomas, Hochschule Aschaffenburg

Knauff, Dr. Rudi, Kassel

Knedlik, Dr. Tobias, Institut für Wirtschaftsforschung IWH Halle

Knorr, Prof. Dr. Andreas, Deutsche Hochschule für Verwaltungswissenschaften, Speyer

Konjetzky, Dr. Helmut, MT ifs GmbH, Ratingen

Kramer, Dipl.-Vw. Lucas, Universität Düsseldorf

Krüger, Prof. Dr. Malte, Fachhochschule Frankfurt/M.

Leipold, Prof. Dr. Helmut, Universität Marburg

Leis, Dr. Patrick, IKB Deutsche Industriebank AG, Düsseldorf

Leschke, Prof. Dr. Martin, Universität Bayreuth

Lindner, Dr. Axel, Institut für Wirtschaftsforschung IWH Halle

Lindstädt, Dipl.-Vw. Nadine, University of Southern Denmark

Mandler, PD Dr. Martin, Universität Giessen

Matysik, Dipl.-Vw. Norbert, Deutsche Bundesbank, Hauptverwaltung Düsseldorf

Michler, Prof. Dr. Albrecht, Universität Düsseldorf

Müller, Prof. Dr. Christian, Universität Münster

Neyer, Prof. Dr. Ulrike, Universität Düsseldorf

Paraskewopolous, Prof. Dr. Spiridon, Universität Leipzig

Polleit, Prof. Dr. Thorsten, Barclays Capital, Frankfurt

Pradel, Dipl.-Vw. Maik, Universität Leipzig

Rösl, Prof. Dr. Gerhard, Hochschule Regensburg

Rückert, Dipl.-Vw. Marian, Universität Münster

Sass, Dipl.-Vw. Peter, Universität Halle-Wittenberg

Sauermann, Dr. Martin, Universität Düsseldorf

Schäfer, Prof. Dr. Wolf, Universität der Bundeswehr, Hamburg

Schomaker, Dr. Rahel, Deutsche Hoch-schule für Verwaltungswissenschaften, Speyer

Schüller, Prof. Dr. Alfred, Universität Marburg

Seitz, Prof. Dr. Franz, Hochschule Amberg-Weiden

Smeets, Prof. Dr. Heinz-Dieter, Universität Düsseldorf

Thieme, Prof. Dr. H. Jörg, Universität Düsseldorf

Uhde, Dr. Andre, Universität Bochum

Vogelsang, Dipl.-Vw. Michael, Universität Wuppertal

Vollmer, Prof. Dr. Uwe, Universität Leipzig

Welfens, Prof. Dr. Paul J.J., Universität Wuppertal

Wentzel, Prof. Dr. Dirk, Hochschule Pforzheim

FSC
www.fsc.org
MIX
Papier | Fördert gute Waldnutzung
FSC® C083411

Kolibri 360 GmbH
Ferdinand-Jühlke-Straße 7
99095 Erfurt, Deutschland
produktsicherheit@kolibri360.de